**Künstliche Intelligenz in SAP®-Systemen**

SAP PRESS

SAP PRESS ist eine gemeinschaftliche Initiative von SAP SE und der Rheinwerk Verlag GmbH. Unser Ziel ist es, Ihnen als Anwendern qualifiziertes SAP-Wissen zur Verfügung zu stellen. SAP PRESS vereint das Know-how der SAP und die verlegerische Kompetenz von Rheinwerk. Die Bücher bieten Ihnen Expertenwissen zu technischen wie auch zu betriebswirtschaftlichen SAP-Themen.

Damit Sie nach weiteren Titeln Ihres Interessengebiets nicht lange suchen müssen, haben wir eine kleine Auswahl zusammengestellt.

Griewel, Hoffmeister, Kubis
Generative AI mit SAP. Maßgeschneiderte KI-Anwendungen entwickeln
452 Seiten, 2026, geb.
ISBN 978-3-367-10759-9
*www.sap-press.de/6087*

René Kessler, Marcel Kuchler
AI Business Cases mit SAP. Szenarien, Tools und Best Practices
461 Seiten, 2025, geb.
ISBN 978-3-367-10958-6
*www.sap-press.de/6149*

Pohl, Tate Tsiledze, Teuffel von Birkensee, Witte
Programmieren auf der SAP BTP
538 Seiten, 2025, geb.
ISBN 978-3-367-10819-0
*www.sap-press.de/6104*

Larissa Haas
Künstliche Intelligenz mit SAP
238 Seiten, 2025, E-Book
ISBN 978-3-367-10817-6
*www.sap-press.de/6103*

Baumbusch, Jäger, Lensch
ABAP RESTful Application Programming Model Das umfassende Handbuch
667 Seiten, 2., aktualisierte und erweiterte Auflage 2024, geb.
ISBN 978-3-367-10078-1
*www.sap-press.de/5869*

Sebastian Sav, Michael Schwarzenberger

# Künstliche Intelligenz in SAP®-Systemen

Das umfassende Handbuch

Rheinwerk Publishing

# Liebe Leserin, lieber Leser,

SAP-Landschaften sind komplex, und wir alle wissen, wie schnell sich Technologien und Anforderungen in der IT-Welt ändern. Genau da setzt SAP PRESS an: mit Büchern, die nicht nur Theorie vermitteln, sondern konkret im Alltag helfen.

In diesem Buch finden Sie direkt umsetzbare Ratschläge, praktische Beispiele und Lösungen für drängende Herausforderungen. Unsere Autor*innen sind Profis, die wissen, wo der Schuh drückt – und wie man Probleme effizient löst. Mit ihrer Erfahrung an Ihrer Seite können Sie Ihre SAP-Projekte gezielter angehen, fundiertere Entscheidungen treffen und die vielen Facetten von SAP besser meistern.

Ob Sie gerade erst beginnen oder schon lange im SAP-Umfeld tätig sind: Wir sind davon überzeugt, dass dieses Buch Ihnen hilfreiche Anleitungen und Tipps an die Hand gibt, um Ihre täglichen Aufgaben und Projekte erfolgreich zu meistern.

Wir freuen uns stets über Lob, aber auch über kritische Anmerkungen, die uns helfen, unsere Bücher zu verbessern. Zögern Sie also nicht, sich bei mir zu melden; Ihr Feedback ist jederzeit willkommen.

Wir wünschen Ihnen viele Aha-Momente und eine erfolgreiche Umsetzung mit diesem Buch!

**Ihre Nicole Gürgens**
Lektorat SAP PRESS

nicole.guergens@rheinwerk-verlag.de
www.rheinwerk-verlag.de
Rheinwerk Verlag • Rheinwerkallee 4 • 53227 Bonn

# Auf einen Blick


## TEIL I Grundlagen

1 Einstieg in die Welt der künstlichen Intelligenz ..... 25

2 KI in der SAP-Welt ..... 39

## TEIL II Anwendungsbeispiele

3 Embedded AI in Finanzen und Einkauf ..... 77

4 Embedded AI im Supply Chain Management ..... 113

5 Embedded AI im Human Capital Management ..... 175

6 Embedded AI im Customer Relationship Management ..... 209

7 Embedded AI mit Joule ..... 239

8 Custom-AI-Beispiele ..... 293

## TEIL III KI-Entwicklung auf der SAP BTP

9 SAP-AI-Referenzarchitektur und Lösungsbausteine ..... 379

10 Joule Studio ..... 393

11 Custom AI mit ABAP-RESTful-Application-Programming-Model-Entwicklung ..... 427

12 Custom AI bei der CAP-Entwicklung ..... 457

13 KI-Entwicklung mit Intelligent Scenario Lifecycle Management ..... 485

14 KI-Innovationen gezielt gestalten und umsetzen ..... 505

Wir hoffen, dass Sie Freude an diesem Buch haben und sich Ihre Erwartungen erfüllen.
Falls Sie Anregungen, Wünsche und Kommentare haben, lassen Sie es uns wissen:
**service@rheinwerk-verlag.de**.

Informationen zu unserem Verlag und Kontaktmöglichkeiten finden Sie auf unserer Verlagswebsite **www.rheinwerk-verlag.de**. Dort können Sie sich auch umfassend über unser aktuelles Programm informieren und unsere Bücher und E-Books bestellen.

**Autoren** Sebastian Sav, Michael Schwarzenberger
**Lektorat** Nicole Gürgens
**Copy-Editing** Annika Holtmannspötter, Münster
**Typografie & Layout** Vera Brauner
**Satz** SatzPro, Krefeld
**Herstellung** Arkin Keskin
**Covergestaltung** Silke Braun
**Coverbild** Shutterstock: 2544182121© AI Generator
**Druck** Beltz Grafische Betriebe, Bad Langensalza

FSC www.fsc.org MIX Karton | Papier | Fördert gute Waldnutzung FSC® C089473

Dieses Buch wurde auf FSC®-zertifiziertem Papier gedruckt. Hergestellt in Deutschland.



Bibliografische Information der Deutschen Nationalbibliothek:
Die Deutsche Nationalbibliothek verzeichnet diese Publikation in der Deutschen Nationalbibliografie; detaillierte bibliografische Daten sind im Internet über *http://dnb.dnb.de* abrufbar.

**ISBN 978-3-367-11444-3**

1. Auflage 2026


Rheinwerk Verlag GmbH • Rheinwerkallee 4 • 53227 Bonn
*service@rheinwerk-verlag.de*

# Inhalt

Einleitung ........ 17

## TEIL I Grundlagen

### 1 Einstieg in die Welt der künstlichen Intelligenz ........ 25

**1.1 Evolution der künstlichen Intelligenz ........ 25**

1.1.1 Ursprung in der symbolischen KI ........ 26
1.1.2 Von der symbolischen KI zum maschinellen Lernen ........ 26
1.1.3 Vom maschinellen Lernen zu Deep Learning ........ 27

**1.2 Paradigmenwechsel: deterministische vs. probabilistische Systeme ........ 28**

**1.3 Narrow AI als Fundament im SAP-Kontext ........ 30**

1.3.1 Regression im Unternehmenseinsatz ........ 30
1.3.2 Zeitreihenprognose für die Planung ........ 31
1.3.3 Klassifizierung von Geschäftsvorfällen ........ 31
1.3.4 Clustering und Anomalieerkennung ........ 32

**1.4 Generative AI und Large Language Models im SAP-System ........ 33**

1.4.1 Large Language Models im Unternehmenseinsatz ........ 33
1.4.2 SAP-spezifische Foundational Models ........ 35
1.4.3 Joule, die KI-Lösung von SAP ........ 35

**1.5 Retrieval-Augmented Generation und Vektordatenbanken ........ 35**

1.5.1 Der RAG-Prozess ........ 36
1.5.2 SAP HANA Cloud Vector Engine ........ 36
1.5.3 Knowledge Graphs als semantisches Rückgrat ........ 36

**1.6 Bedeutung für das SAP-Ökosystem ........ 37**

### 2 KI in der SAP-Welt ........ 39

**2.1 Leitprinzipien künstlicher Intelligenz in SAP-Systemen ........ 39**

**2.2 Möglichkeiten von SAP-Business-AI-Anwendungen ........ 43**

2.2.1 Welche KI-Standardlösungen und -szenarien liefert SAP aus? ........ 43

2.2.2 Eingebettete Szenarien in SAP Cloud ERP ........................ 48
2.2.3 Joule ........................ 51
2.2.4 SAP Business Technology Platform ........................ 53
2.2.5 SAP AI Core ........................ 54
2.2.6 SAP AI Launchpad ........................ 55
2.2.7 Generative AI Hub ........................ 57
2.2.8 SAP Business Data Cloud ........................ 58

**2.3 Lösungsarchitekturen zur Verwendung von SAP Business AI ...... 60**

2.3.1 Embedded AI ........................ 60
2.3.2 Custom AI ........................ 61

**2.4 Governance und KI-Ethik bei SAP ........................ 61**

2.4.1 KI-Ethik ........................ 63
2.4.2 KI-Sicherheit ........................ 65
2.4.3 KI-Compliance ........................ 67
2.4.4 Leitlinien für die SAP-Entwicklung ........................ 67

**2.5 SAP-Lizenzmodell ........................ 68**

# TEIL II Anwendungsbeispiele

## 3 Embedded AI in Finanzen und Einkauf .......... 77

**3.1 Accounting Accruals Agent ........................ 77**

3.1.1 Geschäftliche Herausforderung ........................ 78
3.1.2 KI-gestützte Lösung und Implementierung ........................ 79
3.1.3 Geschäftlicher Nutzen und Auswirkungen ........................ 86

**3.2 Finanzberichtanalyse mit künstlicher Intelligenz ........................ 87**

3.2.1 Geschäftliche Herausforderung ........................ 87
3.2.2 KI-gestützte Lösung und Implementierung ........................ 87
3.2.3 Geschäftlicher Nutzen und Auswirkungen ........................ 95

**3.3 SAP Cash Application – KI-unterstützte Auszifferung von offenen Posten in der Debitorenbuchhaltung ........................ 95**

3.3.1 Geschäftliche Herausforderung ........................ 97
3.3.2 KI-gestützte Lösung und Implementierung in SAP Cash Application ........................ 97
3.3.3 Geschäftlicher Nutzen und Auswirkungen ........................ 112

**4 Embedded AI im Supply Chain Management ..... 113**

**4.1 Conversational Planning: Transportplanung mit natürlicher Sprache ..... 114**

4.1.1 Geschäftliche Herausforderungen in der Transportplanung ..... 114
4.1.2 KI-gestützte Lösung und Implementierung im SAP Transportation Management ..... 115
4.1.3 Anwendung von Conversational Planning im Transport-Cockpit ..... 115
4.1.4 Technische Architektur und Integration von Conversational Planning ..... 120
4.1.5 Geschäftlicher Nutzen und Auswirkungen von Conversational Planning ..... 129

**4.2 SAP Document AI ..... 130**

4.2.1 Qualitätszertifikate in SAP S/4HANA Public Cloud ..... 130
4.2.2 Herausforderungen bei der Verarbeitung von Qualitätszertifikaten ..... 132
4.2.3 Intelligente Verarbeitung von Qualitätszertifikaten mit SAP Document AI in SAP S/4HANA ..... 133
4.2.4 Technische Integration und Systemeinrichtung ..... 140
4.2.5 Geschäftlicher Nutzen durch den Einsatz von SAP Document AI im Qualitätsmanagement ..... 146

**4.3 Automatische Vorhersage des Lieferanten über das Lieferdatum ..... 147**

4.3.1 Geschäftliche Herausforderungen bei Nichteinhaltung des Lieferdatums ..... 147
4.3.2 KI-gestützte Lösung in SAP zur Vorhersage des Lieferdatums ..... 148
4.3.3 Technische Architektur und Integration der Lieferdatumvorhersage ..... 149
4.3.4 Geschäftlicher Nutzen der Lieferdatumvorhersage in Bestellpositionen ..... 157

**4.4 Kundenauftragserfüllung mit künstlicher Intelligenz und Joule als KI-Lösung ..... 158**

4.4.1 Geschäftliche Herausforderungen bei der Kundenauftragserfüllung ..... 158
4.4.2 KI-gestützte Lösung und Implementierung der Kundenauftragserfüllung in SAP ..... 159

4.4.3 Geschäftlicher Nutzen und Auswirkungen durch KI-gestützte Auftragserfüllung ..... 173

**5 Embedded AI im Human Capital Management ..... 175**

**5.1 KI-gestützte Einblicke in Karriere- und Entwicklungspotenziale ..... 176**

5.1.1 Geschäftliche Herausforderungen ..... 177

5.1.2 Lösung und Implementierung: vom Kompetenzprofil zum KI-gestützten Entwicklungsplan ..... 178

5.1.3 Geschäftlicher Nutzen und Auswirkungen ..... 186

**5.2 KI-gestützte Optimierung von Stellenbeschreibungen ..... 187**

5.2.1 Geschäftliche Herausforderungen ..... 187

5.2.2 Lösung und Implementierung: vom Vorlagentext zur KI-optimierten Ausschreibung ..... 188

5.2.3 Geschäftlicher Nutzen und Auswirkungen ..... 196

**5.3 KI-gestützte Leistungszielerstellung ..... 197**

5.3.1 Geschäftliche Herausforderungen ..... 197

5.3.2 Lösung und Implementierung: vom Stichpunkt zum strukturierten Leistungsziel ..... 199

5.3.3 Geschäftlicher Nutzen und Auswirkungen ..... 206

**6 Embedded AI im Customer Relationship Management ..... 209**

**6.1 KI-unterstützte Kundenübersicht ..... 210**

6.1.1 Geschäftliche Herausforderungen ..... 210

6.1.2 Lösung und Implementierung ..... 211

6.1.3 Geschäftlicher Nutzen und Auswirkungen ..... 214

**6.2 Lead-Booster ..... 215**

6.2.1 Geschäftliche Herausforderungen ..... 215

6.2.2 Lösung und Implementierung ..... 216

6.2.3 Geschäftlicher Nutzen und Auswirkungen ..... 221

**6.3 SAP CX AI Toolkit ..... 222**

6.3.1 Geschäftliche Herausforderungen ..... 222

6.3.2 Lösung und Implementierung ..... 223

6.3.3 Geschäftlicher Nutzen und Auswirkungen ..... 237

## 7 Embedded AI mit Joule ..... 239

**7.1 SAP Joule for Consultants ..... 239**

7.1.1 Geschäftliche Herausforderungen ..... 240
7.1.2 Lösung und Implementierung ..... 241
7.1.3 Geschäftlicher Nutzen und Auswirkungen ..... 253

**7.2 Joule mit SAP S/4HANA Cloud Public Edition ..... 254**

7.2.1 Geschäftliche Herausforderungen ..... 254
7.2.2 Lösung und Implementierung ..... 255
7.2.3 Geschäftlicher Nutzen und Auswirkungen ..... 262

**7.3 SAP Joule for Developers in den ABAP Development Tools ..... 263**

7.3.1 Geschäftliche Herausforderungen ..... 264
7.3.2 Technische Voraussetzungen für SAP Joule for Developers ..... 265
7.3.3 SAP Joule for Developers in ABAP-RESTful-Application-Programming-Model-Entwicklungen ..... 267

**7.4 SAP Joule for Developers in SAP Cloud Application Programming Model ..... 283**

7.4.1 SAP Cloud Application Programming Model ..... 283
7.4.2 Integration von SAP Joule for Developers in SAP Build Code ..... 284
7.4.3 CAP-Storyboard ..... 289
7.4.4 Die von Joule for Developers generierte Applikation starten ..... 291

## 8 Custom-AI-Beispiele ..... 293

**8.1 Rechnungsfreigabe mit künstlicher Intelligenz ..... 294**

8.1.1 Geschäftliche Herausforderungen der Rechnungsfreigabe ..... 295
8.1.2 Anwendung der Rechnungsfreigabe mit KI-Extraktion ..... 295
8.1.3 Technische Umsetzung der Rechnungsfreigabe mit KI ..... 297
8.1.4 Geschäftlicher Nutzen und Auswirkungen ..... 304

**8.2 Agent-basierter End-to-End-Qualitätsmanagement-Prozess ..... 305**

8.2.1 Geschäftliche Herausforderungen des End-to-End-Qualitätsmanagement-Prozesses ..... 305
8.2.2 Anwendung des KI-unterstützten Prozesses ..... 306
8.2.3 Technische Implementierung des End-to-End-Qualitätsmanagement-Prozesses ..... 325

8.2.4 Geschäftlicher Nutzen und Auswirkungen des KI-unterstützten End-to-End-Qualitätsmanagement-Prozesses ... 330

**8.3 Workflow-Analyse mit KI-Unterstützung ... 331**

8.3.1 Geschäftliche Herausforderungen der Workflow-Analyse ... 332
8.3.2 Anwendung der Workflow-Analyse ... 332
8.3.3 Technische Implementierung der KI-Workflow-Analyse ... 339
8.3.4 Geschäftlicher Nutzen und Auswirkungen der Workflow-Analyse ... 342

**8.4 KI-unterstützte Erstellung von Anlieferungen ... 343**

8.4.1 Geschäftliche Herausforderungen der KI-unterstützten Erstellung von Anlieferungen ... 343
8.4.2 Anwendung der KI-unterstützten Erstellung von Anlieferungen ... 344
8.4.3 Technische Implementierung der KI-unterstützten Erstellung von Anlieferungen ... 349
8.4.4 Geschäftlicher Nutzen und Auswirkungen der KI-unterstützten Erstellung von Anlieferungen ... 350

**8.5 KI-basierte Analyse von Protokolldateien in der SAP-TM-Planung ... 350**

8.5.1 Geschäftliche Herausforderungen der Analyse der Protokolldateien in SAP TM ... 354
8.5.2 Anwendung der KI-basierten Analyse von Protokolldateien in der SAP-TM-Planung ... 354
8.5.3 Technische Implementierung der KI-basierten Analyse von Protokolldateien in SAP TM ... 359
8.5.4 Geschäftlicher Nutzen und Auswirkungen der KI-basierten Analyse von Protokolldateien in der SAP-TM-Planung ... 362

**8.6 Edith, ein KI-gestützter Enablement-Assistent ... 363**

8.6.1 Geschäftliche Herausforderungen ... 364
8.6.2 Anwendung und Verwendung von Edith ... 365
8.6.3 Technische Implementierung ... 370
8.6.4 Geschäftlicher Nutzen und Auswirkungen ... 375

# TEIL III KI-Entwicklung auf der SAP BTP


## 9 SAP-AI-Referenzarchitektur und Lösungsbausteine ..... 379

**9.1 SAP-BTP-Referenzarchitektur zur Anwendung künstlicher Intelligenz** ..... 379

9.1.1 SAP AI Launchpad ..... 383
9.1.2 SAP AI Core ..... 385
9.1.3 SAP HANA Cloud ..... 387

**9.2 ISLM-Architektur** ..... 389

9.2.1 Eingebettete intelligente Szenarien ..... 391
9.2.2 Side-by-Side-Szenarien ..... 392

## 10 Joule Studio ..... 393

**10.1 Einführung in Joule Studio** ..... 393

**10.2 Geschäftliche Herausforderungen** ..... 395

**10.3 Joule Studio einrichten** ..... 396

10.3.1 Konfiguration von SAP S/4HANA Cloud Public Edition mit Joule Studio ..... 397
10.3.2 Konfiguration auf der SAP BTP ..... 398

**10.4 End-to-End-Beispiel zur Kundenauftragsanalyse** ..... 401

10.4.1 Aktionen zum Aufruf von APIs anlegen ..... 401
10.4.2 Projekt in Joule Studio anlegen ..... 405

**10.5 Kundenauftragsanlage basierend auf einer E-Mail** ..... 417

**10.6 Debugging und Analyse in Joule** ..... 420

**10.7 Geschäftlicher Nutzen von Joule Studio und Auswirkungen** ..... 422

**10.8 Ausblick: das neue Joule Studio** ..... 424

## 11 Custom AI mit ABAP-RESTful-Application-Programming-Model-Entwicklung ..... 427

**11.1 Entwicklung mit dem ABAP RESTful Application Programming Model** ..... 427

**11.2 Integration der RAP-Entwicklung mit Custom AI** ..... 429

11.2.1 Geschäftliche Herausforderungen der RAP-Entwicklung ..... 430

11.2.2 Lösung und Implementierung der RAP-Entwicklung ........ 431
11.2.3 Geschäftlicher Nutzen und Auswirkung der RAP-Entwicklung ........ 456

**12 Custom AI bei der CAP-Entwicklung** ........ 457

**12.1 Visuelle Prüfungen mit Machine Learning** ........ 458
12.1.1 Geschäftliche Herausforderungen der visuellen Prüfung in der Produktion ........ 458
12.1.2 Abbildung der visuellen Prüfung in einer SAP-Fiori-App ... 459
12.1.3 Technische Umsetzung der Anwendung ........ 464
12.1.4 Geschäftlicher Nutzen und Auswirkungen der visuellen Prüfung ........ 471

**12.2 End-to-End-Szenario für KI-basierte Störungsmeldungen** ........ 471
12.2.1 Geschäftliche Herausforderungen der KI-gestützten Störungsmeldungserfassung ........ 472
12.2.2 Abbildung der KI-gestützten Störungsmeldungserfassung in SAP-Fiori-Apps ........ 472
12.2.3 Technische Umsetzung der Anwendung ........ 474
12.2.4 Geschäftlicher Nutzen und Auswirkungen der KI-gestützten Störungsmeldungserfassung ........ 483

**13 KI-Entwicklung mit Intelligent Scenario Lifecycle Management** ........ 485

**13.1 Funktionsumfang und Integration von ISLM** ........ 485
13.1.1 Kernfunktionen von ISLM ........ 486
13.1.2 Integration mit anderen SAP-Lösungen ........ 487
13.1.3 Geschäftlicher Nutzen von ISLM ........ 487

**13.2 Anwendungsmöglichkeiten für ISLM** ........ 488

**13.3 Training und Deployment eigener KI-Modelle** ........ 489

**13.4 Anwendungsbeispiel: Generative KI in ISLM** ........ 492
13.4.1 Anforderung: Unterstützung der Konfiguration eines Roboters ........ 493
13.4.2 Lösung mit ISLM und Advanced Variant Configuration ..... 493
13.4.3 Anwendung der Lösung in Advanced Variant Configuration ........ 500

**14 KI-Innovationen gezielt gestalten und umsetzen** ... 505

**14.1 Vorbereitung** ... 505

14.1.1 Lösungslandschaft und Lizenzsituation analysieren ... 505
14.1.2 KI-Strategie und Governance prüfen ... 506
14.1.3 Roadmap-Abgleich ... 507
14.1.4 Datengestützte Analyse ... 507
14.1.5 Inspirationsbasierte Use-Case-Findung ... 508

**14.2 Strategische Planung** ... 508

**14.3 Realisierung und Validierung** ... 509

14.3.1 Prototyping ... 510
14.3.2 Proof of Concept ... 510

**14.4 Zusammenfassung** ... 510

Das Autorenteam ... 513
Index ... 517

# Einleitung

**KI als Kernbestandteil moderner Software**

Wir befinden uns in einer Phase der technologischen Evolution, in der künstliche Intelligenz (KI) den Status eines experimentellen Werkzeugs endgültig hinter sich gelassen hat. Sie hat sich zu einem unverzichtbaren Kernbestandteil moderner Software entwickelt. Für Unternehmen, die auf SAP-Systeme setzen, bedeutet dies weit mehr als nur eine inkrementelle Verbesserung bestehender Prozesse. Es ist der Übergang hin zu einem zunehmend »autonomen Unternehmen«, in dem die eigenen Prozessdaten nicht mehr nur verwaltet, sondern aktiv zur Steuerung, Optimierung und Automatisierung genutzt werden. Künstliche Intelligenz verändert damit die Art und Weise, wie Unternehmen ihre Geschäftsprozesse gestalten und steuern.

**SAPs KI-Strategie**

SAP hat in den letzten Jahren seine KI-Strategie deutlich geschärft und das Thema zur strategischen Priorität erklärt. Mittlerweile steht eine Vielzahl an Technologien und KI-unterstützten Produkten im Portfolio von SAP. Dieses Buch stellt den Anspruch, dieses umfassende Angebot für Sie verständlich einzuordnen und anhand von konkreten Anwendungsfällen greifbar zu machen. Dazu bietet es einen strukturierten Überblick über die Welt der künstlichen Intelligenz in SAP-Systemen.

## Zielgruppe des Buches

Dieses Buch richtet sich an alle, die sich mit dem Einsatz künstlicher Intelligenz in SAP-Systemen beschäftigen:

- **Systemarchitektinnen und -architekten**, die KI-Lösungen in bestehende Landschaften einbetten möchten
- **CIOs und Beraterinnen und Berater**, die KI strategisch planen und bewerten wollen
- **Anwendungsentwicklerinnen und -entwickler** im ABAP- und SAP-BTP-Umfeld, die eigene KI-Lösungen umsetzen möchten
- **Mitarbeitende aus Fachbereichen**, die eine verständliche Einführung in den geschäftlichen Nutzen der verfügbaren Werkzeuge suchen

## Zielsetzung

Das Buch verbindet strategischen Überblick, fachlichen Nutzen und technische Umsetzung. Es zeigt Ihnen, welche KI-Tools SAP bereitstellt, wie diese in der Praxis funktionieren und welchen Mehrwert sie für Ihr Unternehmen bieten. Sie lernen sowohl Standardlösungen, die SAP in den Produkten für Endanwenderinnen und Endanwender bereitstellt (*Embedded AI*), als auch kundenspezifische Entwicklungen (*Custom AI*) kennen. Anhand zahlreicher Anwendungsbeispiele, Architekturdiagramme und Prozessflüsse erhalten Sie einen klaren Implementierungsanreiz. Ziel ist es, Ihnen das Wissen an die Hand zu geben, um KI in Ihrem Unternehmen nachhaltig einzuführen und einen klaren geschäftlichen Mehrwert zu erzielen.

### Aufbau des Buches

Das Buch gliedert sich in drei Teile.

**TEIL I** In **Teil I**, »Grundlagen«, legen wir das Fundament für das Verständnis von künstlicher Intelligenz im SAP-Kontext.

**Kapitel 1**, »Einstieg in die Welt der künstlichen Intelligenz«, führt Sie verständlich in das Thema ein. Wir erläutern die geschichtliche Entwicklung der Technologie, verorten die unterschiedlichen KI-Arten und zeigen deren passende Anwendungsszenarien auf.

**Kapitel 2**, »KI in der SAP-Welt«, stellt die Archetypen von SAP Business AI und deren Anwendungsbereiche vor. Sie lernen die von SAP gelieferten Standardlösungen, die Embedded Scenarios in SAP Cloud ERP Public Edition sowie zentrale Bausteine wie Joule, SAP AI Core, SAP AI Launchpad, Generative AI Hub und SAP Business Data Cloud kennen. Wir erläutern die Lösungsarchitekturen für Embedded AI und Custom AI und beleuchten Fragen zu Governance und KI-Ethik. Den Abschluss bilden das kommerzielle Lizenzmodell der SAP sowie die Unterschiede zwischen Base AI und Premium AI.

**TEIL II** In **Teil II**, »Anwendungsbeispiele«, stellen wir die wichtigsten KI-Use-Cases im Kontext von Embedded AI und Custom AI vor. Zu jedem Anwendungsfall beschreiben wir die geschäftlichen Herausforderungen, die technische Umsetzung sowie den geschäftlichen Nutzen.

**Kapitel 3**, »Embedded AI in Finanzen und Einkauf«, widmet sich den konkreten Einsatzmöglichkeiten intelligenter Technologien im CFO-Bereich. Wir beleuchten die automatisierte Erstellung von Buchungsvorschlägen durch den Accounting Accruals Agent, führen Sie in die KI-gestützte Finanzberichtsanalyse ein und zeigen detailliert, wie die SAP Cash Application die Auszifferung offener Posten optimiert.

**Kapitel 4**, »Embedded AI im Supply Chain Management«, zeigt verschiedene Anwendungsfälle, darunter Transportplanung in natürlicher Sprache (Conversational Planning), die automatische Lieferprüfung, die Anwendung von Qualitätszertifikaten in der SAP S/4HANA Public Cloud Edition, die automatische Vorhersage des Lieferdatums von Lieferanten sowie die Kundenauftragserfüllung mit künstlicher Intelligenz und Joule als KI-Assistenten.

**Kapitel 5**, »Embedded AI im Human Capital Management«, widmet sich der Transformation des Personalwesens durch intelligente Systeme. Wir beleuchten, wie KI-gestützte Einblicke in Karriere- und Entwicklungspotenziale neue Perspektiven für Zielrollen aufzeigen, wie Stellenbeschreibungen automatisiert optimiert werden und wie die KI-gestützte Leistungszielerstellung den Übergang vom einfachen Stichpunkt zum strukturierten Ziel erleichtert.

**Kapitel 6**, »Embedded AI im Customer Relationship Management«, behandelt die Optimierung von Vertriebs- und Serviceprozessen durch den gezielten Einsatz von KI. Wir erläutern die Vorteile einer KI-unterstützten Kundenübersicht, stellen den Lead-Booster vor und zeigen praxisnah, wie das SAP CX AI Toolkit – etwa durch intelligentes Q&A, automatisierte Produktbeschreibungen und Content-Generierung – die Kundeninteraktion auf ein neues Level hebt.

**Kapitel 7**, »Embedded AI mit Joule«, beleuchtet, wie SAP Joule for Consultants die funktionale Beratung und Konfiguration unterstützt, wie Joule in der SAP S/4HANA Cloud Public Edition die Navigation und transaktionale Auskunftsfunktion revolutioniert und wie SAP Joule for Developers die effiziente Applikationsentwicklung im ABAP-(RAP-) sowie CAP-Umfeld beschleunigt.

**Kapitel 8**, »Custom-AI-Beispiele«, demonstriert die flexible Umsetzung maßgeschneiderter KI-Lösungen abseits des Standards. Wir beleuchten praxisnah die KI-unterstützte Rechnungsfreigabe mittels intelligenter Extraktion, führen Sie durch einen agentenbasierten End-to-End-Qualitätsmanagement-Prozess und erläutern die Vorteile von Workflow-Analysen sowie der automatisierten Erstellung von Anlieferungen. Zudem erfahren Sie, wie Protokolldateien in der SAP-TM-Planung effizient ausgewertet werden und wie der intern entwickelte Enablement-Assistent Edith mithilfe des Generative AI Hubs die Erstellung von Trainingsmaterial deutlich beschleunigt.

In **Teil III**, »KI-Entwicklung auf der SAP BTP«, richten wir den Blick auf die strategisch wichtigsten Themen rund um Joule Agents und die Entwicklungsmöglichkeiten auf der SAP Business Technology Platform (SAP BTP). **TEIL III**

**Kapitel 9**, »SAP-AI-Referenzarchitektur und Lösungsbausteine«, legt das technologische Fundament für die Umsetzung intelligenter Szenarien im SAP-Ökosystem. Wir stellen die zentrale SAP-BTP-Referenzarchitektur vor, erläutern die Rollen von SAP AI Launchpad, SAP AI Core sowie SAP HANA Cloud und analysieren die ISLM-Architektur im Kontext von eingebetteten und Side-by-Side-Szenarien.

**Kapitel 10**, »Joule Studio«, zeigt praxisnah, wie Sie KI-Agenten, KI-Skills, APIs und Aktionen in Joule Studio erstellen und einsetzen. Schritt für Schritt erfahren Sie, wie Projekte in Joule Studio angelegt werden, wie die SAP S/4HANA Cloud und die SAP BTP eingerichtet und konfiguriert werden und wie Geschäftsprozesse mit KI-Unterstützung umgesetzt werden können. Anhand eines konkreten Beispiels zur Kundenauftragsanlage mit Joule lernen Sie, wie entsprechende Lösungen entwickelt, getestet und debuggt werden. Darüber hinaus erfahren Sie, wie geschäftliche Herausforderungen mithilfe von KI-Agenten effizient gelöst werden können. Ein Ausblick auf die aktuellen Innovationen und Ankündigungen der SAP Sapphire 2026 rundet das Kapitel ab.

**Kapitel 11**, »Custom AI mit ABAP-RESTful-Application-Programming-Model-Entwicklung«, demonstriert die Entwicklung im Clean-Core-Stil. Sie lernen, wie Sie KI für individuelle Lösungen effizient einsetzen und wie App-Entwicklung auch ohne tiefe Programmierkenntnisse gelingt.

**Kapitel 12**, »Custom AI bei der CAP-Entwicklung«, beschreibt die Entwicklung mit dem SAP Cloud Application Programming Model (CAP) im Sinne des Clean-Core-Ansatzes. Wir zeigen Ihnen Schritt für Schritt, wie künstliche Intelligenz in kundeneigenen Anwendungen integriert werden kann. Anhand praxisnaher Beispiele erfahren Sie, wie eine visuelle Prüfung mit Machine Learning in SAP Fiori umgesetzt werden kann und wie sich ein End-to-End-Szenario zur KI-basierten Erfassung und Verarbeitung von Störungsmeldungen realisieren lässt.

Dabei werden sowohl die technische Implementierung als auch bewährte Vorgehensweisen für die Entwicklung intelligenter, erweiterbarer Geschäftsanwendungen vermittelt.

**Kapitel 13**, »KI-Entwicklung mit Intelligent Scenario Lifecycle Management«, erläutert das Intelligent Scenario Lifecycle Management (ISLM) anhand eines Schritt-für-Schritt-Ansatzes. Sie erfahren, wie sich ISLM mit API-Integrationen in SAP-S/4HANA-Systeme einbinden lässt und wie Sie eigene Machine-Learning-Modelle trainieren und ausrollen.

**Kapitel 14**, »KI-Innovationen gezielt gestalten und umsetzen«, fungiert als strategischer und methodischer Leitfaden, um den Transfer in Ihr eigenes Unternehmen erfolgreich voranzutreiben. Wir behandeln die nötige Vorbereitung – von der Analyse der Lösungslandschaft und Lizenzsituation über die Prüfung von KI-Strategie und Governance bis hin zur gezielten Use-Case-Findung und möglichen Umsetzungsformen in Ihrem Unternehmen.

**Informationskästen im Buch**

In hervorgehobenen *Informationskästen* finden Sie in diesem Buch Inhalte, die wissenswert und hilfreich sind, aber etwas außerhalb der eigentlichen Erläuterung stehen. Damit Sie die Informationen in den Kästen sofort einordnen können, haben wir sie mit Symbolen gekennzeichnet:

[!] Dieses Symbol weist Sie auf *Besonderheiten* hin, die Sie beachten sollten. Es *warnt* Sie außerdem vor häufig gemachten Fehlern oder Problemen, die auftreten können.

[zB] Die durch dieses Symbol kenntlich gemachten Beispiele weisen auf Szenarien aus der Praxis hin und veranschaulichen die dargestellten Funktionen.

In Kästen, die mit diesem Symbol gekennzeichnet sind, finden Sie Informationen *zu weiterführenden Themen* oder wichtigen Inhalten, die Sie sich merken sollten.

## Danksagung

Die Entstehung dieses Buches wäre ohne die Unterstützung zahlreicher Menschen nicht möglich gewesen. Ihnen allen möchten wir an dieser Stelle unseren herzlichen Dank aussprechen.

Unser besonderer Dank gilt **Nicole Gürgens** für ihre wertvolle Unterstützung bei den ersten Schritten auf dem Weg zum Fachbuch sowie für die stets proaktive, pragmatische und vertrauensvolle Zusammenarbeit während des gesamten Projekts.

Ebenso danken wir unseren Beitragenden **Sang Dao**, **Jens Hottendorf**, **Nicolas Griebenow**, **Harald Mokesch**, **Aries-Alexander Plöger** und **Sophie Hoppe**. Mit ihrem Fachwissen, ihren Erfahrungen und ihren Impulsen haben sie maßgeblich zur Qualität und Praxisnähe dieses Buches beigetragen.

Ein herzliches Dankeschön geht auch an unsere Führungskräfte **Yannick Peterschmitt**, **Bert Oliver Schulze**, **Martina Reichert-Fischer**, **Dr. Niklas Siebenmorgen** und **Hendrik Haas**. Durch ihre Motivation, ihre Unterstützung und das Öffnen wichtiger Türen innerhalb der SAP haben sie dieses Buchprojekt aktiv gefördert und begleitet.

Darüber hinaus danken wir **Thomas Saueressig**, **Thomas Pfister**, **Sanjay Kulkarni** und **Anja Schneider** für ihre Bereitschaft, dieses Buch auf verschiedenen Plattformen zu unterstützen und sichtbar zu machen. Ihre wertvollen Diskussionen, strategischen Perspektiven und inspirierenden Gedanken haben zahlreiche Inhalte dieses Buches geprägt.

Nicht zuletzt gilt unser größter Dank unseren **Familien**. Sie haben uns während der intensiven Phasen des Recherchierens, Validierens und Schreibens mit viel Geduld, Verständnis und Rückhalt begleitet. Insbesondere unseren **Ehefrauen** danken wir von Herzen dafür, dass sie uns den Rücken freigehalten und uns den Freiraum gegeben haben, dieses Buch erfolgreich fertigzustellen.

Vielen Dank an alle, die auf unterschiedliche Weise zu diesem Buch beigetragen haben.

TEIL I

# Grundlagen

*Der erste Teil führt Sie von den theoretischen Grundlagen und der Evolution der künstlichen Intelligenz direkt in die praktische Anwendung innerhalb der SAP-Systemlandschaft. Sie lernen die technologischen Bausteine von Narrow AI bis hin zu Generative-AI-Lösungen wie Joule kennen. Sie erfahren zudem alles Wissenswerte über Architekturstrategien, Governance-Richtlinien und das aktuelle SAP-Lizenzmodell im AI-Kontext.*

# Kapitel 1
# Einstieg in die Welt der künstlichen Intelligenz

*Dieses Kapitel behandelt die technologischen Grundlagen der KI, von der Evolution des maschinellen Lernens bis hin zu modernen Large Language Models im SAP-Kontext. Dabei werden sowohl klassische Machine-Learning-Szenarien als auch zukunftsweisende Konzepte wie Generative AI, RAG und Knowledge Graphs vorgestellt.*

Künstliche Intelligenz hat sich von einer visionären Idee zu einem unverzichtbaren Bestandteil moderner Unternehmenssoftware entwickelt. In diesem Kapitel beleuchten wir die faszinierende Entwicklung von den frühen statistischen Regressionen über spezialisiertes Machine Learning (ML) bis hin zur Ära der generativen KI (siehe Abschnitt 1.1). In Abschnitt 1.2 lernen Sie den entscheidenden Paradigmenwechsel von starren, deterministischen Systemen hin zu flexiblen, probabilistischen Modellen, die aus Daten lernen, kennen. Wir schlagen die Brücke in die SAP-Praxis und zeigen Ihnen in Abschnitt 1.3, wie Narrow-AI-Szenarien und Large Language Models durch Technologien wie Retrieval-Augmented Generation (RAG) sicher in Geschäftsprozesse integriert werden. Darauf aufbauend widmet sich Abschnitt 1.4 dem Einsatz von Generative AI und Large Language Models direkt im SAP-System, wobei wir insbesondere auf SAP-spezifische Foundational Models und Joule eingehen. In Abschnitt 1.5 führen wir Sie tiefer in die technologische Umsetzung ein und erläutern den RAG-Prozess mit dem technischen Unterbau, die Rolle der SAP HANA Cloud Vector Engine und Knowledge Graphs als semantisches Rückgrat Ihrer Daten und Prozesse. Den Abschluss bildet in Abschnitt 1.6 eine Einordnung der strategischen Bedeutung dieser Technologien für das gesamte SAP-Ökosystem.

## 1.1 Evolution der künstlichen Intelligenz

Die Entwicklung der künstlichen Intelligenz stellt einen der bedeutendsten technologischen Transformationspfade der Menschheitsgeschichte dar. Was in den 1950er-Jahren als kühne Vision einiger Mathematiker und Logikerinnen begann, ist heute integraler Bestandteil der modernen Unternehmenssoftware und verändert grundlegend, wie Geschäftsprozesse in Systemen wie SAP abgebildet werden.

**Vom Starren zum Dynamischen**

Historisch lässt sich dieser Weg als kontinuierliche Entwicklung von explizit definierten Regeln hin zu Systemen beschreiben, die komplexe Muster eigenständig erkennen und neue Inhalte generieren.

### 1.1.1 Ursprung in der symbolischen KI

Die Anfänge der künstlichen Intelligenz lassen sich bis zu Alan Turing zurückverfolgen, der 1950 mit seinem Artikel »Computing Machinery and Intelligence« die fundamentale Frage stellte, ob Maschinen denken können, und mit dem *Turing-Test* eine erste Metrik für maschinelle Intelligenz schuf.

**Begriff »Artificial Intelligence«**

Der formale Startpunkt der KI als akademische Disziplin wird oft auf das Dartmouth Summer Research Project im Jahr 1956 datiert. Hier prägten Pioniere wie John McCarthy und Marvin Minsky den Begriff *Artificial Intelligence* und postulierten, dass jeder Aspekt des Lernens oder jedes andere Merkmal der Intelligenz so genau beschrieben werden kann, dass eine Maschine gebaut werden kann, um es zu simulieren.

**Logikbasierte Regelwerke**

In dieser Frühphase dominierten regelbasierte Systeme, die als *symbolische KI* bezeichnet werden. Sie basierten auf der Vorstellung, dass Intelligenz durch die Manipulation von Symbolen nach logischen Regeln erreicht werden kann. In diesem Kontext entstanden die ersten Expertensysteme der 1970er- und 1980er-Jahre, etwa *XCON* (eXpert CONfigurer) zur automatisierten Konfiguration von VAX-Computersystemen (Virtual Address eXtension) mit neuartiger 32-bit-Speicheranbindung). SAP überführte dieses Prinzip dann Anfang der 1990er-Jahre mit der *SAP-Variantenkonfiguration* in ERP-Systeme.

**Grenzen deterministischer Logik**

Diese Systeme waren jedoch starr: Sie funktionierten nur innerhalb definierter Parameter und konnten nicht mit Situationen umgehen, die nicht explizit in ihrem Regelwerk vorgedacht waren.

### 1.1.2 Von der symbolischen KI zum maschinellen Lernen

Parallel dazu entwickelte sich das Feld des *maschinellen Lernens*, das einen radikalen Paradigmenwechsel einleitete. Anstatt der Maschine Regeln vorzugeben, wurden Algorithmen entwickelt, die statistische Muster in Daten erkennen können. Eines der einfachsten und zugleich mächtigsten Werkzeuge dieser Ära ist die *Regression*. Die *lineare Regression*, deren mathematische Grundlagen teilweise bis auf Carl Friedrich Gauß und Adrien-Marie Legendre zurückgehen, ermöglichte es, Beziehungen zwischen Variablen zu quantifizieren und kontinuierliche Werte vorherzusagen. In den 1990er- und frühen 2000er-Jahren gewann dieser datengetriebene Ansatz massiv an Bedeutung, begünstigt durch die zunehmende Verfügbarkeit digitaler Daten und steigende Rechenkapazitäten.

### 1.1.3 Vom maschinellen Lernen zu Deep Learning

Ein entscheidender Durchbruch gelang in der Ära des *Deep Learnings*, das auf künstlichen *neuronalen Netzen* basiert. Obwohl die Konzepte für neuronale Netze bereits 1943 von Warren McCulloch und Walter Pitts vorgeschlagen wurden (Warren S. McCulloch und Walter Pitts: »A Logical Calculus of the Ideas immanent in Nervous Activity«, 1943), dauerte es bis zum Beginn des 21. Jahrhunderts, bis Hardware und Algorithmen wie die *Backpropagation* (das Update der Gewichtungen innerhalb eines neuronalen Netzwerks während der Trainingsphase) leistungsfähig genug waren, um tiefe Architekturen mit vielen Schichten effizient zu trainieren. Der Sieg von *AlexNet* (ein neuronales Netz mit acht Layern zur Klassifizierung von Bildern in der Größe 224 × 224 Pixel) beim Wettbewerb *ImageNet ILSVRC 2012* im Jahr 2012 markierte den Moment, in dem *Deep Learning* die klassische Computer Vision übertraf und eine Renaissance der KI einleitete.

**Attention is all you need**

Heute befinden wir uns in der Phase der *generativen KI* (engl. *GenAI*), getrieben durch die Einführung der *Transformer-Architektur* im Jahr 2017. Die Google-Forscher Ashish Vaswani et al. gaben mit dem Artikel »Attention Is All You Need« den Startschuss für die anschließende Entwicklung von *Large Language Models* (LLMs) wie GPT-3 und GPT-4. Damit hat die KI die Fähigkeit erlangt, neue, menschenähnliche Inhalte zu erzeugen. Im Jahr 2025 konnte GPT-4.5 den *Turing-Test* erfolgreich bestehen: In 73 % der Tests wurde es als Mensch eingestuft und liegt damit gleichauf mit anderen Menschen (Cameron R. Jones et al.: »Large Language Models Pass the Turing Test«, 2025).

**Aufstieg intelligenter KI-Lösungen**

Diese Entwicklung stellt den bisherigen Höhepunkt einer Reise dar, die von einfachen statistischen Vorhersagen über die Klassifizierung von Daten bis hin zur kreativen Synthese von Wissen geführt hat. In den SAP-Kontext übertragen bedeutet dies den Übergang von analytischen Dashboards hin zu KI-basierten Lösungen wie *Joule*, die komplexe Geschäftsprobleme durch natürliche Interaktion lösen können.

In Tabelle 1.1 haben wir diese Entwicklung noch einmal im Überblick dargestellt.

| Entwicklungsphase | Dominante Technologie | Kernkonzept | Beispiel im SAP-Umfeld |
|---|---|---|---|
| symbolische KI (1950–1980) | regelbasierte Systeme | Wenn-Dann-Logik, Expertensysteme | klassische ABAP-Validierungen, Customizing-Regeln |
| Machine Learning (1990–heute) | statistische Modelle | Lernen aus historischen Daten, Regression | Prognoseverfahren, automatische Auszifferung offener Posten |
| Deep Learning (2012–heute) | neuronale Netze | Mustererkennung in unstrukturierten Daten | Automatische Rechnungsextraktion, Bilderkennung |
| Generative KI (2022–heute) | Foundation Models, LLMs | Synthese neuer Inhalte, Agentic AI | Joule, automatisierte Code-Generierung |

*Tabelle 1.1: Entwicklungsphasen der künstlichen Intelligenz*

## 1.2 Paradigmenwechsel: deterministische vs. probabilistische Systeme

**Deterministische Systeme**

Um die Bedeutung der KI für moderne Unternehmensprozesse zu verstehen, lohnt ein Blick auf die fundamentalen architektonischen Unterschiede zwischen klassischen Softwaresystemen und KI-basierten Ansätzen. Die traditionelle Softwareentwicklung, wie sie über Jahrzehnte den Kern von ERP-Systemen bildete, ist strikt *deterministisch*. Das bedeutet, dass die Programmlogik aus einer festen Sequenz von Anweisungen besteht, die bei gleichem Input garantiert denselben Output liefern. Ein solcher Ansatz ist essenziell für Prozesse, die eine absolute Genauigkeit und rechtliche Konformität erfordern, wie etwa die Umsatzsteuerberechnung oder der Bilanzabschluss. In einem deterministischen System ist die Intelligenz vollständig in der programmierten Logik verankert. Das System lernt nicht aus neuen Daten, sondern führt lediglich die ihm vorgegebenen Befehle aus.

**Modellbasierte Prognosen**

Im Gegensatz dazu arbeiten Machine-Learning-Systeme *probabilistisch*. Sie basieren auf statistischen Wahrscheinlichkeiten und Unsicherheiten. Anstatt einer festen Regel zu folgen, analysiert ein ML-Modell historische Daten und berechnet die Wahrscheinlichkeit für ein bestimmtes Ergebnis. Ein System zur Auszifferung offener Posten im Zahlungsverkehr sagt beispielsweise nicht mit absoluter Gewissheit: »Diese Zahlung deckt diese drei offenen Posten ab«, sondern liefert einen *Konfidenz-Score*, der besagt: »Mit einer Wahrscheinlichkeit von 90 % handelt es sich um diese drei Kandidaten.« Diese Flexibilität ermöglicht es KI-Systemen, mit mehrdeutigen und verrauschten Daten umzugehen, was für klassische Programmierung oft eine unüberwindbare Hürde darstellt.

**Predictive AI vs. Generative AI**

Die generative KI erweitert diesen probabilistischen Ansatz, indem sie auf sogenannten *Foundation Models* aufbaut. Diese Modelle werden auf gigantischen Mengen unstrukturierter Daten trainiert und lernen die zugrunde liegende Struktur von Sprache oder Code. Während klassisches Machine Learning oft darauf optimiert ist, eine spezifische Vorhersage zu treffen (*Predictive AI*), sind generative Modelle vielseitig einsetzbar (*General Purpose AI*). Sie können Texte zusammenfassen, Code schreiben, Bilder generieren oder komplexe Fragen beantworten, indem sie das statistisch wahrscheinlichste nächste Wort in einer Sequenz vorhersagen.

**Explainable AI**

Dieser Übergang von der reinen Logik zur *statistischen Inferenz* bringt jedoch neue Herausforderungen mit sich, insbesondere in Bezug auf Erklärbarkeit und Transparenz. Während Entwicklerinnen und Entwickler ABAP-Code Zeile für Zeile debuggen, um zu verstehen, warum ein System eine bestimmte Entscheidung getroffen hat, fungieren tiefe neuronale Netze in der Regel als Black Box, deren interne Gewichtsverteilungen und entsprechende Schlussfolgerungen für Menschen schwer interpretierbar sind. In regulierten Industrien (z. B. im Gesundheitswesen) und formalistischen Anwendungsbereichen (z. B. im Rechnungswesen), in denen es strikte Vorgaben zu Nachvollziehbarkeit, Unveränderbarkeit und Sicherheit der Daten gibt, ist dies ein kritischer Faktor. Daher verstärkt SAP den Fokus auf Techniken zur Erklärbarkeit (*Audit Trail*), um sicherzustellen, dass KI-Entscheidungen nachvollziehbar sind. In Tabelle 1.2 sind diese Unterschiede noch einmal gegenübergestellt.

| Kriterium | Deterministische Programmierung | Machine Learning (Predictive AI) | Generative KI |
|---|---|---|---|
| Logikquelle | menschlich definierte Regeln | statistische Muster in Daten | gelernte Strukturen aus Massendaten |
| Ergebnistyp | exakt | Wahrscheinlichkeits-Scores | synthetisierte Inhalte |
| Lernverhalten | statisch bis zum nächsten Update | dynamisch durch erneutes Training auf aktuelleren Daten | kontextuell adaptiv |

*Tabelle 1.2: Unterschiede zwischen den Technologien und Ansätzen*

| Kriterium | Deterministische Programmierung | Machine Learning (Predictive AI) | Generative KI |
|---|---|---|---|
| Transparenz | hoch (White Box) | mittel (Explainable AI) | gering (Black Box) |
| Fehlertoleranz | gering (Syntaxfehler führen zum Abbruch) | mittel (robust gegen Rauschen) | hoch (kann mit unklaren Prompts umgehen) |

*Tabelle 1.2: Unterschiede zwischen den Technologien und Ansätzen (Forts.)*

## 1.3 Narrow AI als Fundament im SAP-Kontext

In der SAP-Strategie nimmt die sogenannte *Narrow AI* (oder *spezialisierte KI*) eine Schlüsselrolle ein, um bestehende Geschäftsprozesse effizienter zu gestalten. SAP nutzt hierfür die leistungsfähige Datenbank *SAP HANA*, die mit speziellen Bibliotheken wie der *Predictive Analysis Library* (PAL) und der *Automated Predictive Library* (APL) Machine-Learning-Funktionen bereitstellt. Der wesentliche Vorteil des Ansatzes *In-Database Machine Learning* besteht darin, dass Daten nicht über eine Applikation (etwa ein ERP-System) in externe Analysetools exportiert werden müssen. Dies spart Zeit, Traffic und Speicher, vermeidet Latenzen und erhöht die Datensicherheit.

Die vorausschauenden Fähigkeiten dieser Bibliotheken werden genutzt, um in der SAP-Welt vier zentrale Szenarien abzudecken:

- Regression
- Zeitreihenprognose
- Klassifizierung
- Clustering

Jedes dieser Szenarien adressiert spezifische betriebswirtschaftliche Fragestellungen und basiert auf unterschiedlichen mathematischen Architekturen, die im Folgenden kurz beleuchtet werden.

### 1.3.1 Regression im Unternehmenseinsatz

Die *Regression* ist ein unverzichtbares Instrument, um kontinuierliche Werte vorherzusagen und die Treiber hinter bestimmten Geschäftskennzahlen (engl. *Key Performance Indicators, KPIs*) zu verstehen.

**SAP HANA Predictive Analysis Library**

Ein typischer Anwendungsfall ist die Vorhersage von Verkaufspreisen oder die Identifikation von Faktoren, die die Durchlaufzeiten in einer Lieferkette beeinflussen. In der SAP HANA Predictive Analysis Library stehen verschiedene Regressionsalgorithmen zur Verfügung, die je nach Datenlage und Präzisionsanforderung ausgewählt werden können. Hierzu gehören die klassische *lineare Regression*, die *Online Linear Regression* für Streaming-Daten sowie komplexe Modelle wie der *Hybrid Gradient Boosting Regressor*, bei dem in mehreren Durchgängen verschiedene Optimierungsverfahren angewandt und kombiniert werden, um die Treffsicherheit zu erhöhen.

**Algorithmenwahl je Anwendungsfall**

Ein wesentliches Merkmal der Regression in SAP HANA ist die flexible Möglichkeit, Algorithmen einfach auszutauschen, um die beste Performance für eine spezifische Aufgabe zu finden. Durch Techniken wie *SHAP* (SHapley Additive exPlanations) lässt sich zudem visualisieren, welche unabhängigen Variablen den größten Einfluss auf das Vorhersageergebnis hatten. Das verbessert die Nachvollziehbarkeit und stärkt das Vertrauen in die KI-basierten Entscheidungen.

### 1.3.2 Zeitreihenprognose für die Planung

Die *Zeitreihenprognose* unterscheidet sich von der Regression dadurch, dass die chronologische Reihenfolge der Datenpunkte und die daraus entstehenden Muster Berücksichtigung finden. Zukünftige Entwicklungen werden hier basierend auf diesen historisch beobachteten Entwicklungen prognostiziert. In der SAP-Welt ist dies das Rückgrat für Planungs- und Logistikprozesse. Algorithmen wie das *additive Modell der Zeitreihenanalyse* ermöglichen es, Effekte wie langfristige Entwicklungen und zyklische Schwankungen abzubilden. Das Modell geht beispielsweise davon aus, dass sich ein beobachteter Wert aus der Summe von Trend, Saison und Rauschen zusammensetzt. In der SAP HANA PAL können diese Komponenten unabhängig voneinander berechnet werden. Ein Beispiel hierfür ist die monatliche Absatzprognose: Verkaufszahlen im Dezember steigen aufgrund des Weihnachtsgeschäfts regelmäßig (Saisonalität).

**Statistische Gütemaße**

Um die Genauigkeit solcher Modelle sicherzustellen, nutzt SAP Metriken wie den *Mean Absolute Percentage Error* (MAPE) oder den *Root Mean Squared Error* (RMSE). Damit wird während der Validierung des Modells die Abweichung zwischen (theoretisch) vorhergesagten und tatsächlich beobachteten Werten bewertet.

### 1.3.3 Klassifizierung von Geschäftsvorfällen

Die *Klassifizierung* ist ein überwachtes Lernverfahren (engl. *Supervised Learning*), bei dem ein Modell mit gekennzeichneten Daten trainiert wird, um für neue Daten die passende Kategorie vorherzusagen. Klassifizierung ist somit das Sortieren in vorgegebene Schubladen. Sie deckt Anwendungsbereiche wie die Kreditrisikoprüfung, das Ticket-Routing im Kundenservice oder die Betrugserkennung ab. SAP HANA bietet eine breite Palette an Algorithmen sowohl für einfache binäre Probleme (z. B. »Zahlt der Kunde oder nicht?«) als auch für umfangreiche Daten mit einer Vielzahl an Merkmalen bzw. Dimensionen wie einer Klassifizierung der Kundenabwanderung oder der Identifikation von Betrugsfällen.

Um die Zuverlässigkeit der Klassifizierung zu prüfen, gibt die *Confusion Matrix* Auskunft darüber, wie oft das Modell richtig lag oder Fehlentscheidungen traf. Als zentraler Indikator zeigt der *F1-Score*, wie gut die Balance zwischen Präzision und Trefferquote ist. Ein hoher Wert (nahe 1) ist unerlässlich, wenn das Übersehen eines Falls (z. B. ein unentdecktes Kreditrisiko) deutlich teurer wäre als ein Fehlalarm.

### 1.3.4 Clustering und Anomalieerkennung

*Clustering* ist ein *unüberwachtes Lernverfahren* (unsupervised Learning), das darauf abzielt, Gruppen ähnlicher Objekte in einem Datensatz zu identifizieren, ohne dass diese zuvor gekennzeichnet wurden. Im Gegensatz zur Klassifizierung werden die Clustering-Gruppen vom Modell generiert. In der SAP-Welt wird diese Methode häufig für die Kunden- oder Marktsegmentierung genutzt, um Kunden mit ähnlichem Kaufverhalten oder verschiedene Kundengruppen zu identifizieren. Zur Validierung der Cluster-Qualität wird häufig der *Silhouette-Score* verwendet, der angibt, wie gut ein Datenpunkt zu seinem eigenen Cluster passt (*Kohäsion*) und wie stark er von anderen Clustern getrennt ist (*Separation*). Auch hier ist, ähnlich wie bei der Klassifizierung, ein Wert nahe 1 erstrebenswert, da dieser für eine saubere Trennung der Cluster spricht.

**Erkennung unbekannter Muster**

Ein spezieller Anwendungsfall des Clusterings ist die *Anomalieerkennung*. Dabei werden Datenpunkte identifiziert, die signifikant von der Normalität abweichen. Im Gegensatz zur Klassifizierung können so Unregelmäßigkeiten entdeckt werden, die in der Vergangenheit noch nicht durch ein Muster erkannt wurden. Das ist wertvoll für die Erkennung von Angriffsszenarien auf IT-Infrastrukturen oder für die vorausschauende Überwachung von Produktionsanlagen mithilfe von IoT-Sensoren.

In Tabelle 1.3 sehen Sie die vier zentralen KI-Szenarien im SAP-Umfeld noch einmal im Vergleich.

| KI-Szenario | Primäre Zielsetzung | Weitere Beispiele |
|---|---|---|
| Regression | Vorhersage kontinuierlicher Werte | Marktpreisprognose für Rohstoffe basierend auf abhängigen Variablen |

*Tabelle 1.3: Narrow-AI-Szenarien im Überblick*

| KI-Szenario | Primäre Zielsetzung | Weitere Beispiele |
|---|---|---|
| Zeitreihenprognose für die Planung | Analyse zeitlicher Trends und Muster | Prognose des täglichen Stromverbrauchs unter Berücksichtigung von langfristiger Entwicklung und Jahreszeit |
| Klassifizierung | Zuordnung zu diskreten Kategorien | Einstufung von Versicherungsschäden (hohes/geringes Risiko) |
| Clustering und Anomalieerkennung | Finden natürlicher Gruppierungen | Betrugserkennung in Versicherungsfällen |

*Tabelle 1.3: Narrow-AI-Szenarien im Überblick (Forts.)*

## 1.4 Generative AI und Large Language Models im SAP-System

Während Narrow AI spezialisierte Aufgaben übernimmt, hat die Einführung der generativen KI die Möglichkeiten der Anwendung von KI in Unternehmensprozessen grundlegend erweitert. Das Herzstück dieser Entwicklung ist der *Generative AI Hub* auf der *SAP Business Technology Platform* (SAP BTP). Dieser Hub fungiert als zentrales Gateway, das SAP-Anwendungen einen sicheren und orchestrierten Zugriff auf eine Vielzahl von *Large Language Models* (LLMs) ermöglicht, sowohl auf Modelle von Partnern wie OpenAI, Google, Anthropic und Mistral als auch auf von SAP selbst entwickelte Modelle wie *SAP-ABAP-1* oder *SAP-RPT-1*.

### 1.4.1 Large Language Models im Unternehmenseinsatz

Large Language Models (LLMs) sind eine Form von *Foundational Models* (neuronale Netze mit Milliarden von Parametern), die auf gewaltigen Mengen von Textdaten trainiert wurden. Sie verstehen nicht nur die Syntax einer Sprache, sondern auch deren Semantik und Kontext. Dies unterscheidet sie maßgeblich von klassischen Narrow-AI-Techniken und eröffnet eine völlig neuartige Weise der Interaktion mit Maschinen: die Nutzung der natürlichen menschlichen Sprache.

**Paradigmenwechsel durch ChatGPT**

Als OpenAI den Chatbot *ChatGPT* am 30. November 2022 der Weltöffentlichkeit vorstellte, löste dies einen Paradigmenwechsel in der Mensch-Maschine-Interaktion aus. Es vergingen lediglich zwei Monate, bis ChatGPT 100 Millionen aktive Benutzer erreichte. Zum Vergleich: Der ehemalige Spitzenreiter TikTok benötigte hierfür neun Monate, Instagram sogar über zwei Jahre.

**Erweiterung des Datenspektrums**

Wie effektiv sich diese neuartige Interaktionsmöglichkeit in Unternehmensprozessen darstellt, ist stark kontextabhängig und zentraler Aspekt aktueller Forschung. Bisher benötigten Systeme, Anwendungen und Programme klare, strukturierte Dateneingaben, um den gewünschten Fortschritt im Prozess zu erzielen. Mithilfe von LLMs lässt sich dieses Spektrum nun auf unstrukturierte Daten und, durch den Einsatz weiterer spezifischer Foundational Models, auch multimodal auf Bild- und Spracheingabe ausdehnen.

**Automatisierung und Kontext-intelligenz**

Da Maschinen Texteingaben nun inhaltlich schlüssig interpretieren und darin enthaltene Appelle in konkrete Aktionen umsetzen können, ist die weitere Automatisierung von Geschäftsprozessen der logische nächste Entwicklungsschritt. Die Qualität der vorgeschlagenen oder ausgeführten Aktionen wird dabei primär von zwei zentralen Aspekten beeinflusst:

- dem bereitgestellten Kontext des Geschäftsfalls
- der Fähigkeit des Modells, diesen Kontext umfassend zu verarbeiten und semantisch korrekt zu erfassen

**Grenzen des Kontextfensters**

Derzeit bestehen an beiden Fronten Herausforderungen: Einerseits kann es in nahezu unendliche Komplexität ausarten, der Maschine alle relevanten Umfelddaten als Kontext bereitzustellen. Andererseits ist die Größe des sogenannten *Kontextfensters* technologisch limitiert. LLMs verfügen nur über einen begrenzten »Speicher« innerhalb einer Unterhaltung. Wird dieser überschritten, »vergessen« sie anfangs erwähnte Informationen, was zu einem unvollständigen Verständnis des Kontexts und der Aufgabe führen kann und Fehlentscheidungen nach sich zieht.

**Zusammenspiel des Menschen und Agent**

Dies unterstreicht die Bedeutung des Prinzips *Human-in-the-Loop*. Je nach Fortschritt der Technologie und Kritikalität der Entscheidung kann dieses durch das *Human-on-the-Loop-Prinzip* ergänzt oder ersetzt werden. Während im ersten Fall der Mensch vor jeder Entscheidung aktiv eingebunden ist, wird er im zweiten Fall lediglich über die Hintergründe der automatisierten Entscheidungsfindung informiert. Da viele betriebliche Entscheidungen eine umfassende Kontextberücksichtigung erfordern, setzt SAP darauf, diesen je nach Anwendungsfall spezifisch bereitzustellen, damit KI-Agenten über das notwendige Wissen verfügen, um im Geschäftsalltag die richtigen Entscheidungen treffen bzw. Vorschläge unterbreiten zu können.

### 1.4.2 SAP-spezifische Foundational Models

SAP hat erkannt, dass generische Modelle oft nicht ausreichen, um die spezifischen Anforderungen der Geschäftswelt zu erfüllen. Daher investiert das Unternehmen in spezialisierte Modelle:

- **SAP-ABAP-1**

  Dieses Modell wurde gezielt auf *ABAP-Quellcode* trainiert, um Entwicklerinnen und Entwickler bei der Erstellung von SAP-Fiori-Anwendungen oder der Migration von altem Code zu unterstützen.

- **SAP-RPT-1**

  Dieses Modell ist speziell für tabellarische Daten optimiert und kann zur Prognose fehlender Einzelwerte innerhalb der Tabelle verwendet werden. Es basiert auf In-Context Learning, was bedeutet, dass die für die Prognose deterministischen Daten im Inferenzaufruf als Beispieldaten mitangegeben werden. Dadurch kann es flexibel und ohne aufwendiges Training genutzt werden, beispielsweise innerhalb eines *Business Add-in* (BAdI) zur Vorschlagswertgenerierung bei Stamm- oder Bewegungsdatenanlage.

### 1.4.3 Joule, die KI-Lösung von SAP

*Joule* ist eine KI-basierte Lösung von SAP, die über natürliche Sprache bedient wird und in die Benutzeroberflächen von *SAP S/4HANA Cloud*, *SAP SuccessFactors* und anderen SAP-Lösungen integriert ist. Joule versteht komplexe Anfragen und nutzt passende *Joule Skills* oder *Joule Agents*, um Aufgaben zu erledigen. Ein Joule Skill ist eine spezielle Fähigkeit, über einen Geschäftsvorfall oder ein Stammdatum Auskunft geben zu können, beispielsweise die aktuellen Aufträge zu einem Kunden anzuzeigen. Ein Joule Agent ist eine spezialisierte KI-Instanz, die einen Teilprozess autonom ausführen kann. Beispielsweise kann ein Agent im Bereich Finance Cashflow-Prognosen analysieren, während ein anderer im Bereich Human Resources Performance-Reviews zusammenfasst. Durch die Integration mit Microsoft 365 kann Joule sogar Informationen aus der Office-Welt einbeziehen, um eine möglichst ganzheitliche Antwort zu liefern.

## 1.5 Retrieval-Augmented Generation und Vektordatenbanken

Eine der größten Hürden beim Einsatz von LLMs im Unternehmen ist das Problem der sogenannten *Halluzinationen*, die Tendenz der Modelle, faktisch falsche, aber plausibel klingende Informationen zu erzeugen. Zudem haben Standardmodelle keinen Zugriff auf die internen, oft hochvertraulichen Daten eines Unternehmens. Die Lösung für dieses Problem ist die *Retrieval-Augmented Generation* (RAG).

### 1.5.1 Der RAG-Prozess

**Grounding mit Unternehmenswissen**

Der RAG-Ansatz trennt das faktische Wissen von der Sprachfähigkeit. Anstatt sich auf das im Modell gespeicherte und veraltete Wissen zu verlassen, wird das LLM über dieses vorgeschaltete Modul »gegroundet«. Dabei werden ihm während der Anfrage relevante und aktuelle Fakten aus einer internen Wissensdatenbank zur Verfügung gestellt. Der Prozess folgt drei Schritten:

1. *Retrieve* (Abrufen): Das System sucht in den Unternehmensdaten nach Dokumentenschnipseln, die für die aktuelle Anfrage relevant sind.
2. *Augment* (Anreichern): Die gefundenen Informationen werden als Kontext in den Prompt für das LLM eingefügt mit der Anweisung, diese Informationen primär zur Antwortgenerierung zu verwenden.
3. *Generate* (Generieren): Das LLM erzeugt eine Antwort, die ausschließlich auf den bereitgestellten Fakten basiert.

### 1.5.2 SAP HANA Cloud Vector Engine

**Semantische Suche mit Embeddings**

Technisch wird die Suche im RAG-Prozess über *Vektoreinbettungen* (engl. *Embeddings*) realisiert. Ein Embedding ist eine mathematische Darstellung der Bedeutung eines Textes in einem hochdimensionalen Raum. Texte mit ähnlicher Bedeutung liegen in diesem Vektorraum nah beieinander. SAP HANA Cloud verfügt über eine native Vector Engine, die den Datentyp *REAL_VECTOR* unterstützt und extrem schnelle Ähnlichkeitssuchen (engl. *Similarity Search*) ermöglicht. Dies erlaubt es, unstrukturierte Daten wie PDF-Handbücher, Service-Notizen oder Verträge direkt in der SAP-HANA-Datenbank zu speichern und für KI-Anwendungen nutzbar zu machen. Durch die Verwendung des *Hierarchical Navigable Small World Index* (HNSW) – vorstellbar als Inhaltsverzeichnis mit Stichwörtern und Seitenangaben – erreicht SAP hierbei eine skalierbare Performance, die auch bei Millionen von Datensätzen niedrige Latenzzeiten garantiert.

### 1.5.3 Knowledge Graphs als semantisches Rückgrat

Während Vektordatenbanken hervorragend darin sind, semantische Ähnlichkeiten zu finden, stoßen sie an Grenzen, wenn es um komplexe, logische Beziehungen geht. Hier kommen *Knowledge Graphs* ins Spiel. Ein Knowledge Graph ist ein Netzwerk von Fakten, das Entitäten (wie Produkte, Kunden oder Lieferanten) und deren explizite Beziehungen zueinander abbildet. Im SAP-Kontext ermöglicht der Knowledge Graph eine präzise Abbildung der Geschäftssemantik, die über Jahrzehnte in den ERP-Tabellen gewachsen ist.

**Triple aus Subjekt, Prädikat, Objekt**

Daten in einem Knowledge Graph werden im Standard *Resource Description Framework* (RDF) als *Triples* gespeichert. Ein Triple besteht aus Subjekt, Prädikat und Objekt, z. B.:

`purchaseOrder:4501` > `isSuppliedBy` > `supplier:EisenwarenGmbH`

Die *Ontologie* definiert das Regelwerk des Graphen: Welche Arten von Objekten gibt es, und welche Beziehungen sind zwischen ihnen erlaubt? Im SAP-Umfeld kann eine Ontologie beispielsweise festlegen, dass eine Bestellung immer mit einem Lieferanten verknüpft sein muss.

**Native Persistenz in SAP HANA**

SAP HANA Cloud bietet eine dedizierte *Knowledge Graph Engine*, die es erlaubt, diese Graphen direkt in der Cloud-Datenbank zu verwalten. Abfragen erfolgen über die spezialisierte Sprache *SPARQL*, die es ermöglicht, komplexe Pfade im Graphen zu verfolgen, beispielsweise: »Finde alle Lieferanten in Europa, die Komponenten für Produkte liefern, die in den letzten sechs Monaten einen Qualitätsmangel aufwiesen.«

Die Kombination aus Knowledge Graphs mit LLMs führt zum Konzept des *GraphRAG*. Anstatt nur nach ähnlichen Textpassagen zu suchen, kann das System im Knowledge Graph navigieren, um exakte Fakten und deren Zusammenhänge zu finden. Dies ist besonders wichtig für geschäftskritische Anwendungen, bei denen Halluzinationen inakzeptabel sind.

**Beispiel: Equipmentstruktur**

Ein Beispiel ist die Wartung komplexer Industrieanlagen. Der Graph weiß exakt, welcher Sensor an welcher Komponente verbaut ist, und kann dem LLM diese strukturierten Fakten zur Verfügung stellen, um eine präzise Anleitung zur Fehlerbehebung zu generieren. SAP bettet diese Technologie tief in Joule ein, um sicherzustellen, dass die Antworten immer im richtigen Geschäftskontext stehen und auf der aktuellen Wissensdatenbank des Unternehmens basieren.

## 1.6 Bedeutung für das SAP-Ökosystem

Der Einstieg in die Welt der künstlichen Intelligenz bei SAP ist kein isoliertes technisches Unterfangen, sondern eine strategische Neuausrichtung des gesamten Portfolios. Von den grundlegenden Machine-Learning-Anwendungen der Narrow AI in SAP HANA über die generative Kraft mit Joule bis hin zur semantischen Tiefe des SAP Knowledge Graph entsteht eine integrierte Architektur, die SAP als *AI Foundation* bezeichnet.

SAP fasst die Anwendung dieser Technologien unter dem Dachbegriff der *SAP Business AI* zusammen und legt dabei den Fokus auf die mehrwertstiftende Anwendung innerhalb der Unternehmensprozesse.

**Entwicklung in Richtung autonome Unternehmen**

Die Entwicklung in dieser technologischen Domäne und innerhalb von SAP zeigt einen klaren Trend: KI bewegt sich weg von einer rein unterstützenden Funktion (Human-in-the-Loop) hin zu zunehmend autonomen Systemen (Agentic AI), die in der Lage sind, eigenständig komplexe Workflows zu planen und auszuführen.

Dabei bleibt SAP seinen Grundwerten treu: Die SAP-Business-AI-Ethik-Prinzipien *Relevant*, *Reliable* und *Responsible* stellen sicher, dass KI-Lösungen einen messbaren geschäftlichen Nutzen bringen, auf verlässlichen Daten basieren und höchsten ethischen sowie regulatorischen Standards entsprechen. Für Sie bedeutet dies, dass das Verständnis der hier vorgestellten Konzepte und Technologien die notwendige Basis bildet, um die nächste Generation autonomer Anwendungen zu gestalten und zu betreiben. Die Reise hat gerade erst begonnen, und die Geschwindigkeit der Innovation verspricht eine Zukunft, in der KI zum unsichtbaren, aber unverzichtbaren Teil jedes Geschäftsprozesses wird.

# Kapitel 2
# KI in der SAP-Welt

*Künstliche Intelligenz (KI) ist längst kein Zukunftsthema mehr, sondern prägt die Geschäftswelt von heute. Unternehmen stehen unter dem Druck, Entscheidungen schneller zu treffen, Datenmengen effizient zu nutzen und Prozesse kontinuierlich zu optimieren. SAP S/4HANA, die moderne ERP-Suite von SAP, bietet dafür die ideale Plattform.*

Durch die Kombination von In-Memory-Datenbanktechnologie, Echtzeitanalysen und integrierten KI-Funktionalitäten eröffnet SAP S/4HANA Unternehmen die Möglichkeit, Geschäftsprozesse völlig neu zu denken und Wettbewerbsvorteile zu erzielen. In diesem Kapitel erläutern wir, wie Künstliche Intelligenz (KI) bzw. Artificial Intelligence (AI) in SAP-Standardlösungen integriert ist und welche weiteren Möglichkeiten es gibt, im SAP-Umfeld mit KI zu arbeiten. Dazu stellen wir in Abschnitt 2.1 zunächst die Leitprinzipien relevant, reliable, responsible vor.

Im Anschluss daran geben wir in Abschnitt 2.2 einen Überblick über die wichtigsten Bausteine und Einsatzmöglichkeiten von SAP Business AI – von Standard- und Embedded-Szenarien bis hin zu zentralen Plattformkomponenten. In Abschnitt 2.3 ordnen wir diese Möglichkeiten in grundlegende Lösungsarchitekturen ein und differenzieren insbesondere zwischen Embedded AI und Custom AI. Abschnitt 2.4 widmet sich den Rahmenbedingungen für den verantwortungsvollen Einsatz von KI bei SAP, einschließlich Governance, Ethik, Sicherheit und Compliance. Abschließend erläutern wir in Abschnitt 2.5 das kommerzielle SAP-Lizenzmodell für SAP Business AI und zeigen, wie sich Kosten und Nutzung transparent strukturieren lassen.

## 2.1 Leitprinzipien künstlicher Intelligenz in SAP-Systemen

Die Integration von KI in einem ERP-System geht über die reine Technologieebene hinaus. Sie erfordert Vertrauen, Verantwortungsbewusstsein und die Orientierung an klaren Werten. Dabei richtet sich SAP nach den drei Kernprinzipien *relevant, reliable, responsible*.

**Relevant – Mehrwert durch KI**

Relevanz ist der entscheidende Erfolgsfaktor jeder Technologieeinführung. KI-Lösungen entfalten ihren Nutzen nur dann, wenn sie einen konkreten Mehrwert für Unternehmen und deren Mitarbeitende schaffen. In der Praxis bedeutet dies, dass KI nicht isoliert eingesetzt wird, sondern in Geschäftsprozesse integriert ist, die direkt zur Wertschöpfung beitragen.

Ein Beispiel aus dem Finanzwesen verdeutlicht dies: Hier können Buchungsprozesse automatisiert und Rechnungen selbstständig erfasst, interpretiert und freigegeben werden. Solche automatisierten Prozesse reduzieren Fehler und beschleunigen Abläufe. Ein weiteres Beispiel lässt sich aus dem Supply Chain Management anführen: KI-gestützte Prognosen verbessern hier die Bedarfsplanung, senken Lagerkosten und sichern die Lieferfähigkeit auch in volatilen Märkten. Auch im Bereich Human Resources kann KI Mehrwert schaffen: Intelligente Assistenten können beim Recruiting unterstützen, indem sie Bewerbungsunterlagen analysieren und passende Kandidaten vorschlagen. In SAP S/4HANA werden solche Wertschöpfungen durch *Embedded AI* möglich (siehe Abschnitt 2.3.1). Die KI ist direkt in die Geschäftslogik eingebettet, sodass Anwenderinnen und Anwender die Vorteile unmittelbar in ihrer täglichen Arbeit erleben. Relevanz bedeutet also, dass KI-Lösungen nicht nur technisch beeindruckend, sondern auch geschäftlich sinnvoll und strategisch bedeutsam sind.

**Reliable – Verlässlichkeit als Basis für Vertrauen**

Ein weiterer wichtiger Aspekt ist die Verlässlichkeit (engl. *reliability*). KI-Systeme liefern Entscheidungsvorschläge und Empfehlungen, die für Unternehmen von großer Bedeutung sind und erhebliche Auswirkungen haben können. Daher ist es unabdingbar, dass diese Systeme verlässlich, transparent und konsistent arbeiten.

SAP S/4HANA basiert auf der In-Memory-Technologie von SAP HANA, die eine schnelle und akkurate Verarbeitung großer Datenmengen erlaubt. Diese technische Grundlage gewährleistet nicht nur Geschwindigkeit, sondern auch Genauigkeit, ein entscheidender Faktor für die Glaubwürdigkeit von KI. Darüber hinaus setzt SAP auf zwei weitere Faktoren: Zum einen werden qualitätsgesicherte Trainingsdaten verwendet, um Verzerrungen und Fehlinterpretationen zu minimieren, und es werden nachvollziehbare Algorithmen eingesetzt, die es Anwenderinnen und Anwendern ermöglichen, Entscheidungen zu verstehen und kritisch zu hinterfragen. Zum anderen sorgen kontinuierliche Aktualisierungen dafür, dass die Systeme stets auf dem neuesten Stand sind und mit den dynamischen Anforderungen der Märkte Schritt halten.

**Responsible – Verantwortungsvoller Umgang mit KI**

Die Integration von KI in Unternehmensprozesse wirft ferner unweigerlich ethische Fragen auf. Welche Daten dürfen genutzt werden? Wie lassen sich Diskriminierungen vermeiden? Und wer trägt letztlich die Verantwortung für Entscheidungen, die eine Maschine trifft? Das Prinzip *Responsible* stellt sicher, dass Unternehmen KI nicht nur als technisches Werkzeug, sondern auch als gesellschaftliche Verantwortung begreifen. SAP verfolgt dabei einen klaren Ansatz, der sich an ethischen Leitlinien und Regularien orientiert (siehe *http://s-prs.de/v1144400*).

Wichtige Aspekte dabei sind Datenschutz und Datensicherheit. KI darf ausschließlich auf Daten zugreifen, die rechtskonform verarbeitet werden. SAP unterstützt Unternehmen mit integrierten Sicherheits- und Compliance-Funktionen, die den verantwortungsvollen und gesetzeskonformen Einsatz von KI gewährleisten. Fairness und Transparenz sind unerlässlich, denn Entscheidungen, die durch KI unterstützt oder getroffen werden, müssen für Anwenderinnen und Anwender nachvollziehbar und erklärbar sein.

**Der Mensch bleibt entscheidend**

Der Mensch steht weiterhin im Mittelpunkt, denn KI ist als Unterstützung gedacht, nicht als Ersatz für menschliche Expertise und Verantwortung, die unverzichtbar bleiben. Ein verantwortungsvoller Einsatz von KI bedeutet somit, technologische Innovation mit ethischen Prinzipien zu vereinen. Unternehmen, die diesen Weg gehen, sichern sich nicht nur regulatorische Konformität, sondern stärken auch ihre Reputation und Akzeptanz in der Gesellschaft.

**KI-Architektur von SAP**

Abbildung 2.1 verdeutlicht die strategische Architektur, die SAP im Bereich KI verfolgt. Sie zeigt, wie SAP den Einsatz von KI in verschiedenen Schichten einbaut, von der technologischen Basis über eingebettete KI-Funktionen bis hin zu konkreten KI-Anwendungen im Geschäftsalltag.

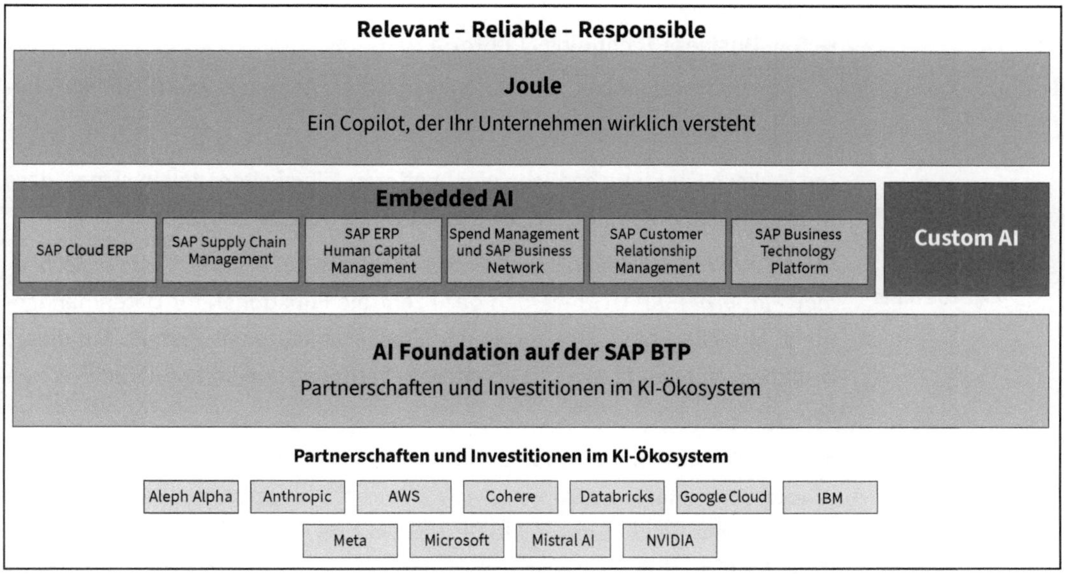


*Abbildung 2.1: KI-Architektur von SAP im Überblick*

**Joule – der Business-Copilot**

An oberster Stelle in Abbildung 2.1 steht Joule, der Business-Copilot von SAP. Joule ist ein digitaler Assistent, der mit den Business-Daten und -Vokabular trainiert wurde. Er verknüpft Unternehmensdaten und liefert Handlungsempfehlungen in Echtzeit. Damit fungiert Joule als Schnittstelle zwischen Mensch und System und ermöglicht es den Mitarbeitenden, schneller und fundierter Entscheidungen zu treffen. Die Stärke von Joule liegt in seiner tiefen Integration in den Kontext der Geschäftsprozesse.

**Embedded AI**

Darunter in Abbildung 2.1 befinden sich die Embedded-AI-Fähigkeiten, die direkt in zentrale SAP-Anwendungen integriert sind. Hier wird KI nicht als separates Modul verstanden, sondern als fester Bestandteil der täglichen Arbeit. Embedded AI findet sich in verschiedenen Funktionsbereichen:

- **SAP Cloud ERP**

  KI-gestützte Automatisierung von Finanz- und Logistikprozessen
- **SAP ERP Human Capital Management**

  Unterstützung im Recruiting, Talentmanagement und in der Mitarbeiterentwicklung
- **Spend Management und SAP Business Network**

  Effiziente Steuerung von Lieferketten, Kostenkontrolle und Risikoüberwachung
- **SAP Customer Relationship Management**

  Intelligente Kundeninteraktion, Vorhersage von Kundenbedürfnissen und Personalisierung
- **SAP Business Technology Platform**

  Technische Grundlage, die Datenintegration, Analysen und KI-Services bereitstellt

Die in diese Funktionsbereiche eingebetteten Fähigkeiten stellen sicher, dass KI unmittelbar dort wirkt, wo der geschäftliche Nutzen entsteht.

**SAP BTP als technologische Basis**

Die *AI Foundation* bildet die technologische Basis. Auf der *SAP Business Technology Platform* (SAP BTP) werden dazu zentrale Funktionen für Datenmanagement, Modelltraining, Monitoring und Skalierbarkeit bereitgestellt. Auf dieser Grundlage können KI-Modelle entwickelt, betrieben und kontinuierlich verbessert werden.

**Partnernetzwerk**

Abgerundet wird die Architektur durch das KI-Ökosystem, in dem SAP mit führenden Technologieunternehmen wie Anthropic, Amazon Web Services (AWS), Cohere, Databricks, Google Cloud, IBM, Microsoft und anderen kooperiert. Diese Partnerschaften stellen sicher, dass SAP-Kunden von den Innovationen des Marktes profitieren, während sich SAP um die Integrationsfähigkeit und Sicherheit kümmert.

## 2.2 Möglichkeiten von SAP-Business-AI-Anwendungen

Dieser Abschnitt gibt Ihnen einen Überblick über die vielfältigen Möglichkeiten von *SAP Business AI* und zeigt, wie Unternehmen künstliche Intelligenz in unterschiedlichen Bereichen nutzen können. SAP Business AI ist das KI-Portfolio von SAP, das künstliche Intelligenz direkt in Geschäftsprozesse und SAP-Anwendungen integriert, um Aufgaben zu automatisieren, bessere Entscheidungen zu ermöglichen und messbaren Geschäftsnutzen aus Unternehmensdaten zu schaffen.

Von vorkonfigurierten Standardszenarien über eingebettete Funktionen in SAP S/4HANA Cloud Public Edition bis hin zu leistungsstarken Tools wie Joule, SAP AI Core und dem SAP AI Launchpad stellen wir die wichtigsten Bausteine vor. Außerdem erläutern wir Plattformen und Dienste wie den Generative AI Hub, SAP Business Data Cloud und die SAP BTP, die zusammen eine umfassende Basis für KI-Anwendungen bereitstellen.

### 2.2.1 Welche KI-Standardlösungen und -szenarien liefert SAP aus?

**KI-Infrastruktur**

Im Umfeld von SAP spielt KI eine zentrale Rolle, da Unternehmen zunehmend auf intelligente Systeme angewiesen sind, um große Datenmengen effizient zu verarbeiten und Wettbewerbsvorteile zu erzielen. Die SAP BTP bildet dafür die Grundlage: Sie verbindet Datenmanagement, Integration, Analysen und künstliche Intelligenz in einer einheitlichen Architektur. KI auf der SAP BTP folgt klaren Prinzipien: Alle Lösungen wurden auf Grundlage hoher Standards für Ethik und Datenschutz entwickelt. Zudem stellt SAP umfassende Governance-Mechanismen bereit, sodass Unternehmen die volle Kontrolle über den Lebenszyklus ihrer KI-Anwendungen behalten.

**Integrierte KI-Funktionen in Geschäftsprozessen**

Neben dieser Technologie stellt SAP eine Reihe integrierter KI-Funktionen in Geschäftsprozessen bereit. Viele SAP-Anwendungen enthalten bereits solche eingebetteten KI-Funktionen, die Endanwenderinnen und Endanwender bei täglichen Aufgaben unterstützen.

In den folgenden Abschnitten gehen wir zunächst auf die KI-Infrastruktur auf der SAP BTP und anschließend auf die in die ERP-Anwendungen integrierten KI-Funktionen ein.

#### Künstliche Intelligenz auf der SAP BTP

Künstliche Intelligenz lässt sich auf der SAP BTP auf mehreren Ebenen nutzen:

- **SAP AI Services**

  Über standardisierte Dienste können Unternehmen Prozesse automatisieren und eigene Szenarien aufbauen.

- **Plattform-Services**

  Die SAP BTP stellt zentrale Werkzeuge für Entwicklung, Training, Betrieb und Verwaltung von AI-Modellen bereit.
- **Erweiterte Datenservices**

  Mit SAP HANA Cloud und SAP Datasphere stehen leistungsfähige Werkzeuge zur Verfügung, um Daten für AI nutzbar zu machen.

**SAP AI Services**

Die *SAP AI Services* dienen der Automatisierung wiederkehrender Geschäftsprozesse. Sie ermöglichen es beispielsweise, Dokumente zu klassifizieren, Texte zu analysieren oder Rechnungen automatisch zu verarbeiten. Im Vergleich zu klassischen, rein transaktionsorientierten Oberflächen wie SAP GUI oder SAP Dynpro steigern sie nicht nur die Effizienz, sondern verbessern auch deutlich die Benutzererfahrung durch intelligente Vorschläge und automatisierte Verarbeitungsschritte.

**Plattform-Services**

Zu den Services der SAP BTP gehört unter anderem das *SAP AI Launchpad*. Es bietet eine einheitliche Übersicht über alle KI-Projekte und -Modelle und unterstützt beim Deployment, der Versionierung und der Überwachung von KI-Modellen sowie bei der Verwaltung von Endpunkten. Zudem ermöglicht es die nahtlose Integration von KI-Services in SAP- und Nicht-SAP-Systeme, etwa für die Dokumentenverarbeitung, Prognosen oder generative KI mit Joule. Governance und Sicherheit werden durch die Monitoring-Funktionen und die Nachvollziehbarkeit wird durch klare Rollen- und Rechtekonzepte sichergestellt. Mit dem SAP AI Launchpad haben Entwicklerinnen und Entwickler, Data Scientists sowie Fachanwenderinnen und Fachanwender über ein zentrales Cockpit direkten Zugriff auf Modelle, Daten und Logs. So schafft das Launchpad Transparenz, Effizienz und Vertrauen im gesamten KI-Lifecycle. In Abschnitt 2.2.6 erhalten Sie einen Einblick in die Benutzeroberfläche des SAP AI Launchpads.

Eine weitere wichtige Komponente der SAP-BTP-Services ist *SAP AI Core*. Er übernimmt die technische Ausführung und den Betrieb von *KI-Assets*, also allen technischen Artefakten, die für Training und Betrieb von KI-Modellen erforderlich sind. Damit werden das Training, Deployment und Monitoring von Modellen standardisiert. Unternehmen können so ihre eigenen KI-Anwendungen entwickeln, ohne sich um die zugrunde liegende Infrastruktur kümmern zu müssen.

SAP AI Core orchestriert außerdem Foundation Models (z. B. Large Language Models, LLMs) und macht sie über Joule oder kundeneigene Anwendungen nutzbar. Damit können Unternehmen generative KI-Szenarien wie Textzusammenfassungen, E-Mail-Antwortvorschläge oder Produktempfehlungen umsetzen.

Darüber hinaus stellt SAP AI Core eine Programmierschnittstelle (Application Programming Interface, API) bereit, über die sich vielfältige Anwendungsfälle abdecken lassen. So können beispielsweise Objekte in SAP-Systemen automatisch angelegt oder Transaktionen direkt ausgeführt werden. Damit sind den möglichen KI-Use-Cases kaum Grenzen gesetzt, da die Integration flexibel an individuelle Geschäftsprozesse angepasst werden kann. In Abschnitt 2.2.5 stellen wir die Funktionen des SAP AI Core ausführlicher vor.

**Erweiterte Datenservices**

Im Rahmen der *erweiterten Datenservices* der SAP BTP ist *SAP HANA Cloud* das zentrale Datenbanksystem von SAP in der Cloud. Es ist speziell für die Verarbeitung großer Datenmengen in Echtzeit ausgelegt und bietet native Funktionen für Machine Learning.

SAP HANA Cloud stellt dafür zwei wesentliche Bibliotheken zur Verfügung:

- **Predictive Analysis Library (PAL)**

  Diese Bibliothek umfasst eine umfangreiche Sammlung von Algorithmen für statistische Analysen, Klassifikationen, Regressions- und Zeitreihenanalysen.

- **Automated Predictive Library (APL)**

  Bei dieser Bibliothek handelt es sich um eine vereinfachte und stärker automatisierte Variante der PAL, die Vorhersagen weitgehend automatisiert erzeugt und sich an Fachanwenderinnen und Fachanwender richtet.

Mit der *SAP HANA Cloud Vector Engine* bietet SAP HANA Cloud zudem Funktionen für generative KI. Über *Retrieval-Augmented Generation* (RAG) und Vektor-Suchen lassen sich externe Wissensquellen einbinden. So können Unternehmen beispielsweise Kaufmuster im Einzelhandel identifizieren oder aktuelle Fakten in LLMs integrieren.

*SAP Datasphere* fungiert als zentrale Datenmanagement-Schicht der SAP BTP. Die Lösung verbindet Daten aus unterschiedlichsten Quellen und stellt diese für Analysen und KI-Szenarien bereit. Mithilfe von KI werden Daten nicht nur schneller verarbeitet, sondern auch angereichert und interpretiert. So lassen sich Prognosen erstellen, etwa über künftige Kundenpräferenzen oder Markttrends.

**Ethik und Datenschutz**

Besonders hervorzuheben ist, dass die KI-Lösungen von SAP stets auf hohen ethischen und datenschutzrechtlichen Standards basieren. Unternehmen behalten die volle Governance über ihre KI-Assets und können gleichzeitig von innovativen Technologien wie Machine Learning, generativer KI und prädiktiven Analysen profitieren.

SAP Business AI ist damit ein wichtiger Bestandteil der digitalen Transformation. Es erweitert bestehende Geschäftsprozesse, schafft neue Erkenntnisse aus Daten und bietet die Grundlage für zukunftssichere Unternehmensstrategien.

### In SAP-Anwendungen integrierte KI-Szenarien

**Intelligente Prozesse mit SAP**

Wie Abbildung 2.2 verdeutlicht, bietet SAP bereits heute eine Vielzahl von Szenarien, in denen KI-Funktionalität fest in Standardprozesse integriert ist. Die folgenden Beispiele für AI-Use-Cases zeigen, wie breit das Spektrum ist:

- **Intercompany Reconciliation**

  Es finden automatisierte Abgleiche zwischen konzerninternen Geschäftspartnern statt, um Differenzen schneller zu identifizieren und zu beheben.
- **Sales Order Automation**

  Es werden automatisch Kundenaufträge auf Basis eingehender Dokumente und E-Mails angelegt.
- **SAP Cash Application**

  Zahlungen werden intelligent offenen Forderungen zugeordnet, wodurch der manuelle Aufwand erheblich sinkt.
- **Workflow Intelligence**

  Arbeitsabläufe werden automatisiert analysiert und optimiert, z. B. zur Engpasserkennung.
- **Joule**

  Der digitale Assistent Joule ermöglicht sprachbasierte Interaktionen mit den Geschäftsanwendungen, vergleichbar mit einem Unternehmens-Chatbot.
- **Personalisierte Lernempfehlungen in SAP SuccessFactors**

  Mit personalisierten Lernempfehlungen wird individuelle Mitarbeiterentwicklung unterstützt.
- **Intelligentes Beleg-Scanning**

  Inhalte von Spesenbelegen, Rechnungen und Lieferscheinen werden automatisch erkannt.
- **Produkt- und Preisempfehlungen**

  Es werden kontextbasierte Vorschläge für Vertrieb und Marketing bereitgestellt.
- **Returnable Packaging Management**

  Dieser Prozess ermöglicht eine optimierte Rückverfolgung von Mehrwegverpackungen.

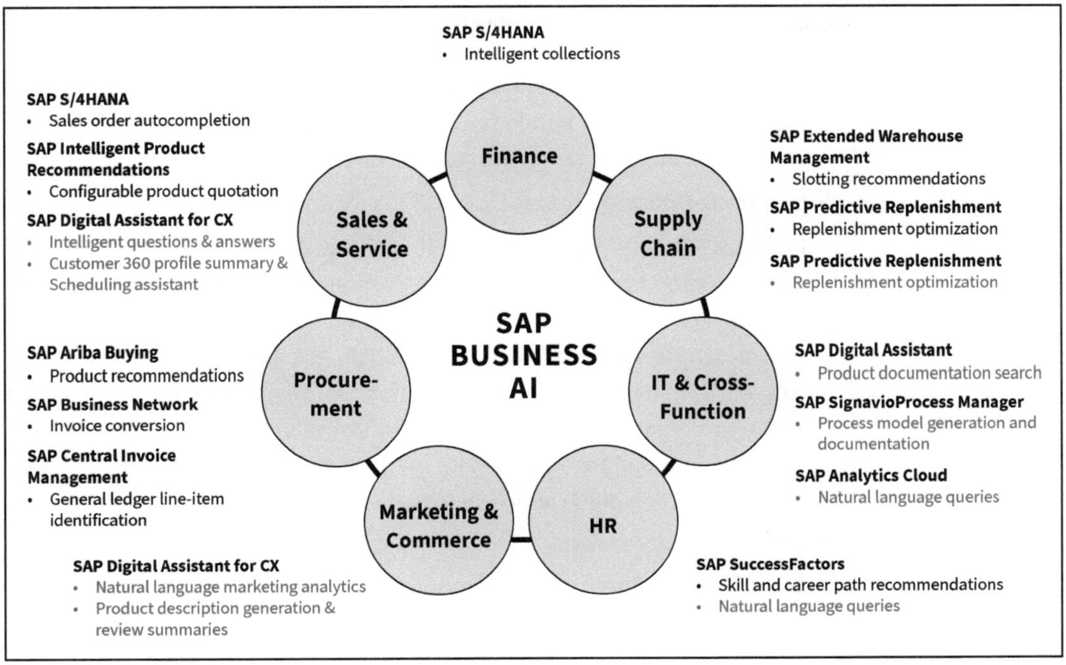


*Abbildung 2.2: Beispiele für SAP Business AI in Kernprozessen*

**Vier Kernprozesse**

SAP strukturiert die Integration von KI in die Unternehmensanwendungen entlang der vier Hauptprozesse eines intelligenten, nachhaltigen Unternehmens. Diese End-to-End-Prozesse dienen als Orientierungsrahmen, um die verschiedenen Funktionen zielgerichtet einzusetzen und deren Nutzen in den Geschäftsalltag zu übertragen:

- **Recruit-to-Retire-Prozess**

  Im Recruit-to-Retire-Prozess unterstützt KI sämtliche Schritte des Personalmanagements – von der Personalgewinnung bis zum Austritt. So ermöglicht beispielsweise die intelligente Bedarfsplanung in SAP S/4HANA eine vorausschauende Personaldisposition, während das automatisierte Screening von Lebensläufen in SAP Fieldglass den Recruiting-Prozess beschleunigt. Ergänzend tragen personalisierte Lernempfehlungen in SAP SuccessFactors dazu bei, die individuelle Weiterentwicklung von Mitarbeitenden zu fördern. Auf diese Weise entsteht eine engere Verbindung zwischen Mitarbeitererfahrung und den Zielen des Unternehmens.

- **Lead-to-Cash-Prozess**

  Auch der Lead-to-Cash-Prozess wird durch KI umfassend unterstützt. Hier begleitet sie den gesamten Kundenlebenszyklus, von der ersten Kontaktaufnahme bis hin zum Zahlungseingang. Opportunity Scoring in der SAP Sales Cloud bewertet beispielsweise Verkaufschancen nach ihrer Erfolgswahrscheinlichkeit, Performance-Vorhersagen in SAP S/4HANA erleichtern die Umsatzprognose und die Anomalieerkennung in SAP Customer Data Cloud schützt vor Betrugsversuchen und erhöht die Datensicherheit. Damit entstehen durchgängigere, kundenzentrierte Prozesse, die sowohl die Effizienz steigern als auch die Kundenzufriedenheit erhöhen.

- **Design-to-Operate-Prozess**

  Im Design-to-Operate-Prozess entfaltet KI ihre Stärken insbesondere in der Produktion und der Lieferkette. So verbessern beispielsweise Liefertermin-Vorhersagen in SAP S/4HANA Cloud die Planungssicherheit, während Emissionsprognosen Unternehmen ermöglichen, nachhaltigere Entscheidungen zu treffen. Visuelle Qualitätsprüfungen in SAP Digital Manufacturing Cloud wiederum erhöhen die Produktqualität. Insgesamt erhalten Unternehmen hierdurch ein Set an Werkzeugen, mit dem sich sowohl Effizienz als auch Nachhaltigkeit in der Produktion messbar steigern lassen.

- **Source-to-Pay-Prozess**

  Schließlich profitieren auch die Source-to-Pay-Prozesse von KI. Beschaffungs- und Lieferkettenabläufe gewinnen an Geschwindigkeit und Zuverlässigkeit, wenn SAP Ariba neue Lieferanten vorschlägt oder eine automatisierte Datenanreicherung die Pflege von Stammdaten erleichtert. Prognosen zur Vertragsnutzung in SAP S/4HANA Cloud geben zusätzliche Einblicke in die Vertragserfüllung und erhöhen so die Transparenz. Das Ergebnis ist eine effizientere Beschaffung und zugleich eine höhere Resilienz der gesamten Lieferkette.

### 2.2.2 Eingebettete Szenarien in SAP Cloud ERP

SAP S/4HANA Cloud Public Edition und SAP S/4HANA Cloud Private Edition stellen eine Vielzahl vordefinierter KI-Szenarien bereit, die unmittelbar in das System eingebettet sind und ohne externe Anwendungen genutzt werden können. Beispiele hierfür sind die Erstellung von Kundenaufträgen aus unstrukturierten Daten, die automatische Vervollständigung von Verkaufsaufträgen, die Prognose von Lieferterminen für Bestellungen und die Vorhersage des Arbeitskräftebedarfs. Ergänzend stehen Funktionen wie die intelligente Erstellung von Anlagegütern, die semantische Suche, automatisierte Textzusammenfassungen oder die intelligente Bearbeitung von Abrechnungsdokumenten zur Verfügung.

**Direkter Zugriff auf Kerndaten**

Der entscheidende Vorteil dieser Szenarien liegt darin, dass sie end-to-end innerhalb des SAP-Systems ausgeführt werden. Mitarbeitende müssen keine Daten aus externen Quellen abrufen oder zusätzliche Schnittstellen bedienen. Stattdessen greifen die Funktionen direkt auf die zugrunde liegenden Unternehmensdaten in SAP S/4HANA Cloud zu und liefern ihre Ergebnisse unmittelbar im gewohnten Arbeitsumfeld.

Dadurch entstehen mehrere Nutzenpotenziale: Zum einen wird die Arbeit der Mitarbeitenden erheblich erleichtert, da manuelle Aufwände, z. B. beim Anlegen oder Vervollständigen von Aufträgen, reduziert oder solche Schritte vollständig automatisiert werden. Zum anderen verbessern sich die Datenqualität und Prozesssicherheit, da alle Schritte im gleichen System stattfinden. Schließlich führt die direkte Integration auch zu einer spürbaren Effizienzsteigerung, weil Prozesse beschleunigt und Entscheidungen schneller auf Basis intelligenter Empfehlungen getroffen werden können.

**KI-unterstützte Smart-Zusammenfassung**

Die Funktion der *KI-unterstützten Smart-Zusammenfassung* in SAP S/4HANA Cloud Public Edition ermöglicht es, Inhalte von SAP-Fiori-Elements-Objektseiten automatisch zusammenzufassen. Dadurch lassen sich Geschäftsdaten in mehreren Sprachen schnell und verständlich aufbereiten und unmittelbar für die Zusammenarbeit in internationalen Teams nutzen, sei es in Chats, E-Mails oder internen Abstimmungen. Die generierten Textvorschläge können flexibel an individuelle Bedürfnisse angepasst werden, sodass die Anwenderinnen und Anwender stets eine passende Grundlage für ihre Kommunikation haben. Die in Abbildung 2.3 dargestellten Kacheln sind ein Auszug aus dem SAP Discovery Center, in dem alle freigegebenen AI-Use-Cases zur Verfügung stehen.

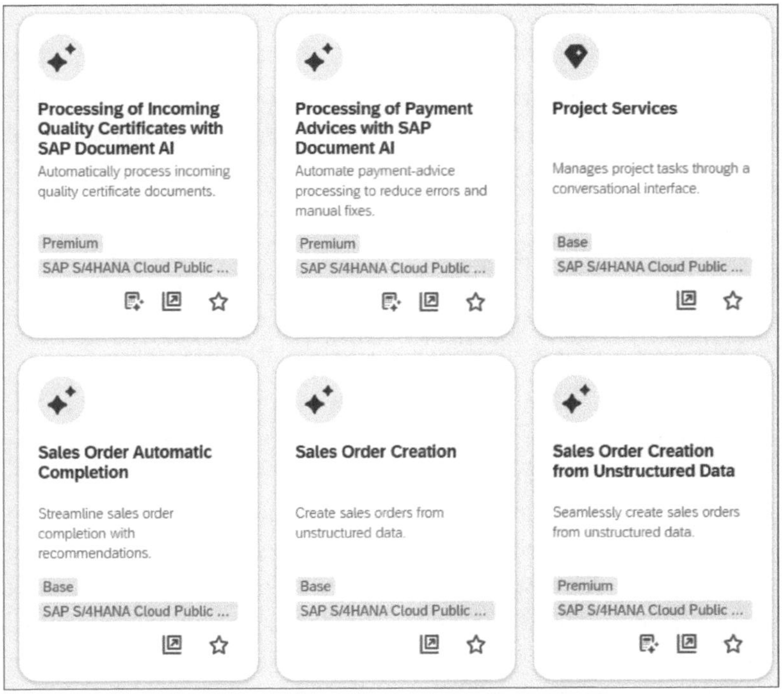


*Abbildung 2.3: Einsatzszenarien von SAP Business AI in der Praxis*

Der Nutzen zeigt sich vor allem in einer deutlichen Zeitersparnis: Zusammenfassungen, die sonst manuell erstellt werden müssten, liegen nun auf Knopfdruck vor. Gleichzeitig steigt die Zufriedenheit der Endanwenderinnen und Endanwender, da sie Informationen schneller erfassen, weitergeben und mit Stakeholdern teilen können. So wird die tägliche Arbeit nicht nur effizienter, sondern auch spürbar einfacher.

**Supplier Delivery Date Prediction**

Die Funktion *Supplier Delivery Date Prediction* in SAP S/4HANA Cloud Private und Public Edition unterstützt den Einkauf dabei, Liefertermine für Bestellpositionen präziser vorherzusagen. Grundlage dafür sind historische Daten, die mithilfe des *Intelligent Scenario Lifecycle Managements* (ISLM) ausgewertet werden. ISLM ist ein Framework in SAP-Systemen, mit dem KI-Szenarien zentral aktiviert, trainiert, überwacht und verwaltet werden können (siehe auch Kapitel 13, »KI-Entwicklung mit Intelligent Scenario Lifecycle Management«). Das System berücksichtigt verschiedene Parameter und berechnet daraus ein realistisches Datum, zu dem der Lieferant das Material voraussichtlich liefern kann.

In der Praxis bedeutet dies eine spürbar verbesserte Liefergenauigkeit und Planbarkeit, was wiederum die gesamte Disposition stabiler macht. Gleichzeitig profitieren die Anwenderinnen und Anwender von fundierteren Entscheidungen im Einkauf, da Unsicherheiten bei Lieferterminen reduziert werden. Die Funktion steigert die operative Effizienz, da weniger manuelle Nacharbeiten oder Abstimmungen mit Lieferanten notwendig sind.

**Sales Order Automatic Completion**

Die Funktion *Sales Order Automatic Completion* in SAP S/4HANA Cloud Public Edition nutzt historische Daten und Machine Learning, um unvollständige Kundenaufträge automatisch zu vervollständigen. Das System schlägt passende Werte für fehlende Felder vor, sodass Vertriebsmitarbeitende auch mit unvollständigen Eingaben ihre Arbeit ohne Unterbrechung fortsetzen können. Dadurch steigt die Produktivität im Vertrieb, während gleichzeitig der manuelle Aufwand für Dateneingaben sinkt. Zudem reduziert sich der Pflegeaufwand in der Stammdatenverwaltung, was zu geringeren Betriebskosten führt.

**Automatisierte Auftragserfassung**

Die Funktion *Sales Order Creation* in SAP S/4HANA ermöglicht es, Kundenaufträge direkt aus unstrukturierten Daten wie PDF- oder Bilddateien von Bestellungen zu erstellen. Sobald eine Datei hochgeladen wird, extrahiert das System automatisch die relevanten Informationen, legt daraus einen Auftrag an und schlägt passende Werte für die erforderlichen Felder vor, etwa die Ermittlung des Kunden anhand der ausgelesenen Daten. Der erstellte Auftragseingang kann anschließend in einen vollständigen Kundenauftrag umgewandelt werden. Dadurch sparen Vertriebsmitarbeitende erheblich Zeit und manuellen Aufwand bei der Auftragserfassung, da Informationen nicht mehr einzeln übertragen werden müssen. Gleichzeitig sinkt die Fehlerquote, was den Order-to-Cash-Zyklus beschleunigt und eine reibungslosere Auftragsabwicklung ermöglicht.

### 2.2.3 Joule

**KI-Assistent für SAP**

*Joule* ist der KI-gestützte digitale Assistent von SAP, der Anwenderinnen und Anwendern den Zugriff auf Informationen und Funktionen innerhalb von SAP-Systemen erleichtert. Die Interaktion mit Joule erfolgt dialogorientiert, das heißt, Sie können in natürlicher Sprache Fragen stellen oder Befehle eingeben. Joule verarbeitet diese Eingaben und liefert präzise Antworten oder Empfehlungen, z. B. in Form von direkten Links ins SAP Help Portal.

Ein typisches Nutzungsszenario in der Instandhaltung ist die Unterstützung in *SAP Asset Performance Management*. Joule wird jedoch auch in zahlreichen Standardanwendungen von SAP S/4HANA eingesetzt, etwa im Einkauf oder im Vertrieb. Die Benutzeroberfläche ist leicht zugänglich: Über ein Symbol im SAP Fiori Launchpad kann Joule geöffnet, vergrößert, zurückgesetzt oder geschlossen werden, wobei Unterhaltungen gespeichert bleiben. Technisch basiert Joule auf dem RAG-Ansatz (Retrieval-Augmented Generation), d. h., die Antworten des Assistenten stützen sich ausschließlich auf definierte, freigegebene Inhalte.

Zu den Leistungsversprechen von Joule zählen eine schnellere Informationsbeschaffung, die Vereinfachung komplexer Aufgaben und eine spürbare Steigerung der Produktivität. Joule unterstützt dabei in ganz unterschiedlichen Business-Funktionen: Es kann beispielsweise Wareneingänge buchen, beim Coding in SAP Build Code helfen (sogenanntes *Vibe Coding*) oder sogar komplette Applikationen generieren, was die Entwicklungsarbeit erheblich beschleunigt.

**Einsatzformen von Joule**

SAP unterscheidet zwischen verschiedenen Einsatzformen:

- *SAP Joule for Consultants* unterstützt bei Beratungs- und Konfigurationsaufgaben.
- *SAP Joule for Developers* richtet sich speziell an Entwicklerinnen und legt den Fokus auf Code-Generierung und technische Szenarien.
- *Embedded Joule* ist direkt in zentrale Geschäftsprozesse integriert und steht dort als Chat-Assistent zur Verfügung.

Joule kann demnach flexibel in unterschiedlichen Rollen eingesetzt werden, von der Prozessunterstützung bis zur Softwareentwicklung. Damit erweitert Joule klassische SAP-Prozesse um intelligente Automatisierungs- und Entwicklungsmöglichkeiten, und zwar direkt im System.

[!]

**Keine personenbezogenen Daten eingeben!**

Wichtig ist, dass keine sensiblen personenbezogenen Daten eingegeben werden, da diese aus Datenschutzgründen nicht verarbeitet werden sollen.

Joule ist ein erster Schritt hin zu einer neuen, natürlichen und intuitiven Interaktion mit SAP-Systemen. Es ergänzt klassische UI-Funktionalität wie SAP Fiori um eine moderne KI-Komponente.

**Joule Studio für smarte Agenten**

*Joule Studio* ist die Entwicklungs- und Konfigurationsumgebung für Joule. Es ist nicht nur ein Werkzeug für Entwicklerinnen und Entwickler, sondern auch eine wertvolle Unterstützung für Beraterinnen und Berater, da es die Erstellung intelligenter Agenten erleichtert. Diese Agenten übernehmen definierte Aufgaben, automatisieren Geschäftsprozesse und tragen zur Optimierung betrieblicher Abläufe bei.

Joule selbst greift auf Daten aus SAP Business Data Cloud, SAP Knowledge Graph, SAP Build sowie auf bestehende SAP-S/4HANA-Applikationen zu, um auf einer breiten Daten- und Funktionsbasis aufzusetzen (siehe Abbildung 2.4).

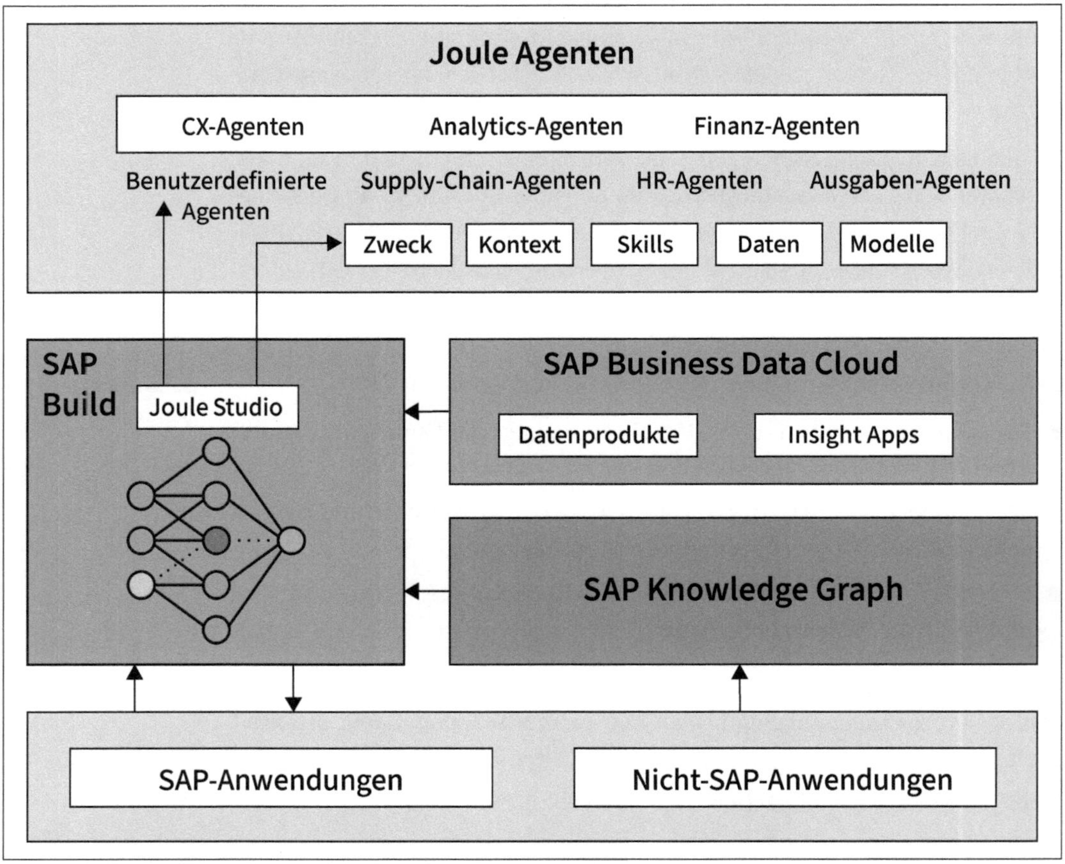


*Abbildung 2.4: Integration von Joule Agents in SAP- und Nicht-SAP-Anwendungen*

Die mit Joule Studio entwickelten *Joule Agents* können spezifische Aufgaben übernehmen, z. B. im Supply Chain Management, der Personalverwaltung oder Aufgaben im Finanzwesen oder der Analytics. Diese Agenten lassen sich entweder eigenständig einsetzen oder in einem koordinierten Zusammenspiel nutzen, sodass komplexe End-to-End-Prozesse intelligent unterstützt werden. Damit entsteht ein flexibles, KI-getriebenes Ökosystem, das Routineaufgaben entlastet und fundiertere Entscheidungen in der Unternehmenssteuerung ermöglicht.

### 2.2.4 SAP Business Technology Platform

**Technologisches Fundament**

Die SAP Business Technology Platform (SAP BTP) ist das technologische Fundament, auf dem Unternehmen ihre SAP-Systeme modernisieren, erweitern und miteinander vernetzen können. Sie vereint zentrale Bereiche wie Anwendungsentwicklung, Datenmanagement, Integration, Automatisierung, Analytics und KI in einer Plattform. Mit ihr lassen sich nicht nur bestehende SAP-Lösungen flexibel anpassen, sondern auch völlig neue Anwendungen entwickeln.

Ein wesentlicher Vorteil der SAP BTP ist, dass sie Daten aus unterschiedlichen Quellen zusammenführt und diese für Echtzeitanalysen und fundierte Entscheidungen nutzbar macht. Gleichzeitig sorgt sie für reibungslose End-to-End-Prozesse, egal ob innerhalb der SAP-Landschaft oder in Verbindung mit Drittanbietersystemen. Unternehmen profitieren so von einer konsistenten Benutzererfahrung, harmonisierten Sicherheits- und Identitätsdiensten sowie einheitlichen Integrationsmodellen. Durch die Nutzung von Services wie SAP Integration Suite, SAP Analytics Cloud oder SAP Build wird die Plattform zum Baukasten für neue digitale Geschäftsmodelle. Damit unterstützt die SAP BTP Ihre Transformation hin zu einem intelligenten, vernetzten und nachhaltigen Unternehmen.

Die SAP BTP kann mit Joule Studio und Joule Agents kombiniert eingesetzt werden. Dadurch können Entwicklerteams KI-gestützt Anwendungen schneller entwerfen, erweitern und betreiben.

Schauen wir uns ein konkretes Beispiel aus dem Vertrieb an: Ein Kunde sendet eine E-Mail mit einer Bestellung. Wird diese E-Mail an Joule übergeben, kann ein entsprechender Agent die Inhalte analysieren, relevante Informationen wie Materialnummern, Mengen und Liefertermine extrahieren und daraus automatisch einen Kundenauftrag im System anlegen. Die SAP BTP stellt dabei die technischen Services, Integrationen und Erweiterungsmöglichkeiten bereit, während Joule die semantische Analyse und Prozessautomatisierung übernimmt. Entwicklerinnen oder Entwickler müssen die Logik nicht vollständig selbst programmieren, sondern orchestrieren Plattformservices und KI-Funktionalitäten gezielt miteinander.

**Account-Struktur**

Abbildung 2.5 zeigt, wie ein Unternehmens-Account zur Nutzung der SAP BTP strukturiert ist. Der *Global Account* stellt die oberste Ebene eines Unternehmenskontos und die Grundlage des Vertrags mit SAP dar. Innerhalb dieses Global Accounts können *Subaccounts* angelegt werden, in denen die bereitgestellten Anwendungen betrieben, Services genutzt und die Mitglieder verwaltet werden. *Directories* dienen dazu, Subaccounts in einer hierarchischen Struktur zu organisieren und so technische oder organisatorische Anforderungen abzubilden. Die *Entitlements* legen fest, welche Services und Ressourcen in den einzelnen Subaccounts genutzt werden dürfen. Die Region bestimmt das physische Rechenzentrum, in dem die gebuchten Services instanziiert werden.

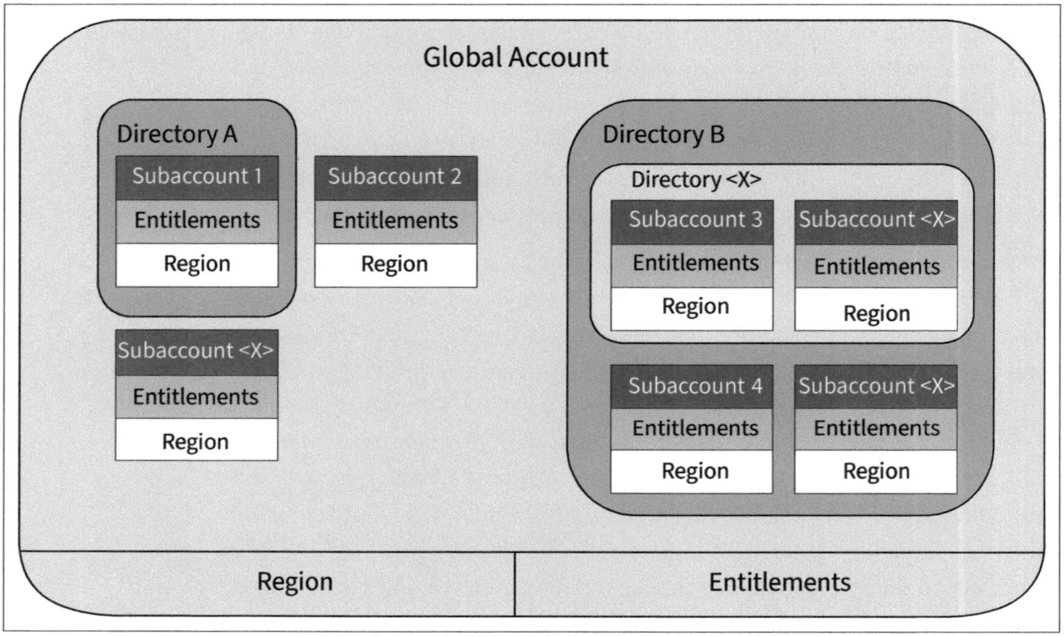


*Abbildung 2.5: Account-Hierarchie der SAP BTP im Überblick*

### 2.2.5 SAP AI Core

**Skalierbare KI-Basis**

*SAP AI Core* ist das Herzstück der SAP BTP, wenn es darum geht, KI-Anwendungen in den produktiven Betrieb zu bringen. Er sorgt dafür, dass Machine-Learning-Modelle trainiert, skaliert und sicher in Unternehmensprozesse eingebunden werden können. Dabei spielt es aus Anwendersicht keine Rolle, ob Ihr SAP-BTP-Subaccount auf der Infrastruktur eines Hyperscalers oder in einem SAP-Rechenzentrum läuft. SAP AI Core ist bewusst technologieunabhängig angelegt.

**Entwicklung eigener KI-Modelle und -Anwendungen**

Entwicklerteams können GitHub-Repositories und Docker-Images nutzen, um ihre Modelle und Workflows flexibel in KI-Anwendungen einzubinden. Die Trainings- und Bereitstellungsprozesse laufen automatisiert in sogenannten *Resource Groups*, die voneinander isoliert sind und so ein Multi-Tenancy-Konzept unterstützen. Über standardisierte APIs können die KI-Modelle angesprochen und sowohl in SAP- als auch in Nicht-SAP-Anwendungen integriert werden.

Abbildung 2.6 zeigt die Architektur des SAP AI Core im Überblick. Er bietet eine durchgängige Plattform, die den gesamten Lebenszyklus von KI-Anwendungen abdeckt, von der Entwicklung bis zur produktiven Nutzung im Geschäftsalltag.

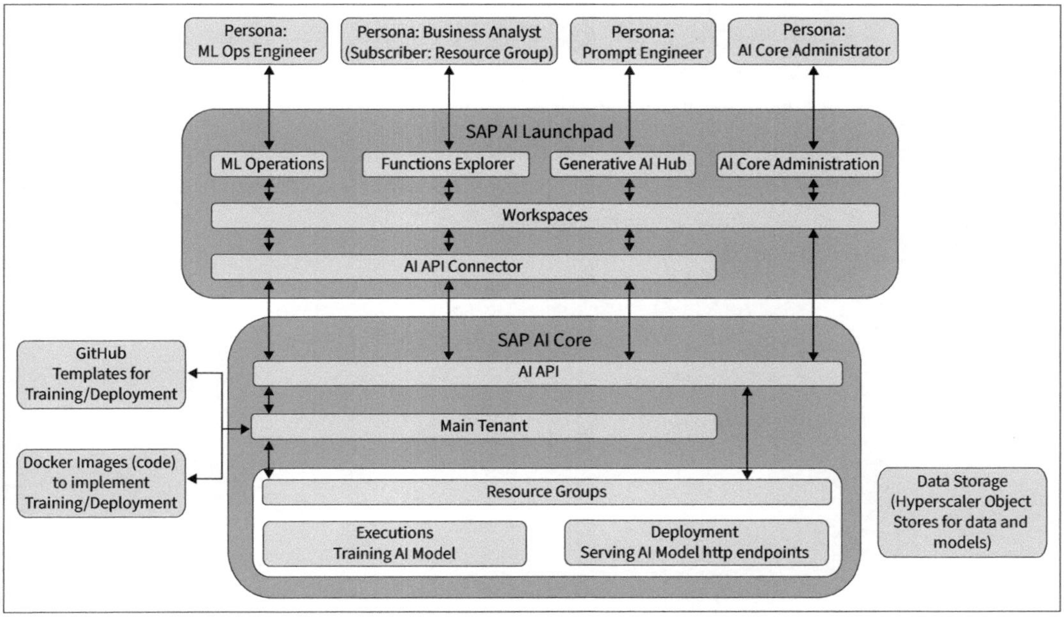


*Abbildung 2.6: SAP AI Core: Zusammenspiel von Workspaces, APIs und Resource Groups*

### 2.2.6 SAP AI Launchpad

**KI-Verwaltungswerkzeug**

Das SAP AI Launchpad ist die zentrale Oberfläche, um KI-Szenarien in SAP zu steuern. Unternehmen haben damit einen einheitlichen Zugangspunkt, um ihre verschiedenen KI-Anwendungsfälle überwachen und verwalten zu können. Die Plattform verbindet sich mit unterschiedlichen KI-Laufzeitumgebungen, beispielsweise SAP AI Core, und bündelt diese an einer Stelle. Das SAP AI Launchpad steht als Cockpit zur Verfügung, in dem KI-Modelle trainiert, verwaltet und produktiv eingesetzt werden können.

Ein wichtiger Funktionsbestandteil ist die Integration des Generative AI Hubs, über den Prompts entworfen, getestet und über ihren gesamten Lebenszyklus hinweg gesteuert werden können. So lassen sich generative KI-Fähigkeiten in Geschäftsprozesse einbauen, ohne dass die Nutzerinnen und Nutzer zwischen Systemen wechseln müssen. Neben der Verwaltung von Modellen ermöglicht das SAP AI Launchpad auch Einblicke in deren Nutzung und Performance, indem es detaillierte Statistiken bereitstellt. Damit wird transparent, welche

Szenarien welchen Ressourcenverbrauch aufweisen und welchen Geschäftsnutzen sie erzeugen. Unterschiedliche Rollen, vom Analysten bis zur Administratorin, finden hier die für ihre tägliche Arbeit benötigten Funktionen.

**AI Launchpad als Anbieter von KI-Modellen**

Im SAP AI Launchpad können Sie aus einer Vielzahl von KI-Modellen unterschiedlicher Anbieter, wie Anthropic, OpenAI, Cohere oder Google, wählen. Diese Modelle werden in der *Model Library* bereitgestellt, wie Abbildung 2.7 zeigt. Sie lassen sich flexibel in verschiedene Geschäftsprozesse einbinden, etwa für Textgenerierung, Bild- oder Spracherkennung. Gleichzeitig besteht die Möglichkeit, die Modelle direkt im SAP AI Launchpad zu testen, indem man sie in einer Chat-Oberfläche ausprobiert und so ihr Verhalten bewerten kann. Auf diese Weise kann schnell das passende Modell ausgewählt und unmittelbar in die Workflows integriert werden.

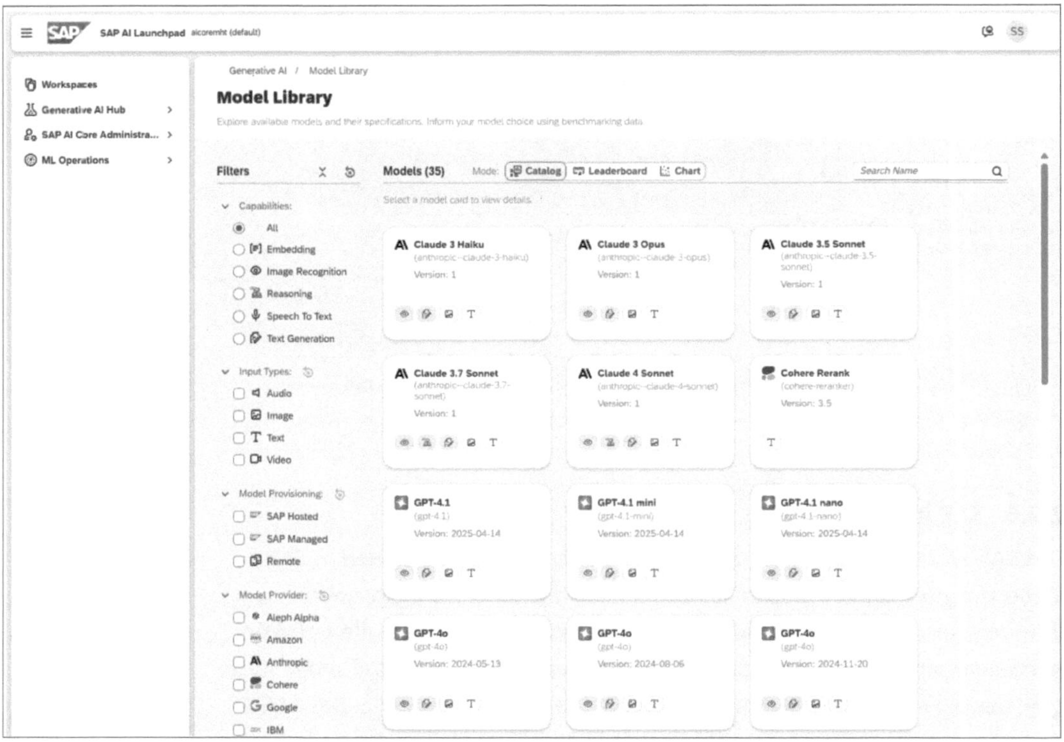


*Abbildung 2.7: Model Library im SAP AI Launchpad*

**Chat-Bereich**

Nach der Einrichtung und Konfiguration können im Chat-Bereich des SAP AI Launchpads direkt Prompts eingegeben werden (siehe Abbildung 2.8). So lässt sich ein ausgewähltes Modell unmittelbar testen und evaluieren, bevor es in Geschäftsprozesse integriert wird.

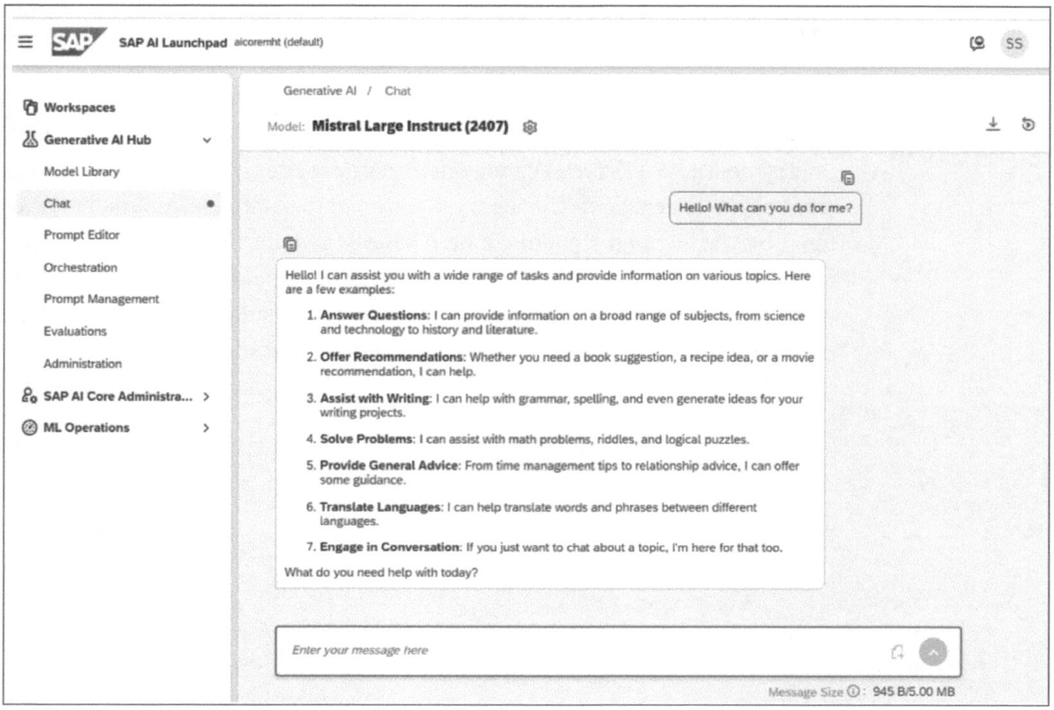


*Abbildung 2.8: Chat-Fenster in SAP AI Launchpad*

### 2.2.7 Generative AI Hub

**Generative KI-Modelle**

*Generative KI* ist ein spezieller Bereich der künstlichen Intelligenz, der Inhalte wie Texte, Bilder oder Programmcode selbstständig erzeugen kann. Generative KI-Modelle sind selbstüberwachte Deep-Learning-Modelle, die auf riesigen Mengen unbeschrifteter Daten trainiert werden. Sie erkennen komplexe Muster, bauen semantische Wissensbasen auf und sind besonders stark in der Verarbeitung natürlicher Sprache. So können sie Eingaben, etwa Prompts, interpretieren und kontextbezogene Antworten in natürlicher Sprache erzeugen. Ein einzelnes Modell ist in der Lage, mehrere Aufgaben zu bewältigen, indem es verschiedene Eingabeformate und Ausgabemodi unterstützt. Zudem lassen sich die Modelle an spezifische Domänen oder Szenarien anpassen, sodass sie nicht nur allgemein einsetzbar sind, sondern auch gezielt für branchenspezifische Anwendungsfälle optimiert werden können.

Auf der SAP BTP spielt der *Generative AI Hub* in diesem Kontext eine zentrale Rolle: Er stellt solche Modelle bereit und orchestriert deren Nutzung.

Über die Anbindung an Geschäftsdaten aus SAP ERP, SAP S/4HANA, SAP CX, SAP ERP HCM, SAP SuccessFactors oder Spend-Management-Systemen, kombiniert mit Technologien wie dem SAP Knowledge Graph oder der SAP HANA

Cloud Vector Engine, lassen sich die Modelle zielgerichtet mit Unternehmenswissen anreichern.

**Nahtloses Zusammenspiel der Komponenten**

Der Unterschied zu anderen Komponenten der SAP BTP wird an der Architektur in Abbildung 2.9 deutlich: SAP AI Core bildet die technische Engine für Training, Deployment und Lifecycle-Management der Modelle. Das SAP AI Launchpad dient als Benutzeroberfläche, über die Unternehmen ihre KI-Szenarien verwalten, überwachen und steuern können. Dazwischen positioniert sich der Generative AI Hub, der sich speziell auf generative KI-Modelle fokussiert. Er macht diese Modelle zugänglich, orchestriert deren Verwendung und stellt sicher, dass sie sicher in Geschäftsprozesse integriert werden können.

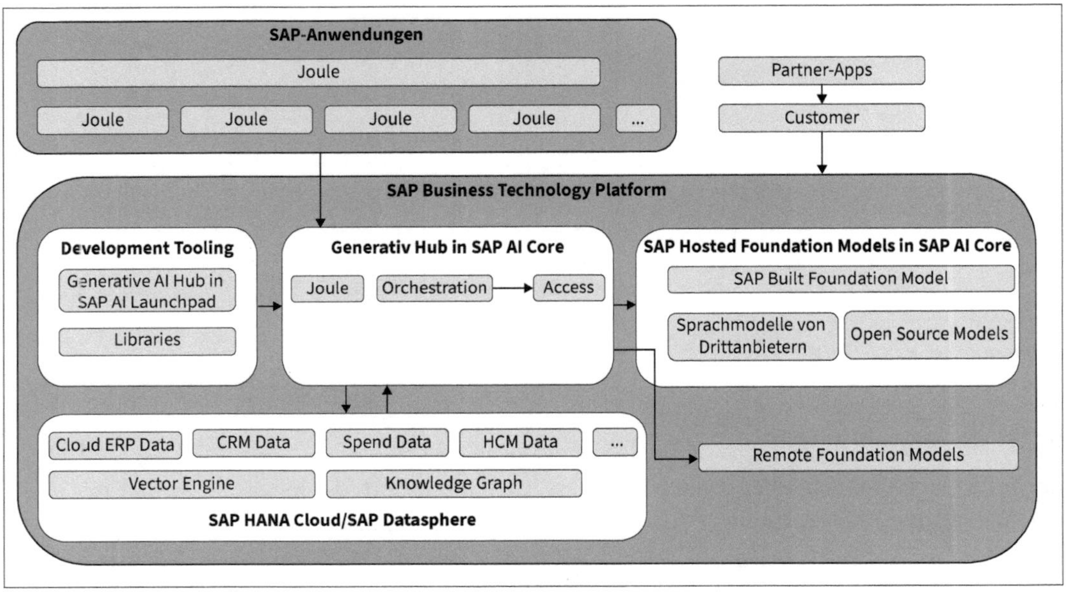


*Abbildung 2.9: Architektur des Generative AI Hub*

### 2.2.8 SAP Business Data Cloud

*SAP Business Data Cloud* (SAP BDC) ist eine Plattform, um Unternehmensdaten aus SAP-Systemen und Drittquellen zusammenzuführen und für gemeinsame Analysen nutzbar zu machen. Die Lösung ist eine strategische Weiterentwicklung klassischer Data-Warehouse-Ansätze wie SAP BW/4HANA. Im Unterschied zu reinen Reporting-Systemen bietet sie eine moderne Cloud-Architektur mit integrierter Datenmodellierung, semantischer Schicht und direkter Anbindung an SAP Analytics Cloud sowie KI-Services.

Die Architektur folgt einer klaren Logik von unten nach oben und zeigt, wie Daten in der SAP Business Data Cloud strukturiert genutzt werden (siehe Abbildung 2.10). Am unteren Ende stehen die Rohdaten, die aus unterschiedlichen

Quellen wie SAP S/4HANA, CX-Systemen, weiteren SAP-Lösungen oder Drittsystemen stammen. Diese heterogenen Daten werden zentral integriert, um eine konsistente Datengrundlage zu schaffen. In SAP Datasphere, einem Kernbestandteil der SAP Business Data Cloud, werden die Rohdaten transformiert, harmonisiert und fachlich angereichert. Dabei entstehen geschäftsrelevante Daten, die nicht mehr technisch, sondern betriebswirtschaftlich strukturiert sind. Ein wesentlicher Vorteil besteht darin, dass Daten nicht zwingend repliziert werden müssen, sondern virtuell eingebunden und logisch verknüpft werden können. Auf dieser Grundlage werden analytische Modelle aufgebaut, in denen beispielsweise CX-Leads, Vertriebsaufträge, Zahlungsdaten und Stammdaten aus unterschiedlichen Systemen zusammengeführt werden.

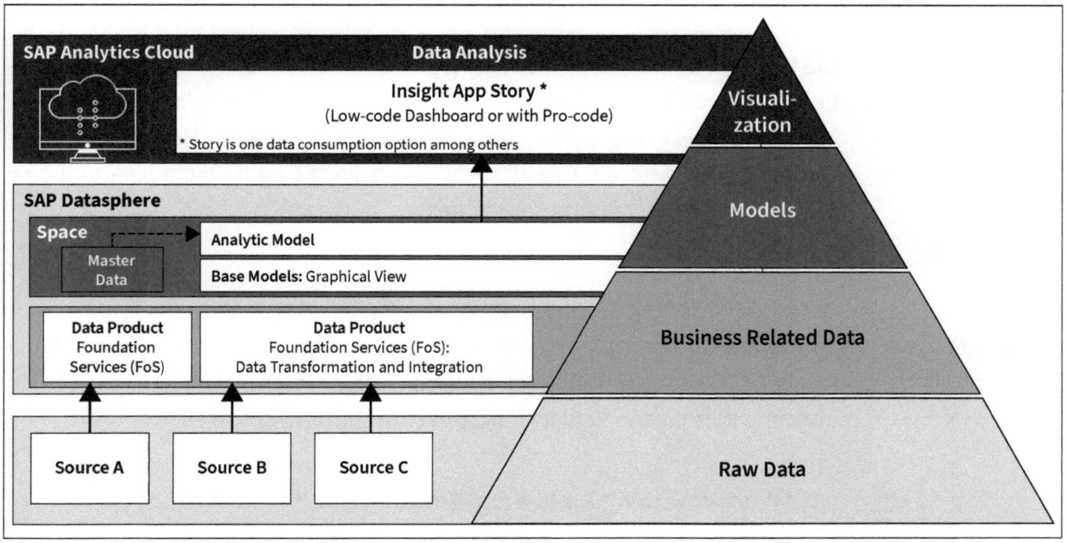


*Abbildung 2.10: Architektur von SAP Business Data Cloud*

Durch die native Integration von SAP Databricks (eine von SAP verwaltete Version der Databricks Data Intelligence Platform) lassen sich führende KI-, Data-Science- und Engineering-Funktionalität aus SAP-Geschäftsdaten anwenden und die Ergebnisse daraus in Berichten und Insights Apps verwerten.

Diese semantische Datenmodellschicht stellt sicher, dass Basisdaten systemübergreifend einheitlich definiert und unternehmensweit konsistent interpretiert werden. An der Spitze der Architektur erfolgt die Visualisierung, etwa über SAP Analytics Cloud, wo Stories, Dashboards oder Insight Apps entstehen. Dadurch schafft SAP BDC eine integrierte Sicht auf alle relevanten Unternehmensdaten. Damit können Analysen – etwa zum Zahlungsverhalten in Abhängigkeit vom Lead-Kanal – systemübergreifend und KI-gestützt durchgeführt werden.

## 2.3 Lösungsarchitekturen zur Verwendung von SAP Business AI

**Embedded vs. Custom AI**

In diesem Abschnitt differenzieren wir zwischen den beiden grundlegenden Ansätzen Embedded AI und Custom AI:

- *Embedded AI* steht für die nahtlose Integration von KI-Funktionalität in SAP-Standardapplikationen und ermöglicht es, Geschäftsprozesse direkt durch intelligente Automatisierung, Analytics und die datengestützte Unterstützung von Entscheidungen zu optimieren.
- *Custom AI* hingegen bietet Unternehmen die technische Flexibilität, KI-Modelle und -Lösungen gezielt auf Basis eigener Daten, Prozesse und Anforderungen zu entwickeln und zu implementieren.

Die Kombination dieser beiden Strategien ermöglicht eine zukunftsfähige, skalierbare Architektur, die sowohl standardisierte als auch individuelle KI-Anwendungen abdeckt und SAP-Systemlandschaften um smarte Funktionalität erweitert. Damit wird die Grundlage für innovative Geschäftsmodelle und eine nachhaltige Wertschöpfung geschaffen.

### 2.3.1 Embedded AI

**Out-of-the-Box-KI-Funktionen**

Embedded AI beschreibt im SAP-Kontext jene Standardfunktionen, die direkt in die SAP-Lösungen integriert sind und von Kunden sofort genutzt werden können, ohne eigene Entwicklungsprojekte starten zu müssen.

[zB]

**SAP Document AI, Embedded Edition**

Ein Beispiel ist *SAP Document AI, Embedded Edition*, eine Lösung, die eine präzise, mehrsprachige und durchgängig eingebettete Dokumentenverarbeitung im gesamten SAP-Portfolio ermöglicht. Damit lassen sich Dokumente automatisch klassifizieren sowie Informationen extrahieren und Seiten aufteilen oder übersetzen. Ergänzend bietet der *SAP Document AI Workspace* umfangreiche Administrationsmöglichkeiten, etwa zur Konfiguration von Schemas, zum Management von Kanälen oder für Analysen und sogenanntes *Instant Learning*. Es ermöglicht, KI-Modelle direkt im laufenden Prozess durch Benutzerkorrekturen automatisch weiterzuentwickeln – ohne separates Training oder Data-Science-Aufwand.

Der große Vorteil von Embedded AI ist, dass diese Funktionen out of the box bereitstehen und sofort produktiv genutzt werden können. Unternehmen müssen somit keine eigenen Modelle trainieren oder komplexe Integrationen aufsetzen. Damit stellt Embedded AI sicher, dass intelligente Automatisierung ein fester Bestandteil der SAP-Standardprozesse ist und den Arbeitsalltag der Nutzerinnen und Nutzer unmittelbar erleichtert.

Embedded AI wird kontinuierlich in allen SAP-Komponenten implementiert, sodass Anwenderinnen und Anwender in jedem Geschäftsbereich, von den Finanzen über das Supply Chain Management bis hin zum Personalwesen, von intelligenten Standardfunktionen profitieren können.

### 2.3.2 Custom AI

**Maßgeschneiderte KI mit ABAP und CAP**

Custom AI beschreibt die Möglichkeit, eigene KI-Szenarien zu entwickeln und in SAP-Anwendungen zu integrieren, die exakt auf die spezifischen Geschäftsanforderungen eines Unternehmens zugeschnitten sind. So lassen sich individuelle Erweiterungen realisieren, die maschinelles Lernen, Deep Learning und zunehmend auch generative KI nutzen.

Ein wesentlicher Vorteil ist, dass diese Möglichkeiten direkt in den verschiedenen SAP-Entwicklungsumgebungen ausgeschöpft werden können. In ABAP-Anwendungen können beispielsweise kundeneigene KI-Services in bestehende Transaktionen oder Erweiterungen eingebunden werden. Mit dem *ABAP RESTful Application Programming Model* (RAP) lassen sich moderne, serviceorientierte Anwendungen entwickeln, die KI-gestützte Funktionen bereitstellen. Das *SAP Cloud Application Programming Model* (CAP) eröffnet zudem die Option, cloudbasierte, flexible Lösungen mit eingebetteten KI-Modellen zu erstellen. Über das *Intelligent Scenario Lifecycle Management* (ISLM) werden diese KI-Szenarien verwaltet und nahtlos in die Geschäftsprozesse integriert.

Damit können kundeneigene Ideen und Innovationen durch KI umgesetzt und in den Unternehmensalltag eingebracht werden. Beispiele reichen von Prognosen und Klassifizierungen bis hin zu generativen Anwendungsfällen, die in bestehende Workflows eingebettet werden. Zum Einsatz kommen dabei modernste Technologien wie Machine Learning, Deep Learning und generative KI. Modelle können über den SAP AI Core trainiert, bereitgestellt und in die SAP-Landschaft integriert werden.

## 2.4 Governance und KI-Ethik bei SAP

*KI-Governance* beschreibt den Rahmen, in dem der verantwortungsvolle Umgang mit KI definiert wird, von Regeln und Prozessen bis hin zu ethischen Leitplanken. Dadurch wird gewährleistet, dass KI-Lösungen nicht nur gesetzeskonform, sondern auch fair, transparent und nachhaltig für den Geschäftserfolg eingesetzt werden.

**Drei Säulen für den verantwortungsvollen Einsatz von KI**

Abbildung 2.11 zeigt die drei Säulen für den verantwortungsvollen Einsatz von KI in Unternehmen: Rechtmäßigkeit, Sicherheit und Robustheit sowie ethische Verantwortung. KI-Systeme müssen regulatorische Vorgaben erfüllen, technisch zuverlässig und resilient sein sowie transparent, fair und unter menschlicher Kontrolle eingesetzt werden. Gemeinsam bilden diese Prinzipien das Fundament für vertrauenswürdige KI im Unternehmen.

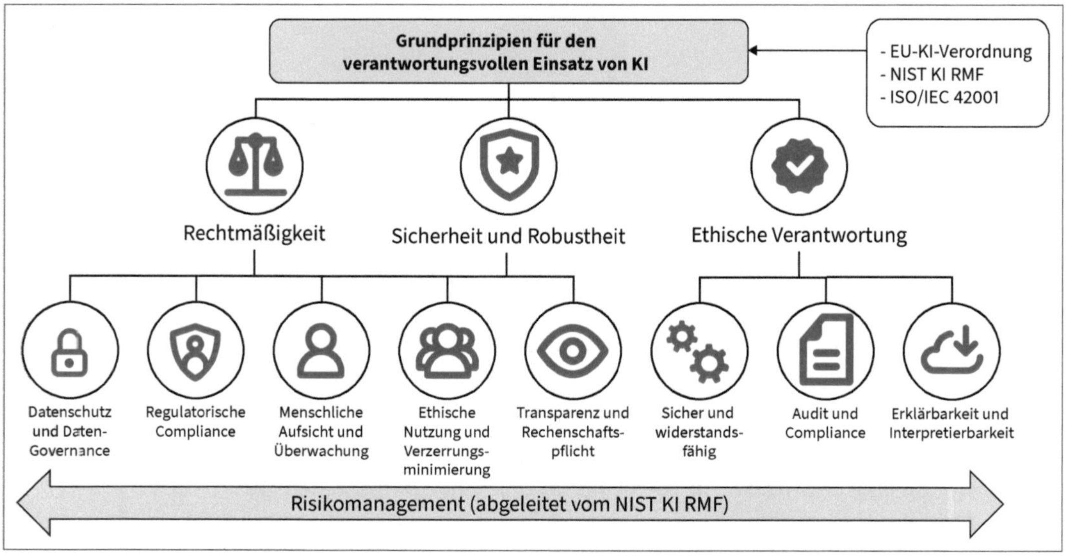


*Abbildung 2.11: Grundprinzipien für den verantwortungsvollen Einsatz von KI*

**Generative KI: Chancen und Risiken**

Mit generativer KI lassen sich Inhalte wie Texte, Bilder oder Programmcode selbstständig erzeugen. Gerade wegen dieser kreativen Fähigkeiten entstehen neue Chancen, aber auch Risiken, etwa durch mögliche Verzerrungen oder Missbrauch. Damit der Einsatz solcher Technologien verantwortungsvoll gelingt, braucht es ein klar definiertes Regelwerk für Anbieter generativer KI-Services.

Auch SAP steht als Anbieter von Unternehmenssoftware vor der Aufgabe, große Sprachmodelle (LLMs) sicher, nachvollziehbar und im Einklang mit regulatorischen Anforderungen einzusetzen. Dazu wurden Leitlinien entwickelt, die sich an etablierten Standards wie dem *NIST Risk Management Framework* (RMF), dem *EU AI Act* sowie den Empfehlungen aus aktuellen Studien des *National Institute of Standards and Technology* (NIST) in den USA orientieren. Ziel ist es, eine robuste und vertrauenswürdige Governance-Struktur für generative KI zu schaffen, die Innovation ermöglicht und zugleich Risiken minimiert.

**Governance mit kontinuierlicher Verbesserung**

Schließlich gehört auch ein System zur kontinuierlichen Überprüfung und Verbesserung dazu. Durch Audits, Risikoanalysen und Feedback kann die Governance-Struktur fortlaufend an neue Erkenntnisse und Gefahren angepasst werden. So entsteht ein robustes Fundament, das generative KI innovativ und gleichzeitig verantwortungsvoll in den Unternehmensalltag integriert.

### 2.4.1 KI-Ethik

**Ethik als Basis vertrauenswürdiger KI**

*KI-Ethik* bedeutet, KI so einzusetzen, dass sie im Einklang mit menschlichen Werten und gesellschaftlichen Erwartungen steht. KI kann enormes Potenzial für Unternehmen, Regierungen und die Gesellschaft entfalten, birgt aber auch Risiken wie Verzerrungen, Missbrauch oder negative gesellschaftliche Auswirkungen. Deshalb braucht es klare ethische Leitlinien, die Vertrauen schaffen, nachhaltige Innovation ermöglichen und die Verantwortung im Umgang mit KI sichern.

Zusammen mit Sicherheit und Compliance bildet Ethik eine der drei Säulen für verantwortungsvolle KI bei SAP. Für Entwicklerteams bedeutet das, von Anfang an auch die ethische Dimension in ihre Lösungen einzubeziehen, um Produkte zu schaffen, die leistungsfähig und gleichzeitig vertrauenswürdig sind.

Der Ethikprozess sorgt dafür, dass KI-Projekte systematisch bewertet werden: Welche Anwendungen sind unbedenklich, welche gelten als riskant oder sogar unzulässig? Besonders wichtig ist das bei agentischen KI-Systemen, die teilweise selbstständig handeln und Entscheidungen beeinflussen. Hier müssen Risiken besonders sorgfältig betrachtet, menschliche Kontrolle sichergestellt und Verantwortlichkeiten klar festgelegt werden.

Die Leitlinien von SAP umfassen Themen wie nutzerorientiertes Design, Transparenz, laufende Überwachung, Bewertung der Fähigkeiten und Grenzen eines Systems sowie Mechanismen zur Risikominimierung oder zum Rücksetzen bei Problemen. So wird gewährleistet, dass KI-Systeme nicht nur innovativ, sondern auch fair, sicher und verantwortungsvoll eingesetzt werden.

**SAP AI Ethics Handbook**

Das »SAP AI Ethics Handbook« (*http://s-prs.de/v1144401*) ist ein praxisnaher Leitfaden, der die globalen KI-Ethik-Richtlinien in konkrete Maßnahmen übersetzt und den gesamten Entwicklungsprozess von der Ideenfindung bis hin zum Betrieb abdeckt. Die Grundlage bilden sieben ethische Leitprinzipien wie Proportionalität (»Do No Harm«), Sicherheit, Fairness, Nachhaltigkeit, Privatsphäre, menschliche Kontrolle und Transparenz, die durch drei weitere Governance-Prinzipien ergänzt werden: Verantwortung und Rechenschaftspflicht, Bewusstsein und Kompetenz sowie eine Governance, die von vielen Stakeholdern ausgeht. Das Handbuch legt klare Grenzen fest, indem es sogenannte *Red Line Cases* wie Überwachung, Diskriminierung, De-Anonymisierung oder manipulative Beeinflussung strikt verbietet. Zusätzlich werden Hochrisiko-Anwendungsfälle durch strukturierte Bewertungen identifiziert und müssen vom *AI Ethics Steering Committee* geprüft werden. Hierzu dient ein standardisierter *Assessment-Prozess* für die Auswirkungen von KI-Use-Cases, der bereits zu Beginn eines Projekts Risiken, Ziele und betroffene Stakeholder berücksichtigt.

**Ethik im gesamten KI-Lebenszyklus**

Besonderes Augenmerk legt das Handbuch auf die Integration der sieben Grundprinzipien in den Lebenszyklus von SAP Business AI, den sogenannten

*AI-Factory-Prozess*. So werden die ethischen Prinzipien in jeder Phase des Lebenszyklus von KI-Funktionalität, von der Ideenfindung über die Validierung bis hin zur Realisierung, Produktivsetzung und zum Betrieb, fest verankert. Ein klarer Fokus liegt hierbei auf einem menschenzentrierten Ansatz, der durch Methoden wie Design Thinking und eine frühzeitige Stakeholder-Einbindung sicherstellt, dass Lösungen nicht nur effizient, sondern auch vertrauenswürdig und schadensminimierend entwickelt werden.

Gleichzeitig werden Mitarbeitende aufgefordert, ethische Bedenken aktiv einzubringen, etwa über das *Speak-out-System* oder direkt beim *AI Ethics Office*, um mögliche Risiken frühzeitig zu erkennen. Darüber hinaus werden die kontinuierliche Überwachung, Transparenz sowie die Bewertung der Fähigkeiten und Grenzen von Systemen betont, um einen verantwortungsvollen Umgang mit KI zu gewährleisten.

**Internationale Gesetze und Standards**

Das SAP AI Ethics Handbook orientiert sich eng an internationalen Standards wie den UNESCO-Empfehlungen zur KI-Ethik oder dem EU AI Act und stellt damit sicher, dass die entwickelten Lösungen nicht nur innovativ, sondern auch gesetzeskonform und gesellschaftlich akzeptiert sind. So entsteht ein ganzheitlicher Rahmen, der Unternehmen befähigt, KI verantwortungsvoll einzusetzen, Vertrauen zu schaffen und gleichzeitig nachhaltige Innovation zu fördern.

**Assessment-Prozess**

Abbildung 2.12 zeigt den Assessment-Prozess für die Auswirkungen von KI-Use-Cases von SAP, der die Leitlinien aus dem SAP AI Ethics Handbook in Form eines klar strukturierten Entscheidungsbaums darstellt. Ausgangspunkt ist die Frage, ob es sich um einen KI-Anwendungsfall handelt. Diese Frage wird dann mithilfe eines Impact-Assessment-Formulars beantwortet.

Fällt der Anwendungsfall unter die in Abbildung 2.12 rechts oben hervorgehobenen Red Line Cases, wird er sofort gestoppt und darf nicht weiterentwickelt werden. Das ist etwa der Fall, wenn er persönliche Freiheiten einschränkt, gesellschaftlichen Schaden anrichten kann, Umweltgefahren birgt oder durch den EU AI Act ausdrücklich verboten ist.

Trifft dies nicht zu, wird im nächsten Schritt geprüft, ob es sich um ein agentisches KI-System handelt oder ob Kriterien wie die Verarbeitung persönlicher Daten, eine automatisierte Entscheidungsfindung oder eine direkte Auswirkung auf Menschen zutreffen. Ist dies der Fall, wird der Anwendungsfall als High Risk Case eingestuft (rechts mittig in Abbildung 2.12). Solche Fälle müssen durch das AI Ethics Office und bei Bedarf durch das Steering Committee detailliert geprüft werden, bevor eine Freigabe erfolgen kann. Ergänzend berücksichtigt SAP hier auch die im SAP AI Ethics Handbook beschriebenen Kriterien, etwa Transparenzpflichten gegenüber Stakeholdern oder die Einrichtung von Feedback- und Anpassungsmechanismen.

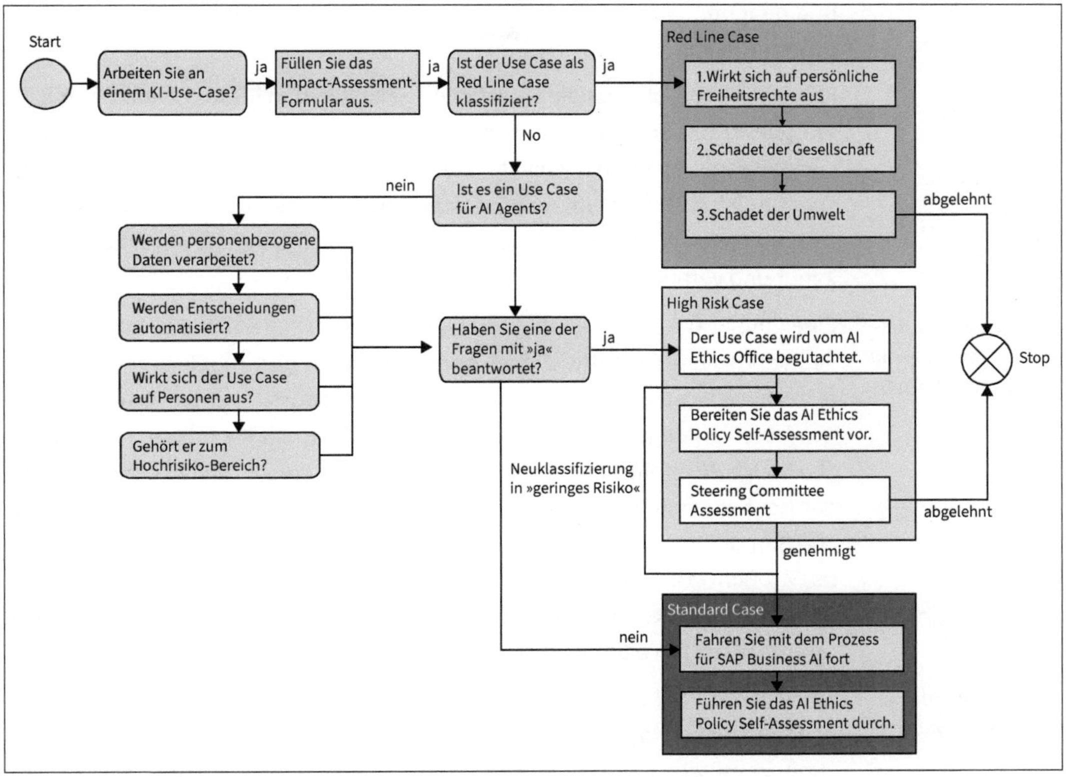


*Abbildung 2.12: Assessment-Prozess für die Auswirkungen von KI-Use-Cases*

Alle anderen Szenarien, die als Standardfälle gelten (in Abbildung 2.12 rechts unten), können nach einer Selbstbewertung direkt in den regulären Entwicklungsprozess für SAP Business AI überführt werden. So stellt SAP sicher, dass schnelle Innovation ermöglicht wird, gleichzeitig aber ethische und rechtliche Risiken konsequent abgefedert werden.

### 2.4.2 KI-Sicherheit

**Sicherer Weg für verantwortungsvolle KI**

Agentische KI-Systeme sind Anwendungen, die oft im Hintergrund laufen und selbstständig Entscheidungen treffen oder Aktionen ausführen können. Weil sie so viel Einfluss haben, ist es besonders wichtig, dass ihre Entwicklung und Nutzung an klaren ethischen Grundsätzen ausgerichtet werden. Ziel ist es, dass diese Systeme fair, transparent und sicher bleiben, sowohl für Unternehmen als auch für die Menschen, die von ihren Entscheidungen betroffen sind.

Ein zentraler Punkt dabei ist, dass der Mensch immer die Kontrolle behalten muss. Wenn KI persönliche Daten verarbeitet, in sensiblen Bereichen eingesetzt wird oder das Risiko negativer Folgen besteht, ist eine menschliche Eingriffsmöglichkeit verpflichtend. Dieses Prinzip nennt sich *Human-in-the-Loop* und bedeutet, dass Menschen jederzeit eingreifen oder Entscheidungen überprüfen können.

Ebenso wichtig ist, dass die Einsatzmöglichkeiten und Risiken frühzeitig mit allen relevanten Stakeholdern besprochen werden, also nicht nur in den Entwicklerteams, sondern auch mit Anwenderinnen und Anwendern, Kunden oder sogar Aufsichtsbehörden. So wird sichergestellt, dass mögliche Probleme wie Diskriminierung, Datenschutzverletzungen oder Missbrauch von Anfang an erkannt und vermieden werden.

**Frühzeitige Risikoerkennung mit Kategorisierung**

Eine gute Praxis ist die systematische Kategorisierung der Auswirkungen einer geplanten Funktionalität. Dabei werden positive und mögliche negative Effekte für alle beteiligten Gruppen strukturiert erfasst und bewertet. So wird klar, wer von dem Einsatz der geplanten Funktionalität profitiert, wer möglicherweise Nachteile hat und wie schwerwiegend diese ausfallen könnten. Auch der Kontext, in dem ein System arbeitet, ist von Bedeutung. Eine KI, die einfache Büroaufgaben erledigt, ist weniger riskant als eine, die in der Medizin oder im Straßenverkehr Entscheidungen trifft. Daher müssen Systeme regelmäßig überprüft und getestet werden, gerade in Extremsituationen oder bei einer schrittweisen Erweiterung ihrer Befugnisse.

**Autonomie nur mit Kontrolle**

Ein weiterer Punkt ist die Festlegung von Autonomiestufen. Nicht jede KI darf komplett selbstständig handeln. Je höher der Grad an Eigenständigkeit, desto strenger müssen Kontrollmechanismen und Sicherheitsvorkehrungen sein. Dabei gilt immer: Auch wenn eine KI Aufgaben an eine andere überträgt, darf die Kontrolle nie völlig verloren gehen.

Damit verbunden ist die Forderung nach ständiger Überwachung und Feedback-Schleifen. Systeme müssen laufend beobachtet, auf Fehler getestet und durch Rückmeldungen von Nutzerinnen und Nutzern verbessert werden. Besonders hilfreich sind dabei Frühwarnsysteme, die ungewöhnliches Verhalten erkennen, bevor es ernsthafte Folgen hat.

Transparenz spielt ebenfalls eine große Rolle. Die Nutzerinnen und Nutzer müssen verstehen, wie ein System funktioniert, welche Entscheidungen es trifft und wo seine Grenzen liegen. Nur so können Vertrauen und Akzeptanz entstehen. Deshalb sollten Bedienoberflächen einfache Erklärungen, Trainingsmaterial und klare Rückmeldemöglichkeiten enthalten. Darüber hinaus müssen Unternehmen klare Pläne für den Notfall haben. Wenn eine KI falsche Entscheidungen trifft oder sich unvorhersehbar verhält, müssen Aktionen schnell rückgängig gemacht oder Systeme gestoppt werden können. Dafür braucht es dokumentierte Rollback-Mechanismen und im Ernstfall sogar einen Kill Switch, der das System sofort beendet.

### 2.4.3 KI-Compliance

**Compliance für sichere Nutzung**

Die SAP-Compliance sorgt dafür, dass KI-Lösungen entlang klarer Regeln, Rollen und Prozesse rechtssicher und verantwortungsvoll betrieben werden. Wo Personen betroffen sein können oder sensible Daten verarbeitet werden, ist Human-in-the-Loop (HITL) verpflichtend.

Transparenz und Nachvollziehbarkeit sind Pflicht: Entscheidungen müssen erklärbar sein, Grenzen des Systems müssen klar kommuniziert werden. Ein kontinuierliches Monitoring deckt Bias-Effekte, Model Drift, Anomalien und Compliance-Verstöße frühzeitig auf. Für Änderungen gilt das Prinzip »change with control«: Impact-Analysen, dokumentierte Freigaben und Audit-Trails begleiten jedes Release. Die proaktive Risikominderung umfasst sowohl technische Maßnahmen (z. B. Datenschutz, Robustheitstests, Fairness-Audits) als auch organisatorische Vorgaben (Zuständigkeiten, Einwilligungen, Eskalationswege). Rollback- und Fallback-Mechanismen sowie Kill Switches stellen sicher, dass fehlerhafte oder riskante Agenten sofort gestoppt und rückgängig gemacht werden können. Durch diese Bausteine erfüllt die SAP-Compliance regulatorische Anforderungen (z. B. den EU AI Act), stärkt Vertrauen und ermöglicht die skalierbare Nutzung von KI im Unternehmen.

### 2.4.4 Leitlinien für die SAP-Entwicklung

Die Leitlinien für die SAP-Entwicklungsteams schaffen einen klaren Rahmen, um Innovation, Stabilität und Nachhaltigkeit in der Anwendungsentwicklung miteinander zu verbinden. Ein zentrales Prinzip ist die Clean-Core-Strategie, die Erweiterungen klar von den SAP-Standards trennt und damit zukünftige Upgrades, Wartung und Innovationen erheblich erleichtert. Für die Backend-Entwicklung wird das ABAP RESTful Application Programming Model (RAP) empfohlen, das moderne und effiziente Programmierparadigmen mitbringt. Im Cloud-Umfeld ist dagegen das SAP Cloud Application Programming Model (CAP) der bevorzugte Ansatz, um Anwendungen flexibel und skalierbar auf der SAP BTP zu entwickeln.

**KI-Richtlinien für Entwicklungsteams**

Ein wesentlicher Bestandteil der Leitlinien für die Entwicklungsteams ist die Integration von KI, die zunehmend in alle Geschäftsprozesse einfließt. Dabei wird zwischen Embedded AI und Custom AI unterschieden. Custom AI, bei der Unternehmen mit SAP AI Core und ISLM eigene Ideen umsetzen können, erlaubt den Einsatz von Machine Learning, Deep Learning und generativer KI, wodurch maßgeschneiderte Szenarien entstehen, die auf individuelle Geschäftsanforderungen reagieren. Mechanismen wie *Human-in-the-Loop* oder *Human-on-the-Loop* (Mensch überwacht KI oder deren Ergebnis und greift nur ein, wenn es notwendig ist) sorgen dafür, dass trotz Automatisierung der Mensch die Kontrolle behält. Ergänzt wird dies durch klare Vorgaben zu Sicherheit und Compliance, die Risiken wie Bias, Datenschutzverletzungen oder unkontrollierte Entscheidungen minimieren.

**SAP Fiori für eine bessere Benutzererfahrung**

Neben den technologischen Aspekten steht auch die Benutzererfahrung im Fokus der SAP-Entwicklungsteams. Mit den *SAP Fiori Design Guidelines* werden moderne, intuitive und einheitliche Oberflächen geschaffen, die die Akzeptanz und Produktivität der Nutzerinnen und Nutzer steigern. Darüber hinaus sind Monitoring, Feedback-Schleifen und Testautomatisierung auch hier fester Bestandteil der Leitlinien, um die Qualität dauerhaft zu sichern und Probleme frühzeitig zu erkennen.

So entsteht ein durchgängiger Rahmen für die Anwendungsentwicklung, der es SAP und Unternehmen ermöglicht, Prozesse flexibel zu modernisieren und gleichzeitig Stabilität und Governance zu wahren. Die Leitlinien bieten nicht nur Orientierung für Entwicklerteams, sondern auch für Architektinnen und Entscheidungsträger, die die Zukunft von SAP Business AI in SAP-Landschaften gestalten wollen.

## 2.5 SAP-Lizenzmodell

Das kommerzielle Lizenzmodell für SAP Business AI soll mit einer klaren Struktur Transparenz und Flexibilität für die Kunden gewährleisten. SAP unterscheidet zwischen verschiedenen Leistungspaketen, die je nach Nutzung und Funktionsumfang lizenziert werden. Ziel ist es, sowohl Basisfunktionen als auch erweiterte Premium-Features abzudecken und den individuellen Anforderungen der Unternehmen gerecht zu werden.

**Einfache Kosten und automatische Skalierung**

Das bisherige Lizenzmodell brachte mehrere Herausforderungen mit sich. Kunden hatten Schwierigkeiten, die Kosten vorhersehbar zu kalkulieren, da unterschiedliche Metriken und nutzungsabhängige Preise die Komplexität erhöhten. Zudem erschwerte die wachsende Anzahl an Anwendungsfällen die Skalierung, während Wettbewerber bereits auf einfachere Preismodelle setzten. Das neue Lizenzmodell von SAP vereinfacht die Nutzung von KI durch klarere Metriken und eine leichtere Verwaltung. Kosten werden vorhersehbarer, da Kunden dank paket- und nutzerbasierter Preise ihre Investitionen besser planen und steuern können. Zudem sorgen vorbereitete Nutzungspakete für eine automatische Skalierbarkeit, wenn neue Funktionen hinzukommen.

Das Modell unterscheidet zwischen den Paketen *Base AI* und *Premium AI*.

Base AI umfasst die grundlegenden KI-Fähigkeiten, die in allen SAP-Cloud-Anwendungen enthalten sind. Enthalten sind Funktionen für alltägliche Geschäftsprozesse wie Navigation und Informationsabrufe über Joule. Es geht darum, wichtige Aufgaben zu vereinfachen und es den Nutzerinnen und Nutzern zu ermöglichen, effizienter durch die SAP-Systeme zu navigieren.

Alle Nutzerinnen und Nutzer profitieren von diesen Basisfunktionen, ohne dass zusätzliche Kosten entstehen. Die Nutzung von *AI Units* ist für Base AI nicht erforderlich. AI Units sind ein verbrauchsabhängiges Abrechnungsmodell für erweiterte KI-Funktionen. Sie messen die tatsächliche Nutzung rechenintensiver KI-Services, beispielsweise wenn in Joule eine Anfrage gestellt wird und im Hintergrund ein generatives KI-Modell die Eingabe verarbeitet und eine Antwort erzeugt.

Stattdessen sind die Funktionen bereits in den Standard-Cloud-Subskriptionen enthalten. Das macht Base AI für jedes Unternehmen sofort verfügbar und nutzbar.

Besonders wertvoll ist die nahtlose Integration in den Arbeitsalltag, da Mitarbeitende kontextbezogene Informationen direkt abrufen können. Mit Joule werden Wissensfragen beantwortet und Nutzerinnen und Nutzer schnell zu den richtigen Anwendungen weitergeleitet. So ermöglicht Base AI einen einfachen, immer verfügbaren Einstieg in SAP Business AI. Mit dem *Joule Base Entitlement* erhalten Kunden Zugriff auf ein festgelegtes Set an KI-Funktionen in den SAP-Cloud-Produkten, das unbegrenzt genutzt werden kann. Voraussetzung ist lediglich ein bestehendes Cloud-Abonnement, in das Joule eingebettet oder angebunden ist. Die Aktivierung erfolgt über das Onboarding im SAP Store, bei dem Joule zentral einem Global Account auf der SAP BTP zugeordnet wird.

*Premium AI* baut auf den Basisfunktionen von Base AI auf und erweitert diese um leistungsstarke, eingebettete Anwendungsfälle sowie Joule-Premium-Funktionen. Es umfasst transaktionale und analytische Fähigkeiten sowie agentische Funktionen, die komplexe Geschäftsprozesse unterstützen.

Das Modell bietet zwei Abrechnungsarten:

- Per-User-Per-Month-Pakete, die feste Kontingente an AI Units pro Nutzerin oder pro Nutzer beinhalten
- eine transaktionsbasierte Abrechnung, bei der AI Units pro Anfrage oder Datensatz verbraucht werden

Dadurch lässt sich Premium AI flexibel an unterschiedliche Unternehmensanforderungen anpassen. Die Kunden können ihre Nutzerzahlen oder Nutzungsmengen monatlich justieren und so die Kosten besser steuern. Beispiele für Premiumfunktionen sind Premiumpakete für Financial Management, Supply Chain oder Customer Experience sowie erweiterte Services wie Document AI oder SAP Analytics Cloud und SAP Datasphere. Premium AI liefert so einen skalierbaren Mehrwert und ermöglicht es Unternehmen, KI zielgerichtet und umfassend einzusetzen.

**Base AI und Premium AI im Vergleich**

Zusammenfassend lässt sich also sagen: Base AI umfasst die grundlegenden, alltäglichen KI-Funktionen wie Informations- und Navigationsdienste über Joule, die in allen SAP-Cloud-Anwendungen ohne zusätzliche Kosten enthalten sind. Premium AI dagegen erweitert diese Basis um fortgeschrittene Funktionen wie transaktionale und analytische Fähigkeiten sowie agentische Szenarien. Während Base AI für alle Nutzerinnen und Nutzer frei verfügbar ist, wird Premium AI nutzer- oder verbrauchsabhängig lizenziert und über AI Units abgerechnet. Dadurch eignet sich Base AI für eine allgemeine Produktivitätssteigerung, während Premium AI gezielt komplexe Geschäftsprozesse unterstützt.

**Aktivierung von Joule**

Die Aktivierung von Joule kann auf drei verschiedene Arten erfolgen:

- Wenn Joule bereits verfügbar ist, erkennen Sie dies am Joule-Symbol in den SAP-Anwendungen und können direkt loslegen.
- Besteht bereits ein globaler Account für die SAP BTP mit Subaccounts, genügt es, den Joule-Booster auszuführen. Vorher müssen Sie allerdings die Vertrauensbeziehungen zur Identity Authentication und die Benutzerattribute korrekt konfigurieren.
- Falls noch kein solcher Account für die SAP BTP vorhanden ist, müssen Sie ihn zunächst einrichten und die entsprechenden administrativen Schritte im SAP BTP Cockpit durchführen. Danach kann Joule aktiviert und für produktive Zwecke genutzt werden.

**Aufwandsabschätzung mit SAP Business AI Estimator**

Der *SAP Business AI Estimator* ist ein Werkzeug im SAP Discovery Center, das Sie dabei unterstützt, die Kosten für die Nutzung von Premium AI transparent und planbar zu machen. Sie wählen hier zunächst ein gewünschtes AI-Paket aus, z. B. **SAP Joule for Consultants** (siehe Abbildung 2.13). Anschließend geben Sie die Anzahl der Nutzerinnen und Nutzer an, die das Paket verwenden sollen.

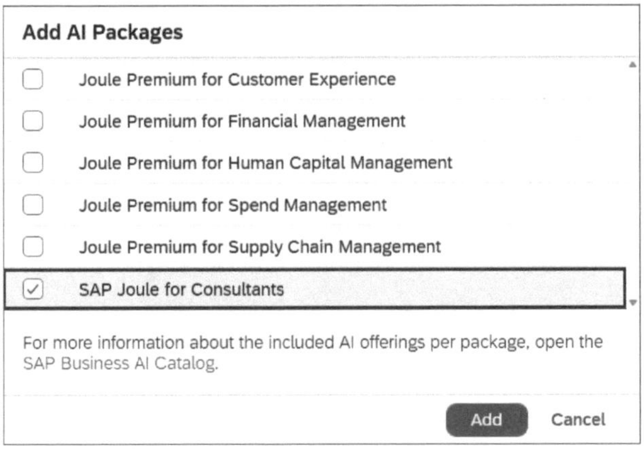


*Abbildung 2.13: Paket im SAP Business AI Estimator auswählen*

Anschließend kalkuliert der SAP Business AI Estimator automatisch mit einem Verbrauch von 35 AI Units pro User und Monat. Das Paket beinhaltet standardmäßig 22.900 Requests pro User, die in diesen AI Units bereits enthalten sind. Geben Sie also nur einen Nutzer an, berechnet das System einen monatlichen Aufwand von 245 €. Sollte dieser Nutzer mehr als die inkludierten 22.900 Requests benötigen, weist das Tool darauf hin, dass zusätzliche Requests in Blöcken von 1.000 Requests für zwei AI Units abgerechnet werden.

Damit zeigt der SAP Business AI Estimator nicht nur den Basispreis, sondern auch, welche Mehrkosten bei einer intensiveren Nutzung entstehen könnten. Alle Kennzahlen wie Nutzeranzahl, Requests, AI Units und Kosten werden in einer Übersicht dargestellt. Besonders nützlich ist, dass der Return on Investment (ROI) direkt mitberechnet wird. In unserem Beispiel wird für einen Nutzer ein ROI von rund 70x angegeben (siehe Abbildung 2.14). So erkennen Sie auf einen Blick, dass sich die Investition in das Premium-AI-Paket lohnen kann. Gleichzeitig wird deutlich, wie skalierbar das Modell ist, da bei mehr Nutzerinnen und Nutzern oder höherem Bedarf die Kalkulation automatisch angepasst wird. Auf diese Weise liefert der SAP Business AI Estimator eine realistische und transparente Aufwandsschätzung speziell für das Paket Joule for Consultants.

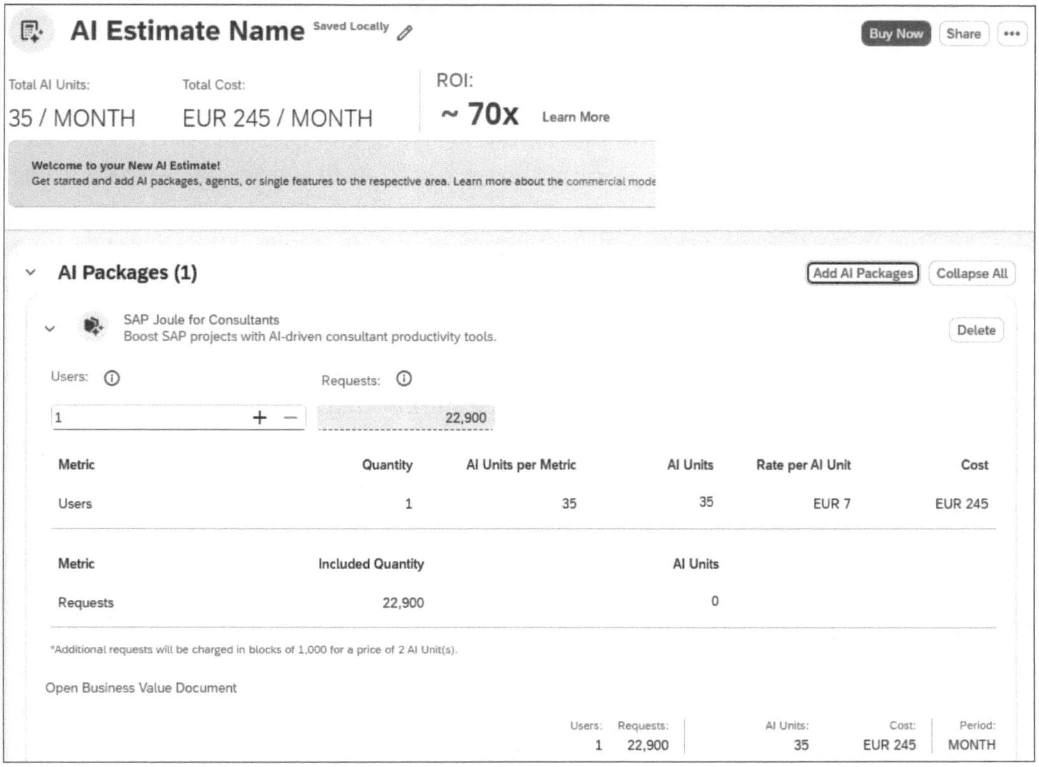


*Abbildung 2.14: Kostenberechnung mit dem SAP Business AI Estimator*

[zB]

**AI Units für eine Anfrage mit Document Grounding**

Wenn ein Kunde ein umfangreiches Dokument, beispielsweise ein Buch mit 400 Seiten, an Joule übergibt, erfolgt die Verarbeitung über den Service *Document Grounding*. Dabei wird das Dokument in der Regel als ein einzelner Record gewertet, solange die Dateigröße die Grenze von 50 MB nicht überschreitet. Für diesen Record fällt ein Verbrauch von 0,005 AI Units an. Die eigentliche Interaktion mit Joule, also etwa die Eingabe der Anfrage »Analysiere mir dieses Dokument und schreibe mir eine Zusammenfassung in 30 Sätzen« sowie die Antwort von Joule, zählen zusätzlich als eine Message. Unabhängig davon, ob die Anfrage aus einem kurzen Satz oder aus mehreren Absätzen besteht, wird immer eine Message berechnet. Die Umrechnung erfolgt mit einem festen Faktor von sieben AI Units pro 10.000 Messages, was einem Verbrauch von 0,0007 AI Units pro Message entspricht. Es ergibt sich für dieses Szenario also ein Verbrauch von 0,0057 AI Units. Dieser Wert setzt sich aus dem Document-Grounding-Anteil (0,005 AI Units) und der einzelnen Joule-Message (0,0007 AI Units) zusammen. Damit wird deutlich: Auch bei der Analyse sehr großer Dokumente in Verbindung mit einer komplexen Abfrage ist der tatsächliche Verbrauch an AI Units äußerst gering. Sie können auf dieser Basis eine Vielzahl an Anwendungsfällen abdecken, ohne sofort einen erheblichen Teil Ihres AI-Unit-Kontingents zu beanspruchen.

**Rechtliche Aspekte**

Aus rechtlicher Sicht sind die *SAP AI Terms* verbindlich und müssen von allen Kunden akzeptiert werden. Sie regeln zentrale Punkte wie verbotene Nutzung, Compliance, Haftung und die Genauigkeit von Ergebnissen. Darüber hinaus bestehen Vereinbarungen von Drittanbietern, die SAP von seinen LLM-Partnern verpflichtend an die Kunden weitergibt. Für die Abrechnung und Nutzung von KI-Diensten nach dem AI-Unit-Modell existiert ein Anhang zu den SAP AI Terms, der Begriffe und Regeln klar definiert.

**Transparenz bei KI-Kapazitäten**

Dieses Dokument dient als Grundlage, um Transparenz hinsichtlich Kapazitäten, Einheiten und Berechnungen zu schaffen. Die *SAP AI Services List* gibt zusätzlich jederzeit einen Überblick über alle aktuell verfügbaren KI-Services. Damit wird sichergestellt, dass Kunden die rechtlichen und operativen Rahmenbedingungen von SAP Business AI eindeutig verstehen und einhalten können.

**Einblick in die SAP AI Services List**

Abbildung 2.15 zeigt einen Auszug aus der SAP AI Services List (*http://s-prs.de/v1144402*), in der die Abrechnungslogik für verschiedene KI-Services beschrieben ist. In diesem Beispiel kostet etwa die SAP Cash Application (FI-AR) pro Block von 10.000 Transaktionen je nach Abnahmemenge zwischen 110 und 26 AI Units.

| Eligible AI Service | Unit of Measure* | Block Size | Minimum Usage Requirements | No. of Blocks | AI Unit Conversion Factor |
|---|---|---|---|---|---|
| SAP Cash Application FI-AR[1, 3, 6] | Transaction | 10,000 | 1 Block | 1 - 20 | 110 |
| | | | | 21 - 50 | 63 |
| | | | | 51 - 100 | 35 |
| | | | | 101 - 400 | 26 |
| | | | | 401 + | 26 |
| SAP Cash Application, add-on for contract accounting[1, 3, 6] | Transaction | 10,000 | 1 Block | 1 - 20 | 54 |
| | | | | 21 - 50 | 25 |
| | | | | 51 - 100 | 12 |
| | | | | 101 - 400 | 4 |
| | | | | 401 + | 3 |
| SAP S/4HANA Cloud for Business Integrity Screening, private edition[1, 2, 3, 6] | User | 1 | 2 Blocks | 1 - 20 | 56 |
| | | | | 21 - 50 | 17 |
| | | | | 51 - 100 | 8 |
| | | | | 101 – 200 | 4 |
| | | | | 201 + | 2 |

*Abbildung 2.15: Auszug aus der SAP AI Services List*

# TEIL II

# Anwendungsbeispiele

*In diesem Teil stellen wir Anwendungsbeispiele für Embedded und Custom AI aus unterschiedlichen SAP-Lösungskomponenten vor und zeigen die konkreten Mehrwerte auf, die mit der Integration der künstlichen Intelligenz in die Prozesse einhergehen. In diesem Kontext beleuchten wir auch die programmatische Umsetzung von Embedded und Custom AI, sodass Sie ein Verständnis der technischen Hintergründe gewinnen und die vorgestellten Konzepte und Lösungswege in eigenen Use Cases anwenden können.*

Kapitel 3

# Embedded AI in Finanzen und Einkauf

*Theorie trifft Praxis: In diesem Kapitel werfen wir einen detaillierten Blick auf die von SAP ausgelieferte KI-Standardfunktionalität im Finanzwesen und im Einkauf.*

Anhand dreier wegweisender Beispiele illustrieren wir in diesem Kapitel das Spektrum moderner KI-Anwendungsfälle. Den Anfang macht in Abschnitt 3.1 der *Accounting Accruals Agent*, ein agentenbasiertes Szenario, das den Periodenabschluss durch eine autonome und selbstständige Datenaufbereitung beschleunigt. In Abschnitt 3.2 stellen wir dann die um KI-Funktionalität erweiterte Finanzberichtanalyse vor, die mithilfe eines Generative-AI-Szenarios neue Maßstäbe bei der Interpretation komplexer Finanzberichte und der Kollaboration setzt. Den Abschluss bildet in Abschnitt 3.3 ein klassisches Narrow-AI-Szenario, das mittels Machine Learning und präzisem Pattern Matching die Auszifferung offener Posten in der Buchhaltung automatisiert und so die operative Effizienz in der Debitorenbuchhaltung steigert.

**Human-in-the-Loop-Prinzip**

Die in diesem Kapitel dargestellten Praxisbeispiele zeigen, wie wiederkehrende Aufgaben in der Finanzbuchhaltung und im Einkauf durch den gezielten Einsatz von künstlicher Intelligenz (KI) effizient unterstützt werden können. Gerade im Finanzbereich ist es jedoch entscheidend, dass Anwenderinnen und Anwender aktiv in die Entscheidungsprozesse der KI eingebunden bleiben. Nur so kann sichergestellt werden, dass alle relevanten Informationen transparent zur Verfügung stehen und fundierte Entscheidungen unter Berücksichtigung des sogenannten *Human-in-the-loop-Prinzips* getroffen werden können. Auf diese Weise bleibt die Kontrolle über die KI-gestützten Prozesse stets aufseiten der Anwenderinnen und Anwender, und die Nachvollziehbarkeit der Entscheidungen wird gewährleistet.

## 3.1 Accounting Accruals Agent

Der Periodenabschluss stellt für Finanzabteilungen weltweit eine der intensivsten und zeitkritischsten Phasen im Geschäftsjahr dar. Innerhalb weniger Tage muss die Finanzabteilung sicherstellen, dass sämtliche Geschäftsvorfälle periodengerecht erfasst sind, um ein wahrheitsgetreues Bild der Finanzlage des Unternehmens zu vermitteln. Eine zentrale, jedoch oft fehleranfällige Aufgabe in diesem Prozess ist die Bildung von *Abgrenzungen* und *Rückstellungen*. Diese sind notwendig, um Aufwendungen (oder Erträge) dem Zeitraum zuzuordnen, in dem sie wirtschaftlich verursacht wurden – unabhängig vom Zeitpunkt der tatsächlichen Rechnungslegung oder Zahlung.

In diesem Abschnitt stellen wir Ihnen mit dem Accounting Accruals Agent eine KI-Lösung vor, die den Periodenabschluss beschleunigt.

### 3.1.1 Geschäftliche Herausforderung

**Datenzusammenführung und Interpretation**

Die traditionelle Abwicklung des Periodenabschlusses geht üblicherweise mit einer hohen manuellen Arbeitslast einher. Buchhalterinnen und Buchhalter sehen sich mit einer enormen Datenmenge konfrontiert, die aus verschiedenen Quellen und Applikationen zusammengeführt und bewertet werden muss.

Insbesondere bei wiederkehrenden Aufwendungen, die im Nachhinein oder gesamthaft für mehrere Perioden auf einmal in Rechnung gestellt werden, wie beispielsweise Energie- oder Wasserkosten, entsteht ein erhöhter Aufwand für die periodengerechte Zuordnung. Hier müssen Kosten am Periodenende manuell geschätzt und abgegrenzt werden, um die Ausgaben mit der tatsächlichen Nutzung in Einklang zu bringen. Dies erfordert nicht nur das Buchen der Verbindlichkeiten und Aufwendungen in der richtigen Periode, sondern auch deren korrekte Stornierung zu Beginn des Folgemonats, sobald die tatsächliche Rechnung eingeht.

**Regelbasierte Automatisierung**

Obwohl SAP S/4HANA Cloud (Public und Private) in der *Accrual Engine* bereits automatisierte Funktionen bietet, stoßen diese in der Praxis an Grenzen. Die bisherige Standardfunktionalität konzentriert sich primär auf zwei Bereiche:

- **Abgrenzungen für Warenbestellungen**

  Hierbei werden Daten aus dem Einkauf und der Bestandsführung auf Basis der Bestellentwicklung automatisiert in Abgrenzungsobjekte überführt.

- **Abgrenzungen für Dienstleistungsbestellungen**

  Diese Abgrenzungen basieren auf Beträgen noch nicht freigegebener Leistungserfassungsblätter.

**Grenzen der bestehenden Accrual Engine**

Diese bestehenden Ansätze folgen jedoch einem streng regelbasierten Vorschlagswesen. Sie funktionieren hervorragend für strukturierte Daten, bieten jedoch keine Flexibilität für Szenarien, die eine Interpretation von komplexen Richtlinien erfordern. Die eigentliche Herausforderung liegt in der Automatisierung von Geschäftsfällen, die wiederkehrend sind und durch Buchhaltungsrichtlinien und Vorgaben semantisch beschrieben, jedoch nicht durch einfache Wenn-Dann-Regeln abgedeckt werden können.

Das wesentliche Hindernis ist die automatisierte und inhaltlich korrekte Anwendung der Buchhaltungsrichtlinien. Diese liegen üblicherweise als umfangreiche Textdokumente vor und enthalten spezifische Handlungsanweisungen und Berechnungslogiken in natürlicher Sprache. So können sie z. B. vorgeben, dass der »Abgrenzungsbetrag für Wasserkosten aus dem Durchschnitt der Ausgaben des aktuellen Monats und der vorangegangenen drei Monate« gebildet werden soll. Die manuelle Übertragung dieser textlichen Vorgaben in konkrete Buchungssätze ist für die Buchhaltung nicht nur zeitaufwendig, sondern birgt auch Risiken für Fehler. Auch summieren sich bei einer Vielzahl von Buchungskreisen und monatlich wiederkehrenden Abschlüssen natürlich die Zeitaufwände für die Erhebung, Analyse, Berechnung, Überprüfung und manuelle Erfassung der Buchungssätze.

**Semantisches Verständnis von Richtlinien**

Darüber hinaus erschweren Trends und saisonale Schwankungen die Genauigkeit der Schätzungen. Ein rein statisches Regelwerk kann plötzliche Änderungen im Verbrauchsverhalten oder saisonale Spitzen kaum berücksichtigen. Buchhalterinnen und Buchhalter müssen daher historische Daten manuell analysieren und Muster erkennen, um präzise Rückstellungen zu bilden.

**Manuelle Analyse historischer Daten**

Die Erreichung des Ziels eines zeitnahen und fehlerfreien Abschlusses verzögert sich somit oft durch die mühsame manuelle Aufbereitung und Validierung von Abgrenzungsdaten. Zusammenfassend lässt sich festhalten, dass die geschäftliche Herausforderung darin besteht, die Lücke zwischen unstrukturierten Buchhaltungsrichtlinien und der präzisen, datengestützten Ausführung von Abgrenzungsbuchungen zu schließen und dabei die Flexibilität zur manuellen Behandlung von komplexen Einzelfällen zu wahren.

### 3.1.2 KI-gestützte Lösung und Implementierung

Im Rahmen der kontinuierlichen Weiterentwicklung intelligenter ERP-Systeme markiert der Accounting Accruals Agent einen Paradigmenwechsel von der regelbasierten Automatisierung hin zu einer autonomen, agentenbasierten Buchhaltung. Technologisch ist diese Lösung auf der SAP Business Technology Platform (SAP BTP) angesiedelt und setzt eine aktive Joule-Integration innerhalb von SAP S/4HANA Cloud voraus. Funktional ist der Agent tief in das Finanzwesen integriert und erweitert das bestehende *Accruals Management*, das für die Buchung von Abgrenzungen bereits eine breite Anwendungsbasis bildet.

#### Buchhaltungsrichtlinien als Grundlage

Zentral für die KI-Generierung von Vorschlägen zur Buchung von Abgrenzungsbelegen sind die Buchhaltungsrichtlinien. Sie enthalten semantische Beschreibungen, wie die Ermittlung des Vorschlags je Spesenkategorie aussehen soll. Üblicherweise liegen diese Richtlinien als Dokumentation in den Abteilungen vor und definieren, unter welchen Umständen und mit welchen Inhalten Rechnungsabgrenzungen zu erfolgen haben. Die Richtlinien dienen der Buchhaltung als zentrale Dokumente und Handlungsanweisungen und geben die zentralen Aspekte und Merkmale der Buchungen vor.

**Buchhaltungsrichtlinie in Textform**

In Abbildung 3.1 sehen Sie ein Beispiel für eine solche Richtlinie. Es sind dort alle notwendigen Informationen enthalten, wie eine fachlich korrekte Abgrenzungsbuchung je Geschäftsvorfall auszusehen hat. Der Auszug zeigt die konkreten Vorgaben für Abgrenzungsbuchungen von Wasserrechnungen.

Operative Richtlinien

Vorgaben zur Buchung von Abgrenzungen

...

*Betriebsaufwendungen für Wasser*

Innerhalb des Buchungskreises **1010** fallen die mit Wasser verbundenen Kosten unter die Spesenkategorie „**003**“.

Alle Abgrenzungstransaktionen sind in **EUR** zu erfassen. Die Buchungen erfolgen am letzten Tag der Geschäftsperiode, wobei eine automatische Stornierung für den ersten Tag der neuen Periode mit dem **Stornogrund 05** vorgesehen ist.

- **Haben-Buchung:** Sachkonto **21725000** (Rechnungsabgrenzungsposten für Lieferungen und Leistungen).
- **Soll-Buchung:** Sachkonto **63002000** (Wasser) mit **Steuerkennzeichens V0**.
- **Dokumentation:** Verwenden Sie die Belegart **SA** (Sachkontenbeleg). Der Positionstext muss zwingend die Kennung „**water accruals**“ enthalten.
- **Kostenobjekte:** Alle Buchungen sind der **Kostenstelle 10101201** zuzuordnen.

Bewertungsmethode

Die monatliche Abgrenzungshöhe wird durch die Berechnung des Durchschnittswerts der Aufwendungen für Wasser (**Buchungspositionstext „water fee“**) des aktuellen Monats und der vorangegangenen drei Monate ermittelt.

Erfassung bei Rechnungserhalt

Nach Erhalt der Versorgerrechnung ist die Verbindlichkeit durch Belastung des **Sachkontos 63002000** zu erfassen. Verwenden Sie für diesen spezifischen Eintrag die Belegart **KR** und stellen Sie sicher, dass das Beschreibungsfeld den Begriff „**water fee**“ enthält.

*Abbildung 3.1: Operative Richtlinie als Grundlage für die KI-generierten Buchungsvorschläge*

**Document Grounding in SAP BTP**

Diese Buchhaltungsrichtlinie wird nun in das System hochgeladen und durch den Accounting Accruals Agent analysiert und interpretiert. In der ersten Version des Accounting Accruals Agent erfolgt das Hochladen der Buchhaltungsrichtlinie über die Chat-Benutzeroberfläche von Joule. Mithilfe der *Grounding-Funktionalität* von *SAP Document AI*, einem Service der SAP BTP, wird das Textdokument anschließend analysiert und die Kernelemente werden extrahiert.

**Document Grounding**

Beim Document Grounding werden unstrukturierte Daten in maschinenlesbares, kontextbezogenes Wissen verwandelt. Technisch erfolgt dies durch die Trennung von langen Texten in kleinere, semantisch sinnvolle Abschnitte und deren Transformation in einen hochdimensionalen Vektorraum. Dies ermöglicht es der KI, die Inhalte des Dokuments semantisch zu verstehen und gezielt nach den für den Accruals Agent relevanten Informationen zu durchsuchen. Die so gewonnenen Informationen wie »Buchungskreis«, »Konto Soll« usw. können auf diese Weise identifiziert werden und stehen für die weitere Verarbeitung zur Verfügung.

### Generierung von Buchungsvorschlägen

**Hintergrundprozesse des Agenten**

Auch der operative Workflow des Accounting Accruals Agents beginnt mit einer direkten Interaktion mit dem digitalen Assistenten Joule. Die Anwenderin oder der Anwender stößt den Prozess mit einem natürlichen Sprachbefehl über die Chat-Oberfläche an, mit dem Ziel, Abgrenzungsvorschläge zu generieren. Sobald der Agent gestartet ist, führt er im Hintergrund eine automatisierte Bestandsaufnahme durch. Er greift dabei auf die im System bereits hinterlegten oder im Chat-Kontext bereitgestellten Buchhaltungsrichtlinien zu.

**Identifikation fehlender Abgrenzungsbelege**

Im ersten Schritt, zu sehen in Abbildung 3.2, erfolgt ein Abgleich zwischen den definierten Richtlinien und dem aktuellen Status der Finanzbuchhaltung in SAP S/4HANA Cloud. Der Agent identifiziert Szenarien, für die zum gegenwärtigen Zeitpunkt noch keine Abgrenzungsvorschläge oder -buchungen existieren, aber aufgrund der Richtlinien erforderlich wären.

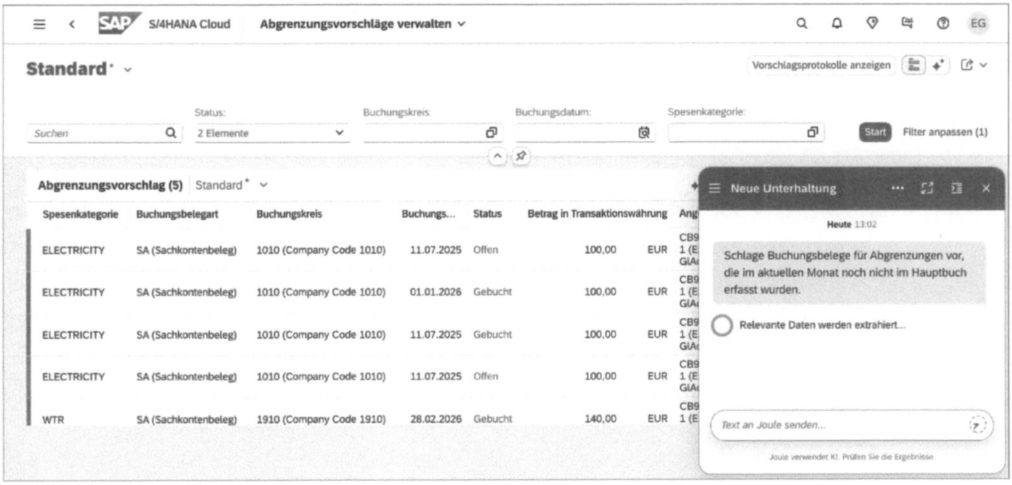


*Abbildung 3.2: Accounting Accruals Agent über Joule starten, um Vorschläge zu generieren*

**Antwort des Agenten in Joule**

Nachdem der Agent die Buchhaltungsrichtlinien gegen den aktuellen Systemstatus geprüft hat, präsentiert er eine strukturierte Übersicht der identifizierten Handlungsbedarfe. Diese Antwort im Joule-Chat dient als erste Informations- und Entscheidungsgrundlage und umfasst eine Liste der vorgeschlagenen Abgrenzungen (**Zusammenfassung der abgeschlossenen Aufgaben**) gemäß den Vorgaben der Buchhaltungsrichtlinie (siehe Abbildung 3.3).

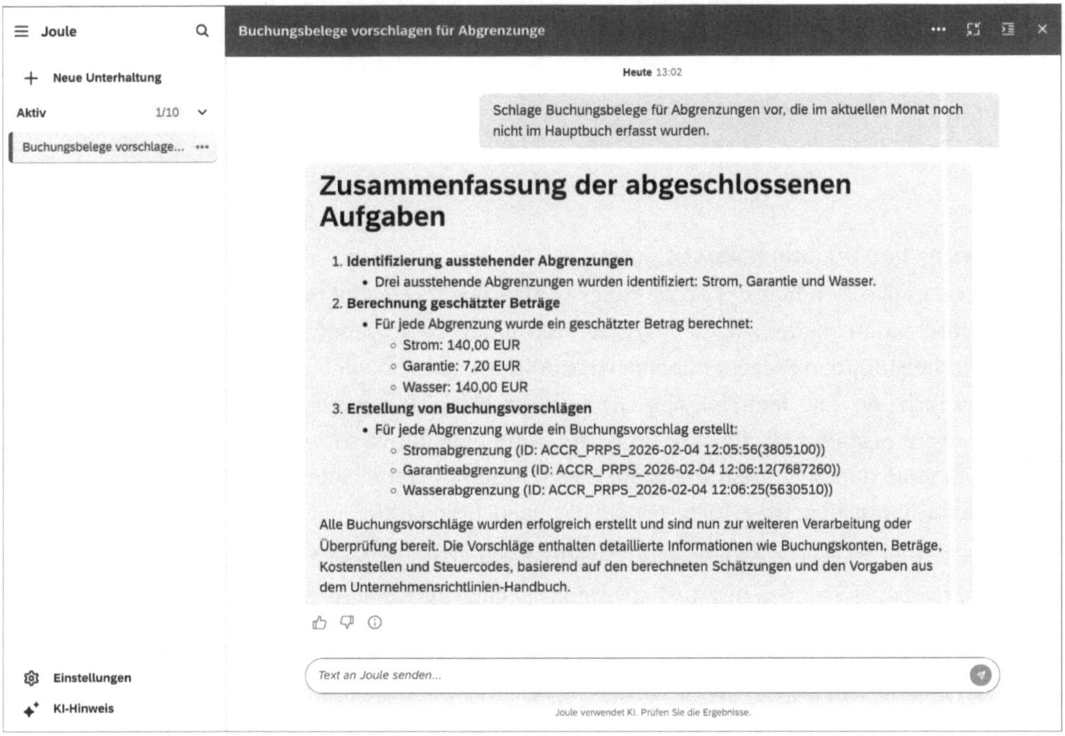


*Abbildung 3.3: Inferenzergebnis als Zusammenfassung der Buchungsvorschläge*

**Vorschläge des KI-Agenten sichten**

Für unser Praxisbeispiel betrachten wir nun den Abgrenzungsvorschlag für die Aufwendungen für Wasser genauer. Wie in Abbildung 3.4 ersichtlich, hat der Agent einen vollständigen Abgrenzungsvorschlag generiert, dessen Folgebearbeitung durch die Anwenderin oder den Anwender in der App **Abgrenzungsvorschläge verwalten** erfolgt. Bei diesem Abgrenzungsvorschlag handelt es sich um den Entwurf eines Hauptbuchbelegs, in dem alle notwendigen Parameter zur Buchung durch die KI vorerfasst wurden. An diesem Punkt ist der Beleg noch nicht im Hauptbuch verbucht oder ersichtlich, da der menschliche Validierungsschritt noch aussteht.

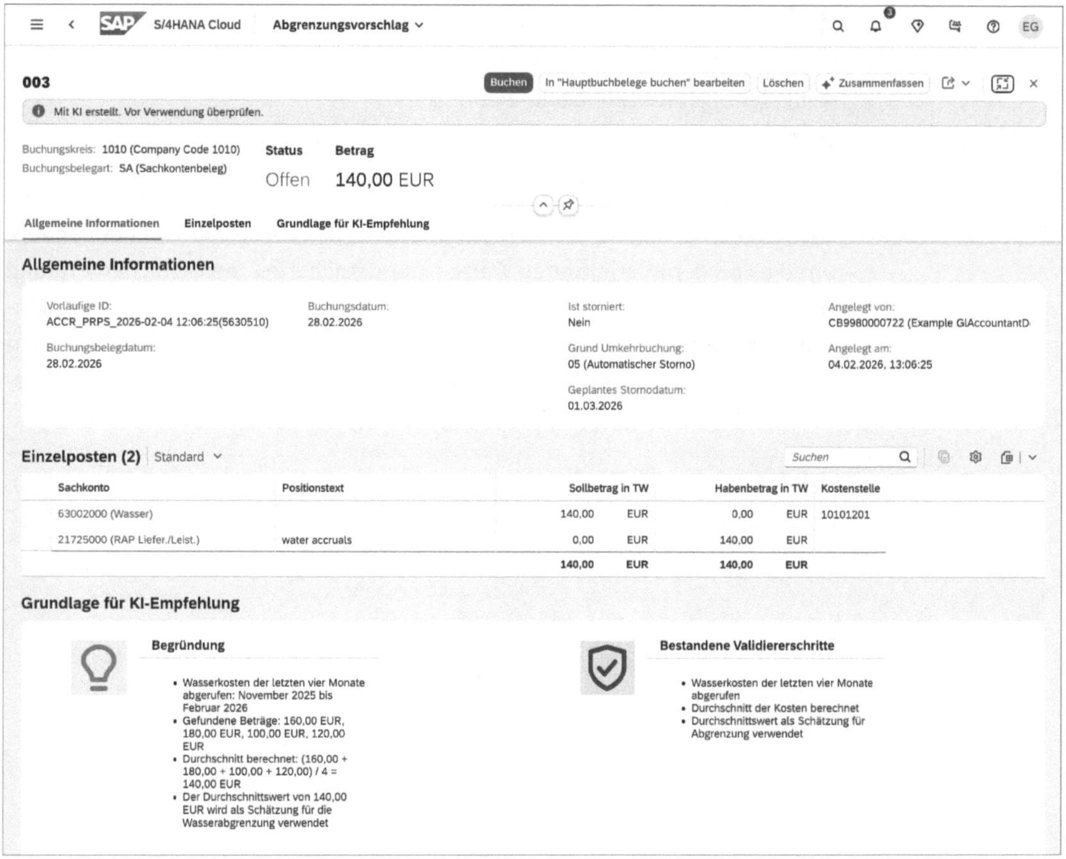


*Abbildung 3.4: Abgrenzungsvorschlag des Accounting Accruals Agents für Wasseraufwendungen*

**Begründung des KI-Agenten**

Im Bereich **Grundlage für KI-Empfehlung** werden die **Begründung** und die vom Agenten durchgeführten Validierungsschritte dargestellt. Im Folgenden werden wir den Belegvorschlag näher analysieren und auf seine Korrektheit hin prüfen.

**Validierung der Belegparameter**

Beim Vergleich dieses Vorschlags in Abbildung 3.4 mit den Buchhaltungsrichtlinien aus Abbildung 3.1 fällt auf, dass der Agent im Beleg folgende Vorschlagsdaten gemäß den Richtlinien verwendet hat:

- Belegart: SA
- Buchungskreis: 1010
- Haben-Buchung: Sachkonto 21725000
- Soll-Buchung:
- Sachkonto 63002000

- Steuerkennzeichen V0
- Positionstext »water accruals«
- Kostenobjekt: Kostenstelle 10101201
- Betrag: 140 € als Durchschnitt der letzten vier Monate

**Validierung des Abgrenzungsbetrags**

Als Begründung zur Berechnung des Betrags in Höhe von 140 € gibt der Agent an, dass es sich hierbei um den Durchschnitt der letzten vier Monate handelt. Um die von der KI ermittelten Werte einer detaillierten menschlichen Prüfung zu unterziehen, überprüfen wir diese Berechnung mithilfe der Applikation **Einzelposten anzeigen im Hauptbuch**. Hierzu werden die Buchungen der letzten vier Monate auf das Aufwandskonto 63002000 (Konto gemäß Buchhaltungsrichtlinie) selektiert, wie in Abbildung 3.5 dargestellt.

*Abbildung 3.5: Validierung des Vier-Monats-Durchschnitts der Aufwendungen für Wasser*

**Validierung der historischen Ist-Daten**

Das Selektionsergebnis zeigt, dass in den letzten vier Monaten Aufwände in Gesamthöhe von 560 € auf diesem Konto verbucht wurden. Dies deckt sich mit dem Vorschlag des Agenten, der, wie in Abbildung 3.4 zu sehen, als Abgrenzungsbetrag den Durchschnittswert von 140 € (560 € ÷ 4 Monate) im Betragsfeld auf der Soll- und Habenseite vorschlägt.

**Kontrolle durch den Anwender/die Anwenderin**

Nachdem die Anwenderin oder der Anwender den Belegvorschlag validiert hat, kann sie oder er ihn über die Schaltfläche **Buchen** direkt im Hauptbuch verbuchen oder mithilfe der Schaltfläche **In »Hauptbuchbelege buchen« bearbeiten** noch manuelle Anpassungen vornehmen.

**Abschluss des Buchungsvorgangs**

Nach erfolgter Buchung ist der Abgrenzungsvorschlag mit dem Status **Gebucht** abgeschlossen (siehe Abbildung 3.6) und im Hauptbuch als **Buchungsbeleg 100031891** verbucht (siehe Abbildung 3.7).

*Abbildung 3.6: Verbuchter Abgrenzungsvorschlag im Accounting Accruals Agent*

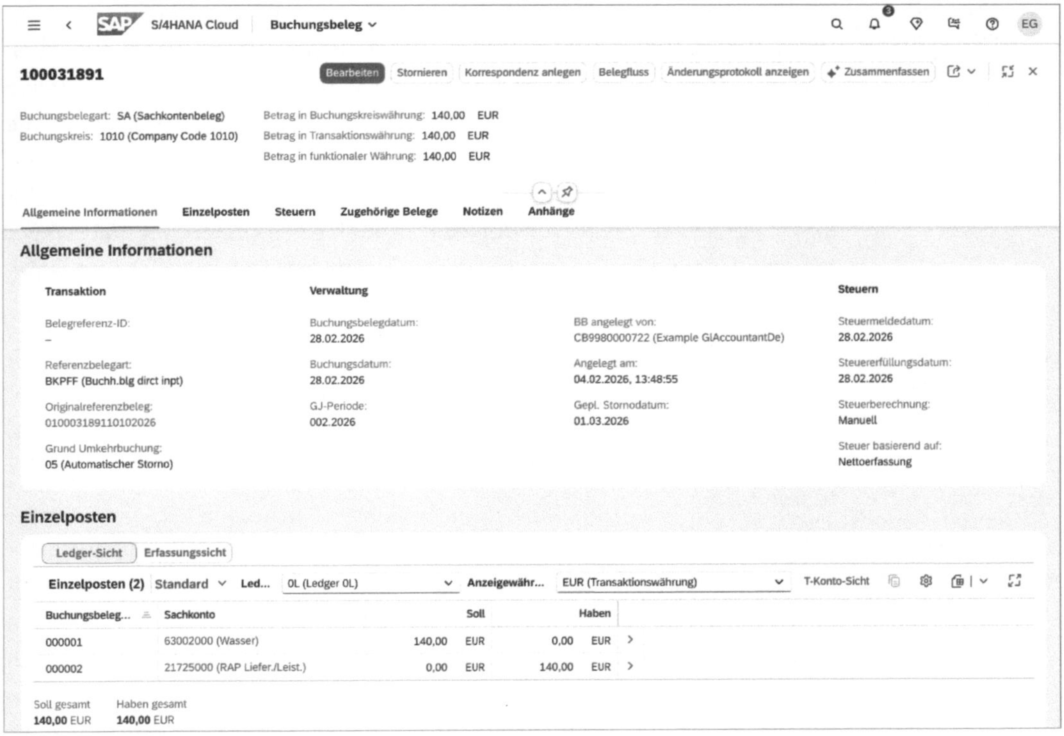


*Abbildung 3.7: Gebuchter Beleg im Hauptbuch*

**Zukunft der Finanzbuchhaltung**

Damit ist die Erstellung der Abgrenzungsbelege für die erwartete Wasserrechnung abgeschlossen. In diesem Prozess verschiebt sich die Rolle der Buchhaltung von der manuellen Dateneingabe hin zur Validierung der KI-generierten Buchungsvorschläge.

### 3.1.3 Geschäftlicher Nutzen und Auswirkungen

Der Accounting Accruals Agent transformiert den Periodenabschluss von einem bisher analyseintensiven manuellen Prozess hin zu einem automatisierten und vereinfachten Validierungs- und Freigabeprozess. Der geschäftliche Nutzen lässt sich dabei in quantitative Effizienzgewinne und qualitative Verbesserungen der Buchhaltungsqualität unterteilen, von denen sowohl die einzelne Buchhalterin und der einzelne Buchhalter als auch das Unternehmen als Ganzes profitiert.

**Quantitative Vorteile und Effizienzsteigerung**

Der primär messbare Vorteil liegt in der massiven Reduktion der Durchlaufzeiten während des Abschlusszyklus. Durch die KI-gestützte Vorbereitung der Buchungsbelege lässt sich der Zeitaufwand für die Berechnung der Abgrenzungsbeträge und für die Belegerfassung erheblich senken. Auch die anschließende Prüfung und finale Buchung der Belege wird deutlich beschleunigt, da die Buchhalterin bzw. der Buchhalter nicht mehr mit einem leeren Beleg beginnt, sondern auf validierten Vorschlägen aufsetzen kann. In der Praxis bedeutet dies, dass die Zeitspanne von der Identifikation eines Abgrenzungsfalls bis zur fertigen Buchung im Hauptbuch drastisch verkürzt wird, was einen wesentlichen Beitrag zum *Fast Close* leistet.

**Qualitative Vorteile auf Anwenderseite**

Für die Buchhaltung entfällt ein Großteil der repetitiven und administrativen Tätigkeiten, etwa das manuelle Durchsuchen von Richtlinien oder das Extrahieren von Werten aus Altsystemen. Die qualitative Entlastung ermöglicht es, sich auf die Validierung der Vorschläge und komplexe Sonderfälle zu konzentrieren.

**Unternehmensweite Auswirkungen**

Auf Unternehmensebene führt die Lösung zu einer Standardisierung des Abgrenzungsprozesses über verschiedene Buchungskreise und Ländergesellschaften hinweg. Da der Agent strikt den hinterlegten Buchhaltungsrichtlinien folgt, wird die Compliance gestärkt und das Risiko von Fehlbuchungen durch manuelle Rechenfehler reduziert. Die verbesserte Genauigkeit der Rückstellungen, basierend auf realen historischen Trends und saisonalen Mustern, führt letztlich zu einer Qualitätssteigerung der Buchführung und einer höheren Revisionssicherheit.

## 3.2 Finanzberichtanalyse mit künstlicher Intelligenz

Die Analyse von Finanzabschlüssen ist ein Kernprozess für Unternehmen, um Transparenz und Compliance sicherzustellen und zu steuern. Mit zunehmender Datenkomplexität und steigenden regulatorischen Anforderungen stoßen klassische Methoden hier jedoch an ihre Grenzen. *SAP S/4HANA Cloud Public Edition, AI-Assisted Analytical Business Insights* in Kombination mit SAP Business AI adressiert diese Herausforderungen und ermöglicht eine intelligente, automatisierte und zukunftsorientierte Finanzberichtanalyse.

### 3.2.1 Geschäftliche Herausforderung

**Zeitdruck und Komplexität**

Eine wesentliche Herausforderung stellt der erhebliche manuelle Aufwand bei der Konsolidierung und Validierung von Daten aus heterogenen Quellsystemen dar. Dieser Prozess bindet wertvolle Ressourcen und ist anfällig für Fehler, da manuelle Eingriffe erforderlich sind. Dies führt zu langen Durchlaufzeiten bei Monats-, Quartals- und Jahresabschlüssen und erhöht das Risiko von Inkonsistenzen. Hinzu kommt die Komplexität bei der Interpretation der Finanzdaten. Diese sind oft fragmentiert und schwer verständlich, weshalb die Ableitung fundierter Handlungsempfehlungen tiefes Fachwissen voraussetzt.

**Starre, unflexible Tools**

Herausfordernd ist auch die fehlende Transparenz bei Szenarioanalysen. Unternehmen müssen zunehmend verschiedene Geschäftsszenarien simulieren, um Risiken und Chancen zu bewerten. Klassische Tools sind jedoch häufig starr und erfordern zusätzliche IT-Ressourcen, was die Flexibilität einschränkt. Parallel dazu steigen die regulatorischen Anforderungen. Die Einhaltung lokaler und internationaler Vorschriften wie International Financial Reporting Standards (IFRS) oder steuerrechtlicher Bestimmungen ist komplex und birgt ein hohes Fehlerrisiko, insbesondere bei manuellen Berechnungen.

**Herausforderung Datenqualität**

Schließlich spielt die Datenqualität eine entscheidende Rolle. Unvollständige oder fehlerhafte Daten können zu falschen Entscheidungen führen, während die manuelle Fehlerbehebung zeitintensiv ist. Diese Herausforderungen verdeutlichen, dass es an der Zeit ist, traditionelle Ansätze für die Finanzberichtanalyse zu überdenken und innovative Lösungen wie KI zu involvieren, um den steigenden Anforderungen an Geschwindigkeit, Genauigkeit und Compliance gerecht zu werden.

### 3.2.2 KI-gestützte Lösung und Implementierung

Um die beschriebenen Herausforderungen zu adressieren, setzt SAP auf die Integration von SAP Business AI in die Finanzprozesse. Der Ansatz basiert auf intelligenter Automatisierung und KI-gestützten Analysen, die den gesamten Abschlussprozess effizienter und transparenter gestalten. Durch den Einsatz von KI werden manuelle Tätigkeiten wie die Ergebnisinterpretation unterstützt und die Fehlererkennung und -behebung werden vereinfacht. Dies reduziert den Arbeitsaufwand erheblich und verkürzt die Durchlaufzeiten für Monats-, Quartals- und Jahresabschlüsse. Darüber hinaus erleichtert die KI-gestützte Lösung die Interpretation komplexer Finanzdaten.

**KI-basierte Zusammenfassung**

Mithilfe generativer KI werden Zusammenfassungen in natürlicher Sprache erstellt, die direkt in ausgewählten *Review-Booklet-Apps* verfügbar sind. Ein Beispiel ist etwa die App **Konzernabschlüsse** (App-ID F6133), auf die wir gleich noch genauer eingehen. Anwenderinnen und Anwender können über *Quick Actions* (beispielsweise KI-unterstützte Zusammenfassungen oder Fehler-Ursachen-Analysen) gezielt Drilldowns durchführen und erhalten so sofort Antworten auf ihre geschäftlichen Fragen, ohne zusätzliche Tools oder tiefgehendes Expertenwissen zu benötigen.

**Integrierter Arbeitsfluss in einem Tool**

Insgesamt transformiert SAP mit der Einbindung von SAP Business AI die Finanzberichtanalyse von einem manuellen, fehleranfälligen Prozess zu einem intelligenten, automatisierten Workflow. Unternehmen profitieren von höherer Effizienz, besserer Compliance und fundierten Handlungsempfehlungen, die wiederum eine proaktive Steuerung des Geschäftserfolgs ermöglichen.

**Unterstützte Finanzauswertungen**

Die KI-Funktionalität ist in der Review-Booklet-App **Konzernabschlüsse** implementiert, mit der eine Reihe an Finanzauswertungen erstellt werden können, wie beispielsweise:

- Gewinn- und Verlustrechnung
- Bilanz
- Cashflow-Übersicht
- Projektprofitabilität
- Kostenstellenreports

Als Beispiel sehen wir uns im Folgenden die *Gewinn- und Verlustrechnung* (GuV) genauer an. Sie ist ein zentraler Bestandteil des *Jahresabschlusses*, der Aufwendungen und Erträge einer bestimmten Periode gegenüberstellt und den Gewinn oder Verlust in dieser Periode ermittelt. Die Herausforderung beim Lesen und Interpretieren der Gewinn- und Verlustrechnung liegt oft in der hohen Anzahl der Konten und ihrer Gliederung bzw. Strukturierung. Hier bietet sich der Einsatz von KI an, um Anwenderinnen und Anwender bei der Interpretation der Ergebnisse und deren Verständnis zu unterstützen.

**GuV-Konzernabschluss**

Die Review-Booklet-App **Konzernabschlüsse** bietet die Möglichkeit, vordefinierte Finanzauswertungen für den Konzernabschluss anzuzeigen. Exemplarisch ist in Abbildung 3.8 die Gewinn- und Verlustrechnung nach dem Gesamtkostenverfahren dargestellt.

*Abbildung 3.8: Gewinn- und Verlustrechnung in der App »Konzernabschlüsse« – Einstieg*

**Beliebiger Drilldown**

Sie können diese Applikation nutzen, um das Finanzergebnis flexibel bis in die Details des Einzelpostens zu analysieren. Es stehen eine Vielzahl an Dimensionen zur Analyse bereit, etwa Kostenstellen, Profitcenter, Gesellschaften, Regionen oder Funktionsbereiche. Mit diesen Anpassungsmöglichkeiten bietet die App eine intuitive und effiziente Methode zur Überprüfung komplexer Finanzberichte. So lässt sich beispielsweise der Jahresüberschuss bis auf die Ebene der Bestandsveränderungen hinunterbrechen, und auf jedem Knotenpunkt der Hierarchie kann der Vergleich zum Vorjahresergebnis hergestellt werden, wie in Abbildung 3.9 gezeigt.

**Kommentarfunktion**

Die Review-Booklet-App lässt sich darüber hinaus auch zur Kollaboration nutzen. Die Anwenderinnen und Anwender können zu jedem Knotenpunkt Kommentare ergänzen und kontextsensitiv etwaige Ungereimtheiten oder weiterführende Erläuterungen direkt am jeweiligen Hierarchieknoten adressieren. Dies erleichtert die Zusammenarbeit erheblich, da keine separaten E-Mail- oder Chat-Nachrichten erfasst und verfolgt werden müssen. Abbildung 3.10 zeigt die Möglichkeit, andere Benutzer zu erwähnen, um sich gegenseitig Aufgaben zuzuweisen.

Abbildung 3.9: Gewinn- und Verlustrechnung – Bestandsveränderungen

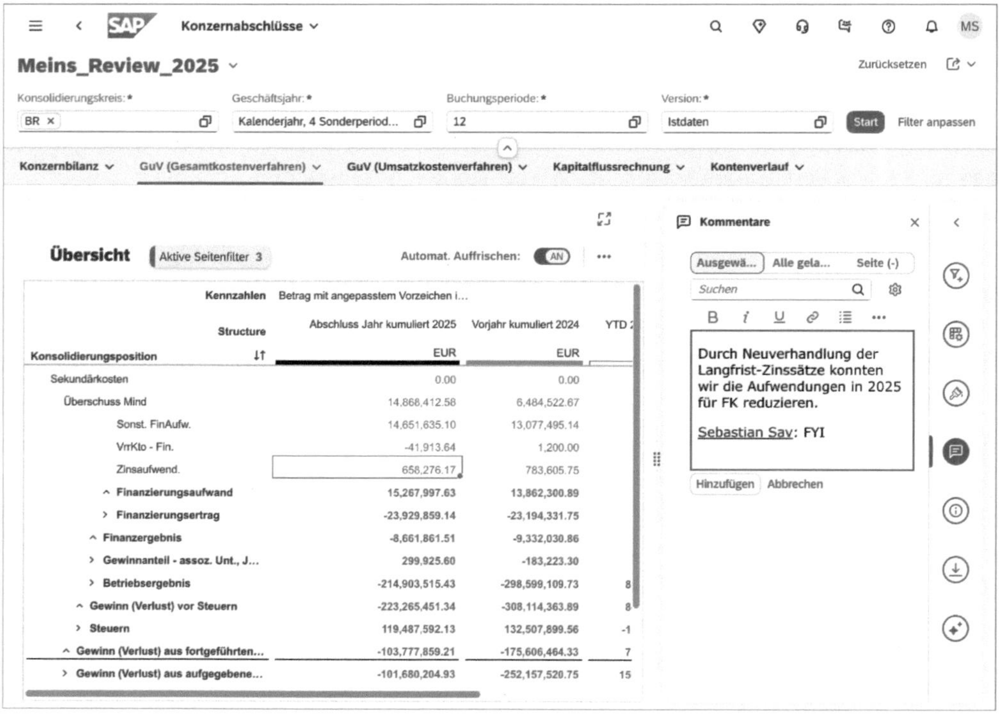

Abbildung 3.10: Kollaboration mit Kommentarfunktion

**KI-Zusammenfassung von Kommentaren**

Im Kontext der Ergebnisinterpretation unterstützt die KI die Anwenderinnen und Anwender mithilfe von vorgedachten Geschäftsanalysen dabei, die dargestellten Kennzahlen besser zu interpretieren und die Hauptursachen zu verstehen. Mit einem Klick auf das Joule-Icon (**Geschäftsanalysen**) rechts unten in der App (siehe Abbildung 3.11) werden die verfügbaren Geschäftsanalysen dargestellt.

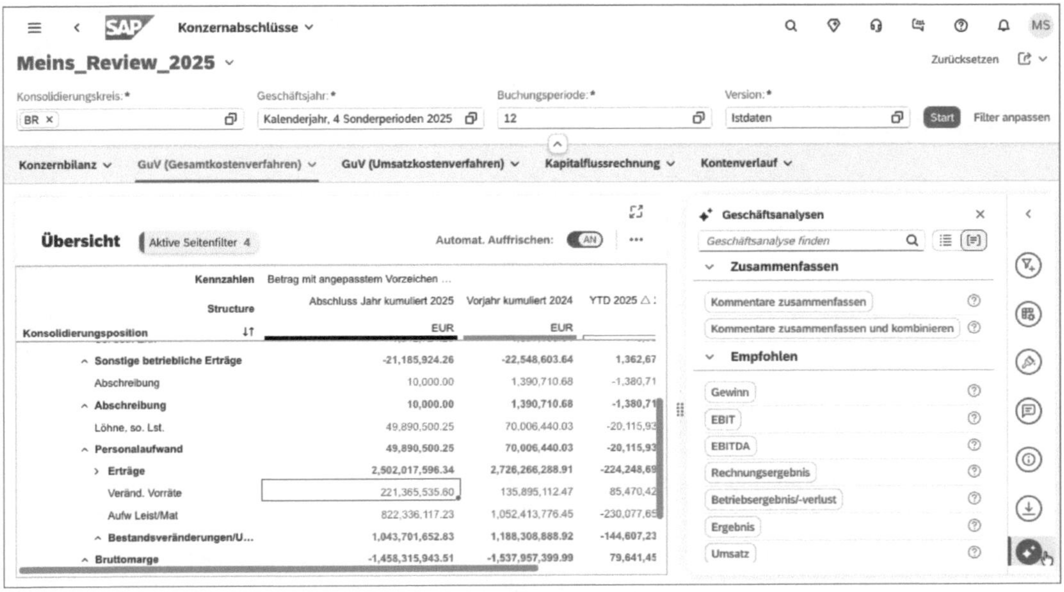


*Abbildung 3.11: KI-Analysen für die Gewinn- und Verlustrechnung aufrufen*

SAP stellt diese vordefinierten Geschäftsanalysen bereit, für die mithilfe von KI verständliche Zusammenfassungen generiert werden. Diese helfen Ihnen, die wichtigsten Aspekte zu verschiedenen Positionen der GuV besser zu verstehen. Zum einen können Sie im Bereich **Zusammenfassen** textbasierte Zusammenfassungen von Kommentaren und Konversationen erstellen lassen, die von verschiedenen Finanzexpertinnen und -experten in den einzelnen Hierarchieknoten hinterlegt wurden. Zum anderen können Sie sich im Bereich **Empfohlen** weiterführende, erläuternde Hinweise und Einblicke in die Haupteinflussfaktoren der zentralen Kennzahlen generieren lassen. Diese Hinweise unterstützen Sie dabei, Ergebnisse, Positionen oder Zwischensummen in der Gewinn- und Verlustrechnung besser zu verstehen. Sie helfen außerdem, die Inhalte in einem breiteren Kontext zu betrachten.

**Analyse des Umsatzes**

Im Bereich **Top Line** werden die verbuchten Umsatzerlöse des aktuellen und eines ausgewählten Vergleichsjahres in Beziehung gesetzt und die Entwicklungen beschrieben und erklärt (siehe Abbildung 3.12).

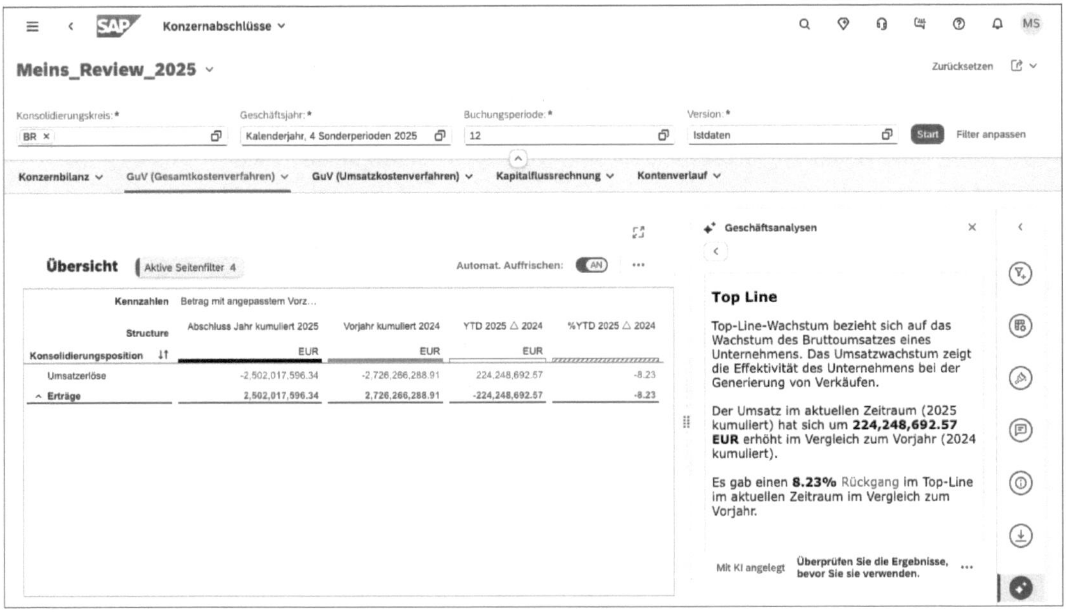


*Abbildung 3.12: KI-Analyse der Umsatzerlöse*

**EBITDA-Analyse**

Erklärungen zu dem *EBITDA* (Earnings before Interest, Taxes, Depreciation, and Amortization), also dem Gewinn vor Abzug der Steuern, Zinsen und Abschreibungen, geben Aufschluss über die Zusammensetzung dieser im internationalen Umfeld wichtigen Kennzahl zur Messung der operativen Leistungsfähigkeit und deren Entwicklung zum Vergleichsjahr. In der GuV dient diese Kennzahl dazu, das Ergebnis aus der reinen Betriebstätigkeit darzustellen, indem sie Einflüsse eliminiert, die nicht unmittelbar mit dem Kerngeschäft zusammenhängen.

Der EBITDA gilt als Indikator für die Cashflow-Generierung eines Unternehmens und gibt damit Einblick in die Ertragskraft des eigenen Unternehmens, ohne Verzerrungen durch Investitionszyklen oder Zinsschwankungen. Da diese Kennzahl häufig von externen Analysten und Analystinnen verwendet wird, ist es für Anwenderinnen und Anwender hilfreich, sie in der Review-Booklet-App darzustellen. Um den EBITDA besser zu verstehen, gibt die integrierte KI-Funktionalität Einblick in die Einflussfaktoren und die Veränderungen zum Vergleichszeitraum.

In Abbildung 3.13 ist ein Beispiel für eine EBITDA-Analyse anhand des aktuellen Jahresvergleichs dargestellt. Die Haupttreiber dieser KPI werden in der Zusammenfassung erläutert, und es wird ein Vergleich zum Ergebnis des Vorjahres hergestellt. Damit ist es ein Leichtes, sich einen Überblick über die Hintergründe der EBITDA-Entwicklung zu verschaffen und die Höhe des Betrags in einen Kontext zu setzen.

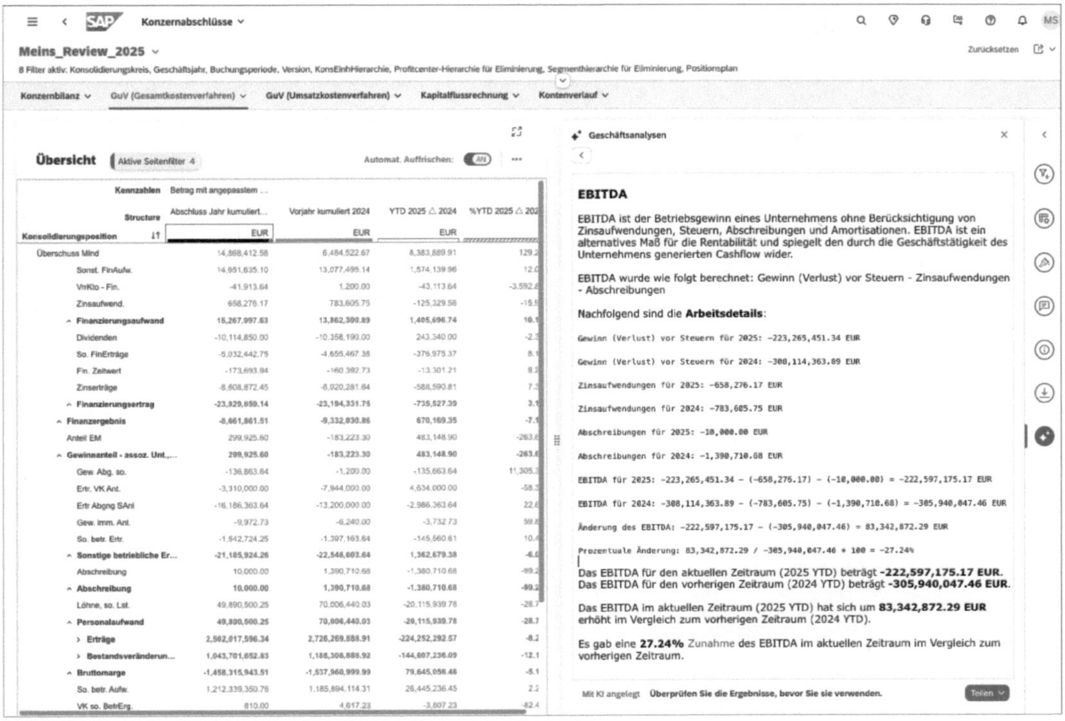


*Abbildung 3.13: EBITDA-Analyse mit KI*

**Benutzer-kommentare**

Sollten zu einem der Einflussfaktoren dieser Kennzahl oder zur Kennzahl selbst Kommentare von anderen Anwenderinnen oder Anwendern erfasst worden sein, fließen diese in die generierten Erläuterungen mit ein und unterstützen bei der Interpretation des Ergebnisses. Damit lassen sich nicht nur Erkenntnisse auf Basis der KI ziehen, sondern auch basierend auf menschlicher (Schwarm-)Intelligenz.

**Analyse des Betriebsergebnisses**

Die Analyse des Betriebsergebnisses liefert Einblicke in die Profitabilität des operativen Geschäfts, indem sie den Saldo der Umsatzerlöse und Aufwendungen darstellt. In Abbildung 3.14 wurde die Gewinn- und Verlustrechnung bis auf die Ebene des Betriebsergebnisses aufgebrochen. Es besteht aus dem Saldo der betrieblichen Erträge und Bestandsveränderungen als Teil der **Bruttomarge** sowie dem **Personalaufwand**, den Abschreibungen auf Anlagen sowie den sonstigen betrieblichen Erträgen und Aufwendungen.

Wie in Abbildung 3.15 dargestellt, lässt sich unter Zuhilfenahme der Geschäftsanalysen zum **Betriebsergebnis** eine Erklärung und Erläuterung der wichtigsten Einflussfaktoren und von deren Veränderungen im Vergleich zum Vergleichszeitraum generieren.

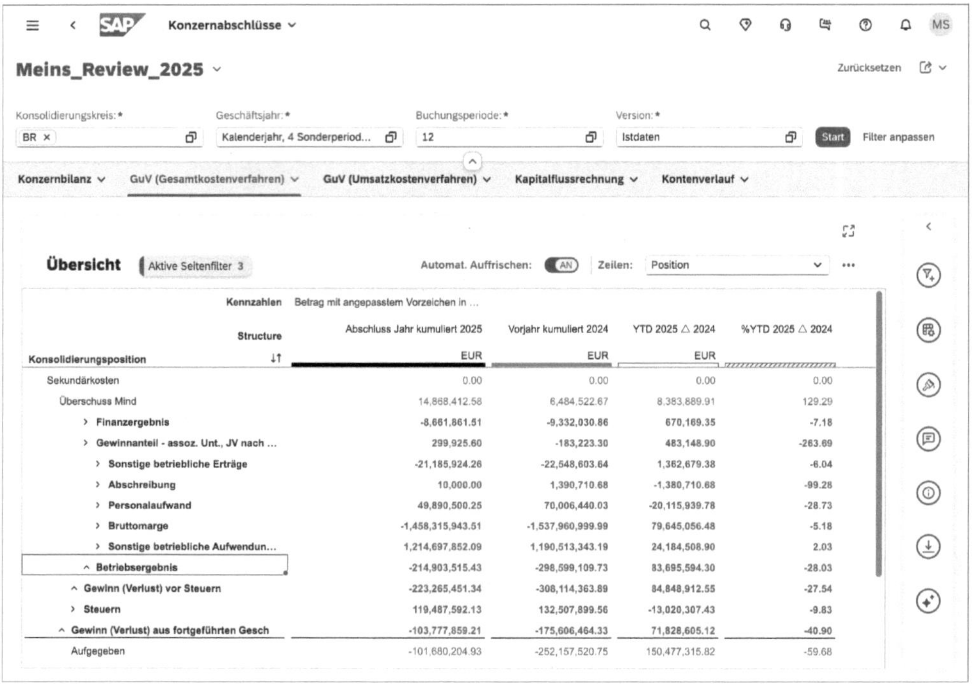


*Abbildung 3.14: Analyse des Betriebsergebnisses*

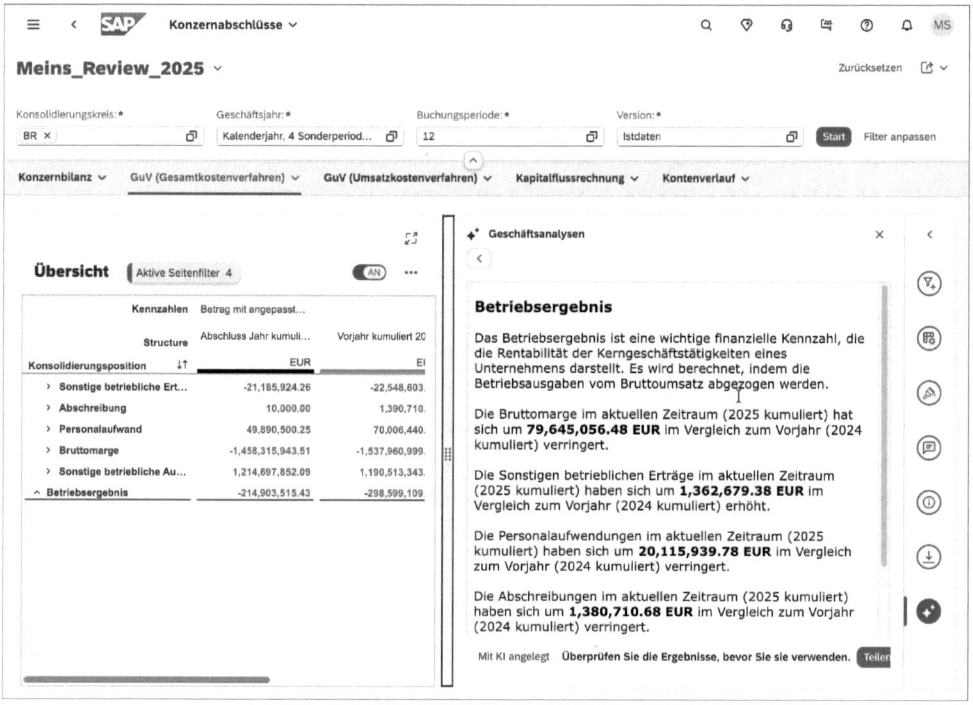


*Abbildung 3.15: KI-Analyse des Betriebsergebnisses*

### 3.2.3 Geschäftlicher Nutzen und Auswirkungen

Wie in diesem Abschnitt dargestellt, bringt SAP S/4HANA Cloud Public Edition, Financial Business Insights Unternehmen erhebliche Vorteile. Zunächst führt die Automatisierung zu einer deutlichen Effizienzsteigerung: Abschlussprozesse wie die Konsolidierung mehrerer Buchungskreise auf Konzernebene, die eine umfassende Analyse und ein umfassendes Verständnis der Daten erfordern, können schneller und weniger fehleranfällig durchgeführt werden. Dies steigert die Qualität und die Produktivität.

Darüber hinaus verbessert die Lösung die Qualität der Entscheidungsfindung. Die KI-gestützten Zusammenfassungen und Ausführungen liefern präzise Einblicke in die Ursachen und Haupteinflussfaktoren der Ergebnisse. Dies ermöglicht es Anwenderinnen und Anwendern sowie Führungskräften, fundierte Entscheidungen zu treffen und Handlungsempfehlungen auf Basis aktueller und konsistenter Informationen abzuleiten.

Schließlich trägt die Lösung zur strategischen Weiterentwicklung der Rollen im Finanzbereich bei. Analystinnen und Analysten haben nicht mehr nur rein datenverarbeitende Funktionen, sondern werden zu aktiven Gestalterinnen und Gestaltern der Unternehmensstrategie, da sie mithilfe von KI ein vollständiges Bild über die Ursachen und Korrekturvorschläge erhalten. Dies fördert eine Kultur der proaktiven Steuerung und verbessert die Wertschöpfung in den Finanzabteilungen erheblich.

## 3.3 SAP Cash Application – KI-unterstützte Auszifferung von offenen Posten in der Debitorenbuchhaltung

**Debitorenbuchhaltung**

*SAP Cash Application* ist eine Anwendung für die Debitorenbuchhaltung, einem speziellen Bereich des Finanzwesens, der für den Ausgleich von offenen Kundenforderungen zuständig ist. Sie erweitert die Prozesse der Finanzbuchhaltung aus SAP S/4HANA Cloud Public Edition und SAP S/4HANA Cloud Private Edition. Zu ihren klassischen Aufgaben gehören neben der Verwaltung und Überwachung aller Forderungen gegenüber Kunden und dem Monitoring von Zahlungseingängen oft auch das Erfassen und Buchen von Ausgangsrechnungen sowie die laufende Abstimmung der offenen Posten und die Durchführung des Mahnlaufs.

**Digitale Entlastung im Tagesgeschäft**

SAP-Systeme dienen dabei der Dokumentation und etwaigen Automatisierung relevanter Schritte. Sie bieten Werkzeuge, um Zahlungsvorgänge zuzuordnen, Klärungsfälle zu identifizieren und den Mahnprozess zu steuern. Ziel dabei ist es, sicherzustellen, dass der gesamte Belegfluss vom Zeitpunkt der Rechnungsstellung bis zum endgültigen Zahlungseingang effizient, transparent und nachvollziehbar abgebildet ist. Für SAP-Anwenderinnen und -Anwender bedeutet das eine signifikante Entlastung im Tagesgeschäft, da Routineaufgaben digital unterstützt und zeitnah abgeschlossen werden können. Gleichzeitig werden eine hohe Datenqualität und Compliance sichergestellt, was für die Abschlussarbeiten und das Berichtswesen von zentraler Bedeutung ist.

**Offene Posten mit Rechnungsbuchung**

Der Prozess der *Auszifferung* von offenen Posten in der Debitorenbuchhaltung ist am Ende des Vertriebsprozesses angesiedelt. Wie in Abbildung 3.16 zu sehen ist, wird im ersten Schritt in der Regel eine Ausgangsrechnung an den Kunden erstellt und an diesen versendet. Zeitgleich mit der Verbuchung der Rechnung im Hauptbuch wird im Nebenbuch am Debitorenkonto ein offener Posten erzeugt, auf dessen Basis die erwartete Eingangszahlung im System abgewickelt wird. Durch das Statusmanagement am offenen Posten ist somit jederzeit der Stand des Ausgleichs im SAP-System ersichtlich.

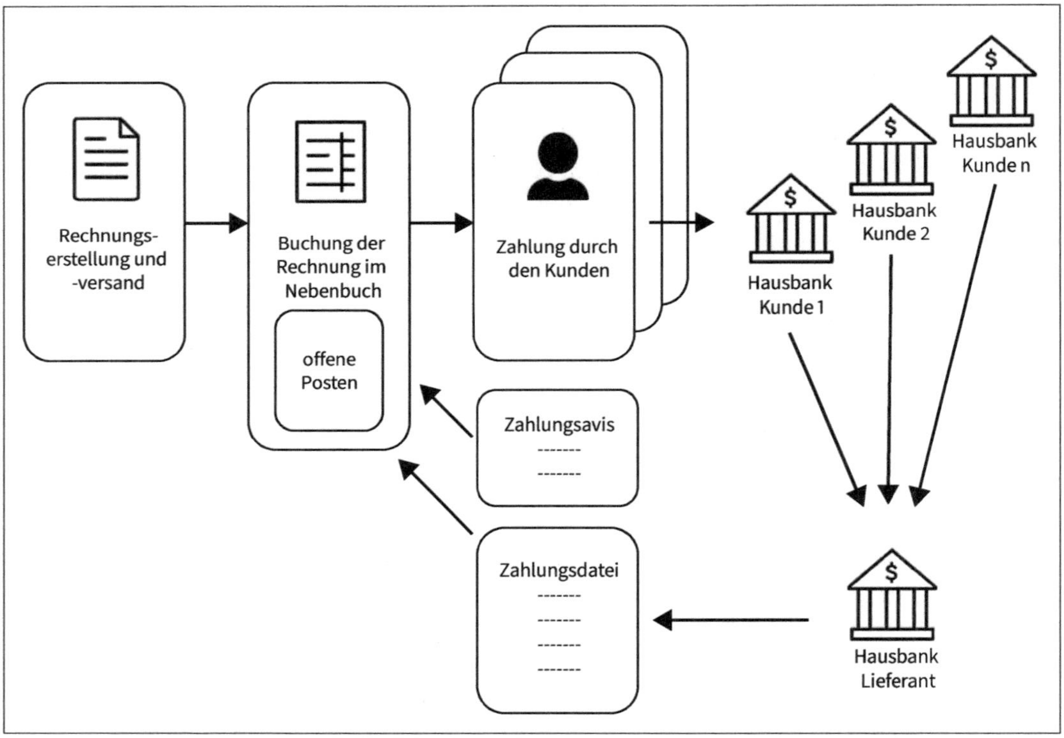


*Abbildung 3.16: Ablauf des Ausgleichs offener Posten in der Debitorenbuchhaltung*

**Ausgleich durch Zahlungseingang**

Der im Anschluss erhaltene Zahlungseingang auf dem Bankkonto ist diesem offenen Posten zuzuweisen, wodurch der offene Posten ausgeglichen wird. Erfolgt kein kompletter Ausgleich, wird der offene Posten nur zum Teil ausgeglichen, und der noch offene Betrag wird, entsprechend den vereinbarten Zahlungsbedingungen, im nächsten Mahnlauf berücksichtigt.

### 3.3.1 Geschäftliche Herausforderung

Die Verarbeitung von Bankauszügen sowie die Abstimmung offener Posten stellen zentrale Funktionen im Debitorenmanagement dar und sind essenziell für eine effiziente und korrekte Finanzbuchhaltung. SAP-Anwenderinnen und -Anwender stehen hierbei vor spezifischen Herausforderungen, die sowohl die Prozessautomatisierung als auch die Datenqualität betreffen.

**Fehlende Zahlungsreferenzen**

Ein zentrales Hindernis für einen regelbasierten und vollautomatischen Ausgleich stellen unvollständige oder fehlerhafte Angaben von Zahlungsreferenzdaten auf Bankauszügen dar. Fehlen beispielsweise eindeutige Informationen wie Rechnungs- oder Kundennummer, ist eine einfache Zuordnung im SAP-System nicht möglich und manuelle Klärungsfälle sowie nachgelagerte Recherchen sind die Folge. Dies erhöht den Bearbeitungsaufwand und führt zu einer Verzögerung im Belegfluss.

**Zahlungen, die mehrere Rechnungen betreffen**

In der Praxis kommt es zudem häufig vor, dass Kundenzahlungen mehrere Rechnungen umfassen oder aufgrund von Skonti, Kürzungen oder Reklamationen von den Sollbeträgen abweichen. Für die automatisierte Auszifferung im SAP-System bedeutet dies eine erhöhte Komplexität, da Zahlungen korrekt auf offene Posten aufgeteilt und Differenzen analysiert und nachgeforscht werden müssen. Eine enge Abstimmung mit den Fachabteilungen, insbesondere dem Vertrieb und dem Kundenservice, ist in solchen Fällen unerlässlich.

Zwar bieten SAP-Systeme diverse Werkzeuge zur automatisierten, regelbasierten Zahlungszuordnung, doch ist deren Erfolg stark von der Qualität und Konsistenz der im Zahlungslauf verwendeten Daten abhängig. Inkonsistente Stammdaten, heterogene Datenformate und Schnittstellenprobleme zwischen Bank und SAP-System können die Prozesssicherheit zusätzlich beeinträchtigen.

**Mahnungen trotz Zahlung aufgrund von Fehlzuordnung**

Ein fehlerhaft zugeordneter Zahlungseingang kann dazu führen, dass bereits bezahlte Forderungen fälschlicherweise im Mahnlauf verbleiben und versehentlich angemahnt werden – mit negativen Konsequenzen für die Kundenbeziehung und die Reputation des Unternehmens.

Unternehmen mit hohem Transaktionsvolumen stoßen mit einer manuellen Auszifferung ihrer offenen Posten daher schnell an ihre Grenzen.

### 3.3.2 KI-gestützte Lösung und Implementierung in SAP Cash Application

An diese Problemstellung knüpft SAP Cash Application an. Hier kommt in Fällen, in denen eine automatische Zuordnung durch klassische, regelbasierte Mechanismen nicht möglich ist, künstliche Intelligenz zum Einsatz. Dabei analysiert das System historische Zahlungsdaten und ausgeglichene Posten, erkennt darin Muster der Zusammengehörigkeit und leitet daraus Zuordnungsvorschläge für noch offene Positionen ab. Die KI unterstützt so eine effiziente und treffsichere Zuordnung im SAP-System.

**Künstliche Intelligenz mithilfe von SAP BTP**

Das Vorgehen basiert auf dem Ansatz des maschinellen Lernens (*Machine Learning*, kurz ML), einem Anwendungsfall von Narrow AI. Die technologische Grundlage bildet dabei das Zusammenspiel von SAP S/4HANA Cloud als ERP-System und SAP Business Technology Platform (SAP BTP), die ein leistungsfähiges Framework für Embedded-AI-Szenarien bereitstellt. Durch die Einbindung dieses Frameworks in den Gesamtprozess lässt sich KI nahtlos in die bestehende SAP-Systemlandschaft integrieren. Dadurch erschließen sich für Anwenderinnen und Anwender die Vorteile einer automatisierten, datenbasierten Entscheidungsfindung, die auf fundierten Analyseergebnissen beruht und den Prozess der Zahlungszuordnung nachhaltig optimiert.

### Konfiguration der Integration

Bei SAP Cash Application handelt es sich um eine SAP-BTP-Applikation. Für die technische Kommunikation über Systemgrenzen hinweg sind daher einige Einstellungen im SAP-S/4HANA-Cloud-System und auf der SAP BTP erforderlich.

**OAuth 2.0 für sichere Authentifizierung**

Im SAP-S/4HANA-Cloud-System müssen Sie ein *Kommunikationssystem* anlegen, das die SAP Cash Application repräsentiert. Hierzu melden Sie sich mit einem Administratorbenutzer am SAP Fiori Launchpad an und erstellen in der Applikation **Kommunikationssysteme** eine neue System-ID für die SAP Cash Application. Hinterlegen Sie dazu den Host-Namen des SAP-BTP-Service-Endpunkts, die Authentifizierungsmethode (OAuth 2.0) und die nötigen Authentifizierungsdaten (OAuth 2.0 Client ID Token).

Im nächsten Schritt erstellen Sie, wie in Abbildung 3.17 gezeigt, in der Applikation **Kommunikationsvereinbarungen** eine neue Kommunikationsvereinbarung für das Szenario **SAP-Cash-Application-Integration** mit der Szenario-ID **SAP_COM_0650**, in der die Remote-Services und die ausgetauschten Business-Objektdaten definiert werden.

**Schnittstellen zur SAP BTP**

Ein zentraler Punkt in diesem Kommunikationsszenario sind die folgenden Application Programming Interfaces (APIs). Sie ermöglichen den erforderlichen Datenaustausch und das Zusammenspiel der beiden Systeme:

- **Trainingsdaten**

  Übertragung historischer Daten erfolgreicher Zahlungszuordnungen zu offenen Posten (vom ERP-System an die SAP BTP)

- **Offene Posten**

  Übertragung der aktuell noch offenen Posten (vom ERP-System an die SAP BTP)

- **Offene Posten und Inferenzdaten**
  Übertragung offener und nicht zugeordneter Kontoauszüge und Übermittlung vorgeschlagener Zuordnungen als Ergebnis der ML-Routine (vom ERP-System an die SAP BTP und von der SAP BTP zurück an das SAP-System)

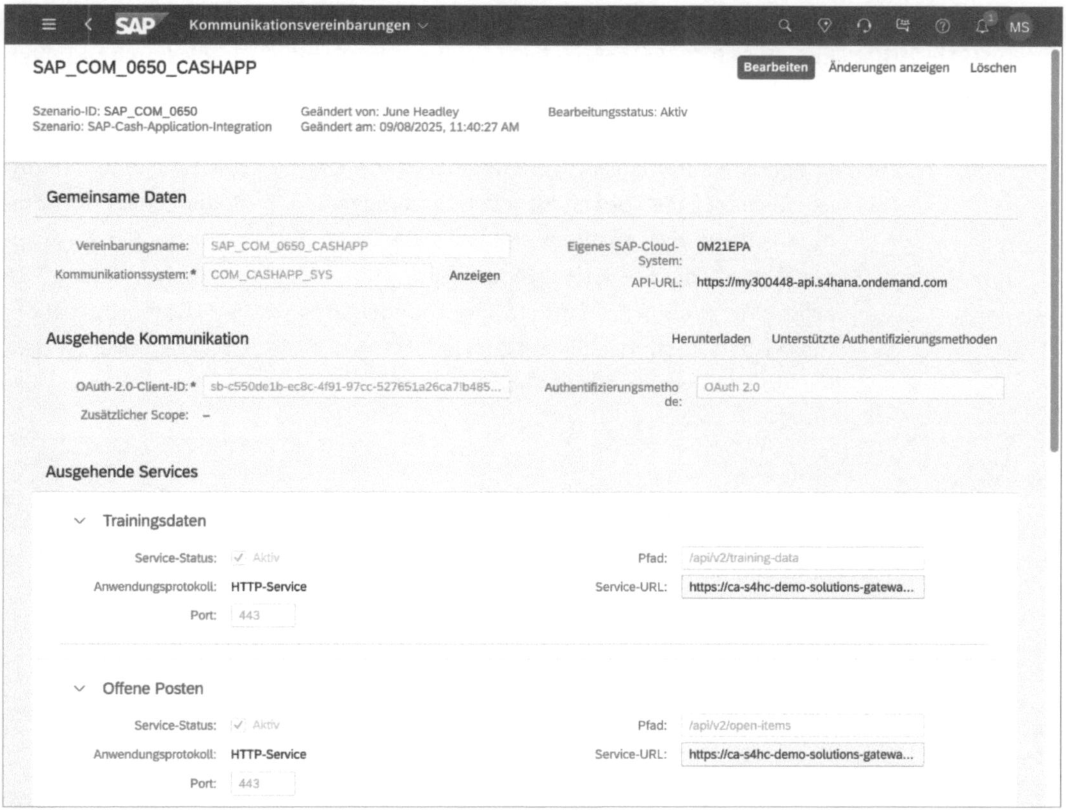


*Abbildung 3.17: Kommunikationsvereinbarung für SAP Cash Application in SAP S/4HANA Cloud Public Edition erstellen*

**Konfiguration auf der SAP BTP**

In Ihrem Account der SAP BTP sind ebenfalls einige Einstellungen vorzunehmen. Wie eingangs erwähnt, finden das eigentliche Training und die Inferenzermittlung nicht im SAP-S/4HANA-Cloud-System statt, sondern in der SAP Cash Application auf der SAP BTP.

**Training und Inferenz im Kontext von Machine Learning**

*Training* im Kontext von Machine Learning bedeutet, dass ein Computerprogramm aus vielen Beispieldaten lernt. Es sucht dabei nach Mustern und Zusammenhängen, damit es später bei neuen, unbekannten Daten richtige Vorhersagen treffen kann.

> *Inferenz* beschreibt in diesem Kontext die Fähigkeit eines Modells, auf Basis der zuvor im Training erlernten Muster und Zusammenhänge sinnvolle und valide Vorhersagen für neue, bisher unbekannte Datensätze zu treffen.

**Inbetriebnahme durch Booster erleichtern**

Zunächst implementieren Sie SAP Cash Application, indem Sie die Anwendung im SAP BTP Cockpit abonnieren. Nutzen Sie anschließend die bereitgestellten *Booster*, die speziell für eine einfache und schnelle Inbetriebnahme der App entwickelt wurden. Mit diesen Boostern können Sie die erforderlichen Service-Endpunkte automatisiert generieren und konfigurieren. Die Booster unterstützen Sie dabei, die notwendigen Verknüpfungen und Einstellungen für die Kommunikation zwischen Ihrem SAP-S/4HANA-Cloud-System und der SAP Cash Application auf der SAP BTP zuverlässig und effizient herzustellen. Abbildung 3.18 zeigt eine erfolgte Einrichtung des Abonnements von SAP Cash Application. Diese Übersicht finden Sie auf der Hauptseite des SAP BTP Cockpits unter dem Menüpunkt **Instanzen und Abonnements**.

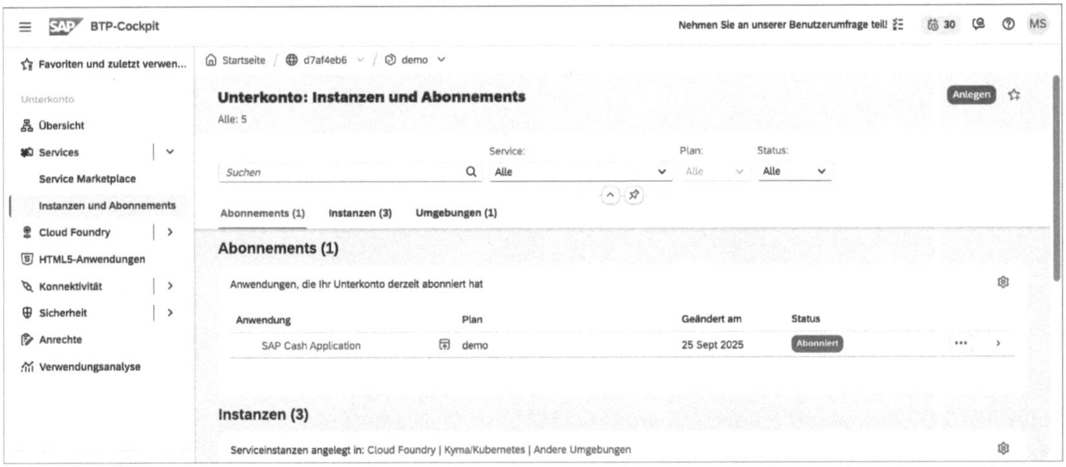


*Abbildung 3.18: Eingerichtetes Abonnement von SAP Cash Application auf der SAP BTP*

### Konfiguration der Anwendung

**Konfiguration in SAP S/4HANA Cloud**

Aufseiten von SAP S/4HANA Cloud ist es erforderlich, die Zielgenauigkeitsparameter über eine entsprechende Systemkonfiguration anzupassen. Diese Anpassung erfolgt über die Applikation **Lösung verwalten** oder Ihren Workspace in Ihrer Instanz von *SAP Central Business Configuration*. Die erforderlichen Einstellungen sind in Abbildung 3.19 zu sehen. Sie werden bei jedem Inferenzaufruf an SAP Cash Application übermittelt und definieren, ab welcher Zielgenauigkeit, also ab welchem *Konfidenzwert*, ein Zuordnungsvorschlag zu einem offenen Posten angezeigt wird und ab wann der Ausgleich des offenen Postens automatisiert erfolgt.

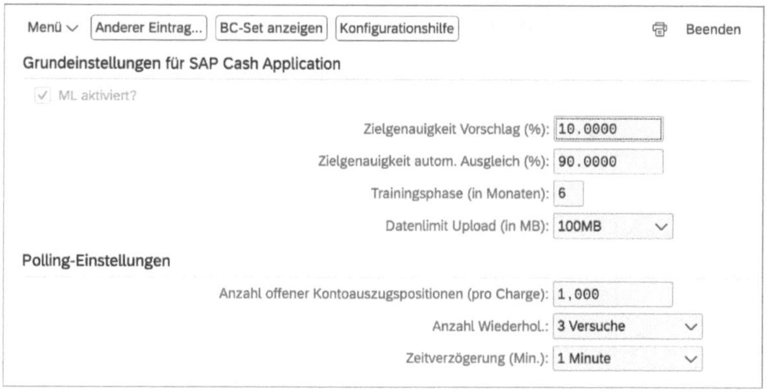


*Abbildung 3.19: Konfiguration von SAP Cash Application für SAP S/4HANA Cloud Public Edition*

**Schwellen für Zuordnung oder automatischen Ausgleich**

Im SAP-Standard liegt die Schwelle für die Anzeige eines Zuordnungsvorschlags bei einer Zielgenauigkeit von 10 %, während für die automatische Buchung des Ausgleichs eine Zielgenauigkeit von 90 % vorausgesetzt wird. Durch die geringe Schwelle von 10 % Zielgenauigkeit für Zuordnungsvorschläge wird das ML-Modell jedoch häufiger Vorschläge machen, die eventuell nicht korrekt sind. Um eine für die jeweilige Kundensituation ideale Einstellung zu ermitteln, ist das Feedback des Fachbereichs nach einem ersten Praxistest ausschlaggebend. Daher empfiehlt es sich, die hier eingestellten Werte nach Sammlung erster Benutzererfahrungen anzupassen.

Die **Polling-Einstellungen** geben an, wie oft und in welchem Intervall das SAP-S/4HANA-Cloud-System nach dem Start der Inferenzermittlung die Ergebnisse von SAP Cash Application abfragt.

### Trainingslauf mit historischen Daten

**Eckdaten Training des ML-Modells**

Nachdem die Konfiguration abgeschlossen ist, wird das ML-Modell mit historischen Daten trainiert. Dies erfolgt durch einen in SAP S/4HANA Cloud eingeplanten Hintergrundjob. Dabei werden ausgeglichene Posten und zugehörige Kontoauszüge an SAP Cash Application auf der SAP BTP transferiert und dort auf ihre Korrelationen hin analysiert (siehe Abbildung 3.20).

Für ein qualitativ hochwertiges Prognosemodell ist eine gewisse Menge an Trainingsdaten nötig. Wie viele Daten jeweils benötigt werden, hängt primär von der Varianz und Anzahl der Merkmale ab, die Auswirkung auf das Ergebnis haben. Für das Training zur automatisierten Auszifferung von offenen Posten empfehlen sich mindestens 10.000 ausgeglichene Posten bzw. Zahlungseingänge. Nach dem Abschluss des Trainingslaufs ist das ML-Modell darauf vorbereitet, die relevanten Muster und Zusammenhänge zwischen Zahlungseingängen und ausgeglichenen Posten zu ermitteln.

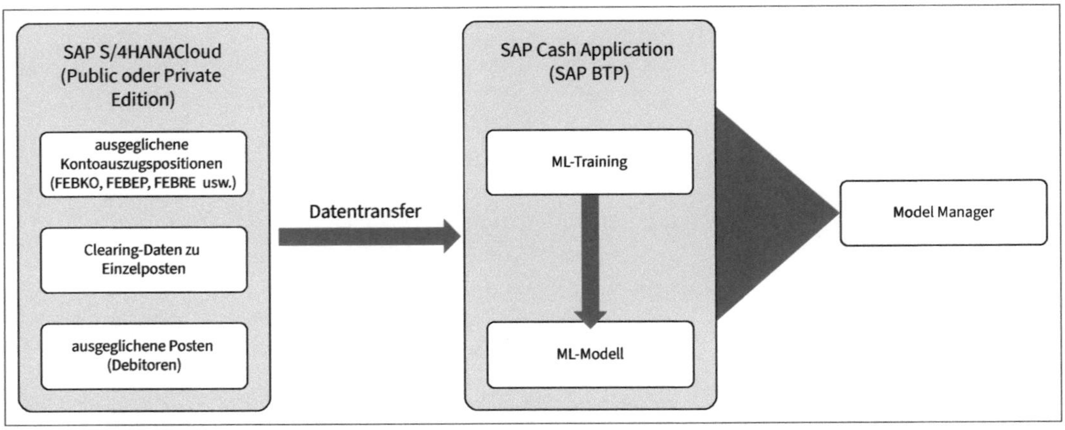


*Abbildung 3.20: Ablauf des Trainings zwischen SAP S/4HANA Cloud und SAP Cash Application auf der SAP BTP*

**ML-Modell testen**

Direkt nach dem Training können noch keine Aussagen zur Leistungsfähigkeit, d. h. zur Qualität des Inferenzergebnisses, getroffen werden. Dafür müssen erst Erfahrungen aus der Praxis durch das Anwenden des ML-Szenarios gesammelt werden. Hierzu wird im SAP-S/4HANA-Cloud-System der Hintergrundjob **SAP Cash Application: Training (SAP_COM_0650)** eingeplant. Wichtige Parameter sind hierbei der **Datentyp** mit der Option **Eingangszahlung** und die Auswahl der Buchungsregel **Geldeingang über Zwischenkonto (F001)** (siehe Abbildung 3.21).

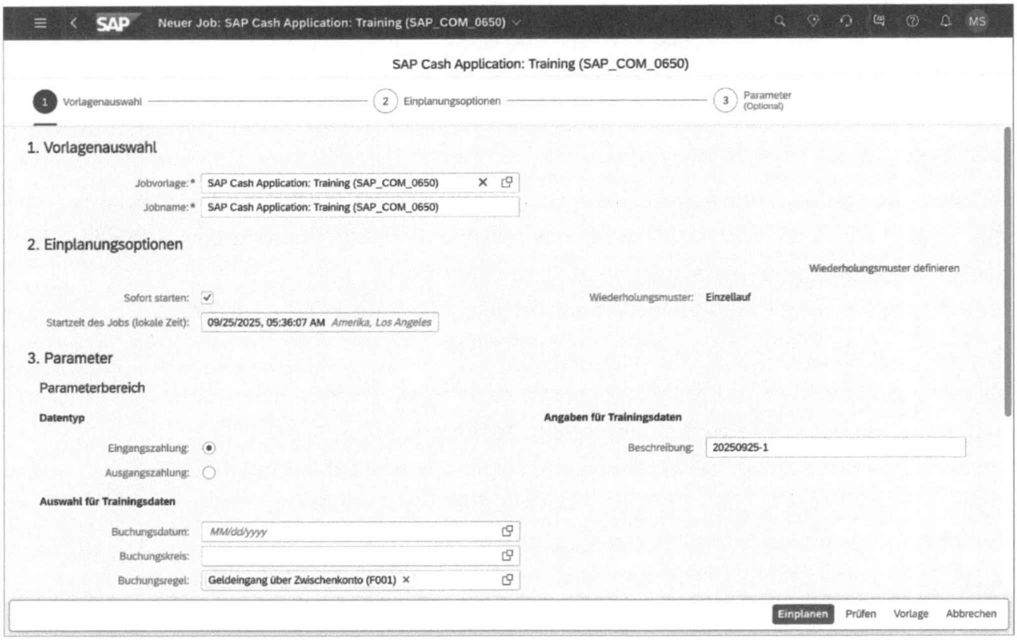


*Abbildung 3.21: Hintergrundjob zum Training des ML-Modells konfigurieren*

## Übertragung der offenen Posten

**Regelmäßiger Datenaustausch der offenen Posten**

Vor dem Start eines Inferenzlaufs müssen Sie sicherstellen, dass sämtliche aktuell offenen Posten an SAP Cash Application übertragen werden. Diese Übermittlung wird in Abbildung 3.22 dargestellt. Sie sollte in fest definierten, regelmäßigen Intervallen erfolgen, um eine konsistente Datenbasis zwischen SAP S/4HANA Cloud und SAP Cash Application zu gewährleisten. Dabei ist zu beachten, dass eventuell bereits in SAP Cash Application vorhandene offene Posten durch die neuen Daten überschrieben werden.

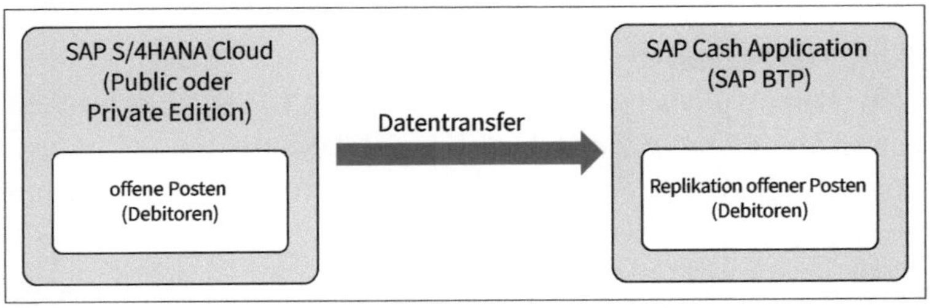


*Abbildung 3.22: Übertragung offener Posten von SAP S/4HANA Cloud zu SAP Cash Application auf der SAP BTP*

Für diese Übertragung der offenen Posten wird im SAP-S/4HANA-Cloud-System der Hintergrundjob **SAP Cash Application: Upload offener Posten (SAP_COM_0650)** eingeplant (siehe Abbildung 3.23).

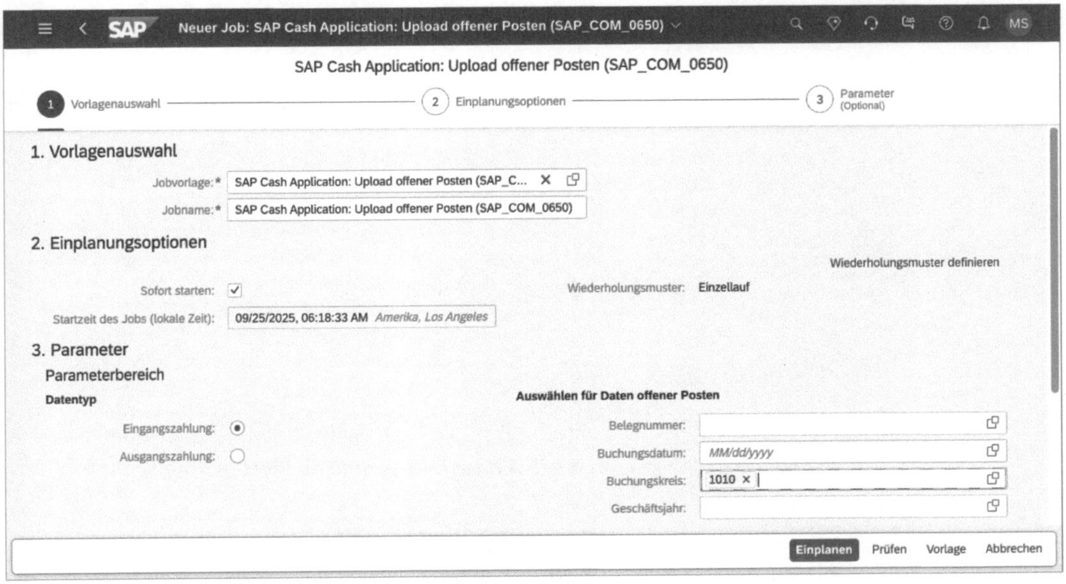


*Abbildung 3.23: Hintergrundjob zur Übertragung offener Posten an SAP Cash Application konfigurieren*

Dieser Job stellt sicher, dass die aktuell im SAP-S/4HANA-Cloud-System offenen Posten an SAP Cash Application übermittelt werden. Sie stellen dann auch die offene Datenbasis für den nachfolgenden Inferenzlauf dar. Um diesen Job einzuplanen, wählen Sie im Bereich **Datentyp** die Option **Eingangszahlung** aus und beim Parameter **Buchungskreis** den zu bearbeitenden Buchungskreis. In unserem Beispiel grenzen wir diesen Lauf auf den Buchungskreis 1010 ein. Es empfiehlt sich, das **Geschäftsjahr** nicht einzuschränken, da die Reportvariante ansonsten jährlich anzupassen wäre (siehe Abbildung 3.23).

### Inferenzlauf – Vorschlagslauf für offene Posten

Der Start des Inferenzlaufs wird durch den in Abbildung 3.24 ersichtlichen Hintergrundjob im SAP-S/4HANA-Cloud-System geplant, um auf Basis der aktuellen Kontobewegungen und offenen Posten mittels Machine Learning automatisierte Zuordnungsvorschläge zu generieren.

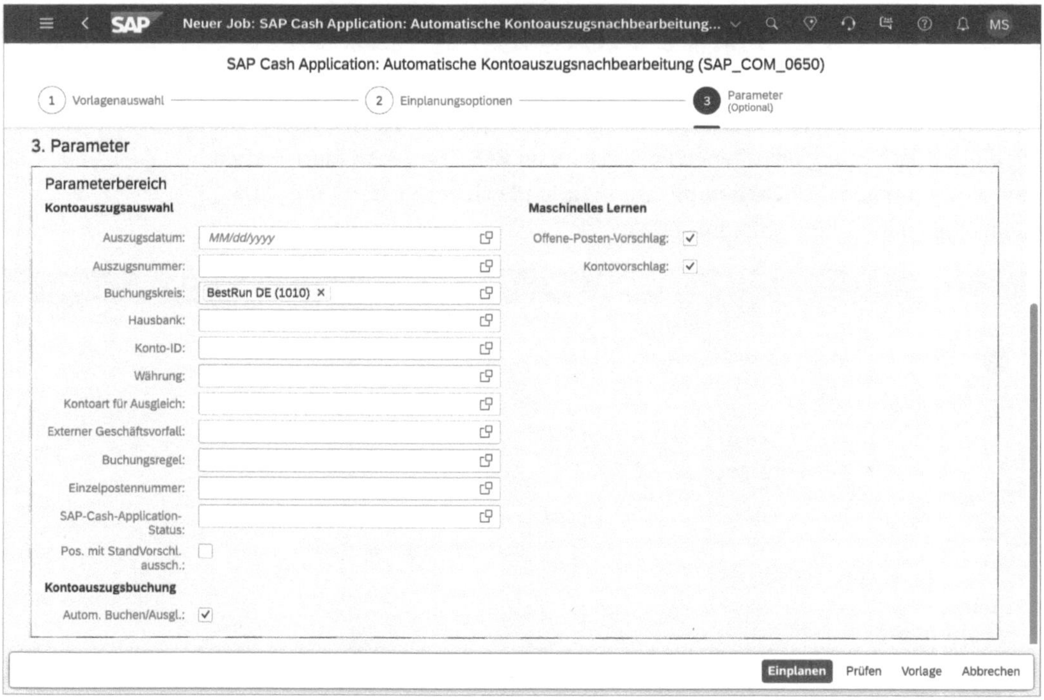


*Abbildung 3.24: Hintergrundjob für den Inferenzlauf für SAP Cash Application konfigurieren*

Hierzu wird als **Buchungskreis** wieder (passend zu den zuvor übertragenen offenen Posten) der Eintrag **1010** ausgewählt. Die zentralen Steuerungsparameter finden sich rechts im Selektionsbildschirm. Hier wählen Sie die beiden Kennzeichen **Offene-Posten-Vorschlag** und **Kontovorschlag** aus, um jeweils entsprechende Vorschläge für die Zuordnung zu erhalten. Nach Start dieses

Hintergrundjobs im SAP-S/4HANA-Cloud-System werden die den Selektionskriterien entsprechenden Kontoauszüge selektiert und an SAP Cash Application übertragen, woraufhin auch der Inferenzlauf durchgeführt wird.

**Folgeverarbeitung nach Inferenzlauf**

Nach Abschluss dieses Hintergrundjobs erfolgt die Weiterverarbeitung wieder im SAP-S/4HANA-Cloud-System. Die Weiterverarbeitung gestaltet sich für jede Kontoauszugsposition unterschiedlich, abhängig davon, ob die Inferenzermittlung durch das ML-Modell erfolgreich war oder nicht. Details zum Ausgang der automatischen Zuordnung finden Sie zentral im Protokoll des Hintergrundjobs (siehe Abbildung 3.25).

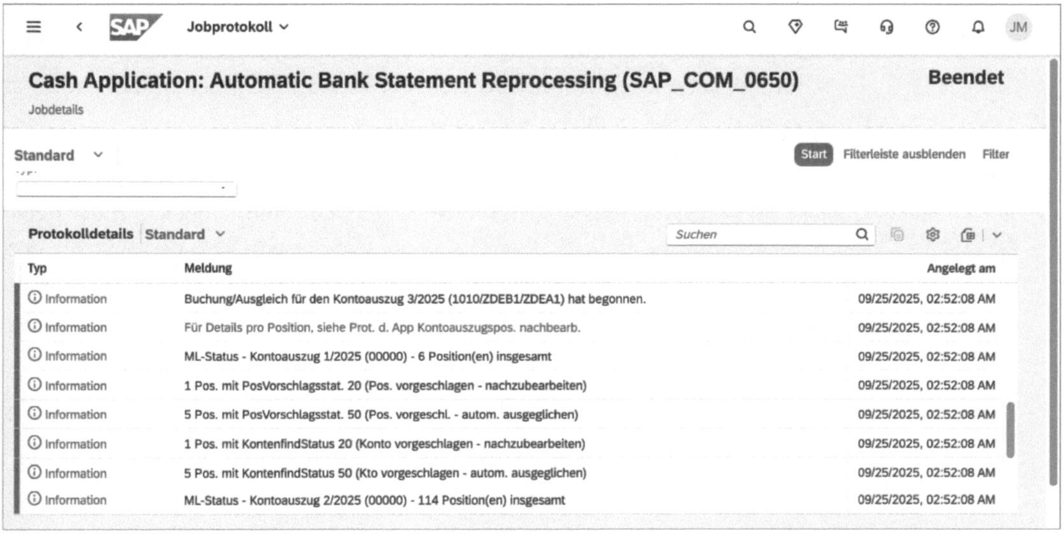


*Abbildung 3.25: Protokoll des Hintergrundjobs für den Inferenzlauf*

Da das Protokoll des Hintergrundjobs für den Inferenzlauf üblicherweise nicht vom Fachbereich überwacht und analysiert wird, sind die relevanten Ergebnisse des Inferenzlaufs auch auf der Registerkarte **Protokoll** der Kontoauszugsposition zu sehen (siehe Abbildung 3.26).

**Mögliche Ausgänge**

Für eine Kontoauszugsposition gibt es folgende mögliche Ausgänge:

- **10 – ML hat einen ungültigen Vorschlag angelegt**

  Falls der Inferenzjob keinen Zuordnungsvorschlag liefern kann, bleibt der Status der Kontoauszugspositionen unverändert. Dennoch wird der ML-Status **10 – ML hat einen ungültigen Vorschlag angelegt** gesetzt. Dies signalisiert der Anwenderin oder dem Anwender, dass zwar ein ML-Prozess stattgefunden hat, aber kein verwertbarer Vorschlag generiert werden konnte.

- **20 – Vorschlag angelegt**

  Liefert das ML-Modell einen Zuordnungsvorschlag und liegt die Konfidenz zwischen 10 % und 90 % (gemäß unserer Konfiguration), wird der Status auf

**20 – Vorschlag angelegt** gesetzt. Dem Zahlungseingang werden die offenen Posten als Vorschlag zugewiesen. Die Verbuchung muss jedoch in einem nachgelagerten Schritt manuell erfolgen, nach Validierung durch den Benutzer oder die Benutzerin.

Wie das ML-Modell zu dem Zuordnungsvorschlag kam, ist im Protokoll der Kontoauszugsposition zu sehen.

- **50 – Automatischer Ausgleich nach Vorschlag durch das ML-Modell**

  Liegt die Konfidenz über den in der Konfiguration hinterlegten 90 %, kann SAP Cash Application den offenen Posten mit dem Zahlungseingang ausgleichen und die Verbuchung direkt durchführen. Als Status der Kontoauszugsposition wird **50 – Vorschlag angelegt und automatisch ausgeglichen** hinterlegt. Mit diesem Status wurde die Prozesskette abgeschlossen, und es ist keine weitere Benutzerinteraktion nötig.

**90 % Konfidenz führen zu automatischem Ausgleich**

In den Beispielen in Abbildung 3.26 hat der Kunde in seiner Überweisung im Feld **Verwendungszweck** Ausschnitte seines Debitorennamens und der Rechnungsnummer hinterlegt: »Inlandskunde«, gefolgt von »00118«, »00099« und »00092«. Prüft man die Details der Position in Abbildung 3.27, erkennt man, dass die Summe dieser drei offenen Posten mit dem Betrag des Zahlungseingangs übereinstimmt:

4.211 € + 692 € + 223 € = 5.126 €

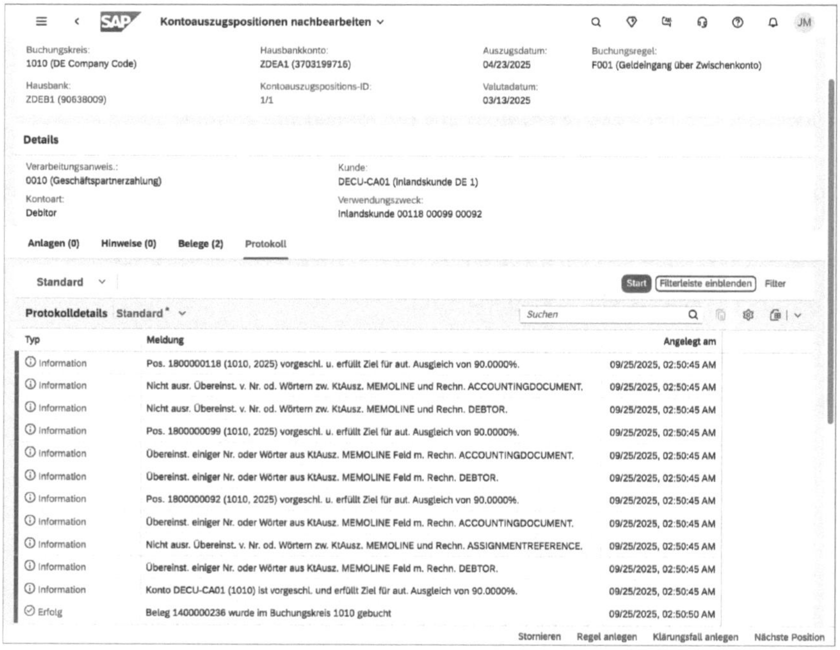


*Abbildung 3.26: Protokoll des automatischen Ausgleichs der Kontoauszugspositionen, automatischer Ausgleich durch SAP Cash Application*

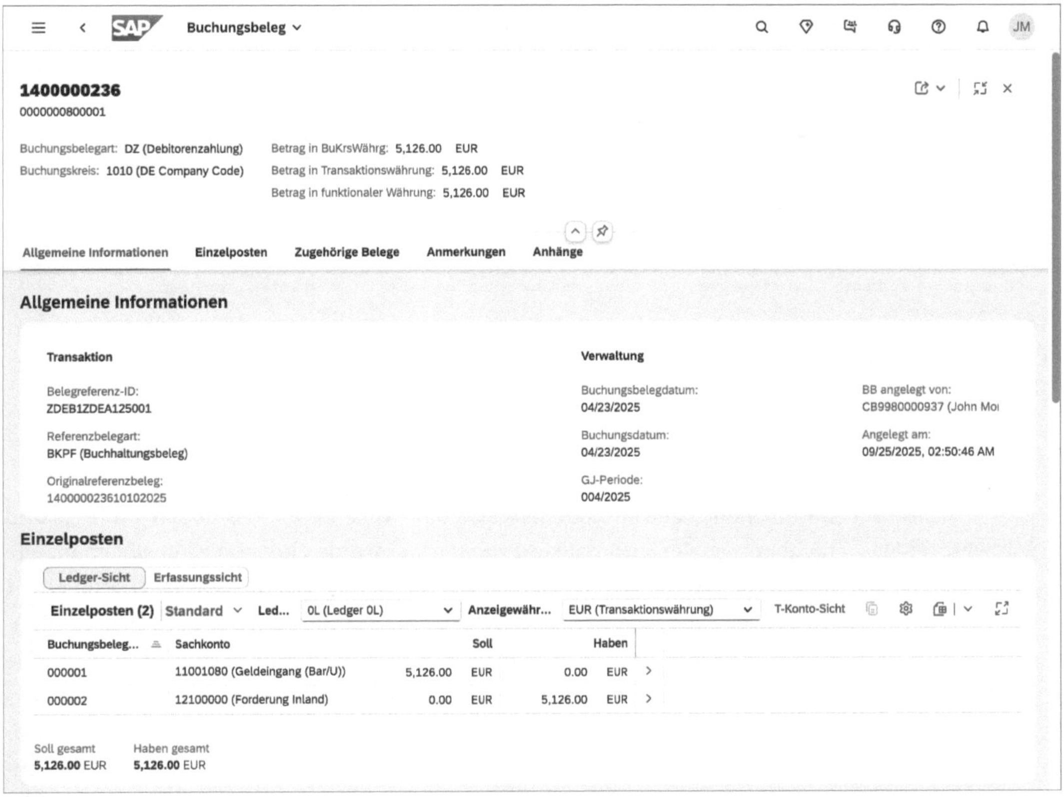


*Abbildung 3.27: Ausgleich der offenen Posten durch SAP Cash Application*

Diese Muster wurden durch das ML-Modell erkannt und eine Konfidenz von 90 % ermittelt. Damit ist eine erfolgreiche Zuordnung zwischen diesen drei offenen Posten und dem Zahlungseingang möglich und wird auch direkt und automatisiert durch die SAP Cash Application ausgebucht (gemäß der Konfiguration aus Abbildung 3.19). Damit wurde die Belegkette vollständig abgeschlossen, ohne dass eine Benutzerinteraktion erforderlich geworden wäre.

**Nachvollziehbarkeit und Transparenz**

Um die Wirkungsweise des ML-Modells nachvollziehbar zu machen, wurden die entsprechenden Schlussfolgerungen im Protokoll der Kontoauszugsposition offengelegt (siehe Abbildung 3.26). Mithilfe dieser detaillierten Informationen ist auch im Nachgang noch ersichtlich, aus welchen Gründen die offenen Posten identifiziert und zugeordnet wurden und wie hoch die Konfidenz für den automatischen Ausgleich lag.

Abbildung 3.28 zeigt drei offene Posten, die durch den Beleg **1400000236** aus Abbildung 3.27 ausgeglichen und abgeschlossen wurden.

*Abbildung 3.28: Durch SAP Cash Application ausgeglichene offene Posten*

**Manuelle Folgebearbeitung**

Da ein Kontoauszug üblicherweise eine Vielzahl an Positionen umfasst und nicht immer alle automatisiert zugeordnet werden können, sind eine manuelle Validierung und etwaige Nachbearbeitung nötig. In SAP S/4HANA Cloud bietet die Anwendung **Kontoauszugspositionen nachbearbeiten** dazu eine strukturierte Übersicht über sämtliche vom ML-Modell verarbeiteten Positionen. Sie hebt jene Positionen hervor, für die eine manuelle Nachbearbeitung erforderlich ist. In dem Beispiel in Abbildung 3.29 haben insgesamt fünf von sechs Positionen eine Konfidenz von 90 % erreicht (grüner Haken) und wurden daher automatisiert zu offenen Posten zugeordnet und ausgebucht. Bei Position 5 ist dagegen eine manuelle Prüfung des Zuordnungsvorschlags nötig, da sich die KI in diesem Fall nicht sicher war.

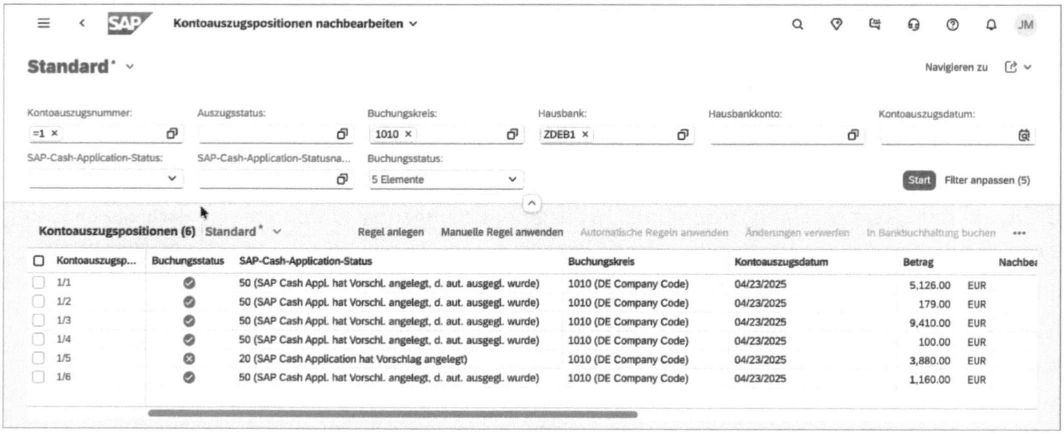


*Abbildung 3.29: Übersicht der Kontoauszugspositionen, die nachbearbeitet werden müssen*

Rufen Sie die Details zur Position 5 des Kontoauszugs 1 auf, finden Sie auf der Registerkarte **Protokoll** weiterführende Informationen zur Situation (siehe Abbildung 3.30).

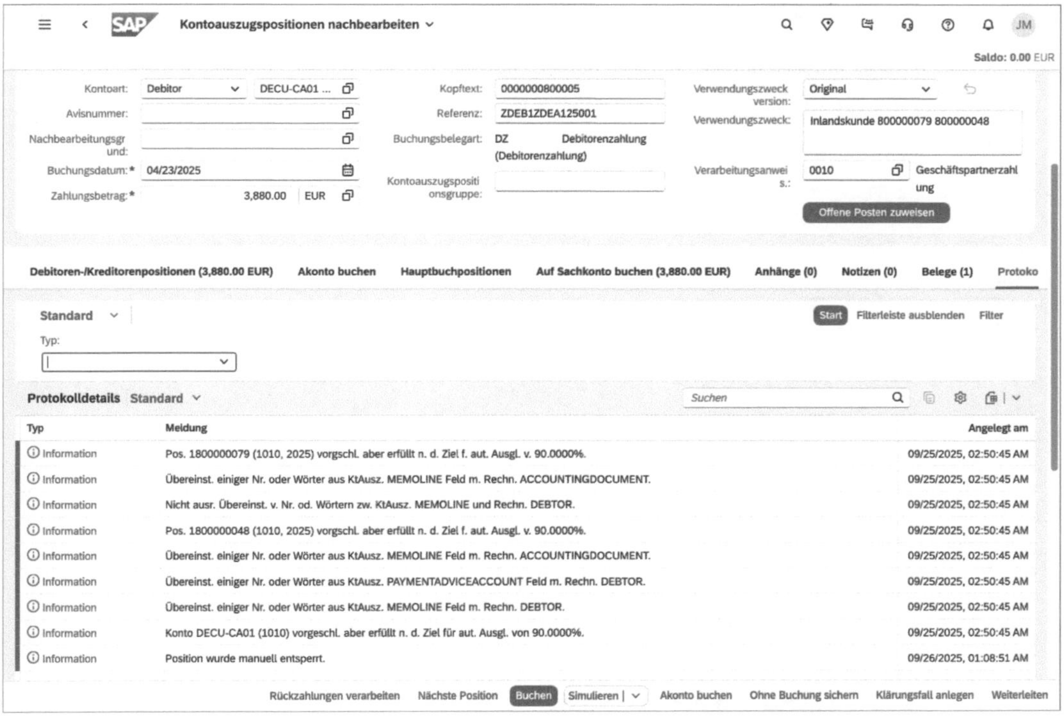


*Abbildung 3.30: Protokoll zur Verarbeitung der Kontoauszugspositionen mit einem Vorschlag der infrage kommenden offenen Posten*

**Geringe Konfidenz – manuell prüfen**

Auch wenn die Konfidenz, wie in diesem Beispiel, keine 90 % erreicht, erleichtert die Vorab-Zuordnung doch die Nachbearbeitung für die Anwenderinnen und Anwender um ein Vielfaches. Es entfällt beispielsweise die aufwendige Suche in der umfangreichen Liste offener Posten. Welche offenen Posten vorgeschlagen wurden, ist auf der Registerkarte **Debitoren-/Kreditorenpositionen** zu sehen (siehe Abbildung 3.31).

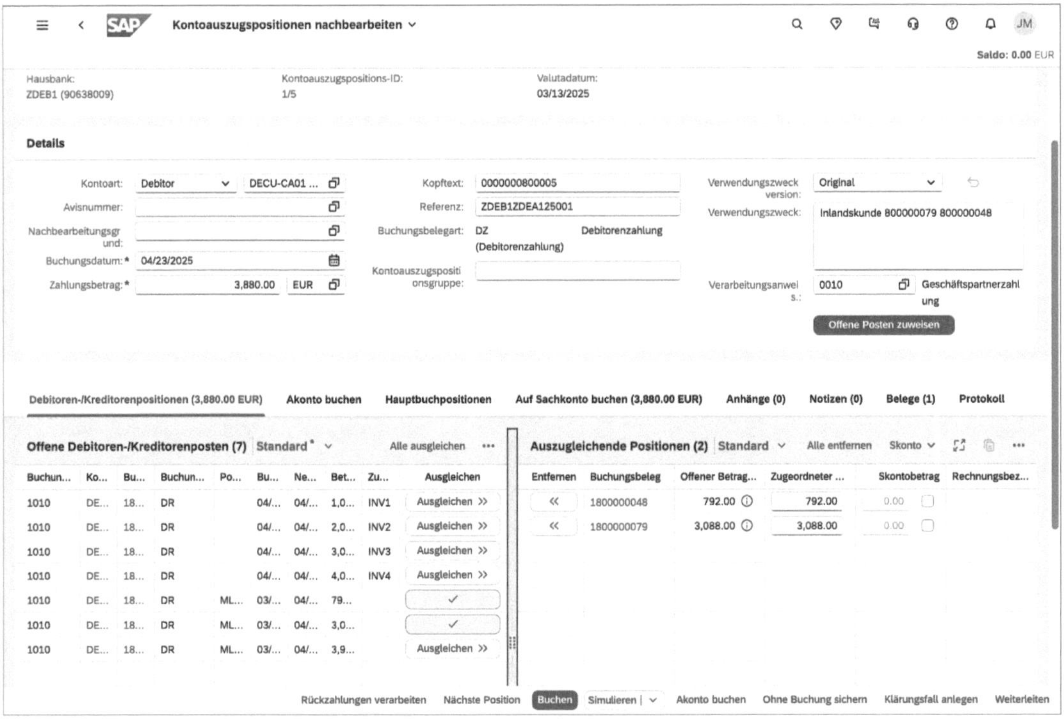

*Abbildung 3.31: Zur Zuordnung vorgeschlagene offene Posten*

## Leistung des ML-Modells

Wie treffsicher das ML-Modell ist, kann im Zeitverlauf mithilfe von Benchmark-Vergleichen zwischen unterschiedlichen Trainingsversionen analysiert werden. Um die Vorteile des automatisierten Geschäftsprozesses beurteilen zu können, ist es wichtig, diese Validierung durchzuführen, um die Qualität des Modells einschätzen und den wirklichen Mehrwert der KI-Anwendung quantifizieren zu können. Der Model Manager der SAP Cash Application auf der SAP BTP bietet in diesem Zusammenhang Möglichkeiten, die verschiedenen Trainingsläufe und Modelle gegenüberzustellen und deren Leistung zu vergleichen.

**Grafische Auswertung**

Eine grafische Auswertung gibt einen Überblick über die Anzahl der automatisch ausgebuchten Kontoauszugspositionen und den im Inferenzprozess jeweils erreichten Konfidenzwert (siehe Abbildung 3.32).

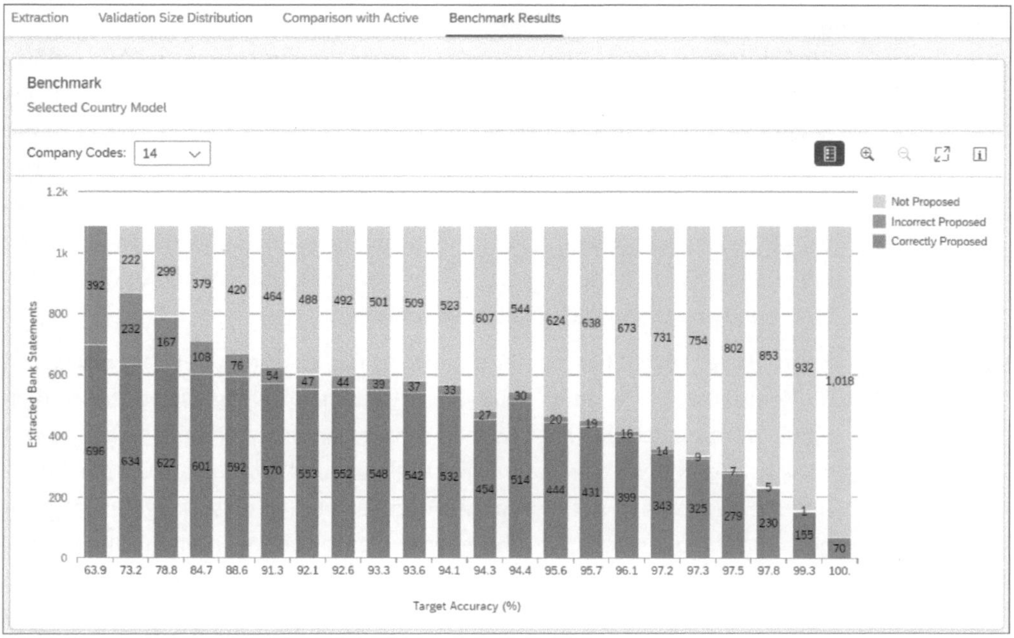


*Abbildung 3.32: Benchmark-Ergebnisse des ML-Modells*

**Konfigurationswerte für die Zielgenauigkeit anpassen**

Basierend auf diesen Einblicken können Sie die Einstellungen zur Zielgenauigkeit (siehe Abschnitt »Konfiguration der Anwendung« weiter oben in diesem Abschnitt) anpassen. Sie können die Konfigurationen für die Zielgenauigkeit für jeden Buchungskreis ermitteln, indem Sie die Benchmark-Ergebnisse lesen. Anhand des Benchmark-Diagramms müssen Sie Ihr Inferenzziel abhängig von Ihrer Risikobereitschaft identifizieren. Bei der Wahl der richtigen Parameter helfen Ihnen die Abwägungen aus Tabelle 3.1.

| Konfiguration | Vorschlagsrate | Genauigkeit | Nachbearbeitungsaufwand |
|---|---|---|---|
| hohe Vorschlagsrate bei niedriger Genauigkeit | hoch | niedrig | sorgfältige Nachbearbeitung erforderlich |
| ausgewogenes Verhältnis zwischen Vorschlagsrate und Genauigkeit | moderat | mittel | ausgewogene Nachbearbeitung |
| niedrige Vorschlagsrate bei hoher Genauigkeit | niedrig | hoch | manueller Nachbearbeitungsaufwand sinkt |

*Tabelle 3.1: SAP Cash Application – Abwägungen zur Wahl der richtigen Vorschlagsraten*

### 3.3.3 Geschäftlicher Nutzen und Auswirkungen

**Hoher Automatisierungsgrad**

Die Einführung der automatisierten Bankauszugsverarbeitung in SAP S/4HANA Cloud bringt für Unternehmen zahlreiche geschäftliche Vorteile und wirkt sich nachhaltig auf die Prozesse der Finanzbuchhaltung aus. Durch Erweiterung der regelbasierten Engine um eine moderne ML-Anwendung werden Bankauszüge, die zuvor manuell zugeordnet werden mussten, nun auch automatisch verarbeitet. Das System erkennt dabei unterschiedliche Buchungsvorgänge anhand individuell definierbarer Verarbeitungsregeln, was einen hohen Grad an Flexibilität und Anpassungsfähigkeit gewährleistet.

**Beschleunigung zeitintensiver Tätigkeiten**

Ein zentraler Vorteil liegt in der deutlichen Reduzierung der Bearbeitungszeit für Kontoauszüge, da durch den systematischen Vorschlag auch bei uneindeutigen Zuordnungen die lange Suche nach passenden offenen Posten reduziert wird. Während zuvor eine manuelle Zuordnung und Prüfung der Buchungsposten erforderlich war, übernimmt die Automatisierung diese Aufgaben nun nahezu vollständig. Durch die Übernahme dieser Routinearbeiten durch die KI werden in der Finanzabteilung Kapazitäten für wertschöpfende Tätigkeiten frei und der Output der Mitarbeitenden kann erhöht werden. Gleichzeitig sinkt der manuelle Nachbearbeitungsaufwand, was insbesondere bei hohen Buchungsvolumina zu einer spürbaren Entlastung beiträgt.

**Fehlerreduktion**

Die Prozessgenauigkeit wird durch die Automatisierung ebenfalls signifikant gesteigert. Potenzielle Zuordnungs- und Erfassungsfehler, die bei einer manuellen Bearbeitung auftreten können, werden durch die konsistente Anwendung von Regeln so weit wie möglich reduziert. Auch wenn ML-Algorithmen nicht unfehlbar sind, führt ihr Einsatz zu einer verbesserten Datenqualität und erhöhter Transparenz bei der Nachverfolgung von Finanztransaktionen. Unternehmen profitieren von einer höheren Zuverlässigkeit ihrer Buchhaltungsdaten und können schneller sowie fundierter auf aktuelle Geschäftssituationen reagieren.

**Transparent und nachvollziehbar**

Ferner unterstützt der automatisierte Ansatz Compliance-Anforderungen, da alle Verarbeitungsschritte nachvollziehbar dokumentiert und systemseitig im Protokoll der jeweiligen Kontoauszugspositionen und Jobergebnisse protokolliert sind. Die Skalierbarkeit der Lösung auf viele Buchungskreise und Länder erlaubt es, auch steigende Mengen an Banktransaktionen effizient abzuwickeln, ohne die Prozesssicherheit zu gefährden. Insgesamt resultieren aus der automatisierten Bankauszugsverarbeitung eine nachhaltige Kostensenkung, eine verbesserte Ressourcenallokation sowie eine gesteigerte Wettbewerbsfähigkeit durch optimierte, digitale Finanzprozesse.

Kapitel 4

# Embedded AI im Supply Chain Management

*Eine stabile und transparente Lieferkette ist der Schlüssel zum Unternehmenserfolg. Mit SAP Supply Chain Management können Sie Materialflüsse, Produktionsprozesse und Logistiknetzwerke nahtlos planen und steuern. Die Lösung schafft Transparenz in Echtzeit und unterstützt Sie dabei, Engpässe frühzeitig zu erkennen und Alternativen zu simulieren. So treffen Sie fundierte Entscheidungen entlang der gesamten Wertschöpfungskette, erhöhen Ihre Lieferfähigkeit und senken gleichzeitig Kosten – für eine rundum stabile Supply Chain.*

In modernen Supply-Chain-Prozessen gewinnt künstliche Intelligenz zunehmend an Bedeutung. Unternehmen müssen heute große Datenmengen verarbeiten, Entscheidungen schneller treffen und gleichzeitig flexibel auf Veränderungen in Lieferketten reagieren. SAP integriert daher KI-Funktionen zunehmend direkt in operative Anwendungen. Diese Form der Integration wird häufig als *Embedded AI* bezeichnet. Dabei werden intelligente Funktionen unmittelbar in bestehende Geschäftsprozesse eingebettet, sodass Sie als Anwenderin oder Anwender ohne zusätzliche Systeme oder komplexe Analysen von KI-gestützten Funktionen profitieren können. In diesem Kapitel lernen Sie anhand mehrerer Praxisbeispiele, wie Embedded AI im Supply Chain Management eingesetzt werden kann. Die Beispiele zeigen, wie KI Planungsprozesse vereinfacht, Dokumente automatisiert verarbeitet, Prognosen erstellt und Sie im Arbeitsalltag unterstützt.

In Abschnitt 4.1 lernen Sie das Konzept des Conversational Planning kennen. Dabei können Sie Transportplanungsaufgaben mithilfe natürlicher Sprache steuern. Die Funktion ermöglicht es Ihnen, komplexe Planungsanweisungen direkt im Transport-Cockpit von SAP Transportation Management (SAP TM) auszuführen und Transportprozesse dadurch intuitiver zu gestalten.

Abschnitt 4.2 behandelt SAP Document AI, eine Lösung zur automatisierten Verarbeitung von Geschäftsdokumenten. Am Beispiel von Qualitätszertifikaten erfahren Sie, wie KI genutzt werden kann, um relevante Informationen aus Dokumenten zu extrahieren und sie anschließend in nachgelagerte Geschäftsprozesse zu integrieren.

In Abschnitt 4.3 betrachten Sie die Vorhersage von Lieferterminen. Mithilfe von Machine-Learning-Modellen können voraussichtliche Liefertermine auf Basis historischer Beschaffungsdaten berechnet werden.

In Abschnitt 4.4 erfahren Sie, wie künstliche Intelligenz und die SAP-KI-Lösung Joule die Kundenauftragserfüllung erleichtern. Dabei sehen Sie, wie KI Sie bei der Auftragserfassung unterstützt, unvollständige Daten ergänzt und Ihnen zusätzliche Informationen direkt innerhalb der Benutzeroberfläche bereitstellt.

## 4.1 Conversational Planning: Transportplanung mit natürlicher Sprache

Conversational Planning ist eine KI-gestützte Funktion in SAP Transportation Management (SAP TM), die Planerinnen und Planern ermöglicht, Transportplanungsaufgaben mithilfe natürlicher Sprache auszuführen. Anstatt komplexe Menüstrukturen oder zahlreiche Planungsschritte manuell durchzuführen, können Anwenderinnen und Anwender ihre Anforderungen direkt formulieren, beispielsweise durch Eingaben wie »Plane alle offenen Transporte für heute« oder »Optimiere die Auslastung der vorhandenen Lkw für diese Region«.

Die Funktion richtet sich insbesondere an Disponentinnen und Transportplaner in der Transportlogistik, die täglich Transportbedarfe koordinieren und Kapazitäten effizient nutzen müssen.

Mit *Conversational Planning* wird die Transportplanung deutlich intuitiver und effizienter. Dabei können auch Aktionsketten mit mehreren Anweisungen berücksichtigt werden. Im Transport-Cockpit, der zentralen Planungsoberfläche von SAP TM, werden die relevanten Planungsanforderungen sowie die verfügbaren Kapazitäten übersichtlich dargestellt, sodass Bedarf und Ressourcen optimal aufeinander abgestimmt werden können.

### 4.1.1 Geschäftliche Herausforderungen in der Transportplanung

**Potenzial für KI-gestützte Planung**

Im Bereich der Transportplanung stehen Unternehmen vor spezifischen geschäftlichen Herausforderungen. Planerinnen und Planer müssen häufig sehr schnell reagieren und Ad-hoc-Planungen durchführen, die nicht nach einem starren Optimierungsschema ablaufen. Dabei ist es oft notwendig, einzelne Schritte im Planungsprofil von SAP TM nachzuvollziehen, obwohl in vielen Fällen nur ausgewählte Informationen benötigt werden. Zudem mangelt es an der notwendigen Flexibilität: Klassische Funktionen wie Drag-and-Drop im Transport-Cockpit sind in einem dynamischen Umfeld nicht mehr ausreichend. Eine intelligente, KI-gestützte Steuerung fehlt bislang, sodass eine einfache und direkte Texteingabe in natürlicher Sprache einen deutlichen Mehrwert bieten würde.

### 4.1.2 KI-gestützte Lösung und Implementierung im SAP Transportation Management

**Praxisnaher KI-Einsatz in SAP TM**

Im Folgenden wird ein Anwendungsbeispiel für den Einsatz von künstlicher Intelligenz (KI) in der Transportplanung vorgestellt. Ziel ist es, Ihnen praxisnah zu demonstrieren, wie KI-basierte Funktionen die Planung unterstützen und vereinfachen können. Im Fokus steht dabei, die spezifischen Möglichkeiten und Mehrwerte der KI-gestützten Transportplanung im Detail kennenzulernen.

Mithilfe der KI-gestützten Transportplanung können Anwenderinnen und Anwender ihre Planungsanweisungen als Text in ein Eingabefeld, den sogenannten *Prompt*, eingeben und so die Planung automatisch durchführen lassen. Dabei können im Transport-Cockpit z. B. Frachteinheiten, Frachtaufträge und Ressourcen effizient geplant werden. Die Planung erfolgt somit nicht nur manuell oder über Hintergrundjobs, sondern auch durch ein Large Language Model (LLM).

Um diese KI-gestützte Planung zu ermöglichen, steht im Transport-Cockpit ein neuer Bereich zur Verfügung. In diesem Bereich können Sie natürliche Spracheingaben verwenden, um Planungsobjekte schneller zu finden und zu bearbeiten. Über einfache Eingaben lassen sich Frachtaufträge, Frachtabschnitte, Lkw-Typen oder Lkw-Ressourcen direkt auswählen, beispielsweise »Zeige alle Frachtaufträge nach Spanien« oder »Wähle den Lkw mit der höchsten Traglast«. Ebenso können zentrale Planungsaktionen per Sprache ausgeführt werden, etwa das Zuordnen von Frachtabschnitten zu Aufträgen oder Fahrzeugen. Dadurch wird die tägliche Transportplanung deutlich vereinfacht.

Zusätzlich kann in bestimmten Listen und Hierarchien eine neue Spalte **Conversational Planning Response** eingeblendet werden. Diese zeigt durch generative KI ermittelte Zusatzinformationen an, die sonst manuell gesucht werden müssten. Unterstützt werden Listen und Hierarchien für Frachtaufträge, Frachtabschnitte und Lkw-Ressourcen. So lassen sich Fragen wie »Welche Frachtabschnitte enthalten Milch?« oder »Welche Transporte gehen nach Bayern?« direkt beantworten.

### 4.1.3 Anwendung von Conversational Planning im Transport-Cockpit

Der Einstieg in die Transportplanung erfolgt für Anwenderinnen und Anwender meist über das SAP Fiori Launchpad. Das Launchpad ist dabei nicht nur der technische Einstiegspunkt, sondern auch die einfachste Möglichkeit, auf die Transportmanagement-Funktionen in SAP TM zuzugreifen. Ein Zugriff über die klassische SAP GUI ist in diesem Fall nicht möglich, auch dann nicht, wenn bestimmte Tabellen, Transaktionen oder Funktionen dort noch vorhanden sind. Der gesamte Planungsprozess ist in SAP Fiori durchzuführen. Mit den entsprechenden Berechtigungen in SAP TM können Anwenderinnen und Anwender anschließend die benötigten SAP-Fiori-Apps öffnen und nutzen.

Klicken Sie im SAP Fiori Launchpad auf die Kachel **Transport-Cockpit**, um die Planungsumgebung zu öffnen (siehe Abbildung 4.1).

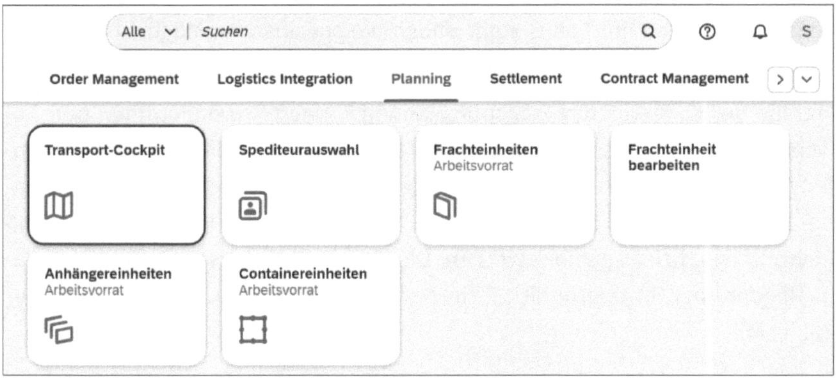


*Abbildung 4.1: Einstieg in das Transport-Cockpit*

**Planungsprofil auswählen**

Im nächsten Schritt wählen Sie ein vordefiniertes Planungsprofil aus, wie in Abbildung 4.2 zu sehen. Dieses bildet die Grundlage dafür, dass die nachgelagerte automatische, manuelle oder KI-gestützte Planung überhaupt ausgeführt werden kann. Die Funktion wird über eine Kachel im SAP Fiori Launchpad aufgerufen. Vor der Nutzung ist daher eine Anmeldung im Launchpad erforderlich.

*Abbildung 4.2: Auswahl des Selektionsprofils*

Nach der Profilauswahl öffnet sich das Transport-Cockpit in seiner Standardansicht (siehe Abbildung 4.3). Die Bereiche für Frachteinheiten werden auf der linken Seite und die zugehörigen Frachtaufträge auf der rechten Seite dargestellt. Diese Übersicht ermöglicht es den Planerinnen und Planern, die relevanten Transporteinheiten und deren Status auf einen Blick zu erfassen. Neu hinzugekommen ist durch die Integration der KI der Bereich **Conversational Planning**. Hier können Sie über ein Texteingabefeld natürliche Sprache verwenden, in Form eines sogenannten *Prompts*, um Planungsanweisungen zu geben oder bestimmte Informationen abzufragen. Damit entfällt die Notwendigkeit, ausschließlich über klassische Klicks und Menüs zu arbeiten. Stattdessen können komplexe Planungsaufgaben einfacher, intuitiver und schneller über Sprach- bzw. Texteingaben gesteuert werden.

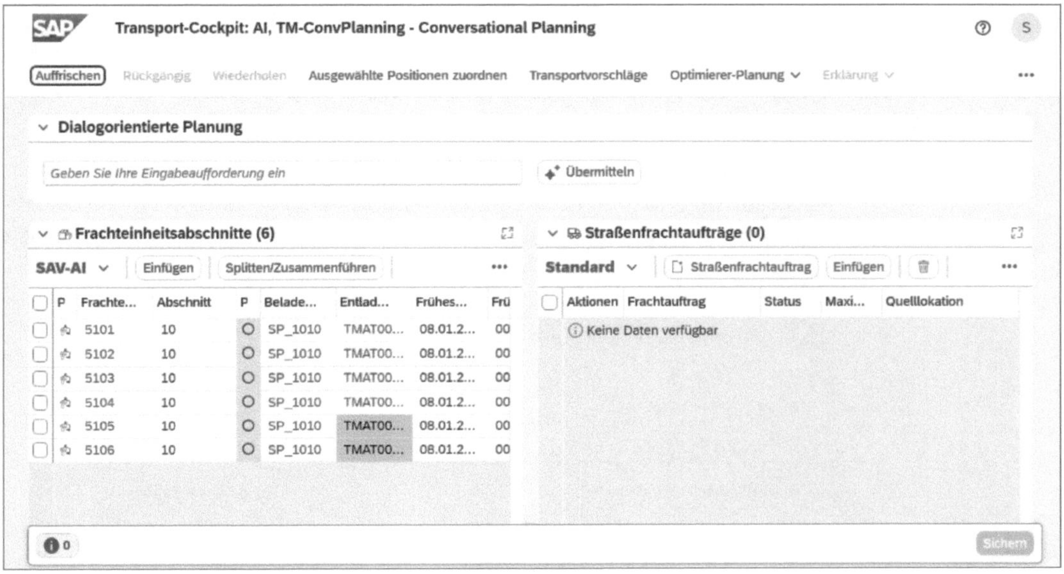


*Abbildung 4.3: Conversational Planning im Transport-Cockpit*

**Ausführung von KI-Funktionen im Layout**

In das Eingabefeld können Sie eine Prompt-Anweisung eingeben und auf den Button **Übermitteln** klicken. Im Beispiel in Abbildung 4.4 wurde weder auf Groß- und Kleinschreibung geachtet noch wurde eine fehlerfreie Rechtschreibung verwendet. Die KI übernimmt den Text dennoch, interpretiert die Eingabe richtig und setzt die Anweisung wie vorgesehen um. Wie im Prompt vorgegeben, wurden die Frachteinheiten automatisch selektiert, ohne dass die Anwenderin oder der Anwender dies manuell durchführen musste. Gleichzeitig wurden die Stages automatisch mit den entsprechenden Produktinformationen angereichert. Dieses Beispiel zeigt, wie robust das Conversational Planning auf ungenaue Eingaben reagiert und trotzdem ein korrektes Ergebnis liefert.

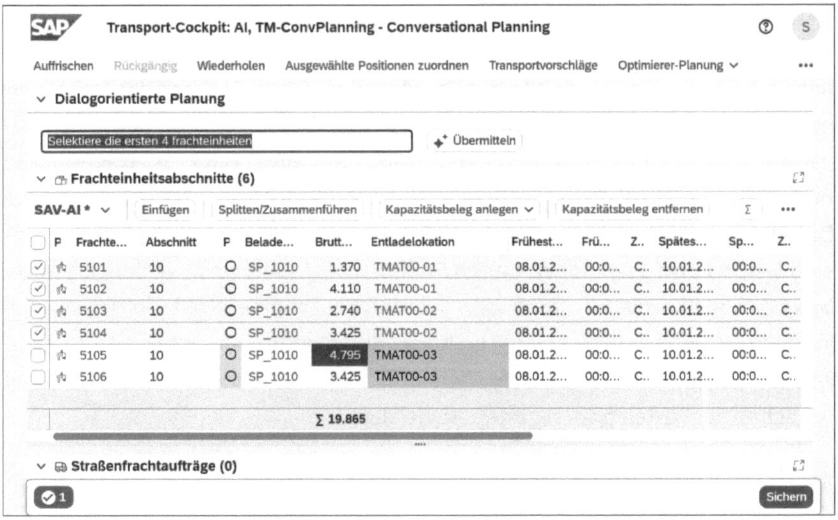


*Abbildung 4.4: Prompt-Eingabe und Selektion im Transport-Cockpit*

Wie in Abbildung 4.5 zu sehen, wurde im rechten Fenster im Bereich **Straßenfrachtaufträge** automatisch ein Frachtauftrag erstellt, in dem die zuvor definierten Frachteinheiten bereits verplant und zugeordnet sind. Dies erkennen Sie an der grünen Checkbox in der Spalte **Status** der Frachteinheit.

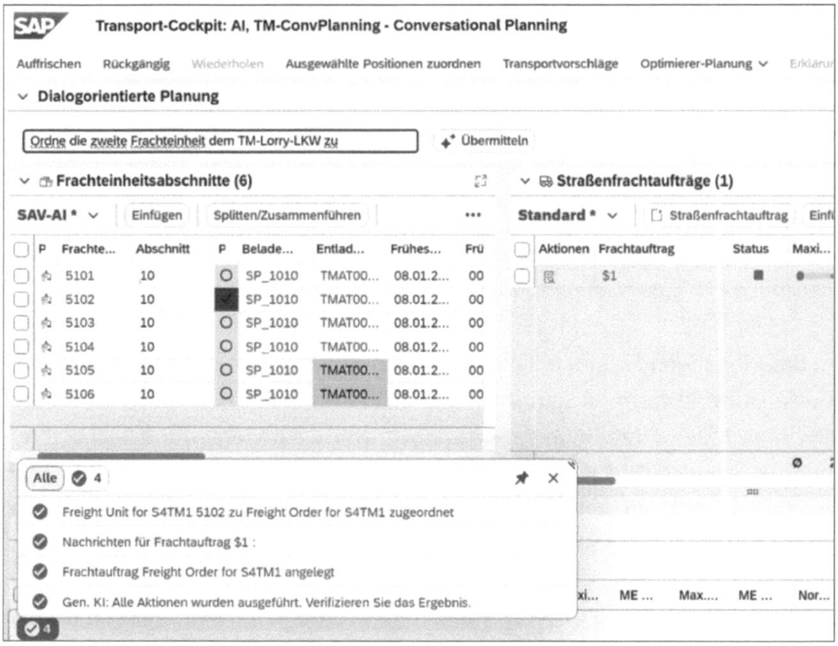


*Abbildung 4.5: Frachteinheitenplanung durch Prompt-Eingabe*

**Erfolgsmeldung weist auf KI-Ausführung hin**

Zusätzlich erscheint im unteren Bereich des Fensters eine Erfolgsmeldung, die bestätigt, dass die KI den eingegebenen Prompt verarbeitet und die Planungsausführung abgeschlossen hat. Die Anwenderinnen und Anwender erhalten damit eine klare Rückmeldung, dass die gewünschte Aktion erfolgreich umgesetzt wurde.

**TM-Objekte markieren mittels Prompt**

Conversational Planning bietet nicht nur die Möglichkeit zur vollautomatischen Ausführung, sondern auch zur *teilautomatisierten Planung*. Durch eine gezielte Prompt-Eingabe können Sie bestimmen, welche Frachteinheiten vorab selektiert werden sollen. In unserem Beispiel wird die KI angewiesen, alle gewünschten Frachteinheiten, Frachtaufträge und verfügbaren Lkw vorab auszuwählen, wodurch die Planungsschritte effizient vorbereitet werden.

**Flexible Selektion nach Kontext und Daten**

In Abbildung 4.6 sehen Sie, dass im Prompt die Bedingung formuliert wurde, dass ausschließlich Frachteinheiten verplant werden sollen, die ein Bruttogewicht von mehr als vier Tonnen aufweisen. Die KI hat die entsprechenden Frachteinheiten identifiziert und nur diese zur automatischen Planung herangezogen. Das erkennen Sie an den grün markierten Checkboxen in der Spalte **Planungsstatus**. Da die Spalte im Screenshot sehr schmal dargestellt ist, wird lediglich der Buchstabe »P« angezeigt, der den Status *geplant* kennzeichnet. Auf diese Weise entfällt eine aufwendige manuelle Auswahl der Objekte, und die Planung kann deutlich schneller voranschreiten.

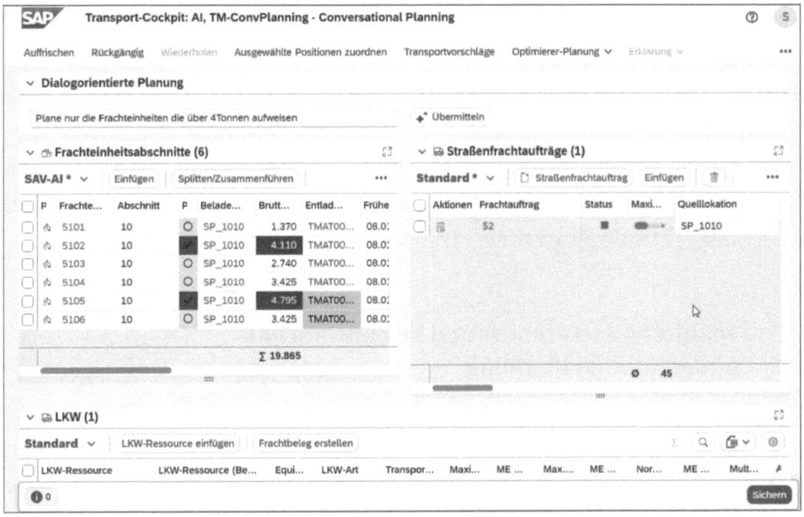


*Abbildung 4.6: Automatische Planung bestimmter Frachteinheiten durch Prompt-Eingabe*

**KI-Ressourcen-vorselektion**

Dabei können nicht nur alle Objekte markiert werden. Es können auch gezielt jene Objekte in SAP TM selektiert werden, die bestimmte Merkmale im Text, im Kontext oder auch in den SAP-Objekten, beispielsweise auf der Datenbank, aufweisen. Das ist selbst dann möglich, wenn diese Felder in der aktuellen Anzeige nicht ausdrücklich enthalten sind. Wenn Sie bestimmte Ressourcen vorselektieren bzw. filtern möchten, etwa ausschließlich jene Ressourcen, die als Typ **Lkw** definiert sind, übernimmt die KI auch diese komplexe Vorselektion. Damit wird sichergestellt, dass die Auswahl korrekt erfolgt und potenzielle Fehler im Planungsprozess vermieden werden. Das Ergebnis der KI-Ausführung wird, wie in Abbildung 4.7 dargestellt, angezeigt.

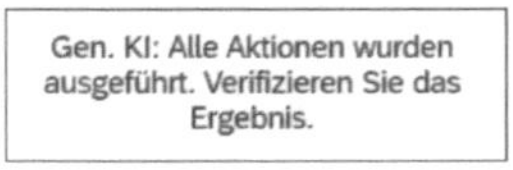


*Abbildung 4.7: Infomeldung nach erfolgter KI-Ausführung*

**Optimierung von Transporten mit KI**

Die in diesem Beispiel gezeigten Schritte decken nur einen Teil der Möglichkeiten ab, die Conversational Planning bietet. In der Praxis können Sie weit komplexere Szenarien per Prompt steuern, etwa die gezielte Auswahl von Transporten nach Region, Produktgruppe oder Kapazitätsgrenzen. Ebenso sind Anweisungen zur Optimierung möglich, beispielsweise die automatische Bündelung von Frachteinheiten mit gleichen Zielorten, die Verteilung von Aufträgen auf mehrere verfügbare Lkw oder die Reservierung bestimmter Fahrzeugtypen für sensible Waren. Auch zeitliche Parameter lassen sich einbeziehen, etwa durch Prompts wie »Zeige alle Frachteinheiten, die bis Freitag ausgeliefert werden müssen« oder »Weise alle verfügbaren Ressourcen den Aufträgen mit Liefertermin im nächsten Monat zu«. Darüber hinaus können Planerinnen und Planer KI-gestützt zusätzliche Informationen anreichern, z. B. Hinweise zu Nachhaltigkeit, Auslastungsgraden oder alternativen Routen. Wir sind an dieser Stelle nicht auf alle diese Möglichkeiten im Detail eingegangen, dennoch sind sie relevant für den praktischen Einsatz und verdeutlichen, wie flexibel und leistungsfähig die KI-gestützte Transportplanung ist.

### 4.1.4 Technische Architektur und Integration von Conversational Planning

**ISLM-Konfiguration und SAP BTP als Voraussetzung**

Um zu verstehen, wie Conversational Planning mit generativer KI im Hintergrund funktioniert und welche Voraussetzungen für den Betrieb notwendig sind, wird in diesem Abschnitt die technische Architektur erläutert. Zentrale Grundlage ist die Einrichtung des *Intelligent Scenario Lifecycle Management* (ISLM), das für die Integration von KI-Szenarien benötigt wird. Dazu gehört zunächst die Beantragung eines *Service-Keys* für die SAP Business Technology Platform (SAP BTP), mit dem die Anbindung an die entsprechenden Services ermöglicht wird. Anschließend werden die notwendigen Einstellungen im Customizing für SAP Transportation Management vorgenommen, insbesondere im Bereich der Grundfunktionen der generativen KI.

**Profil im Conversational Planning**

Ein weiterer wichtiger Schritt ist die Definition eines generativen KI-Profils vom Typ *Conversational Planning*. In diesem Profil wird festgelegt, welche konkreten Planungsoperationen im Transport-Cockpit über Prompts unterstützt werden sollen. Damit diese Funktionen in der Benutzeroberfläche erscheinen, muss das Profil anschließend dem Page Layout des Transport-Cockpits zugeordnet werden. Das Page Layout definiert dabei, wie die Benutzeroberfläche des Transport-Cockpits aufgebaut ist und welche Funktionen oder Eingabebereiche angezeigt werden. Im entsprechenden Page Layout wird dazu im Feld **Conversational Planning Profile** das zuvor im Customizing angelegte generative KI-Profil hinterlegt. Dadurch wird am oberen Bildschirmbereich der Eingabebereich für die Prompts sichtbar, den Sie bereits kennengelernt haben (siehe Abbildung 4.3).

**Feldaktivierung »Conversational Planning« als Response**

Zusätzlich besteht die Möglichkeit, bestimmte Listen und Hierarchien im Transport-Cockpit mit KI-Informationen anzureichern. Hierfür wird in den Feldkatalogen konfiguriert, ob das Feld **Conversational Planning Response** standardmäßig oder über Personalisierung angezeigt werden soll. Auf diese Weise lassen sich Informationen, die sonst manuell überprüft werden müssten, direkt durch die KI bereitstellen und in den Planungsprozess integrieren.

**Architektur des Conversational Planning**

Abbildung 4.8 zeigt die technische Architektur und den Datenfluss für das Conversational Planning in SAP Transportation Management (SAP TM). Sie verdeutlicht, wie generative KI (Generative AI) in den Planungsprozess eingebunden ist und welche Komponenten dabei zusammenspielen.

Ganz oben befindet sich der *Browser-Client*, über den die Anwenderinnen und Anwender mit der Transport-Cockpit-Oberfläche interagieren. Innerhalb von SAP S/4HANA liegt das Transport-Cockpit, das aus zwei Hauptbereichen besteht:

- Die Prompt Input and Output Component (für die Eingabe und Anzeige von KI-Antworten)
- Die Enriched UI Component (angereicherte Benutzeroberfläche, die zusätzliche Informationen von der KI darstellt)

Das *Planning Business Object* bildet das Herzstück der Planung: Hier befindet sich die *Conversational Planning Action*, die die KI-Eingaben verarbeitet und ausführt. Sie umfasst mehrere Unterkomponenten:

- Context Handling verwaltet den Planungszusammenhang, um Eingaben richtig zu interpretieren.
- GenAI Consumption übermittelt die Eingaben an die generative KI.
- GenAI Result Processing verarbeitet die KI-Antworten und spielt sie zurück ins Cockpit.

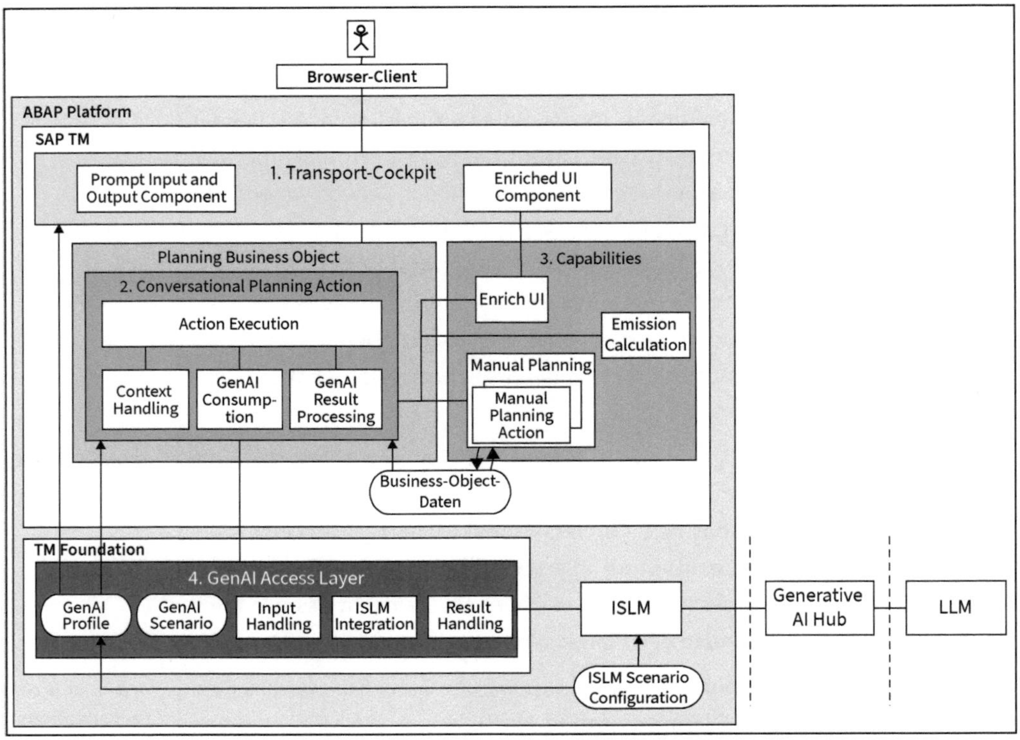


*Abbildung 4.8: KI in SAP TM – Architektur*

**Integration von LLMs ins Transport-Cockpit**

Über sogenannte *Capabilities* können zusätzliche Funktionen wie *Enrich UI* (zur Anreicherung der Benutzeroberfläche mit KI-Informationen) oder *Emission Calculation* genutzt werden. Die Emission Calculation ist eine Funktion, mit der das System für bestimmte Transporte, beispielsweise Frachtaufträge, den $CO_2$-Ausstoß ermittelt. Diese Funktion kann auch über natürliche Sprache angestoßen werden, etwa mit einer Eingabe wie: »Berechne die Emissionen für diese Freight Orders mit diesem Truck.« Für manuelle Eingriffe steht parallel dazu auch eine klassische *Manual Planning Action* zur Verfügung. Alle Aktionen greifen auf zentrale *Business-Object-Daten* zu, die die relevanten Transport- und Frachteinheiten enthalten.

Die *TM Foundation* enthält die *GenAI Access Layer*, die Profile und Szenarien verwaltet: Profile steuern, welche Fähigkeiten und Modelle genutzt werden, während Szenarien festlegen, wie Anfragen verarbeitet werden, beispielsweise durch die Definition von Prompts, Abläufen und Verarbeitungslogiken. Das generative KI-Profil definiert, welche Planungsfunktionen unterstützt werden, während *Input Handling*, *ISLM-Integration* und *Result Handling* den Datenfluss zu SAP BTP und dem Intelligent Scenario Lifecycle Management (ISLM) steuern. Das Input Handling bereitet Benutzeranfragen sowie Kontextdaten auf und übergibt diese strukturiert an die generative KI. Die ISLM-Integration übernimmt dabei die technische Anbindung an die SAP BTP und die dort bereitgestellten KI-Modelle. Das Result Handling verarbeitet anschließend die Antworten der KI und übersetzt diese in konkrete Aktionen oder Ergebnisse innerhalb des SAP-TM-Systems. Das ISLM leitet die Anfragen an den *Generative AI Hub* weiter, der die Verbindung zu externen LLMs herstellt. Die Antworten der LLMs fließen zurück über den Generative AI Hub und ISLM in das Transport-Cockpit, wo sie verarbeitet und angezeigt werden.

**Context Handling im Detail**

Eine zentrale Rolle in diesem Ablauf spielt das *Context Handling*, da es sicherstellt, dass die generative KI alle relevanten Zusatzinformationen erhält, um präzise und situationsgerechte Ergebnisse zu liefern. Das wird im Folgenden näher erläutert.

**Flexible Kontextobjekte für GenAI**

Als *Kontext* werden alle ergänzenden Daten bezeichnet, die der KI als zusätzliche Eingabe übermittelt werden. Um diese Daten effizient bereitzustellen, wird ein spezielles Kontextobjekt eingeführt. Dieses Objekt verfügt über flexible Schnittstellen, die bei Bedarf erweitert oder angepasst werden können (z. B. durch Vererbung), um die relevanten Informationen bereitzustellen.

Zur Laufzeit wird das Kontextobjekt instanziiert und mit einem *BOPF-Framework-Leseobjekt* verbunden.

[«]

**Business Object Processing Framework**

Das Business Object Processing Framework (BOPF) in SAP TM ist eine technische Grundlage zur einheitlichen Verarbeitung von Geschäftsobjekten wie Frachtaufträgen, Frachteinheiten oder Ressourcen. Es stellt standardisierte Mechanismen bereit, um diese Daten zur Laufzeit zu lesen, zu ändern und zu verarbeiten, z. B. über ein Leseobjekt für den Zugriff auf SAP-TM-Planungsdaten.

**Auslesen von Planungsdaten durch Kontextobjekt**

Über dieses Leseobjekt lassen sich die Geschäftsobjektdaten aus der aktuellen Planungssitzung auslesen, darunter z. B.:

- Stammdaten von Frachtaufträgen und Frachteinheiten
- Positionsinformationen von Frachtaufträgen und Frachteinheiten
- detaillierte Stoppsequenzen von Frachtaufträgen und Frachteinheiten
- Stufendaten der Frachteinheiten
- Stammdaten von Fahrzeugressourcen

Wenn eine KI-Aufgabe Informationen zu mehreren Objekten benötigt, liefert das Kontextobjekt eine Tabelle mit diesen Daten.

Ein wichtiges technisches Konzept im Zusammenhang mit LLMs ist ihre Zustandslosigkeit. Die verfügbaren großen Sprachmodelle vom Generative AI Hub, einer Plattform zur Bereitstellung und Orchestrierung generativer KI-Services und -Modelle, speichern zwischen zwei Aufrufen keine Informationen. Jeder Aufruf ist für das Modell ein vollständig neuer Vorgang – es »erinnert« sich nicht an vorherige Eingaben oder Antworten. Für Szenarien, in denen ein fortlaufender Dialog zwischen Anwendung und Modell erforderlich ist, muss daher die komplette bisherige Unterhaltung bei jedem neuen Aufruf übertragen werden. Um dies zu vereinfachen, verfügt das GenAI-Consumption-Objekt über einen internen Speicher, der den Nachrichtenverlauf einer Sitzung verwaltet. Über eine passende Schnittstellenmethode kann die Anwendung diesen Nachrichtenverlauf abrufen und wiederverwenden.

**Aufbau einer Nachricht**

Der Nachrichtenverlauf wird in einer Tabelleneigenschaft abgelegt, die wie folgt aufgebaut ist:

- **Rolle**

  Jede Nachricht erhält zunächst eine Rolle, die angibt, woher sie stammt oder wofür sie gedacht ist, z. B.:

  - *System* für System-Prompts
  - *User* für Eingaben und Kontext
  - *Assistant* für Antworten des Modells
  - *Function* für Ergebnisse aus Funktionsaufrufen

- **Name**

  Zusätzlich kann ein Name vergeben werden, um die Quelle oder Art der Nachricht genauer zu kennzeichnen.

- **Inhalt**

  Der eigentliche Inhalt steht im Feld **Nachricht** und wird als einfacher Text gespeichert.

**Ablauf eines Generative-AI-Aufrufs**

Wenn ein Generative-AI-Aufruf gestartet wird, läuft folgender Prozess ab: Zuerst werden alle verfügbaren Nachrichten gesammelt und bei Bedarf um weitere ergänzt, die über einen Eingabeparameter übergeben werden. Anschließend werden diese Nachrichten in das passende Format umgewandelt, das vom jeweiligen Modell benötigt wird. Schließlich wird der dafür vorgesehene GenAI-Adapter aufgerufen, der die Verbindung zum Modell herstellt und die Anfrage weiterleitet.

**Ergebnisverarbeitung**

Da das Consumption-Objekt den gesamten Nachrichtenverlauf intern speichert, kann es eine Methode bereitstellen, mit der sich die letzte Antwort des Assistenten als einfacher Text abrufen lässt. In vielen Szenarien reicht ein Textstring völlig aus, etwa wenn lediglich eine kurze Antwort benötigt wird.

**Result Handling für flexible Ausgaben**

Es gibt jedoch auch Anwendungsfälle, bei denen eine reine Textausgabe nicht genügt. Beispielsweise kann es sein, dass eine Anwendung ein klar definiertes

Datenformat erwartet, wie eine Liste, eine Tabelle oder eine strukturierte Datenmenge. In diesen Fällen kann die Methode einen Hinweis darauf erhalten, welche Datenstruktur erwartet wird. Sie versucht dann, die KI-Antwort automatisch in dieses Format zu konvertieren. Zusätzlich gibt die Methode immer auch die Instanz des Consumption-Objekts zurück. Das ermöglicht es, mehrere Aufrufe elegant zu verketten: Eingaben hinzufügen, den KI-Aufruf starten und direkt das Ergebnis weiterverarbeiten – alles in einer einzigen flüssigen Befehlsfolge, ohne mehrere getrennte Schritte programmieren zu müssen.

**Steuerung von Tokens und Temperature**

Das ISLM-Framework greift über den Generative AI Hub auf externe Generative-AI-Dienste zu. Zukünftig soll ISLM auch die OpenAI-Modelle einbinden. Da diese Modelle alle dieselbe API-Struktur verwenden, ist dafür eine einheitliche Implementierung notwendig. Die offizielle OpenAI-API-Dokumentation dient hierbei als Referenz. Für die Umsetzung der Schnittstellenmethoden müssen die Vorgaben dieser API berücksichtigt werden. Ein wichtiger Punkt ist etwa die Serialisierung der Anfragen, d. h., der API-Aufruf erwartet bestimmte Eigenschaften:

- **Messages**: Eine Liste von Nachrichten, die jeweils Rolle, Inhalt und optional einen Namen enthalten.
- **Max_tokens**: Die maximale Anzahl an Tokens, die die Antwort umfassen darf. Tokens sind die kleinsten Verarbeitungseinheiten in KI-Modellen, also Textbausteine wie Wörter, Wortteile oder Zeichen, die von der KI gelesen und verarbeitet werden.
- **Temperature**: Ein Wert, der steuert, wie kreativ oder deterministisch die Antworten des Modells ausfallen sollen. Ein niedriger Wert erzeugt konsistentere, vorhersagbare Antworten; ein hoher Wert macht das Modell kreativer, aber auch weniger präzise.

**Start über Intelligent Scenarios**

Die Konfiguration der KI-Szenarien erfolgt über das SAP Fiori Launchpad. Öffnen Sie dort die Kacheln **Intelligent Scenario Management** oder **Intelligent Scenarios** (siehe Abbildung 4.9). Hier können Sie sich bestehende Szenarien anzeigen lassen oder neue anlegen.

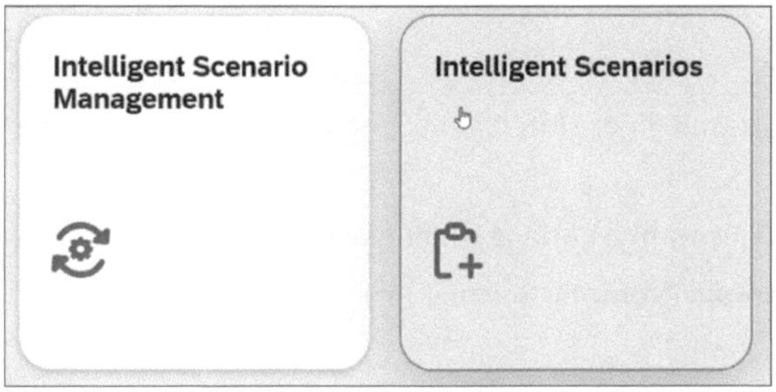


*Abbildung 4.9: SAP-Fiori-App »Intelligent Scenarios«*

**Zuweisung von GenAI-Modellen**

Um ISLM (Intelligent Scenario Lifecycle Management) und die Funktion Conversational Planning im Customizing nutzen zu können, muss zunächst die generative KI eingerichtet werden. Öffnen Sie dazu den SAP Customizing Implementation Guide (Transaktion SPRO). Navigieren Sie dort zu folgendem Menüpfad: **Transportation Management • Basic Functions • Generative Artificial Intelligence • Define Generative AI Profile** und klicken Sie auf das Icon (**IMG - Activity**) (siehe Abbildung 4.10).

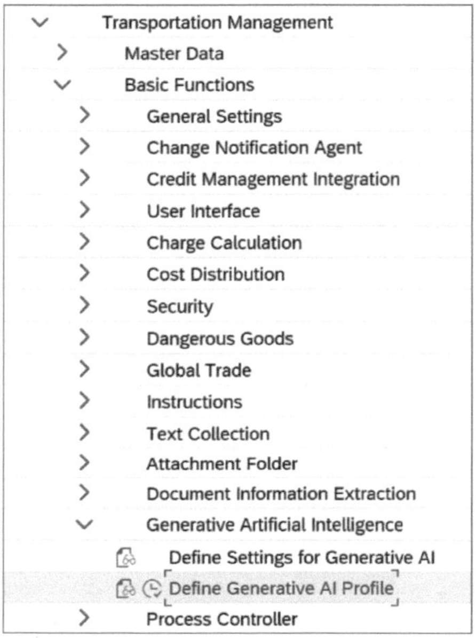


*Abbildung 4.10: ISLM-Customizing-Pfad*

**Zentrale Pflege von KI-Capabilities**

In der Ansicht **Capabilities: Overview** werden die Generative-KI-Fähigkeiten für SAP Transportation Management konfiguriert. Eine Capability beschreibt dabei eine konkrete KI-Funktion. Folgende Felder werden pro Capability gepflegt:

- **Capability**: eindeutiger technischer Name der Fähigkeit
- **Capability Description**: Zweck der Fähigkeit
- **Type**: Typ der Fähigkeit
- **Scenario ID**: Verknüpfung mit einem Intelligent Scenario in ISLM oder einem TM-Szenario
- **ISLM Template for Task Prompts**: Vorlage für Aufgaben-Prompts
- **ISLM Template for Example Prompts**: Beispiel-Prompts für Tests oder Demonstrationen

So werden Name, Beschreibung, Typ, Szenario und Vorlagen der einzelnen Capabilities zentral gepflegt, wie in Abbildung 4.11 dargestellt.

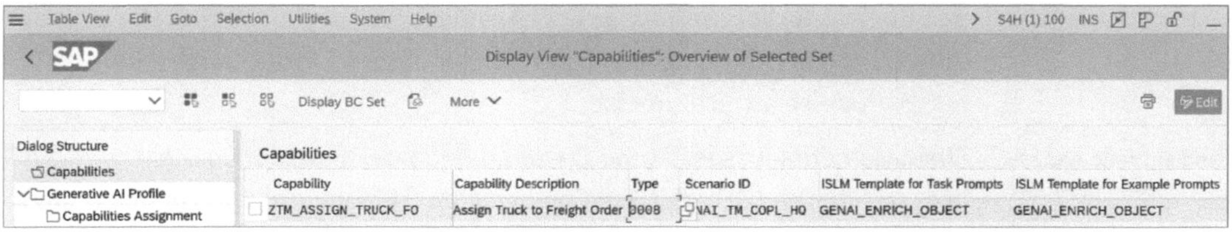


*Abbildung 4.11: Customizing der SAP-TM-Capabilities*

**Page Layouts für das Transport-Cockpit erstellen**

Nachdem wir uns die grundlegende Struktur und Pflege der Capabilities angesehen haben, wechseln wir nun in die Benutzeroberfläche des Transport-Cockpits und betrachten die Konfiguration der Page Layouts. In SAP Transportation Management werden im Bereich **Page Layout for Transportation Cockpit** die Anzeigelayouts für das Planungscockpit erstellt und verwaltet. Ein *Page Layout* steuert, welche UI-Elemente, Reiter, Tabellen oder Karten im Transportation Cockpit angezeigt werden – und damit auch, wie Planungsinformationen, Frachtaufträge oder Transporte im Cockpit dargestellt und genutzt werden können.

Um ein neues Layout anzulegen, öffnen Sie die App **Define Page Layouts for Transportation Cockpit**. Über **New** können Sie ein neues Page Layout mit einem eindeutigen Namen und einer passenden Beschreibung erstellen. Bestehende Layouts können über den Button **Edit** angepasst oder über den Button **Copy** dupliziert werden, um auf Basis eines bestehenden Layouts eine Variante zu erstellen. Über den Button **Transport** können die Layouts zwischen Systemen übertragen werden, beispielsweise vom Entwicklungs- in das Qualitätssicherungssystem.

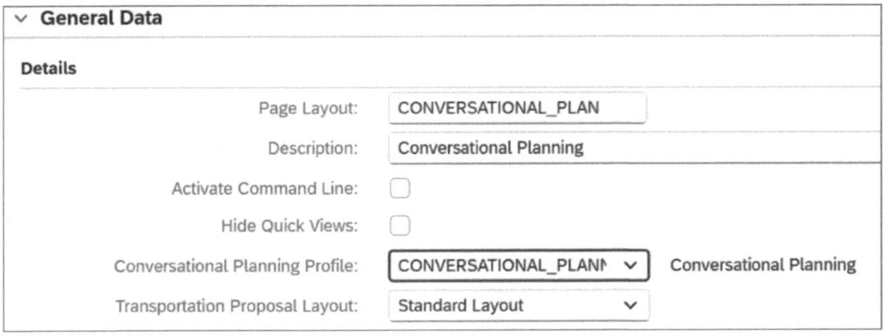


*Abbildung 4.12: Page Layout in SAP TM*

**KI-Funktionen in Layout integrieren**

Im Feld **Conversational Planning Profile** im Page Layout können Sie das passende, zuvor im Customizing hinterlegte Planungsprofil auswählen. Durch die Zuweisung im Page Layout wird festgelegt, welches Conversational-Planning-Profil im Transport-Cockpit verwendet wird, sodass die generativen KI-Funktionen und Planungslogiken des hinterlegten Profils direkt in der entsprechenden Cockpit-Ansicht verfügbar sind. Auf diese Weise ist sichergestellt, dass das Conversational Planning exakt auf die für dieses Layout vorgesehenen Planungsprozesse abgestimmt ist.

**Individuelle Anpassung per BAdI**

Für unternehmensspezifische Erweiterungen der Funktionen stellt SAP *Business Add-Ins* (BAdIs) bereit. Für Conversational Planning in SAP TM sind BAdIs in zwei Bereichen des Customizings verfügbar:

- **Basic Functions • Generative Artificial Intelligence**: für allgemeine KI-Einstellungen und -Daten, z. B. das Anpassen von Modellparametern, die Vor- und Nachbearbeitung von Nachrichten oder das Ergänzen genereller Kontextinformationen
- **Planning • Conversational Planning**: speziell für das Conversational Planning im Transport-Cockpit, z. B. zum Anreichern oder Filtern von Planungsdaten, Anpassen von KI-Antworten oder Einfügen zusätzlicher Objektdetails in den Planungsprozess

**BAdIs für Prompts und Kontext anpassen**

Mit diesen BAdIs lassen sich unter anderem Modelldaten und Parameter eines ISLM-Szenarios anpassen oder die Daten steuern, die für generative KI-Aufrufe verwendet werden, beispielsweise Systemmeldungen und Antworten. Außerdem können zusätzliche Objektdaten in den Kontext einer Capability einbezogen werden, um den zugrunde liegenden Informationsrahmen zu erweitern. Typische Anwendungsfälle sind das Anpassen von Prompts, die Nachbearbeitung von Antworten, das Anreichern des Kontexts mit Transport- oder Ressourcendaten sowie das Prüfen und Protokollieren von Nachrichten und Rückmeldungen. Zur Implementierung wird in Transaktion SE18 die passende BAdI-Definition identifiziert und auf relevante Filter wie Capability, Szenario-ID oder KI-Profil geprüft. Anschließend wird in Transaktion SE18 oder SE19 eine BAdI-Implementierung im kundeneigenen Namensraum erstellt, mit den entsprechenden Filterwerten versehen und die notwendigen Methoden werden implementiert. Nach dem Aktivieren und Transportieren sollte die Implementierung in einem Test- oder Produktionssystem überprüft werden.

**Separate BAdI je Capability nutzen**

Es wird empfohlen, pro Capability eine separate BAdI-Implementierung zu verwenden, um eine klare Trennung der Anpassungen sicherzustellen. Steuerungsparameter wie Limits oder Schwellwerte sollten über Customizing-Tabellen gepflegt werden. Zudem sind ein konsistentes Fehler-und-Logging-Konzept sowie die Zuweisung des passenden Conversational-Planning-Profils im Page Layout erforderlich, damit die BAdIs während der Laufzeit korrekt greifen.

Der Hauptunterschied zwischen den beiden BAdI-Bereichen: Der erste BAdI-Bereich wirkt systemweit für generative KI-Funktionen, während der zweite direkt auf planungsbezogene Interaktionen im Conversational Planning abzielt.

### 4.1.5 Geschäftlicher Nutzen und Auswirkungen von Conversational Planning

**Intuitive Planung mit natürlicher Sprache**

Die bisher vorgestellten Funktionen zeigen den geschäftlichen Nutzen und die Auswirkungen des Einsatzes von künstlicher Intelligenz in der Transportplanung. Durch Conversational Planning können Anwender und Anwenderinnen im Transport-Cockpit direkt mit der Planungsumgebung interagieren, ohne sich ausschließlich auf klassische Klicks und Menüs verlassen zu müssen. Stattdessen ermöglicht ein Texteingabefeld, Planungsanweisungen in natürlicher Sprache zu erteilen, was die Bedienung deutlich intuitiver gestaltet. Diese Funktion reduziert den manuellen Aufwand und beschleunigt die Bearbeitung von Frachtaufträgen spürbar. Selbst ungenaue oder fehlerhafte Eingaben interpretiert die KI zuverlässig und setzt sie korrekt um. Dadurch erhöhen sich die Robustheit und die Fehlertoleranz der Planung.

**Maximierung der Produktivität durch KI**

Die automatische Anreicherung von Produktinformationen oder Frachteinheiten sorgt dafür, dass wiederkehrende Routineaufgaben nicht mehr manuell durchgeführt werden müssen. Dadurch sinkt das Risiko von Eingabefehlern und der Planungsprozess wird effizienter. Ebenso ermöglicht die automatische Ressourcenzuordnung eine schnellere Erstellung von Frachtaufträgen, sodass weniger Zeit für repetitive Arbeitsschritte erforderlich ist. Diese Automatisierung steigert nicht nur die Produktivität, sondern verbessert auch die Benutzerzufriedenheit. Mit teilautomatisierten Planungsschritten können Anwender und Anwenderinnen gezielt Frachteinheiten oder Ressourcen vorselektieren lassen, um ihre Arbeitsschritte optimal vorzubereiten. Dies erleichtert komplexe Planungsprozesse und trägt zur Fehlervermeidung bei. Die Möglichkeit, komplexere Szenarien wie die Optimierung nach Region, Produktgruppe oder Kapazitätsgrenzen über Prompts zu steuern, erweitert den Handlungsspielraum erheblich. Auch zeitliche Parameter lassen sich einbeziehen, sodass Planer und Planerinnen ihre Transporte flexibel und vorausschauend steuern können.

**Schnellere Einarbeitung neuer Mitarbeitender**

Die Integration von KI in SAP TM schafft damit eine deutliche Effizienzsteigerung und verkürzt Reaktionszeiten in der operativen Planung. Unternehmen profitieren von einer besseren Auslastung ihrer Ressourcen, einer höheren Planungsqualität und einer spürbaren Reduktion manueller Eingriffe. Gleichzeitig ermöglicht die Flexibilität des Conversational Plannings eine schnellere Einarbeitung neuer Mitarbeitender, da komplexe Planungsaktionen über einfache Spracheingaben abgebildet werden können.

**Nahtlose Integration und Anpassung der KI**

Die technische Architektur mit ISLM und SAP BTP stellt sicher, dass die generativen KI-Modelle zuverlässig und skalierbar eingebunden werden. Durch die Verbindung von Capabilities, Profilen und Page Layouts im Customizing werden die KI-Funktionen nahtlos in die Benutzeroberfläche integriert. Erweiterungen über BAdIs ermöglichen zudem eine unternehmensspezifische Anpassung der KI, sodass sowohl generelle Parameter als auch kontextspezifische Planungslogiken berücksichtigt werden.

## 4.2 SAP Document AI

**Was ist SAP Document AI?**

*SAP Document AI* ist eine intelligente Lösung zur automatisierten Verarbeitung von Geschäftsdokumenten. Statt Daten manuell aus Rechnungen, Verträgen oder Lieferscheinen zu übertragen, analysiert das System hochgeladene Dateien unabhängig von Format, Layout oder Struktur und erkennt die darin enthaltenen relevanten Informationen. Diese Daten werden extrahiert und können anschließend direkt in nachgelagerte Geschäftsprozesse eingebunden werden. Dank der mandantenfähigen Architektur lässt sich die Lösung zudem flexibel in unterschiedlichen Anwendungen einsetzen und von mehreren Nutzerinnen und Nutzern parallel verwenden, ohne dass Datenkonflikte entstehen. SAP Document AI steht sowohl in der Cloud-Foundry- als auch in der Kyma-Umgebung zur Verfügung.

**Hauptvorteile und Funktionen**

SAP Document AI entlastet Unternehmen, indem es wiederkehrende Aufgaben bei der Dokumentenbearbeitung übernimmt. Es sorgt dafür, dass große Mengen an Unterlagen schneller und zuverlässiger verarbeitet werden, wodurch weniger Nacharbeiten notwendig sind. Gleichzeitig unterstützt die Lösung bei der Einhaltung von Qualitäts- und Compliance-Vorgaben. Weil die Bearbeitungszeit für jedes einzelne Dokument sinkt, bleibt den Mitarbeitenden mehr Raum, sich auf Aufgaben zu konzentrieren, die ihr Fachwissen erfordern und echten Mehrwert schaffen.

Im Folgenden wird anhand eines konkreten Anwendungsfalls gezeigt, wie SAP Document AI im Qualitätsmanagement von SAP S/4HANA eingesetzt werden kann.

### 4.2.1 Qualitätszertifikate in SAP S/4HANA Public Cloud

**Qualitätsmanagement in SAP S/4HANA**

Durch das Zusammenspiel mit modernen KI-Services wie SAP Document AI können unstrukturierte Qualitätsdokumente in SAP S/4HANA (aktuell nur in der Public Cloud) automatisiert in die Qualitätsprozesse integriert werden.

Das Qualitätsmanagement (QM) in SAP S/4HANA stellt sicher, dass Produkte, Prozesse und Services den festgelegten Standards entsprechen. SAP S/4HANA Public Cloud Edition unterstützt dabei den gesamten Qualitätsprozess – von der Planung über die Durchführung bis hin zur Überwachung von Qualitätsprüfungen, und zwar entlang der gesamten Wertschöpfungskette: im Einkauf, in der Produktion oder im Vertrieb.

Ein zentrales Element sind sogenannte *Prüfpläne*. Darin wird festgelegt, nach welchen Kriterien Materialien geprüft werden sollen. Die Prüfpläne können vorhandene Stammdaten wiederverwenden. Treten Qualitätsabweichungen auf, unterstützt das *Nonconformance Management*, diese schnell zu melden, zu bearbeiten und dauerhaft zu vermeiden. Die ausgewerteten *Qualitätsdaten* liefern wertvolle Einblicke, mit denen sich Abläufe und Produkte gezielt verbessern lassen. So erreichen Unternehmen ihre Qualitätsziele zuverlässig und effizient.

**Qualitätszertifikate mit SAP Document AI**

Wie in Abbildung 4.13 dargestellt, umfasst das Qualitätsmanagement in SAP zentrale Bereiche wie Qualitätsplanung, Qualitätsprüfung, Qualitätsverbesserung sowie das zugehörige Datenmanagement und die Integration über APIs. In der praktischen Umsetzung dieser durchgängigen und effizienten Qualitätsprozesse spielen externe Dokumente eine wichtige Rolle. Ein wichtiger Bestandteil des Qualitätsmanagements sind Qualitätszertifikate.

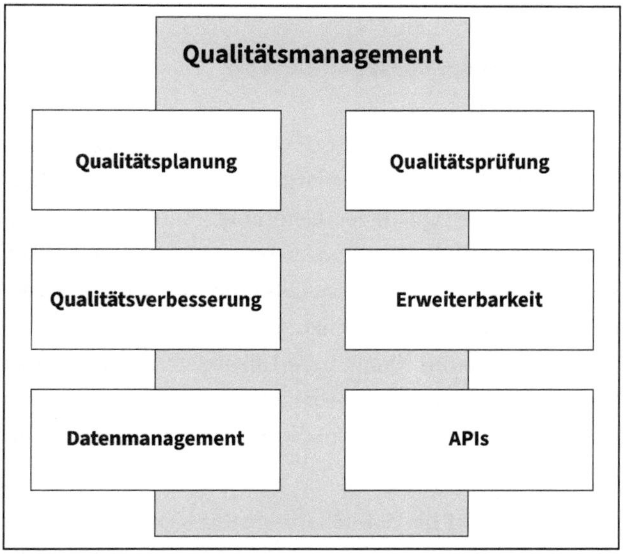


*Abbildung 4.13: Qualitätsmanagement in SAP S/4HANA*

**Qualitätszertifikate**

*Qualitätszertifikate* enthalten wichtige Informationen wie Prüfergebnisse, Chargennummern oder Materialspezifikationen und dienen als Nachweis für die Einhaltung definierter Qualitätsanforderungen, beispielsweise wenn Lieferanten Zertifikate bereitstellen, um die Qualität ihrer Produkte nachzuweisen, oder wenn Unternehmen selbst entsprechende Nachweise an ihre Kunden übermitteln.

Mit SAP Document AI können diese Zertifikate weitgehend automatisiert verarbeitet werden. Sobald ein Dokument hochgeladen wird, analysiert das System die enthaltenen Daten automatisch und versucht, die Informationen den passenden Objekten im SAP-System zuzuordnen.

Wenn eine eindeutige Zuordnung möglich ist, werden die extrahierten Daten einem bestehenden Zertifikat im System zugeordnet oder ein neuer Eintrag wird erzeugt. In SAP S/4HANA wird das Zertifikat dabei als Anhang in der entsprechenden Transaktion abgelegt und mit einem Status im Prüflos versehen. Ist die Zuordnung nicht eindeutig, können Mitarbeitende die erkannten Daten prüfen und die gewünschten Informationen ergänzen.

Durch diesen Ansatz wird die Bearbeitung von Qualitätszertifikaten deutlich beschleunigt und gleichzeitig weniger fehleranfällig. Um diese Funktion zu nutzen, muss SAP Document AI eingerichtet werden (siehe Abschnitt 4.2.4, »Technische Integration und Systemeinrichtung«).

### 4.2.2 Herausforderungen bei der Verarbeitung von Qualitätszertifikaten

Die Verarbeitung von Qualitätszertifikaten stellt Unternehmen vor organisatorische und technische Herausforderungen. Ein zentrales Problem ist die Datenqualität. Zertifikate werden von verschiedenen Lieferanten bereitgestellt und liegen häufig in unterschiedlichen Formaten und Layouts vor. Dadurch wird es schwierig, Informationen automatisch und zuverlässig auszulesen. Eine weitere Herausforderung besteht darin, den Zertifikatsprozess nahtlos in bestehende Geschäftsabläufe zu integrieren. Qualitätszertifikate stehen in direkter Beziehung zu Prozessen im Einkauf, im Wareneingang sowie im Qualitätsmanagement. Eine isolierte Dokumentenlösung ohne Integration in diese Prozesse würde kaum Mehrwert bieten.

**Option der manuellen Korrektur**

Ein weiterer Punkt ist die Akzeptanz bei den Mitarbeitenden. Qualitätstechnikerinnen und -techniker müssen darauf vertrauen können, dass das System zuverlässig arbeitet. Wenn die automatische Zuordnung nicht gelingt, sollte eine einfache Möglichkeit bestehen, die Daten manuell zu prüfen und bei Bedarf zu ergänzen.

**Zeit- und Kostenersparnis durch Automatisierung**

Hinzu kommt die Einhaltung von regulatorischen Vorgaben. Qualitätszertifikate dienen häufig als Nachweis bei Audits oder gesetzlich vorgeschriebenen Prüfungen. Fehler oder fehlende Informationen könnten hier schnell zu Problemen führen. Unternehmen müssen daher sicherstellen, dass keine Daten verloren gehen und alles nachvollziehbar dokumentiert wird. Schließlich spielt auch die Wirtschaftlichkeit eine Rolle. Der Einsatz automatisierter Dokumentenverarbeitung lohnt sich insbesondere dann, wenn eine große Menge an Zertifikaten automatisiert verarbeitet werden muss.

### 4.2.3 Intelligente Verarbeitung von Qualitätszertifikaten mit SAP Document AI in SAP S/4HANA

**Automatische Verarbeitung von Qualitätszertifikaten**

Mit SAP Document AI lassen sich Qualitätszertifikate automatisch erfassen und verarbeiten. Dadurch kann beispielsweise die Bestätigung und Freigabe von Beständen deutlich schneller erfolgen. Sobald ein Zertifikat hochgeladen wird, etwa durch die Überwachung eines E-Mail-Postfachs, erkennt die KI die enthaltenen Informationen und gleicht sie mit vorhandenen Einträgen im SAP-System ab. Der Prozess kann dabei wie folgt ablaufen:

- Passt ein Zertifikat zu einem erwarteten Eingang, wird es direkt angehängt und der Status aktualisiert.
- Existiert kein passender Eingang, legt das System automatisch einen neuen Datensatz an.

Falls die Daten nicht eindeutig zugeordnet werden können, besteht die Möglichkeit, den Abgleich manuell zu prüfen und zu vervollständigen. In der App **Zeugniseingänge verwalten** wird zudem transparent angezeigt, ob ein Eintrag automatisch erstellt oder angepasst wurde und in welchem Umfang Automatisierung zum Einsatz kam.

Ein typisches Szenario beginnt mit dem Eingang eines Qualitätszertifikats eines Lieferanten, beispielsweise als PDF-Dokument per E-Mail.

**KI liest QM-Zertifikate automatisch aus**

Die Qualitätstechnik im Unternehmen lädt dieses Dokument in SAP Document AI hoch. Ab diesem Moment übernimmt die künstliche Intelligenz viele Arbeitsschritte, die sonst manuell durchgeführt werden müssten. Das System liest automatisch die wichtigen Informationen aus dem Zertifikat heraus, wie z. B. Chargennummern, Prüfergebnisse oder Lieferdetails.

Im nächsten Schritt überprüft das System, ob dieses Zertifikat zu einem bereits erwarteten Eingang passt. Wenn das System eine eindeutige Übereinstimmung findet, wird das Dokument automatisch an den bestehenden Datensatz angehängt und dieser als vollständig markiert. Falls kein passender Eintrag existiert, legt das System einen neuen Datensatz an. Auf diese Weise wird sichergestellt, dass kein Zertifikat verloren geht und alle Unterlagen im System dokumentiert sind.

Sobald das System die Zuordnung abgeschlossen hat, bestätigt es den Eingang des Zertifikats. Gleichzeitig wird der Status des Qualitätsprüfloses, das mit der Ware verbunden ist, automatisch angepasst. Dabei sind zwei typische Statuswerte möglich:

- **Usage decision blocked**: Die Nutzung der Ware ist blockiert, solange kein Zertifikat vorliegt.
- **Usage decision can be made**: Das Zertifikat wurde erfolgreich erfasst, und die weitere Qualitätsprüfung kann durchgeführt werden.

**Menschliche Entscheidung bleibt zentral**

Trotz der automatischen Verarbeitung bleibt die finale Entscheidung beim Menschen: Die Qualitätstechnikerin oder der Qualitätstechniker führt die eigentliche Qualitätsprüfung der gelieferten Ware durch. Sie oder er kontrolliert, ob die Angaben im Zertifikat mit der Ware übereinstimmen und ob die Qualität den Anforderungen entspricht. Anschließend entscheidet die Qualitätsingenieurin oder der Qualitätsingenieur im nächsten Schritt über die Nutzungsfreigabe. Diese Entscheidung ist zentral, da sie bestimmt, ob die Ware in den Produktionsprozess übernommen werden darf oder nicht.

Erst nach dieser Entscheidung gEnd-to-End-ibt das System den Bestand frei. Das bedeutet, dass die geprüften Materialien nun offiziell für die Produktion zur Verfügung stehen.

**Struktur eines QM-Zertifikats**

Abbildung 4.14 zeigt ein Qualitätszertifikat (QM-Zertifikat), das von einem Lieferanten an das Unternehmen übermittelt wurde.

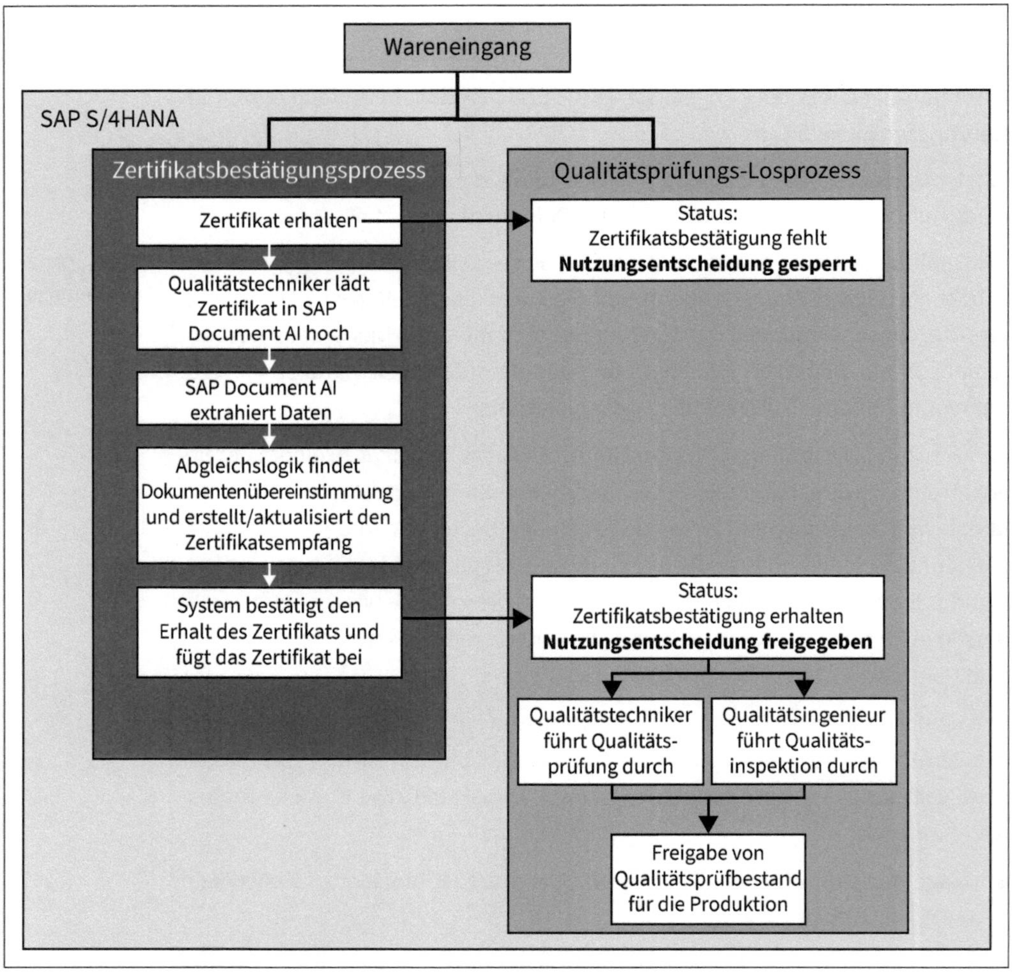


*Abbildung 4.14: End-to-End-Prozess in QM mit SAP Document AI*

Ein solches Zertifikat dient als offizieller Nachweis, dass die gelieferten Materialien bestimmten Qualitätsanforderungen entsprechen. Es enthält nicht nur die grundlegenden Daten des Lieferanten, wie etwa den Firmennamen und die Adresse, sondern auch weitere wichtige Angaben, die für die Nachvollziehbarkeit entscheidend sind. Dazu zählen unter anderem das Datum, die genaue Uhrzeit der Erstellung, die zugehörige Lieferscheinnummer sowie die Kundennummer, unter der die Lieferung verbucht wurde.

**Eindeutige Zuordnung von Zertifikat und Material**

Jedes QM-Zertifikat steht immer in direkter Beziehung zu einem bestimmten Prüflos. Dieses Prüflos ist wiederum einer bestimmten Materialnummer zugeordnet. Dadurch kann eindeutig nachvollzogen werden, für welches Material eine Qualitätsprüfung durchgeführt wurde und dass es keine Verwechslungen mit anderen Materialien oder Lieferungen gibt.

**Qualitätsmerkmale als Basis für Prüflose**

Eine zentrale Rolle spielen dabei die sogenannten *Prüflosmerkmale*. Das sind die einzelnen Merkmale oder Eigenschaften des Materials, die im Rahmen der Qualitätsprüfung kontrolliert werden müssen. Beispiele für solche Merkmale sind:

- Maße oder Gewicht
- chemische Zusammensetzungen
- technische Eigenschaften
- andere produktspezifische Anforderungen

Normalerweise werden diese Merkmale bei einem Wareneingang vom Qualitätstechniker oder von der Qualitätstechnikerin im Unternehmen geprüft.

**Zertifikate direkt ins QS-System übernehmen**

In diesem Fall jedoch wurde die Prüfung bereits durch den Lieferanten vorgenommen. Das bedeutet: Der Lieferant hat die relevanten Merkmale des Materials untersucht, die Ergebnisse in das QM-Zertifikat eingetragen und das Dokument an das Unternehmen übermittelt. Auf diese Weise bestätigt der Lieferant gewissermaßen schon vorab, dass das Material die geforderten Qualitätsstandards erfüllt. Das Unternehmen kann diese Angaben dann in das eigene Qualitätssicherungssystem übernehmen und mit den eigenen Prüfplänen abgleichen.

**QM-Zertifikat verbindet Lieferung und Prüflos**

Damit schafft das QM-Zertifikat eine klare Verbindung zwischen Lieferung, Materialnummer und den zugehörigen Prüflosmerkmalen.

Die in Abbildung 4.15 dargestellten Werte zu den einzelnen Qualitätsmerkmalen, wie Größe, Gewicht und Bremsdrehmoment, werden im System als Prüfmerkmale zum jeweiligen Prüflos interpretiert und den jeweils definierten unteren und oberen Grenzwerten gegenübergestellt. Auf diese Weise erfolgt eine direkte Bewertung der gemessenen Werte innerhalb der zulässigen Toleranzen. Werden dabei Abweichungen festgestellt, können entsprechende Fehlermeldungen ausgelöst werden. In der Folge lassen sich Qualitätsmeldungen anlegen, um den Lieferanten gezielt zu informieren und geeignete Maßnahmen einzuleiten.

**Premium Bike Parts, 75 9th Ave, New York, NY 10099, USA**

**Bikes United**
**QM Department / Goods Receipt**
**Dietmar-Hopp-Allee**
**69190 Walldorf**
**Germany**

| | |
|---|---|
| Date: | September 24, 2025 |
| Delivery Note: | DEL-018 / 0010 |
| Your Reference: | 4500000691 / 0010 |
| Customer No: | 1000047 |

**Quality Certificate**

**Your Material: DB7MTB Disk Brake MTB 7th gen.**

Inspection Lot 40000004400 Created On August 30, 2025

| Characteristic | Unit | Value | Lower Limit | Upper Limit |
|---|---|---|---|---|
| Size | mm | 150.1 | 149 | 151 |
| Weight | G | 451 | 444 | 453 |
| Brake Torque 30 km/h – 15 km/h | Nm | 240.9 Nm | 210.0 | 250.0 |

*Abbildung 4.15: Beispiel eines Zertifikates in QM*

**Zertifikatsverwaltung mit passender Rolle**

Nachdem das Zertifikat vom Lieferanten übermittelt wurde, kann es in der App **Zeugniseingänge verwalten** hochgeladen werden (siehe Abbildung 4.16). Die App wird nur angezeigt, wenn die entsprechenden Business-Rollen zugewiesen und alle technischen Voraussetzungen erfüllt sind. In dieser Anwendung können Qualitätszertifikate zentral erfasst und verwaltet werden.

*Abbildung 4.16: App »Zeugniseingänge verwalten«*

Wenn Sie die App öffnen, sehen Sie eine Übersicht, die bereits die hochgeladenen Dokumente mit Informationen wie Dokumentname, Status, Lieferant sowie der zugehörigen Bestellnummer enthält (siehe Abbildung 4.17). In dieser Ansicht werden alle hochgeladenen Zertifikate angezeigt, einschließlich ihres aktuellen Bearbeitungsstatus, beispielsweise **In Bearbeitung**. Die Zuordnung zu einer Bestellnummer zeigt dabei, dass die relevante Bestellung im System identifiziert und das Zertifikat entsprechend korrekt zugeordnet wurde. Über den Button **Dokument hochladen** gelangen Sie zum nächsten Bildschirm, auf dem das gewünschte PDF-Dokument hochgeladen werden kann.

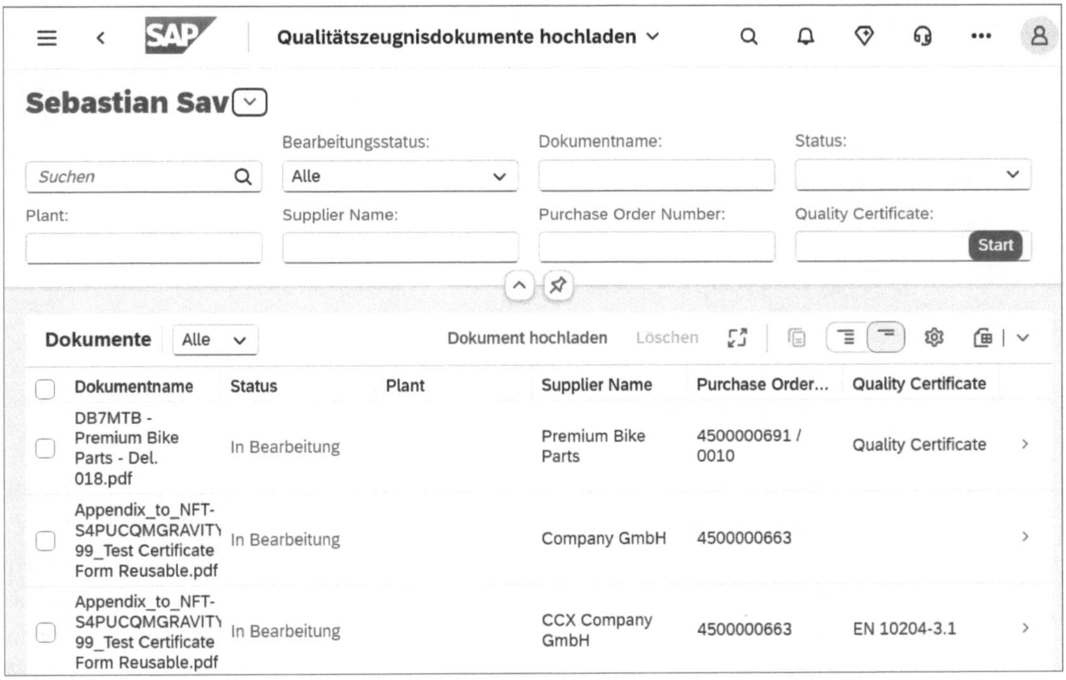


*Abbildung 4.17: Upload des Zertifikats initiieren*

**Abgleich der Zertifikatsdaten im System**

Nachdem das Zertifikat erfolgreich extrahiert und ausgelesen wurde, können Sie überprüfen, ob die Daten mit den im Zertifikat angegebenen Informationen übereinstimmen. Wenn alle Angaben korrekt sind, kann die Buchung im System durchgeführt werden. Sollten Änderungen erforderlich sein, können Sie die entsprechenden Felder direkt in der App anpassen. Zusätzlich unterstützt das System den Prozess durch integrierte Prüf- und Validierungsfunktionen.

Wie in Abbildung 4.18 dargestellt, zeigt die App **Zeugniseingang** die im SAP-System ermittelten und dem Zertifikat zugeordneten Informationen. Dazu gehören das Material, das mit den Angaben im Zertifikat übereinstimmt, der zugehörige Lieferant sowie der verwendete Zeugnistyp. Zudem ist ersichtlich, wann das Zertifikat im System eingegangen ist. Der Status **Eingegangen** verdeutlicht, dass das Zertifikat erfolgreich verarbeitet und im System verbucht wurde. Weitere Informationen, wie beispielsweise die Lieferantencharge, sind in diesem Fall nicht vorhanden, da diese auch im ursprünglichen Zertifikat nicht enthalten waren. Sie haben in der App über den Button **Bearbeiten** außerdem noch die Möglichkeit, das Zertifikat im System anzupassen.

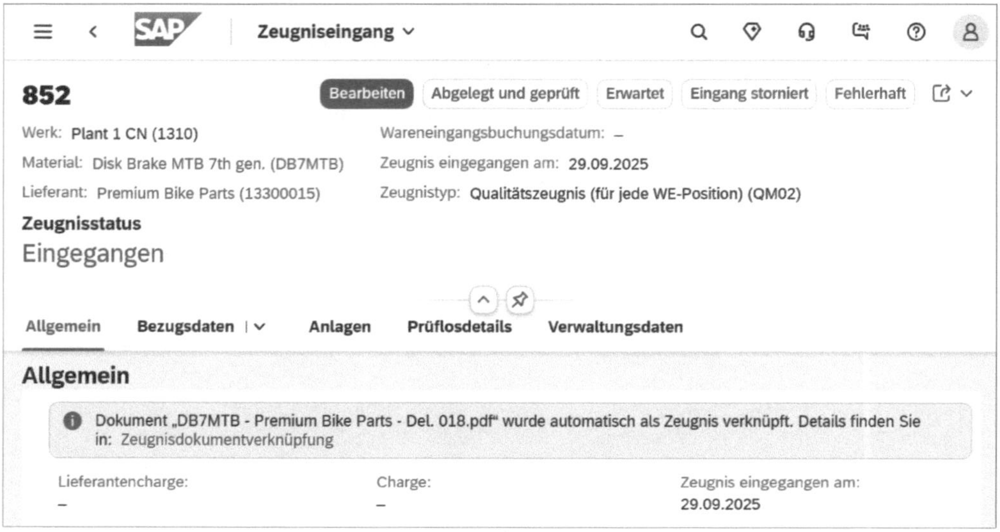


*Abbildung 4.18: Änderungen von Zertifikatsdaten*

Wie in Abbildung 4.19 dargestellt, kann über den Button **Daten aus Dokument überprüfen** eine Gegenüberstellung der extrahierten Informationen mit dem ursprünglichen Dokument erfolgen. Dabei wird das Zertifikat als PDF auf der linken Seite angezeigt, während die aus dem Dokument extrahierten Daten und ihr Mapping auf die SAP-Felder angezeigt werden. Mit der Funktion können Zertifikate nicht nur als PDF-Dateien hochgeladen, sondern direkt im System eingelesen werden.

*Abbildung 4.19: Daten aus Dokument prüfen*

Wie in Abbildung 4.20 dargestellt, erfolgt die Dokumentenextraktion durch eine visuelle Gegenüberstellung von Originaldokument und den daraus erkannten Informationen. Auf der linken Seite ist das hochgeladene Qualitätszertifikat als PDF in der Dokumentenvorschau zu sehen. Relevante Inhalte wie Liefernummer oder Referenznummer werden dabei im Dokument hervorgehoben. Auf der rechten Seite werden die extrahierten Daten strukturiert dargestellt und den entsprechenden Geschäftsdaten zugeordnet, beispielsweise zu Bestellung, Lieferung, Lieferant oder Material. Zusätzlich zeigt das System eine Bewertung der Erkennungsqualität an, sodass Anwender und Anwenderinnen erkennen können, welche Felder zuverlässig erkannt wurden und bei welchen eine Überprüfung erforderlich ist. Die relevanten Daten werden dabei automatisch dem passenden Prüflos, der Bestellung und den jeweiligen Bestellpositionen zugeordnet. Der nachgelagerte Prozess im Qualitätsmanagement kann dadurch ohne zusätzliche manuelle Dateneingabe fortgesetzt werden.

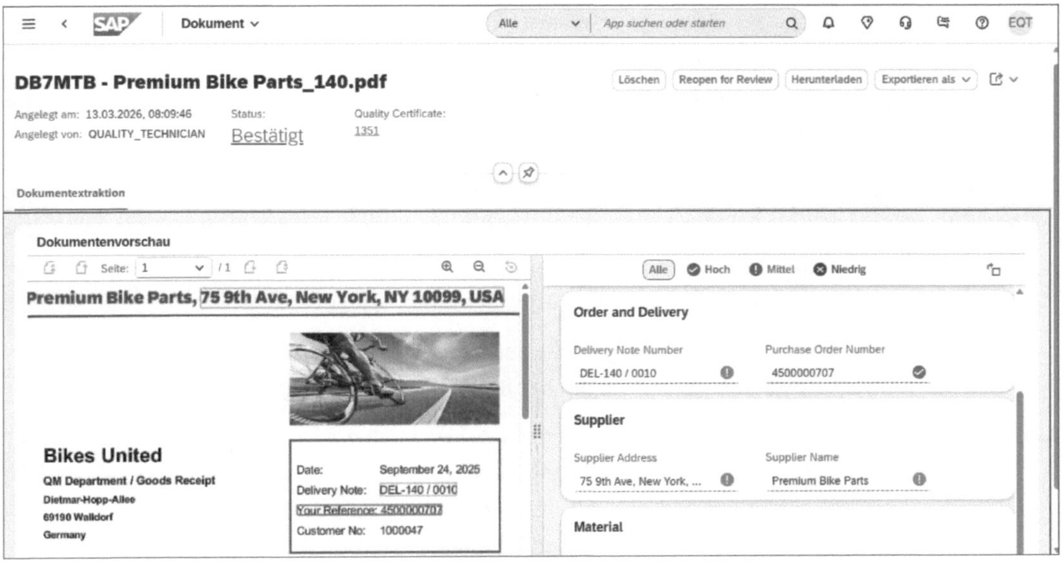


*Abbildung 4.20: Vergleich der eingelesenen Daten im System*

In vielen Unternehmen beeinflusst der Zertifikatsprozess direkt den Materialfluss: Er kann den Wareneingang, die weitere Verarbeitung des Materials oder sogar die Freigabe der Lieferantenrechnung blockieren. Über den QM-Verwendungsentscheid im Prüflos, also die Entscheidung, ob ein geprüftes Material freigegeben, gesperrt oder zurückgewiesen wird, wird sichergestellt, dass Lieferanten erst dann bezahlt werden, wenn die gelieferten Materialien den Unternehmensvorgaben entsprechen. SAP Document AI unterstützt die Anwenderinnen und Anwender beim Abgleich von Importfeldern und relevanten Informationen und trägt so zu höherer Qualität und geringeren manuellen Aufwänden bei.

### 4.2.4 Technische Integration und Systemeinrichtung

**Schnellere Verarbeitung eingehender Belege**

Die Integration von SAP S/4HANA Cloud Public Edition mit SAP Document AI ermöglicht es, Daten aus eingehenden Belegen automatisch auszulesen und weiterzuverarbeiten.

Die Integration umfasst:

- die Einbindung der SAP-Fiori-Apps von SAP Document AI in das Launchpad von SAP S/4HANA Cloud Public Edition
- die Anbindung von Schnittstellen (engl. Application Programming Interfaces, APIs) für den Datenaustausch über technische Benutzer

#### Technische Voraussetzungen

Um Qualitätszertifikate im SAP-S/4HANA-System buchen zu können, müssen bestimmte technische Voraussetzungen erfüllt sein:

- Zugriff auf das SAP-S/4HANA-Cloud-Public-Edition-System über das SAP Fiori Launchpad
- eine aktive Verbindung zur SAP BTP mit den entsprechenden URL-Informationen sowie den erforderlichen Anmeldedaten

**Erforderliche Berechtigungen**

Für den Upload von Qualitätszertifikaten sind zudem entsprechende Berechtigungen erforderlich, die über Business-Rollen bereitgestellt werden. Die Einrichtung erfolgt über die von SAP ausgelieferten Business-Role-Templates, die den jeweiligen Testbenutzern zugeordnet werden.

Für den Upload von Qualitätszertifikaten benötigen Sie die Business-Rolle *Business Process Specialist* mit der ID `SAP_BR_BUSINESS_PROCESS_SPEC`.

**Benutzer und Rollen verwalten**

Die Anwendung *SAP Document AI Workspace* ist die zentrale Oberfläche zur Überprüfung und Qualitätssicherung der durch die KI extrahierten Belegdaten. Nur hier können die von der API gelieferten Ergebnisse eingesehen, auf Korrektheit geprüft und bei Bedarf validiert werden. Um die Anwendung SAP Document AI Workspace nutzen zu können, müssen die relevanten Geschäftsanwenderinnen und Geschäftsanwender in den *SAP Cloud Identity Services* gepflegt werden.

Wir empfehlen Ihnen, dort einen sogenannten *SAP Document AI Expert User* zu definieren. Dieser Benutzer hat umfassende Rechte, beispielsweise zum Hochladen und Löschen von Dokumenten. Für andere Anwenderinnen und Anwender sollte der Zugriff eingeschränkt werden, z. B. nach Dokumenttyp oder Dokumentattributen.

Die Einrichtung beginnt mit dem Zugriff auf das Administrationsportal der SAP Cloud Identity Services. Dort können Sie unter **User & Authorization • User Ma-**

**nagement** die benötigten Benutzer anlegen. Anschließend erhält der Expert User im Bereich **Application & Resources • Applications • Bundled Application** die Document Editor Policy, über die die erforderlichen Berechtigungen für die Arbeit mit SAP Document AI vergeben werden.

Im nächsten Schritt erstellen Sie eine eigene, eingeschränkte Policy. Wählen Sie dazu in der Registerkarte **Policies** die Basisrichtlinie **DocumentAI.DocumentEditor** aus und pflegen Sie eine Einschränkung, etwa für den Dokumenttyp **procurementQualityCertificate**. Anschließend geben Sie der neu angelegten Policy einen Namen (z. B. »DocumentAIEditorQualityCertificate«) und ordnen sie dem passenden Benutzer zu.

### Destinationszertifikat erstellen

**SAP-BTP-Destination erstellen**

Melden Sie sich nun in Ihrem SAP-BTP-Global-Account an und wechseln Sie in den entsprechenden Subaccount. Öffnen Sie im Navigationsmenü den Bereich **Konnektivität • Destinationszertifikate**. Klicken Sie auf **Anlegen**, um ein neues Zertifikat anzulegen (siehe Abbildung 4.21).

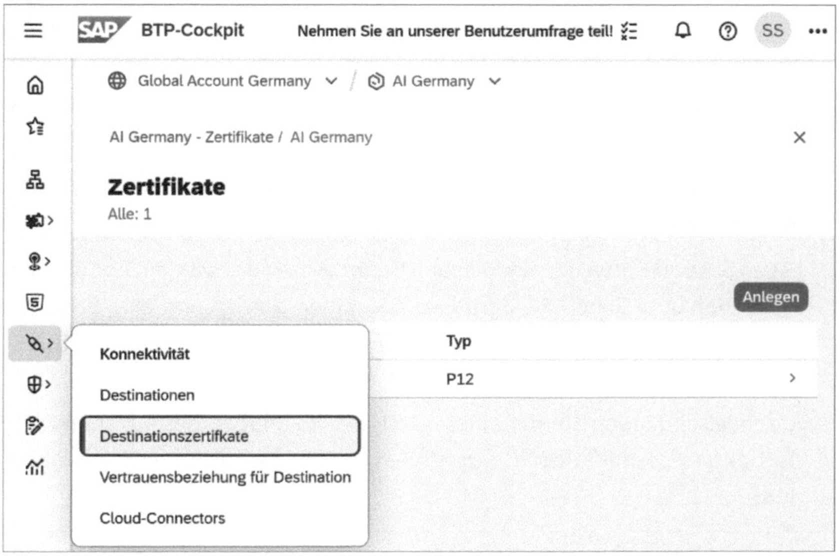


*Abbildung 4.21: Destinationszertifikat anlegen*

Vergeben Sie einen eindeutigen Namen und die **Dateierweiterung** P12, wie in Abbildung 4.22 gezeigt, und speichern Sie mit einem Klick auf den Button **Anlegen**.

Nach dem Anlegen kann das Zertifikat ausgewählt und als Datei exportiert und heruntergeladen werden.

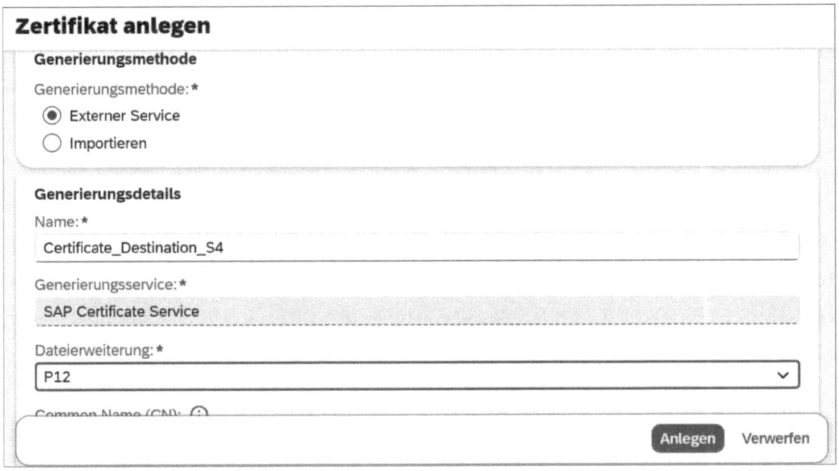


*Abbildung 4.22: Dateierweiterung »P12« eingeben*

## Technischen Kommunikationsbenutzer anlegen

**Kommunikationsbenutzer erstellen**

Damit die Integration zwischen SAP S/4HANA Cloud Public Edition und SAP Document AI reibungslos funktioniert, benötigen Sie einen *technischen Kommunikationsbenutzer*. Dieser Benutzer wird für den sicheren Datenaustausch zwischen den beiden Systemen verwendet. Zum Anlegen eines Kommunikationsbenutzers gehen Sie wie folgt vor:

1. Öffnen Sie das SAP Fiori Launchpad und navigieren Sie im Katalog **Kommunikationsverwaltung** zu der App **Kommunikationsbenutzer anlegen**.
2. Legen Sie dort entweder einen neuen Benutzer an oder wählen Sie einen bestehenden aus. Geben Sie dem Benutzer einen Namen und eine Beschreibung. Der Benutzername folgt dabei einem festen Schema, z. B. TESTER_SAP_COM_0A82.

   Anschließend laden Sie mit einem Klick auf **Hochladen** das zuvor erstellte Destinationszertifikat hoch und ordnen es dem Benutzer zu (siehe Abbildung 4.23).

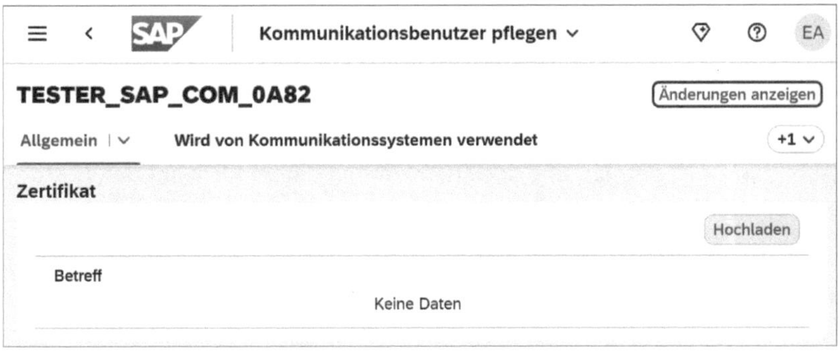


*Abbildung 4.23: SAP-BTP-Zertifikat in SAP S/4HANA hochladen*

3. Klicken Sie auf den Button **Create**, um den Kommunikationsbenutzer zu erstellen.

Notieren Sie sich die Zugangsdaten, da diese später bei der Einrichtung des Communication Arrangements benötigt werden.

[«]

**Voraussetzung Benutzer mit Kommunikationsberechtigungen**

Bevor Sie den Kommunikationsbenutzer anlegen, sollten Sie zunächst sicherstellen, dass bereits ein Geschäftsanwender oder eine Geschäftsanwenderin mit einer entsprechenden Business-Rolle vorhanden ist, die den Business Catalog SAP_CORE_BC_COM (Communication Management) enthält, beispielsweise die Rolle SAP_BR_ADMINISTRATOR.

**ABAP-Client-Zertifikat**

Nachdem Sie den Kommunikationsbenutzer angelegt haben, benötigen Sie nun noch einen sogenannten *X.509 Service Key*. Dieser basiert auf dem X.509-Standardzertifikat des ABAP-Systems. Deshalb muss im nächsten Schritt das *Client Default Certificate* heruntergeladen werden. Gehen Sie dazu wie folgt vor:

1. Melden Sie sich mit Administratorrechten im SAP Fiori Launchpad an und öffnen Sie die App **Client-Zertifikate pflegen**.
2. Suchen Sie in der Liste der Zertifikate nach dem Begriff »Client Default«.
3. Wählen Sie das Zertifikat aus und klicken Sie auf **Exportieren**, um es zu exportieren.

Wie in Abbildung 4.24 gezeigt, speichern Sie das Zertifikat im Format *Base-64-encoded X.509 (.crt)*. Dieses Format wird später für die Erstellung des Service Keys in der SAP-Document-AI-Instanz benötigt.

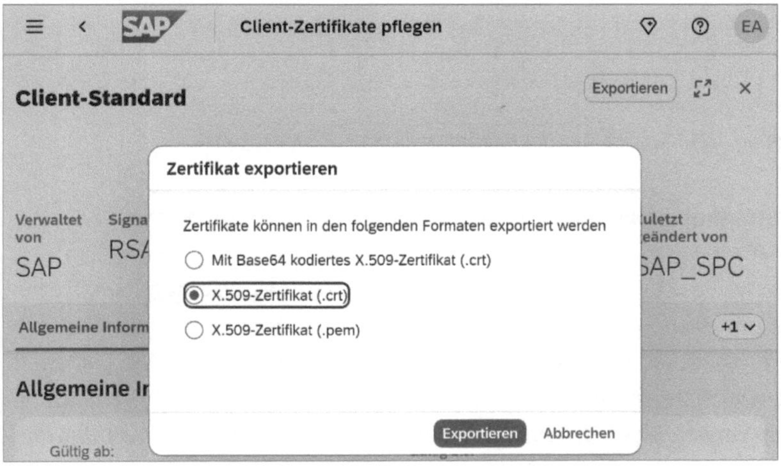


*Abbildung 4.24: Zertifikat exportieren*

**SAP-BTP-Service-Instanz und Service Key**

Im nächsten Schritt richten Sie eine Service-Instanz in der SAP BTP ein und erstellen einen Service Key. Dieser Schlüssel ist entscheidend, damit SAP Document AI sicher mit dem SAP-S/4HANA-System kommunizieren kann. Er basiert auf dem zuvor heruntergeladenen Zertifikat und dient sozusagen als »Ausweis« für die Verbindung. Die Einrichtung dieses Schlüssels ist wichtig, weil nur damit eine vertrauensvolle und geschützte Authentifizierung zwischen den beiden Systemen möglich ist. Ohne diesen Schritt könnte die Integration nicht sicher betrieben werden.

Um die Verbindung für die Integration einzurichten, wird zunächst ein Service Key für die entsprechende Service-Instanz in der SAP BTP angelegt (siehe Abbildung 4.25). Dazu navigieren Sie in den Bereich **Instances and Subscriptions**, wählen die zuvor erstellte Service-Instanz aus und öffnen das Kontextmenü über das Drei-Punkte-Icon. Dort wählen Sie die Option **Create Service Key**. Im nächsten Schritt vergeben Sie einen eindeutigen Namen für den Service Key. Anschließend werden die erforderlichen Binding-Parameter im JSON-Format hinterlegt. Dabei wird insbesondere das X.509-Zertifikat eingefügt, das für die Authentifizierung verwendet wird.

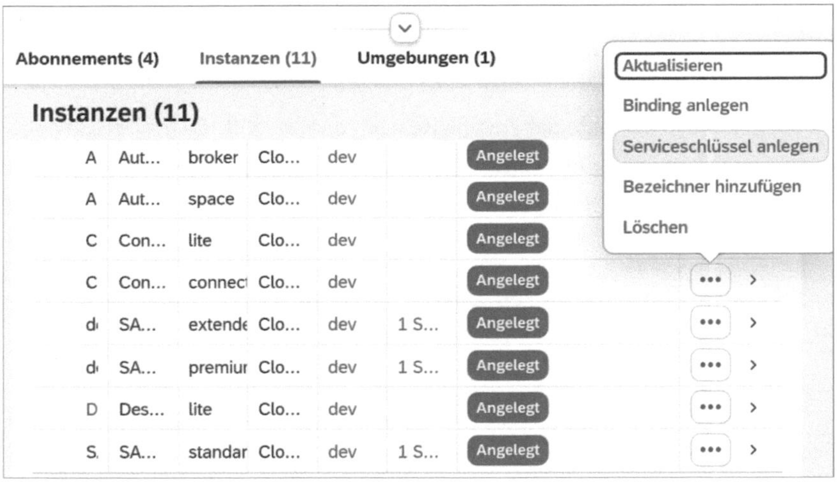


*Abbildung 4.25: Service-Key der Instanz anlegen*

### Kommunikationssystem und Kommunikationsvereinbarung einrichten

Nachdem Sie die Service-Instanz und den Service Key erstellt haben, richten Sie im nächsten Schritt im SAP Fiori Launchpad in der App **Kommunikationssystem** ein neues Kommunikationssystem ein. Vergeben Sie eine System-ID und einen Systemnamen. Wichtig ist hier, dass eine einheitliche Namenskonvention verwendet wird, damit die Systeme eindeutig identifiziert werden können.

Wechseln Sie anschließend in die Registerkarte **Technische Daten** und tragen Sie die Informationen aus dem zuvor erstellten Service Key ein, wie z. B. Host Name, Endpoints und Zertifikatsinformationen. Diese Angaben sorgen dafür, dass das System später zuverlässig mit der SAP-Document-AI-Instanz kommunizieren kann.

**SSL und OAuth 2.0 für Authentifizierung**

Darüber hinaus werden die Einstellungen für die eingehende und ausgehende Kommunikation gepflegt. Auf der Inbound-Seite wird die Authentifizierung über ein SSL-Client-Zertifikat eingerichtet, bei der der zuvor angelegte technische Kommunikationsbenutzer verwendet wird. Für die Outbound-Kommunikation wird OAuth 2.0 mit mTLS als Authentifizierungsmethode gewählt.

**Kommunikationsvereinbarung erstellen**

Damit die Integration zwischen SAP S/4HANA Cloud Public Edition und SAP Document AI technisch funktioniert, muss eine *Kommunikationsvereinbarung* angelegt werden. Diese Vereinbarung definiert die konkrete Verbindung auf Basis eines vorgegebenen Kommunikationsszenarios. Wechseln Sie dazu im SAP Fiori Launchpad in den Bereich **Kommunikationsverwaltung**. Wählen Sie als Szenario **SAP_COM_0A82** aus – das ist vordefiniert und speziell für die Anbindung an SAP Document AI vorgesehen (siehe Abbildung 4.26).

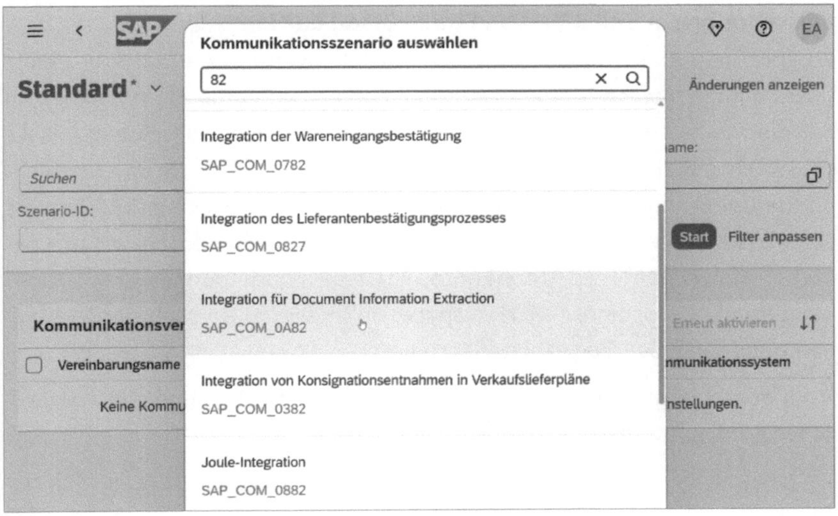


*Abbildung 4.26: Kommunikationsszenario anlegen*

Vergeben Sie auch hier einen Namen für die Vereinbarung. Der Name sollte mit der Szenarionummer übereinstimmen, in diesem Fall also beispielsweise SAP_COM_0A82. Im nächsten Schritt wird das zuvor eingerichtete Kommunikationssystem zugeordnet. Nach dem Speichern werden alle erforderlichen Verbindungseinstellungen automatisch generiert.

### Destination in der SAP BTP erstellen

**Sichere Kommunikation via Zertifikat**

Im nächsten Schritt erstellen Sie eine Destination in der SAP BTP, die als Kommunikationskanal zwischen der SAP BTP und dem SAP-S/4HANA-System dient. Neben SAP S/4HANA muss die Destination für SAP Build aktiviert werden, damit Qualitätszertifikate dort verarbeitet werden können. Um eine Destination einzurichten, wechseln Sie in Ihren Subaccount der SAP BTP. Navigieren Sie im Menü zu **Konnektivität • Destinationen**. Klicken Sie auf den Button **Anlegen**, um eine neue Destination anzulegen. Bei der Namensgebung sollten Sie sich auch hier an einem festen Schema orientieren, beispielsweise DOX_S4H_<System-ID>. In der Destination pflegen Sie neben dem Namen weitere grundlegende Angaben wie eine Beschreibung und den Typ (hier HTTP). Besonders wichtig ist das Feld **URL**: Übernehmen Sie die URL aus dem Service Key der zuvor erstellten Kommunikationsvereinbarung und ergänzen Sie den Zusatz »IntelligentScenarioNotify«. Als Authentifizierungsmethode wird ein Zertifikat verwendet – hierfür wird das zuvor angelegte Destinationszertifikat eingebunden. Speichern Sie die Destination. Damit ist die sichere Kommunikation zwischen SAP BTP und SAP S/4HANA Cloud eingerichtet.

### Einstellungen in SAP S/4HANA Public Cloud Edition

**Kommunikationssystem für SAP Document AI anlegen**

Abschließend müssen Sie noch letzte Einstellungen in SAP S/4HANA Public Cloud Edition pflegen. Öffnen Sie dazu die App **Kommunikationssysteme** im SAP Fiori Launchpad als Administrator. Legen Sie dort ein neues Kommunikationssystem mit einer System-ID und einem Systemnamen an. Im Bereich **Technische Daten** tragen Sie nun den Hostnamen des SAP-Document-AI-Systems ein. Diese Information kann aus der SAP BTP entnommen werden, genauer gesagt aus folgendem Pfad: **Unterkonto • Instanzen und Abonnements • Abonnements: SAP Document AI Workspace**. Außerdem muss auch der UI Hostname aus derselben Quelle hinterlegt werden.

Nach dem Speichern ist das Kommunikationssystem aktiv und alle erforderlichen Konfigurationen werden automatisch erstellt.

## 4.2.5 Geschäftlicher Nutzen durch den Einsatz von SAP Document AI im Qualitätsmanagement

**Zeit- und Kosteneinsparung im QM-Prozess**

Der Einsatz von SAP Document AI im Qualitätsmanagement bietet Unternehmen erhebliche Vorteile. In vielen Organisationen erfolgt die Verarbeitung von Qualitätszertifikaten noch manuell. Mitarbeitende müssen Dokumente öffnen, relevante Informationen suchen und diese anschließend in das SAP-System übertragen. Dieser Prozess ist zeitaufwendig und anfällig für Fehler. Mit SAP Document AI wird dieser Ablauf weitgehend automatisiert. Nach dem Hochladen eines Zertifikats erkennt die KI die relevanten Informationen und ordnet sie automatisch den passenden Objekten im SAP-System zu. Falls keine eindeutige Zuordnung möglich ist, können Anwenderinnen und Anwender die Daten schnell überprüfen und ergänzen. Dadurch bleibt der Prozess flexibel und gleichzeitig kontrollierbar.

Die wichtigsten Vorteile sind:

- deutliche Reduzierung manueller Dateneingaben
- geringere Fehlerquoten bei der Dokumentenerfassung
- schnellere Verarbeitung von Qualitätszertifikaten
- höhere Transparenz im Qualitätsprozess

Darüber hinaus können Bestände schneller freigegeben werden, da Zertifikate früher im System verfügbar sind. Verzögerungen im Materialfluss werden reduziert, was sich positiv auf Lieferfähigkeit und Kundenzufriedenheit auswirkt. Auch für die Mitarbeitenden bringt die Lösung Vorteile. Routineaufgaben werden reduziert, sodass mehr Zeit für fachliche Tätigkeiten und Qualitätsanalysen bleibt.

Für das Unternehmen bedeutet dies insgesamt schlankere Abläufe, geringere Risiken und eine zuverlässigere Qualitätssicherung. Am Ende sorgt die Lösung dafür, dass Qualitätszertifikate schneller, sicherer und kostengünstiger verarbeitet werden und damit einen direkten Beitrag zum Geschäftserfolg leisten.

## 4.3 Automatische Vorhersage des Lieferanten über das Lieferdatum

Mit dem Framework Intelligent Scenario Lifecycle Management (ISLM) können Liefertermine für Bestellpositionen auf Basis historischer Daten vorhergesagt werden. Das System analysiert dafür verschiedene Einflussfaktoren, beispielsweise Materialart, Lieferant, Bestellmenge oder die bisherige Lieferhistorie. Auf Basis dieser Daten berechnet ein Machine-Learning-Modell ein voraussichtliches Lieferdatum. Fachabteilungen erhalten dadurch eine datenbasierte Einschätzung, wann Materialien mit hoher Wahrscheinlichkeit eintreffen werden. Diese Informationen unterstützen eine präzisere Planung und verringern Unsicherheiten im Beschaffungsprozess. Das System ermöglicht außerdem, potenzielle Verzögerungen frühzeitig zu erkennen und entsprechende Maßnahmen einzuleiten.

### 4.3.1 Geschäftliche Herausforderungen bei Nichteinhaltung des Lieferdatums

**Folgen unzuverlässiger Liefertermine**

Wenn Liefertermine nicht eingehalten werden, hat das häufig weitreichende Auswirkungen auf betriebliche Abläufe. Besonders betroffen sind die Bereiche Einkauf, Logistik und Produktion, die auf zuverlässige Lieferinformationen angewiesen sind. Verzögerungen bei eingehenden Materialien können zu Produktionsstillständen oder Engpässen führen, was zusätzliche Kosten verursacht und die gesamte Planung durcheinanderbringt. Auch die termingerechte Lieferung an Kunden gerät dadurch in Gefahr, was das Vertrauen in die Zuverlässigkeit des Unternehmens schwächt. Um solche Risiken abzufangen, greifen viele Unternehmen auf Sicherheitsbestände oder kurzfristige Expresslieferungen zurück, was wiederum Lager- und Beschaffungskosten erhöht. Zudem wird die tägliche Arbeit der Anwenderinnen und Anwender deutlich komplexer, da unzuverlässige Lieferdaten zu ungenauen Produktionsplänen, einer weniger effizienten Materialdisposition und einem deutlich höheren Abstimmungsaufwand führen. Neben den organisatorischen und finanziellen Folgen können sich auch die Beziehungen zu Lieferanten verschlechtern, wenn Terminabweichungen zur Regel werden.

### 4.3.2 KI-gestützte Lösung in SAP zur Vorhersage des Lieferdatums

SAP stellt für diese Herausforderung ein vordefiniertes Machine-Learning-Szenario zur Verfügung: *Supplier Delivery Date Prediction*. Es unterstützt Unternehmen dabei, ihre Lieferketten zuverlässiger zu planen und Engpässe frühzeitig zu erkennen. Es ist Teil des Geschäftsbereichs Bezugsquellenfindung und Beschaffung und wurde entwickelt, um die Planungssicherheit im Einkauf zu erhöhen. Das Szenario verwendet ein Regressionsmodell, um auf Grundlage vergangener Lieferdaten präzise Prognosen zu erstellen.

[»]

**Regression in ISLM**

Im Intelligent Scenario Management stehen Szenariotypen wie Generative AI, Regression, Klassifikation, Dokumentenextraktion, Datenattribut-Empfehlung sowie Textanalysen zur Verfügung, wobei insbesondere die Regression genutzt wird, um kontinuierliche Werte wie Bedarfe, Lieferzeiten oder Verzögerungen auf Basis historischer Daten präzise vorherzusagen und damit datengetriebene Entscheidungen zu unterstützen.

Mithilfe des Frameworks Intelligent Scenario Lifecycle Management (ISLM) können in diesem Szenario historische Beschaffungsdaten analysiert und auf dieser Basis voraussichtliche Liefertermine für Bestellpositionen berechnet werden. Damit erhalten Anwenderinnen und Anwender im Einkauf oder in der Disposition eine datenbasierte Entscheidungshilfe, um Verzögerungen rechtzeitig zu erkennen und die Planung entsprechend anzupassen. In der Praxis bedeutet das: Eine Einkaufsmitarbeiterin möchte wissen, wann ein bestimmtes Material voraussichtlich eintreffen wird. Das System berücksichtigt dazu verschiedene Einflussfaktoren, wie etwa die bisherige Lieferperformance des Lieferanten, Materialart, Bestellmenge oder saisonale Schwankungen. Auf Basis dieser Daten berechnet das Modell automatisch ein realistisches Lieferdatum. So lassen sich Bestände gezielter steuern und Produktionsunterbrechungen vermeiden.

**Kontinuierlich lernendes Prognosemodell**

Das zugrunde liegende Vorhersagemodell wird kontinuierlich weiterentwickelt. Durch wiederholtes Training mit aktuellen Systemdaten verbessert sich die Prognosequalität fortlaufend. Über die App **Intelligentes Szenario-Management** können neue Modellversionen erstellt und aktiviert werden.

**Integration in operative Beschaffungsprozesse**

Die Ergebnisse stehen anschließend direkt im operativen Prozess zur Verfügung. Durch die Integration in SAP S/4HANA können die Vorhersagen beispielsweise in der Bestellbearbeitung oder Materialplanung genutzt werden. Einkaufsentscheidungen werden dadurch transparenter und Risiken innerhalb der Lieferkette lassen sich deutlich reduzieren.

### 4.3.3 Technische Architektur und Integration der Lieferdatumvorhersage

Damit ein Machine-Learning-Szenario im System genutzt werden kann, sind zunächst einige vorbereitende Schritte erforderlich. Dazu gehören insbesondere die Zuweisung der erforderlichen Business-Rollen sowie die Bereitstellung geeigneter Trainingsdaten.

**Business-Rollen zuweisen**

Zunächst müssen den entsprechenden Benutzern bestimmte Business-Rollen zugewiesen werden. Diese Zuweisung erfolgt durch die Systemadministration. Folgende Rollen sind erforderlich:

- SAP_BR_BPC_EXPERT
- SAP_BR_ANALYTICS_SPECIALIST
- SAP_BR_PURCHASER

Die Rolle SAP_BR_BPC_EXPERT wird benötigt, um Konfigurationen und Customizing-Einstellungen im System vorzunehmen. Die zweite Rolle SAP_BR_ANALYTICS_SPECIALIST ermöglicht den Zugriff auf analytische Anwendungen sowie die Einrichtung und Ausführung der ISLM-Szenarien. Beide Rollen sind notwendig, um die Systemkonfiguration so vorzubereiten, dass ein Modell erfolgreich trainiert werden kann. Die dritte Rolle SAP_BR_PURCHASER ist hingegen eine fachliche Rolle. Sie wird für Anwenderinnen und Anwender im Einkauf benötigt, die die Ergebnisse des trainierten Modells testen und in der Praxis anwenden möchten.

**Fachliche Rolle für den Einkauf**

Die Rollen werden den Anwendungsbenutzern im SAP Fiori Launchpad zugewiesen. Öffnen Sie dazu die App **Anwendungsbenutzer pflegen** (siehe Abbildung 4.27). Wählen Sie die aufgeführten Rollen aus und ordnen Sie sie entsprechenden Benutzern zu. Mit Klick auf den Benutzer gelangen Sie in die Detailansicht. Im Bereich **Zugeordnete Anwendungsrollen** können Sie dem Benutzer weitere Rollen zuordnen.

*Abbildung 4.27: Anwendungsbenutzer pflegen*

**Trainingsdaten aus speziellen CDS-Views**

Die Qualität der Vorhersage hängt maßgeblich von den zugrunde liegenden Trainingsdaten ab. In diesem Szenario werden die Daten nicht direkt aus Datenbanktabellen gelesen, sondern über sogenannte *Core Data Services Views* (CDS-Views) bereitgestellt. Für das Szenario der Lieferterminprognose werden insbesondere folgende CDS-Views verwendet:

- IMATOVERDUESIT
- I_MATERIALOVERDUESIT

**Hohe Datenqualität**

Die Datenmenge spielt dabei eine entscheidende Rolle. Für verlässliche und aussagekräftige Prognosen sollte eine ausreichende Datenbasis im System vorhanden sein, idealerweise zwischen 100.000 und 1.000.000 Datensätzen. Veraltete oder sehr weit zurückliegende Daten sollten vermieden werden, da sie die Genauigkeit der Vorhersagen beeinträchtigen können. Abbildung 4.28 zeigt beispielhaft den Aufbau des CDS-Views `IMATOVERDUESIT`.

**Früherkennung von Engpässen und Verzögerungen**

Der CDS-View in Abbildung 4.28 bietet eine konsolidierte Sicht auf alle Materialien, die sich im Transit befinden und bei denen Liefer- oder Buchungsverzögerungen auftreten. Dazu werden Einkaufs-, Logistik- und Materialdaten aus unterschiedlichen Quellsystemen zu einer einheitlichen Informationsbasis zusammengeführt. Auf diese Weise können Engpässe und Prozessverzögerungen im Warenfluss frühzeitig erkannt und transparent dargestellt werden. Der View bildet außerdem die zentrale Datengrundlage für Analysen, Dashboards und KI-gestützte Prognosen im Supply Chain Management.

```
@AbapCatalog.sqlViewName: 'IMATOVERDUESIT'
@AbapCatalog.compiler.compareFilter: true
@AccessControl.authorizationCheck: #NOT_REQUIRED
@ObjectModel.usageType.sizeCategory: #XXL
@ObjectModel.usageType.serviceQuality: #D
@ObjectModel.usageType.dataClass:#MIXED
@ClientHandling.algorithm: #SESSION_VARIABLE
@EndUserText.label: 'Interface View for Material Overdue SIT'
@ObjectModel.dataCategory: #VALUE_HELP
@VDM.lifecycle.contract.type: #SAP_INTERNAL_API

@VDM.private:false
@VDM.viewType:#COMPOSITE

define view I_MaterialOverdueSIT

  as select from P_MaterialOverdueSITLoc
  association [1..1] to I_GoodsIssueMatDocOfSIT    as _GoodsIssueMatDocOfSIT        on  $projection.GoodsIssueMaterialDocu
  association [1..1] to I_GoodsReceiptMatDocOfSIT  as _GoodsReceiptMatDocOfSIT      on  $projection.GoodsReceiptMaterialDo
  association [1..1] to I_MatlDocYearOfStInTransit as _GoodsIssueMatDocYearOfSIT    on  $projection.GoodsIssueMaterialDocu
  association [1..1] to I_MatlDocYearOfStInTransit as _GoodsReceiptMatDocYearOfSIT on  $projection.GoodsReceiptMaterialDo

  association [1..1] to I_StorageLocationOfSIT     as _StorageLocationOfSIT         on  $projection.ReceivingPlant  = _Sto
                                                                                    and $projection.StorageLocation = _Sto
  association [1..1] to I_BatchOfSIT               as _BatchOfSIT                   on  $projection.Batch    = _BatchOfSIT
                                                                                    and $projection.Material = _BatchOfSIT

{

  PurchaseOrder,
  PurchaseOrderItem,

  case when GoodsIssueMaterialDocument      is null then cast( '0000000000' as nsdm_gi_mblnr) else GoodsIssueMaterialDocu
  case when GoodsIssueMaterialDocumentItem  is null then '0000'                                else GoodsIssueMaterialDocu
  case when GoodsIssueMaterialDocumentYear  is null then '0000'                                else GoodsIssueMaterialDocu
  case when GoodsReceiptMaterialDocument    is null then cast( '0000000000' as nsdm_gi_mblnr) else GoodsReceiptMaterialDo
  case when GoodsReceiptMaterialDocItem     is null then '0000'                                else GoodsReceiptMaterialDo
  case when GoodsReceiptMaterialDocYear     is null then '0000'                                else GoodsReceiptMaterialDo
```

*Abbildung 4.28: Beispiel eines CDS-Views »IMATOVERDUESIT«*

**Customizing für SAP S/4HANA Public Cloud Edition**

In der SAP S/4HANA Public Cloud Edition werden viele Customizing-Einstellungen nicht mehr über die klassische Transaktion SPRO vorgenommen, wie es aus On-Premise- oder Private-Cloud-Systemen bekannt ist. Stattdessen erfolgt die Konfiguration über entsprechende SAP-Fiori-Apps. Auch wenn Sie die Trainingsdaten für die Vorhersage des Lieferdatums anpassen möchten, erfolgt dies über eine App: **Lösung verwalten**. Hier können Sie die notwendigen Konfigurationsschritte vornehmen, um z. B. den Zeitraum (engl. Time Range) für das Training festzulegen, den entsprechenden Datensatz zur Vorhersage von Lieferdaten für Bestellpositionen oder die Trainingsdaten, die in den weiteren Schritten für das Modelltraining verwendet werden.

**Training des Modells im ISLM-Framework**

Das eigentliche Training erfolgt über das Framework Intelligent Scenario Lifecycle Management. Wie Abbildung 4.29 zeigt, ist das Szenario einem bestimmten Paket zugeordnet. Dabei ist es wichtig zu wissen, in welchem Status sich das Szenario befindet: Erst wenn es den Status **Published** erreicht hat, kann es in der Praxis verwendet und in Anwendungen integriert werden. Um das Szenario zu trainieren, klicken Sie in der Detailansicht des Szenarios auf den Button **Trainieren** (siehe Abbildung 4.30).

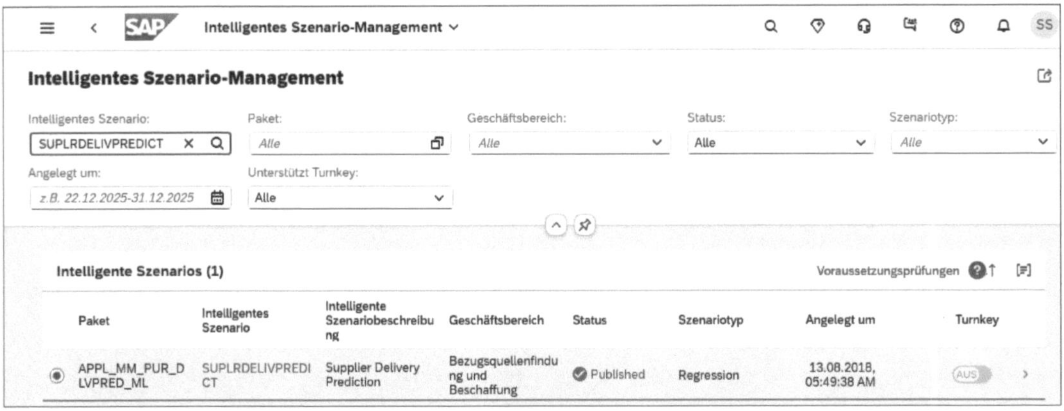


*Abbildung 4.29: ISLM-Konfiguration für Lieferungsvorhersage in den Bestellpositionen*

**Modelltraining sofort oder zeitgesteuert starten**

Über die Trainingsansicht (siehe Abbildung 4.30) kann anschließend ein Datensatz trainiert werden. In diesem Beispiel steht das Modell **Suplr_Delvry_Pred** zur Verfügung. Anhand der Modellbeschreibung können Sie erkennen, welche Modellversion aktuell aktiv ist und welche Funktion das Modell erfüllt. Durch Auswahl des Modells über den Radio-Button in der Spalte **Name** kann das Training entweder sofort gestartet (Button **Trainieren**) oder zeitgesteuert ausgeführt werden (Button **Zeitplan anlegen**). Dabei lässt sich eine neue Modellversion mit einer passenden Beschreibung anlegen.

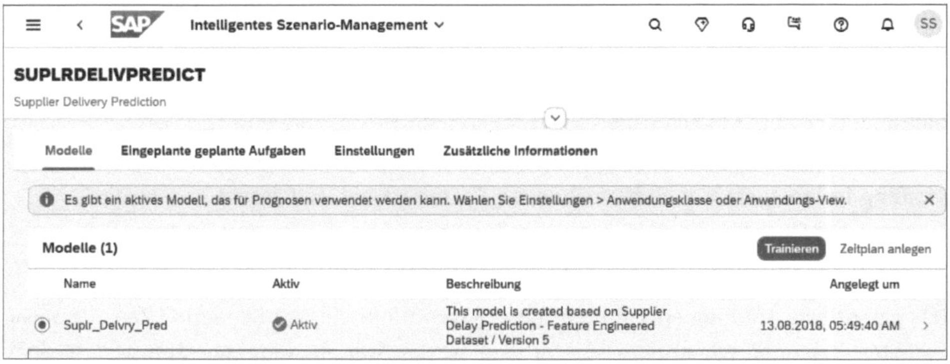


*Abbildung 4.30: Modell trainieren*

**Gezielte Datenauswahl durch Filter**

Wenn Sie auf einen der beiden Buttons geklickt haben, gelangen Sie zur Ansicht **Training einplanen** (siehe Abbildung 4.31). Dort können Sie über die Option **Filter hinzufügen** zusätzlich spezifische Filterkriterien für Ihre Datenauswahl definieren. So ist es möglich, nach unterschiedlichen Feldern zu filtern, z. B. mit Von-bis-Werten, um nur die für das Training relevanten Datensätze zu berücksichtigen. Dadurch wird sichergestellt, dass das Modell gezielt und effizient mit aussagekräftigen Daten trainiert wird.

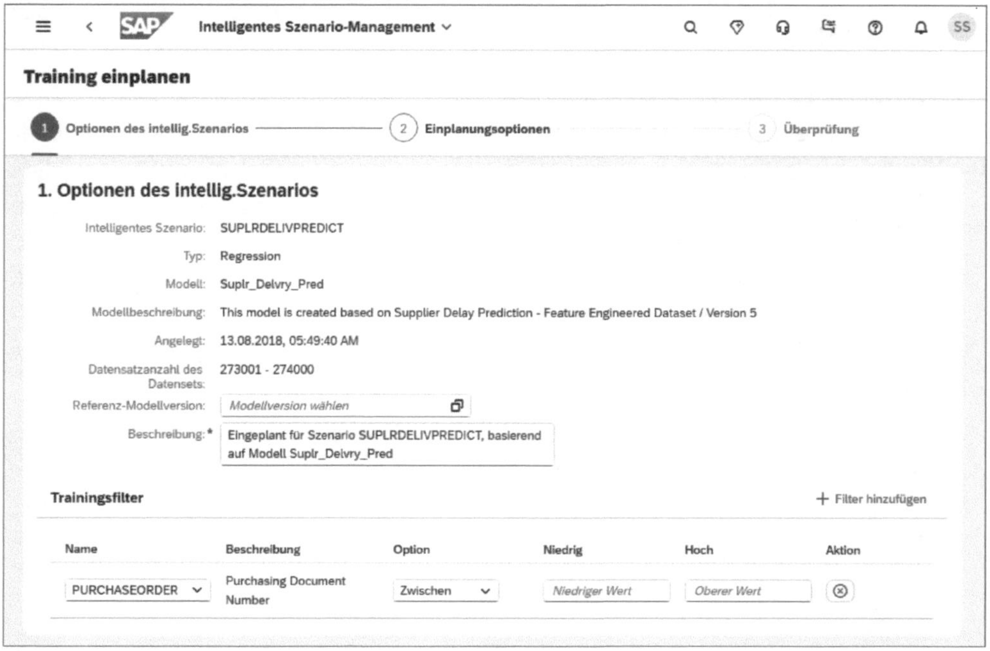


*Abbildung 4.31: Datenset trainieren gemäß Zeitplan*

**Kalender und Intervalle für Trainingsläufe**

Wie in Abbildung 4.32 dargestellt, können für das gewünschte Modell die Terminierungsparameter festgelegt werden, darunter Startzeit des Jobs, Kalender, Zeitplan, Wiederholungsintervall sowie die Berücksichtigung arbeitsfreier Tage für den Trainingslauf.

*Abbildung 4.32: Machine-Learning-Zeitplaneinstellungen*

Nach erfolgter Überprüfung dieser Einstellungen kann der definierte Zeitplan aktiviert und das Training automatisch gemäß den festgelegten Parametern ausgeführt werden.

**Aktivierung des trainierten Modells**

Nachdem das Modell mit den entsprechenden Parametern festgelegt wurde, kann es aktiviert werden. Das bedeutet, dass während der Laufzeit ausschließlich die Ergebnisse des trainierten und aktivierten Modells für die Anwenderinnen und Anwender herangezogen werden. Wie Abbildung 4.33 zeigt, lässt sich über den Button **Aktivieren** das gewünschte Modell freigeben und für die praktische Nutzung bereitstellen.

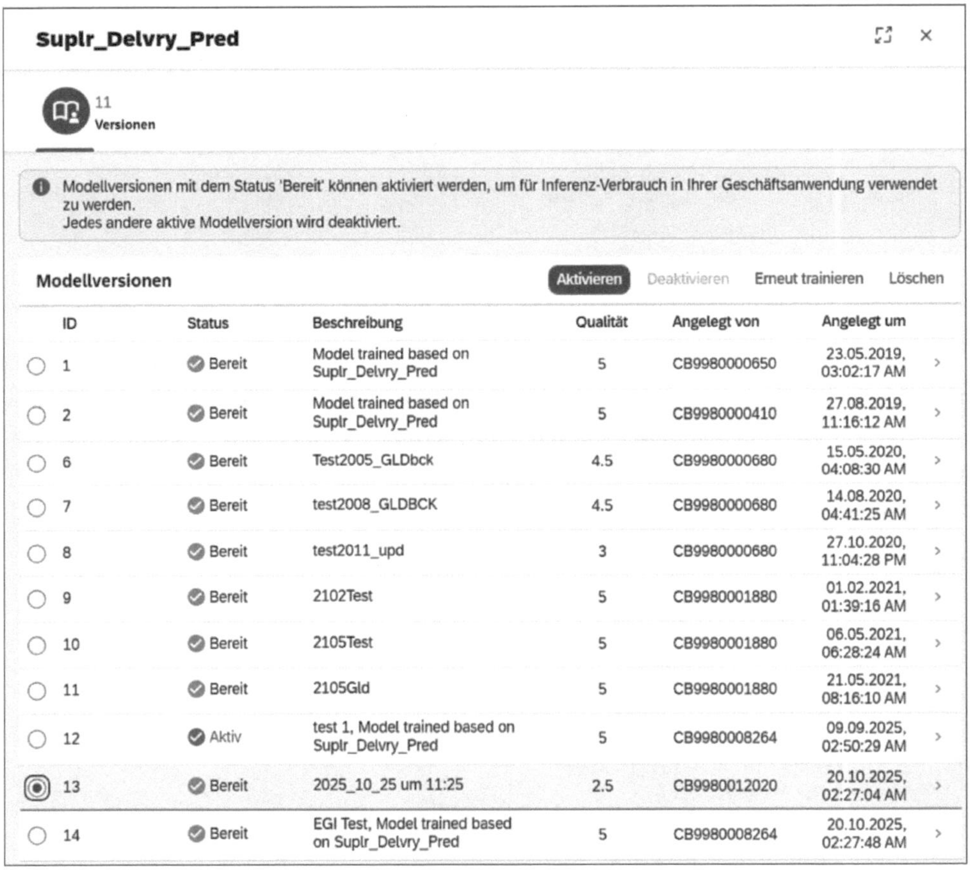


*Abbildung 4.33: Modell trainieren – aktivieren*

**Modellfreigabe und Einsatz im Produktivsystem**

In Abbildung 4.34 ist zu erkennen, dass ausschließlich das zuvor zur Aktivierung freigegebene Modell auch aktiviert wurde. Damit steht nur dieses eine Modell für die Anwendung zur Verfügung und wird als Grundlage für die Ergebnisermittlung der Lieferdaten in den Bestellpositionen herangezogen.

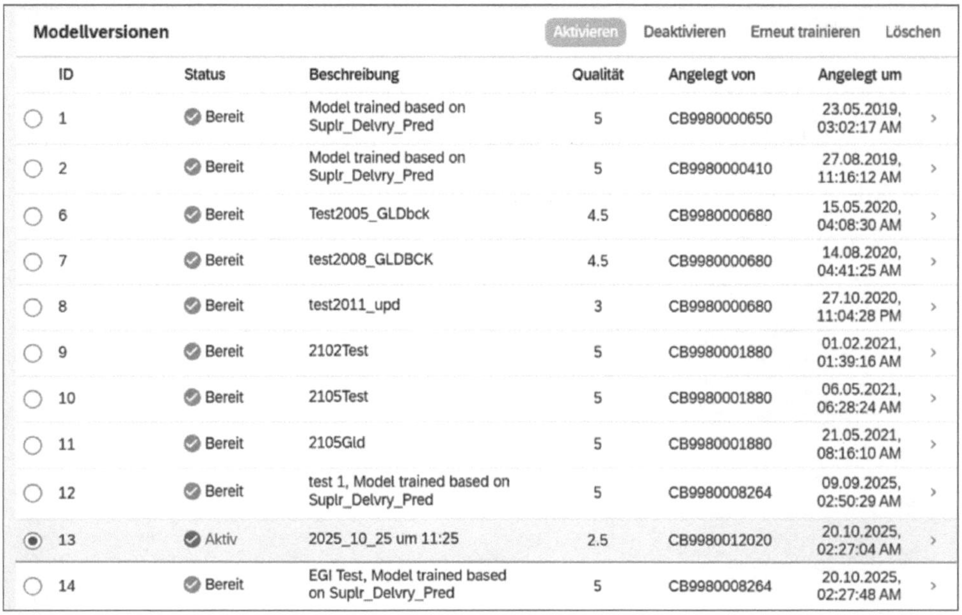


| ID | Status | Beschreibung | Qualität | Angelegt von | Angelegt um |
|---|---|---|---|---|---|
| 1 | Bereit | Model trained based on Suplr_Delvry_Pred | 5 | CB9980000650 | 23.05.2019, 03:02:17 AM |
| 2 | Bereit | Model trained based on Suplr_Delvry_Pred | 5 | CB9980000410 | 27.08.2019, 11:16:12 AM |
| 6 | Bereit | Test2005_GLDbck | 4.5 | CB9980000680 | 15.05.2020, 04:08:30 AM |
| 7 | Bereit | test2008_GLDBCK | 4.5 | CB9980000680 | 14.08.2020, 04:41:25 AM |
| 8 | Bereit | test2011_upd | 3 | CB9980000680 | 27.10.2020, 11:04:28 PM |
| 9 | Bereit | 2102Test | 5 | CB9980001880 | 01.02.2021, 01:39:16 AM |
| 10 | Bereit | 2105Test | 5 | CB9980001880 | 06.05.2021, 06:28:24 AM |
| 11 | Bereit | 2105Gld | 5 | CB9980001880 | 21.05.2021, 08:16:10 AM |
| 12 | Bereit | test 1, Model trained based on Suplr_Delvry_Pred | 5 | CB9980008264 | 09.09.2025, 02:50:29 AM |
| 13 | Aktiv | 2025_10_25 um 11:25 | 2.5 | CB9980012020 | 20.10.2025, 02:27:04 AM |
| 14 | Bereit | EGI Test, Model trained based on Suplr_Delvry_Pred | 5 | CB9980008264 | 20.10.2025, 02:27:48 AM |

*Abbildung 4.34: Aktiviertes Modell*

**ML-basierte Vorhersage des Lieferdatums**

Um das Modell in der Praxis zu testen, wechseln Sie über das SAP Fiori Launchpad in die App **Bestellpositionen überwachen**. Hier werden alle vorselektierten Bestellungen einschließlich ihrer Bestellpositionen angezeigt. Nutzen Sie an dieser Stelle die vordefinierten Filter, damit beim Einstieg in die App bereits die gewünschte Ansicht verfügbar ist. Besonders relevant sind dabei die unteren Bestellpositionen, da hier nicht nur einzelne, sondern mehrere Bestellungen mit ihren jeweiligen Positionen dargestellt werden. Von besonderem Interesse ist auch die Spalte **Vorhergesagtes Lieferdatum**. Dieses Datum wird mithilfe von Machine Learning neu berechnet, sobald Sie auf den Button **Lieferdatum vorhersagen** klicken. Wie in Abbildung 4.35 dargestellt, wurde für die letzte Position der Bestellung von Erzeugnisteilen zunächst das Datum **04.11.2025** ermittelt.

**Abgleich von geplantem und vorhergesagtem Lieferdatum**

Nach der Durchführung der Vorhersage wird dieses Datum auf Basis des trainierten Modells automatisch aktualisiert und durch den neu berechneten, prognostizierten Liefertermin ersetzt. Wie in Abbildung 4.36 zu erkennen ist, wurde für die ausgewählte Bestellposition das vorhergesagte Lieferdatum vom ursprünglichen Wert 04.11.2025 auf den Status **Termingerecht** geändert. Dies bedeutet, dass der vom Lieferanten geplante Liefertermin auch vom Machine-Learning-Modell basierend auf den trainierten Daten als realistisch eingeschätzt werden kann.

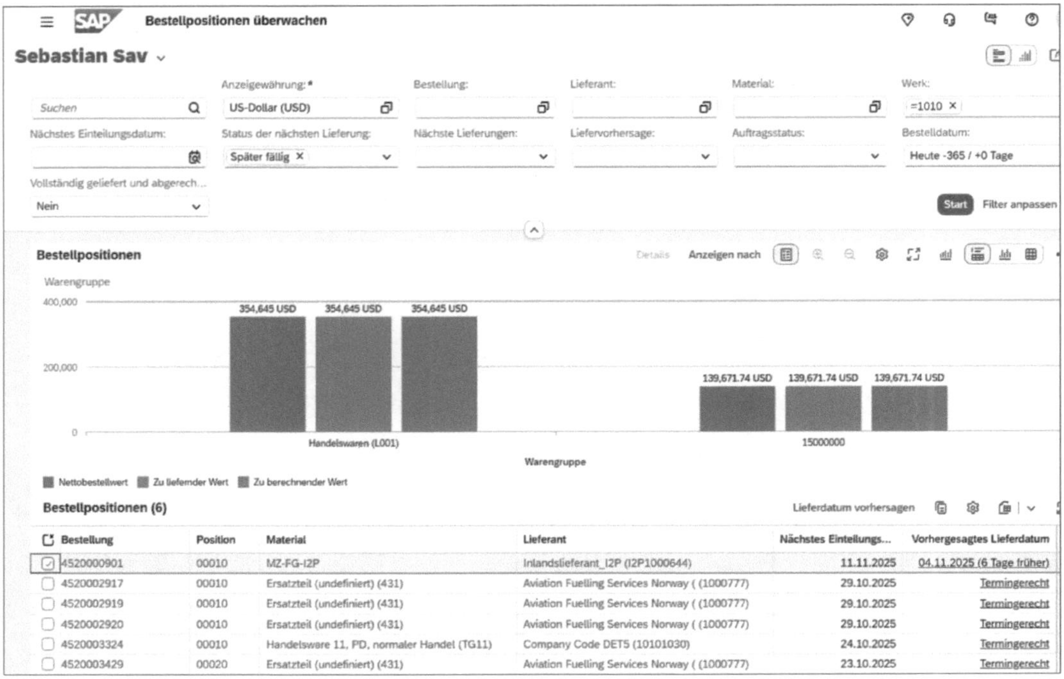


*Abbildung 4.35: Bestellpositionen vor Lieferdatumvorhersage*

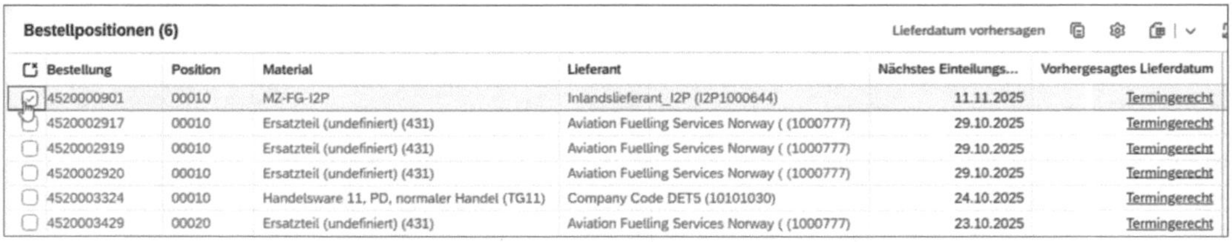


*Abbildung 4.36: Bestellpositionen nach Lieferdatumvorhersage*

Abbildung 4.37 zeigt, dass das vorhergesagte Lieferdatum der Position mit dem Lieferdatum in der Bestellübersicht übereinstimmt.

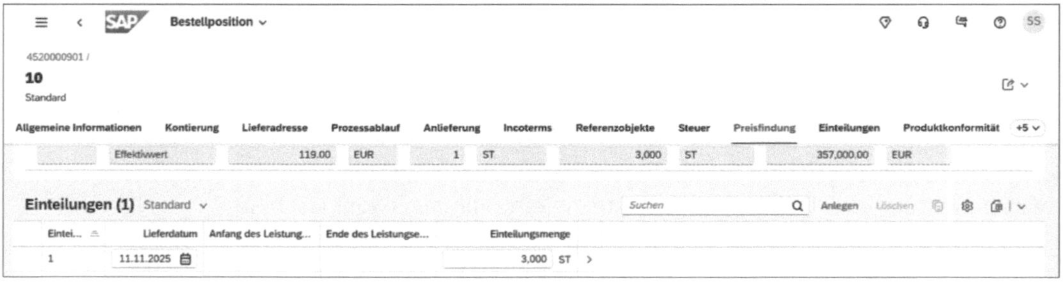


*Abbildung 4.37: Lieferdatum der Bestellposition – Einteilungen*

**Mehrfachauswahl und Sammelverarbeitung**

Die Vorhersage des Lieferdatums kann auch für mehrere Bestellpositionen gleichzeitig durchgeführt werden. Dafür müssen Sie die entsprechenden Positionen zuvor markieren und anschließend die Vorhersage wie beschrieben ausführen.

### 4.3.4 Geschäftlicher Nutzen der Lieferdatumvorhersage in Bestellpositionen

Die Vorhersage von Lieferdaten in Bestellpositionen gewinnt durch den Einsatz von Machine Learning über Intelligent Scenario Lifecycle Management zusätzlich an Relevanz und Sicherheit. Der große Vorteil liegt darin, dass Anwenderinnen und Anwender selbst steuern können, welche Daten und Modelle für das Training verwendet werden, ohne dafür externe Tools oder komplexe Schnittstellen zu benötigen. Über die einfache ISLM-Konfiguration lassen sich Machine-Learning-Szenarien direkt in SAP aktivieren, trainieren und optimieren, vollständig integriert in die bestehende Systemlandschaft.

**Datenverarbeitung ausschließlich im SAP-System**

Ein entscheidender Aspekt dabei ist der Datenschutz: Alle Daten bleiben im SAP-System, d. h., sie werden nicht an externe Plattformen oder Cloud-Dienste übertragen. Dadurch wird die volle Compliance mit internen Sicherheitsrichtlinien und Datenschutzanforderungen gewährleistet. Im Gegensatz zu externen Lösungen, bei denen Unternehmensdaten oft außerhalb des eigenen Einflussbereichs verarbeitet werden, bleiben bei SAP die sensiblen Beschaffungs-, Lieferanten- und Bestelldaten stets geschützt im eigenen Systemumfeld.

**Präzise Vorhersagen durch kontinuierliche Modellverbesserung**

Gleichzeitig profitieren die Anwenderinnen und Anwender von der hohen Flexibilität des SAP-Machine-Learning-Frameworks, das es ermöglicht, Modelle individuell zu trainieren und fortlaufend zu optimieren, sodass Vorhersagen zu Lieferverzögerungen oder termingerechten Anlieferungen immer präziser werden. Durch die Integration in das ISLM-Szenario wird der gesamte Prozess, vom Datentraining bis zur Prognoseanzeige in den Bestellpositionen, automatisiert und transparent abgebildet.

**Mehr Vertrauen in Planung**

Damit entsteht eine leistungsstarke, sichere und zugleich benutzerfreundliche Lösung, die den Geschäftsnutzen durch verbesserte Planbarkeit, geringere Kosten, mehr Transparenz und ein gestärktes Vertrauen sowohl in die eigene Lieferkette als auch in den verantwortungsvollen Umgang mit Unternehmensdaten deutlich steigert.

## 4.4 Kundenauftragserfüllung mit künstlicher Intelligenz und Joule als KI-Lösung

**KI-gestützte Vervollständigung von Aufträgen**

In SAP-Systemen können Anfragen, Angebote und Kundenaufträge auf unterschiedliche Weise erstellt werden – beispielsweise manuell über SAP-Fiori-Apps oder automatisiert über integrierte Geschäftsprozesse. In manchen Fällen ist es erforderlich, dass bestimmte Prozesse vorübergehend unterbrochen werden, um notwendige Prüfungen durchzuführen. Mithilfe von künstlicher Intelligenz (KI) kann dieser Prozess unterstützt werden. So ist es etwa möglich, unvollständig angelegte Aufträge mithilfe von Machine Learning automatisch zu vervollständigen. Dabei werden vordefinierte Felder identifiziert und mit passenden Werten vorgeschlagen, um den Erfassungsprozess zu beschleunigen und die Datenqualität zu erhöhen.

Mit *Joule* stellt SAP zudem eine KI-Lösung bereit, die Anwenderinnen und Anwender direkt innerhalb der App oder Transaktion unterstützt. Joule kann beispielsweise Informationen zusammenfassen, Objekte und Transaktionen updaten, Prozesse anstoßen oder relevante Belege anzeigen.

In diesem Abschnitt wird anhand eines praktischen Beispiels gezeigt, wie KI und Joule die Kundenauftragserfassung und -bearbeitung in SAP S/4HANA unterstützen können.

### 4.4.1 Geschäftliche Herausforderungen bei der Kundenauftragserfüllung

**KI-gestützte Dateneingabe**

In Unternehmen werden Anfragen, Angebote und Kundenaufträge weiterhin manuell im SAP-System angelegt. Dabei kann es vorkommen, dass bestimmte Felder unvollständig bleiben oder falsche Werte eingegeben werden. Solche Fehler führen häufig zu Verzögerungen oder zusätzlichen Prüfungen im weiteren Prozess. Um dies zu vermeiden, wird zunehmend künstliche Intelligenz eingesetzt, um die Dateneingabe zu unterstützen. Die KI kann historische Auftragsdaten analysieren und daraus Muster erkennen. Auf dieser Basis schlägt sie passende Werte für fehlende Felder vor, etwa Kundengruppen, Zahlungsbedingungen oder Liefertermine. Dadurch beschleunigt sich der Erfassungsprozess und die Qualität der Daten wird verbessert. Gleichzeitig bleibt die Kontrolle bei den Fachbereichen, die die Vorschläge prüfen und bei Bedarf anpassen können.

Eine wichtige Voraussetzung für den erfolgreichen Einsatz solcher Lösungen ist eine hohe Datenqualität. Nur wenn die zugrunde liegenden Stammdaten korrekt und aktuell sind, kann die KI sinnvolle Vorschläge liefern. Ebenso entscheidend ist die Akzeptanz der Anwenderinnen und Anwender, die Vertrauen in die

Technologie entwickeln müssen. Wenn die Vorschläge nachvollziehbar und hilfreich sind, steigt die Bereitschaft, KI aktiv im täglichen Arbeitsablauf zu nutzen.

### 4.4.2 KI-gestützte Lösung und Implementierung der Kundenauftragserfüllung in SAP

**Offene Kundenaufträge anzeigen**

Im folgenden Beispiel ermitteln Sie zunächst die Belege, die noch unvollständig sind. Dafür steht Ihnen die App **Kundenaufträge verwalten** zur Verfügung. Alternativ können Sie auch die App **Empfehlungen für Verkaufsbelegvervollständigung überwachen** nutzen, um entsprechende Vorschläge der KI zu prüfen. Anstatt eine der beiden Apps zu nutzen, können Sie auch Joule nutzen, um die unvollständigen Belege zu suchen. Um Joule zu öffnen, klicken Sie im SAP Fiori Launchpad auf das Diamant-Symbol in der oberen Leiste. Beschreiben Sie dann im Joule-Chat, wonach Sie suchen. In Abbildung 4.38 sehen Sie ein Beispiel, wie Sie Joule diese Aufgabe übergeben können.

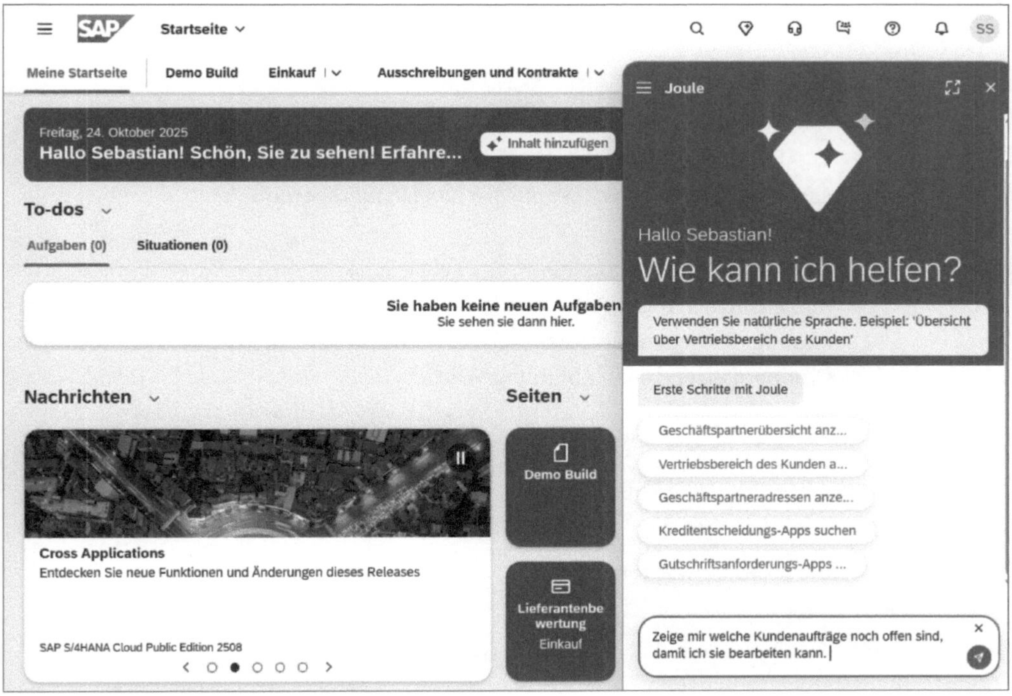


*Abbildung 4.38: Offene Kundenaufträge mit Joule anzeigen*

Joule sucht nun nach offenen Kundenaufträgen und zeigt diese direkt im Chat-Fenster an (siehe Abbildung 4.39). Mit einem Klick auf den entsprechenden Eintrag können Sie direkt in einen Auftrag navigieren, ohne zuvor die entsprechende App separat aufrufen zu müssen.

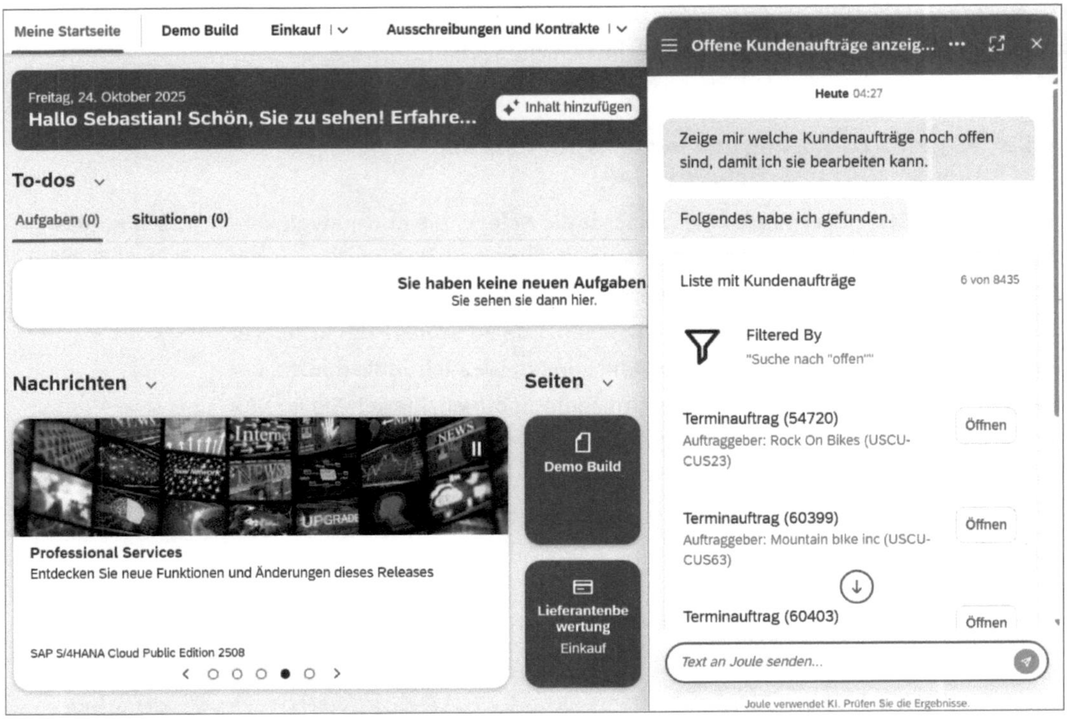


*Abbildung 4.39: Ergebnis der offenen Kundenaufträge in Joule*

**Kundenaufträge zusammenfassen**

Wenn Sie in einen Kundenauftrag navigieren, können Sie diesen direkt bearbeiten. Zusätzlich besteht die Möglichkeit, mithilfe generativer KI eine Zusammenfassung des gesamten Belegs zu erstellen. Klicken Sie dazu auf den Button **Zusammenfassen** (siehe Abbildung 4.40).

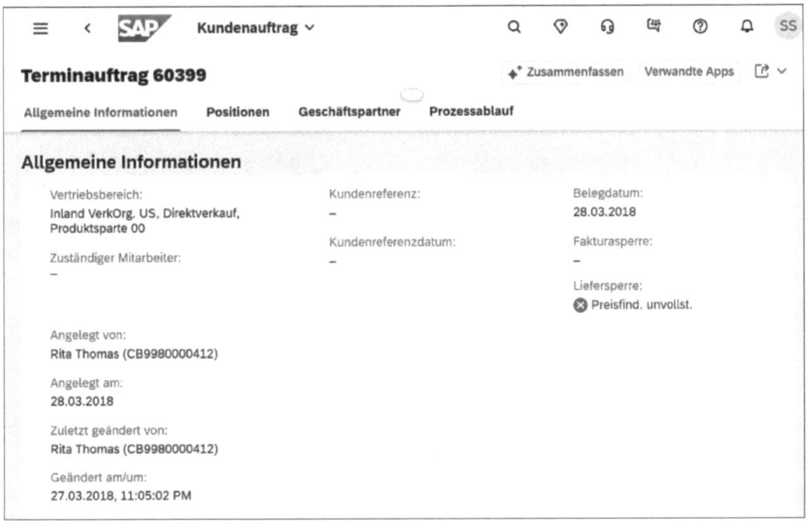


*Abbildung 4.40: Absprung in die Kundenaufträge*

Die generative KI analysiert den gesamten Kundenauftrag und erstellt automatisch eine verständliche Zusammenfassung der wichtigsten Informationen (siehe Abbildung 4.41). Wie bei allen generativen KI-Funktionen sollten die erzeugten Inhalte jedoch stets überprüft werden, um die fachliche Richtigkeit sicherzustellen.

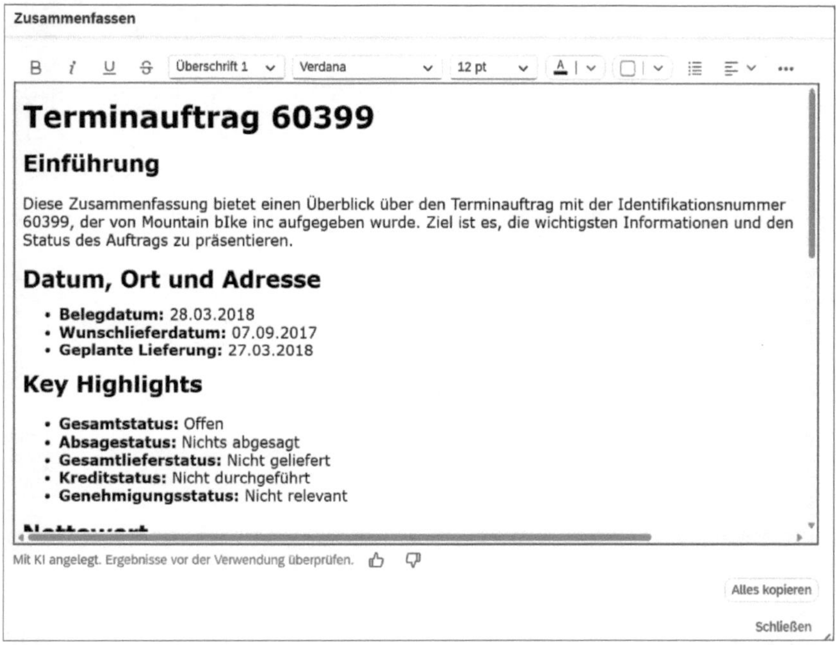


*Abbildung 4.41: Mit generativer KI generierte Zusammenfassung des Kundenauftrags*

**Neuen Kundenauftrag anlegen**

Im nächsten Beispiel zeigen wir Ihnen, wie Sie mit Joule einen Kundenauftrag von Grund auf neu anlegen. Dabei erstellen wir bewusst einen unvollständigen Auftrag, um den KI-gestützten Unterstützungsprozess zu demonstrieren. Das System erkennt anschließend die fehlenden Daten und zeigt dies nicht nur an, sondern schlägt auch passende Werte zur Vervollständigung vor. Dadurch entfällt die manuelle Suche nach den richtigen Feldern, und der Erfassungsprozess wird deutlich vereinfacht. Öffnen Sie also erneut Joule und geben Sie, wie in Abbildung 4.42 gezeigt, in natürlicher Sprache einen Prompt zur Anlage eines Kundenauftrags ein.

Durch die Prompt-Eingabe in Joule werden Sie über die Joule-Navigation direkt in die entsprechende App weitergeleitet. Es besteht aber auch die Möglichkeit, die App manuell über das User Interface zu öffnen. Mithilfe von Joule erfolgt die Navigation jedoch deutlich schneller, insbesondere dann, wenn die gewünschte Kachel nicht sofort sichtbar ist oder gezielt nach einer bestimmten Funktion gesucht wird.

*Abbildung 4.42: Mit Joule einen Kundenauftrag anlegen*

Nachdem der Kundenauftrag wie in Abbildung 4.43 angelegt wurde, besteht die Möglichkeit, die fehlenden Felder über den Button **Einfaches Ausfüllen** zu ergänzen.

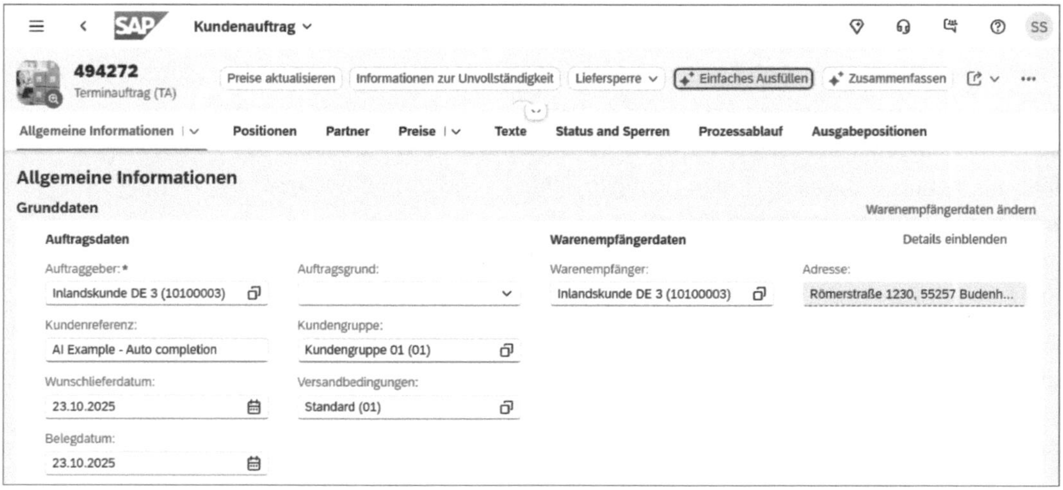


*Abbildung 4.43: Kundenauftragsanlage mit Joule*

In dem sich öffnenden Fenster können Eingaben mithilfe einer Prompt-Eingabe vorgenommen werden. Es genügt beispielsweise, den Begriff »Zahlungsbedingung« einzugeben. Das System erkennt automatisch das entsprechende Feld **Zahlungsbedingung** im Kundenauftrag und schlägt passende Werte vor. Wie in Abbildung 4.44 zu sehen, haben wir bei der Prompt-Eingabe im Fensterbereich **Einfaches Ausfüllen** bewusst einen unvollständigen Zahlungsbedingungswert »004« eingegeben. Da dieser Wert im System nicht existiert, erkennt die KI automatisch den korrekten Wert »0004« und schlägt diesen als passende Zahlungsbedingung vor.

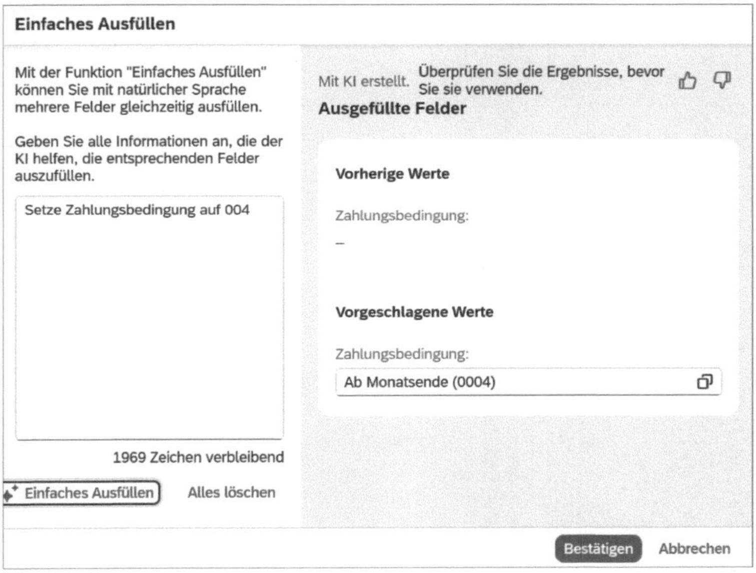


*Abbildung 4.44: Zahlungsbedingung durch KI*

**Vorschläge für unvollständige Aufträge**

Wie bereits zu Beginn dieses Abschnitts erwähnt, bietet auch die App **Empfehlungen für Verkaufsbelegvervollständigung überwachen** eine Option, um sich unvollständige Belege anzeigen zu lassen. In der App können Sie in der Spalte **Mit Empfehlungen** die vorgeschlagenen Felder zur Vervollständigung einsehen (siehe Abbildung 4.45). Mit einem Klick auf das entsprechende Feld gelangen Sie zu einer Detailübersicht, in der beispielsweise die möglichen Optionen für die Zahlungsbedingung angezeigt werden. Die KI bewertet die verfügbaren Optionen und sortiert sie nach ihrer Relevanz. Neben der besten Empfehlung werden auch alternative Vorschläge aufgeführt. Am Ende entscheiden die Anwenderinnen und Anwender, welcher Wert übernommen werden soll.

Über den Button **Belegdaten vervollständigen** gelangen Sie direkt in die App **Kundenauftrag** (siehe Abbildung 4.46). Dort kann der Auftrag über den Button **Bearbeiten** geöffnet und die fehlende Zahlungsbedingung ergänzt werden.

*Abbildung 4.45: App »Empfehlungen für Verkaufsbelegvervollständigung überwachen«*

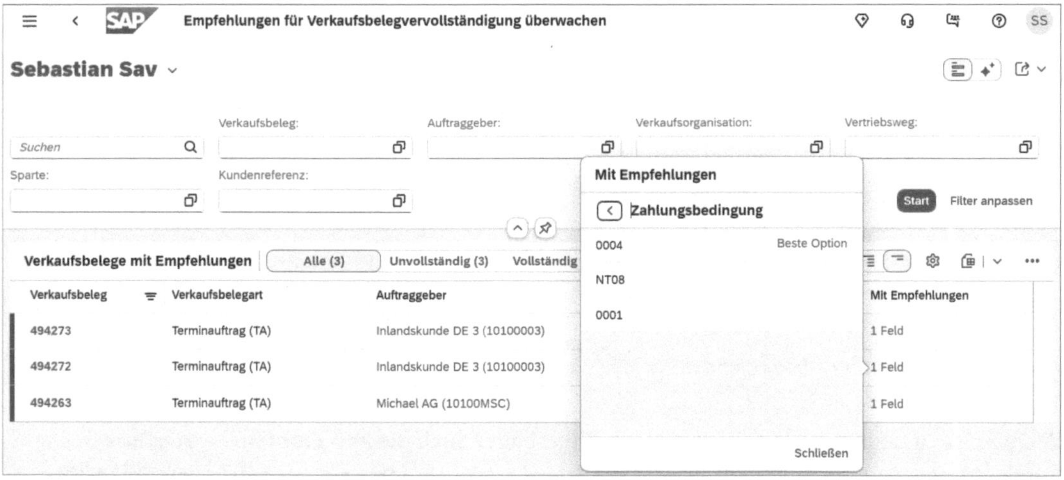


*Abbildung 4.46: Empfehlung der besten Option*

Abbildung 4.47 zeigt, dass das von der KI ermittelte Feld blau hinterlegt wird. Dadurch wird deutlich, dass das Feld **Zahlungsbedingung** nicht nur für die Dateneingabe relevant ist, sondern dass die KI auch automatisch die am besten passenden Werte vorschlägt.

Die KI-Empfehlungen basieren auf historischen Geschäftsdaten und erkennen typische Zusammenhänge zwischen Kunden, Produkten, Organisationseinheiten oder Lieferbedingungen. Dadurch wird die Dateneingabe vereinfacht und der Erfassungsprozess deutlich beschleunigt.

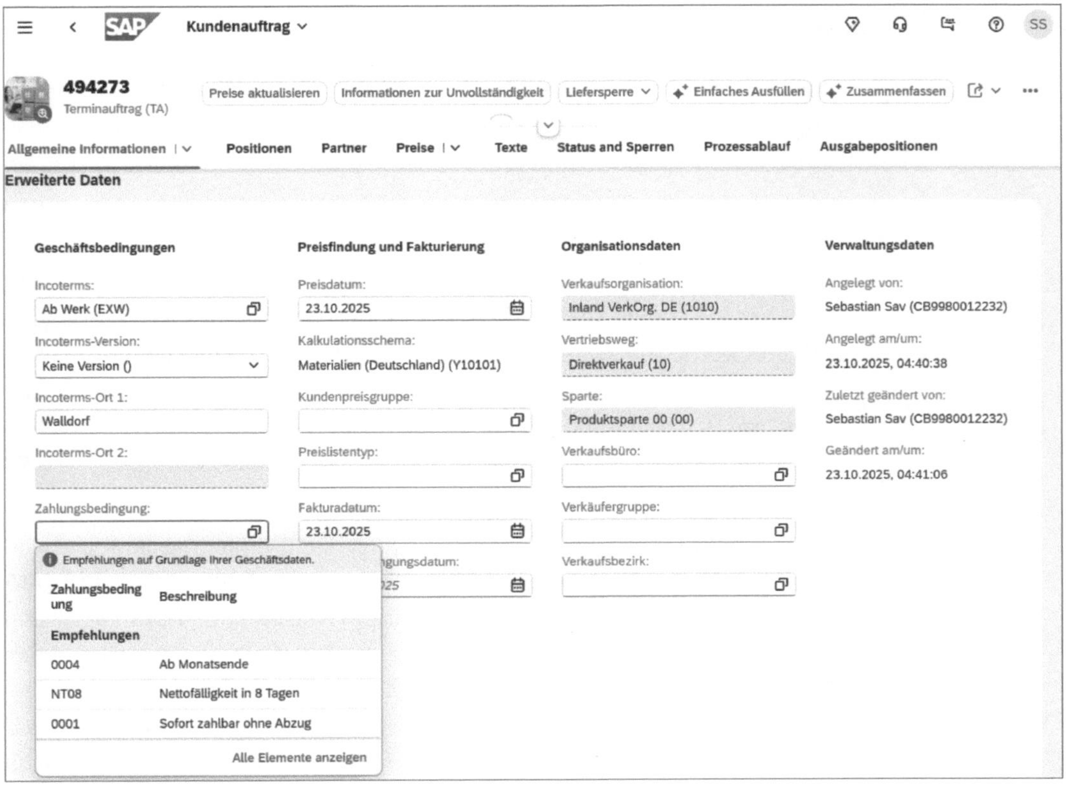


*Abbildung 4.47: KI-Empfehlung direkt im Kundenauftrag*

### Technische Architektur und Beispiel für das Machine-Learning-Szenario

Damit die automatische Vervollständigung von Verkaufsbelegen möglich ist, wird erneut ein intelligentes Szenario des Frameworks ISLM eingesetzt.

**Rollen und Berechtigungen**

Für den hier beschriebenen Use Case müssen die folgenden Rollen aktiviert werden:

- SAP_BR_ANALYTICS_SPECIALIST
- SAP_BR_INTERNAL_SALES_REP

*SAP_BR_ANALYTICS_SPECIALIST* fungiert als zentrale Rolle für die Analytics-Erweiterbarkeit in SAP S/4HANA und konzentriert sich auf die Bereitstellung neuer Abfragen, Berichte, KPIs und Dashboards. Diese geschäftsorientierte Rolle nutzt spezialisierte Tools zur Erstellung von Datenquellen, analytischen Abfragen und zur Definition von KPIs für Geschäftskataloge. Der Analytics Specialist arbeitet mit einem umfassenden Set vordefinierter SAP-Fiori-Apps, die jeden Schritt des Analytics-Erweiterungsprozesses unterstützen, von der Identifikation von Datenquellen über die Erstellung benutzerdefinierter VDM-Views bis hin zur Veröffentlichung von Berichten. Typische Aufgaben umfassen die Erstellung neuer Datumsfunktionen für Berichte, das Design eingebetteter SAP-Analytics-Cloud-Dashboards und den Transport von KPIs und Berichten zwischen Entwicklungs-, Test- und Produktionssystemen.

Die Rolle *SAP_BR_INTERNAL_SALES_REP* ist eine Geschäftsrolle im Vertriebsbereich, die sich auf die Verwaltung von Verkaufsbelegen konzentriert. Der Internal Sales Representative verwaltet Verkaufsbelege, ändert oder storniert bestehende Kundenaufträge, erstellt Angebote und verwaltet Verträge. Zusätzlich überwacht und löst er kritische offene Punkte im Kundenauftragsabwicklungsprozess und unterstützt verschiedene Vertriebsprozesse wie Intercompany-Prozesse und Kundenretouren. Die Rolle verfügt über Zugang zur SAP-Fiori-App **Meine Verkaufsübersicht**, die als Einstiegspunkt für die tägliche Arbeit dient und umfassende Verkaufsanalysen ermöglicht.

**Szenario suchen**

Um das Machine-Learning-Szenario zu konfigurieren, öffnen Sie die App **Intelligentes Szenario-Management** und filtern nach dem Szenario **SLS_DOC_AUTO_COMPLTN**. In Abbildung 4.48 sehen Sie das zum Szenario zugehörige Paket **VDM_SD_SLS_AUTOCMPLTN**. Wählen Sie das Paket mit einem Klick auf den Radio-Button aus und klicken Sie auf den Button **Voraussetzungsprüfungen**. Im nächsten Schritt wird eine Voraussetzungsprüfung durchgeführt. Diese stellt sicher, dass alle technischen und fachlichen Voraussetzungen für die Aktivierung und Ausführung des intelligenten Szenarios erfüllt sind.

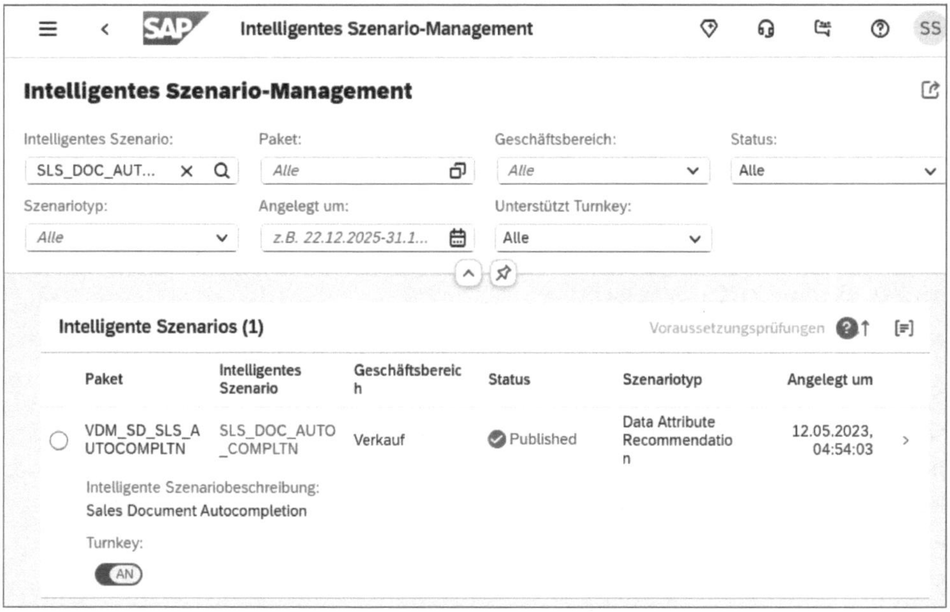


*Abbildung 4.48: Intelligentes Szenario-Management für Verkaufsbelegvervollständigung*

Wenn Sie auf den Eintrag des intelligenten Szenarios klicken, gelangen Sie in die Detailansicht (siehe Abbildung 4.49). Dort können Sie die Trainingskonfiguration sowie den aktuellen Trainingsstatus einsehen. Dazu gehören, ob das Training erfolgreich abgeschlossen wurde, wer es gestartet hat sowie Datum und Uhrzeit der Durchführung. Darüber hinaus wird der Status **Published** auf der linken Seite angezeigt. Dieser Status bestätigt, dass das erfolgreich abgeschlossene Training freigegeben und für die Anwendung verfügbar ist.

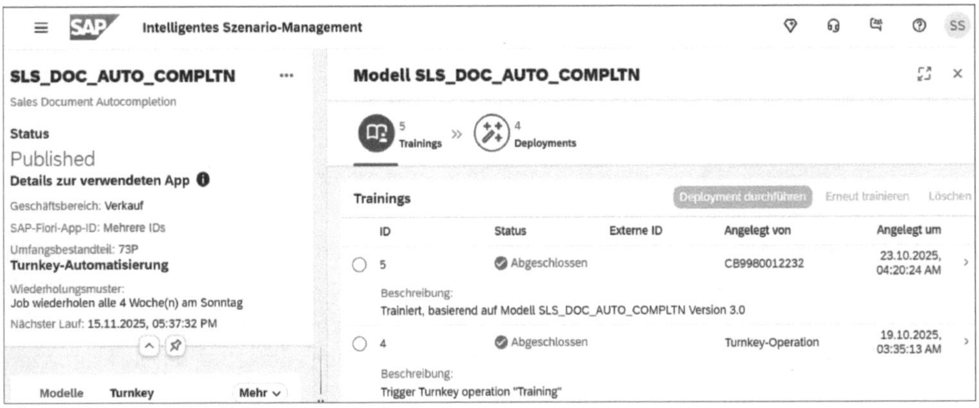


*Abbildung 4.49: Detailanzeige des ISLM-Modells*

**Voraussetzungsprüfung**

Abbildung 4.50 zeigt die Ansicht **Voraussetzungsprüfungslauf für SLS_DOC_AUTO_COMPLTN** im Intelligent Scenario Management. Wie Sie darin sehen, besteht der Prüfprozess aus mehreren Schritten, die nacheinander ausgeführt werden müssen. Dazu gehören folgende Kontrollen:

- **DAR Connectivity**
  Überprüfung der Verbindung zur Data Attribute Recommendation (DAR)

> **Data Attribute Recommendation**
>
> *Data Attribute Recommendation* (DAR) ist ein Service, der auf Basis von Freitexten, numerischen Werten und Kategorien automatisch Daten analysiert, um Objekte wie Produkte, Benutzer etc. zu klassifizieren und fehlende numerische Werte vorherzusagen. Typische Einsatzszenarien sind beispielsweise die automatische Klassifizierung von Produktinformationen oder die Vorhersage von Preisen auf Grundlage von Beschreibungen.

- **Data-Size-Prüfung**
  Kontrolle, ob ausreichend historische Verkaufsdaten für das Training vorhanden sind
- **Scope Activation**
  Prüfung, ob alle erforderlichen Services und Berechtigungen aktiv sind

*Abbildung 4.50: Voraussetzungsprüfung Initialschritt*

Nur wenn diese Voraussetzungen erfüllt sind, kann das Szenario, in diesem Fall SLS_DOC_AUTO_COMPLTN (Sales Document Autocompletion), erfolgreich trainiert und verwendet werden. In Abbildung 4.51 wird im unteren Bereich der Abschnitt **Parameter** angezeigt, in dem zusätzliche Eingaben für die Prüfungen vorgenommen werden können.

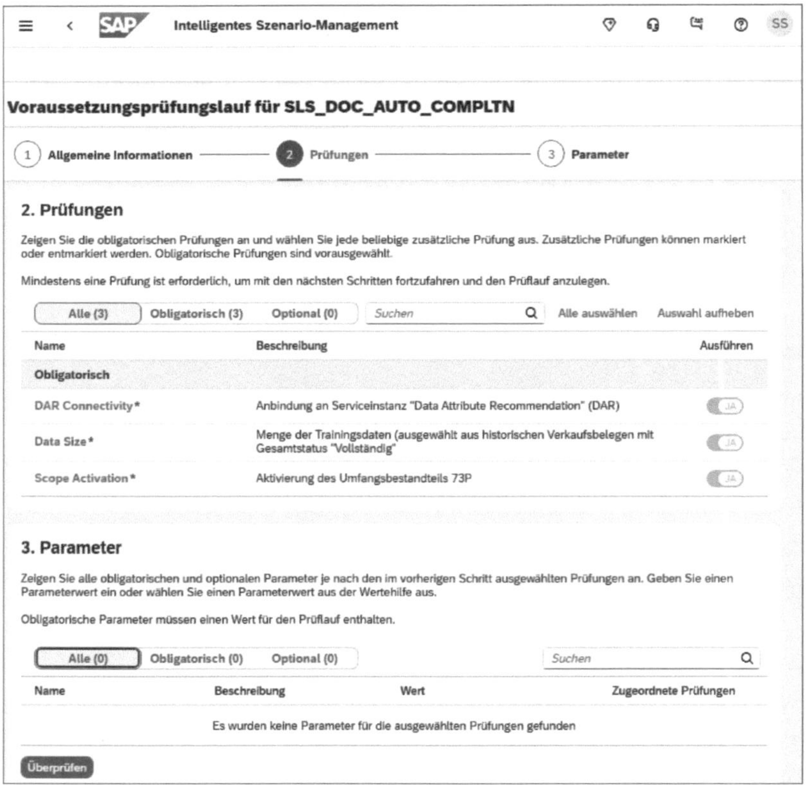


*Abbildung 4.51: Voraussetzungsprüfung Schritt 2 und 3*

In diesem Beispiel sind jedoch keine Parameter erforderlich. Mit dem Button **Überprüfen** kann anschließend der gesamte Prüfprozess gestartet werden.

In Abbildung 4.52 sehen Sie, dass die Voraussetzungsprüfung erfolgreich abgeschlossen wurde. Das Szenario befindet sich im Status **Published**, was bedeutet, dass es erfolgreich trainiert und freigegeben wurde. In der Registerkarte **Voraussetzungsprüfungsläufe** sind die Details des letzten Prüflaufs ersichtlich, einschließlich Benutzer, Datum, Uhrzeit und Status.

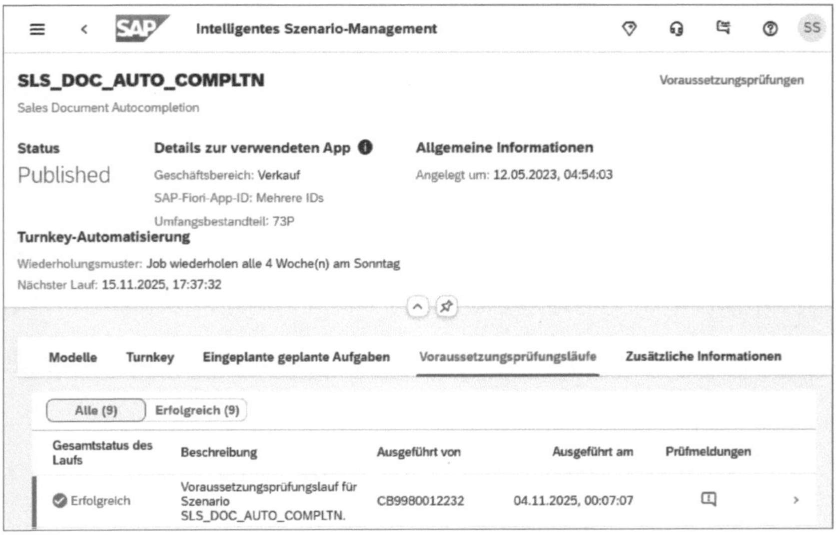


*Abbildung 4.52: Abgeschlossene Voraussetzungsprüfung*

Wie bereits in den vorherigen Abschnitten beschrieben, muss, wie bei allen Machine-Learning-Szenarien, auch hier das Modell trainiert werden. In diesem Fall kann das Training entweder direkt über den Button **Trainieren** oder über den Button **Zeitplan anlegen** gestartet werden (siehe Abbildung 4.53). Sobald das Modell erfolgreich trainiert wurde, steht die KI-Funktionalität für den täglichen Einsatz im System zur Verfügung.

Es öffnet sich der Trainingsbildschirm des intelligenten Szenarios SLS_DOC_AUTO_COMPLTN im Intelligent Scenario Lifecycle Management (siehe Abbildung 4.54). Das Modell der Version 3.0 wird hier für die Sales Order Data Recommendation vorbereitet. Das System nutzt dabei Datensätze im Bereich von 481001 bis 482000 und verarbeitet jeweils 5.000 Datensätze pro Durchlauf. Optional könnten Trainingsfilter gesetzt werden, um das Training auf bestimmte Daten zu begrenzen – in diesem Fall wurden jedoch keine verwendet. Im Bereich **Details zum Training** ist beschrieben, worauf sich das Training bezieht, und es werden die Zielattribute wie Werk, Verkaufsbüro, Verkaufsgruppe, Versandbedingung etc. angezeigt, für die das System später Empfehlungen berechnet.

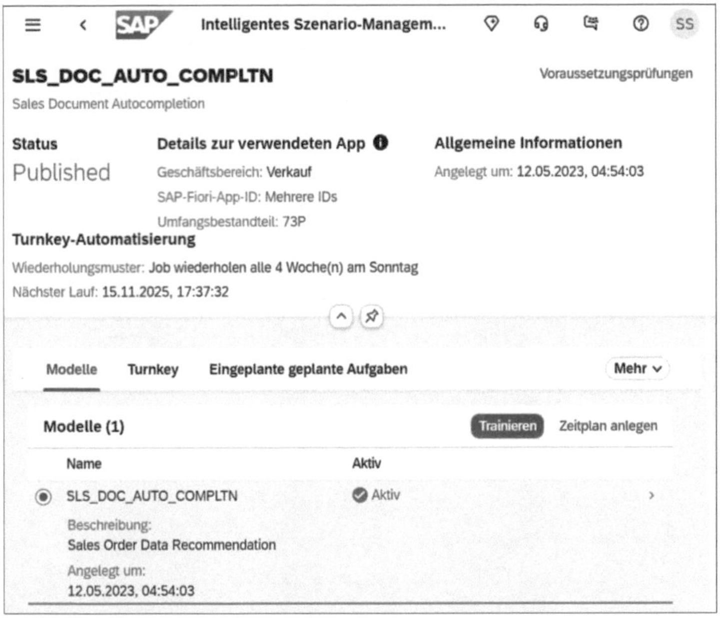


*Abbildung 4.53: Modell trainieren für das Szenario »Sales Document Autocompletion«*

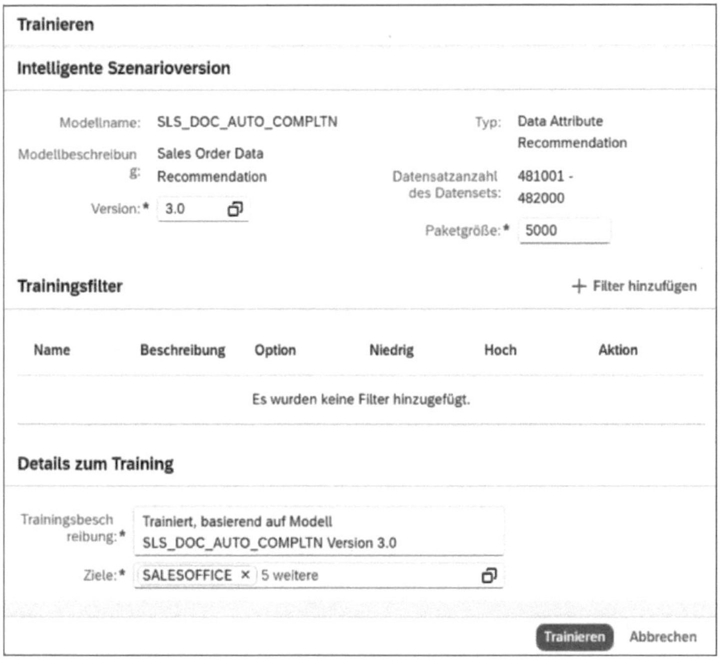


*Abbildung 4.54: Szenario »Trainieren«*

**Modell trainieren**

Klicken Sie auf den Button **Trainieren**, um das Modelltraining zu starten. Nach dem Start wechselt der Status zunächst zu **Daten werden hochgeladen**, danach zu **Training** und schließlich zu **Abgeschlossen**, sobald der Trainingsvorgang erfolgreich beendet ist. In Abbildung 4.55 ist der Status **Training** zu sehen, was bedeutet, dass das Modell derzeit aktiv trainiert wird.

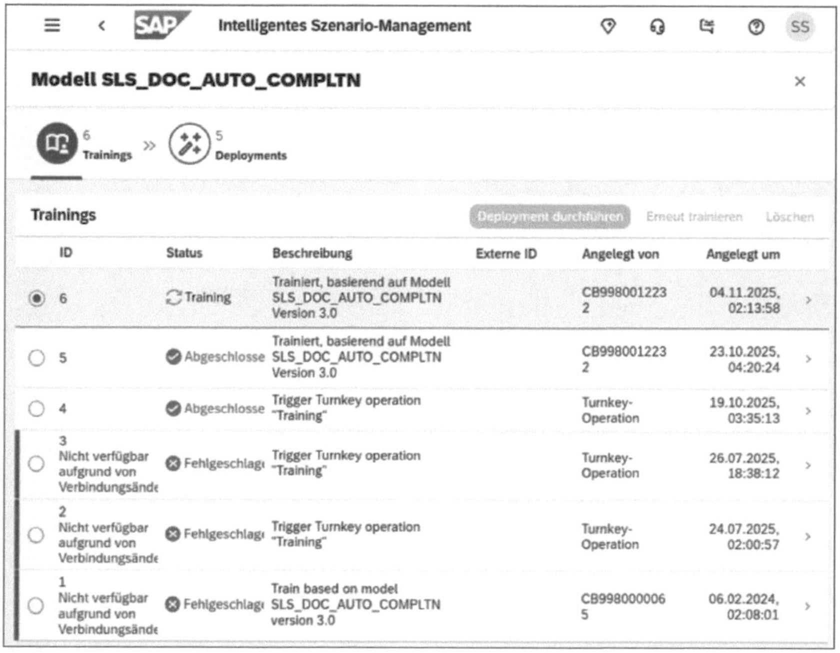


*Abbildung 4.55: Status des Modelltrainings*

Das entsprechende Modell kann bei Bedarf erneut trainiert werden. Dies ist jedoch erst sinnvoll, wenn über einen längeren Zeitraum, also nach Tagen, Wochen oder Monaten, neue Trainingsdaten im System verfügbar sind. Dabei handelt es sich immer um Daten, die sich direkt auf Kundenaufträge beziehen. Die für das Training relevanten CDS-Views sind mit den ABAP Development Tools einsehbar. Wie in Abbildung 4.56 dargestellt, werden verschiedene CDS-Views für das Training des Modells verwendet.

Dabei wird nicht der Programmcode selbst genutzt, sondern die Tabellendaten, die in diesen Views enthalten sind, dienen als Grundlage für das Training:

- I_SalesDocument – Verkaufsbeleg-Kopfdaten: Bereitstellung von Verkaufsbelegtyp, Verkaufsorganisation und Vertriebsweg
- I_SalesDocumentItem – Verkaufsbeleg-Positionsdaten: Hauptdatenquelle für Trainings auf Positionsebene
- I_Customer – Kundenstammdaten: Bereitstellung von Kunden-, Länder- und Regionsinformationen
- I_Product – Produktstammdaten: Produktnummern und Produktinformationen für die Empfehlungslogik

*Abbildung 4.56: CDS-Views als Quellen für das Training*

Diese Daten bilden die Grundlage, damit das Modell die Autovervollständigung und Empfehlung von Verkaufsbelegdaten intelligent unterstützen kann.

Mit einem Klick auf den Button **Deployment durchführen** wird das zuvor trainierte Modell, in diesem Fall SLS_DOC_AUTO_COMPLTN, für den produktiven Einsatz bereitgestellt. Das bedeutet, dass das trainierte Modell im System bereitgestellt und aktiviert wird, sodass es in den entsprechenden Geschäftsprozessen, wie etwa bei der automatischen Vervollständigung von Verkaufsbelegen, direkt eingesetzt werden kann.

In der Ansicht sind Informationen zur Modellversion und zur Trainings-ID zu sehen. Im Feld **Deployment-Beschreibung** kann eine kurze Beschreibung hinterlegt werden, um das Deployment eindeutig zu dokumentieren. Unter **Artefakte** ist das eigentliche trainierte Modell als eindeutiger Wert aufgelistet, das nun bereitgestellt wird.

Durch einen Klick auf **Deployment durchführen** wird das Modell veröffentlicht und steht anschließend für die Anwendung der KI-gestützten Empfehlungen im System zur Verfügung.

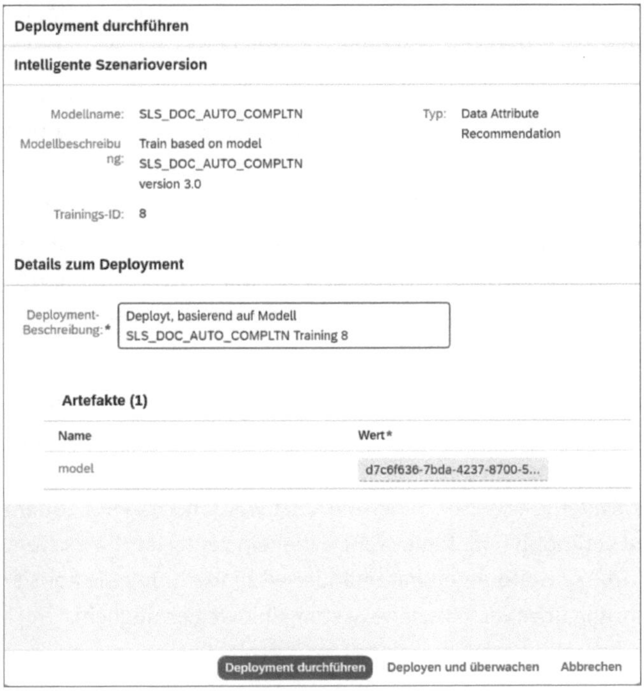


*Abbildung 4.57: Deployment durchführen*

**Aktivierung von Joule in der Private Cloud**

Aktivieren Sie Joule in der SAP S/4HANA Cloud Private Edition, indem Sie zunächst die Voraussetzungen prüfen. Konfigurieren Sie anschließend die SAP BTP und führen Sie den Joule-Booster aus. Integrieren Sie schließlich Ihr SAP-S/4HANA-System über Identity Services und den Cloud Connector. Weitere Informationen dazu finden Sie im SAP Help Portal unter: *http://s-prs.de/v1144403*

### 4.4.3 Geschäftlicher Nutzen und Auswirkungen durch KI-gestützte Auftragserfüllung

**Fehlerreduzierung durch KI-unterstützte Vervollständigung**

Die Automatisierung der Verkaufsbelegvervollständigung bietet Unternehmen entlang des gesamten Auftragsprozesses zahlreiche Vorteile. Durch KI-basierte Vorschläge werden manuelle Eingriffe reduziert und Fehler frühzeitig erkannt. Dadurch wird die Datenqualität verbessert und der Bedarf an nachträglichen Korrekturen verringert. Gleichzeitig sinkt der manuelle Bearbeitungsaufwand, wodurch Prozesse effizienter ablaufen und Betriebskosten gemindert werden können. Die konsistente und präzise Erfassung von Bestelldaten schafft zudem eine verlässliche Grundlage für betriebliche Entscheidungen. Insbesondere im

Kontext von Machine Learning ist eine hohe Datenqualität entscheidend, da korrekte Produktivdaten als Basis für Trainingsdaten dienen.

**Human-in-the-Loop**

Ein weiterer Vorteil ist die Reduzierung der Durchlaufzeiten. Kundenbestellungen können schneller verarbeitet werden, was eine zügigere Lieferung und damit eine verbesserte Marktposition ermöglicht. Gleichzeitig bleibt die Entscheidungsgewalt beim Menschen: Im Sinne des Human-in-the-Loop-Prinzips unterstützen Machine-Learning-Modelle und die ISLM-Funktionalitäten die Bearbeitung durch Vorschläge und Analyse, während die finale Entscheidung weiterhin von Menschen getroffen wird. Dies erhöht sowohl die Transparenz als auch die Nachvollziehbarkeit der Prozesse.

**Joule als Assistent für alle SAP-Systeme**

Die Automatisierung trägt auch zur optimierten Ressourcennutzung bei. Mitarbeitende können sich stärker auf strategische Aufgaben konzentrieren, anstatt zeitintensive Routineaufgaben zu erledigen. Durch die Integration der Automatisierung in andere Systeme wie ERP, HCM und CRM werden Prozesse zudem systemübergreifend verknüpft. Mit Joule steht dabei ein zentraler KI-Assistent zur Verfügung, der SAP-Anwendungen miteinander verbindet und eine konsistente Benutzererfahrung über verschiedene Systeme hinweg ermöglicht.

Kapitel 5

# Embedded AI im Human Capital Management

*In diesem Kapitel erhalten Sie einen Überblick über den Einsatz von künstlicher Intelligenz innerhalb der SAP-SuccessFactors-Lösungen. Der Fokus liegt dabei auf den konkreten geschäftlichen Herausforderungen im Recruiting, in der Personalentwicklung und im Performance Management.*

**Technologische Entlastung bei Routineprozessen**

Die Integration generativer künstlicher Intelligenz in das SAP-Portfolio für *Human Capital Management* verändert die Gestaltung von HR-Prozessen: Administrative Routineaufgaben werden in strategische Wertschöpfung überführt. Mitarbeitende und Führungskräfte werden bei wiederkehrenden Aufgaben entlastet und gewinnen so Kapazitäten, um sich auf wertschöpfende Aktivitäten zu konzentrieren.

**KI als Kernbestandteil der HR-Prozesse**

Die KI-Funktionalitäten im SAP-Lösungsportfolio erstrecken sich über alle wesentlichen HR-Bereiche und sind dabei integraler Bestandteil von *SAP SuccessFactors*:

- **Recruiting und Talentakquise** in *SAP SuccessFactors Recruiting*: Neben der Erstellung von Stellenbeschreibungen unterstützt die KI beim Screening von Bewerberinnen und Bewerbern, generiert Interviewfragen und wertet das Feedback aus Vorstellungsgesprächen aus.
- **Lernen und Entwicklung** in *SAP SuccessFactors Learning*: In der Aus- und Weiterbildung ermöglicht die Technologie personalisierte Lernempfehlungen, die auf individuellen Fähigkeiten basieren, und unterstützt bei der automatisierten Erstellung von Bildmaterial für Schulungsinhalte.
- **Vergütung und Personalabrechnung** in *SAP SuccessFactors Employee Central*: Fragen zur Entlohnung können durch intelligente Erklärungsmodelle beantwortet werden. Zudem hilft die KI bei der Vorbereitung von Vergütungsgesprächen durch die Bereitstellung relevanter Personendaten und Markteinblicke.
- **Nachfolge- und Karriereplanung** in *SAP SuccessFactors Succession & Development* und *SAP SuccessFactors Career and Talent Development*: Um die Zu-

kunftsfähigkeit der Organisation zu sichern, identifiziert die KI potenzielle Nachfolger und Nachfolgerinnen auf Basis von Kompetenzen und Erfahrungen und gibt Empfehlungen für interne Karrieremöglichkeiten ab.

In diesem Kapitel werden drei exemplarische Funktionen beleuchtet, die die Prozesseffizienz, -qualität und individuelle Mitarbeiterentwicklung im Unternehmen verbessern.

**Entwicklungsplanung**

Eine zentrale Funktion bilden die *KI-gestützten Einblicke in Karriere- und Entwicklungspotenziale* im Rahmen der Karriere- und Nachfolgeplanung (siehe Abschnitt 5.1). Diese Lösung unterstützt Mitarbeitende bei der Planung ihres individuellen Entwicklungswegs. Sie vergleicht die aktuelle Position mit den Anforderungen einer Zielrolle und generiert gezielte Handlungsempfehlungen für Kompetenzsteigerungen, Lernkurse oder Mentoring-Optionen.

**Stellenbeschreibungen**

Im Bereich Recruiting unterstützt die Funktion zur *KI-gestützten Optimierung von Stellenbeschreibungen* (siehe Abschnitt 5.2) die Recruiterinnen und Recruiter dabei, Stellenanforderungen zu formulieren und bestehende Ausschreibungen effizient zu optimieren.

**Zielerstellung**

Parallel dazu transformiert die *KI-gestützte Leistungszielerstellung* (siehe Abschnitt 5.3) im Bereich Performance und Goals den Prozess der Zielvereinbarung für Mitarbeitende und Führungskräfte. Sie ermöglicht es, auf Basis einfacher Stichpunkte messbare und strategisch ausgerichtete Leistungsziele zu entwickeln. Dabei liefert die KI zusätzliche Anregungen zu Erfolgskriterien und Meilensteinen.

**Transformation in den HR**

Die drei hier vorgestellten Funktionen sind nur ein Ausschnitt der Integration künstlicher Intelligenz im gesamten Human-Capital-Management-Lösungsportfolio von SAP. Ziel ist es, jeden Schritt im *Hire-to-Retire-Prozess* durch intelligente Assistenzsysteme zu unterstützen.

## 5.1 KI-gestützte Einblicke in Karriere- und Entwicklungspotenziale

Bei den KI-gestützten Einblicken in Karriere- und Entwicklungspotenziale handelt es sich um eine Funktion, die in SAP SuccessFactors Career and Talent Development eingebettet ist. Sie unterstützt die Anwenderinnen und Anwender dabei, passende Karriereoptionen zu identifizieren und die nötigen Entwicklungsschritte einzuleiten. Die Funktion verschafft einen Überblick über die Kompetenzlücken zum angestrebten Jobprofil und hilft bei der Ableitung konkreter Entwicklungsmaßnahmen.

### 5.1.1 Geschäftliche Herausforderungen

In der heutigen Arbeitswelt stehen Unternehmen vor verschiedenen Hürden, wenn es darum geht, ihre Belegschaft langfristig zu binden und strategisch weiterzuentwickeln. Die Identifikation von Karrierepfaden und die gezielte Vorbereitung auf zukünftige Rollen sind komplexe Prozesse, die oft durch mangelnde Transparenz und Ineffizienz behindert werden.

**Mangelnde Klarheit über Karrierepfade und Qualifikationslücken**

Eine zentrale Herausforderung für Mitarbeitende besteht darin, objektiv einzuschätzen, wie weit sie von einer angestrebten Zielrolle entfernt sind. Ohne präzise Einblicke bleibt oft unklar, welche spezifischen Kompetenzen und Fähigkeiten für den nächsten Karriereschritt erforderlich sind. Mitarbeitende stehen häufig vor dem Problem, dass sie ihre aktuelle Qualifizierung nicht exakt mit den Anforderungen einer Zielposition abgleichen können, was zu Unsicherheit über die eigene berufliche Zukunft führt.

**Zeitaufwand und Ineffizienz in der Entwicklungsplanung**

Die manuelle Identifikation und Planung von Entwicklungsoptionen ist mit einem hohen zeitlichen Aufwand verbunden. Mitarbeitende investieren oft viele Stunden ihrer Arbeitszeit in die Recherche und Planung von Maßnahmen, um sich einer Zielrolle anzunähern. Dieser Prozess ist mühsam, da meist eine strukturierte Roadmap fehlt, die den Weg zum Ziel klar definiert.

**Erschwerter Zugang zu Ressourcen und Optionen**

Selbst wenn Entwicklungsbedarf erkannt wird, ist es für viele Mitarbeitende schwierig, passende Ressourcen und Trainingsoptionen zu finden. Die Herausforderungen umfassen:

- **Zielsetzung:** Die Formulierung strukturierter, umsetzbarer Entwicklungsziele stellt ohne entsprechende Anleitung eine Hürde dar.
- **Trainingsrelevanz:** Es ist oft nicht ersichtlich, welche Lerninhalte und Kurse tatsächlich dazu beitragen, identifizierte Kompetenzlücken zu schließen.
- **Vernetzung:** Den Kontakt zu passenden Mentorinnen und Mentoren herzustellen, die spezifisches Wissen teilen und personalisierte Ratschläge für den Karrierefortschritt geben können, erweist sich in großen Organisationen oft als schwierig.

Diese Defizite in der Karriereplanung haben messbare negative Auswirkungen auf das gesamte Unternehmen:

- **Fluktuation:** Ein nicht unerheblicher Anteil der freiwilligen Kündigungen lässt sich direkt auf unklare Karriereoptionen innerhalb des Unternehmens zurückführen. Wenn Mitarbeitende keine Perspektive sehen, steigt die Bereitschaft, das Unternehmen zugunsten externer Entwicklungsmöglichkeiten zu verlassen.
- **Niedrige interne Besetzungsrate:** Viele Positionen werden nicht mit internen Talenten besetzt. Die interne Besetzungsquote liegt oft hinter der externen zurück. Das deutet darauf hin, dass vorhandene Potenziale in der Beleg-

schaft nicht rechtzeitig erkannt oder nicht gezielt genug auf offene Stellen vorbereitet werden.

- **Verzögertes Upskilling:** Die Zeitspanne, bis Mitarbeitende neue Kompetenzen und Fähigkeiten erwerben, verlängert sich, wenn der Entwicklungsprozess nicht zielgerichtet gesteuert wird.

**Ungenutzte Potenziale**

Zusammenfassend lässt sich sagen, dass Unternehmen ohne strukturierte und präzise Unterstützung bei der Karriereplanung riskieren, motivierte Mitarbeitende aufgrund fehlender Perspektiven zu verlieren und gleichzeitig die Chance verpassen, Vakanzen effizient aus der eigenen Belegschaft zu besetzen.

### 5.1.2 Lösung und Implementierung: vom Kompetenzprofil zum KI-gestützten Entwicklungsplan

Grundlage für die Nutzung der *KI-gestützten Einblicke in Karriere- und Entwicklungspotenziale* ist das Datenfundament innerhalb von SAP SuccessFactors, in dem die Kompetenzen und Fähigkeiten der Mitarbeitenden zentral abgelegt und gepflegt werden.

**Übersicht der eigenen Qualifikationen**

Die Anwendung **Wachstums-Portfolio** (siehe Abbildung 5.1) dient als zentrale Anlaufstelle für Mitarbeitende und Führungskräfte. In dieser Anwendung erhalten Anwenderinnen und Anwender einen transparenten Überblick über ihre im System hinterlegten Qualifikationen (**Competency**) und das jeweils aktuelle Leistungsniveau (**1 – Einsteiger** bis **5 – Meister**).

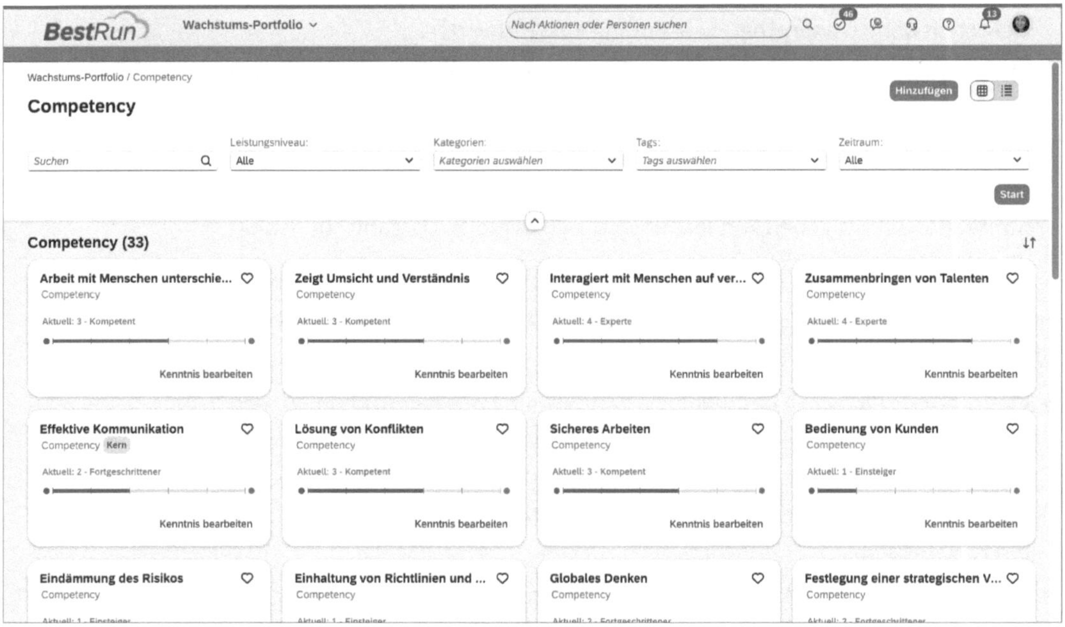


*Abbildung 5.1: Qualifikationen im Mitarbeiterprofil*

Die Qualität der KI-Ausgaben hängt maßgeblich von der Qualität dieser Stammdaten ab. Daher sind die kontinuierliche Pflege und Aktualisierung der Daten von entscheidender Bedeutung. Sie bilden die Grundlage, auf deren Basis das System im weiteren Verlauf passende neue Jobprofile ermittelt.

**Systemvorschlag für eine neue Rolle**

Im nächsten Schritt bietet das System (siehe Abbildung 5.2) mit der Auswahl **Karriereoptionen erkunden** die Möglichkeit, aktiv über weitere *Stellenrollen* (engl. Job Roles) innerhalb der *Stellenfamilien* (engl. Job Families) des Unternehmens zu informieren und gezielt nach passenden Entwicklungspfaden zu suchen.

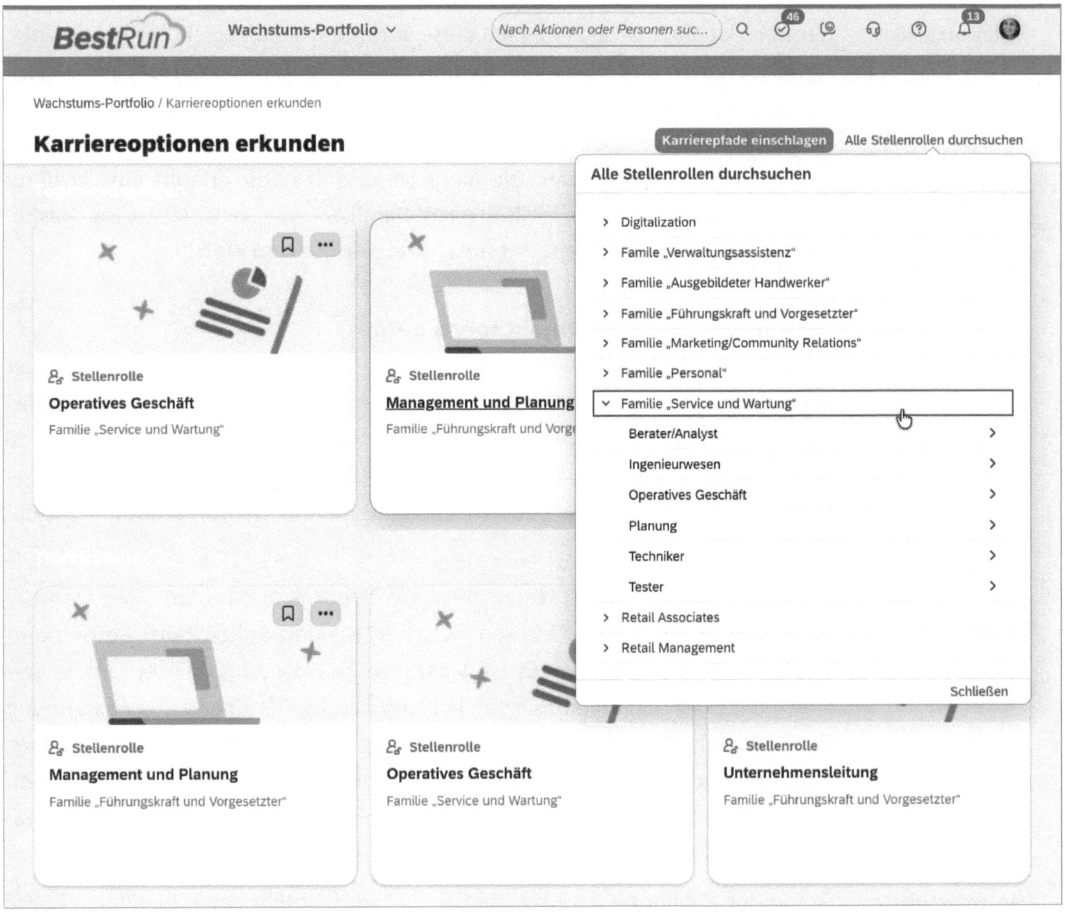


*Abbildung 5.2: Stellenrolle auswählen*

> **Stellenrollen und Stellenfamilien in SAP SuccessFactors**
> Stellenrollen und Stellenfamilien dienen als zentrales Strukturelement in SAP SuccessFactors. Eine Stellenfamilie gruppiert hierbei inhaltlich ähn-

liche Stellenrollen. Beispielsweise umfasst die Stellenfamilie **Service und Wartung** die Stellenrollen **Tester, Techniker** und **Berater/Analyst**. Stellenrollen sind durch spezifische Anforderungen und notwendige Qualifikationen beschrieben und dienen als zentrales Planungselement in der Karriereplanung.

Hilfreich ist hier, dass die Lösung bereits auf Basis des individuellen Mitarbeiterprofils und der hinterlegten Qualifikationen Vorschläge generiert, die eine hohe Überschneidung mit potenziellen neuen Stellenrollen aufweisen.

**Stellenfamilien im Unternehmen**

Dennoch ist die Auswahl nicht auf diese automatischen Vorschläge beschränkt. Anwenderinnen und Anwender können aus dem gesamten Katalog der verfügbaren *Stellenrollen* wählen. Dies ist besonders dann relevant, wenn ein Wechsel zu anderen *Stellenfamilien* in Betracht gezogen wird, um neue Berufsfelder im Unternehmen zu erkunden. Die hierarchische Struktur erlaubt eine strukturierte Suche aller Stellenrollen nach Familien, wie beispielsweise **Marketing/Community Relations, Personal** oder **Service und Wartung**.

### Beispiel 1: Zielrolle »Projektkoordinator«

Schauen wir uns dies an einem Beispiel an: Sobald sich die Anwenderin oder der Anwender für eine spezifische Zielrolle entschieden hat, z. B. **Projektkoordinator**, initiiert das System einen direkten Vergleich. Wie in Abbildung 5.3 zu sehen, werden dabei die hinterlegten Qualifikationsanforderungen der angestrebten Position den aktuellen Qualifikationen der Mitarbeitenden gegenübergestellt.

**Beispiel: Passende Zielrolle**

Ziel dieser Analyse ist es, Unterschiede in den Rollenanforderungen transparent zu machen. Etwaige Lücken zwischen Ist- und Sollzustand werden entsprechend hervorgehoben. Es ist wichtig zu betonen, dass dieser initiale Vergleich noch auf rein regelbasierten Logiken beruht. Die eigentliche Anwendung der künstlichen Intelligenz zur Generierung tiefergehender Erkenntnisse erfolgt erst im nächsten Schritt. Diese erste Übersicht gewährt jedoch schon einen raschen Einblick in die wichtigsten benötigten Qualifikationen und visualisiert, wie hoch ein potenzielles Defizit ausfällt.

**Systemgestützte Fit/Gap-Analyse**

Das in der Abbildung 5.3 gezeigte Beispiel verdeutlicht einen Idealfall: Für die Zielrolle des **Projektkoordinators (Assistenz der Geschäftsführung**) erachtet das System keine weiteren Qualifikationen oder höheren Leistungsniveaus als notwendig. Folglich zeigt die Applikation im oberen Bildschirmbereich den Hinweis **100% bereit** an. Auf Basis der vorhandenen fachlichen Qualifikationen wäre diese Stellenrolle ohne zusätzlichen Entwicklungsaufwand passend.

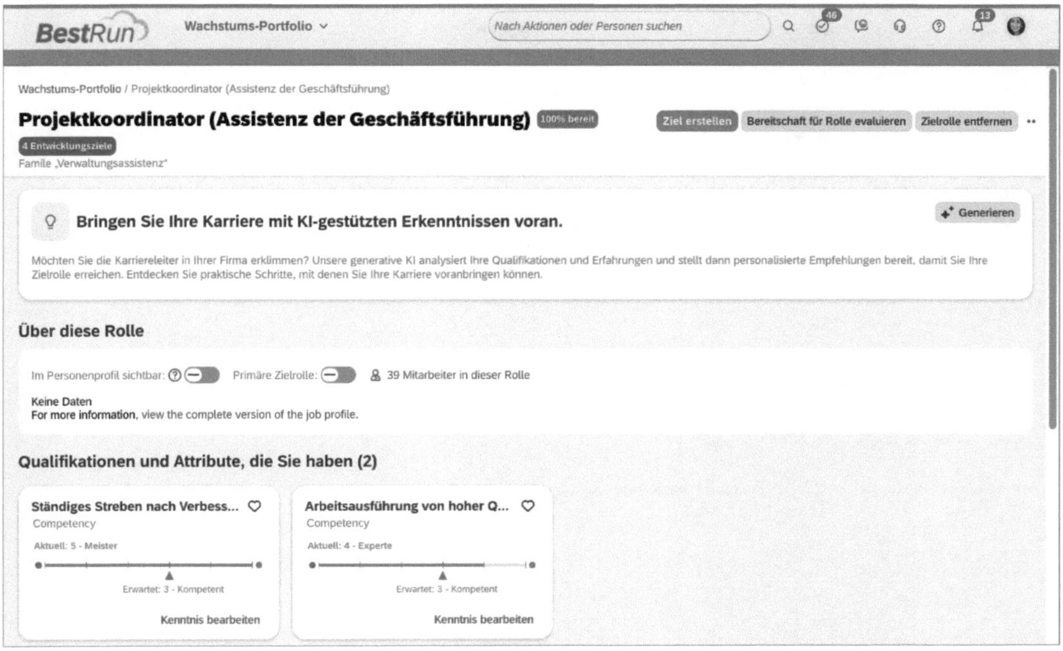


*Abbildung 5.3: Abgleich zur Zielrollenanforderung*

### Beispiel 2: Zielrolle »Associate Professional«

**Beispiel: Zielrolle mit Entwicklungsbedarf**

In einem weiteren Szenario betrachten wir in Abbildung 5.4 die Auswahl einer Zielrolle, die fachlich weiter vom aktuellen Profil entfernt liegt, wie beispielsweise die Position des **Associate Professional**. In diesem Fall weist der regelbasierte Vergleich der Qualifikationen und Leistungsanforderungen lediglich eine Bereitschaft von 20 % (**20% bereit**) auf.

**Ausreichende Qualifikationen**

Neben den zu verbessernden Qualifikationen führt das System auch jene auf, die bereits ausreichend abgedeckt sind. Im unteren Bereich von Abbildung 5.4 ist zu sehen, dass die Qualifikation **Effektive Kommunikation** bereits als vorhandene Qualifikation gewertet wird.

**Fehlende Qualifikationen**

Die Analyse ist in dieser Konstellation besonders wertvoll, da das System die spezifischen Differenzen zwischen dem Istzustand und den Anforderungen der Zielrolle detailliert aufschlüsselt. Hier identifiziert das System beispielsweise Defizite in den Bereichen **Weitergabe von Informationen, Erwerb von Informationen, Integres Handeln** und **Rasches Lernen** in denen jeweils das Leistungsniveau 1 für die Besetzung der Zielrolle erforderlich wäre.

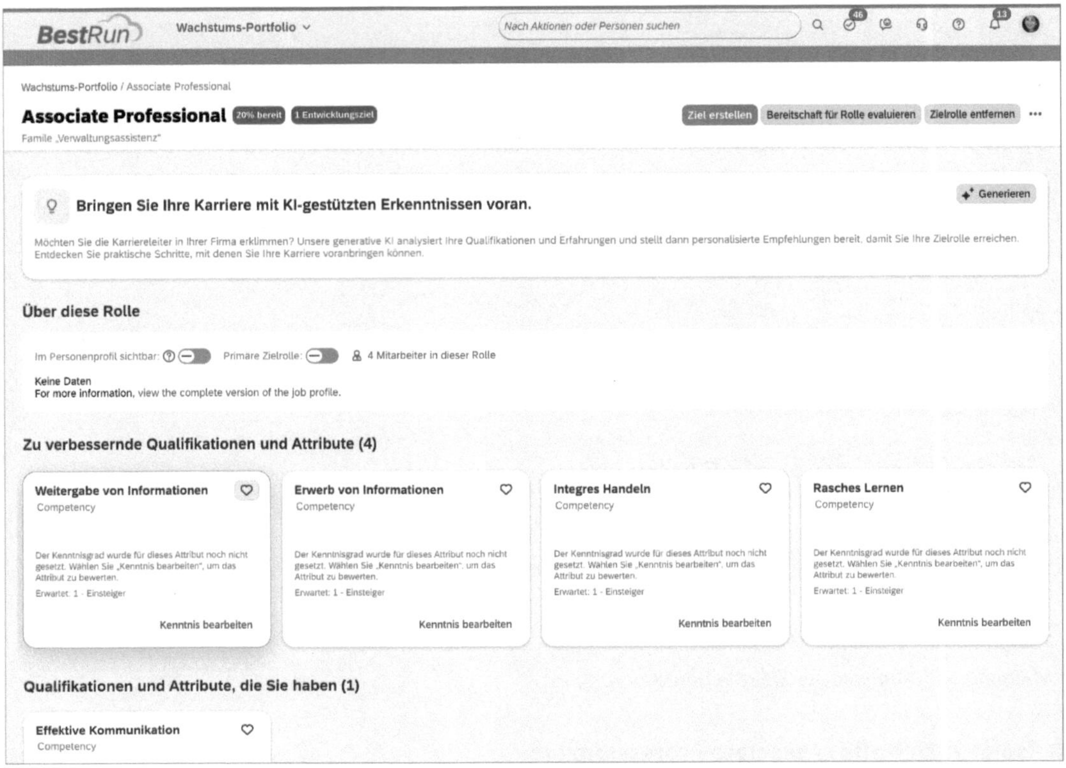


*Abbildung 5.4: Rollenvergleich mit fehlenden Qualifikationen*

**Wesentliche Qualifikationen aktuell halten**

Ein wesentlicher funktionaler Aspekt an dieser Stelle ist die Interaktivität der Datenpflege. Sollten die im System hinterlegten persönlichen Kenntnisse nicht mehr dem aktuellen Stand entsprechen und dies der Grund für das ausgewiesene Defizit sein, haben die Anwenderinnen und Anwender die Möglichkeit, ihre Stammdaten über den Absprung **Kenntnis bearbeiten** in der Kachel der jeweiligen Qualifikation (**Competency**) direkt zu aktualisieren. Im Anschluss kann der Vergleich neu durchgeführt werden. Dies stellt sicher, dass die darauf aufbauende KI-Analyse auf aktuellen Informationen basiert. Gleichzeitig hält sich der Datenpflegeaufwand in Grenzen, da über diese Vorwärtsnavigation lediglich jene Qualifikationen aktuell gehalten werden müssen, die für den konkreten Rollenvergleich relevant sind.

**KI-generierte Handlungsempfehlungen**

An diesem Punkt kommt die künstliche Intelligenz ins Spiel: Auf Basis der zuvor identifizierten Schwächen generiert sie konkrete Handlungsempfehlungen. Während der vorherige Vergleich lediglich die Lücken aufzeigte, geht die generative KI nun einen Schritt weiter. Sie bereitet einen übersichtlichen Entwicklungsplan auf und bietet Unterstützung bei der Erreichung dieser Ziele, indem sie passende Vorschläge zur Entwicklungszielformulierung liefert.

Der Startschuss für diese KI-Analyse erfolgt über den Button **Generieren**, der sich im oberen Bereich des Bildschirms innerhalb des prominent platzierten Banners befindet. In Abbildung 5.4 ist dieser Aktions-Button am rechten Rand des Hinweistextes **Bringen Sie Ihre Karriere mit KI-gestützten Erkenntnissen voran** zu erkennen.

**Abgleich der Fähigkeiten**

Sobald der Prozess angestoßen wird, verarbeitet das System die Daten der aktuellen Rolle sowie der Zielrolle und gleicht diese mit den Informationen aus dem Wachstums-Portfolio ab. Das Ergebnis ist eine detaillierte Aufbereitung im Bildschirmbereich **Einblicke in Ihre Entwicklung** (siehe Abbildung 5.5).

Die KI liefert hier eine strukturierte Übersicht, die in eine allgemeine Zusammenfassung und spezifische Verbesserungsvorschläge unterteilt ist.

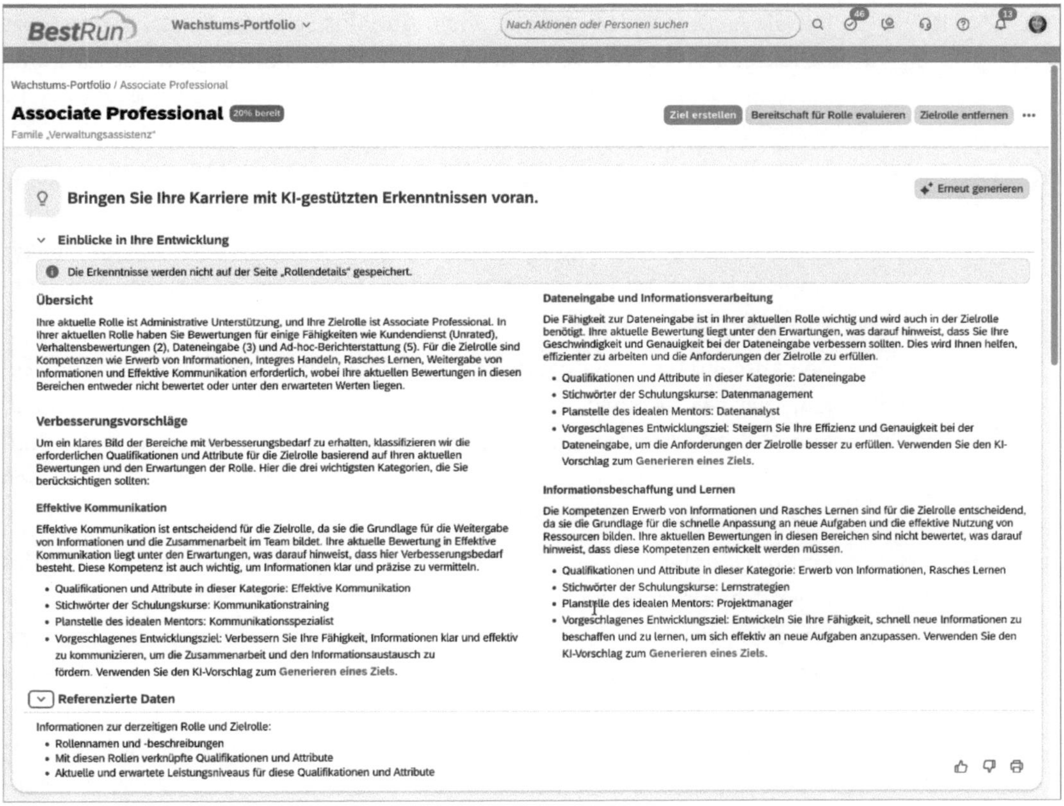


*Abbildung 5.5: KI-gestützte Handlungsempfehlung*

**Ausgangssituation und Zielbild**

Der erste Textabschnitt bietet eine individuelle Einordnung der aktuellen Situation. Die KI vergleicht die derzeitige Rolle (**Administrative Unterstützung**) mit der angestrebten Zielrolle (**Associate Professional**). Es wird aufgezeigt, wo bereits Qualifikationen vorhanden sind und in welchen Bereichen die aktuellen Bewertungen noch unter den Erwartungen der Zielrolle liegen.

**Konkrete Handlungsempfehlung**

Die Verbesserungsvorschläge sind der Kernbereich der Analyse. Um die Komplexität der beruflichen Entwicklung zu reduzieren, klassifiziert die KI die erforderlichen Qualifikationen in drei wesentliche Kategorien. Im vorliegenden Beispiel sind dies:

- **Effektive Kommunikation**: Fokus auf Informationsweitergabe und Zusammenarbeit.
- **Dateneingabe und Informationsverarbeitung**: Fokus auf Geschwindigkeit, Genauigkeit und Effizienz bei administrativen Prozessen.
- **Informationsbeschaffung und Lernen**: Fokus auf die schnelle Anpassung an neue Aufgaben und die Nutzung von Ressourcen.

**Vorschlag passender Schulungskurse**

Um den Zugang zu passenden Weiterbildungsmaßnahmen zu erleichtern, liefert die Analyse zudem gezielte Stichwörter für Schulungskurse. In der Praxis bedeutet dies, dass die Anwenderin oder der Anwender Begriffe wie »Kommunikationstraining«, »Datenmanagement« oder »Lernstrategien« direkt für die Suche im Lernkatalog nutzen kann.

**Vorschlag passender Mentorenprofile**

Ein weiterer wesentlicher Bestandteil ist der soziale Aspekt der Entwicklung, indem die KI die Planstelle eines idealen Mentors vorschlägt. Hierbei werden Rollen wie **Kommunikationsspezialist**, **Datenanalyst** oder **Projektmanager** empfohlen, um den gezielten Austausch mit erfahrenen Kolleginnen und Kollegen zu fördern.

**Vorschlag zur Anlage eines Entwicklungsziels**

Den Abschluss jeder Kategorie bildet ein individuell ausformuliertes Entwicklungsziel, das die direkte Überleitung zum Handeln herstellt. Über den in Abbildung 5.5 dargestellten Link **Generieren eines Ziels** kann dieser Vorschlag unmittelbar aufgegriffen und als strukturierter Bestandteil in den persönlichen *Entwicklungsplan* für das nächste Jahr überführt werden.

**Vorschlag mittels Freitext**

Eine direkte Methode zur Erstellung eines *Entwicklungsziels* ist die Nutzung des freien Textfeldes. Hier können die Mitarbeitenden nach Belieben (in Stichworten oder als Fließtext) die gewünschte Entwicklungsrichtung oder konkrete Lerninhalte formulieren. Die Übernahme oder Verfeinerung des Vorschlags der KI-Analyse bietet sich hier an. Nach der Eingabe der individuellen Anforderung und dem Betätigen der Schaltfläche **Generieren** nutzt die künstliche Intelligenz die bereitgestellten Inhalte, um ein Entwicklungsziel im strukturierten Zielformat zu erstellen.

**Vorschlag basierend auf Zielrolle**

Neben der Erstellung mithilfe von Freitext bietet das System weitere Einstiegspunkte für die Formulierung von Entwicklungszielen. Mit der in Abbildung 5.6 dargestellten Funktion **Aus Rollen erstellen** wird ein automatisierter Weg zur

Formalisierung der verfolgten Karriereentwicklung angeboten. Bei dieser Auswahl greift die künstliche Intelligenz gezielt auf die im System hinterlegten Informationen der gewählten Zielrolle zu, um daraus ein karrierespezifisches Entwicklungsziel abzuleiten, das genau die Defizite adressiert.

*Abbildung 5.6: Einstiegsseite: KI-unterstützte Entwicklungszielerstellung*

**Vorschlag aus eigenen Favoriten**

Eine weitere motivorientierte Möglichkeit stellt die Option **Aus Interessen erstellen** dar. Hierbei greift die KI auf jene Qualifikationen zurück, die im Profil der Mitarbeitenden als **Begeistert mich** (über das Herz-Icon ersichtlich in Abbildung 5.4) markiert wurden. Auf dieser Grundlage entwickelt sie ein Ziel, das die persönlichen Neigungen und Leidenschaften in den Fokus rückt.

**Erstellung für Zielrolle »Associate Professional«**

In der Fortführung des Beispiels zur Entwicklung hin zum **Associate Professional** wurde die Option **Aus Rolle erstellen** gewählt. In der praktischen Anwendung führt diese Option, wie in Abbildung 5.7 dargestellt, direkt zu einem bereits weitgehend vorausgefüllten Zielformular. Die KI formuliert dabei eigenständig einen aussagekräftigen Titel, der den Kontext der jeweiligen Rolle widerspiegelt, wie beispielsweise die **Entwicklung der Fähigkeiten im Erwerb und in der Weitergabe von Informationen, um Daten effizient zu sammeln und effektiv zu kommunizieren.**

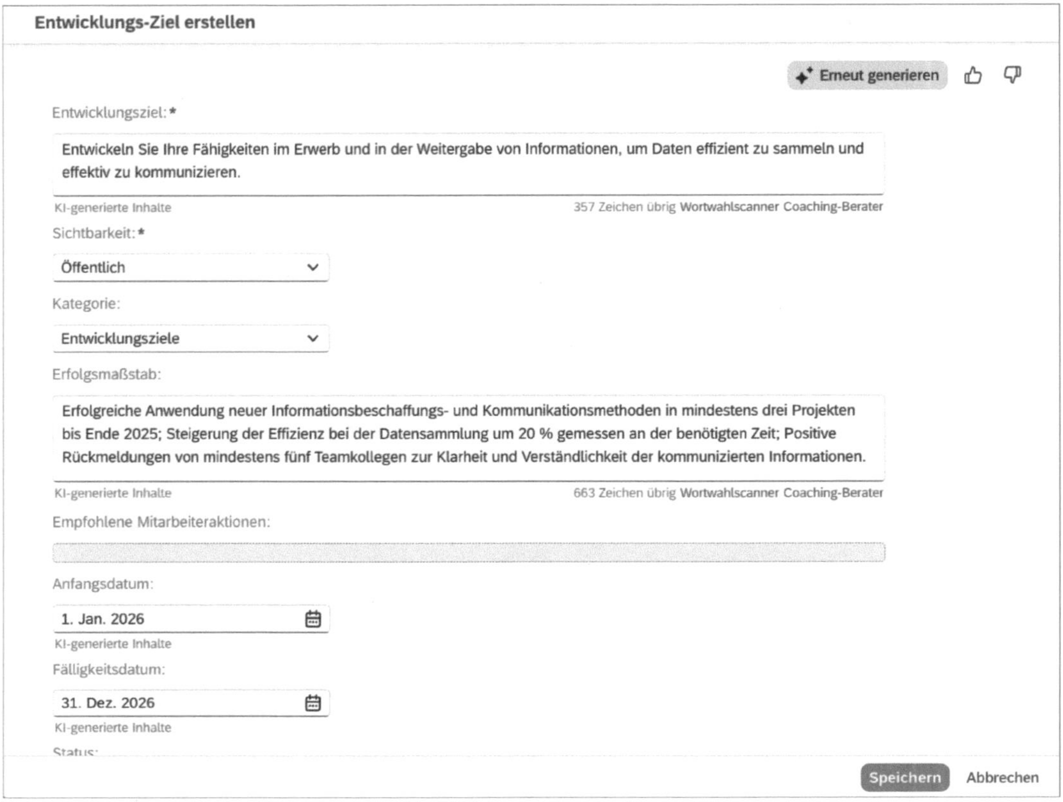


*Abbildung 5.7: Formulierung der KI-unterstützten Entwicklungszielerstellung*

**Pflichtfelder werden vorausgefüllt**

Über die Benennung hinaus erzeugt das System detaillierte Erfolgsmaßstäbe, die konkrete Handlungen und Zeitrahmen definieren. So wird etwa die Anwendung erlernter Fähigkeiten in einer bestimmten Anzahl an Projekten bis zu einem festgesetzten Zieldatum oder die regelmäßige Teilnahme an fachspezifischen Schulungen als messbares Kriterium vorgeschlagen. Dies erleichtert am Ende des Jahres die transparente und nachvollziehbare Beurteilung der Zielerreichung.

Ergänzt wird dieser automatisierte Entwurf durch die Vorbelegung von organisatorischen Daten wie dem **Anfangsdatum** und dem **Fälligkeitsdatum** sowie dem aktuellen Status des Fortschritts, wobei Anwenderinnen und Anwender stets die Möglichkeit haben, diese KI-generierten Inhalte vor dem endgültigen Speichern individuell anzupassen oder bei Bedarf neu generieren zu lassen.

### 5.1.3 Geschäftlicher Nutzen und Auswirkungen

Der Einsatz der KI-gestützten Einblicke in Karriere- und Entwicklungspotenziale generiert einen signifikanten strategischen Mehrwert, der sich sowohl in gesteigerter operativer Effizienz als auch in verbesserten Kennzahlen für die *Mitarbeiterbindung* auswirkt. Durch die Bereitstellung maßgeschneiderter Orientierungshilfen für jede Mitarbeiterin und jeden Mitarbeiter wird die Relevanz und Effizienz der beruflichen Weiterentwicklung innerhalb der gesamten Organisation verbessert.

**Effizienzsteigerung in der Entwicklungsplanung**

Ein unmittelbarer Effekt ist die Reduzierung des Zeitaufwands für administrative und planerische Tätigkeiten. Mitarbeitende benötigen weniger Zeit für die Identifizierung und Planung von Entwicklungsoptionen in Richtung ihrer Zielrollen. Die gewonnene Zeit kann in die tatsächliche Umsetzung der Qualifizierungsmaßnahmen fließen.

**Interne Besetzungsrate optimieren**

Ein weiterer zentraler Vorteil ist die verbesserte Nutzung des bereits im Unternehmen vorhandenen Talents. Mitarbeitenden fällt es leichter, sich in strategisch relevante Zielrollen zu entwickeln, was die interne Besetzungsrate erhöhen und die Fluktuationsrate senken kann.

**Mitarbeiterzufriedenheit steigern**

Durch die konkreten und individualisierten KI-Vorschläge werden Mitarbeitende befähigt, ihre nächste Karrierestufe schneller und gezielter zu erreichen, was gleichzeitig die Zeitspanne für notwendige Weiterbildung verkürzt und positiven Einfluss auf die Mitarbeiterzufriedenheit hat. Sie erhalten einen klaren Pfad zu ihren beruflichen Zielen, was das Empfinden von Sinnhaftigkeit am Arbeitsplatz stärken kann. Strukturierte, umsetzbare Entwicklungsziele vermitteln Orientierung in Bezug auf die eigene berufliche Zukunft innerhalb der Organisation und unterstützen eine proaktive und wachstumsorientierte Arbeitshaltung.

## 5.2 KI-gestützte Optimierung von Stellenbeschreibungen

Die *KI-gestützte Optimierung von Stellenbeschreibungen* ist eine Funktion, die in *SAP SuccessFactors Recruiting* eingebettet ist. Sie unterstützt das Recruiting und die Führungskräfte dabei, die Inhalte ausgeschriebener Stellenanforderungen effizient zu überarbeiten, sodass die besten Kandidatinnen und Kandidaten angesprochen und die Qualitätsanforderungen, die der Marke des Unternehmens entsprechen, eingehalten werden.

### 5.2.1 Geschäftliche Herausforderungen

In der *Personalbeschaffung* stehen Unternehmen vor Hürden bei der Erstellung von Anforderungsprofilen, die sowohl präzise als auch ansprechend sein müssen, um im Wettbewerb um Talente zu bestehen. Die manuelle Aufbereitung dieser Dokumente bindet wertvolle Ressourcen und birgt Risiken für die Qualität des gesamten Recruiting-Prozesses.

**Administrativer Aufwand und Zeitverlust**

Die Erstellung qualitativ hochwertiger *Stellenbeschreibungen* von neuen *Stellenanforderungen* ist zeitintensiv. Selbst wenn auf bereits existierende Vorlagen zurückgegriffen werden kann, investieren Verantwortliche häufig rund 30 Minuten (Quelle: SAP-interne HCM-Expertenerfahrung) pro Ausschreibung in die notwendigen Anpassungen und Modifikationen. Bei einem Unternehmen mit 2.000 Mitarbeitenden und einer Fluktuationsrate von etwa 10 % führt dies zu einer hohen Anzahl jährlicher Stellenausschreibungen – rund 200 Stellenausschreibungen pro Jahr. Dabei summiert sich der Zeitaufwand auf etwa 2,5 Arbeitswochen jährlich allein für die textliche Aufarbeitung.

**Qualitätseinbußen und mangelnde Attraktivität**

Recruiterinnen und Recruiter stehen unter dem Druck, Stellenbeschreibungen schnell zu erstellen, die zugleich eine hohe Qualität und Passgenauigkeit aufweisen. Eine zentrale Herausforderung besteht darin, die Marke des Unternehmens durch eine präzise Formulierung der Anforderungen zu stärken und gleichzeitig einen breiten Pool an Kandidatinnen und Kandidaten zu erreichen. Manuell erstellten Texten fehlt es nicht selten an Inklusivität oder Prägnanz, was die Attraktivität des Unternehmens für potenzielle Bewerberinnen und Bewerber mindern kann.

**Risiken durch Fehlbesetzungen**

Unpräzise oder fehlerhafte Stellenbeschreibungen können Folgen für den Geschäftserfolg haben. Fehlbesetzungen sind unangenehm für die Beteiligten, verursachen Kosten und verzögern die Zielerreichung der betroffenen Abteilung – insbesondere, wenn die Stelle neu ausgeschrieben und der Bewerbungsprozess wiederholt werden muss.

Diese Herausforderungen erzeugen einen hohen Kostendruck und reduzieren die Effektivität der gesamten Talentakquise, wenn Ressourcen in ineffiziente Prozesse fließen und die Qualität der Neueinstellungen leidet.

### 5.2.2 Lösung und Implementierung: vom Vorlagentext zur KI-optimierten Ausschreibung

Eine effiziente Personalbeschaffung beginnt in SAP SuccessFactors Recruiting mit der präzisen Ausgestaltung der Stellenanforderungen. Generative KI-Funktionen ergänzen diesen Prozess, indem sie manuelle Erstellungsaufwände minimieren und die Qualität der Texte verbessern.

**Initialisierung des Recruiting-Workflows**

Der Prozess zur Erstellung einer optimierten Stellenanforderung beginnt auf der in Abbildung 5.8 dargestellten zentralen Übersichtsseite der **Stellenanforderungen**. Diese Anwendung dient als administrativer Hub für alle laufenden und geplanten Besetzungsvorgänge. Sie bietet einen Überblick über die derzeit vakanten Stellen und verschafft Überblick über das gesamte Volumen.

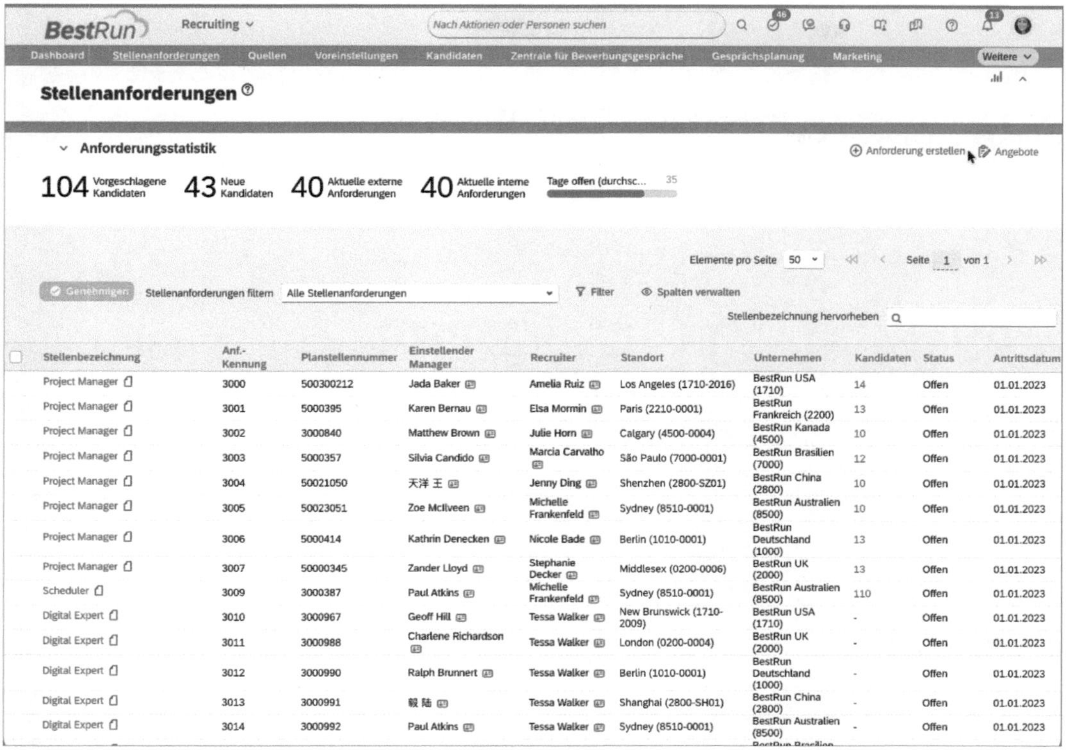


*Abbildung 5.8: Anforderungen für die Stellenausschreibung erstellen*

**Stellenanforderung anlegen**

Um den Vorgang für eine neue Position einzuleiten, wird die Schaltfläche **Anforderung erstellen** am rechten oberen Rand der Abbildung 5.8 ausgewählt. Dieser Klick öffnet den Pfad zur Neuanlage, in dessen späterem Verlauf die KI-gestützte Optimierung Anwendung findet.

**Auswahl der Rollenvorlage**

Im nächsten Prozessschritt erfolgt die Auswahl einer geeigneten Stellenrolle und Stellennummer, die als operative Vorlage dient. Dabei stehen Anwenderinnen und Anwendern verschiedene Optionen zur Verfügung, um den Erstellungsprozess effizient zu gestalten.

**Stammdatenübernahme aus Vorlage**

In diesem Beispiel nutzen Sie, wie in Abbildung 5.9 dargestellt, die Option **»Familien und Rollen« durchsuchen**. Wählen Sie hierbei gezielt die Stellenfamilie **Verwaltungsassistenz** aus dem Dropdown-Menü aus. Innerhalb dieser Familie wird die spezifische Rolle **Associate Professional - L4** markiert. Durch die anschließende Auswahl einer konkreten Stellennummer (im Beispiel die Kennung **7000013**) über die Schaltfläche **Auswählen** wird die Verknüpfung zur Vorlage finalisiert.

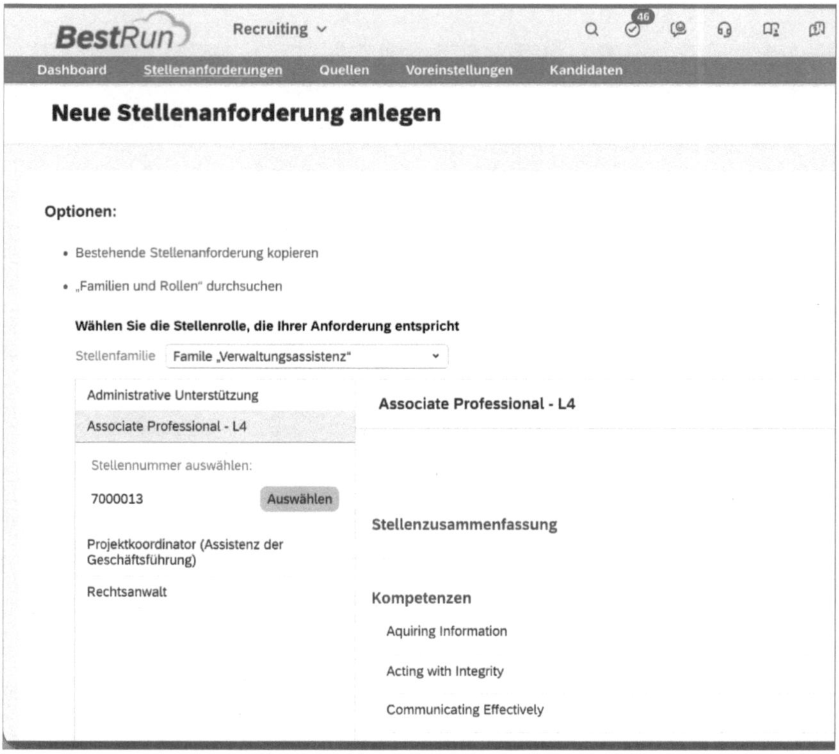


*Abbildung 5.9: Vorlage für Stellenanforderung wählen*

Die Verwendung einer solchen Vorlage bietet entscheidende prozessuale Vorteile:

- **Effizienzsteigerung**: Es müssen lediglich die für diese spezifische Anforderung geltenden Eckdaten manuell ergänzt werden.
- **Automatisierte Datenübernahme**: Eine Vielzahl von Merkmalen wird direkt aus der Vorlage übernommen, was die Fehlerquote senkt.
- **Stammdatenkonsistenz**: Informationen wie die Gehaltsgruppe, die hierarchische Einordnung (Management- oder Mitarbeiterebene) sowie die Art der Beschäftigung werden konsistent vererbt.

**Datenbasis für die KI-Optimierung**

Dieser strukturierte Einstieg stellt sicher, dass die generative KI im weiteren Verlauf auf qualitativ hochwertige und rollenspezifische Basistexte zugreifen kann, um die Stellenbeschreibung zielgerichtet zu optimieren.

**Stellenanforderung anpassen**

Nachdem die grundlegenden Informationen erfolgreich aus der Vorlage übernommen wurden, öffnet sich, wie in Abbildung 5.10 zu sehen, die detaillierte Bearbeitungsmaske der Stellenanforderung. In diesem Prozessschritt werden die von der Vorlage abweichenden Informationen ergänzt oder an die aktuelle Bedarfssituation angepasst.

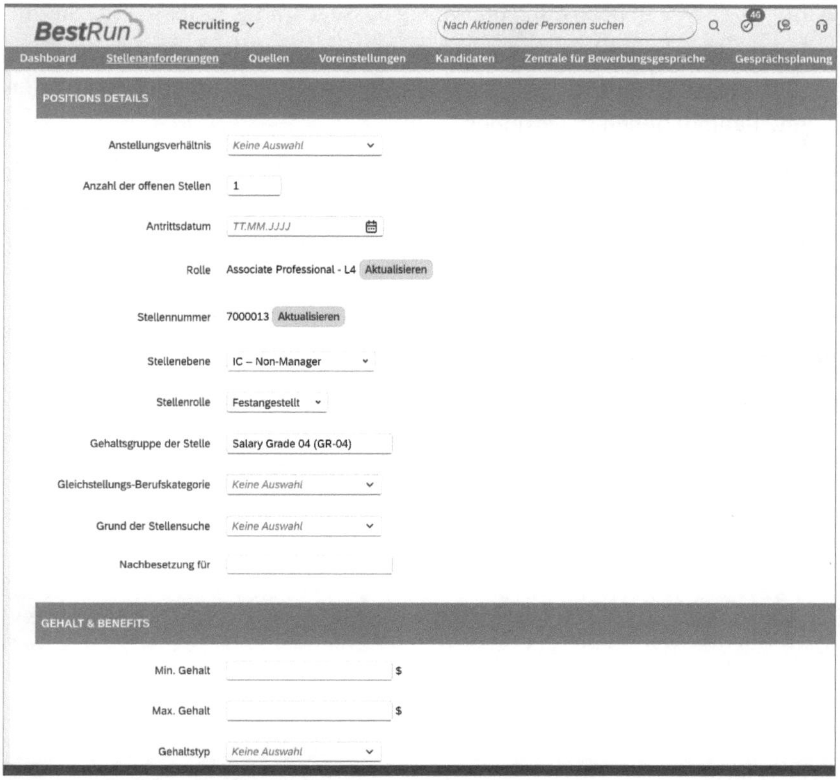


*Abbildung 5.10: Anforderung manuell anpassen*

**Qualitätsprüfung durch die initiale Vorschau**

Nach der Erfassung und Anpassung aller relevanten Stammdaten ermöglicht das System die Generierung einer ersten Vorschau. Diese Ansicht dient als wichtige Entscheidungsgrundlage, um zu beurteilen, ob die vorliegenden Texte bereits für eine Veröffentlichung ausreichen oder ob eine inhaltliche Veredelung notwendig ist.

**Ansicht vor KI-Optimierung**

In Abbildung 5.11 ist die Vorschau für die Rolle **Associate Professional - HR Abteilung** dargestellt, bevor die KI-Funktion zur Erweiterung der Stellenbeschreibung zur Anwendung kommt. Die hier sichtbaren Inhalte entsprechen bislang lediglich den allgemeinen Texten aus der zuvor gewählten Vorlagerolle und den manuellen Anpassungen in der Stellenanforderung.

Die Analyse dieser initialen Fassung verdeutlicht die prozessualen Hürden, die ohne KI-Unterstützung bestehen:

- Die Beschreibung im Bereich **Job Summary** ist sehr generisch und umfasst lediglich Standardaufgaben wie die Unterstützung bei Kommunikationsinhalten, Präsentationen oder administrative Tätigkeiten wie die Bestellung von Büromaterial.

- Die Texte wirken noch dünn und wenig aussagekräftig. Es fehlen spezifische Details zum Teamkontext und zu besonderen Herausforderungen der Position, die entscheidend sind, um die Aufmerksamkeit passender Kandidaten und Kandidatinnen zu gewinnen.
- Die aufgelisteten Kompetenzen wie **Acquiring Information**, **Critical Thinking** oder **Sharing Information** sind zwar rollenspezifisch passend, jedoch fehlt eine erklärende Einbettung in das tatsächliche Tätigkeitsfeld.

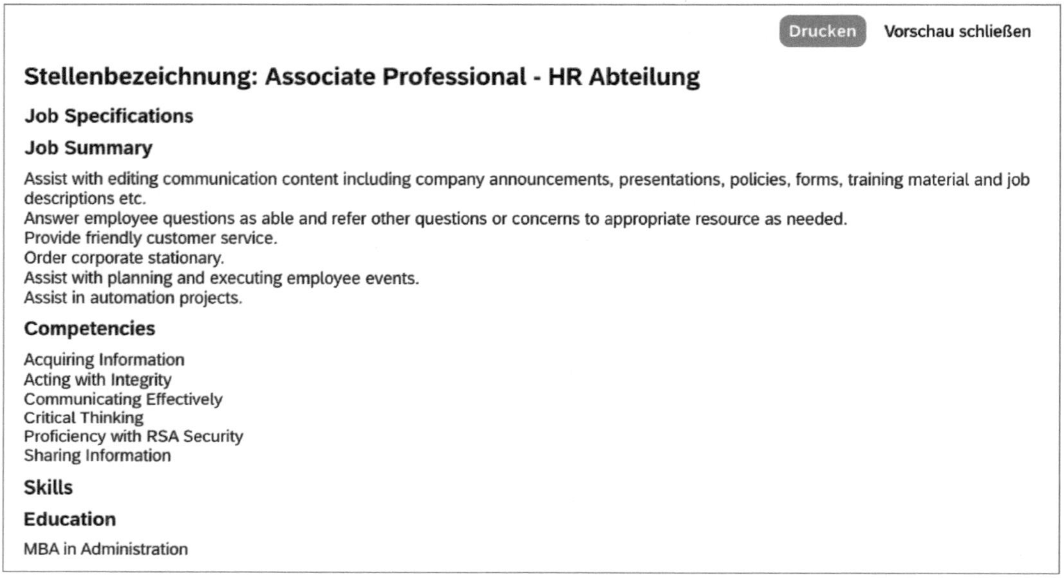
Drucken Vorschau schließen

**Stellenbezeichnung: Associate Professional - HR Abteilung**

**Job Specifications**

**Job Summary**

Assist with editing communication content including company announcements, presentations, policies, forms, training material and job descriptions etc.
Answer employee questions as able and refer other questions or concerns to appropriate resource as needed.
Provide friendly customer service.
Order corporate stationary.
Assist with planning and executing employee events.
Assist in automation projects.

**Competencies**

Acquiring Information
Acting with Integrity
Communicating Effectively
Critical Thinking
Proficiency with RSA Security
Sharing Information

**Skills**

**Education**

MBA in Administration

*Abbildung 5.11: Stellenanforderung vor KI-Optimierung*

In einem klassischen Workflow ohne KI-Unterstützung müsste die Recruiterin oder der anfordernde Manager diese Entwürfe nun manuell um weitere Kontextinformationen ergänzen – mit dem bereits erwähnten hohen zeitlichen Aufwand. Um diesen Prozess zu beschleunigen und gleichzeitig die Qualität zu steigern, bietet SAP SuccessFactors die Möglichkeit, die Stellenbeschreibung mithilfe generativer KI direkt im System zu erweitern. Hierfür bietet das System die Funktion **Stellenbeschreibung erweitern** an.

**KI-Optimierung starten**

Der Zugriff auf dieses Werkzeug erfolgt direkt aus der Bearbeitungsansicht der Stellenanforderung heraus. Wie in Abbildung 5.12 dargestellt, kann von hier zur Registerkarte **Stellenprofil** gewechselt werden. Dort ist oberhalb der verschiedenen Inhaltssektionen die Schaltfläche **Stellenbeschreibung erweitern** platziert.

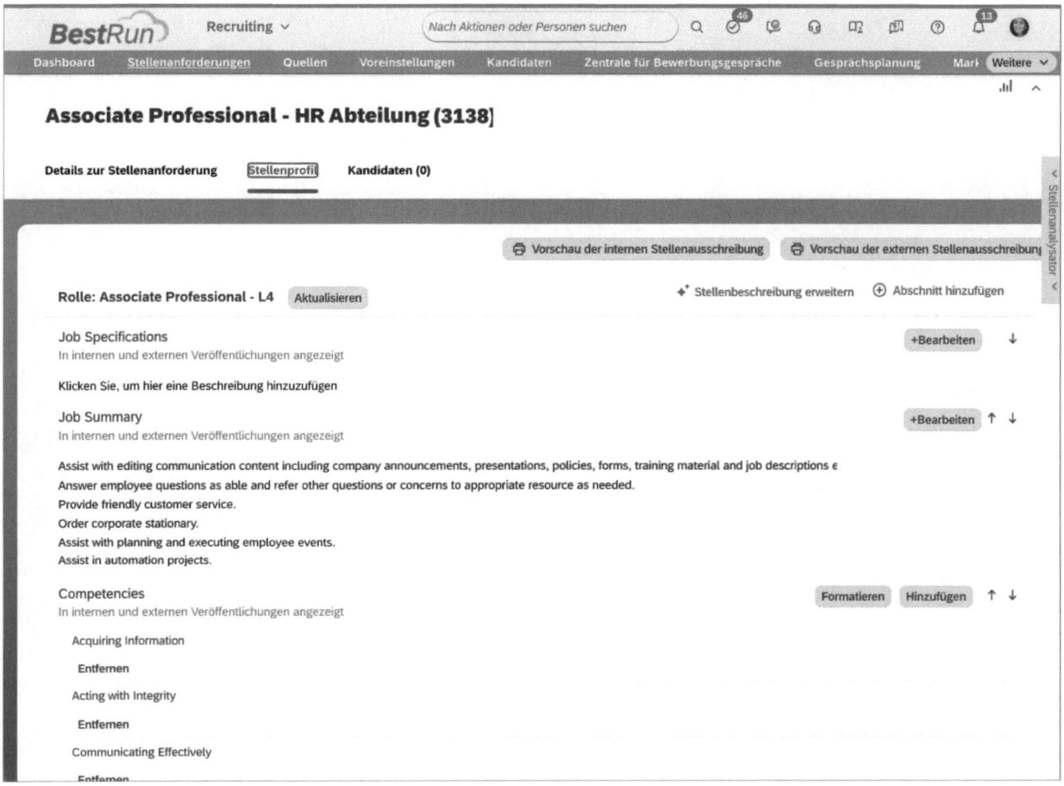


*Abbildung 5.12: Stellenanforderungstext überarbeiten*

**Vergleichsdialog: Original und KI-Vorschlag**

Nach einem Klick auf die Schaltfläche analysiert die KI den vorhandenen Kontext und generiert basierend auf den hinterlegten Kompetenzen und Rollendaten einen deutlich umfangreicheren Textvorschlag. Das Ergebnis dieser Berechnung wird in einem Vergleichsdialog präsentiert, der eine gezielte Auswahl der besten Inhalte ermöglicht (siehe Abbildung 5.13). Dieser Dialog ermöglicht eine gezielte Gegenüberstellung der ursprünglichen Inhalte unter dem Selektionsfeld **Aktuell** und der durch die generative KI erzeugten Vorschläge unter dem Reiter **Generiert**.

**Generiertes Stellenprofil**

In der Sektion **Job Specifications** wird der qualitative Sprung deutlich: Während die Originalversion noch keine spezifischen Texte enthielt, entwirft die KI ein detailliertes Anforderungsprofil. Der Vorschlag umfasst spezifische Qualifikationen wie einen Master-Abschluss in Betriebswirtschaft sowie weiche Faktoren wie außergewöhnliche Kommunikationsfähigkeiten und die Fähigkeit, in komplexen organisatorischen Umgebungen zu navigieren. Zudem werden die zuvor ausgewählten Kompetenzen wie **Acting with Integrity** und **Critical Thinking** flüssig in den Text eingebettet.

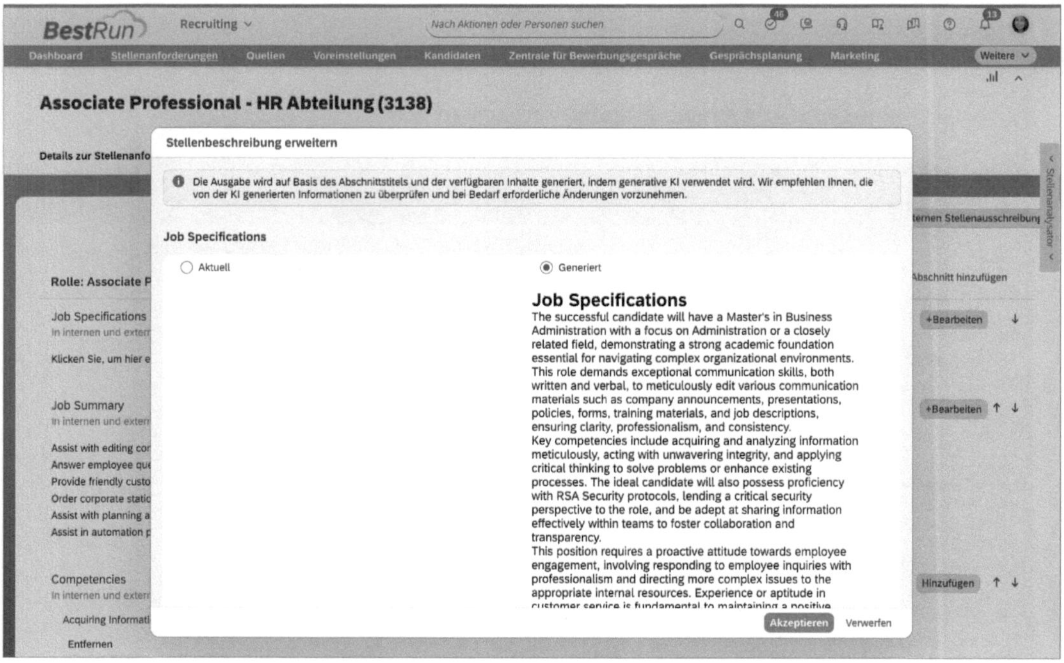


*Abbildung 5.13: Textgegenüberstellung – Teil 1*

**Generierte Stellenzusammenfassung**

Im Bereich der Stellenzusammenfassung (**Job Summary**) überführt die KI die zuvor knappen Stichpunkte in einen Fließtext. In Abbildung 5.14 ist erkennbar, wie die KI eine einleitende Beschreibung formuliert und die Rolle des **Associate Professionals** als zentrale Schnittstelle für Kommunikations-Workflows und administrative Unterstützung im HR-Bereich positioniert.

**Qualitätssicherung und Übernahme des KI-Vorschlags**

Der Anwender oder die Anwenderin behält im gesamten Prozess die volle Kontrolle über die Inhalte. In jedem Abschnitt der Stellenanforderung kann individuell entschieden werden, ob die ursprüngliche Fassung beibehalten oder der KI-Vorschlag übernommen werden soll. Durch Übernahme des KI-Vorschlags werden die generierten Texte direkt in die entsprechenden Felder der Stellenanforderung übertragen.

Dieser teilautomatisierte Workflow stellt sicher, dass Unternehmen innerhalb weniger Sekunden von einer »dünnen« Vorlage zu einer aussagekräftigen, inklusiven und markenkonformen Stellenausschreibung gelangen.

**Manuelle Überarbeitung**

Nachdem die generierten Inhalte in die Stellenanforderung übernommen wurden, können abschließend manuelle Anpassungen an den Texten vorgenommen werden. Wie in Abbildung 5.15 zu sehen, besteht die Möglichkeit zur flexiblen weiteren Individualisierung mithilfe eines Rich-Text-Editors, der eine Vielzahl an Formatierungsoptionen bietet.

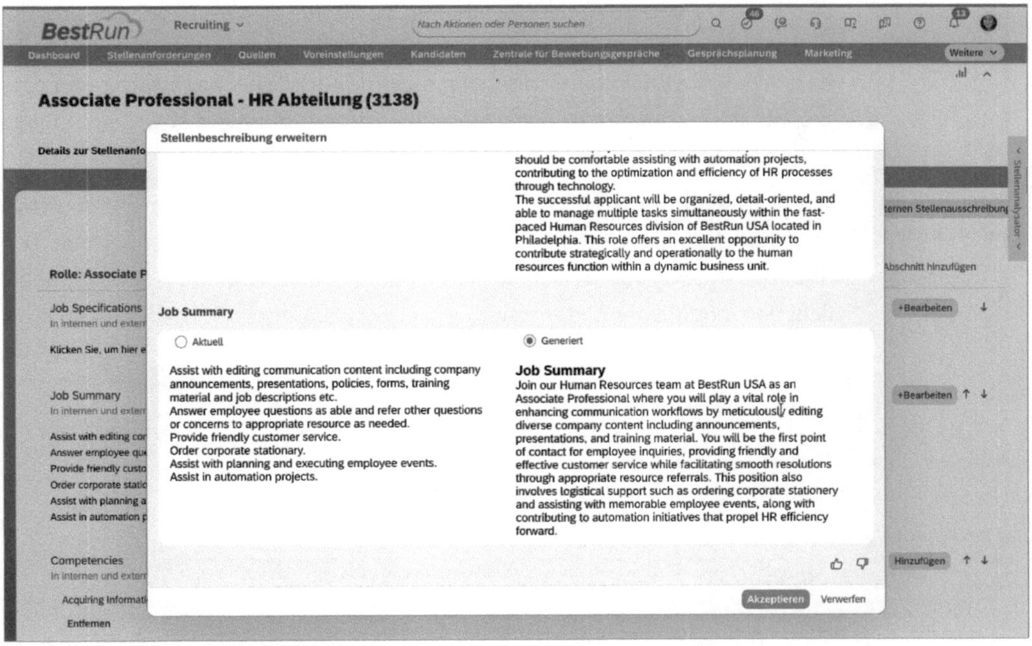


*Abbildung 5.14: Textgegenüberstellung – Teil 2*

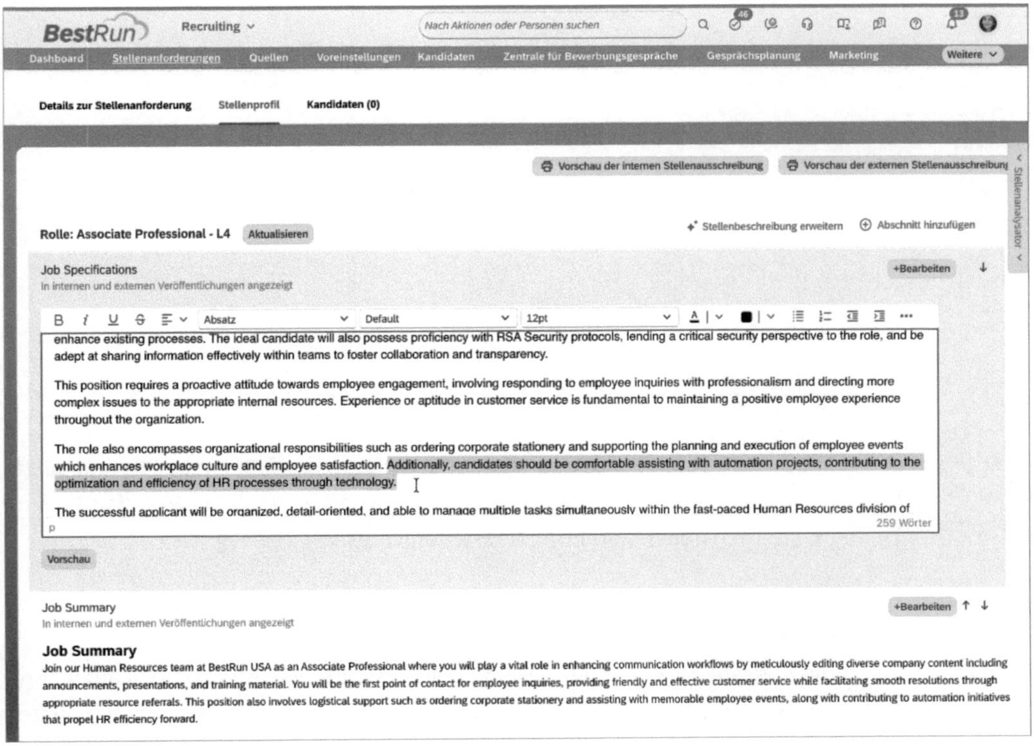


*Abbildung 5.15: Manuelle Überarbeitung des KI-Vorschlags*

**KI an passender Stelle**

Durch diese Einbettung der KI-Optimierung an der richtigen Stelle im Prozess und die Möglichkeit der menschlichen Feinadaptierung wird sichergestellt, dass die finale Stellenausschreibung nicht nur qualitativ hochwertig und professionell wirkt, sondern auch die authentische Stimme des Unternehmens beibehält und die gewünschte Zielgruppe anspricht.

**Finales Ergebnis und Gegenüberstellung**

Wie in Abbildung 5.16 zu sehen ist, hat sich das Profil von einer rein administrativen Auflistung zu einer ausformulierten Stellenbeschreibung entwickelt. Der direkte Vergleich zur ursprünglichen Fassung (siehe Abbildung 5.11) verdeutlicht den inhaltlichen Unterschied.

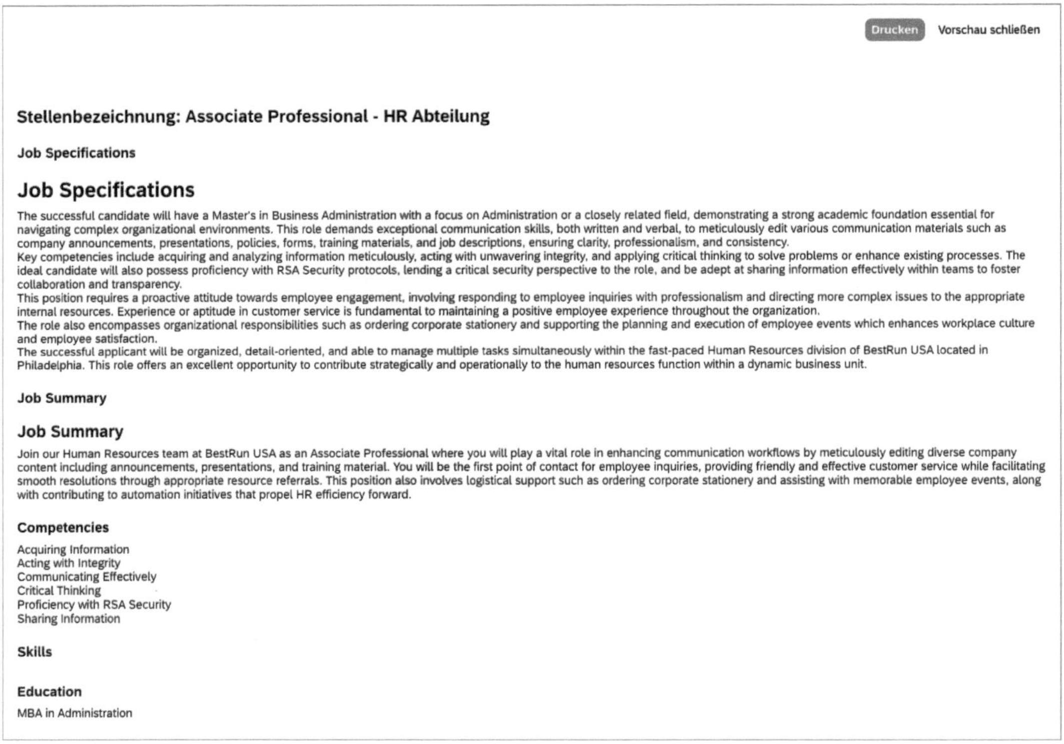


*Abbildung 5.16: Stellenanforderung nach KI-Optimierung*

**Erstellung der Stellenanforderung abgeschlossen**

Mit diesem Schritt ist die inhaltliche Erstellung der Stellenanforderung abgeschlossen, und einer Freigabe durch eine Führungskraft zur Veröffentlichung im internen oder externen Portal steht nichts mehr im Weg.

### 5.2.3 Geschäftlicher Nutzen und Auswirkungen

Die KI-gestützte Optimierung von Stellenbeschreibungen wirkt sich auf mehreren Ebenen auf den Recruiting-Prozess aus – von der Entlastung der beteiligten Personen bis hin zur Außenwirkung des Unternehmens.

**Entlastung des Personals**

Ein zentraler Aspekt liegt in der Entlastung der personellen Ressourcen. Durch die technologische Unterstützung wird der administrative Aufwand für Recruiterinnen und Recruiter und Fachvorgesetzte erheblich reduziert, da die zeitintensive manuelle Texterstellung durch einen hocheffizienten, teilautomatisierten Workflow ersetzt wird. Dies führt zu einer spürbaren Beschleunigung des gesamten Recruiting-Zyklus und erlaubt es den Verantwortlichen, ihre Zeit verstärkt in die persönliche Kandidatenbetreuung und strategischen Auswahlentscheidungen zu investieren.

**Operative Kostenoptimierung**

Neben den Zeitgewinnen wirkt sich die Lösung auf die operativen Kosten pro Stellenausschreibung aus. Die Reduktion des manuellen Erstellungsaufwands trägt zur effizienteren Nutzung der vorhandenen Kapazitäten bei. Präzisere Anforderungsprofile können zudem dazu beitragen, das Risiko von Fehlbesetzungen zu verringern, da ungenaue Stellenbeschreibungen häufig eine Ursache für mangelnde Passgenauigkeit zwischen Bewerberinnen und Bewerbern und dem Bedarf der Fachabteilung sind.

**Stärkung der Arbeitgebermarke**

Ein weiterer Effekt zeigt sich in der Außenwirkung des Unternehmens. Professionell formulierte und inklusivere Stellenausschreibungen können die Arbeitgebermarke stärken und einen breiteren und qualifizierteren Pool an Talenten ansprechen. Da das System Textvorschläge liefert, die dennoch individuell angepasst werden können, bleibt die unternehmenseigene Tonalität erhalten, während gleichzeitig die Konsistenz der Kommunikation sichergestellt wird. Das kann sich positiv auf die Konversionsrate im Bewerbungsprozess auswirken.

## 5.3 KI-gestützte Leistungszielerstellung

Bei der *KI-gestützten Leistungszielerstellung* handelt es sich um eine Funktionalität, die in *SAP SuccessFactors Performance & Goals* eingebettet ist. Sie unterstützt Mitarbeitende und Führungskräfte dabei, individuelle Leistungsziele auf Basis einfacher Stichpunkte effizient zu konzipieren, professionell zu formulieren und durch automatisierte *Meilensteinvorschläge* direkt zu operationalisieren. Die so erstellten Ziele sind strukturiert und messbar definiert und dienen als Grundlage für die Personalentwicklung und die Steuerung des Beitrags zum Unternehmenserfolg.

### 5.3.1 Geschäftliche Herausforderungen

Die Definition und Formulierung von *Leistungszielen* stellt für viele Organisationen eine Hürde im Talentmanagement dar. Der traditionelle Prozess der Zielvereinbarung ist oft geprägt von manuellem Aufwand, inkonsequenten Formulierungen und einer mangelnden strategischen Durchdringung, was die Wirksamkeit der Personalentwicklung einschränkt.

**Zeitaufwand und administrative Belastung**

Ein zentrales Problem in der betrieblichen Praxis ist der Zeitaufwand für Mitarbeitende und Führungskräfte während der Zielplanungsphasen. Die Erstellung von individuellen Leistungszielen von Grund auf ist ein ressourcenintensiver Vorgang (Quelle: SAP-interne HCM-Expertenerfahrung):

- Für die Vorbereitung eines jährlichen Satzes von drei Leistungszielen müssen Mitarbeitende ohne technologische Unterstützung durchschnittlich 40 bis 60 Minuten investieren.
- Selbst die bloße Modifikation bestehender Ziele nimmt pro Mitarbeitenden noch immer rund 15 Minuten in Anspruch.
- Auf die einzelne Zielformulierung heruntergebrochen bedeutet dies einen Zeitaufwand von etwa 15 Minuten für eine Neuerstellung und fünf Minuten für die Anpassung eines vorhandenen Ziels.

In einer Belegschaft von beispielsweise 2.000 Mitarbeitenden summiert sich dieser Zeitaufwand auf mehrere Tausend Arbeitsstunden pro Jahr, die für administrative Tätigkeiten statt für Kernaufgaben aufgewendet werden.

**Hürden bei der Ideenfindung**

Neben der zeitlichen Komponente stellt die inhaltliche Ausgestaltung der Ziele eine qualitative Herausforderung dar. Viele Mitarbeitende haben Schwierigkeiten bei der Ideenfindung und dem Entwurf von Inhalten. Das Ergebnis sind häufig Ziele mit sprachlichen oder strukturellen Schwächen:

- Es mangelt oft an Klarheit, Kürze und dem passenden professionellen Tonfall, der den Kommunikationsanforderungen verschiedener Zielgruppen im Unternehmen entspricht.
- Häufige Defizite zeigen sich in den Bereichen Grammatik, Rechtschreibung, Vokabelauswahl und Phrasierung.

Ohne passende Hilfsmittel wird verhältnismäßig viel Zeit darauf verwendet, die richtigen Worte zu finden, statt sich auf die strategische Bedeutung der Ziele zu konzentrieren.

**Mangelnde Messbarkeit**

Ein weiterer kritischer Aspekt ist die Qualität der Ziele in Bezug auf ihre Steuerungsfunktion. In vielen Fällen sind manuell erstellte Ziele nicht ausreichend präzise oder messbar formuliert. Dies erschwert am Ende des Beurteilungszeitraums eine objektive Bewertung der erbrachten Leistung.

**Strategische Diskrepanz**

Zudem besteht oft auch eine Diskrepanz zwischen den individuellen Vorhaben und den übergeordneten Unternehmenszielen:

- Es fällt Mitarbeitenden schwer, Ziele zu definieren, die ihr persönliches Wachstum effektiv fördern und gleichzeitig einen klaren Beitrag zum Unternehmenserfolg leisten.

- Die Ausrichtung an unternehmensweiten Zielen fehlt häufig, wodurch individuelle Bemühungen die Organisationsstrategie nicht optimal unterstützen und mögliche Synergien ungenutzt bleiben.

### 5.3.2 Lösung und Implementierung: vom Stichpunkt zum strukturierten Leistungsziel

Die Umsetzung der KI-gestützten Leistungszielerstellung erfolgt nahtlos innerhalb von SAP SuccessFactors Performance & Goals. Generative KI-Funktionen ergänzen den Prozess der *Zielformulierung* um einen geführten und effizienten Workflow.

**Einstieg in die Zielplanung**

Der Prozess beginnt für Mitarbeitende und Führungskräfte auf der zentralen Übersichtsseite des Zielplans. In unserem Anwendungsbeispiel betrachten wir, wie in Abbildung 5.17 gezeigt, den Zielplan für 2026, der zu Beginn des neuen Geschäftsjahres noch keine Einträge aufweist.

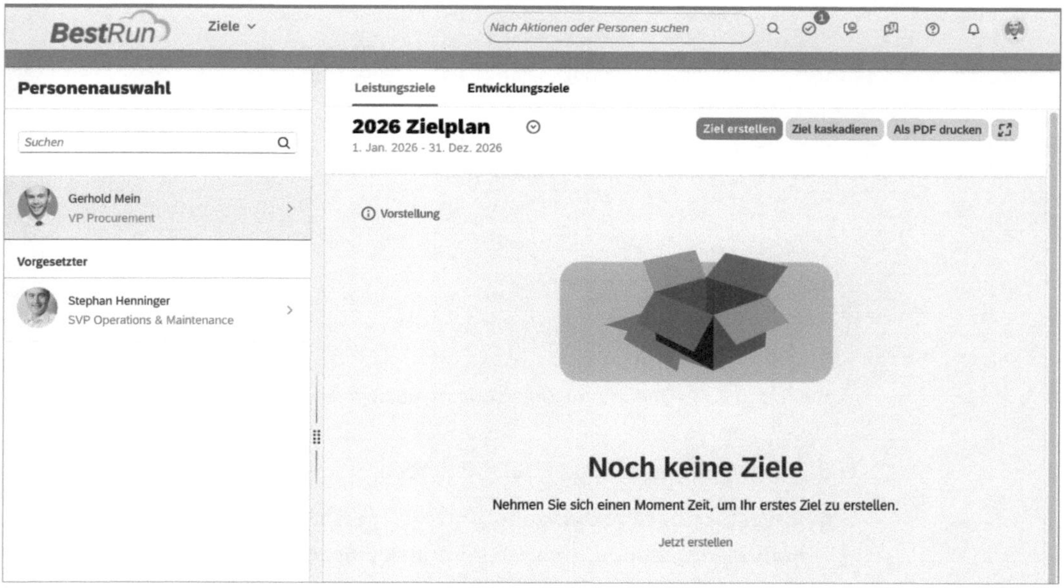


*Abbildung 5.17: KI-gestützte Leistungszielerstellung: Einstieg in die Zielplanung*

**Empfohlene Zielanzahl**

SAP empfiehlt, den *Zielplan* auf drei bis vier Leistungsziele zu beschränken und dort den Fokus auf Kernaufgaben zu legen. Auch um den Zeitaufwand für die Verwaltung des Zielplans in einem gesunden Verhältnis zur tatsächlichen Arbeitszeit zu halten.

Um mit der Erstellung zu beginnen, wählen Sie nun die Schaltfläche **Ziel erstellen** am rechten oberen Bildschirmrand (siehe Abbildung 5.17).

**Einstiegspunkte für die Leistungszielerstellung**

In Abbildung 5.18 ist der Dialog **Zielerstellungsoptionen** dargestellt. Hier stehen verschiedene Pfade zur Definition von individuellen Leistungszielen zur Auswahl. Diese Ansicht unterscheidet sich deutlich von der zuvor in Abbildung 5.6 betrachteten Erstellung von Entwicklungszielen: Während dort eine Rolle oder persönliche Interessen als primäre Quellen dienen, stehen hier bibliotheksbasierte Leistungszielkataloge als Vorlage zur Verfügung.

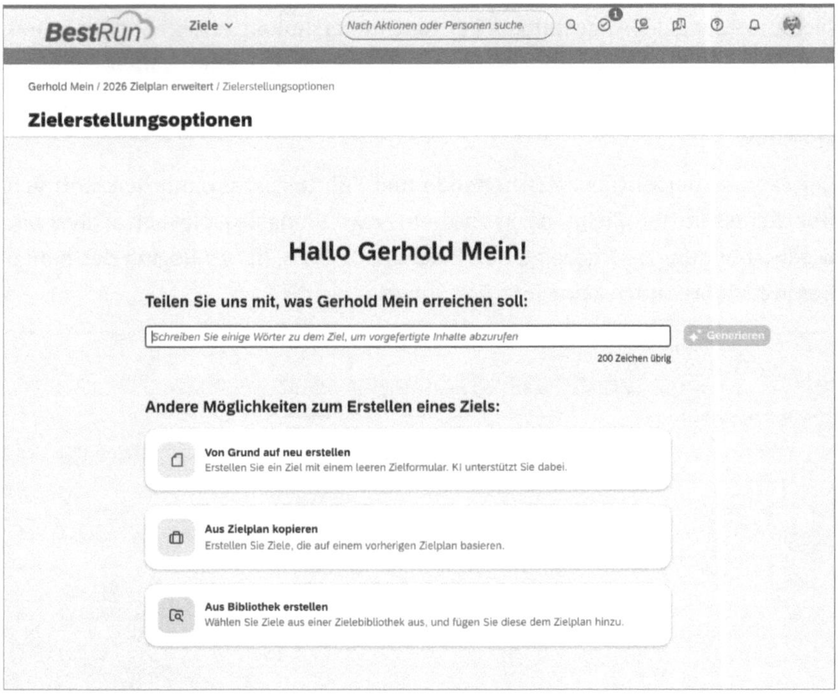


*Abbildung 5.18: Quellen zur Zielerstellung auswählen*

Zur Auswahl stehen vier zentrale Methoden:

- **KI-gestützte Freitexteingabe**: Unter der persönlichen Begrüßung **Hallo Gerhold Mein!** befindet sich ein zentrales Eingabefeld. Hier kann in eigenen Worten beschrieben werden, was erreicht werden soll (etwa: »Projektleitung für die Einführung neuer Compliance-Richtlinien übernehmen«). Über einen Klick auf die Schaltfläche **Generieren** nutzt das System diese Stichpunkte, um einen professionell formulierten Zielentwurf zu erstellen.
- **Von Grund auf neu erstellen**: Diese Option öffnet ein leeres Zielformular. Auch hier steht die KI unterstützend zur Seite, um während der manuellen Eingabe Inhalte einzelner Textfelder zu verfeinern oder zu erweitern. Im Unterschied zur ersten Option ist der Kontext hier auf das jeweils ausgewählte Textfeld reduziert.

- **Aus Zielplan kopieren**: Um Kontinuität zu gewährleisten, ermöglicht dieser Pfad die Übernahme von Zielen, die auf einem vorherigen Zielplan basieren. Dies ist besonders nützlich für rollierende Aufgaben oder Ziele, die über mehrere Jahre verfolgt werden.
- **Aus Bibliothek erstellen**: Hierbei kann aus einer vordefinierten Zielbibliothek des Unternehmens gewählt werden. Die ausgewählten Standardziele werden anschließend in den aktuellen Zielplan übernommen und individuell angepasst.

Die verschiedenen Einstiegspunkte decken sowohl kreative Neuentwürfe als auch standardisierte Unternehmensvorgaben ab.

Zur Illustration der KI-gestützten Leistungszielgenerierung wird im Folgenden die Erstellung durch Eingabe eines Freitextes gewählt. Diese Funktion ist darauf ausgelegt, grobe Arbeitsschwerpunkte oder erste Ideen in strukturierte und messbare Ziele zu überführen, was den Prozess der Ideenfindung beschleunigt.

Die Generierung erfolgt in zwei Schritten:

**Erfassung des Grobentwurfs**

Zuerst skizziert die Anwenderin oder der Anwender das Vorhaben in eigenen Worten im zentralen Eingabefeld unter der Aufforderung **Teilen Sie uns mit, was Gerhold Mein erreichen soll** (siehe Abbildung 5.19).

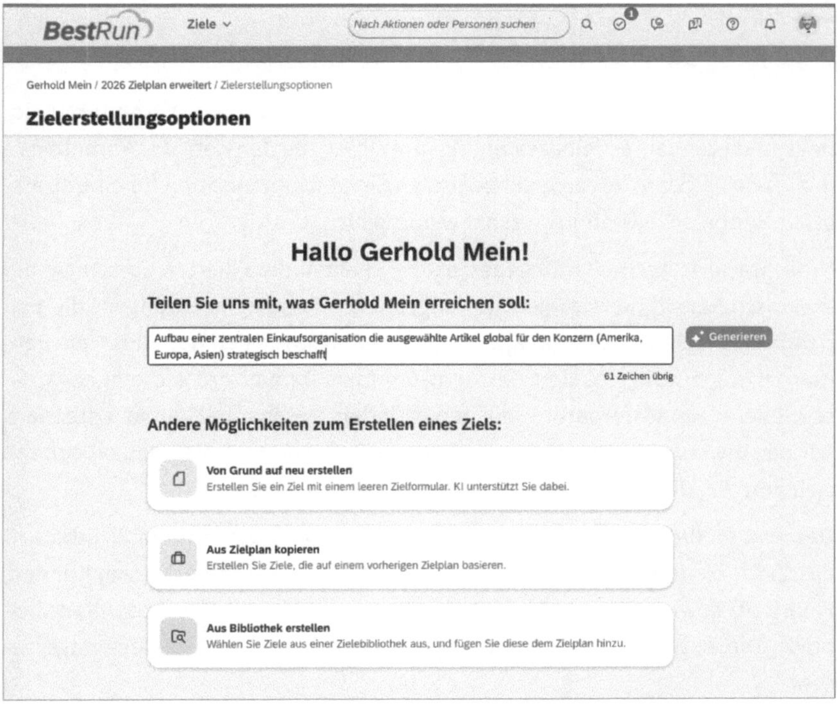


*Abbildung 5.19: Erstellung eines Leistungsziels durch Freitexteingabe*

Im konkreten Praxisbeispiel geben wir ein: »Aufbau einer zentralen Einkaufsorganisation die ausgewählte Artikel global für den Konzern (Amerika, Europa, Asien) strategisch beschafft.« Das Feld erlaubt eine Eingabe von bis zu 200 Zeichen, und es ist wichtig, alle relevanten Aspekte zu erwähnen, die für die Zieldetaillierung berücksichtigt werden sollen.

**Auslösen der Generierung**

Nachdem der Text erfasst wurde, wird der Prozess durch Auswahl der Schaltfläche **Generieren** gestartet. Technisch gesehen nutzt die generative KI diesen Freitext als primäre Kontextquelle. Das System analysiert dabei die vollständige Zielplanvorgabestruktur, um die verfügbaren Felder (wie Titel, Beschreibung oder Erfolgskriterien) korrekt zu interpretieren und die Inhalte entsprechend den konfigurierten Feldlängen und Datentypen zu generieren. Die Bereitstellung eines aussagekräftigen Textes im Eingabefeld hilft der KI dabei, die Qualität und Relevanz des resultierenden Zielvorschlags maßgeblich zu verbessern.

**KI-Inhaltsgenerierung**

Unmittelbar nach der Betätigung der Schaltfläche zur Generierung transformiert das System den zuvor eingegebenen Freitext in ein strukturiertes Leistungsziel und präsentiert dieses, wie in Abbildung 5.20 gezeigt, in der detaillierten Bearbeitungsmaske **Leistungs-Ziel erstellen**. Die generative KI transformiert und ergänzt den bereitgestellten Text um passende Inhalte und entwirft entsprechende Vorschläge für diese beiden notwendigen Felder:

- **Zielbezeichnung**
- **Bewertungsmaßstab**

**Vorbelegte Schlüsselfelder**

Unter **Zielbezeichnung** wird aus dem ursprünglichen Freitext eine professionelle und prägnante Zielbezeichnung formuliert, die den Kern des Vorhabens – in diesem Fall den Aufbau einer zentralen Einkaufsorganisation für eine strategische globale Beschaffung – exakt wiedergibt.

Unter **Bewertungsmaßstab** generiert die KI einen detaillierten Vorschlag, der spezifische Erfolgskennzahlen wie angestrebte Kosteneinsparungen, die Einrichtung von Lieferantenmanagementprozessen sowie den Abschluss von Rahmenverträgen mit globalen Partnern umfasst. Damit wird die eingangs beschriebene Herausforderung der mangelnden Messbarkeit direkt adressiert. Für die Anwenderin oder den Anwender kann dieser Vorschlag neue Ideen mit sich bringen, die in der Form noch nicht bedacht wurden.

**Vorbelegte Administrationsfelder**

Das System unterbreitet zudem automatische Vorschläge für die Sichtbarkeit des Ziels, die funktionale Kategorie (z. B. interne Geschäftsprozesse, Kunden, Finanzen) sowie eine empfohlene Gewichtung innerhalb des gesamten Zielplans. Die zeitliche Terminierung wird entsprechend der Zielplanvorlage gesetzt.

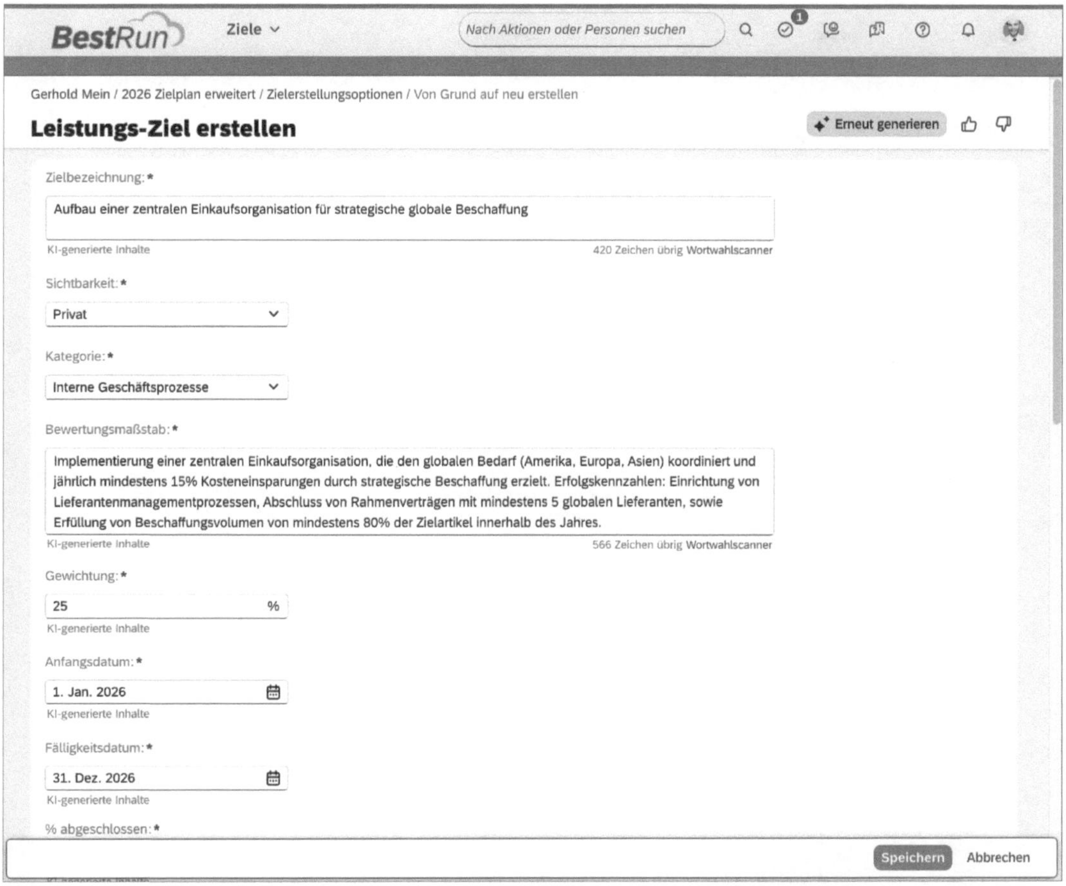


*Abbildung 5.20: KI-Vorschlag für Leistungszielerstellung – Teil 1*

**Vorschlag für Meilensteine**

Ergänzend zur Definition der übergeordneten Zielvorgaben unterstützt die generative KI bei der Operationalisierung des Vorhabens durch die automatische Erstellung von *Meilensteinen*. Wie in Abbildung 5.21 dargestellt, generiert das System basierend auf dem ursprünglichen Freitext eine inhaltlich sinnvolle und logische Abfolge von Teilschritten, die eine detaillierte Planung und Überwachung der Zielerreichung ermöglichen.

**[«]**

> **Erweiterter Zielplan**
>
> Im aktuellen Praxisbeispiel unterliegt dem Ziel ein *erweiterter Zielplan*, der auch die Verwendung von Meilensteinen zur besseren Planbarkeit erlaubt. Diese und weitere Felder sind optional und können von der SAP-SuccessFactors-Administration aktiviert und auch erweitert werden.

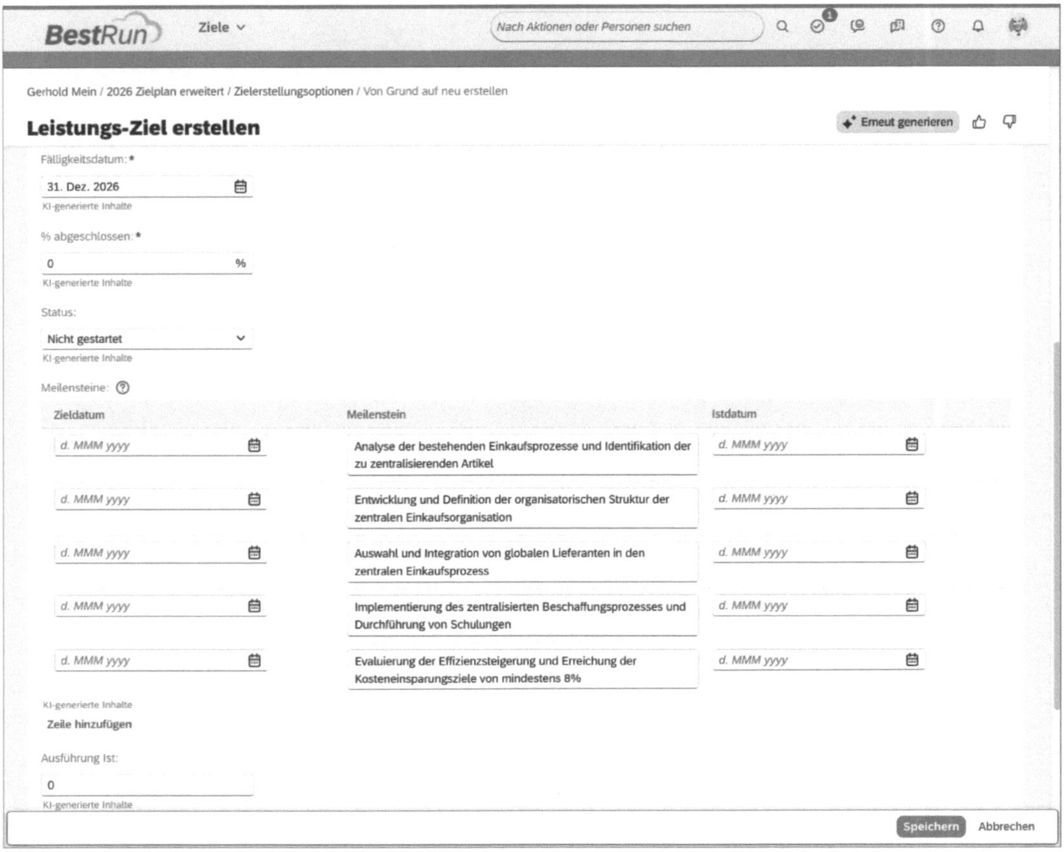


*Abbildung 5.21: KI-Vorschlag für Leistungszielerstellung – Teil 2*

Die KI schlägt hierbei bereits eine sinnvoll strukturierte Abfolge vor, die den gesamten Lebenszyklus der Initiative abdeckt.

**Zeitplanung präzisieren**

Während die inhaltliche Beschreibung der Meilensteine durch die KI erfolgt, bleibt die zeitliche Steuerung vollständig in der Hand der Mitarbeitenden. Die jeweiligen Zieldaten für die einzelnen Etappenziele sind, wie in Abbildung 5.22 zu sehen, manuell zu definieren, um sie mit dem tatsächlichen Projektplan synchron zu halten.

Durch diese manuellen Ergänzungen ist das Ziel nun ausreichend spezifiziert, um den Anforderungen an eine messbare und verbindliche Zielvereinbarung gerecht zu werden. Der Prozess wird durch das Anklicken der Schaltfläche **Speichern** am unteren rechten Bildschirmrand finalisiert.

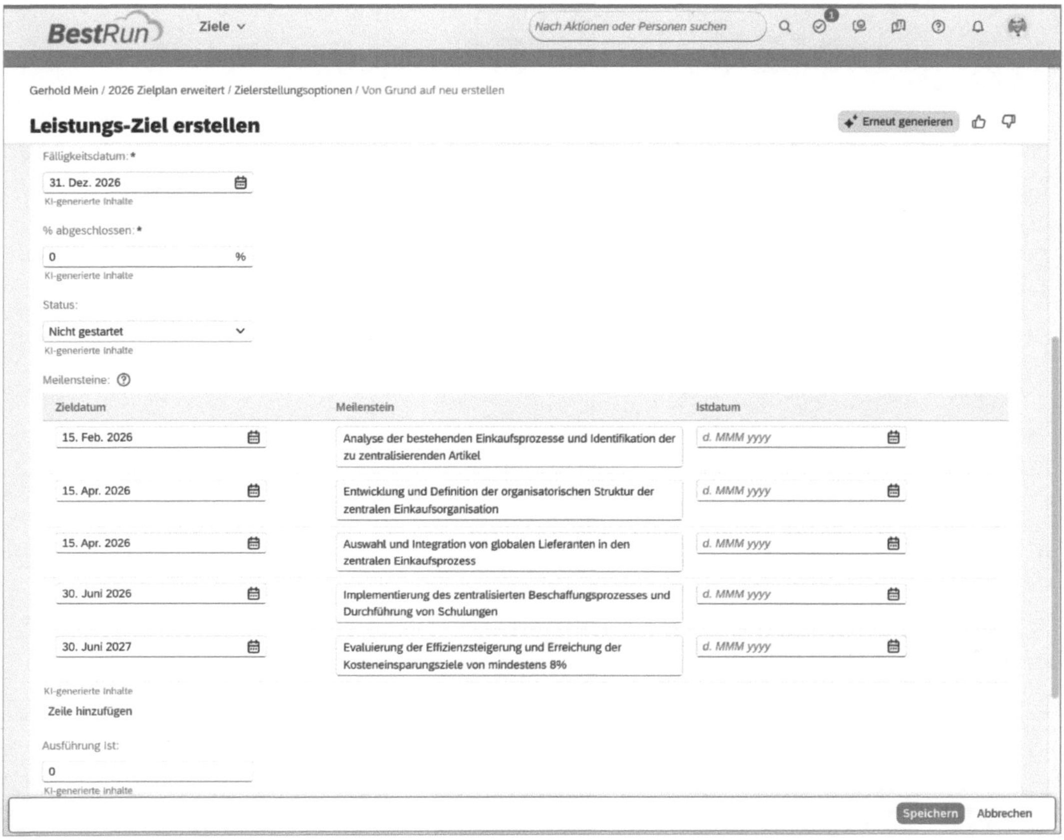


*Abbildung 5.22: Manuelle Ergänzung der Leistungsziele*

**Qualitativ hochwertiges Leistungsziel**

Das Ergebnis ist ein im Zielplan für das Jahr 2026 fest verankertes, qualitativ hochwertiges Leistungsziel, das sowohl inhaltlich als auch zeitlich präzise definiert ist (siehe Abbildung 5.23).

**Effizienzgewinn durch geführte Zielformulierung**

Die Kombination aus KI-gestützter Ideengenerierung und menschlicher Präzisierung ermöglicht es, den administrativen Vorbereitungsaufwand zu reduzieren, da das System wertvolle Unterstützung bei der inhaltlichen Strukturierung und Formulierung leistet. Anstatt viel Zeit für die Ideenfindung und das Ausfüllen vieler einzelner und losgelöster Felder aufzuwenden, können sich Mitarbeitende und Führungskräfte auf die strategische Feinabstimmung der KI-Vorschläge konzentrieren.

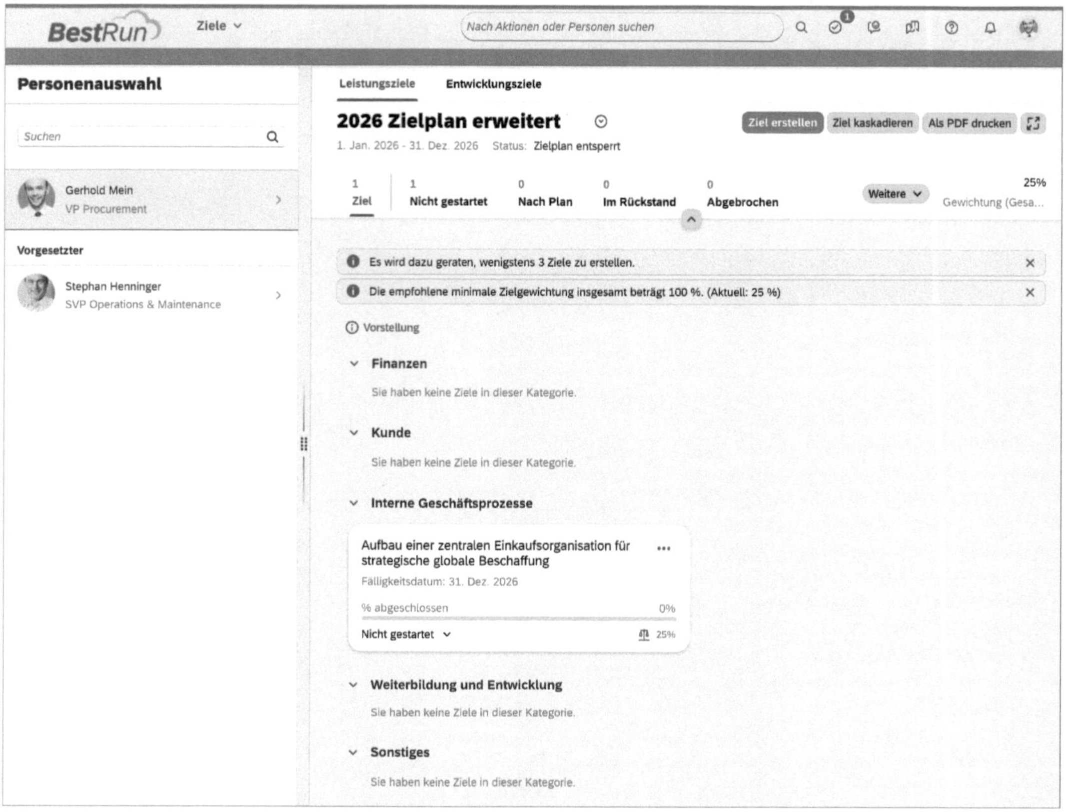


*Abbildung 5.23: KI-gestütztes Leistungsziel erstellt*

### 5.3.3 Geschäftlicher Nutzen und Auswirkungen

Die KI-gestützte Leistungszielerstellung führt zu einem maßgeblichen strategischen Vorteil, da sie den gesamten Prozess der Zielvereinbarung massiv beschleunigen kann. Durch die technologische Unterstützung bei Ideenfindung und Textentwurf kann der administrative Aufwand reduziert werden. Anstatt Ziele von Grund auf zu formulieren, ermöglicht das System eine schnelle Generierung strukturierter Vorschläge. Dies strafft den jährlichen Zielplanungsprozess und kann Kapazitäten für die tatsächliche Umsetzung der Ziele freisetzen.

**Erweiterung des Horizonts**

Ein weiterer Aspekt der technologischen Unterstützung liegt in der Funktion als strategischer Impulsgeber, die über die rein sprachliche Überarbeitung hinausgeht. Die generative KI kann hierbei als »digitaler Sparringspartner« fungieren, der Details zur Zielerreichung und operative Zwischenschritte aufzeigt, die in der rein manuellen Planung oft unberücksichtigt bleiben.

Während Mitarbeitende beispielsweise nur eine grobe Vision oder eine vage Aufgabenstellung im Kopf haben, schlägt die KI konkrete Erfolgskriterien für den Bewertungsmaßstab vor. Dazu gehören etwa die Etablierung neuer Managementprozesse, der Abschluss strategischer Verträge oder spezifische operative Erfüllungsgrade.

**Qualitative Aufwertung**

Über die Zeitersparnis hinaus kann die Lösung zur Qualitätssteigerung der vereinbarten Leistungsziele beitragen. Die generative KI unterstützt dabei, Ziele präzise, prägnant und vor allem messbar zu formulieren, was die Grundlage für eine objektive Leistungsbewertung bildet. Auch die Ausrichtung der individuellen Vorhaben an übergeordneten Unternehmenszielen kann sich verbessern.

Durch die sprachliche Optimierung in Bezug auf Klarheit, Kürze und den passenden professionellen Tonfall wird die Lesbarkeit und Professionalität der Zielpläne organisationsweit auf ein neues Niveau gehoben. Dies fördert ein gemeinsames Verständnis der Erwartungshaltungen und stärkt die Verantwortlichkeit jedes und jeder Einzelnen für den Unternehmenserfolg.

Kapitel 6

# Embedded AI im Customer Relationship Management

*Der Weg in eine neue Ära der Kundeninteraktion beginnt hier. In diesem Kapitel erfahren Sie, wie Sie innovative KI-Funktionen wie den Lead-Booster oder das SAP CX AI Toolkit gezielt für Ihren Geschäftserfolg einsetzen.*

Das Kundenmanagement steht an einem Wendepunkt. In einer Zeit, in der Datenmengen exponentiell wachsen und Kundenerwartungen an Personalisierung und Geschwindigkeit stetig steigen, reicht ein traditionelles *Customer-Relationship-Management-System* (CRM) allein nicht mehr aus. Unternehmen stehen vor der Herausforderung, technologische Komplexität in echte Wettbewerbsvorteile zu verwandeln. Dieses Kapitel widmet sich der Frage, wie künstliche Intelligenz – konkret innerhalb des *SAP-Customer-Experience-Portfolios* (SAP CX) – zum entscheidenden Hebel für den Geschäftserfolg wird.

**Intelligente Kundeninteraktion**

Lange Zeit war der Vertrieb und Service durch isolierte Datensilos und zeitintensive, manuelle Routineaufgaben geprägt. Mitarbeitende verbrachten wertvolle Stunden mit der Recherche in Dokumentationen oder dem manuellen Erstellen von Inhalten, anstatt sich auf das Wesentliche zu konzentrieren: den Aufbau einer vertrauensvollen Kundenbeziehung. Mit dem Einzug generativer KI-Lösungen findet ein Paradigmenwechsel in der Interaktion und Kommunikation mit Kunden statt. Kommunikation wird von einer rein transaktionalen Abfolge zu einem hochgradig personalisierten Dialog. KI-gestützte Systeme ermöglichen es heute, tiefere Einblicke in Kundenbedürfnisse zu gewinnen und diese in Echtzeit in fundierte Sales-Pitches und Beratungsgespräche zu überführen.

**Innovationen für die operative Arbeit**

Die in diesem Kapitel behandelten Funktionen zielen darauf ab, kundennahe Teams – aus Commerce, Marketing, Vertrieb und Service – mit sinnvollen und vielseitigen KI-Ergänzungen in ihrer Aufgabe, den Kundenerfolg sicherzustellen, zu unterstützen.

**Praxisnaher Technologietransfer**

In den folgenden Abschnitten wird die konkrete Anwendung dieser Technologien beschrieben. Wir beleuchten die geschäftlichen Herausforderungen, zeigen detaillierte Anwendungsfälle auf und erörtern den Nutzen für Ihr Unternehmen.

Ob es um eine Steigerung der Arbeitsproduktivität, verbesserte Konvertierungsraten Ihrer Leads oder eine qualitativ höhere und effektivere Kundenbindung geht – diese Beispiele zeigen, wie Sie die Prozesse im CRM mithilfe von KI neu denken können.

**Auswahl exemplarischer Funktionen**

Aus dem über 60 Funktionen umfassenden CX-Portfolio stellen wir Ihnen in diesem Kapitel drei exemplarische KI-Funktionen vor: die KI-unterstützte Kundenübersicht für eine 360-Grad-Sicht auf den Account (siehe Abschnitt 6.1), den Lead-Booster zur gezielten Vorbereitung von Verkaufsgesprächen (siehe Abschnitt 6.2) sowie das SAP CX AI Toolkit mit übergreifenden Werkzeugen für Sales, Service, Commerce und Marketing (siehe Abschnitt 6.3).

## 6.1 KI-unterstützte Kundenübersicht

Die KI-unterstützte Kundenübersicht ist in der *SAP Sales Cloud Version 2* und der *SAP Service Cloud Version 2* in den Bereich der Kundenübersicht eingebettet. Sie aggregiert kundenrelevante Informationen und bereitet diese in Echtzeit auf. Die KI generiert hierbei individuelle Zusammenfassungen, die verschiedene Dimensionen des Kundenprofils abdecken.

### 6.1.1 Geschäftliche Herausforderungen

Im Vertrieb und im Service geht es nicht nur um die Verwaltung von Kundenbeziehungen, sondern auch um deren strategische Weiterentwicklung. Die *KI-unterstützte Kundenübersicht* adressiert dabei mehrere typische Herausforderungen, die die Arbeit von Vertriebs- und Serviceteams beeinflussen.

**Manuelle Recherche**

Ein signifikanter Engpass in vielen Vertriebsorganisationen ist der enorme zeitliche Aufwand, der für die Vorbereitung von Kundenterminen und die strategische Account-Planung benötigt wird. Die Herausforderung liegt nicht nur in der Zeit, sondern auch in der notwendigen Tiefe der benötigten Daten.

Vertriebsbeauftragte können die Historie und Entwicklung des Kunden und dessen spezifisches *Wettbewerbsumfeld* häufig nicht vollständig durchdringen. Gründe dafür sind etwa:

- **Informationsdefizite:** Eine ganzheitliche Sicht auf den Kunden, die verschiedene Aspekte wie das Geschäftsmodell, die Unternehmenskultur und die Wettbewerbslandschaft umfasst, liegt häufig nicht vor.
- **Schwierige Priorisierung:** Ohne Übersicht über die Ziele und Prioritäten des Accounts ist es für den Vertrieb schwierig, mehrwertorientierte Verkaufsgespräche zu führen.

- **Fragmentierte Daten:** Informationen über Geschäftsstrategien und ihre Kundenbasis sind oft vorhanden, aber nicht so aufbereitet, dass sie eine sofortige Handlungsfähigkeit ermöglichen.

Auch der Kundenservice steht vor Hürden, wenn relevante Informationen nicht unmittelbar verfügbar sind.

**Proaktiv statt reaktionär**

Damit Servicemitarbeitende Gespräche nicht ausschließlich reaktiv führen, sondern gezielt und strategisch auf die Bedürfnisse der Kunden eingehen können, ist der Zugang zu umfassenden und tiefgehenden Informationen unerlässlich. Nur mit einer fundierten Datenbasis sind Teams in der Lage, Potenziale für eine zukünftige Zusammenarbeit oder die Erweiterung des bestehenden Portfolios frühzeitig zu erkennen und proaktiv zu adressieren. Fehlt diese Grundlage, gestaltet sich die Identifikation solcher Chancen deutlich schwieriger.

**Auswirkung auf die Vertriebsleistung**

Die beschriebenen Herausforderungen wirken sich direkt auf die messbaren Geschäftsergebnisse aus:

- **Geringere Lead-Konversionsraten:** Mangelnde Vorbereitung kann die Wahrscheinlichkeit erfolgreicher Verkaufsabschlüsse verringern.
- **Stagnierendes Cross-Selling:** Ohne Verständnis spezifischer Kundenanforderungen bleibt das Cross-Sell- und Up-Sell-Potenzial oft ungenutzt, da es nicht systematisch erkannt wird.

### 6.1.2 Lösung und Implementierung

Die KI-unterstützte Kundenübersicht ist in die SAP Sales Cloud Version 2 und SAP Service Cloud Version 2 integriert. Die Implementierung zielt darauf ab, Vertriebsteams durch umfangreiche Einblicke in die Kundensituation bei der Account-Planung durch KI-generierte Zusammenfassungen zu unterstützen.

**Einstiegspunkt**

Der Zugriff auf die Funktion erfolgt über die zentrale Benutzeroberfläche der SAP Sales Cloud Version 2. Wie in Abbildung 6.1 zu sehen ist, befindet sich der Einstiegspunkt im Hauptmenü unter dem Punkt **Kunden**. Von dort aus können Sie die Liste der Kundenstammsätze aufrufen, einen bestehenden Account auswählen oder neue Kundenstammsätze anlegen.

**Kunden neu anlegen**

Für unser Praxisbeispiel legen wir über das Plus-Symbol (+) einen neuen Kundenstamm im System an. In diesem Schritt werden die Basisdaten für die Identifikation des Unternehmens wie Kundenname, Adresse und Webseite erfasst (siehe Abbildung 6.2). In unserem Beispiel geben wir SAP SE als neuen Kunden an. Der Vorgang wird durch Klicken auf die Schaltfläche **Sichern und öffnen** abgeschlossen und der Stammsatz damit angelegt.

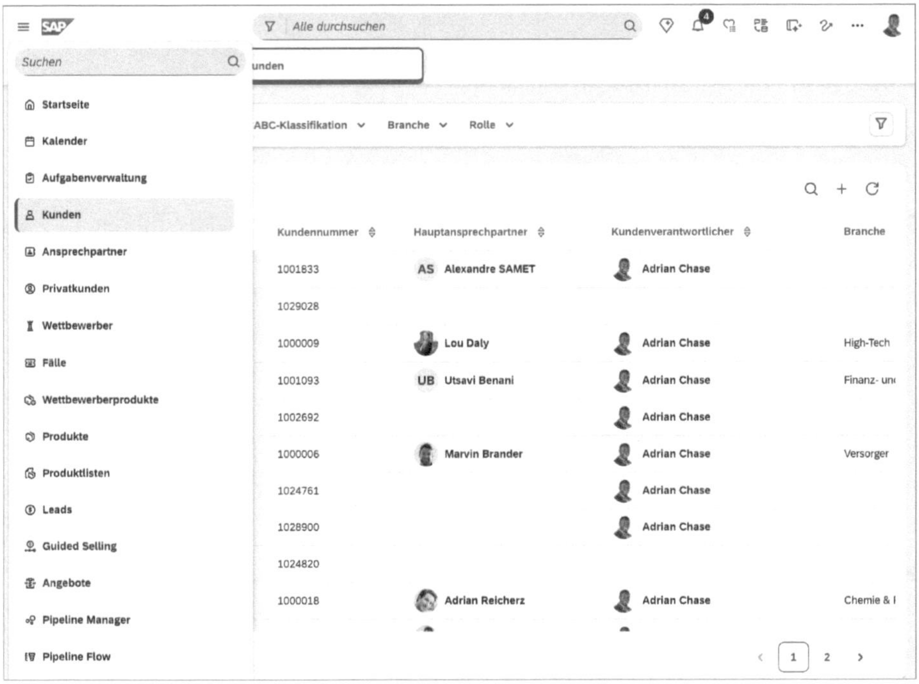

Abbildung 6.1: Allgemeine Kundenübersicht

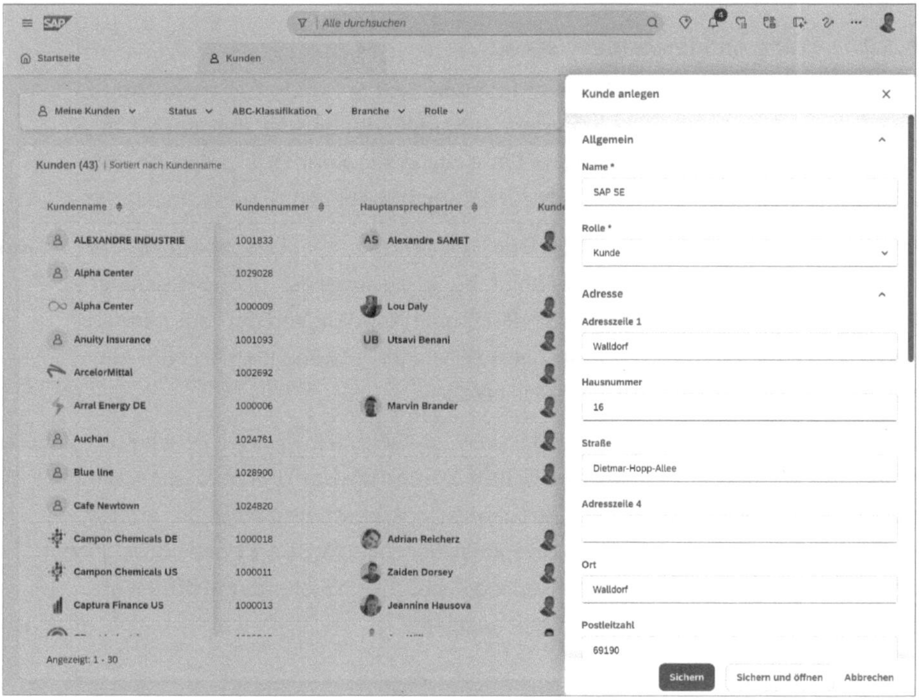

Abbildung 6.2: Kundenstamm anlegen

**Übersicht im Kundenstamm**

Nach dem Speichern navigieren Sie in den Stammsatz. In der Registerkarte **Kundenübersicht** werden die von der KI ermittelten Informationen in strukturierter Form dargestellt (siehe Abbildung 6.3).

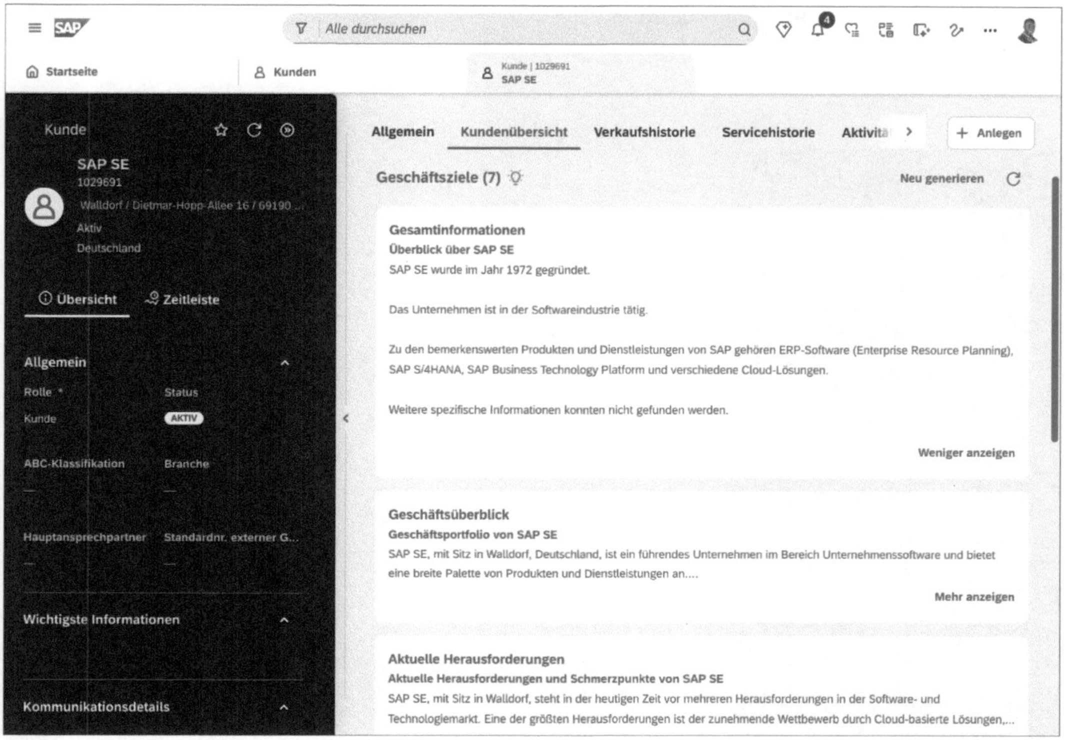


*Abbildung 6.3: Kundenübersicht des neu angelegten Kunden*

**Strukturierung in sieben Sektionen**

Obwohl keine weiteren transaktionalen Daten zu dem Kunden SAP SE im System vorliegen, hat die KI eine umfangreiche Zusammenfassung des Accounts generiert. Die Informationen werden in sieben Sektionen aufbereitet:

- **Gesamtinformationen**: Überblick über Gründungsjahr, Branche und besondere Merkmale
- **Geschäftsüberblick**: Einblick in das Produktportfolio, Innovationen, relevante Industrien
- **Aktuelle Herausforderungen**: Dieser Abschnitt ist für Account Manager interessant, da sich daraus Ansatzpunkte für Cross-Sell- und Up-Sell-Aktivitäten ableiten lassen. Die detaillierte Analyse zu SAP SE ist in Abbildung 6.4 dargestellt.
- **Wettbewerbslandschaft**: Übersicht der größten Wettbewerber des Kunden sowie ihre jeweiligen Stärken und Schwächen
- **Kultur und Hintergrund**: Erklärung der Unternehmenskultur und zentralen Werte des Unternehmens

- **Geschäftsstrategie**: Darstellung der strategischen Schwerpunkte des Kunden
- **Typische Kunden**: Erläuterung der typischen Kunden, deren Größe, Region und Präferenzen

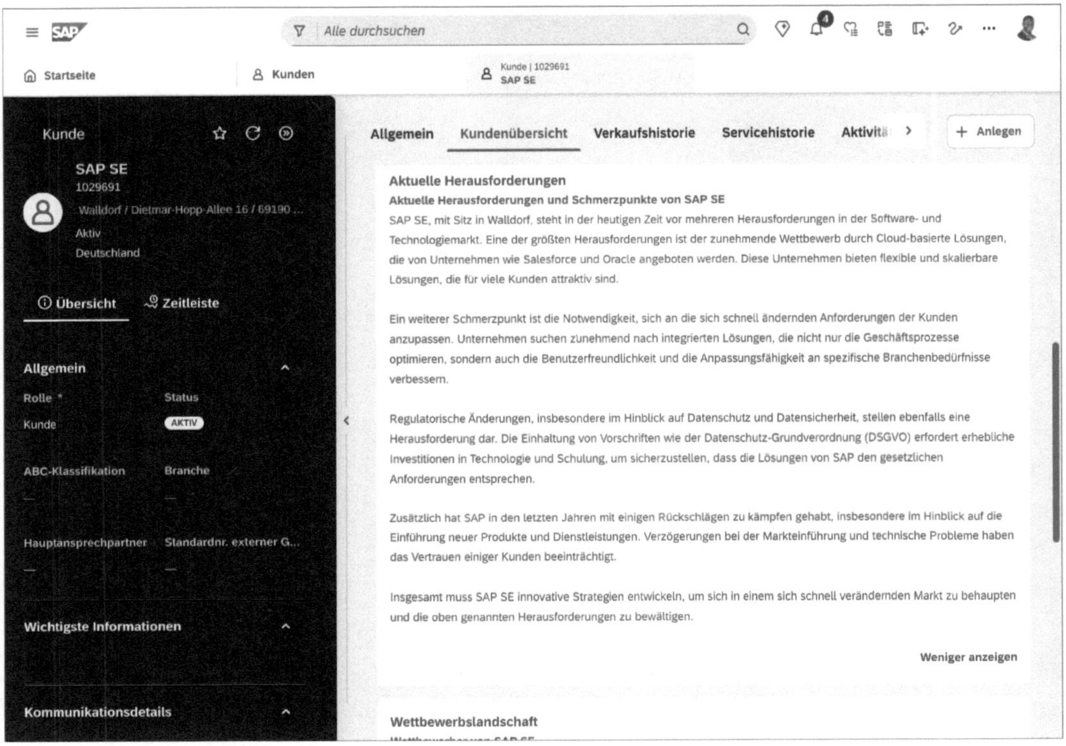


*Abbildung 6.4: Aktuelle Herausforderungen des Kunden*

**Aktualisierung der Daten**

Über die Funktion **Neu generieren** (ausführbar durch die entsprechende Schaltfläche oben rechts in der Abbildung 6.3) können Informationen jederzeit aktualisiert werden, um zum neuesten Stand der Datenbasis zu gelangen.

### 6.1.3 Geschäftlicher Nutzen und Auswirkungen

Die Verwendung der KI-unterstützten Kundenübersicht kann zu Verbesserungen in der Effizienz des Vertriebs sowie zu einer Steigerung der Lead-Konversionsraten führen. Die Vorteile lassen sich in quantitative Produktivitätsgewinne und qualitative strategische Mehrwerte unterteilen.

- **Quantitative Aspekte**

  Der signifikanteste quantitative Nutzen liegt in der Zeitersparnis bei der Vorbereitung von Kundenterminen und der allgemeinen Account-Planung.

- **Qualitative Aspekte**

  Die Lösung bietet über die rein finanziellen Kennzahlen hinaus strategische Vorteile, die die Qualität der Kundenbeziehung nachhaltig beeinflussen:

  - Ganzheitliches Kundenverständnis: Vertriebsteams erhalten eine 360-Grad-Sicht auf den Account über verschiedene Dimensionen hinweg, einschließlich Geschäftsmodell, Unternehmenskultur und Wettbewerbslandschaft.
  - Gezielte Interaktionen: Die Bereitstellung von Echtzeit-Einblicken ermöglicht es Sales- und Servicemitarbeitenden, relevantere und zielgerichtetere Gespräche zu führen, indem sie die spezifischen Herausforderungen des Kunden adressieren können.
  - Erhöhte Abschlusswahrscheinlichkeit: Das tiefere Verständnis der Kundenbedürfnisse und der Wettbewerbssituation steigert die Wahrscheinlichkeit für erfolgreiche Vertriebsabschlüsse.
  - Identifikation von Kooperationsmöglichkeiten: Servicemitarbeitende können frühzeitig neue Gelegenheiten für zukünftige Zusammenarbeit erkennen.

Zusammenfassend lässt sich festhalten, dass die KI-unterstützte Kundenübersicht weit über eine bloße Arbeitserleichterung hinausgeht und neue Einblicke in die eigenen Kunden ermöglicht.

## 6.2 Lead-Booster

Der *Lead-Booster* ist eine KI-Funktion, die Vertriebsmitarbeitende dabei unterstützt, die Relevanz eines Produkts für potenzielle Kunden zu prüfen. Er hilft dabei, Argumente an den strategischen Zielen und Herausforderungen des Kunden auszurichten und die Kommunikation entsprechend vorzubereiten.

### 6.2.1 Geschäftliche Herausforderungen

Der Übergang von einem *Lead* (ein potenzieller Kunde mit Kaufinteresse) zu einer *Opportunity* (konkrete Verkaufschance) stellt für viele Vertriebsorganisationen eine kritische Phase dar, in der ein erheblicher Teil des potenziellen Umsatzes verloren geht. Vertriebsmitarbeitende müssen eine wachsende Anzahl an Leads verwalten und durch gezielte Interaktionen erfolgreich weiterentwickeln. In der Praxis zeigen sich dabei vier fundamentale Herausforderungsbereiche, die eine effiziente Konvertierung behindern.

**Hohes Lead-Volumen**

In großen Unternehmen fallen jährlich große Mengen an Leads an. Angesichts dieser schieren Masse ist es für Vertriebsmitarbeitende eine beträchtliche

Herausforderung, die notwendige Effizienz und Effektivität aufzubringen, um diese Kontakte zeitnah in echte Verkaufschancen zu überführen. Die aktuelle Konvertierungsrate verdeutlicht dabei, dass die derzeitigen manuellen Prozesse oft nicht ausreichen, um das volle Potenzial der Sales-Pipeline auszuschöpfen und die Abschlusswahrscheinlichkeit nachhaltig zu steigern.

**Spezifische Lead-Bedürfnisse**

Ein zentrales Thema im Verkaufsprozess ist das Verständnis der individuellen Anforderungen eines Interessenten. Vertriebsteams kämpfen oft damit, zeitnah einen fundierten Geschäftsüberblick zu erhalten oder die spezifischen Probleme und die aktuelle Wettbewerbslandschaft des Leads zu durchdringen. Ohne Zugriff auf branchenspezifische Informationen ist es schwierig, die Relevanz des eigenen Angebots bereits in der frühen Phase der Geschäftsanbahnung deutlich zu machen.

**Strategic Fit mit Sales-Pitch**

Oft scheitern Verkaufsgespräche daran, dass die Vorteile der angebotenen Produkte nicht präzise auf die strategischen Ziele des Zielunternehmens ausgerichtet sind. Vertriebsmitarbeitende stehen vor der Schwierigkeit, ihre Argumentation so zu strukturieren, dass sie genau jene Aspekte adressiert, die für den jeweiligen Lead im Kontext seiner strategischen Ausrichtung am wichtigsten sind. Fehlt diese Ausrichtung, wirken Angebote oft austauschbar.

**Erschwerter Aufbau von Vertrauen**

Im Vertrieb spielt der Aufbau einer persönlichen Beziehung zu Interessenten und Interessentinnen eine wichtige Rolle. Vielen Teams fällt es schwer, einen Ansatz zu wählen, der sicherstellt, dass sich potenzielle Kunden wirklich verstanden und wertgeschätzt fühlen. Die Herausforderung besteht darin, über rein transaktionale Informationen hinauszugehen und eine Vertrauensbasis zu schaffen, die auf tiefem Verständnis der Unternehmenskultur und der individuellen Schmerzpunkte basiert.

### 6.2.2 Lösung und Implementierung

Die technische Grundlage für die Nutzung der KI-Funktionen bildet die SAP Sales Cloud Version 2. In dieser Lösung ist der gesamte *Lead-to-Opportunity-Prozess* abgebildet, der sich im Anschluss an das SAP-Cloud-ERP-System integriert, in dem die operative Ausführung und Fakturierung den *Lead-to-Cash-Prozess* zum Abschluss bringt.

**Lead Work Center**

Der Zugriff auf die *Leads* erfolgt über das Lead Work Center (siehe Abbildung 6.5). Das Work Center dient als zentraler Einstiegspunkt für die Lead-Bearbeitung und bietet eine Arbeitsvorratssicht für die zuständigen Vertriebsmitarbeitenden. In dieser Übersicht sind wesentliche Informationen auf einen Blick ersichtlich, wie etwa der Status, in dem sich ein Lead befindet (**offen**, **akzeptiert**, **umgewandelt**, **abgelehnt**), oder die Qualifikation des Interesses und der Kaufwahrscheinlichkeit (**kalt**, **warm**, **heiß**).

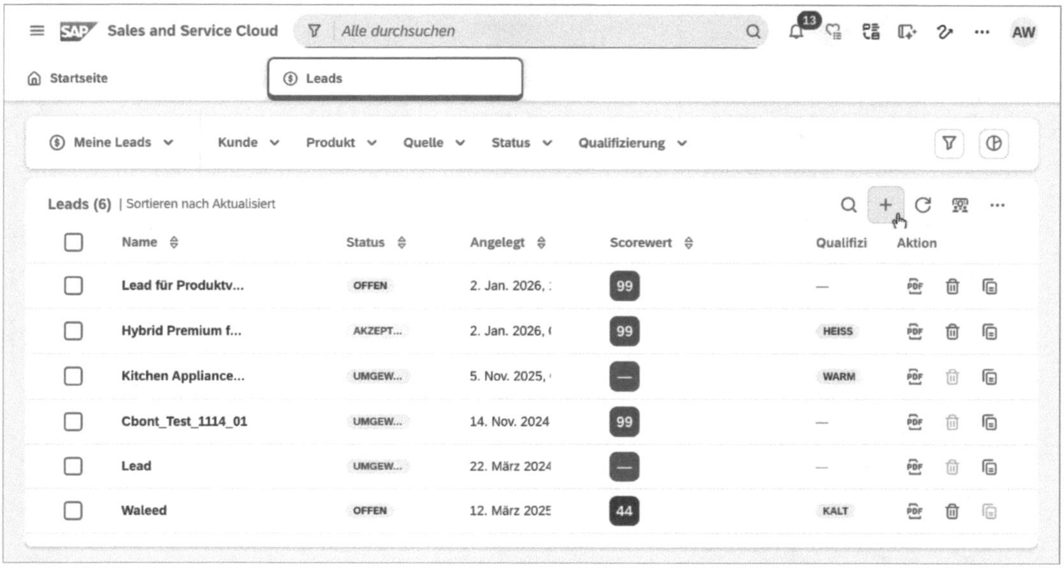


*Abbildung 6.5: Lead-Booster: Einstieg über das Lead Work Center*

**Erstellung des Leads**

Die Grundlage für die Nutzung des Lead-Boosters ist ein im System vorhandener Lead-Datensatz. Zur Anlage eines Leads wird das in Abbildung 6.5 ersichtliche Plus-Icon gewählt, wodurch sich die Maske zur Anlage eines neuen Leads öffnet (siehe Abbildung 6.6).

In der Maske **Neuer Lead** erfassen Sie Informationen über den Kunden. Geben Sie einen aussagekräftigen Namen an, um eine eindeutige Identifikation zu gewährleisten. Im Feld **Lead Type** wird die Art des Leads für die Folgebearbeitung und für spätere Analysezwecke hinterlegt. Zentral sind der **Kundenname** und ein **Hauptansprechpartner** für den Lead, um eine klare Kommunikationsstruktur sicherzustellen. Schließlich geben Sie noch Angaben zur Herkunft des Leads sowie eine erste Einschätzung zur Qualifizierung ein.

Da der Lead-Booster auf der Argumentation für konkrete Produkte oder Dienstleistungen aufbaut, ist die Zuordnung eines Produkts aus dem eigenen Portfolio ein notwendiger Schritt.

Bevor wir in diesem Praxisbeispiel ein Produkt dem Lead hinzufügen, validieren wir, dass im Produktstamm ausreichende *Produktmerkmale* hinterlegt sind, die von der KI verarbeitet und im Kontext des Leads sinnstiftend verwertet werden können. Dazu wechseln Sie in den Produktstamm, in diesem Fall des Produkts **Hybrid Headset Premium 2** (siehe Abbildung 6.7). Im Bereich **Beschreibungen** sind technische Merkmale des Produkts gepflegt.

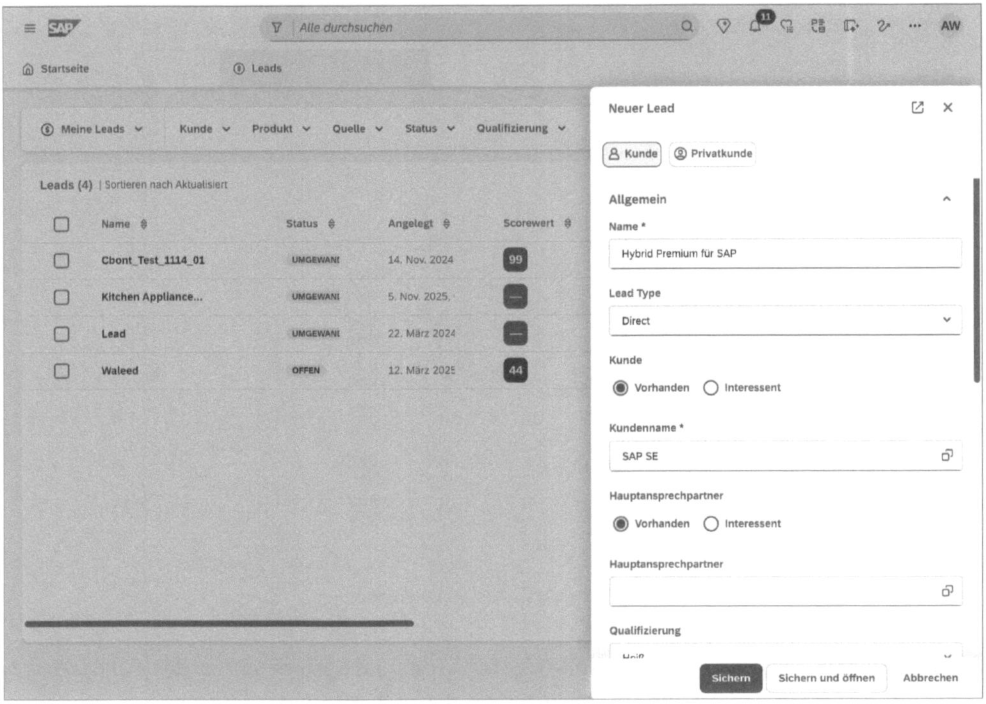


*Abbildung 6.6: Lead-Booster: Anlage eines Leads*

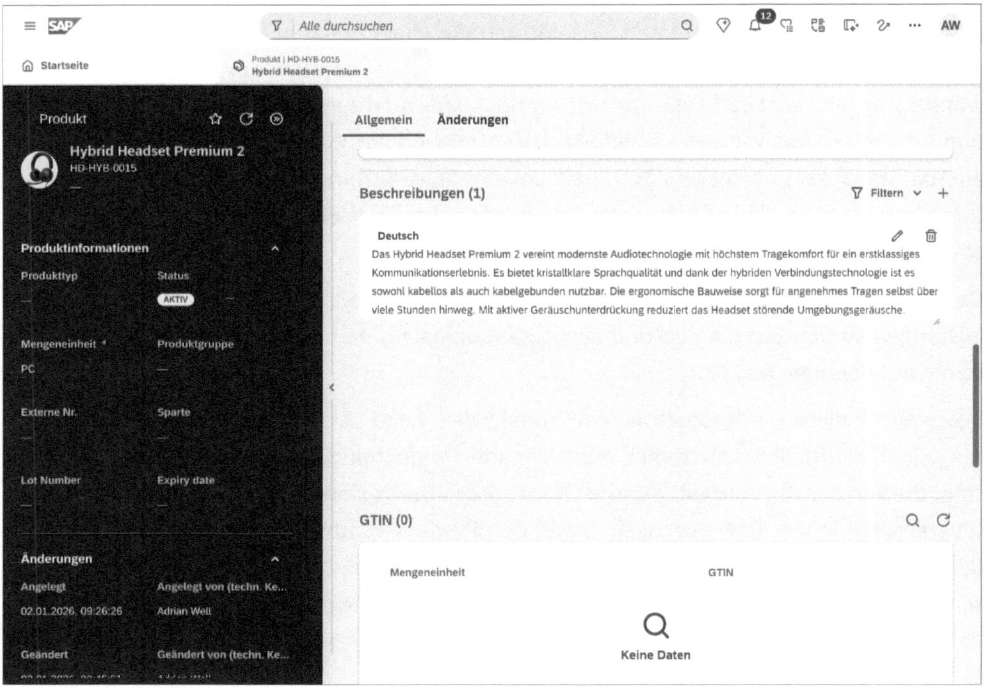


*Abbildung 6.7: Lead-Booster: Informationen im Produktstamm*

**Lead um Produktinformation ergänzen**

Wechseln Sie wieder zurück in die Detailansicht des Leads **Hybrid Premium für SAP** und klicken Sie auf das Plus-Icon (siehe Abbildung 6.8). In einem Suchfeld können Sie das geprüfte Produkt nun eingeben und über einen Klick auf das Plus-Icon dem Lead hinzufügen. In der Übersicht des Leads sind zudem weitere Kontextinformationen ersichtlich, die für die KI-Analyse relevant sind, wie die Herkunft (**Quelle: Messe**) und die hohe Priorität (**Qualifizierung: Heiß**). Mit der erfolgreichen Zuordnung des Produkts sind jetzt ausreichende Datenpunkte im System vorhanden, damit der Lead-Booster die KI-gestützten Einblicke generieren kann. Diese strukturierte Erfassung der relevanten Daten legt die Grundlage für eine gezielte und effiziente Bearbeitung des Leads im weiteren Vertriebsprozess und bietet die notwendige Datenbasis für die KI-Funktionen.

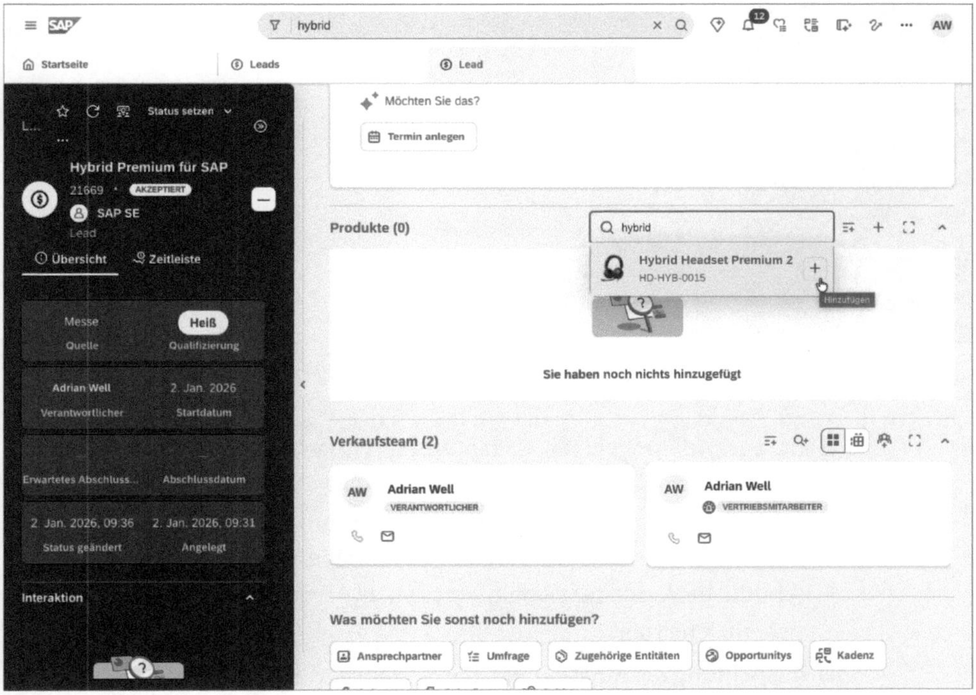


*Abbildung 6.8: Lead-Booster: Produkte hinzufügen*

**Verknüpfung von Kundensituation und Produktangebot**

Am Beispiel des Produkts **Hybrid Headset Premium 2** generiert das System auf den Kunden zugeschnittene Einblicke, die über allgemeine Produktbeschreibungen hinausgehen. Dabei verknüpft die KI die Merkmale des Produkts mit den geschäftlichen Rahmenbedingungen des im Lead hinterlegten Kundenstamms.

Die Funktion finden Sie in der Registerkarte **Lead-Booster** (siehe Abbildung 6.9). Ähnlich wie bei der KI-unterstützten Kundenübersicht (siehe Abbildung 6.3) werden die Informationen strukturiert aufbereitet, um den Vertriebsmitarbeitenden eine schnelle Orientierung zu ermöglichen:

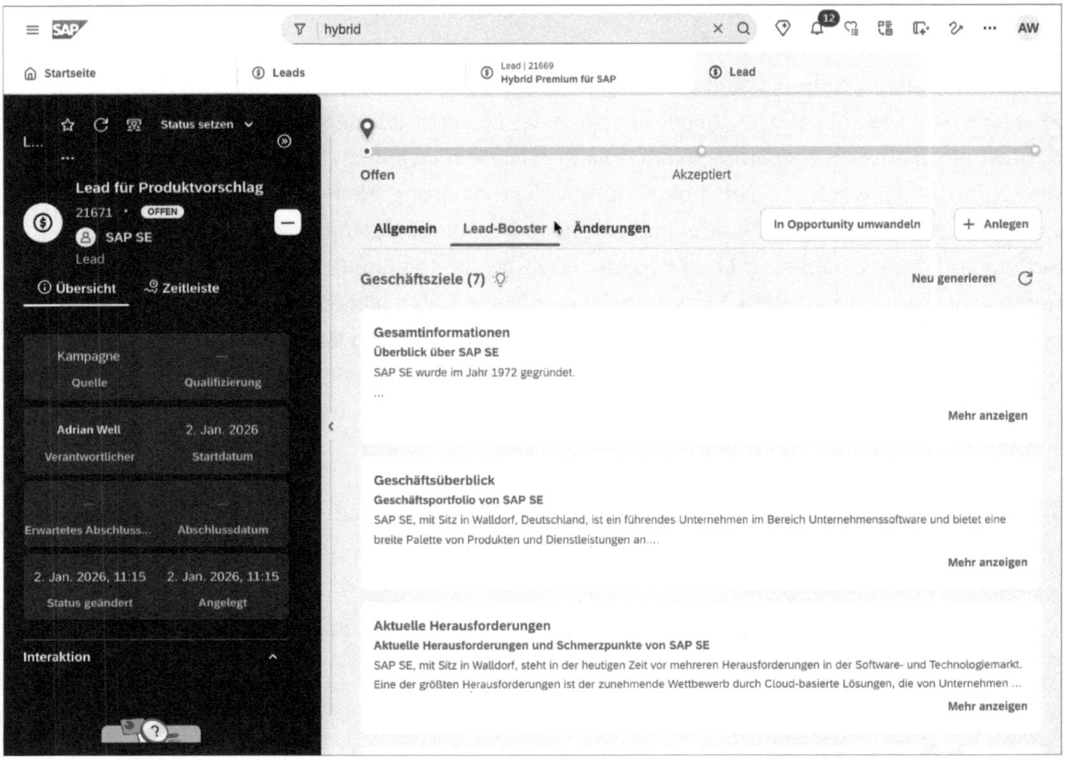


*Abbildung 6.9: Lead-Booster: Tab für KI-generierte Einblicke*

- **Herausforderungen**: Die KI identifiziert Hürden in der Branche des Kunden, wie die Integration von Altsystemen, Datensicherheit und Fachkräftemangel. Es wird explizit aufgezeigt, dass das Hybrid Headset Premium 2 durch einfache Integration in bestehende Kommunikationssysteme und fortschrittliche Verschlüsselung zur modernen Arbeitswelt passt und zur Datensicherheit beiträgt.
- **Ausrichtung auf Kundenziele**: Das System bewertet, wie das Produkt die Vision des Kunden unterstützt, etwa durch die Förderung von Innovation und Kundenzufriedenheit. Die KI hebt hervor, dass das Headset optimal den Markttrend zu Remote-Arbeit und flexiblen Arbeitsmodellen unterstützt, was für die Zielgruppe der IT-Unternehmen essenziell ist.
- **Lösung aktueller Probleme**: Für Herausforderungen wie komplexe Software-Einführungen oder begrenzte Schulungsressourcen bietet das Headset Lösungen durch verbesserte Echtzeit-Kommunikation und klare Audioqualität in virtuellen Trainings. Die Nutzung des Headsets kann die Lernkurve bei neuen Systemen verkürzen und die Effizienz bei der Datenanalyse im Team steigern.

- **Detaillierte Produktvorteile**: Die KI strukturiert die Kernfunktionen des Headsets – aktive Geräuschunterdrückung für konzentriertes Arbeiten, hohe Klangqualität für professionelle Meetings sowie ein ergonomisches Design für langen Tragekomfort. Zusätzlich werden die Mobilitätsvorteile durch die drahtlose Verbindung betont.
- **Strategien zur Wettbewerbsdifferenzierung**: Der Lead-Booster schlägt vor, das Headset als Teil einer modernen Arbeitsumgebung zu positionieren, um den Kunden als Vorreiter für innovative Lösungen zu etablieren. Es werden gezielte Ansätze zur Markenbildung empfohlen, wie die Integration in die bestehende Unternehmensidentität oder die Erstellung maßgeschneiderter Bundles für Nutzer von SAP-Software.
- **Anpassung und Skalierbarkeit**: Die KI liefert konkrete Vorschläge zur Individualisierung, wie anpassbare Audio-Profile, verschiedene Branding-Optionen mit dem Firmenlogo oder die Integration in spezifische SAP-Anwendungen. Für die langfristige Nutzung werden Skalierungsoptionen wie modularer Aufbau, cloudbasierte Software-Updates und flexible Lizenzmodelle aufgezeigt.

**Präzise Vertriebsvorbereitung**

Durch diese detaillierte Aufbereitung ermöglicht der Lead-Booster dem Vertrieb, ein hochgradig personalisiertes und strategisch fundiertes Verkaufsgespräch zu führen, das exakt auf die Bedürfnisse und Ziele des Leads abgestimmt ist.

### 6.2.3 Geschäftlicher Nutzen und Auswirkungen

Die Verwendung des Lead-Boosters innerhalb der SAP Sales Cloud Version 2 kann zu einer messbaren Steigerung der Vertriebseffizienz führen. Die Effekte lassen sich in quantitative und qualitative Aspekte unterteilen.

**Konversionsraten**

Durch die KI-gestützte Aufbereitung von Verkaufsargumenten werden Vertriebsmitarbeitende in die Lage versetzt, wesentlich effektiver bei der Umwandlung von Interessenten in konkrete Verkaufschancen zu agieren. Dies kann sich auf die Konversionsrate innerhalb der Sales-Pipeline vom Lead zur Opportunity auswirken.

**Personalisierter Ansatz**

Die Lösung unterstützt einen personalisierten Ansatz, der über transaktionale Kommunikation hinausgeht. Die KI bereitet Informationen so auf, dass Mitarbeitende auf die individuellen Bedürfnisse des potenziellen Kunden eingehen können. Dies kann eine Grundlage für die spätere Geschäftsbeziehung schaffen.

**Strategische Wertausrichtung**

Ein zentraler strategischer Vorteil liegt in der Ausrichtung der Verkaufsargumentation. Die KI-Funktion stellt sicher, dass die Vorteile des angebotenen Produktportfolios mit den strategischen Zielen und der langfristigen Vision des

Kunden in Einklang sind. Dies verwandelt das Verkaufsgespräch von einer Produktpräsentation in eine strategische Beratung, die auf die Lösung konkreter Herausforderungen des Kunden ausgerichtet ist.

## 6.3 SAP CX AI Toolkit

Das *SAP CX AI Toolkit* ist eine Lösung von SAP, die KI- und generative KI-Technologien für CRM-Prozesse in den Bereichen Sales, Service, Commerce und Marketing bereitstellt. Ziel ist es, Unternehmen dabei zu unterstützen, ihre Effizienz zu steigern, Kundeninteraktionen zu verbessern und digitale Erlebnisse zu transformieren.

**Nutzung von Standardszenarien**

Das Toolkit umfasst eine Vielzahl von Anwendungen und Services, die von *Chatbots* und *intelligenten Prozessautomatisierungen* bis hin zu fortschrittlichen Datenanalysen reichen. In diesem Abschnitt werden ein Auszug dieser Funktionalität und die Interaktion mit SAP Sales Cloud Version 2 behandelt.

**Entwicklung eigener KI-Tools**

Neben der Nutzung von vordefinierten Embedded-AI-Szenarien wie der *Intelligent-Q&A-Funktion* zur Generierung von Antworten auf Fragestellungen bietet es Administratorinnen und Administratoren auch die Möglichkeit, eigene KI-gestützte Anwendungsfälle mithilfe des *AI Tool Builders* zu entwickeln und in vorhandene Systeme zu integrieren, um unternehmensspezifische Anwendungsszenarien und Geschäftsprozesse zu optimieren.

### 6.3.1 Geschäftliche Herausforderungen

Unternehmen sehen sich mit wachsenden Datenmengen und steigenden Kundenerwartungen konfrontiert. In Vertrieb, Service und Handel zeigen sich dabei mehrere Herausforderungen, die die Produktivität der Mitarbeitenden und die Qualität der Kundeninteraktion beeinträchtigen.

**Datensilos und mangelnde Transparenz**

Ein zentrales Problem ist die Trennung von CRM- und E-Mail-Daten, was eine ganzheitliche Sicht auf den Kunden erschwert. Teams kämpfen oft damit, Informationen aus unterschiedlichen Quellen wie Vertrieb, Service, Handel und Drittsystemen wie Mail- oder Chatsystemen konsistent zusammenzuführen.

**Manueller Aufwand für Routineaufgaben**

Vertriebs- und Servicemitarbeitende verbringen täglich Stunden mit zeitintensiven, repetitiven Tätigkeiten. Dazu gehören das manuelle Zusammenfassen von Datensätzen, die aufwendige Recherche in Kundenhistorien sowie die Koordination von Terminen und das Kalendermanagement. Kundenanfragen können oft nicht schnell genug beantwortet werden, da proaktive Einblicke in die Kundenbedürfnisse fehlen. Besonders im Commerce-Umfeld führen fehlende Informationen zu Produkten, Garantien oder spezifischen Produkteigenschaften zu Reibungspunkten im Kaufprozess (z. B. fehlende Informationen zur Interoperabilität).

**Sicherheitsrisiken und Datenschutzbedenken**

Bei der Nutzung moderner KI-Technologien stellt sich die Frage des Schutzes von Unternehmens- und personenbezogenen Daten. Es besteht das Risiko, dass sensible Daten unverschlüsselt verarbeitet werden oder für das Training externer *Large Language Models* (LLMs) genutzt werden könnten. Bei der automatisierten Generierung von Inhalten besteht zudem die Möglichkeit von Verzerrungen (Bias) oder sachlich unzutreffenden Aussagen.

**Verfügbarkeit von Produktinformationen**

Spezifikationen einzelner Produkte aus dem Portfolio sind häufig nicht ausreichend verfügbar oder schlecht dokumentiert. Das erschwert sowohl die Erstellung aussagekräftiger Produktbeschreibungen als auch die Beantwortung von Kundenanfragen. Mitarbeitende aus dem technischen Vertrieb verbringen viel Zeit damit, sich mit Expertinnen und Experten aus der Produktentwicklung abzustimmen, oder ihnen fehlt sogar gänzlich der Zugang zu den Kanälen.

Das SAP CX AI Toolkit setzt hier an und bietet den Nutzerinnen und Nutzern der SAP Sales Cloud and Service Cloud Version 2 sowie der SAP Commerce Cloud einige innovative Funktionen, um die Problemstellungen und Herausforderungen besser zu meistern.

### 6.3.2 Lösung und Implementierung

Beim SAP CX AI Toolkit handelt es sich um eine eigenständige Lösung im Customer-Experience-Portfolio von SAP. Es lässt sich mit verschiedenen SAP-CX-Lösungen sowie mit Microsoft-Office-365-Services verbinden. Wie in Abbildung 6.10 zu sehen, verfügt es über ein eigenes *Launchpad*.

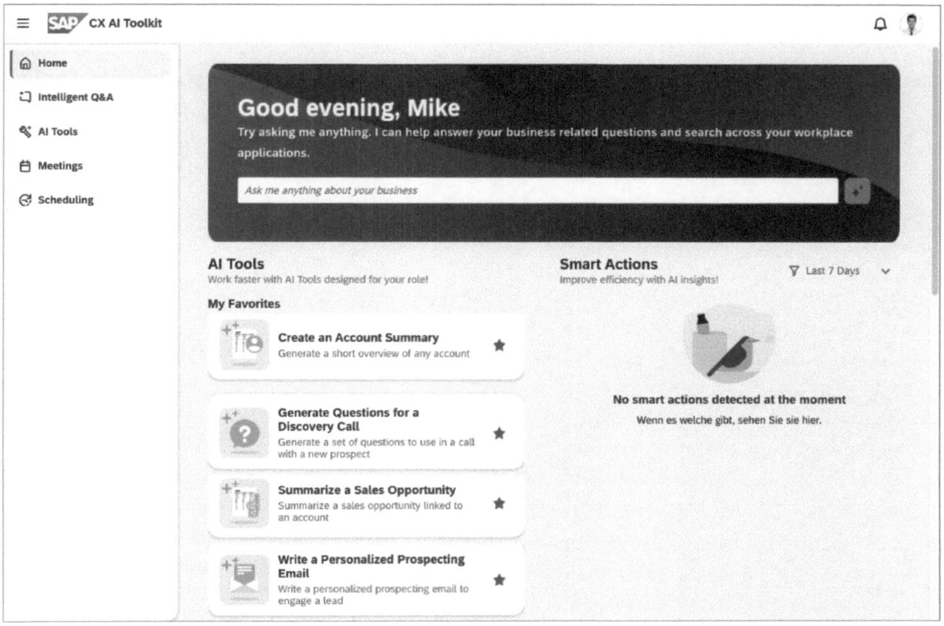


*Abbildung 6.10: SAP CX AI Toolkit – Launchpad*

### Intelligent Q&A

Das Tool *Intelligent Q&A* ist ein integraler Bestandteil des SAP CX AI Toolkits, das auch direkt in die Arbeitsumgebung der SAP Sales and Service Cloud Version 2 eingebettet ist. Es ermöglicht Vertriebs- und Serviceteams, Fragen bezüglich funktionaler oder technischer Aspekte einzelner Produkte zu stellen und mithilfe von KI-gestütztem Unternehmenswissen Antworten zu generieren.

Wie der Zugriff auf diese Intelligent-Q&A-Funktion aussieht, zeigt Abbildung 6.11. Im Launchpad von SAP Sales Cloud Version 2 befindet sich am oberen rechten Bildschirmrand ein Icon, um das SAP CX AI Toolkit als Seitenleiste zu öffnen. Alternativ können Sie die Funktion auch direkt aus dem Launchpad des SAP CX AI Toolkits aufrufen (siehe Abbildung 6.10).

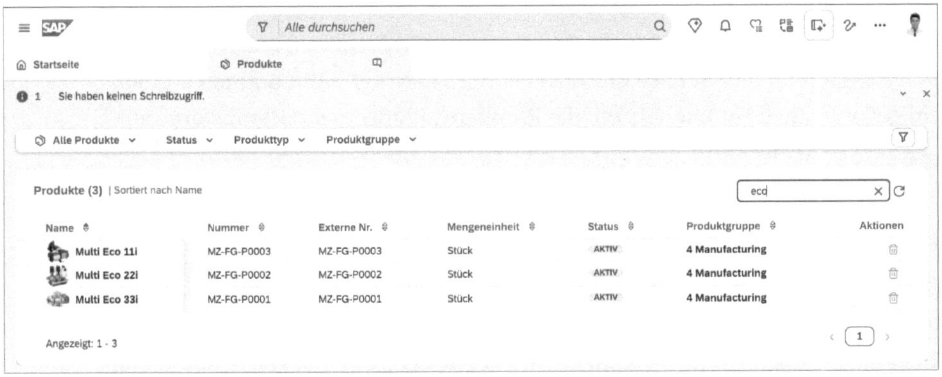


*Abbildung 6.11: SAP CX AI Toolkit – Intelligent Q&A: Öffnen im Launchpad von SAP Sales Cloud Version 2*

**Overlay-Modus** Beim Aufruf aus der SAP Sales Cloud Version 2 heraus öffnet sich das Tool in einer Seitenleiste, sodass Sie im jeweiligen Kontext weiterarbeiten (siehe Abbildung 6.12).

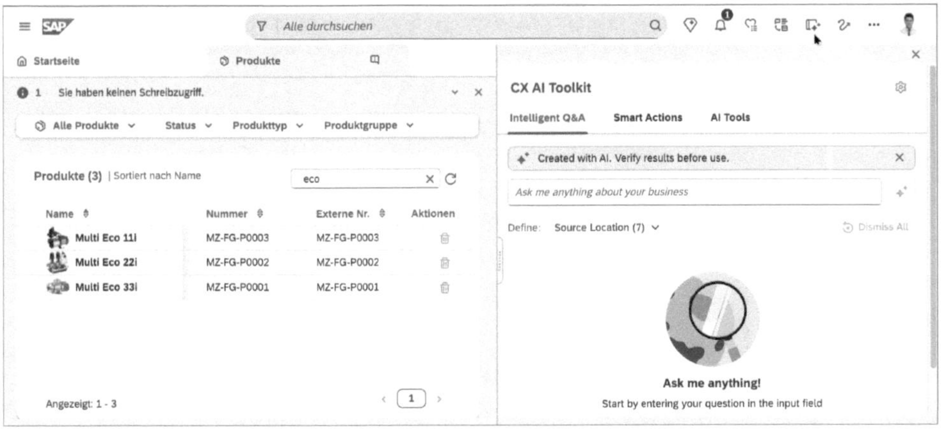


*Abbildung 6.12: Intelligent Q&A aus dem SAP CX AI Toolkit heraus ausrufen*

**Benutzerspezifische Datenquellen**

Im mittleren Bereich der rechten Seitenleiste (siehe Abbildung 6.13) ist zu sehen, welche Datenquellen (**Source Location**) für die Intelligent-Q&A-Abfragen verwendet werden. Die Integration in Microsoft-Office-365-Accounts ermöglicht es, auch E-Mail-Konversationen und Meeting-Transkripte in die Recherche der Anfrage miteinzubeziehen. Auch persönliche Daten in OneDrive sowie geteilte Ordner können als Datenquelle dienen.

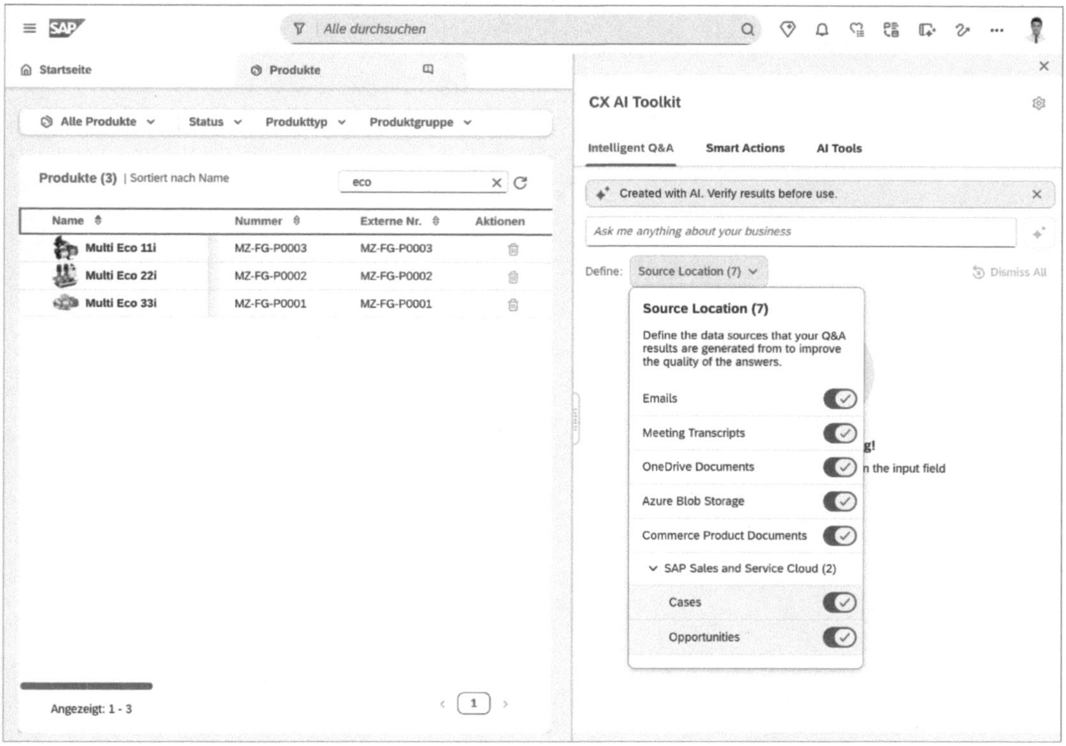


*Abbildung 6.13: Datenquellen von Intelligent Q&A*

**Zentral vom Administrator verwaltete Datenquellen**

Zentral durch den Administrator bzw. die Administratorin verwaltet wird die Einbindung von Datenquellen aus *SAP Commerce Cloud*, *SAP Customer Data Platform* und *Azure Blob Storage*. Die letzten beiden Häkchen (**Cases** und **Opportunities**) beschreiben die aktive Verbindung zwischen SAP CX AI Toolkit und SAP Sales und Service Cloud Version 2. Diese ist notwendig, da SAP CX AI Toolkit und die Intelligent-Q&A-Funktion auch außerhalb der SAP Sales Cloud Version 2 verwendet werden können.

Schauen wir uns die Funktion an einigen Beispielen an.

### *Beispiel: Abfrage der technischen Daten zum Produkt*

Wie in Abbildung 6.14 dargestellt, können Sie spezifische Fragen an das System richten. Ein typischer Anwendungsfall ist die Beantwortung einer Kundenanfrage zu einem konkreten Produkt. Im gezeigten Beispiel wird die Frage »Wie sind die technischen Daten für Multi Eco 22i?« in das Eingabefeld des Toolkits eingegeben. Die KI greift zur Beantwortung der Frage auf die zuvor erwähnten Datenquellen zu.

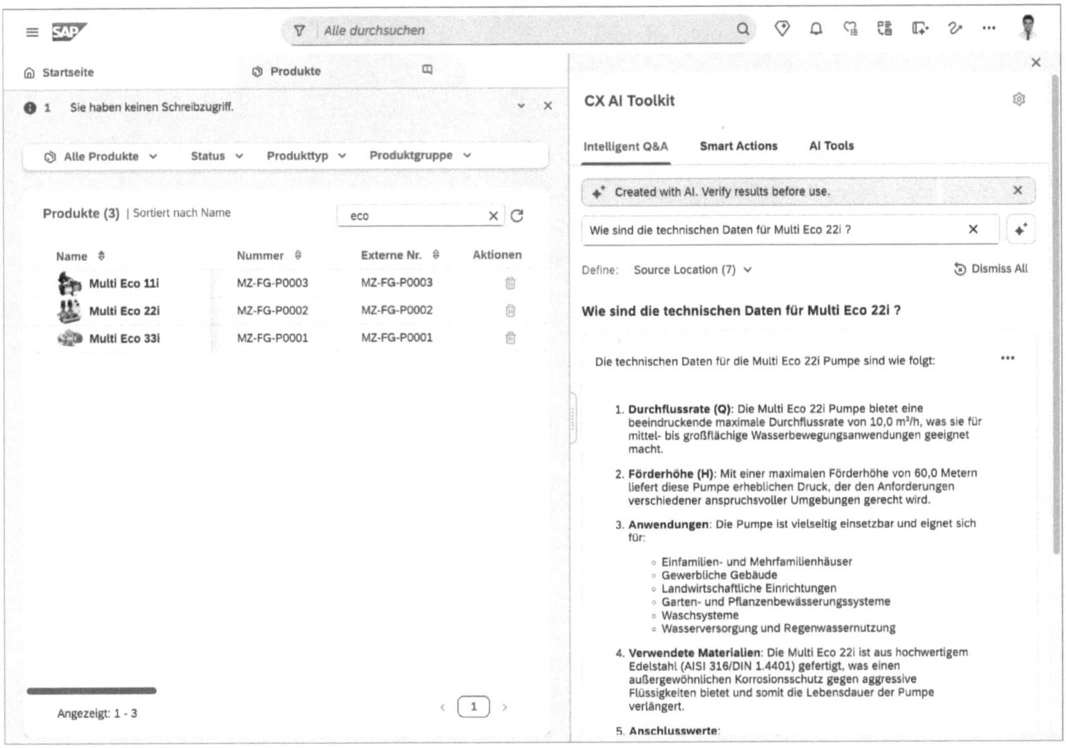


*Abbildung 6.14: Intelligent Q&A: Technische Daten erfragen*

**Strukturierte KI**

Die Antwort der KI ist übersichtlich gegliedert, was eine schnelle Informationsaufnahme ermöglicht. Im Falle der Pumpe »Multi Eco 22i« liefert das System eine detaillierte Aufstellung technischer Merkmale:

- Durchflussrate
- Förderhöhe
- Einsatzbereiche
- Materialbeschaffenheit
- Anschlusswerte

**Transparenz und Validierung durch Quellenangaben**

Ein Merkmal dieser Funktion ist die Angabe der herangezogenen Quellen. Am Ende der Ausgabe führt das System im Bereich **Sources** explizit die Dokumente und Datensätze auf, die zur Generierung der Antwort herangezogen wurden. Im konkreten Praxisbeispiel sind das die in Abbildung 6.15 ersichtliche Produktspezifikation **MZ-FG-P0002-specs** sowie sachverwandte Servicefälle. Dies ermöglicht es dem Verkaufspersonal, die KI-Antwort zu verifizieren und weiterführende Details aus den Referenzdokumenten zu ergänzen.

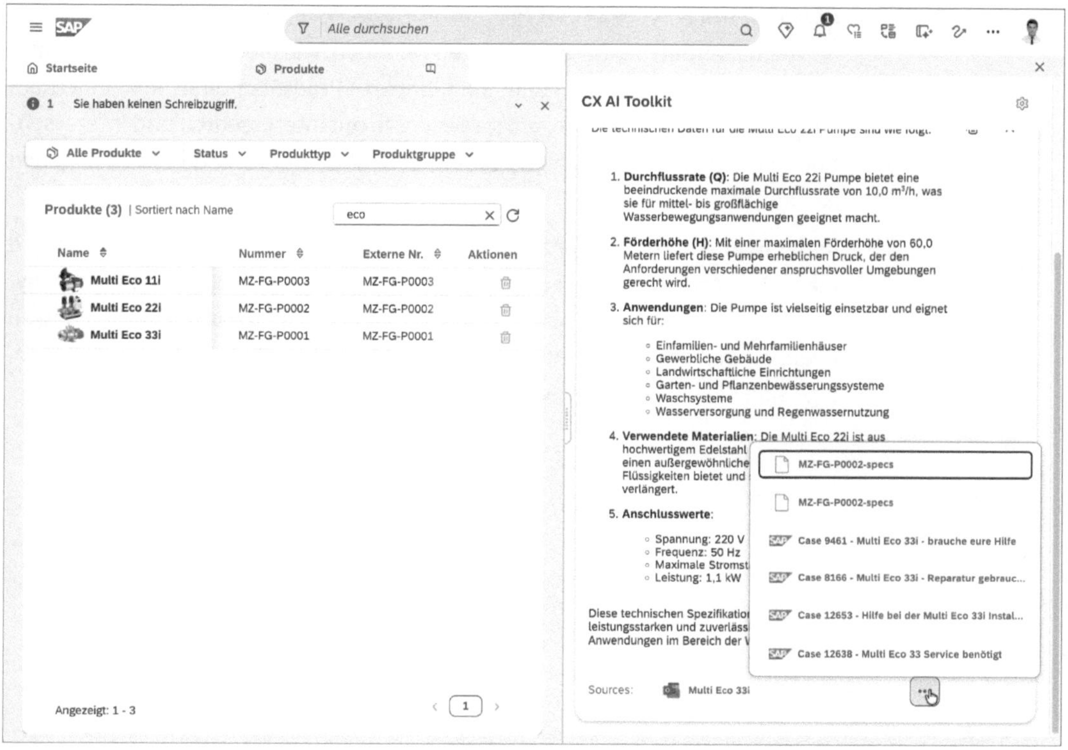


*Abbildung 6.15: KI-generierte Antwort und Referenzen auf verwendete Quellen*

Ein Blick in die verlinkte Produktspezifikation zeigt, dass die Antwort der KI den dort hinterlegten Angaben entspricht (siehe Abbildung 6.16).

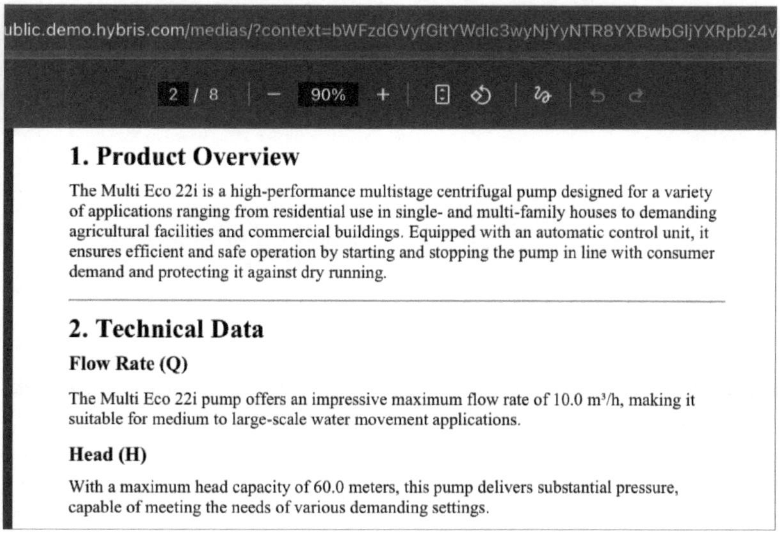
ublic.demo.hybris.com/medias/?context=bWFzdGVyfGltYWdlc3wyNjYyNTR8YXBwbGljYXRpb24v

2 / 8 — 90% +

**1. Product Overview**

The Multi Eco 22i is a high-performance multistage centrifugal pump designed for a variety of applications ranging from residential use in single- and multi-family houses to demanding agricultural facilities and commercial buildings. Equipped with an automatic control unit, it ensures efficient and safe operation by starting and stopping the pump in line with consumer demand and protecting it against dry running.

**2. Technical Data**

**Flow Rate (Q)**

The Multi Eco 22i pump offers an impressive maximum flow rate of 10.0 m³/h, making it suitable for medium to large-scale water movement applications.

**Head (H)**

With a maximum head capacity of 60.0 meters, this pump delivers substantial pressure, capable of meeting the needs of various demanding settings.

*Abbildung 6.16: Als Quelle referenzierte Produktspezifikation von Produkt »MZ-FG-P0002«*

### *Beispiel: Unterschiede von Produktvarianten benennen*

In einem zweiten Praxisbeispiel zeigen wir Ihnen, wie die Intelligent-Q&A-Funktion dazu genutzt werden kann, um komplexe Produktunterschiede innerhalb einer Serie zu identifizieren, um im Gespräch mit Interessenten und Interessentinnen die richtige Empfehlung für einen konkreten Anwendungsfall abgeben zu können.

In der in Abbildung 6.17 gezeigten Situation wird die Frage gestellt: »Was sind die technischen Unterschiede zwischen Multi Eco 11i und 22i?« Das Tool analysiert daraufhin die Daten beider Produkte und bereitet die signifikanten Abweichungen in den Bereichen Leistung und Anwendung strukturiert auf. Grundlage sind die jeweiligen Produktspezifikationen.

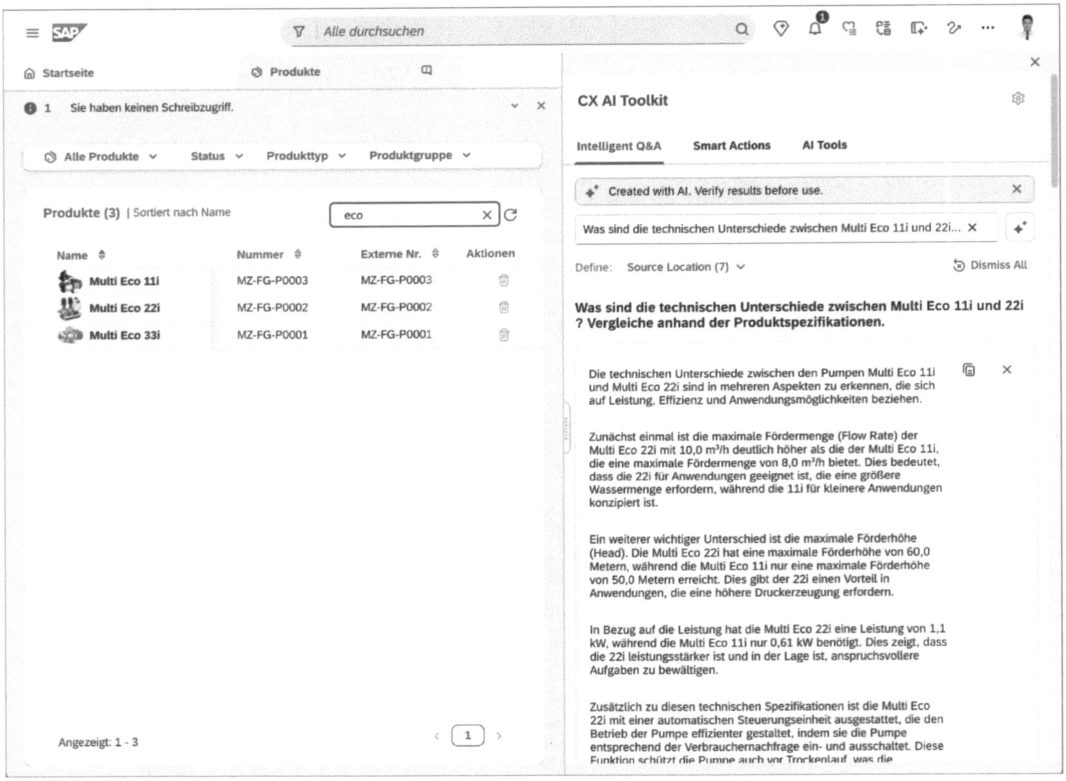


*Abbildung 6.17: Unterschiede von Produktvarianten erfragen*

**Gegenüberstellung der Kerndaten**

Als Ergebnis liefert das Tool die Gegenüberstellung der Kernleistungsdaten, die für die technische Einordnung des Anwendungsfalls essenziell sind:

- Leistungsaufnahme
- Förderleistung
- Förderhöhe

Die Verifizierbarkeit über interne Quellen ist auch hier gegeben.

### *Beispiel: Erarbeiten der Value Proposition*

Das dritte Praxisbeispiel zeigt, wie die Intelligent-Q&A-Funktion bei der Vorbereitung der Argumentation für Verkaufsgespräche genutzt werden kann.

**Frage nach der Value Proposition**

Um in Gesprächen mit Interessenten und Interessentinnen überzeugend aufzutreten, bietet das Toolkit dazu die Möglichkeit, die Kernvorteile eines Produkts direkt abzufragen. Wie in Abbildung 6.18 zu sehen ist, generiert die KI auf die Frage nach der Value Proposition für die Multi Eco 22i eine umfassende Zusammenfassung der wichtigsten Verkaufsargumente.

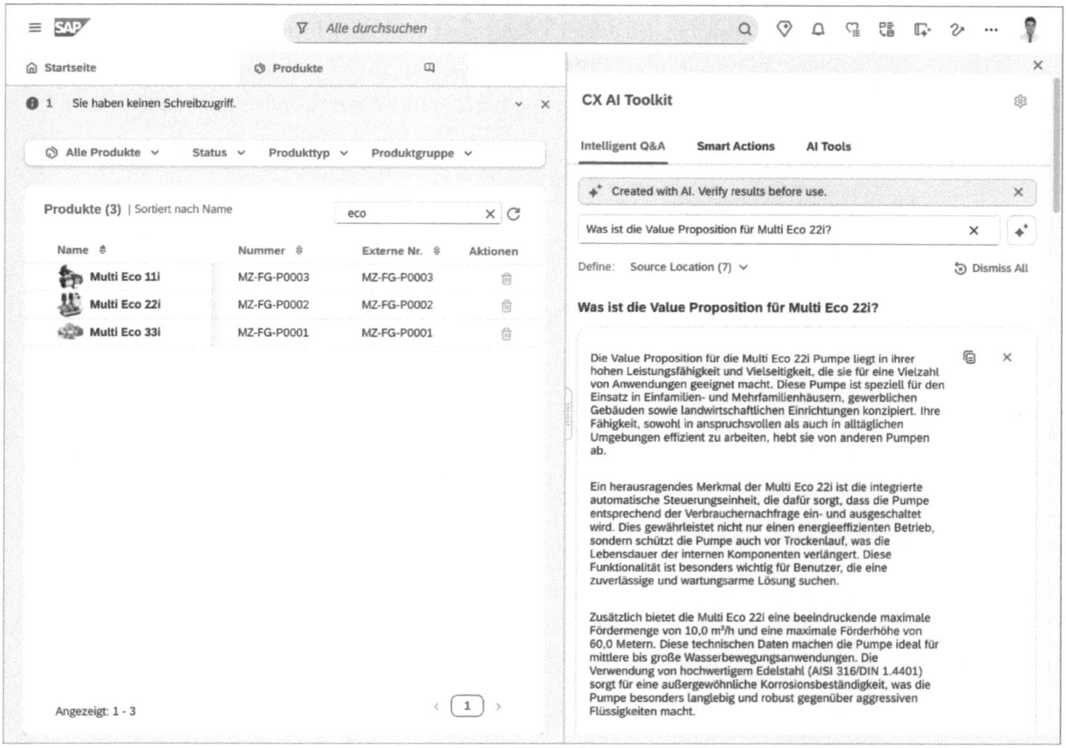


*Abbildung 6.18: Value Proposition erfragen*

**Inhaltliche Schwerpunkte**

Genannt werden die Leistungsfähigkeit und die Vielseitigkeit für verschiedene Einsatzbereiche – von Ein- und Mehrfamilienhäusern bis zur Landwirtschaft – sowie technische Merkmale wie die integrierte automatische Steuerungseinheit, die die Pumpe bedarfsgerecht steuert und vor Trockenlauf schützt.

### Product Descriptions

Das Tool *Product Descriptions* ist ein weiteres leistungsstarkes Werkzeug innerhalb des SAP CX AI Toolkit, das speziell für die Anforderungen im modernen E-Commerce entwickelt wurde. Es ermöglicht die automatisierte, KI-gestützte Erstellung und Übersetzung von Produkttexten für die *SAP Commerce Cloud*.

***Beispiel: Generierung der Produktbeschreibung in der Anmeldesprache***

Diese Funktion ist, anders als die zuvor vorgestellte Intelligent-Q&A-Funktion, nicht direkt über das Launchpad von SAP Sales Cloud aufrufbar, sondern über das dezidierte Launchpad des SAP CX AI Toolkits (siehe Abbildung 6.10). Der Prozess beginnt in einer Übersicht im SAP CX AI Toolkit (siehe Abbildung 6.19) durch Aufruf der URL des SAP CX Toolkit Launchpads. Um ein spezifisches Produkt zu bearbeiten, können Sie die integrierte Suchzeile nutzen, in der nach Produktnamen oder Produkt-IDs gefiltert werden kann. Die tabellarische Darstellungsoption bietet eine strukturierte Übersicht über die Stammdaten wie Produktnummer (**Product Code**) und -name (**Product Name**) sowie vorhandene Beschreibungen (**Product Description**) in der Anmeldesprache und die bereits bestehenden Texte in anderen Sprachen (**Generated Description**).

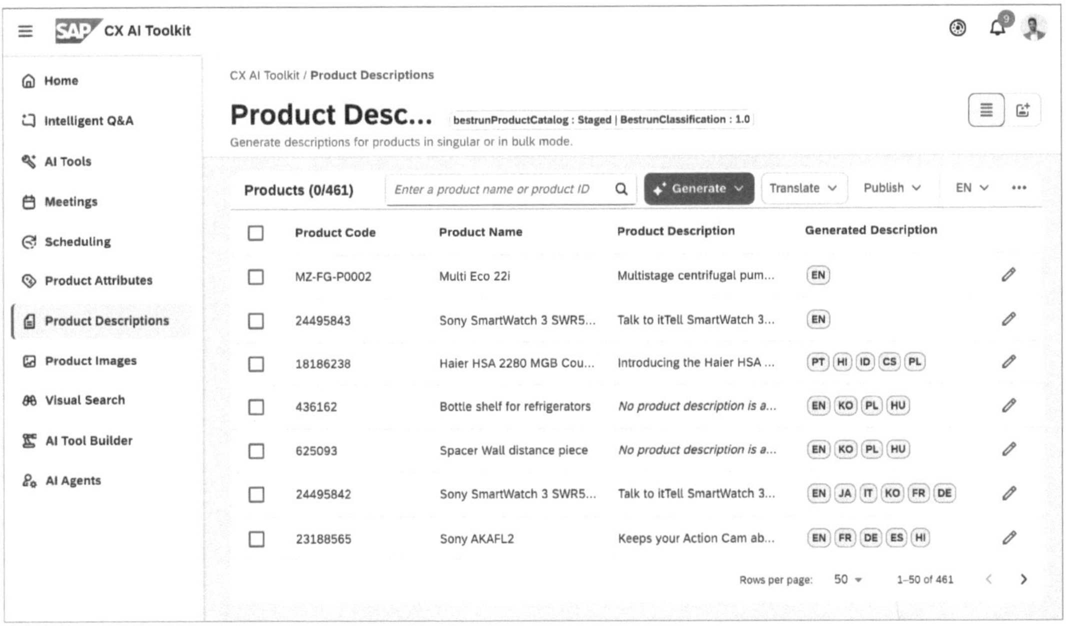


*Abbildung 6.19: Produktliste mit Produktbeschreibungen*

**Produktauswahl** Nach Auswahl eines Artikels aus dem *Produktkatalog* – in unserem Praxisbeispiel das Produkt **SmartWatch 3 SWR50** in Gelb – öffnet sich die Detailansicht zur Konfiguration des Generierungsprozesses (siehe Abbildung 6.20). Das Tool bietet verschiedene Optionen, um das Ergebnis der Texterstellung zu steuern.

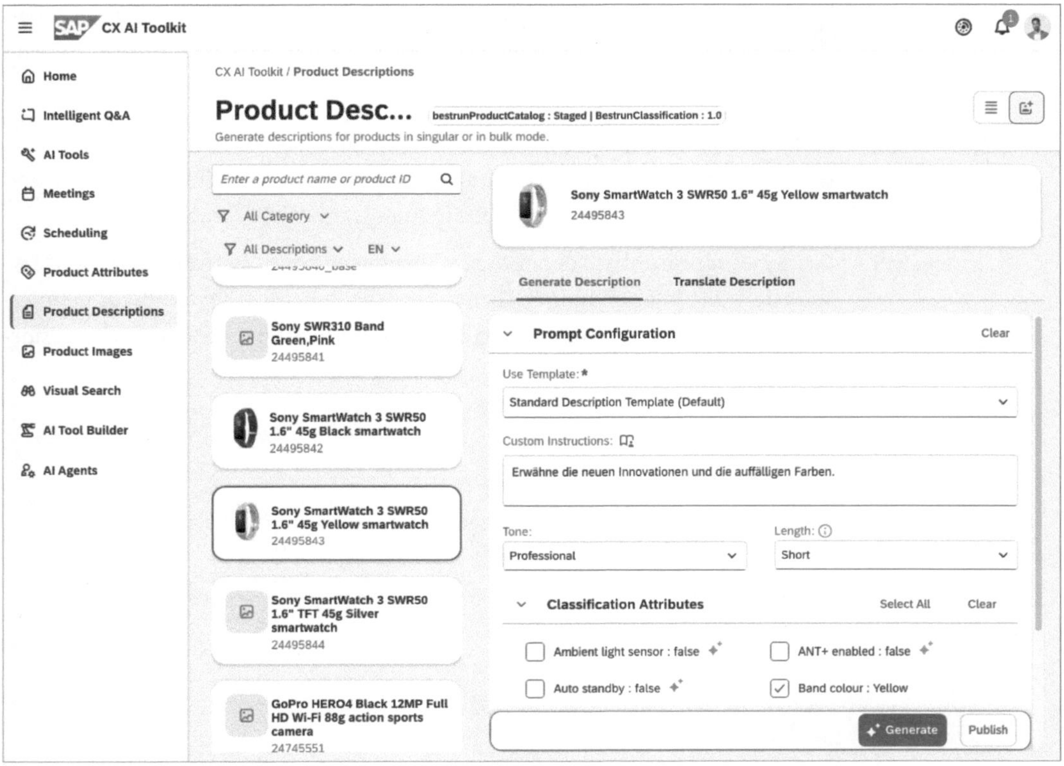


*Abbildung 6.20: Detailansicht zur Konfiguration des Prompts*

**Auswahl relevanter Produktattribute**

Im Bereich **Classification Attributes** können Sie gezielt Produktmerkmale auswählen. Da Produkte häufig viele Details enthalten, von denen nicht alle für eine kurze Beschreibung relevant sind, kann selektiert werden, welche Attribute berücksichtigt werden. Im gezeigten Praxisbeispiel wurden etwa die Attribute **Band colour: Yellow** sowie **Battery life 48 h, RAM capacity: 512 MB** und **Flash Memory 4 GB** ausgewählt.

**Feinsteuerung durch individuelle Anweisungen**

Über das Feld **Custom Instructions** können Sie besondere Wünsche formulieren, um das Ergebnis exakt den eigenen Vorstellungen anzupassen. Im Praxisbeispiel wird die KI angewiesen, explizit die neuen Innovationen sowie die auffälligen Farben der Smartwatch zu erwähnen.

**Tonalität und Textumfang**

Zusätzlich zur inhaltlichen Steuerung erlaubt das Tool die Festlegung formaler Parameter innerhalb der **Prompt Configuration**:

- Vorlagen (**Templates**): Vordefinierte Vorlagen sorgen für eine einheitliche Textstruktur über den gesamten Produktkatalog hinweg.
- Tonalität (**Tone**): An dieser Stelle kann je nach Zielgruppe der passende Sprachstil gewählt werden, beispielsweise **Professional**, **Happy**, **Empathetic** oder **Casual**.

- Länge (**Length**): Die gewünschte Textlänge kann definiert werden. Im Beispiel ist ein kurzer Text (**Short**) eingestellt, um mit maximal 75 Wörtern eine prägnante Produktbeschreibung zu erhalten.

**Textgenerierung starten**

Sobald alle Einstellungen vorgenommen wurden, wird über die Schaltfläche **Generate** der Prozess gestartet, bei dem die KI die ausgewählten Attribute und Anweisungen zu einer fertigen Beschreibung zusammenführt.

**Ergebnis**

Das System präsentiert den fertigen Textvorschlag im Bereich **Generated Description**, wie in Abbildung 6.21 zu sehen. Die KI hat hierbei die zuvor definierten Vorgaben und Attribute erfolgreich in einen flüssigen Verkaufstext transformiert.

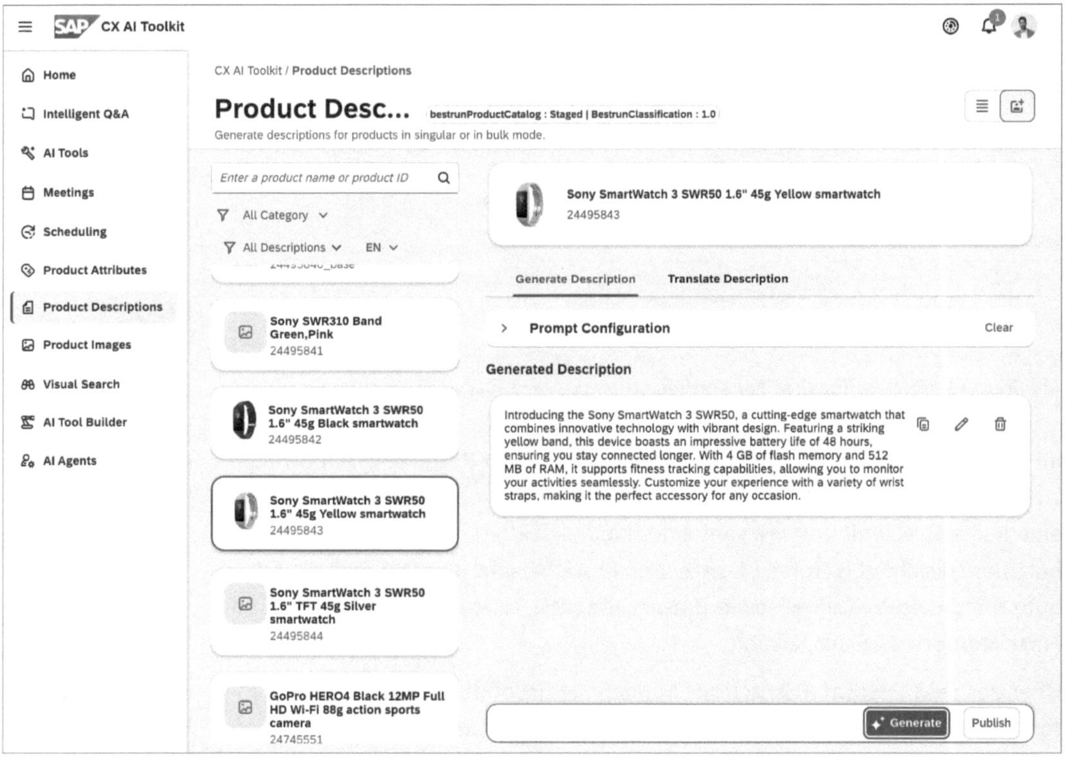


*Abbildung 6.21: Generierte Produktbeschreibung*

- **Umsetzung der Anweisungen:** Entsprechend der **Custom Instructions** betont der Text die innovative Technologie und die lebendige Farbe »Gelb« der Smartwatch.
- **Integration der selektierten Produktattribute:** Das Armband wird explizit als Stilelement hervorgehoben. Zudem werden die ausgewählten Leistungsdaten in die Beschreibung integriert.

- **Stilistische Ausrichtung:** Die Tonalität entspricht dem gewählten professionellen Standard und bereitet die Informationen ansprechend für potenzielle Käuferinnen und Käufer auf.

***Beispiel: Übersetzung der Produktbeschreibung***

**KI-unterstützte Übersetzung**

Vor der Veröffentlichung der generierten Produktbeschreibung in SAP Commerce Cloud nutzen wir in unserem Praxisbeispiel noch die Möglichkeit, die Produktbeschreibung in weiteren Sprachen zu pflegen. In der Registerkarte **Translate Description** (siehe Abbildung 6.22) können Sie den soeben generierten Text in weitere Sprachen übersetzen lassen, ohne dass ein gesonderter Lokalisierungsprozess erforderlich ist.

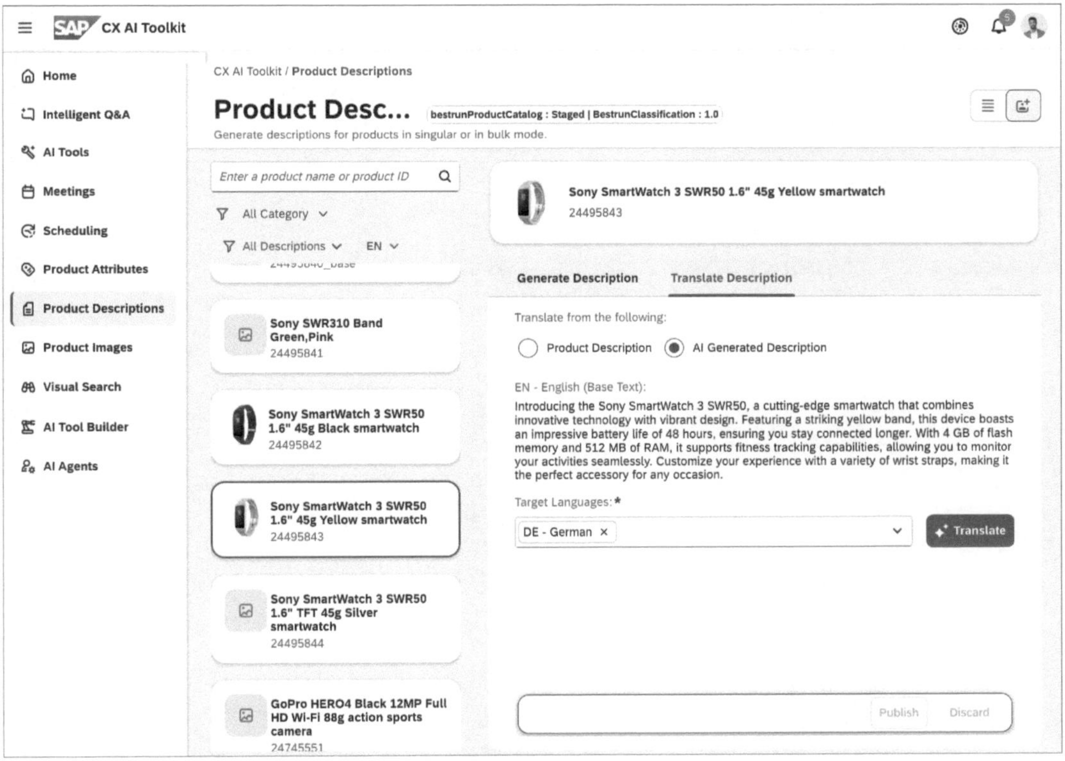


*Abbildung 6.22: Generierte Produktbeschreibung übersetzen*

**Auswahl der Übersetzungsbasis**

Im ersten Schritt legen Sie fest, welcher Text als Grundlage für die Übersetzung dienen soll. Hierbei besteht die Wahl zwischen

- **Product Description**, also der ursprünglichen Produktbeschreibung, und
- **AI Generated Description**, der soeben durch die KI generierten Fassung.

Über das Feld **Target Languages** lassen sich die gewünschten Zielsprachen flexibel definieren. In unserem Praxisbeispiel wählen wir die Sprache **DE - Ger-**

**man**, um eine hochwertige deutsche Fassung der Produktbeschreibung zu erhalten. Durch Betätigen der Schaltfläche **Translate** startet die KI den Übersetzungsprozess. Dabei stellt das System sicher, dass nicht nur eine wortgetreue Übersetzung erfolgt, sondern der werbliche Kontext und die gewählte Tonalität des Ursprungstextes beibehalten werden.

**Manuelle Überarbeitung**

Nach der Generierung kann der übersetzte Text bei Bedarf manuell bearbeitet werden. Über die Option **Discard** haben Sie die Möglichkeit, den Entwurf zu verwerfen, falls weitere Anpassungen an den ursprünglichen Attributen oder Prompts notwendig sind.

**Freigabe an SAP Commerce Cloud**

Sobald auch der deutsche Text den Qualitätsanforderungen entspricht, lässt sich dieser, wie in Abbildung 6.23 zu sehen, über die Schaltfläche **Publish** veröffentlichen und an die SAP Commerce Cloud übertragen. Dieser automatisierte Workflow reduziert den redaktionellen Aufwand für multinationale E-Commerce-Plattformen erheblich und beschleunigt die Markteinführung von neuen Produkten in den Regionen.

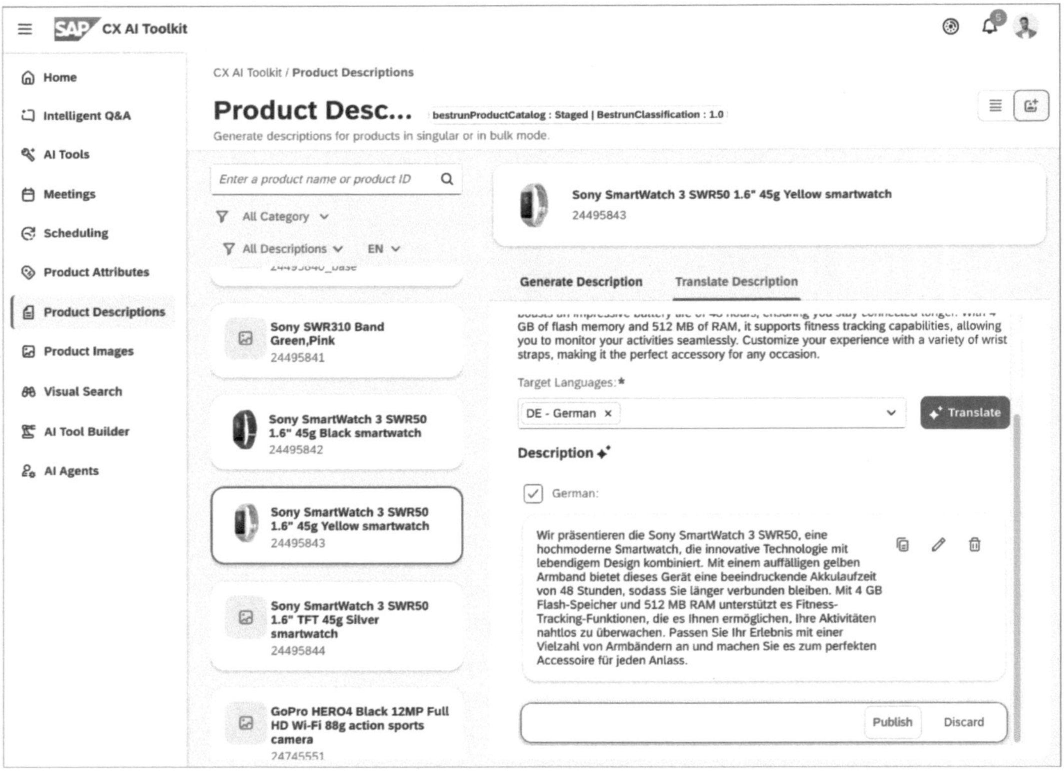


*Abbildung 6.23: Freigabe der Produktbeschreibungen an SAP Commerce Cloud*

### Generate Blog Post

Ein weiteres leistungsstarkes Werkzeug im SAP CX AI Toolkit ist das Tool *Generate Blog Post* zur automatisierten Erstellung von Blogbeiträgen. Diese Funktion unterstützt Marketing- und Vertriebsteams dabei, rasch ansprechende und produktfokussierte Inhalte für Online-Präsenzen zu generieren, ohne die Texte vollständig manuell erstellen zu müssen.

**Integrierte Produktinformationen**

Dabei berücksichtigt es die in SAP Commerce Cloud hinterlegten Informationen zum Produkt und kann dadurch maßgeschneiderte Inhalte generieren. Wie Abbildung 6.24 zeigt, ist die Funktion im SAP CX AI Toolkit im Bereich **AI Tools** eingebettet. Nach Auswahl der Kachel **Generate Blog Post** öffnet sich rechts im Bildschirmbereich die strukturierte Eingabemaske, in der die nötigen Eingabeparameter abgefragt werden.

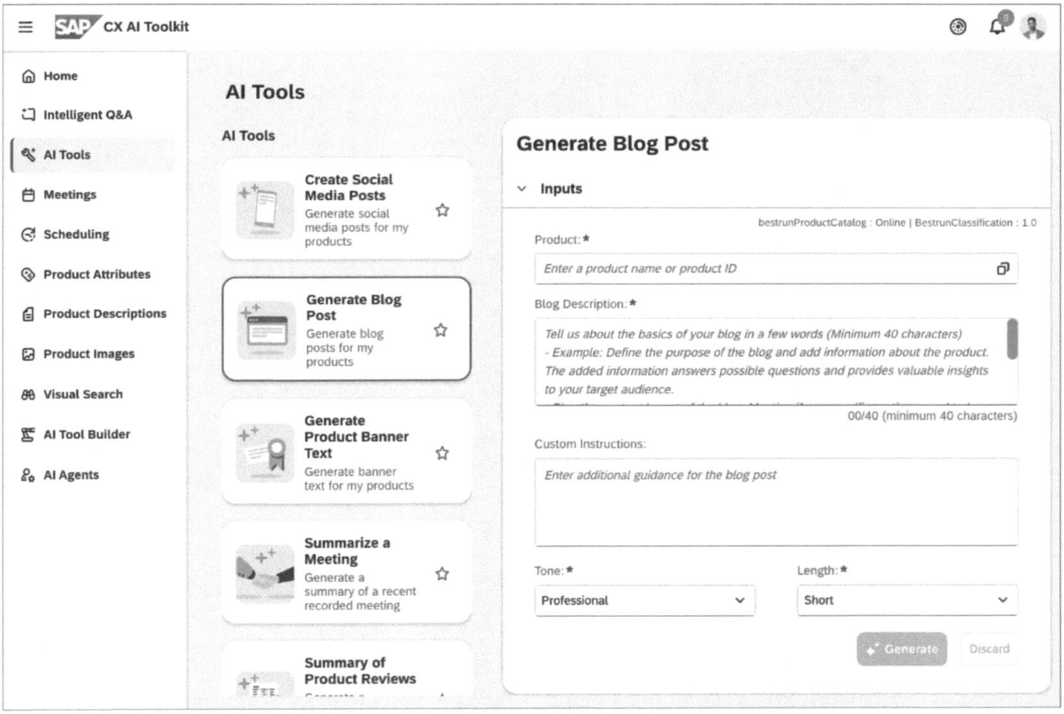


*Abbildung 6.24: SAP CX AI Toolkit – Generate Blog Post: Eingabemaske*

- **Product**: Zunächst wird das entsprechende Produkt über den Namen oder die Produkt-ID ausgewählt. Damit greift die KI auf die entsprechenden Stammdaten und Produktattribute zu.
- **Blog Description**: In diesem Feld wird der Zweck des Blogs definiert, etwa Informationen zur Zielgruppe, zu beantwortende Fragen oder spezifische Einblicke, die im Blog vorkommen sollen.

- **Custom Instructions**: Hier können ergänzende Prompts für die KI formuliert werden, um den Blog noch genauer auf die persönlichen Bedürfnisse oder aktuellen Kampagnen und Markenstrategien abzustimmen.

**Tonalität und Format**

Analog zu den Optionen bei der Produktbeschreibung können Tonalität und Länge des generierten Textes gewählt werden.

**Praxisbeispiel SmartWatch**

Als Basis für den Blog-Post wird erneut die **SmartWatch 3 SWR50** ausgewählt (siehe Abbildung 6.25).

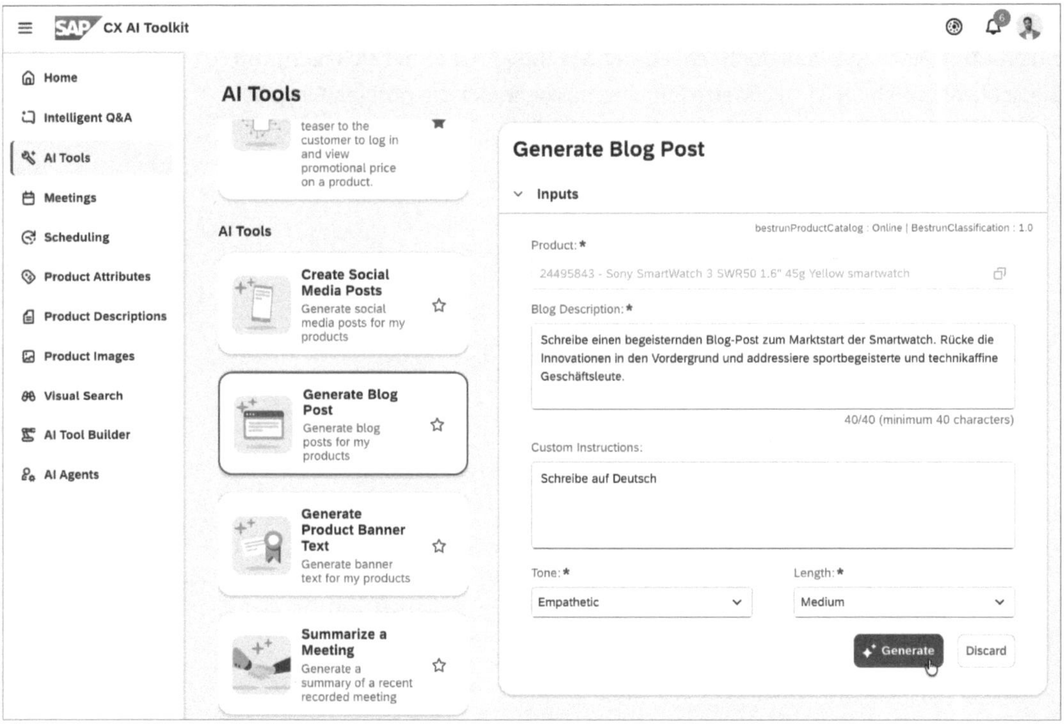


*Abbildung 6.25: Eingabe für einen Blogbeitrag zum Produkt SmartWatch SWR50*

Im Feld **Blog Description** geben Sie den inhaltlichen Rahmen Ihres gewünschten Posts an. In diesem Praxisbeispiel soll ein begeisternder Post zum Marktstart der Smartwatch verfasst werden, der die technologischen Innovationen betont und gezielt sportbegeisterte sowie technikaffine Geschäftsleute anspricht. In den **Custom Instructions** geben wir noch unseren dezidierten Wunsch an, den Blog in deutscher Sprache zu verfassen und wählen als Tonalität empathisch (**Empathetic**) und als Länge mittel (**Medium**) an.

**Struktur und Tonalität des Entwurfs**

Nach einem Klick auf **Generate** wird ein Vorschlag des Blog-Posts erstellt (siehe Abbildung 6.26). Der Vorschlag folgt einer professionellen Blogstruktur und hat den prägnanten Titel »Die Zukunft am Handgelenk: Die SmartWatch 3 SWR50«. Entsprechend der gewählten Tonalität wird das Produkt im Kontext von Lebensstil und Anwendung beschrieben. Die KI adressiert dabei, wie in den Vorgaben gewünscht, gezielt sportbegeisterte und technikaffine Geschäftsleute.

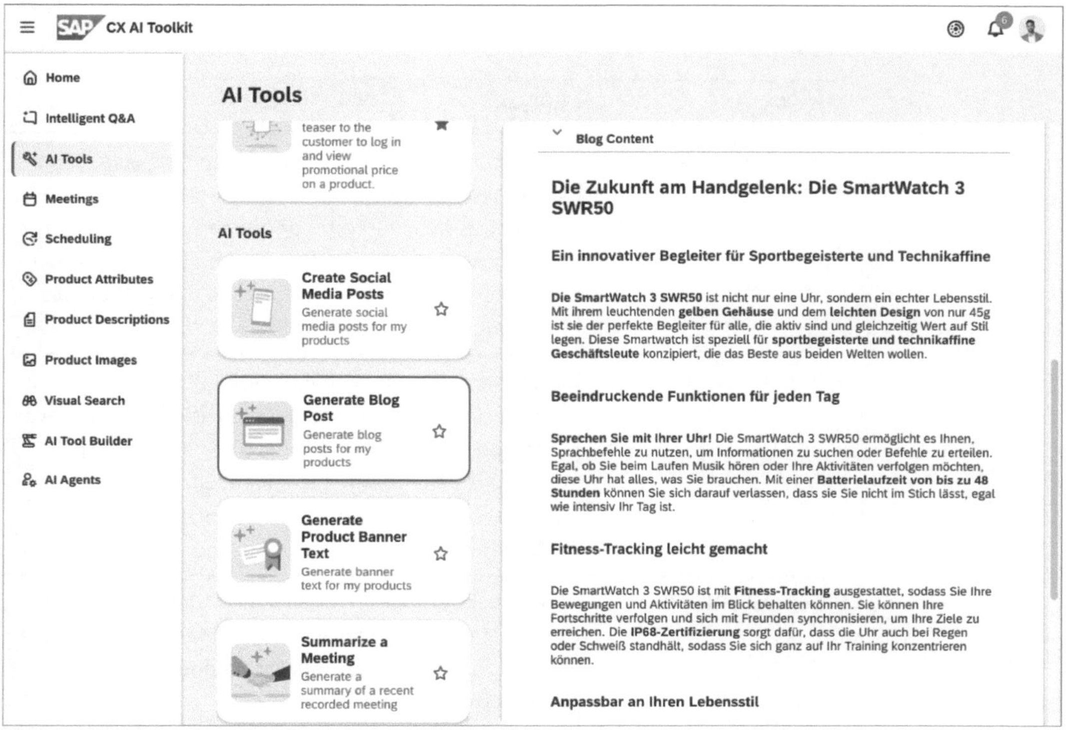


*Abbildung 6.26: KI-generierter Produkt-Blog-Post*

**Finalisierung für die Veröffentlichung**

Der Entwurf dient als Basis für die weitere redaktionelle Bearbeitung. Der Text kann in den Blog-Editor übernommen und nach Bedarf angepasst werden.

### 6.3.3 Geschäftlicher Nutzen und Auswirkungen

Das SAP CX AI Toolkit bündelt rollenspezifische Workflows in einer Lösung. Bislang isolierte Datenquellen werden verbunden, was KI-gestützte Workflows ermöglicht.

**Datenhoheit**

Trotz Automatisierung bleibt die Kontrolle über Daten und die Außenwirkung der Marke beim Unternehmen. Die Architektur stellt sicher, dass sensible Unternehmensdaten und personenbezogene Informationen verschlüsselt bleiben und nicht zum Training externer Sprachmodelle verwendet werden.

**Umgang mit KI-Risiken**

Funktionen wie die explizite Quellenangabe bei Intelligent Q&A gewährleisten, dass alle Informationen jederzeit nachvollziehbar, faktisch korrekt und prüfbar sind, was das Risiko von KI-bedingten Fehlern minimiert. Durch die Nutzung von Prompt-Vorlagen wird eine einheitliche Markenkommunikation über alle Produktgruppen hinweg sichergestellt.

**Arbeitsproduktivität**

Ein Aspekt ist die Reduzierung des manuellen Aufwands für Routineaufgaben. Anhand der Beispiele in Abschnitt 6.3.2, »Lösung und Implementierung«, lässt sich der Nutzen der einzelnen Funktionen wie in Tabelle 6.1 dargestellt beschreiben.

| Funktion | Nutzen |
|---|---|
| Intelligent Q&A | Unterstützt bei der Abfrage und dem Vergleich technischer Datenblätter sowie bei der Recherche zu Produktanfragen. Mitarbeitende können Anfragen zu Produktunterschieden oder technischen Spezifikationen schneller beantworten, was sich auf die Qualität des Beratungsgesprächs auswirken kann. |
| Product Descriptions | Produktbeschreibungen und deren Übersetzungen lassen sich in geringerer Zeit erstellen. Die automatisierte Extraktion von Produktattributen verkürzt die Texterstellung im E-Commerce. Aufgaben, die bisher an externe Agenturen vergeben wurden, können intern erledigt werden. |
| Generate Blog Posts | Ermöglicht es, Stammdaten von Produkten in kurzer Zeit in Marketing-Inhalte zu überführen. Damit können zielgruppenspezifische Inhalte in höherer Frequenz erstellt werden. |

*Tabelle 6.1: Geschäftlicher Nutzen ausgewählter Funktionen des SAP CX AI Toolkits*

**Ganzheitlicher Geschäftsnutzen**

Insgesamt unterstützt das SAP CX AI Toolkit Unternehmen bei der Marktbearbeitung, steigert die Effektivität der Mitarbeitenden und schafft durch personalisierte, datengestützte Interaktionen einen nachhaltigen Wettbewerbsvorteil.

# Kapitel 7
# Embedded AI mit Joule

*Joule ist eine in die SAP-Systemlandschaft integrierte KI-Lösung, die Geschäftsprozesse unterstützt. Joule versteht Ihren Kontext, Ihre Daten und Ihre Rolle im Unternehmen, liefert präzise Empfehlungen und führt bei Bedarf sogar eigenständig Aktionen im System aus, von einfachen Abfragen bis hin zu komplexen Prozessschritten. In diesem Kapitel erfahren Sie, wie Sie SAP Joule for Developers, SAP Joule for Consultants sowie Joule im täglichen Business gezielt einsetzen können.*

Die zunehmende Integration von künstlicher Intelligenz verändert die Arbeit mit SAP-Systemen grundlegend. Joule ist eine KI-Lösung von SAP, die direkt in die Systemlandschaft eingebettet ist und Geschäftsprozesse unterstützt. Durch die Kombination aus natürlicher Sprache und Kontextverständnis ermöglicht Joule den schnellen Zugriff auf Informationen und die aktive Unterstützung bei Aufgaben.

In diesem Kapitel erläutern wir den Einsatz von Joule für verschiedene Rollen und Szenarien. Dabei erklären wir auch die zugrunde liegenden KI-Mechanismen wie Kontextverarbeitung und Wissensintegration. Zunächst lernen Sie SAP Joule for Consultants kennen (siehe Abschnitt 7.1), das Beratungsprozesse durch schnellen Zugriff auf SAP-Wissen unterstützt. Anschließend betrachten wir Joule in der SAP S/4HANA Cloud Public Edition (siehe Abschnitt 7.2) mit Fokus auf die Interaktion über natürliche Sprache und die effiziente Durchführung von Geschäftsprozessen. Abschließend zeigen wir Ihnen anhand von SAP Joule for Developers (siehe Abschnitt 7.3 und Abschnitt 7.4), wie KI die Entwicklung durch Codegenerierung, Erklärungen und die Unterstützung moderner Programmiermodelle verändert.

## 7.1 SAP Joule for Consultants

*SAP Joule for Consultants* ist eine KI-Lösung für SAP-Beraterinnen und -Berater, die Beratungsteams dabei unterstützt, SAP-Projekte schneller, qualitativ hochwertiger und mit größerer Sicherheit abzuwickeln. Im Gegensatz zu anderen Joule-Varianten, die direkt in SAP-Lösungen eingebettet sind, handelt es sich bei SAP Joule for Consultants um ein eigenständiges Software-as-a-Service-Angebot, das direkt über den Browser zugänglich ist.

**Einsatzbereich**

Die Lösung positioniert sich als produktivitätssteigerndes Werkzeug im SAP-Ökosystem und richtet sich primär an Mitarbeitende in der SAP-Beratung, Lösungsarchitektinnen und -architekten und Projektteams, die an SAP-Implementierungen arbeiten.

**Chat-Fenster**

Die Startseite von SAP Joule for Consultants ist in Abbildung 7.1 dargestellt. Auf der linken Seite finden Sie eine Auflistung der zuletzt geführten Konversationen. Im Hauptfenster starten Sie durch Eingabe eines Prompts einen neuen Dialog.

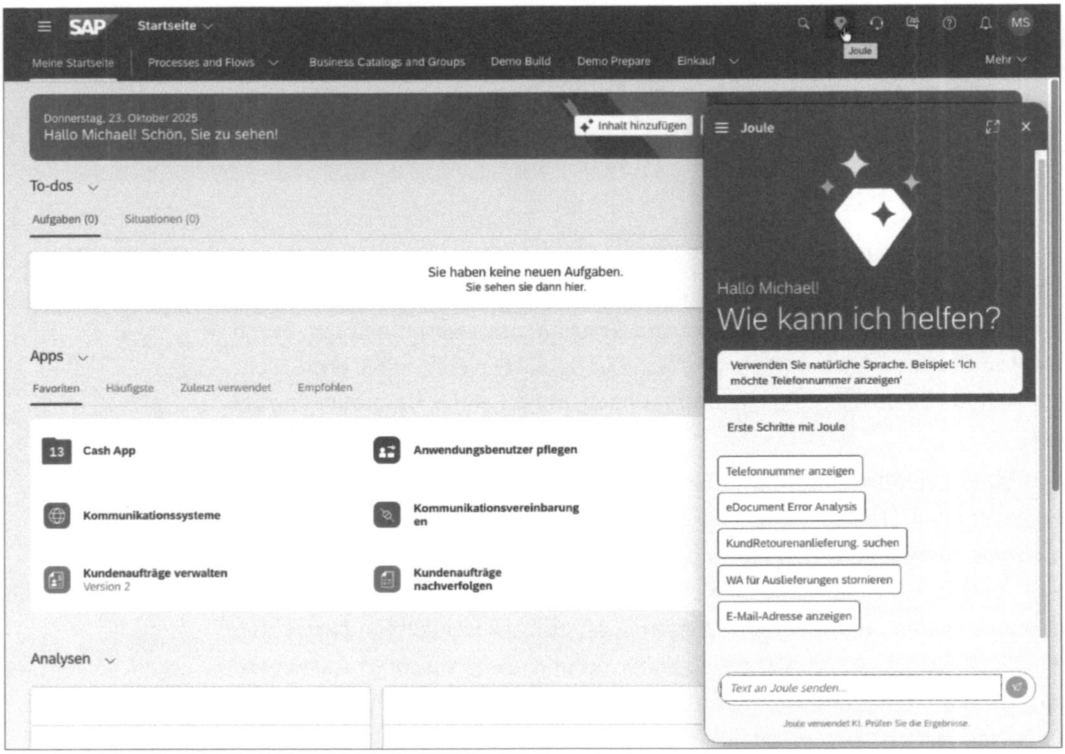


*Abbildung 7.1: SAP Joule for Consultants – Startseite*

### 7.1.1 Geschäftliche Herausforderungen

Die SAP-Beratungsbranche steht vor verschiedenen Herausforderungen: Eine zunehmende Systemkomplexität durch modulare Produkte, hoher Zeitdruck und eine fragmentierte Informationslandschaft prägen den Arbeitsalltag. SAP Joule for Consultants soll sowohl erfahrene Beraterinnen und Berater als auch Nachwuchskräfte dabei unterstützen, bessere Ergebnisse in kürzerer Zeit zu erzielen.

**Verteilte Wissensdatenbanken**

Ein zentrales Problem liegt im Wissensmanagement. Consultants verbringen häufig viel Zeit mit der Suche nach Informationen in unterschiedlichen Quellen wie der SAP-Produkthilfe (*https://help.sap.com*), der SAP-Best-Practices-Dokumentation (*https://me.sap.com/processnavigator*), der SAP-Wissenssuche (*https://me.sap.com/knowledge*), in den SAP Communities (*https://community.sap.com*) sowie in weiteren Datenbanken. Diese fragmentierte Informationslandschaft führt zu langen Such- und Analysezeiten. Damit verbunden ist ein erhöhtes Risiko von Fehlinterpretationen und entsprechender Aufwand für Nacharbeiten.

**Best Practices fehlen**

Neben dem Wissenszugang stellt die Qualitätssicherung eine weitere Herausforderung dar. Die konsistente Umsetzung von SAP Best Practices über verschiedene Projekte hinweg ist komplex und fehleranfällig. Inkonsistente Implementierungsentscheidungen erhöhen das Risiko von Nacharbeiten und können zu Compliance-Problemen führen. Falsch getroffene Entscheidungen wirken sich manchmal erst viel später aus und deren Korrektur zieht hohe Kosten nach sich, sofern sie technisch überhaupt machbar ist.

### 7.1.2 Lösung und Implementierung

SAP Joule for Consultants begegnet diesen Herausforderungen, indem es kontextbewusste Antworten auf Basis einer breiten und von SAP kuratierten Wissensbasis (siehe Abbildung 7.2) liefert. Dadurch ermöglicht Joule eine schnellere und präzisere Informationsbereitstellung.

**Auf Quelldokumente achten**

Da Large Language Models (LLMs) technisch bedingt nach wie vor zu sogenannten Halluzinationen neigen, enthält jede Antwort von SAP Joule for Consultants am Ende eine Liste der Quelldokumente aus den SAP-Wissensdatenbanken, auf denen die Antwort basiert. Beraterinnen und Berater haben damit die Möglichkeit, die Originaldokumentationen zu sichten und im Detail zu prüfen. Sollte SAP Joule for Consultants in seiner Antwort keine Referenzen anführen, ist dies meist ein Zeichen, dass keine SAP-spezifischen Domänendaten zum Prompt identifiziert wurden. In diesem Fall empfiehlt es sich, den Prompt zu überarbeiten und um relevante SAP-spezifische Stichwörter zu ergänzen.

Es ist wichtig zu betonen, dass SAP Joule for Consultants nicht darauf ausgelegt ist, SAP-Beraterinnen und -Berater zu ersetzen. Vielmehr unterstützt SAP Joule for Consultants gezielt bei der schnellen und effizienten Beschaffung relevanter Informationen. Innerhalb weniger Sekunden werden zahlreiche themenbezogene Quellen identifiziert und strukturiert aufbereitet, sodass Beraterinnen und Berater fundierte Entscheidungen treffen können.

**Grenzen der Lösung**

Die zugrunde liegende Technologie basiert auf dokumentierten Wissensdatenbanken. Individuelle, informelle und auch zwischenmenschlich erlebte Projekterfahrungen und das persönliche Expertenwissen, das SAP-Beraterinnen und -Berater im Laufe ihrer Karriere erwerben, können durch SAP Joule for Consultants nicht abgebildet werden.

Joule greift auf verschiedene SAP-Wissensquellen, darunter SAP-Produkthilfe, SAP-Community-Inhalte, SAP-Hinweise sowie weitere Dokumentationen und Lernangebote, zu, die im Rahmen eines Retrieval-Augmented-Generation-Ansatzes strukturiert durchsucht und miteinander kombiniert werden (siehe Abbildung 7.2).

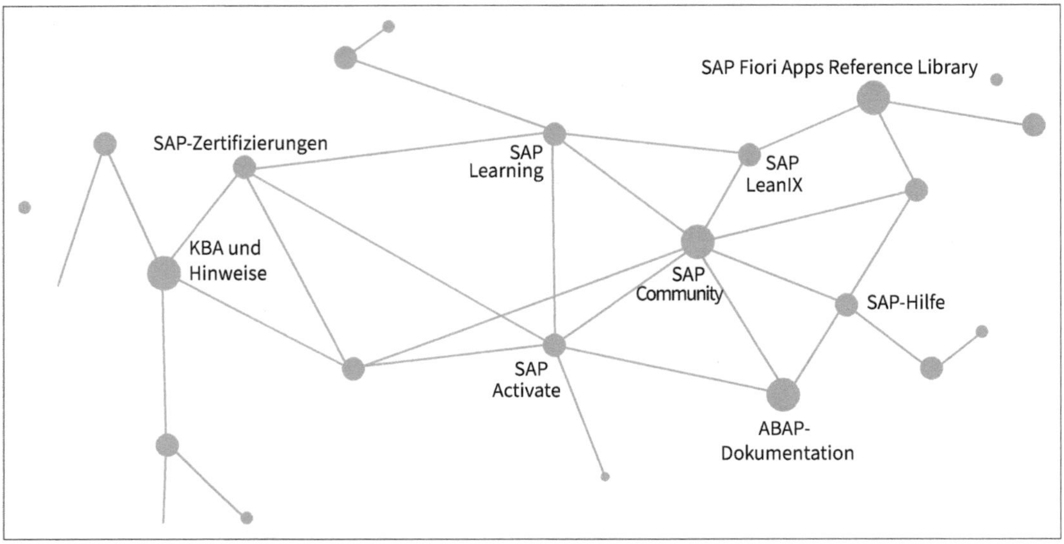


*Abbildung 7.2: SAP Joule for Consultants – RAG-Modell mit unterschiedlichen Quellen*

**Digitale Transformation, Implementierung und Migration**

Viele Unternehmen stehen vor der strategischen Entscheidung, ihre SAP-Landschaft zu modernisieren. Dabei lassen sich drei Hauptszenarien unterscheiden:

- ein SAP-S/4HANA-Migrationsprojekt
- eine neue SAP-Implementierung
- eine Cloud-Migration

Jedes Szenario adressiert spezifische Ausgangssituationen und Geschäftsanforderungen, die Unternehmen in ihrer digitalen Transformation bewältigen müssen.

SAP-Lösungsarchitektinnen und -architekten können mithilfe von Joule gezielt auf Themen und Inhalte zugreifen, die für die Planung und Durchführung von Transformationsprojekten relevant sind. Joule durchsucht die verfügbaren Informationen anhand der jeweiligen Fragestellung und reduziert damit den Rechercheaufwand.

**Überführung in Projektkontext**

Die von Joule bereitgestellten Inhalte können anschließend auf die individuellen Rahmenbedingungen und Anforderungen des jeweiligen Kundenunternehmens übertragen und im Angebots- oder Projektdesign berücksichtigt werden.

In Abbildung 7.3 sehen Sie ein Beispiel, wie SAP Joule for Consultants bei der Planung eines digitalen Transformationsszenarios in einem konkreten Kundenfall unterstützen kann.

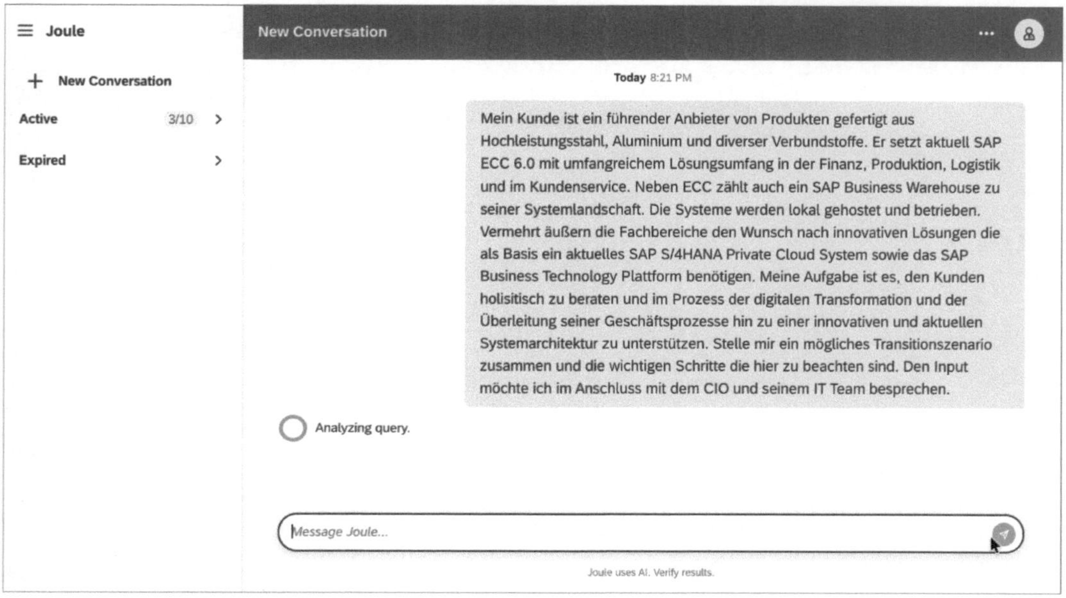


*Abbildung 7.3: Chat zur digitalen Transformation eines Kunden – Teil 1*

**Kontext bereitstellen**

Im Prompt geben wir zunächst möglichst relevante Hintergrundinformationen zur jeweiligen Kundensituation ein. Dazu zählen beispielsweise Angaben zur Branche, eine Übersicht über die bestehende Systemlandschaft sowie ein Verweis auf die aktuell eingesetzten SAP-Lösungskomponenten. Ergänzend erfolgt eine Beschreibung der zentralen Elemente der angestrebten Zielarchitektur, sofern diese bereits definiert sind. Darüber hinaus werden die Beweggründe und strategischen Ziele für die geplante Transformation knapp erläutert. Eine strukturierte Vorgehensweise hilft der KI, den Kontext unserer Fragestellung besser zu verstehen, und ist Voraussetzung für eine möglichst passgenaue Antwort.

**Struktur der Antwort**

Die in Abbildung 7.4 dargestellte Antwort von Joule basiert auf den verfügbaren SAP-Wissensquellen und enthält wie angefragt einen Vorschlag zur Vorgehensweise in folgender Struktur:

- Phasen der Transformation:
  - Assessment und Vorbereitung
  - Systemdesign und Architektur
  - Migration und Implementierung
  - Go-live und Stabilisierung

- Potenzielle Risiken
- ROI und Business-Case-Überlegungen
- Vorschläge für nächste Schritte mit dem Kunden
- Quellenangaben

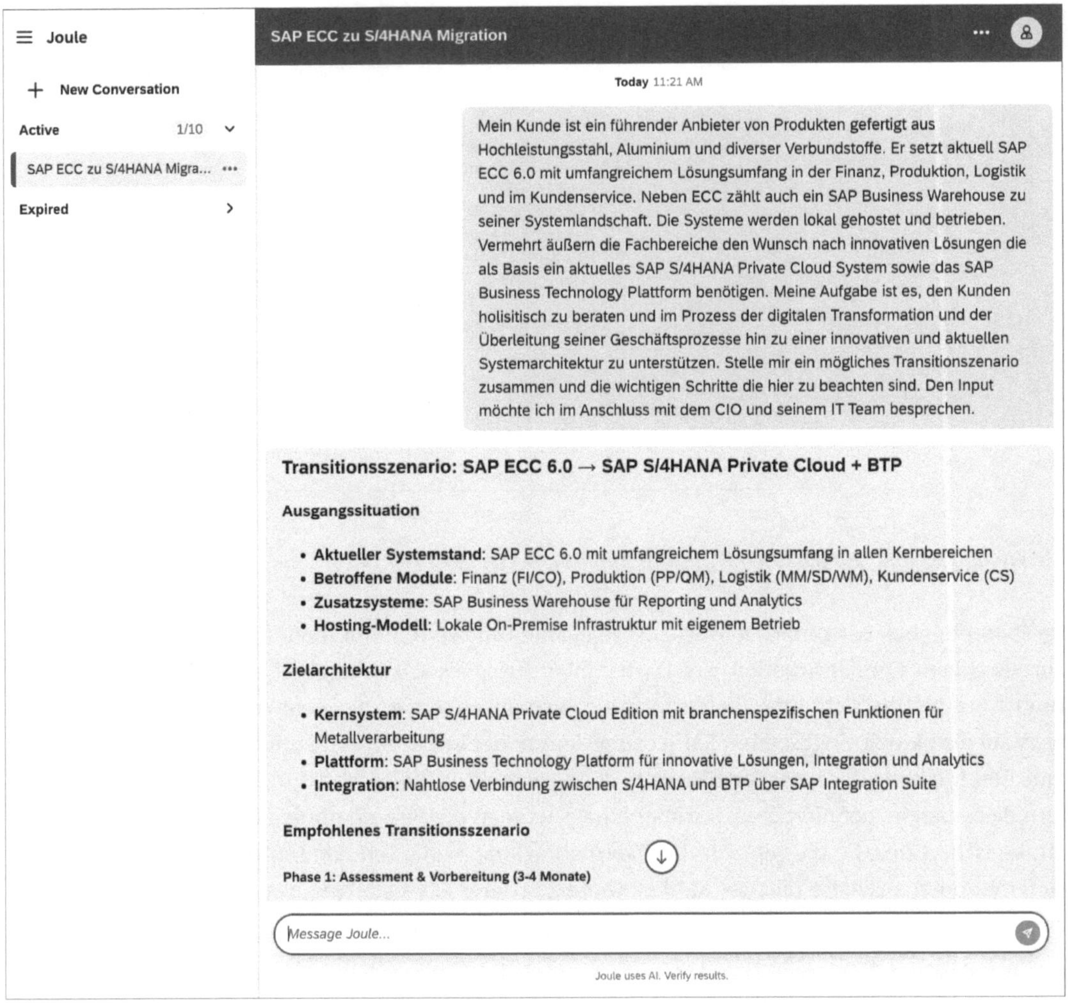


*Abbildung 7.4: Chat zur digitalen Transformation eines Kunden – Teil 2*

Im Folgenden betrachten wir ausgewählte Auszüge dieser Antwort genauer:

**Phasen der Transformation**

Zentral bei der Anfrage sind die Phasen der Transformation. Joule hat diese unter Zuhilfenahme von SAP-Wissensquellen identifiziert und in der Antwort entsprechend berücksichtigt (siehe Abbildung 7.5).

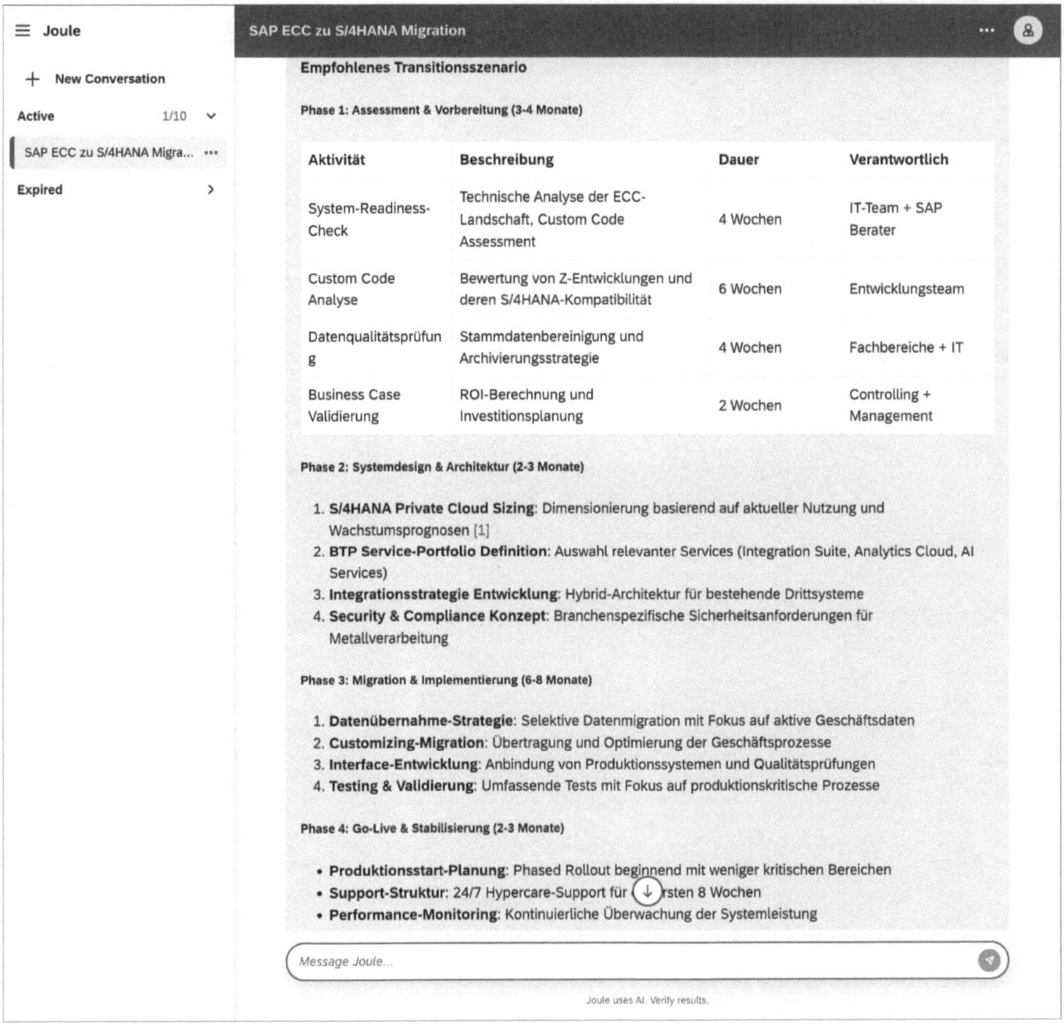


*Abbildung 7.5: Chat zur digitalen Transformation eines Kunden – Teil 3*

**Nachfragen für gezieltere Antworten**

Für einen ersten Überblick und zur groben Orientierung der Vorgehensweise ist die Antwort hilfreich. Für tiefergehende Diskussionen empfiehlt es sich, Joule zu den einzelnen Themengebieten gezielt Nachfragen zu stellen, um das Verständnis für den Ablauf und die technischen Rahmenbedingungen zu vertiefen.

**Deep Dive in einen Aspekt**

Im konkreten Fall wäre es interessant, zu erfahren, was es mit dem SAP Readiness Check auf sich hat und wie dieser erste Schritt für das SAP-Kundensystem initiiert werden kann. Wir stellen hierzu eine gezielte Nachfrage an Joule (siehe Abbildung 7.6), um weiterführende Informationen zu erhalten.

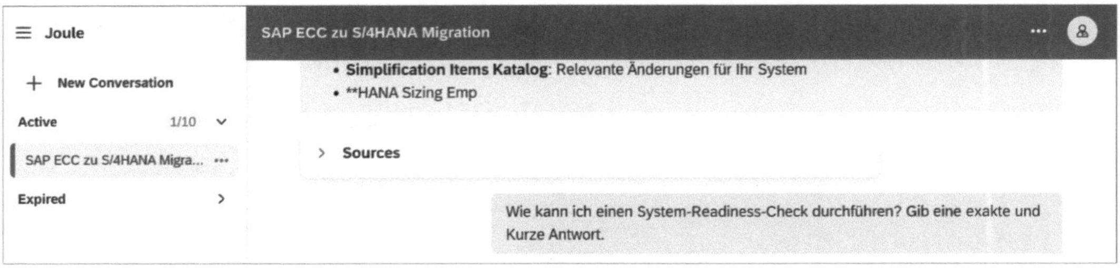


*Abbildung 7.6: Chat zur digitalen Transformation eines Kunden – Teil 4*

**Quellenangaben beachten**

SAP Joule for Consultants liefert daraufhin tiefergehende Informationen zum SAP Readiness Check und stellt auch den für dieses Thema zentralen SAP-Hinweis 2913617 als Referenz bereit (siehe Abbildung 7.7).

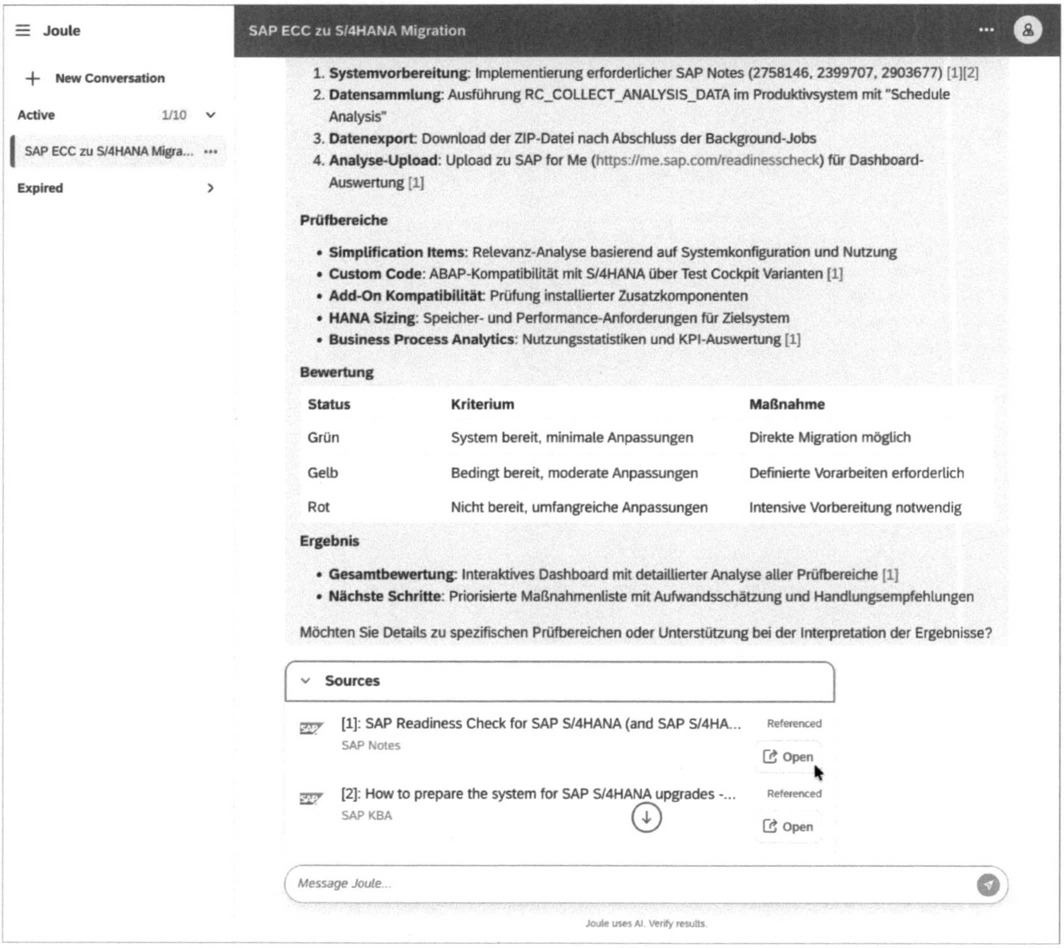


*Abbildung 7.7: Chat zur digitalen Transformation eines Kunden – Teil 5*

SAP-Spezialwissen

Da Joule mithilfe der *Retrieval-Augmented-Generation-Methode* auf SAP-spezifische Inhalte zugreift, kann es am Ende die der Antwort zugrunde liegenden SAP-Domänendaten angeben. Dies ist in diesem Anwendungsfall wichtig, da die zur Verfügung gestellten Informationen validiert werden können. Sollten Sie feststellen, dass die Antwort nicht in die korrekte Richtung geht, passen Sie Ihren Prompt erneut an, sodass SAP Joule for Consultants in der RAG-Phase andere SAP-spezifische Informationen in der Antwort berücksichtigt.

[«]

**Retrieval-Augmented Generation**

*Retrieval-Augmented Generation* (RAG) ist ein Konzept im Bereich der Large Language Models (LLMs), das darauf abzielt, die Qualität, Relevanz und Aktualität von KI-generierten Antworten zu verbessern. Im Gegensatz zu klassischen LLMs, die ausschließlich auf ihrem vortrainierten Wissen basieren, kombiniert RAG die Fähigkeiten eines generativen Sprachmodells mit einem Retrieval-Modul. Dieses Modul durchsucht vor dem Aufruf des LLMs anhand des übergebenen Prompts gezielt passende unternehmensspezifische Daten – hier konkret SAP-Domänendaten wie SAP-Dokumentationen und SAP-Wissensdatenbanken, die in einer vektorbasierten SAP-HANA-Datenbank abgelegt sind – und ergänzt den eingegebenen Prompt um diese Informationen. Das im Anschluss aufgerufene LLM verfügt damit über aktuelles und passendes Wissen im Kontext und kann dieses bei der Formulierung der Antwort berücksichtigen.

SAP-Wissen

Das Verständnis der Funktionsweise von Retrieval-Augmented Generation als Erweiterung der Wissensbasis des eingesetzten LLMs ist für den erfolgreichen Einsatz von Joule wichtig. Sollte eine von Joule generierte Antwort nicht den gewünschten Informationsgehalt liefern oder inhaltlich von den Vorstellungen abweichen, empfiehlt es sich, gezielt Hinweise und Anpassungen am Prompt vorzunehmen. So kann das RAG-Modul optimal auf die relevanten SAP-Domänendaten zugreifen und die Antwort entsprechend präzisieren. Durch diese iterative Vorgehensweise lässt sich die Qualität und Relevanz der KI-basierten Ausgaben kontinuierlich verbessern.

Referenzen prüfen

Bei der Auswertung der Antworten ist besonders darauf zu achten, welche Quellen angeführt werden. Fehlen beispielsweise Quellenverweise, lässt dies darauf schließen, dass das RAG-Modul keine relevanten SAP-spezifischen Domänendaten zur Verfügung stellen konnte und die Antwort ausschließlich auf dem allgemeinen Wissensbestand des zugrunde liegenden Sprachmodells basiert. Dies erhöht die Wahrscheinlichkeit, dass die angeführten Informationen nicht mehr aktuell sind oder das Modell halluziniert.

### Architektur und Infrastruktur

SAP Joule for Consultants kann auch für Fragen zu Systemarchitektur und Infrastruktur genutzt werden. Bauen wir hierfür unser Beispiel der digitalen Transformation unseres Kunden aus der metallverarbeitenden Industrie weiter aus und betrachten den Aspekt der sich ändernden Architektur und geänderten Infrastruktur im Cloud-Kontext. Auch hier liefert uns SAP Joule for Consultants auf SAP-Spezialwissen basierende Antworten (siehe Abbildung 7.8).

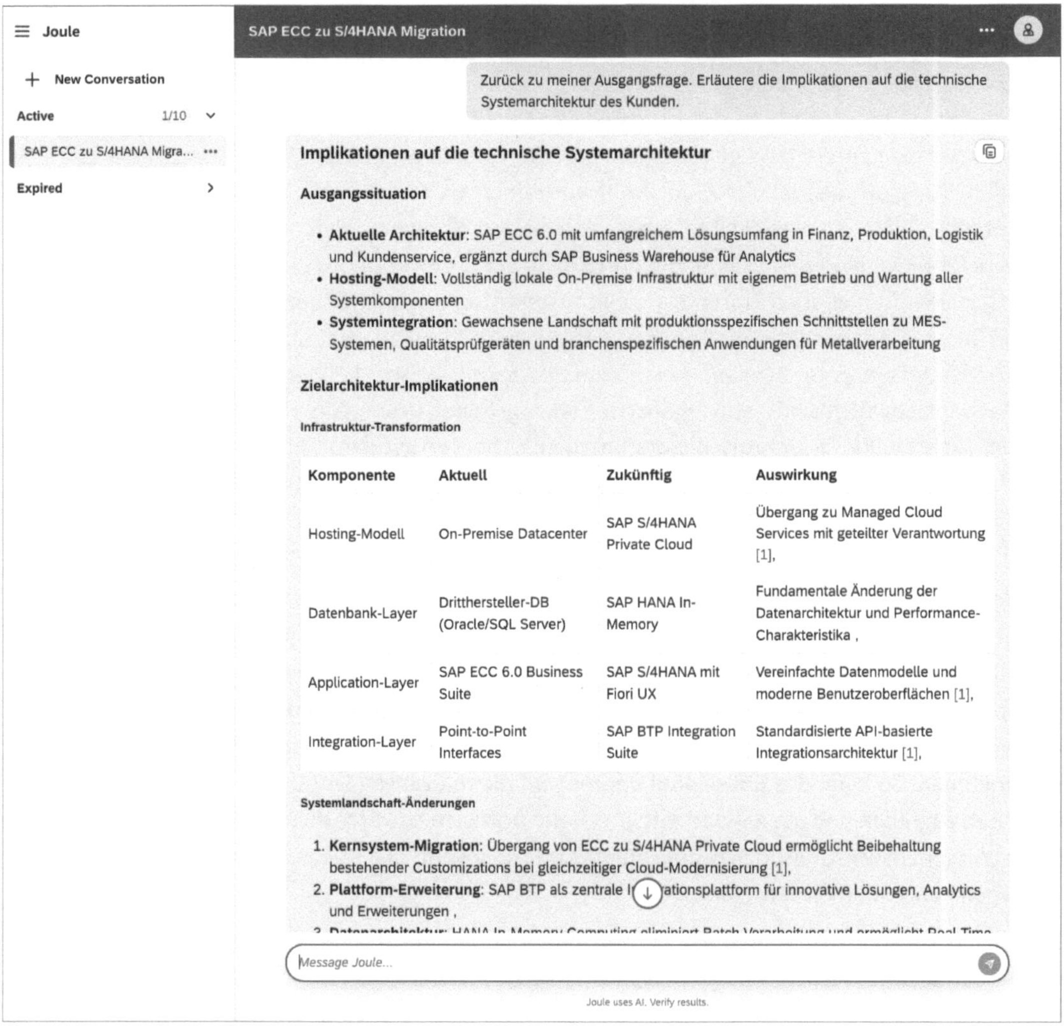


*Abbildung 7.8: Architektur und Infrastruktur des Kunden – Teil 1*

**Änderungen in der Systemarchitektur**

Ein zentraler Punkt in dieser digitalen Transformation ist das geänderte Setup der Systemarchitektur. Joule liefert hierzu eine tabellarische Übersicht der Architekturkomponenten und zeigt auf, wie sich diese im Zielbild verändern werden.

**Auswirkungen auf Integrationsaspekte**

Auch die notwendigen Umstellungen der Schnittstellen werden angesprochen. Hier würde es sich anbieten, SAP Joule for Consultants weitere Details zur aktuell beim Kunden im Einsatz befindlichen Middleware bereitzustellen, um die Antworten noch spezifischer auf die Kundensituation auszurichten. Vorerst verzichten wir jedoch auf diesen Deep-Dive und verweisen auf die von Joule angegebenen Quellen (**Sources**), die ein tiefergehendes Studium der referenzierten Dokumente ermöglichen (siehe Abbildung 7.9).

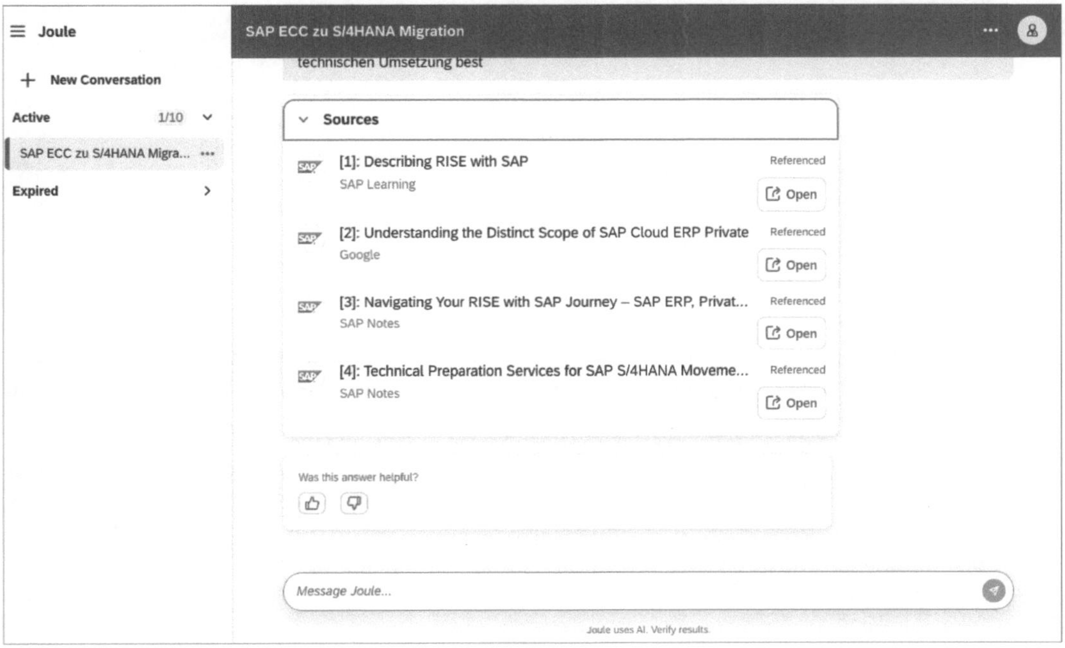


*Abbildung 7.9: Architektur und Infrastruktur des Kunden – Teil 2*

### Funktionale Beratung

SAP Joule for Consultants deckt vielfältige Aufgaben ab, und die Anwendungsfälle sind ähnlich breit gestaltet wie die Projekte der Beraterinnen und Berater.

**Best Practice in der Beratung**

Unser konkretes Beispiel der digitalen Transformation unseres Kunden aus der metallverarbeitenden Industrie können wir nutzen, um die Unterstützung von Joule bei der Bewertung mehrerer Lösungsansätze zu veranschaulichen. In der Praxis stehen Beraterinnen und Berater häufig vor Problemstellungen, zu denen es mehr als nur eine Lösungsmöglichkeit gibt. Entscheidungen werden auf Basis der Kundenanforderungen, der erwarteten kurz-, mittel- und langfristigen Auswirkungen sowie der Empfehlungen von SAP getroffen. Diese Aspekte gegeneinander abzuwägen, ist oft ein langwieriger Prozess, bei dem Beraterinnen und Berater auf Einschätzungen von SAP zu Best Practices angewiesen sind, um ihre Kunden umsichtig beraten zu können.

**Beispiel: Einführung Geschäftspartner**

Wir nehmen die Rolle eines Modulberaters ein, der nun vor der fachlichen Herausforderung steht, im SAP-S/4HANA-Cloud-System den Bereich der Geschäftspartner zu konfigurieren, und bitten Joule um Hilfestellung (Abbildung 7.10).

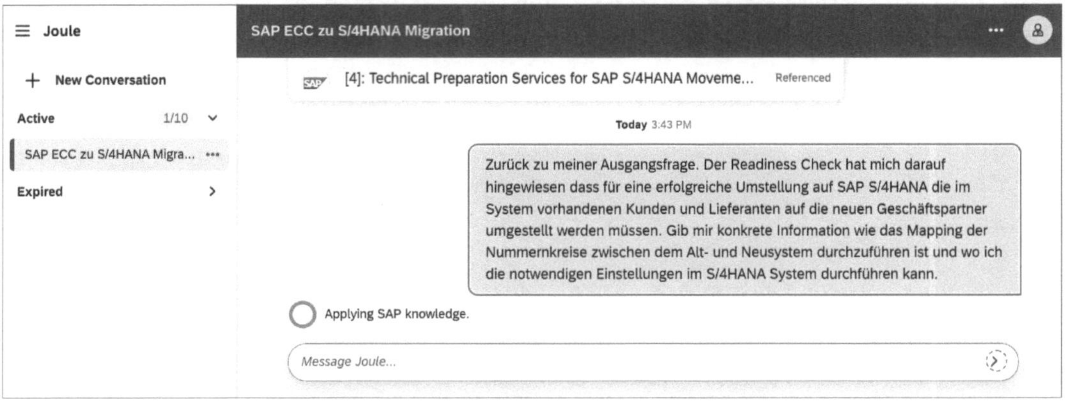


*Abbildung 7.10: Funktionale Beratung – Teil 1*

**Lieferanten, Kunden, Geschäftspartner**

Als Antwort erhalten wir, wie in Abbildung 7.11 zu sehen, die wichtigsten Eckdaten zur Konfiguration der Nummernkreise unter Berücksichtigung der Nummernkreise der Kunden- und Lieferantenstämme im Altsystem.

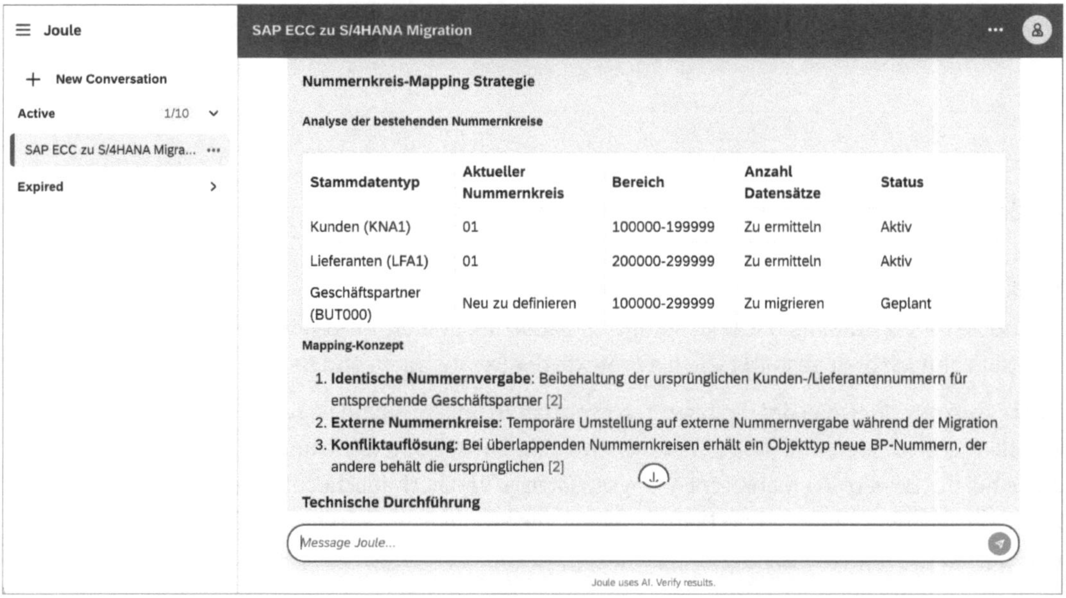


*Abbildung 7.11: Funktionale Beratung – Teil 2*

Da sich Kunden und Lieferanten in einem SAP-S/4HANA-System unter dem zentralen Geschäftspartner einen gemeinsamen Nummernkreis teilen, ist auch der

Vorschlag von Joule, diesen Zahlenbereich über jenen der aktuellen Kunden- und Lieferantennummern auszudehnen, nachvollziehbar.

**Mapping für die Migration**

Zusätzlich enthält die Antwort Vorschläge für Mapping-Konzepte, mit denen typische Datenkonstellationen in langjährig verwendeten ERP-Systemen adressiert werden können.

Wie auch in den vorangegangenen Beispielen bietet es sich wieder an, die Konversation mit weiteren Konkretisierungen zum aktuellen Kundenfall anzureichern und so noch genauere und passendere Vorschläge von Joule zu erhalten.

### Technische Konfiguration

SAP Joule for Consultants kann auch für Anwendungsfälle genutzt werden, in denen konkrete Informationen zur Konfiguration einer Funktionalität gesucht werden (siehe Abbildung 7.12).

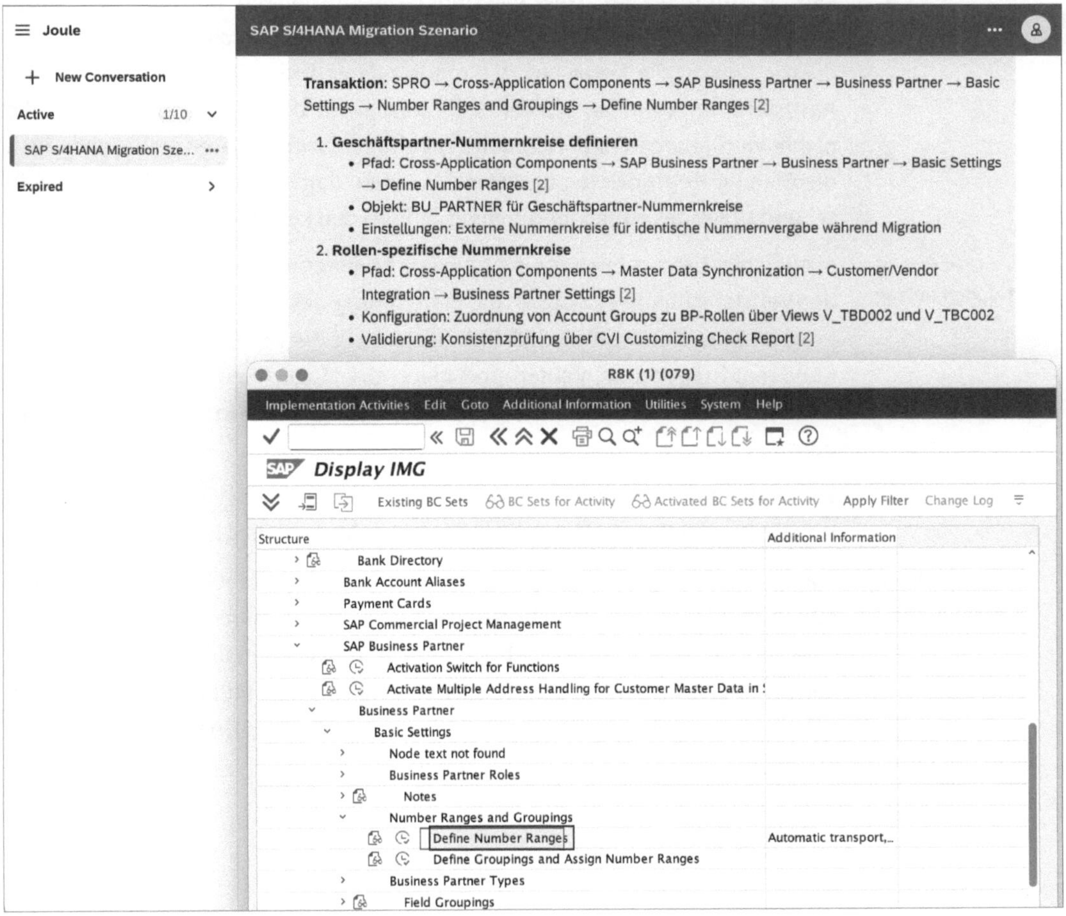


*Abbildung 7.12: Antwort mit Informationen zum Customizing*

Im vorliegenden Prompt haben wir bereits um weiterführende Informationen gebeten, wie die Nummernkreise der Geschäftspartner im System konfiguriert werden können.

Abbildung 7.12 zeigt die Antwort mit dem Hinweis, an welcher Stelle im SAP Implementation Guide (IMG) die relevanten Customizing-Tabellen zur Konfiguration der Nummernkreise zu finden sind.

**Referenzen prüfen**

Anhand der angegebenen Quelle erkennen Sie auch, dass diese Information aus einem spezifischen SAP-Dokument stammt, das vom RAG-Modul anhand des Prompts ermittelt wurde. Im konkreten Beispiel wurde der SAP-Hinweis 2713963 als Grundlage herangezogen.

### Grobspezifikation von Erweiterungen

SAP Joule for Consultants kann auch dabei unterstützen, funktionale Spezifikationen für SAP-Standarderweiterungen zu konzipieren. Im Zuge einer digitalen Transformation wie der unseres Kunden in der metallverarbeitenden Industrie kommt die Frage auf, wie mit kundenindividuellen Erweiterungen im Altsystem umgegangen werden soll. Zum einen besteht die Zielsetzung, die bisher verfügbare Funktionalität beizubehalten, zum anderen sollen aber auch die Clean-Core-Prinzipien umgesetzt werden, damit zukünftige Releasewechsel und Upgrades einfacher durchgeführt werden können.

**User Exit im Kundenauftrag**

Als Beispiel betrachten wir eine typische Erweiterung, die Kunden im Bereich des Vertriebs häufig einsetzen: die Erweiterung des Includes MV45AFZZ. Diese Programmroutine wird im SAP-ERP-System bei der Anlage und Änderung von Kundenaufträgen durchlaufen und bietet die Möglichkeit, Felder in den verschiedenen Ebenen des Kundenauftrags (z. B. Kopf, Position, Einteilung) zu ändern.

Wir stellen SAP Joule for Consultants also die Frage, wie wir hier im Zuge des Umstiegs auf SAP S/4HANA Private Cloud am besten vorgehen sollen.

**Hinweis auf Clean-Core-Level**

Wie in Abbildung 7.13 zu sehen, kann der User Exit beibehalten werden und fällt in der Clean-Core-Definition unter Level B. Das bedeutet, die Schnittstellen sind von SAP für die Nutzung durch Kunden freigegeben und bieten in der Regel eine hohe Upgrade-Stabilität. Eine kurze Überprüfung der Antwort durch Öffnen der erwähnten Referenz (SAP-Hinweis 3589866) bestätigt diese Auskunft.

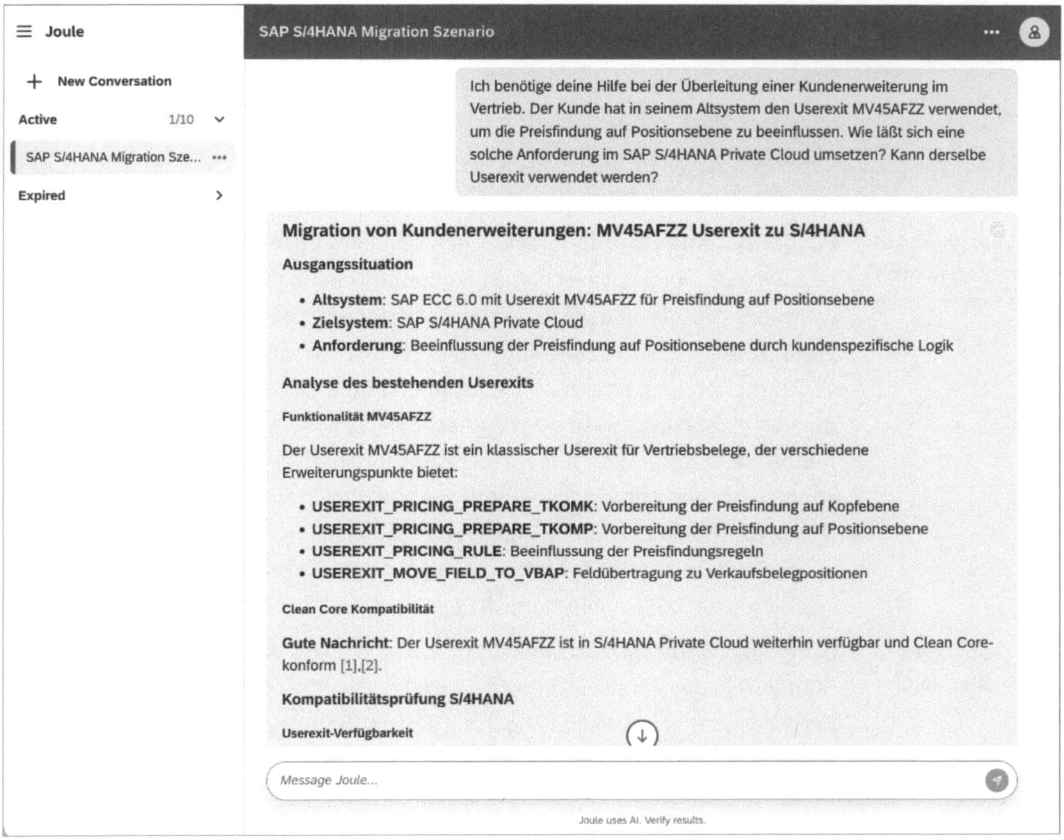


*Abbildung 7.13: Erweiterungen konzipieren*

### 7.1.3 Geschäftlicher Nutzen und Auswirkungen

Der größte Vorteil liegt in der signifikanten Zeitersparnis bei der Informationsrecherche. SAP-interne Tests zeigen, dass Beraterinnen und Berater durch den Einsatz von Joule täglich bis zu anderthalb Stunden einsparen können, da SAP-validierte Informationen und Best Practices direkt bereitgestellt werden und Recherchen über viele unterschiedliche Wissensquellen entfallen.

**Qualität und Standardisierung**

Neben der Effizienz kann Joule zur Standardisierung der Beratungsqualität beitragen. Entscheidungen basieren auf konsistenten, SAP-spezifischen Informationen. Die Lösung unterstützt die Anwendung von Best Practices und einheitlichen Vorgehensweisen in Projekten. Dies ist insbesondere in komplexen Implementierungen relevant, in denen Abweichungen von Standards und SAP-Empfehlungen Risiken bergen können.

**Kosten und Ressourceneinsatz**

Eine beschleunigte Projektausführung wirkt sich auf die Kostenstruktur aus. Kürzere Projektlaufzeiten bedeuten geringere Gesamtkosten, während die optimierte Ressourcenallokation Engpässe reduziert. Darüber hinaus kann Joule dazu beitragen, Abhängigkeiten von einzelnen Expertinnen und Experten zu minimieren, indem Wissen breiter verfügbar und für Beraterinnen und Berater aller Erfahrungsstufen verfügbar gemacht wird.

**Auswirkungen auf Beratung, Kunden und Unternehmen**

Für Consultants verändert Joule den Arbeitsalltag grundlegend: Routineaufgaben wie das Durchsuchen von Dokumentationen nehmen weniger Raum ein, während strategische Beratung und Designentscheidungen in den Vordergrund rücken. Juniorberaterinnen und -berater profitieren von kontextsensitiver Unterstützung, erfahrene Expertinnen und Experten können ihre Entscheidungen validieren und sich auf wertschöpfende Tätigkeiten konzentrieren. Auf Kundenseite kann eine höhere Beratungsqualität und schnellere Problemlösungen erreicht werden. Der Zugriff auf SAP Best Practices und Konfigurationsleitfäden ermöglicht eine zügige Projektabwicklung. Beratungsunternehmen wiederum können den Einsatz von KI-gestützten Werkzeugen nutzen, um ihre Leistungsangebote skalierbarer zu gestalten.

**Strategische Perspektive**

Langfristig ist davon auszugehen, dass KI-gestützte Werkzeuge wie Joule zum Standard in der Beratungsbranche werden. Damit verschiebt sich die Tätigkeit der Consultants stärker in Richtung Konzeption und Entscheidungsfindung, während manuelle Rechercheaufgaben an Bedeutung verlieren.

## 7.2 Joule mit SAP S/4HANA Cloud Public Edition

Joule ist eine integrierte digitale KI-Lösung, die direkt im SAP Fiori Launchpad vieler SAP-Lösungen zur Verfügung steht. Joule unterstützt Anwenderinnen und Anwender dabei, ihre täglichen Aufgaben effizienter zu erledigen, indem sie kontextbezogene Hilfestellungen sowie automatisierte Funktionen und Abläufe bereitstellt. Joule ergänzt die klassische Navigation um eine Eingabe in natürlicher Sprache und stellt damit eine alternative Bedienoption dar.

### 7.2.1 Geschäftliche Herausforderungen

In modernen Unternehmenslandschaften stehen SAP-Anwenderinnen und -Anwender täglich vor einer Vielzahl komplexer Aufgaben, die nicht nur Zeit kosten, sondern auch die Effizienz und Benutzererfahrung beeinträchtigen. Joule adressiert diese Herausforderungen, indem er sich nahtlos in die SAP-Systemlandschaft integriert und Endanwenderinnen und Endanwender bei typischen Hürden im Arbeitsalltag unterstützt.

**Komplexe Systemnavigation**

Die Navigation durch SAP-Systeme setzt häufig Kenntnisse über Transaktionscodes, SAP-Fiori-Apps, Menüstrukturen oder Applikationsgruppen voraus. Dies kann insbesondere bei der Suche nach spezifischen Funktionen oder Informationen zeitintensiv sein. Joule reduziert diesen Aufwand durch kontextbezogene Vorschläge und natürliche Spracheingabe, wodurch Benutzer schneller zum Ziel gelangen – ohne tiefgreifende Systemkenntnisse vorauszusetzen. In vielen Unternehmen müssen Mitarbeitende Informationen aus verschiedenen Systemen manuell zusammentragen. Dies ist nicht nur zeitintensiv, sondern auch fehleranfällig. Joule ermöglicht eine zentrale, KI-gestützte Informationsabfrage durch Eingabe natürlicher Sprache.

**Hohe Einstiegshürden**

Neue Mitarbeitende oder Gelegenheitsnutzerinnen und -nutzer stehen oft vor der Herausforderung, sich in komplexe SAP-Systeme einzuarbeiten. Schulungen sind zeitaufwendig und erzeugen Abhängigkeiten von erfahrenen Kolleginnen und Kollegen. Joule bietet eine intuitive Benutzerführung, die die Einarbeitungszeit verkürzen kann, indem Aufgaben in einfacher Sprache erklärt werden. Vorschläge für passende Applikationen, offene Belege oder Auswertungen werden über eine einfache Freitextanfrage bereitgestellt.

**Sprachbarrieren und Lokalisierung**

In global agierenden Unternehmen erschweren Sprachbarrieren die Nutzung von SAP-Systemen. Da Joule auf LLMs basiert, unterstützt es Mehrsprachigkeit und passt sich lokalen Sprachgewohnheiten an.

**Fragmentierte Arbeitsabläufe**

Geschäftsprozesse erfordern häufig den Wechsel zwischen verschiedenen Anwendungen, was den Arbeitsfluss unterbricht und Fehlerquellen erhöht. Joule begleitet Prozesse kontextbezogen und stellt relevante Funktionen systemübergreifend bereit. Ohne schnellen Zugriff auf relevante Geschäftsdaten verzögern sich Entscheidungen. Joule liefert datengestützte Erkenntnisse in Echtzeit und unterstützt Führungskräfte sowie Fachanwenderinnen und -anwender bei der schnellen und fundierten Entscheidungsfindung. Beim Wechsel zwischen Anwendungen geht zudem häufig der Arbeitskontext verloren, was zu ineffizienten Prozessen und doppelter Dateneingabe führt. Joule bewahrt den Kontext über Systemgrenzen hinweg.

**Produktivitätsverluste**

Die genannten Herausforderungen können in Summe zu Produktivitätsverlusten, höheren Betriebskosten und einer eingeschränkten Benutzererfahrung führen. Joule adressiert diese Punkte gezielt und bietet eine moderne, KI-gestützte Lösung zur Unterstützung des Arbeitsalltags von SAP-Anwenderinnen und -Anwendern.

### 7.2.2 Lösung und Implementierung

Joule unterstützt verschiedene Fähigkeitstypen, die je nach eingesetzter SAP-Lösung unterschiedliche Funktionen bereitstellen. Dazu zählen transaktionale, navigierende und informative Fähigkeiten. Diese ermöglichen es, Aufgaben zu erledigen, Geschäftsinformationen abzurufen, Anwendungen zu finden, Einblicke in Daten zu gewinnen oder HR-relevante Informationen wie verfügbare Urlaubstage zu ermitteln.

### Transaktionale Fähigkeiten

Transaktionale Fähigkeiten unterstützen bei der täglichen Arbeit mit Geschäftsdaten. Joule hilft dabei, Daten zu erstellen oder abzurufen, Aufgaben zu erledigen, relevante Informationen zu finden, einzelne Schritte von Aufgaben zu vervollständigen oder zu aktualisieren. Falls eine Aufgabe nicht direkt in Joule abgeschlossen werden kann, leitet Joule den Nutzer oder die Nutzerin zur entsprechenden Anwendung weiter. Beispiele hierfür sind etwa:

- Anlegen einer Anlage
- Anlegen eines Kundenauftrags
- Aktualisieren eines Stammdatums
- Abrufen von Prozessinformationen wie etwa einer Lieferstatusinformation

**Joules Chat-Fenster öffnen**

Im SAP Fiori Launchpad befindet sich Joule in der oberen Navigationsleiste. Dort sind verschiedene Symbole wie z. B. zur Anzeige der Benachrichtigungen und des Benutzerprofils sichtbar. Um Joule zu öffnen, wählen Sie, wie in Abbildung 7.14 dargestellt, das diamantförmige Symbol aus, das für Joule steht. Nach dem Anklicken öffnet sich auf der rechten Seite ein Panel, in dem die Interaktion mit Joule möglich ist.

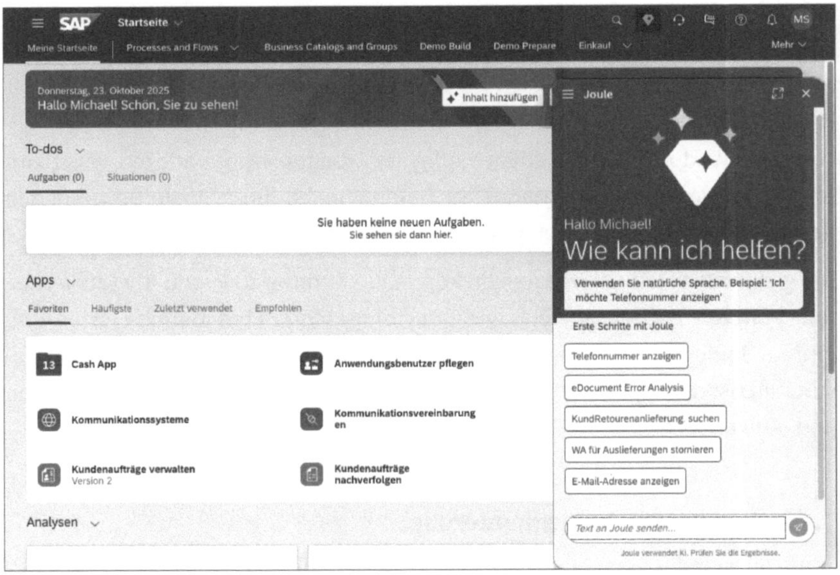


*Abbildung 7.14: Joule öffnen*

**Anlage erstellen**

Mit Joule könnten Sie nun direkt in der Anlagenbuchhaltung eine neue Anlage erfassen, indem Sie Ihr Vorhaben in natürlicher Sprache formulieren. Geben Sie beispielsweise, wie in Abbildung 7.15 dargestellt, den Wunsch ein, eine neue Anlage zu erfassen. Joule analysiert die Eingabe und erkennt den Bedarf zur Durchführung einer transaktionalen Stammdatenerfassung für das Objekt »Anlage«. Mit gezielten Rückfragen leitet Joule Sie anschließend strukturiert durch den Erfassungsprozess.

**Flexible Texteingabe**

In natürlicher Sprache können Sie die nötigen Daten Schritt für Schritt im Chat-Fenster angeben. Die Reihenfolge der Angaben ist dabei nicht festgelegt, sondern kann wie in einem natürlichen Gespräch erfolgen. In Abbildung 7.16 sehen Sie, wie zunächst der Buchungskreis 1010 und die zu verwendende Anlagenbeschreibung angegeben werden. Joule interpretiert dies korrekt und fragt als Antwort darauf nur noch die fehlenden Informationen ab.

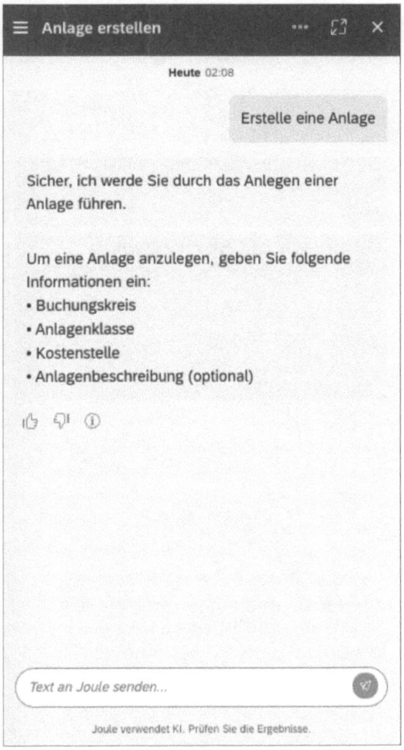


*Abbildung 7.15: Anlage im Dialog erstellen*

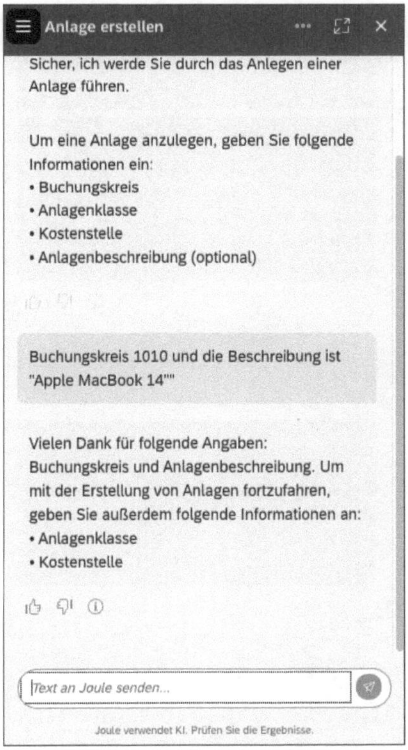


*Abbildung 7.16: Rückmeldung von Joule zur Anlagenerstellung*

**Informationen über Mussfelder**

Eine zentrale Information, die für einen Anlagenstamm notwendig ist, ist die Anlagenklasse. Sie bestimmt zentrale Eigenschaften und Verhaltensweisen der Anlage, unter anderem den Nummernkreis und die Kontenfindung bei Zugang, Abschreibung und Abgang. Da die relevanten Anlagenklassen-IDs insbesondere bei der erstmaligen Nutzung nicht auswendig bekannt sind, besteht in Joule die Möglichkeit, passende Werte als Auswahlvorschläge abzufragen. Im gezeigten Beispiel (siehe Abbildung 7.17) wird explizit nach geeigneten Anlagenklassen für Computer recherchiert. Joule filtert daraufhin ausschließlich jene Einträge heraus, deren Beschreibung das gewünschte Stichwort enthält. Die Auswahl der korrekten Anlagenklasse gestaltet sich dadurch besonders benutzerfreundlich und effizient.

Als letzte Information fehlt Joule nun noch die Kostenstelle. Diese ist im Anlagenstamm ebenfalls notwendig, da darauf die periodischen Abschreibungen in der Kostenrechnung gebucht werden.

**Stichwortsuche über Freitext**

Analog der Recherche der passenden Anlagenklasse können Sie auch die verfügbaren Kostenstellen mithilfe von Stichwörtern suchen. Im konkreten Beispiel nehmen wir an, dass es sich um das Arbeitsgerät einer Mitarbeiterin im Marketing handelt. Daher bitten wir Joule, wie in Abbildung 7.18 zu sehen, passende Kostenstellen mit dem Stichwort »Marketing« vorzuschlagen.

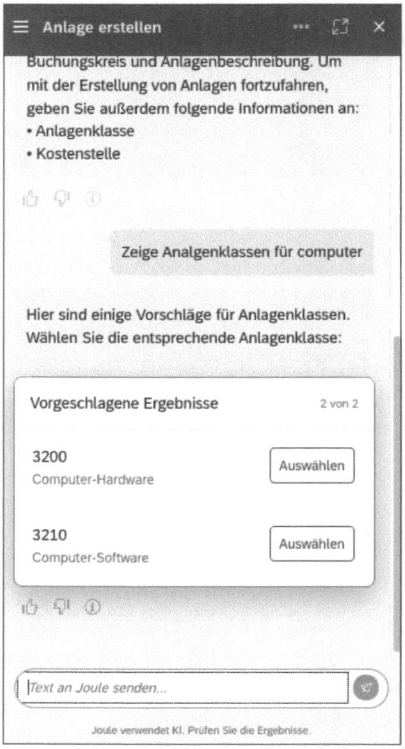


Abbildung 7.17: Anlagenklasse erfragen und auswählen

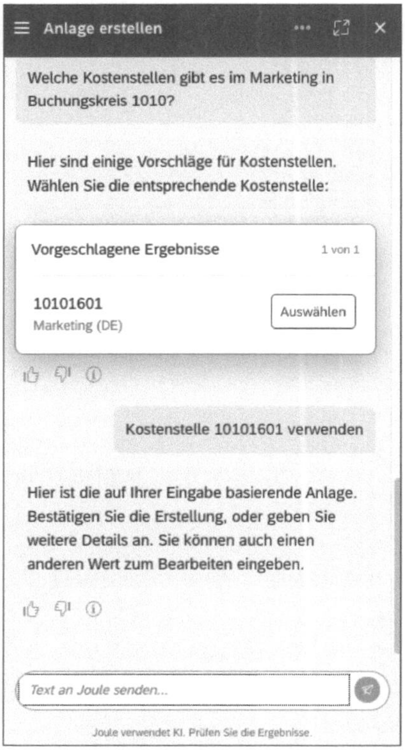


Abbildung 7.18: Kostenstelle erfragen und auswählen

**Validierung vor Verbuchung**

Im Anschluss an die Datenerfassung präsentiert Joule eine übersichtliche Zusammenfassung der eingegebenen Informationen zur neuen Anlage. Sie haben nun die Möglichkeit, die Anlage zu überprüfen und den Buchungsvorgang zu bestätigen. Nach erfolgreicher Verbuchung wird Ihnen der Zugang zum neu angelegten Anlagenstammsatz ermöglicht, sodass Sie direkt in der Anwendung **Anlage** weitere Anpassungen oder Ergänzungen vornehmen können. Mit einem Klick auf **App zur Prüfung öffnen** (siehe Abbildung 7.19) öffnet sich die Übersichts-App zur Anlage und zeigt auch jene Informationen, die im Zuge des Erstellungsprozesses automatisch ermittelt wurden.

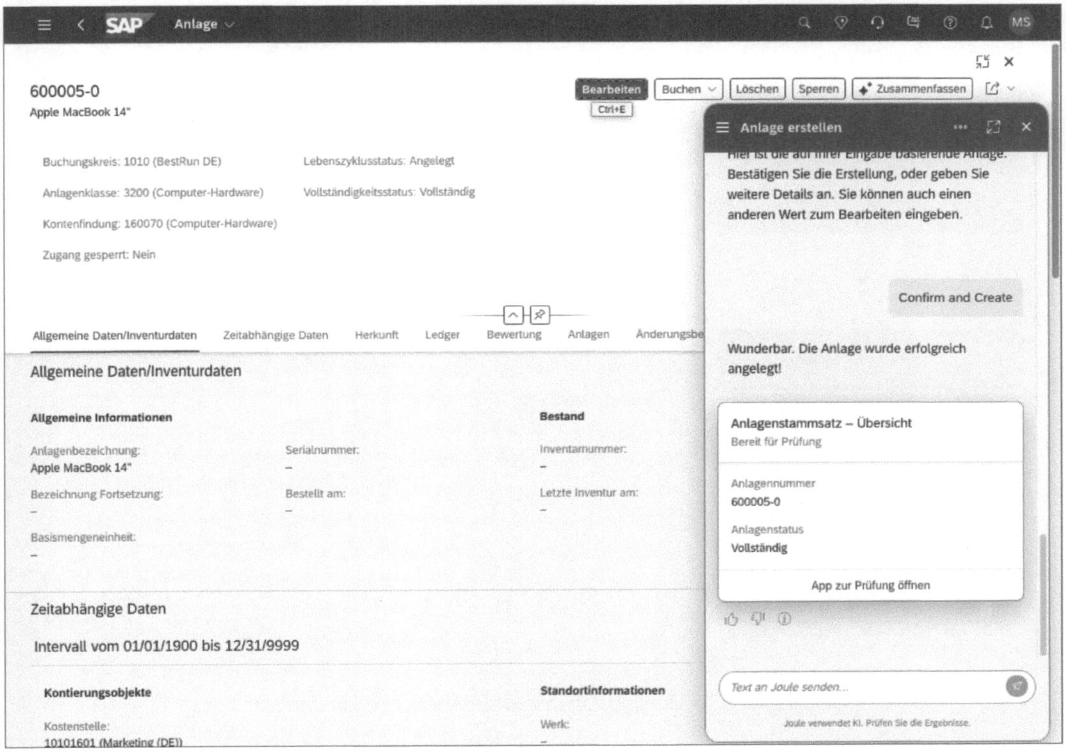


*Abbildung 7.19: Erstellte Anlage in der App »Anlage« anzeigen lassen*

### Navigation mit Joule

**Apps einfacher finden**

Navigierende Fähigkeiten erleichtern die Orientierung innerhalb der SAP-Systemlandschaft. Joule ermöglicht es, gezielt zu Anwendungen oder Funktionen zu navigieren, ohne sich durch komplexe Gruppenstrukturen und Tabs klicken zu müssen. Gerade für Anwenderinnen und Anwender, die das SAP-System nicht täglich nutzen oder im Vertretungsfall Aufgaben von anderen übernehmen, stellt die Unterstützung bei der Navigation im System einen erheblichen Mehrwert dar. Wie in Abbildung 7.20 dargestellt, unterstützt Joule gezielt bei der Identifikation der passenden Applikation für eine konkrete Aufgabe – über die Eingabe eines Freitexts.

**Direktabsprung in App**

Wird beispielsweise nach einer Anwendung gefragt, mit der mehrere Kostenstellen gepflegt werden können, empfiehlt Joule die Applikation **Kostenstelle verwalten (Version 2)** und bietet direkt einen Button zum Absprung in die entsprechende App an. Dadurch wird der Zugriff auf die gewünschten Funktionen erheblich vereinfacht und der Arbeitsprozess effizient unterstützt.

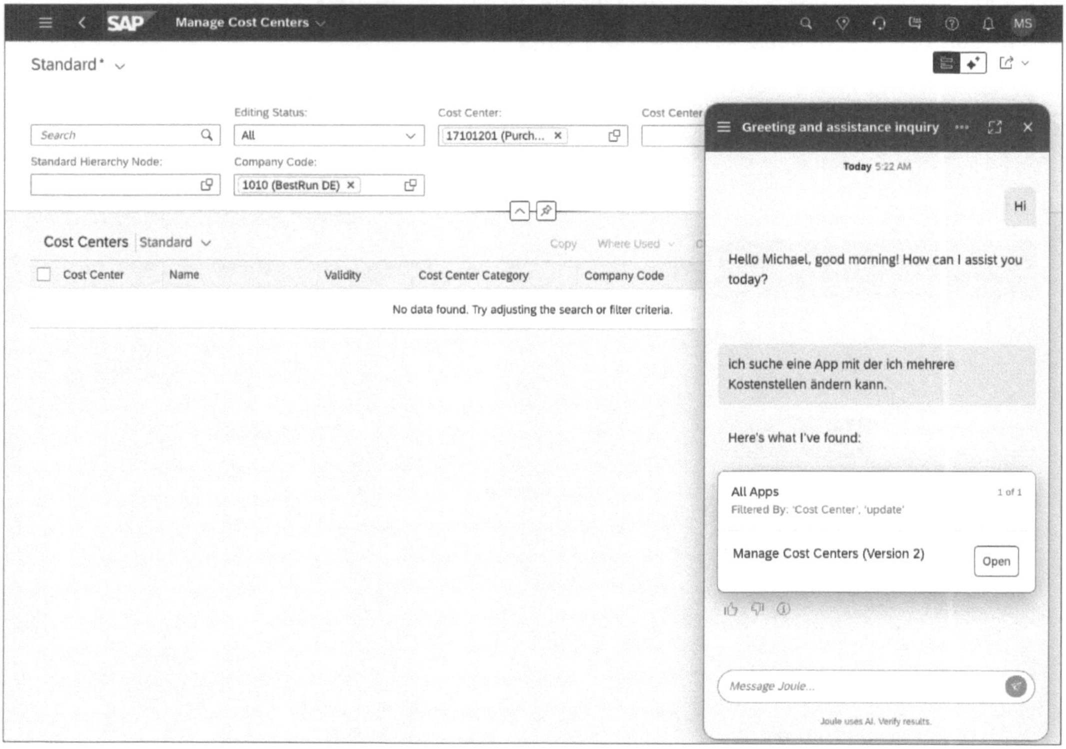


*Abbildung 7.20: Navigation mit Joule: Kostenstellen ändern*

**Absprung auf Fact-Sheets**

Ein weiteres Anwendungsbeispiel für die Navigation mit Joule ist in Abbildung 7.21 dargestellt. Mithilfe von Joule können Sie gezielt in spezifische Stammdaten navigieren, um Informationen einzuholen oder Änderungen vorzunehmen. Im vorliegenden Szenario fordern wir Joule auf, uns zur passenden Applikation für die Bearbeitung des Produkts »Handelsware 11« zu führen. Joule präsentiert daraufhin eine Liste relevanter Produkte, aus der Sie das gewünschte Produkt auswählen. Anschließend erfolgt der direkte Absprung auf die Übersichtsseite des jeweiligen Stammdatums, von der aus Sie sämtliche Bearbeitungsfunktionen nutzen können. Diese Form der Navigation kann insbesondere bei gelegentlicher Nutzung die Orientierung innerhalb der SAP-Systemlandschaft erleichtern.

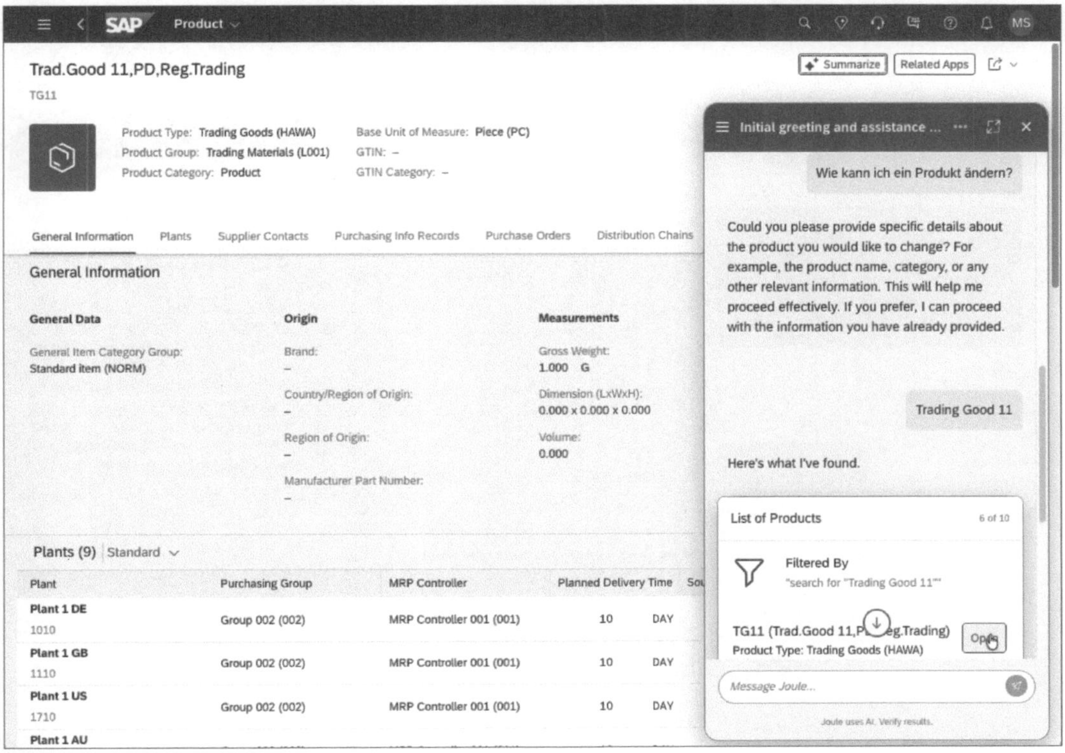


*Abbildung 7.21: Navigation mit Joule: Produkt ändern*

## Auskunftsfunktion

Joule kann zu vielen allgemeinen und auch fachspezifischen Fragen Auskunft erteilen und unterstützt mit gezielter, kontextabhängiger Recherche nach Informationen.

**SAP-Hilfe durchsuchen**

Herangezogen werden Informationen sowohl aus dem SAP Help Portal als auch aus weiteren in Joule integrierten Dokumenten. Dabei greift Joule auf sämtliche verfügbare Inhalte sowie die interne Wissensdatenbank zu, aggregiert die relevanten Informationen und bereitet diese in einer prägnanten und verständlichen Antwort auf.

**Kontextbezogene Detailauskunft**

In dem in Abbildung 7.22 dargestellten Anwendungsfall befinden wir uns in der Applikation **Produktliste** und benötigen weiterführende Informationen zum Feld **Produktart**. Dank der SAP-spezifischen Trainingsdaten ist Joule in der Lage, auch auf detaillierte Fragen fundierte und passgenaue Auskünfte zu liefern. Dies hilft uns, die Relevanz dieses Feldes für unsere Suche besser abzuschätzen.

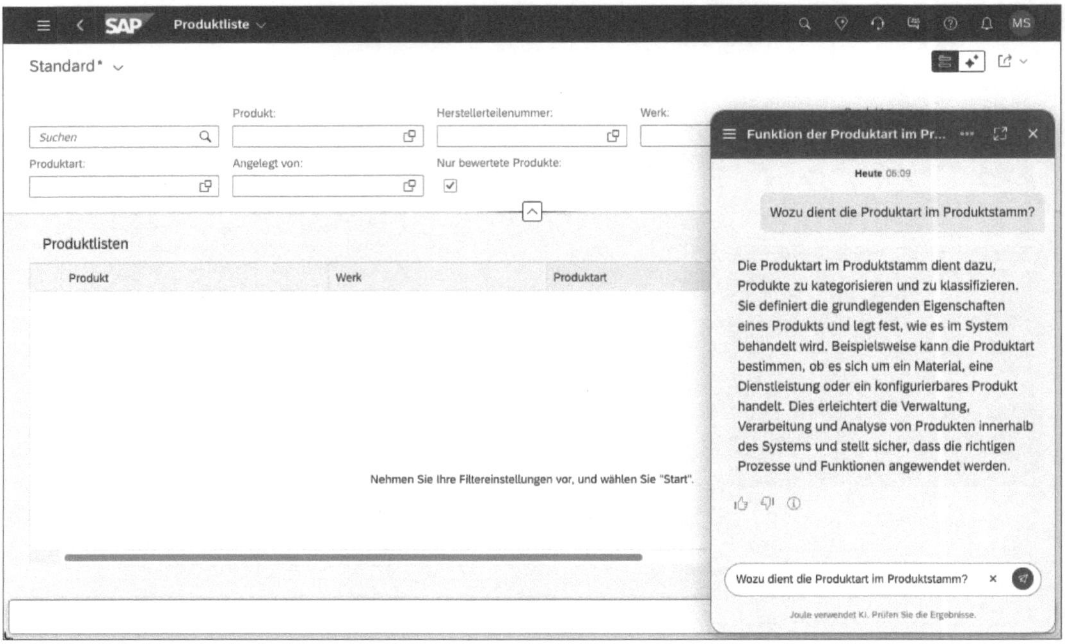


*Abbildung 7.22: Auskunft mit Joule: Erklärung der Produktart*

### 7.2.3 Geschäftlicher Nutzen und Auswirkungen

Joule verändert die Art und Weise, wie in Unternehmen mit SAP-Systemen interagiert wird. Als SAPs AI Copilot ist Joule darauf ausgelegt, die Produktivität zu steigern, Prozesse zu automatisieren und geschäftliche Entscheidungen zu beschleunigen – und dies über verschiedene Funktionsbereiche hinweg.

**Schneller am Ziel**

Ein zentraler geschäftlicher Nutzen liegt in der signifikanten Produktivitätssteigerung:

- Endanwenderinnen und Endanwender können durch intelligente Automatisierung ihre Effizienz erhöhen.
- Komplexe Workflows lassen sich verkürzen, da Joule die spezifische Rolle erkennt und kontextbezogen unterstützt.

Joule ist mittlerweile in über 1.800 SAP-Funktionen integriert, die rund 80 % der am häufigsten genutzten Transaktionen abdecken.

**Breite Anwendungsabdeckung**

Die obigen Abschnitte bieten lediglich einen ersten Einblick in das Funktionsspektrum von Joule. Weitere Unternehmensbereiche profitieren von den Möglichkeiten der Systeminteraktion, die Joule eröffnet:

- Im Personalwesen (HR) beschleunigt Joule Einstellungsprozesse und fördert das Mitarbeiterengagement. Self-Service-Funktionen entlasten sowohl HR-

Mitarbeitende als auch die Belegschaft, während Routineaufgaben wie Feedback-Anfragen oder Urlaubsanträge automatisiert abgewickelt werden.

- Im Finanzwesen unterstützt Joule die Automatisierung von Prozessen sowie die Einhaltung regulatorischer Anforderungen. Entscheidungsprozesse werden durch direkt verfügbare KPIs und Berichte beschleunigt, manuelle Tätigkeiten bei der Ergebnisfilterung können reduziert werden.
- In der Supply Chain und Beschaffung kann Joule zur Optimierung von Logistik und Bestandsplanung beitragen. Datenbasierte Ausgabenentscheidungen können die Kosten senken, während geopolitische Risiken proaktiv erkannt und adressiert werden können.

**Interaktionsmodell**

Die Bedienoberfläche von Joule ist über das SAP-Lösungsportfolio hinweg einheitlich gestaltet. Die Interaktion erfolgt in natürlicher Sprache, wodurch eine komplexe Systemnavigation in vielen Fällen entfallen kann.

Sicherheits- und Compliance-Anforderungen werden ebenfalls berücksichtigt: Joule ist DSGVO-konform sowie SOC-II-zertifiziert und ermöglicht einen rollenbasierten, transparenten Zugriff auf relevante Prozesse. Die Entscheidungsfindung sowie der Umgang mit Daten verbleiben in der Kontrolle des Unternehmens.

**Kommerzielles Modell**

Auch kommerziell ist Joule flexibel ausgelegt. Die gezeigten Basisfunktionen sind in den SAP-Produktlizenzen ohne zusätzliche Kosten enthalten (*Base AI*). Für erweiterte Funktionen steht ein Modell über die Verrechnung von *AI Units* zur Verfügung.

## 7.3 SAP Joule for Developers in den ABAP Development Tools

Mit SAP Joule for Developers steht Ihnen SAPs intelligenter AI Copilot zur Seite, der direkt in die Entwicklungsumgebung integriert ist, ob in SAP Build oder den ABAP Development Tools (ADT). Joule berücksichtigt den Code-Kontext, weist auf mögliche Optimierungen hin und unterstützt mit Vorschlägen, Erklärungen und automatisierten Anpassungen. Damit lassen sich Entwicklungsaufgaben in vielen Fällen schneller, sicherer und effizienter umsetzen. Auch komplexe Anwendungen können Sie mit Joule in SAP Build nahezu vollständig automatisiert erstellen, von der Idee bis zur lauffähigen App.

**Funktionsumfang von Joule**

SAP Joule for Developers unterstützt Sie in Ihrer täglichen Entwicklungsarbeit mit einer Vielzahl intelligenter Funktionen. Sie können sich z. B. beim Programmieren Code-Vorschläge in Echtzeit anzeigen lassen, die zum aktuellen Kontext passen. Auf Wunsch erklärt Joule Ihnen auch komplexe Entwicklungsobjekte, etwa CDS-Views, Klassen oder Funktionsmodule. Über den integrierten Joule-Chat stellen Sie Fragen in natürlicher Sprache und erhalten direkt passende Antworten oder Code-Beispiele. Zusätzlich kann Joule automatisch Unit-Tests für Ihren ABAP-Code erzeugen und bestehende Tests verbessern. Bei der Arbeit mit dem ABAP RESTful Application Programming Model hilft Joule außerdem, Geschäftslogik und Validierungen vorzuschlagen oder zu vervollständigen. Wenn Sie Ihr Datenmodell oder Ihre App erweitern möchten, unterstützt Sie der Extensibility Assistant dabei, neue Felder und Geschäftskontexte einzubinden.

**Joule als Chat-Fenster**

Über den Joule-Chat, der direkt in die ABAP Development Tools integriert ist, kann in natürlicher Sprache kommuniziert werden. Joule beantwortet entwicklungsbezogene Fragen zu Code, Objekten oder allgemeinen Programmieraufgaben und liefert kontextbezogene Erklärungen, Code-Beispiele sowie Unterstützung beim Debugging oder bei der Optimierung. Durch den Einsatz großer Sprachmodelle bietet der Joule-Chat dynamische, präzise und auf den jeweiligen Entwicklungskontext abgestimmte Antworten.

### 7.3.1 Geschäftliche Herausforderungen

Mit der zunehmenden Digitalisierung und der Migration vieler Unternehmen auf SAP S/4HANA steigen auch die Anforderungen an moderne Softwareentwicklung. Die Komplexität von Systemlandschaften nimmt stetig zu – Cloud-, On-Premise- und hybride Umgebungen müssen miteinander verbunden werden, während gleichzeitig neue Frameworks wie das ABAP RESTful Application Programming Model oder das SAP Cloud Application Programming Model (CAP) etabliert werden. Entwicklerinnen und Entwickler stehen daher vor der Herausforderung, sich in einer schnell wandelnden technologischen Umgebung zurechtzufinden und gleichzeitig qualitativ hochwertigen Code zu liefern.

**Zeitdruck in Implementierungsprojekten**

Ein zentrales Thema in Entwicklungsprojekten ist der Zeitdruck. Unternehmen erwarten kurze Entwicklungszyklen, agile Anpassungen und schnelle Bereitstellungen neuer Funktionen. Routinetätigkeiten wie die Erstellung von Datenstrukturen, Testdaten oder Standardlogik binden dabei Ressourcen. SAP Joule for Developers setzt an dieser Stelle an, indem wiederkehrende Aufgaben automatisiert und Best Practices vorgeschlagen werden und somit die Produktivität gesteigert wird.

**Code-Qualität**

Auch die Code-Qualität spielt eine wesentliche Rolle. In großen Entwicklungsteams ist es schwierig, einen einheitlichen Programmierstil zu gewährleisten. Unterschiedliche Erfahrungsniveaus führen häufig zu inkonsistentem Code, der im späteren Betrieb fehleranfällig sein kann. SAP Joule for Developers kann hier einen wichtigen Beitrag leisten, indem standardkonformer und klar strukturierter ABAP-Code generiert, Syntaxfehler frühzeitig erkannt und Verbesserungsvorschläge direkt in der Entwicklungsumgebung angeboten werden.

**Fachkräftemangel im ABAP-Umfeld**

Eine weitere Herausforderung ist der Fachkräftemangel im ABAP-Umfeld. Viele erfahrene Entwicklerinnen und Entwickler verlassen in den kommenden Jahren die Unternehmen, während jüngere Mitarbeitende oft noch wenig Erfahrung mit den komplexen SAP-Technologien haben. Joule kann diese Lücke teilweise schließen, indem das Tool als digitaler Mentor fungiert: Es erklärt Code, analysiert Strukturen und hilft, neue Entwicklerinnen und Entwickler schrittweise an moderne SAP-Frameworks heranzuführen.

**Integration der KI in Entwicklungswerkzeuge**

Auch die Integration von KI in bestehende Entwicklungsprozesse stellt Unternehmen vor neue Aufgaben. Die Einbettung von generativer KI in Tools wie die ABAP Development Tools (ADT) oder das SAP Business Application Studio muss nahtlos funktionieren, ohne Sicherheits- oder Compliance-Vorgaben zu verletzen. SAP Joule for Developers steht dabei vor der Herausforderung, einerseits produktive Unterstützung zu bieten und andererseits sicherzustellen, dass die Ergebnisse überprüfbar und nachvollziehbar bleiben. Besonders in regulierten Branchen ist es wichtig, dass alle durch KI erzeugten Änderungen im Code transparent dokumentiert und revisionssicher nachvollzogen werden können.

**Akzeptanz und Vertrauen schaffen**

Schließlich spielt auch die Akzeptanz im Entwicklungsteam eine Rolle. KI-gestützten Werkzeugen wird, insbesondere wenn es um die automatische Codegenerierung geht, zunächst skeptisch begegnet. Joule muss daher Vertrauen schaffen, indem es nachvollziehbar erklärt, wie Vorschläge zustande kommen, und die Nutzerinnen und Nutzer aktiv in den Entwicklungsprozess einbindet. Die Zusammenarbeit zwischen Mensch und Maschine funktioniert nur dann produktiv, wenn nachvollziehbar ist, was Joule generiert und warum.

### 7.3.2 Technische Voraussetzungen für SAP Joule for Developers

Nach dem Upgrade auf das Release 2502 steht SAP Joule for Developers mit den ABAP-KI-Funktionen automatisch in allen Entwicklungsumgebungen der SAP S/4HANA Cloud Public Edition und in der SAP BTP ABAP Environment zur Verfügung. Für die Nutzung ist jedoch eine separate Lizenz erforderlich.

**Voraussetzungen für die Aktivierung**

Die Aktivierung von SAP Joule for Developers unterscheidet sich je nach Systemumgebung. In SAP S/4HANA Cloud Public Edition erfolgt die Freischaltung manuell über das Portal SAP for Me, indem eine Serviceanforderung mit dem Titel »Toggle Joule for Developers, ABAP AI capabilities« angelegt wird. Nach der Genehmigung kann es bis zu 24 Stunden dauern, bis Joule vollständig nutzbar ist. In der SAP BTP ABAP Environment wird Joule automatisch nach einem System-Update aktiviert – dieser Prozess kann bis zu 48 Stunden in Anspruch nehmen. In SAP S/4HANA Cloud Private Edition hängt die Aktivierung von der jeweiligen Systemkonfiguration ab und wird in Abstimmung mit dem SAP-Basis-Team oder dem Hosting-Partner durchgeführt.

**Vertrauensverbindung zwischen SAP BTP und Identity Tenant**

Um SAP Joule for Developers in SAP S/4HANA Cloud Private Edition zusammen mit einem SAP-BTP-Konto zu nutzen, müssen einige technische Voraussetzungen erfüllt sein. Zunächst werden eine Subscription für SAP Cloud Identity Services sowie für SAP Joule for Developers (ABAP AI capabilities) benötigt. Anschließend wird eine Vertrauensverbindung zwischen dem SAP-BTP-Subaccount und dem eigenen SAP-Cloud-Identity-Services-Tenant hergestellt. Dafür muss der verwendete Benutzer Administratorrechte in diesem Tenant besitzen.

Das System muss so konfiguriert sein, dass es Serverzertifikate aus dem Trust Store der SAP BTP akzeptiert und ein Client-Zertifikat verwendet wird. Ein solches Zertifikat kann beispielsweise im Bereich **Manage Destination Certificates** erzeugt werden. Außerdem ist sicherzustellen, dass die SAP-Hinweise 3627794 (Technische Voraussetzungen) und 3318423 (Aktivierung von TLS 1.3 – Transport Layer Security) eingespielt sind. Nur wenn TLS 1.3 aktiv ist und alle Zertifikate korrekt eingerichtet sind, kann SAP Joule for Developers in dieser Umgebung erfolgreich verwendet werden.

Wie in Abbildung 7.23 zu sehen, muss in der SAP BTP im Bereich **Entitlements** zunächst das entsprechende Entitlement für SAP Joule for Developers hinzugefügt werden. Dieser Schritt ist erst möglich, wenn alle technischen Voraussetzungen vollständig erfüllt sind. Wählen Sie dazu in der SAP BTP im Subaccount den Service **SAP Joule for Developers, ABAP AI capabilities** aus. Auf der rechten Seite des Pop-up-Fensters erscheinen die Servicedetails mit der App-ID **j4d-abap** und dem verfügbaren Plan **default (Application)**, der Zugriff auf alle Joule-Funktionen bietet. Klicken Sie nun auf die Schaltfläche **Add to Service Plans**, um das Entitlement dem Subaccount hinzuzufügen.

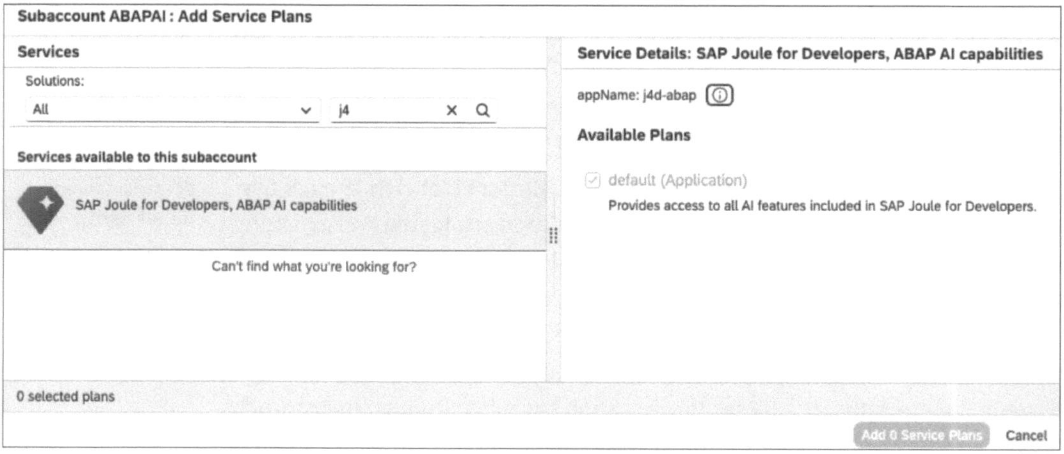


*Abbildung 7.23: SAP BTP für SAP Joule for Developers konfigurieren*

### 7.3.3 SAP Joule for Developers in ABAP-RESTful-Application-Programming-Model-Entwicklungen

Dieser Abschnitt behandelt die Entwicklung von Anwendungen mit dem ABAP RESTful Application Programming Model. Für die praktische Umsetzung benötigen Sie:

- die ABAP Development Tools in Eclipse
- eine SAP BTP ABAP Environment (Trial oder Lizenz) oder ein SAP-S/4HANA-System
- grundlegende Kenntnisse in ABAP Core Data Services (CDS) zur Arbeit mit Datenmodellen und Views
- idealerweise Grundkenntnisse in ABAP Objects, um objektorientierte Konzepte anzuwenden

Mit diesen Voraussetzungen lassen sich die beschriebenen Beispiele und Szenarien nachvollziehen und erweitern.

**Strukturierte Entwicklung mit ADT und OData**

Die Entwicklung mit dem ABAP RESTful Application Programming Model folgt einer klar strukturierten Schrittfolge. Zunächst wird ein ABAP-Paket in den ABAP Development Tools angelegt, um alle zugehörigen Entwicklungsobjekte zentral zu verwalten. Anschließend erfolgt die Definition des Datenmodells, in deren Rahmen CDS-Views erstellt werden, um die zugrunde liegenden Geschäftsobjekte und deren Beziehungen abzubilden.

**Behavior Definition und Implementierung der Geschäftslogik**

Darauf aufbauend wird eine *Behavior Definition* angelegt, in der das Verhalten der Geschäftsobjekte – etwa Erstellen, Ändern oder Löschen – beschrieben wird. Die eigentliche Logik dieser Operationen wird in der *Behavior Implementation* umgesetzt, die in ABAP-Klassen hinterlegt ist. Diese Klassen enthalten die Implementierung der im Behavior festgelegten Aktionen und Validierungen. Im nächsten Schritt wird eine *Service Definition* erstellt, die festlegt, welche Daten und Operationen über einen OData-Service bereitgestellt werden. Mit dem anschließenden *Service Binding* wird der Service konfiguriert und aktiviert, sodass er für Anwendungen nutzbar ist. Je nach Szenario kann das Binding für eine SAP-Fiori-Benutzeroberfläche oder eine Web-API eingerichtet werden.

**Verbindung zu SAP-S/4HANA-Systemen**

In Abbildung 7.24 sehen Sie die ABAP Development Tools in Eclipse. Hier erstellen Sie zunächst ein neues ABAP-Projekt, das die Verbindung zu einem ABAP-System herstellt, entweder zu einer SAP BTP ABAP Environment oder zu einem lokalen bzw. Private-Cloud- oder On-Premise-SAP-S/4HANA-System. Das Projekt dient als technische Arbeitsumgebung innerhalb von Eclipse: Es verwaltet die Systemverbindung und Benutzerdaten und ermöglicht den Zugriff auf Pakete, Klassen, CDS-Views und alle anderen Repository-Objekte.

Wählen Sie im Kontextmenü die Option **New • ABAP Project...**, um ein neues ABAP-Projekt anzulegen.

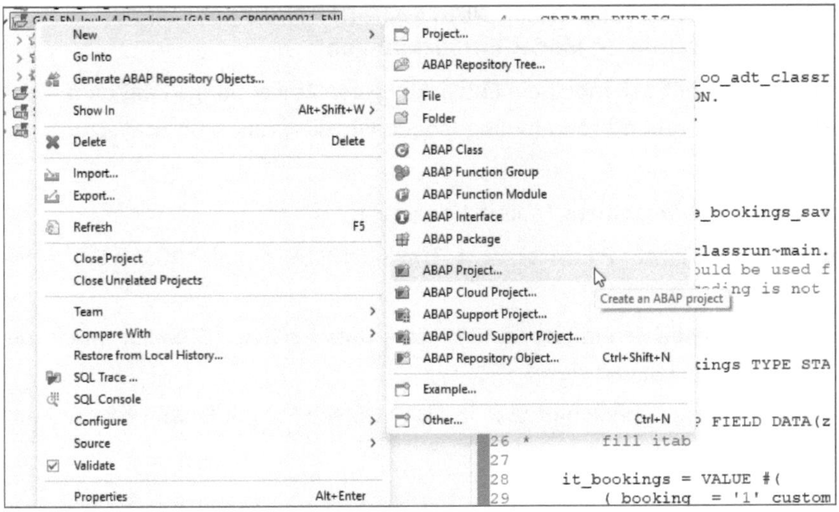


*Abbildung 7.24: ABAP-Projekt anlegen*

Ohne ein ABAP-Projekt können Sie in den ADT keine Objekte im Backend-System anlegen oder bearbeiten, da Eclipse keine direkte Verbindung zum ABAP-Repository hätte. Erst über das Projekt wird die Entwicklungsumgebung mit dem SAP-System verknüpft, wodurch Funktionen wie Syntaxprüfung, Aktivierung und Transportintegration verfügbar werden.

**ABAP-Paket anlegen**

Wie in Abbildung 7.25 zu sehen ist, legen Sie im nächsten Schritt über die Option **New • ABAP Package** ein neues ABAP-Paket an, das als organisatorische Einheit für alle Entwicklungsobjekte dient, also für CDS-Views, Klassen, Behavior Definitions, Services und andere ABAP-RESTful-Application-Programming-Model-Komponenten. Ein Paket strukturiert die Entwicklung, indem es fachlich oder technisch zusammengehörige Objekte bündelt. Außerdem ermöglicht es eine saubere Transportorganisation, da alle enthaltenen Objekte gemeinsam in Transportaufträge aufgenommen werden können. Damit ein Paket angelegt werden kann, muss zuvor ein ABAP-Projekt existieren. Das Projekt stellt die Verbindung zum SAP-System her, in dem das Paket gespeichert wird. Ohne diese Systemverbindung wüsste Eclipse nicht, in welchem Repository das neue Paket angelegt werden soll.

**ABAP-Paket in den ADT anlegen**

Nun öffnet sich ein Pop-up-Fenster (siehe Abbildung 7.26), in dem Sie das neu angelegte Paket beschreiben können. Das Feld **Project** legt fest, in welchem System bzw. Projekt das Paket erstellt wird, hier z. B. **GA5_EN_Joule_4_Developers**. Vergeben Sie einen eindeutigen Namen (in diesem Fall etwa `ZRAP_DEVELOPMENT_CLOUD`). Üblicherweise folgt man hier der Namenskonvention für kundeneigene Objekte (beginnend mit »Z« oder »Y«). Im Feld **Description** beschreiben Sie knapp, welchem Zweck das Paket dient, hier beispielsweise »Entwicklungen in der Cloud-Umgebung«.

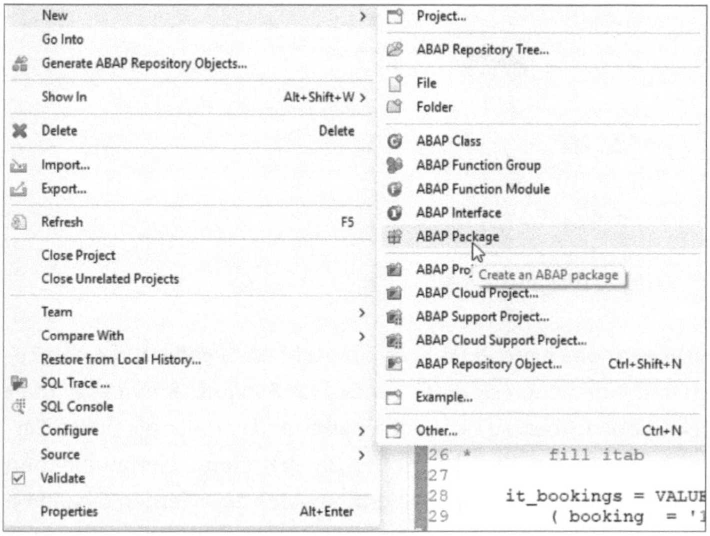

*Abbildung 7.25: Definition eines ABAP-Pakets in den ADT*

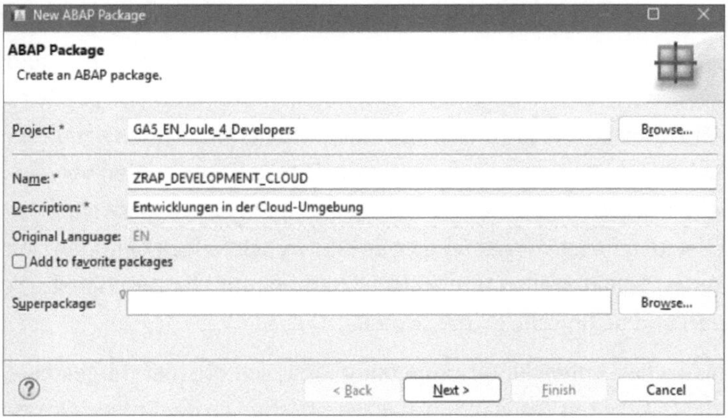

*Abbildung 7.26: Beschreibung des ABAP-Pakets in den ADT*

Optional können Sie auch ein sogenanntes *Superpackage* angeben, um eine hierarchische Struktur zu schaffen, falls das neue Paket Teil eines größeren Projekts ist. Das Hinzufügen zu den Favoritenpaketen erleichtert später den schnellen Zugriff in ADT. Favoritenpakete sind individuell markierte Pakete, die im Projektbaum hervorgehoben werden und so schneller erreichbar sind.

Wie Sie in Abbildung 7.27 sehen, folgt der Aufbau unseres angelegten Pakets **ZRAP_DEVELOPMENT_CLOUD** einer klaren Struktur, die die Entwicklung mit dem ABAP RESTful Application Programming Model unterstützt und die einzelnen Komponenten logisch voneinander trennt. Jedes Unterverzeichnis erfüllt dabei eine spezifische Aufgabe im Gesamtprozess der Anwendungsentwicklung.

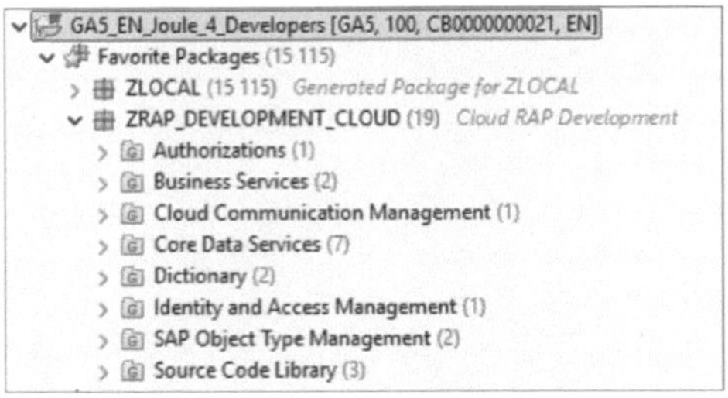


*Abbildung 7.27: Ordnerstruktur in den ADT*

**Bereitstellung von Geschäftslogik über Business Services**

Im Ordner **Authorizations** werden Berechtigungsobjekte gepflegt, die den Zugriff auf Daten und Funktionen steuern. Der Ordner **Business Services** enthält die Service Definitionen, über die Geschäftsobjekte und Logiken als OData-Services nach außen bereitgestellt werden. Der Bereich **Cloud Communication Management** dient der Verwaltung von Verbindungen zu externen Systemen und Cloud-Services, um eine sichere Integration zu gewährleisten. Die **Core Data Services** bilden das Datenmodell der Anwendung und beschreiben die Geschäftsobjekte sowie deren Beziehungen auf Basis von Datenbanktabellen. Ergänzend dazu umfasst das **Dictionary** die zugrunde liegenden Datenstrukturen wie Tabellen, Datenelemente und Domänen. Im Bereich **Identity and Access Management** werden Benutzer- und Zugriffsinformationen gepflegt, die die Authentifizierung und Autorisierung innerhalb der Anwendung steuern. Der Ordner **SAP Object Type Management** enthält Metadaten zu den verwendeten Geschäftsobjekten und deren Abhängigkeiten, um eine konsistente Modellierung sicherzustellen. In der **Source Code Library** schließlich befinden sich die ABAP-Klassen, Schnittstellen und Hilfsprogramme, die die Geschäftslogik implementieren und technische Prozesse steuern.

**ADT in SAP S/4HANA Public Cloud**

Wie in der klassischen Entwicklungsumgebung lässt sich die hier dargestellte Struktur mit der bekannten Transaktion SE80 vergleichen, in der Entwicklungsobjekte ebenfalls nach Ordnern gegliedert waren. Die ABAP Development Tools in Eclipse stellen dabei die moderne Weiterentwicklung dieser Umgebung dar. Sie sind die zentrale Plattform für die Erstellung neuer, serviceorientierter Anwendungen – insbesondere im Kontext von SAP S/4HANA Public Cloud. Während in der Public-Cloud-Umgebung in den ADT entwickelt wird, kommt Transaktion SE80 weiterhin in SAP ECC, SAP S/4HANA On-Premise und der Private Cloud Edition zum Einsatz. Dort wird sie vor allem für klassische Erweiterungsszenarien genutzt, etwa bei der Implementierung von User Exits oder der Anpassung bestehender SAP-Programme.

**Zukunftsorientierte Entwicklung im Cloud-Kontext**

Mit den ADT steht Entwicklerinnen und Entwicklern eine moderne, cloudfähige und zukunftsorientierte Entwicklungsumgebung zur Verfügung, die den Übergang von der traditionellen ABAP-Entwicklung in die Welt des ABAP RESTful Application Programming Models und der Cloud-Entwicklung ermöglicht.

**Joule in Eclipse einbinden**

Um SAP Joule for Developers in den ABAP Development Tools nutzen zu können, müssen Sie das Tool zunächst aktivieren. Wählen Sie innerhalb der ABAP Development Tools die Optionen **Window • Show View • Other** (siehe Abbildung 7.28).

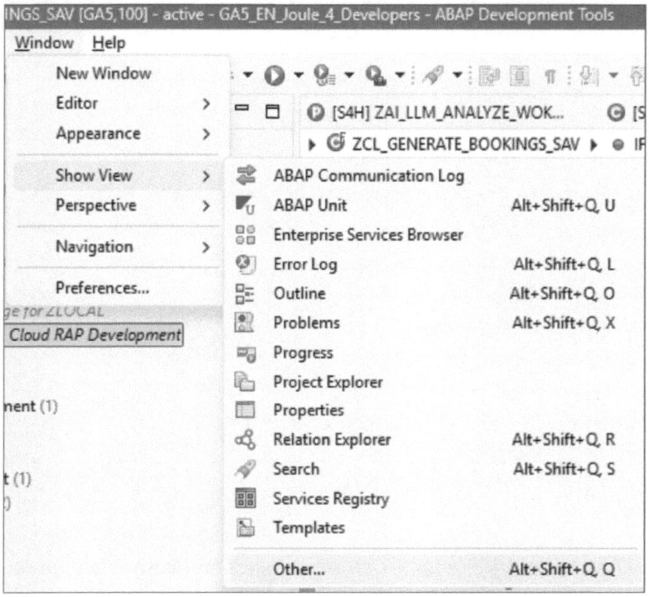


*Abbildung 7.28: Aktivierung des Joule-Fensters – Teil 1*

Wählen Sie nun im Fenster **Show View** den Eintrag **Joule** aus (siehe Abbildung 7.29). Nach der Auswahl und Bestätigung mit **Open** wird eine eigene Joule-Ansicht in Eclipse geöffnet, in der der AI Copilot zur Verfügung steht.

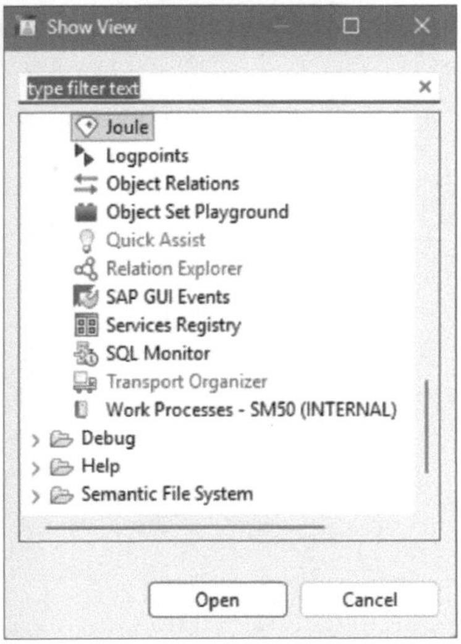


*Abbildung 7.29: Aktivierung des Joule-Fensters – Teil 2*

**Startoberfläche von Joule**

In Abbildung 7.30 ist die Startoberfläche von SAP Joule for Developers zu sehen. Joule begrüßt Sie und erklärt, dass es bei ABAP-Entwicklungs- und Supportaufgaben unterstützt. Dabei weist es darauf hin, dass alle Vorschläge überprüft werden sollten, da sie automatisch generiert werden. In der Chat-Oberfläche können Entwicklerinnen und Entwickler direkt Fragen stellen oder mithilfe von /-Befehlen gezielt Themen aufrufen.

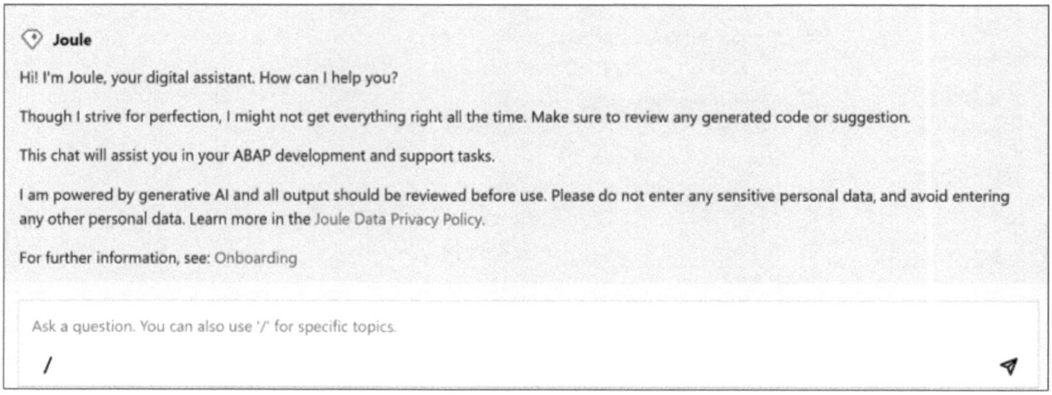


*Abbildung 7.30: Startbildschirm von Joule in den ADT*

**Beispiel eines Prompts in Joule**

In Abbildung 7.31 sehen Sie ein Beispiel für einen möglichen Prompt an Joule. Wie Sie sehen, ist dieser Prompt sehr präzise formuliert und enthält für jeden Buchungseintrag die vollständigen Datenwerte, wie sie später im Code verwendet werden sollen. Der erste Buchungseintrag ist für »Sebastian Sav« definiert, mit drei Passagieren, einer E-Mail-Adresse, dem Land »Germany« sowie den Datumsangaben für Buchung und Reise. Außerdem ist ein Preis (cost) von 546 € hinterlegt. Der zweite Buchungseintrag betrifft »Max Mustermann« mit zwei Passagieren, denselben Datumsangaben und einem Preis von 320 €.

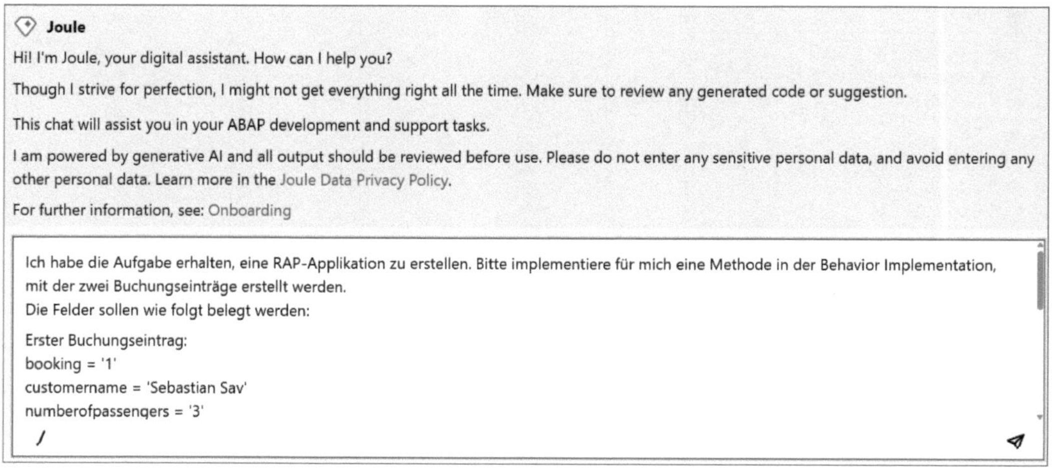


*Abbildung 7.31: Prompt-Eingabe in Joule*

**Code aus natürlicher Sprache**

Diese Form des Prompts ist typisch für generative Entwicklungsunterstützung: Der Code wird nicht selbst geschrieben, stattdessen erhält Joule eine semantische Aufgabenbeschreibung. Joule analysiert daraufhin die Eingabe, versteht die Logik hinter der Aufgabe und generiert automatisch den passenden Code, der diese Anforderungen erfüllt. Das Ziel ist, aus einer natürlichsprachlichen Beschreibung eine syntaktisch korrekte und lauffähige Implementierung zu erzeugen.

**Automatische Generierung von Methoden**

Der Ablauf, der hier angedeutet wird, zeigt den neuen Entwicklungsansatz, den SAP mit Joule verfolgt: Statt rein manuell zu programmieren, geben Entwickler und Entwicklerinnen kontextbezogene Anforderungen in natürlicher Sprache ein. Joule interpretiert diese Anweisungen und erzeugt automatisch Strukturen, Methoden und Coding-Vorschläge, die sich direkt in der Entwicklungsumgebung übernehmen lassen.

[zB]

**Prompt und Ergebnis im Überblick**

Hier sehen Sie noch einmal den eingegebenen Prompt:

»Ich habe die Aufgabe erhalten, eine RAP-Applikation zu erstellen. Bitte implementiere für mich eine Methode in der Behavior Implementation, mit der zwei Buchungseinträge erstellt werden.

Die Felder sollen wie folgt belegt werden:

**Erster Buchungseintrag:**

booking = '1'

customername = 'Sebastian Sav'

numberofpassengers = '3'

emailaddress = 'tester1@flight.sap.com'

country = 'Germany'

dateofbooking = '20250213125959'

dateoftravel = '20250213125959'

cost = '546'

currencycode = 'EUR'

**Zweiter Buchungseintrag:**

booking = '2'

customername = Michael Schwarzenberger'

numberofpassengers = '2'

emailaddress = 'tester2@flight.sap.com'

country = 'Germany'

dateofbooking = '20250214125959'

> dateoftravel = '20250215125959'
>
> cost = '320'
>
> currencycode = 'EUR'«

**Direkte Codeübernahme per Insert**

In Abbildung 7.32 ist zu sehen, wie SAP Joule for Developers innerhalb der SAP-Entwicklungsumgebung einen konkreten Coding-Vorschlag für das ABAP RESTful Application Programming Model generiert.

**Joule**

› Used objects (1)

To create a method in ABAP RAP (Restaurant Application Programming) framework that inserts two booking entries with the specified data, you will need to follow these steps:

1. **Define the necessary types and structures** for the bookings if they are not defined yet.

ABAP Insert Copy

```
METHOD if_oo_adt_classrun~main.
* This example should be used for Joule for Developers (J4D).
* That's why the coding is not explained in comments.

  DATA : it_bookings TYPE STANDARD TABLE OF ztbooking_sav.

  GET TIME STAMP FIELD DATA(zv_tsl).
* Fill the internal table

  it_bookings = VALUE #(
    ( booking  = '1' customername = 'Sebastian Sav'
      numberofpassengers = '3' emailaddress = 'tester1@flight.sap.com'
      country = 'Germany' dateofbooking = '20250213125959'
      dateoftravel = '20250213125959' cost = '546' currencycode = 'EUR' )

    ( booking  = '2' customername = 'Michael Schwarzenberger'
      numberofpassengers = '1' emailaddress = 'tester2@flight.sap.com'
      country = 'USA' dateofbooking = '20250313125959'
      dateoftravel = '20250313125959' cost = '1373' currencycode = 'USD' )
  ).

* Insert the data into the table
  INSERT ztbooking_sav FROM TABLE @it_bookings.

* Clear the internal table
  CLEAR it_bookings.

* Retrieve and check the result
  SELECT * FROM ztbooking_sav INTO TABLE @it_bookings.

  IF sy-dbcnt > 0.
    out->write( |{ sy-dbcnt } data rows inserted successfully!| ).
  ELSE.
    out->write( 'No data inserted successfully.' ).
  ENDIF.

ENDMETHOD.
```

*Abbildung 7.32: Joule – Ergebnis mit Coding-Vorschlag*

Joule hat hier ein vollständiges Beispiel zur Erstellung einer Methode vorgeschlagen, die Buchungseinträge in eine ABAP-RESTful-Application-Programming-Model-Entität einfügt. Der Vorschlag umfasst sowohl die Definition der benötigten Datentypen und internen Tabellen als auch die Implementierung der eigentlichen Logik zum Befüllen und Einfügen der Daten. Das generierte Coding kann mit einem Klick auf den Button **Insert** direkt in den linken Editorbereich übernommen werden, um dort weiterbearbeitet zu werden. Anschließend können Sie den generierten Code anpassen, erweitern oder mit eigenen Statements fortschreiben. Joule bietet hierbei eine nahtlose Integration in die Entwicklungslandschaft und unterstützt mit kontextbasierten Vorschlägen direkt im Arbeitsprozess. Besonders hilfreich ist, dass Joule automatisch typische Strukturen und ABAP-Syntax berücksichtigt.

**Code übernehmen und anpassen**

Wie in Abbildung 7.33 zu sehen, wurde das von Joule generierte Coding in den Editor innerhalb der entsprechenden Methode übernommen. Im Anschluss daran wurden einige individuelle Anpassungen vorgenommen, um das generierte Grundgerüst an die spezifischen Anforderungen der Applikation anzupassen. Beim Aktivieren des Codings führt das System automatisch eine Syntaxprüfung durch, um mögliche Fehler im Code zu erkennen und anzuzeigen. Nach der erfolgreichen Korrektur aller Syntaxfehler kann die Applikation aktiviert und ausgeführt werden. Sobald die zugehörigen Datenbanktabellen und Entitäten im Hintergrund generiert bzw. aktiv sind, lässt sich die Anwendung live testen.

*Abbildung 7.33: Übernahme des Codings und Anpassung in den ADT*

**Vorschau der App**

In Abbildung 7.34 sehen Sie die Vorschau einer SAP-Fiori-Elements-App, die auf der zuvor entwickelten ABAP-RESTful-Application-Programming-Model-Applikation basiert. Zu dieser Vorschau gelangen Sie, indem Sie das entsprechende Service Binding per Doppelklick öffnen, anschließend die gewünschte Entität bzw. Association auswählen und danach den Button **Preview** verwenden. In der oberen Hälfte befindet sich der Filterbereich mit Feldern wie **Booking**, **Customername**, **Emailaddress**, **Country** oder **Numberofpassengers**. Über diese Filter können gezielt Datensätze aus der zugrunde liegenden ABAP-RESTful-Application-Programming-Model-Entität ausgewählt und angezeigt werden.

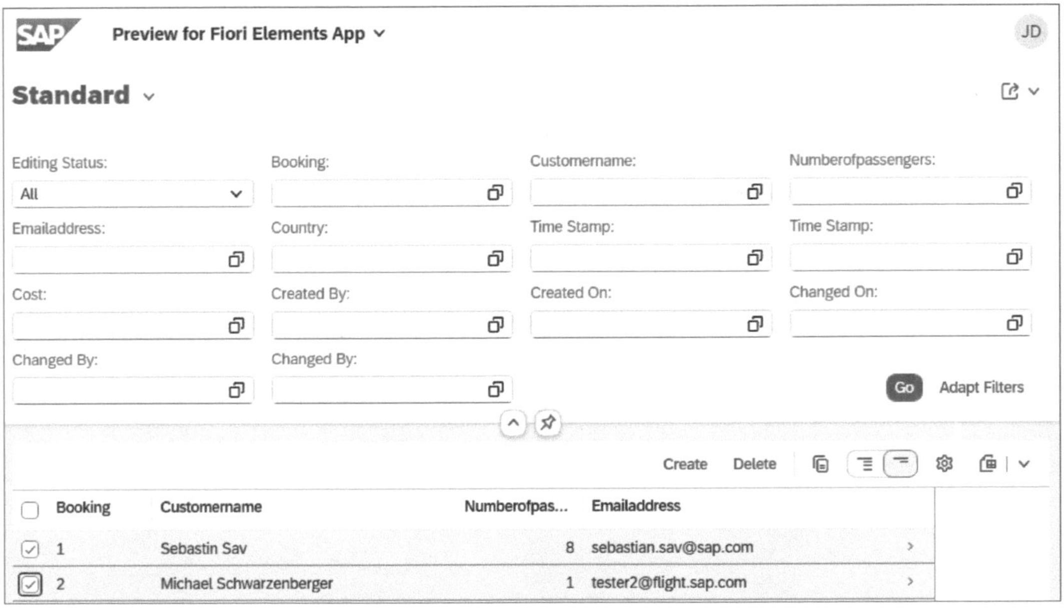


*Abbildung 7.34: Vorschau der erstellten SAP-Fiori-App*

Im unteren Bereich von Abbildung 7.34 ist die Tabelle mit den angelegten Buchungseinträgen zu erkennen. Sie zeigt die beiden Datensätze, die zuvor im Coding mit Joule generiert und in die Datenbank eingefügt wurden. Der erste Eintrag enthält den Kunden Sebastian Sav mit acht Passagieren und der E-Mail-Adresse *sebastian.sav@sap.com*. Der zweite Eintrag gehört zu Michael Schwarzenberger mit einem Passagier und der E-Mail-Adresse *tester2@flight.sap.com*.

**Anzeige der Buchungseinträge**

Über die Schaltflächen **Create** und **Delete** können neue Buchungen angelegt oder bestehende Einträge gelöscht werden. Die Integration in das SAP-Fiori-Elements-Framework sorgt dafür, dass die Daten automatisch aus dem zugrunde liegenden ABAP-RESTful-Application-Programming-Model-Service geladen und angezeigt werden. Damit zeigt Abbildung 7.34 eindrucksvoll, wie aus dem durch Joule generierten und angepassten ABAP-Coding eine vollständig funktionsfähige SAP-Fiori-Oberfläche entsteht, die eine direkte Interaktion mit den ABAP-RESTful-Application-Programming-Model-Daten ermöglicht. Abbildung 7.35 verdeutlicht, wie in der angezeigten SAP-Fiori-Elements-App nun auch die Erfassung weiterer Einträge vorgenommen werden kann. Über den Button **Create** lässt sich ein neuer Buchungseintrag direkt in der Anwendung anlegen.

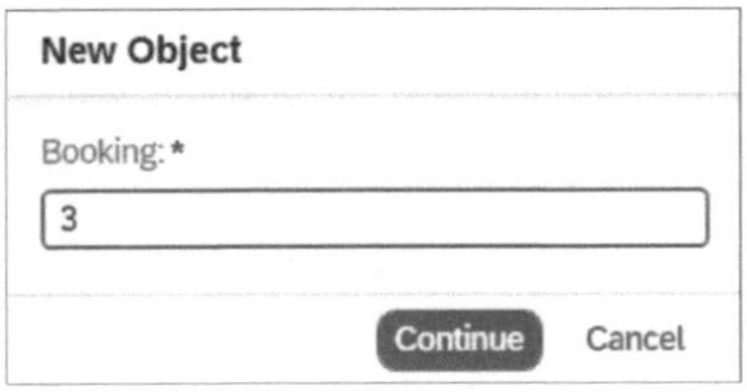


*Abbildung 7.35: Neuen Datensatz erstellen*

**Bearbeitung und Erfassung von Buchungsdaten**

Wenn Sie die Anlage mit einem Klick auf Continue bestätigen, wird Ihnen der Detailbildschirm der SAP-Fiori-Elements-App angezeigt (siehe Abbildung 7.36). Dieser ermöglicht es, einen neuen Buchungseintrag (**Booking**) zu erfassen oder einen bestehenden Datensatz zu bearbeiten. In der Ansicht **General Information** sind alle Felder der zugrunde liegenden ABAP-RESTful-Application-Programming-Model-Entität sichtbar, die zuvor im durch Joule generierten ABAP-Coding definiert wurden. Dazu gehören unter anderem **Booking, Customername, Numberofpassengers, Emailaddress, Country, Cost** sowie verschiedene Zeitstempel- und Audit-Felder wie **Created By** und **Changed On**.

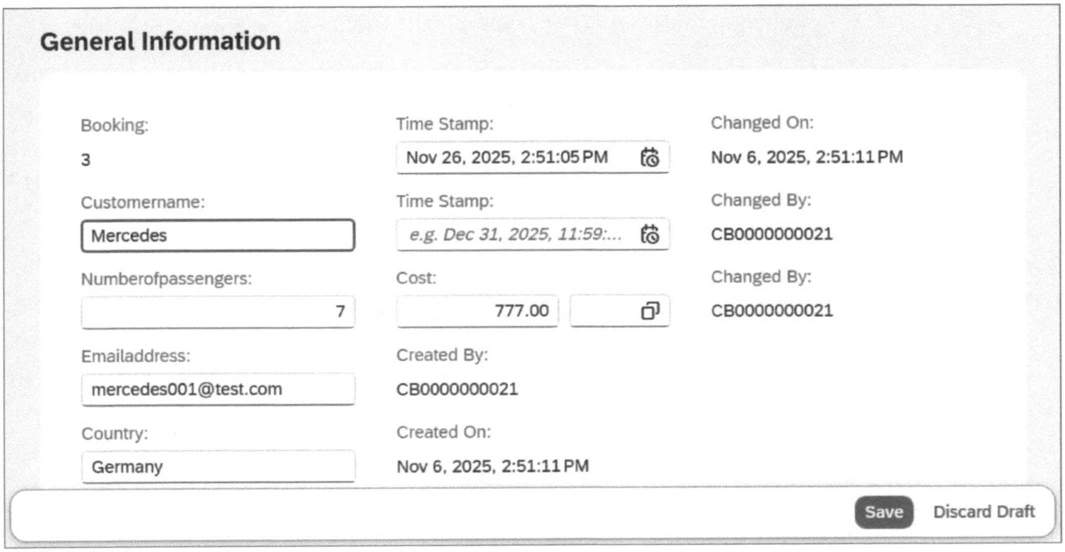


*Abbildung 7.36: Informationen des neuen Datensatzes pflegen*

Hier kann direkt ein neuer Datensatz angelegt werden, indem die Felder manuell befüllt werden. Im dargestellten Beispiel wird ein neuer Eintrag mit der Buchungsnummer 3 erstellt. Der fiktive Kunde trägt den Namen Mercedes, hat sieben Passagiere, und die zugehörige E-Mail-Adresse lautet *mercedes001@test.com*. Das Land ist auf **Germany** gesetzt, und der Preis beträgt 777 €. Die Felder **Created By** und **Changed By** werden dabei automatisch durch das System befüllt, sobald der Eintrag gespeichert wird.

**Entwürfe speichern oder verwerfen**

Über die Schaltflächen **Save** und **Discard Draft** am unteren Rand der Ansicht kann der Benutzer entscheiden, ob der neu erstellte Datensatz dauerhaft gespeichert oder verworfen werden soll. Beim Speichern wird der Eintrag automatisch in die ABAP-RESTful-Application-Programming-Model-Datenbankentität geschrieben, die in der Methode im vorherigen Coding definiert wurde. Der Code hat die technische Grundlage geschaffen (Definition der Struktur und Insert-Logik), während die App die benutzerfreundliche Eingabemaske bereitstellt, um diese Daten tatsächlich zu erfassen. Die Interaktion zwischen Frontend und Backend erfolgt dabei automatisch über das ABAP-RESTful-Application-Programming-Model-Framework, das OData-Services generiert und die Kommunikation zwischen der SAP-Fiori-App und der ABAP-Datenbank regelt.

**Automatische Code-Erklärung mit Joule**

Nachdem wir bisher gezeigt haben, wie Sie mit Joule neuen ABAP-Code generieren können, möchten wir Ihnen nun eine weitere zentrale Stärke der Lösung vorstellen: die Analyse und Erklärung bereits vorhandener Entwicklungsobjekte. Joule unterstützt Sie dabei nicht nur beim Schreiben von Code, sondern auch beim Verstehen komplexer Klassen, Methoden und Datenstrukturen – direkt innerhalb der ABAP Development Tools.

Um diese Funktionen zu nutzen, klicken Sie in Eclipse mit der rechten Maustaste auf eine ABAP-Klasse. Über den Menüpunkt **Joule** können Sie entweder den Befehl **Explain** wählen, um sich den Code mithilfe von Joule erklären zu lassen, oder **Start Chat for ABAP Unit**, um einen KI-gestützten Chat zu ABAP Unit Tests zu starten (siehe Abbildung 7.37).

**Analyse der ABAP-Klasse durch Joule**

Wie in Abbildung 7.38 gezeigt, analysiert SAP Joule for Developers eine bestehende ABAP-Klasse und beschreibt deren Aufbau und Funktionsweise im Detail. Wir haben im Hintergrund über den Prompt »/explain« die Anweisung gegeben, die Klasse `ZCL_GENERATE_BOOKINGS_SAV` zu erklären. Joule reagiert darauf mit einer strukturierten Analyse und liefert eine klare, textuelle Beschreibung der Klasse, ihrer Variablen und der implementierten Schnittstellen.

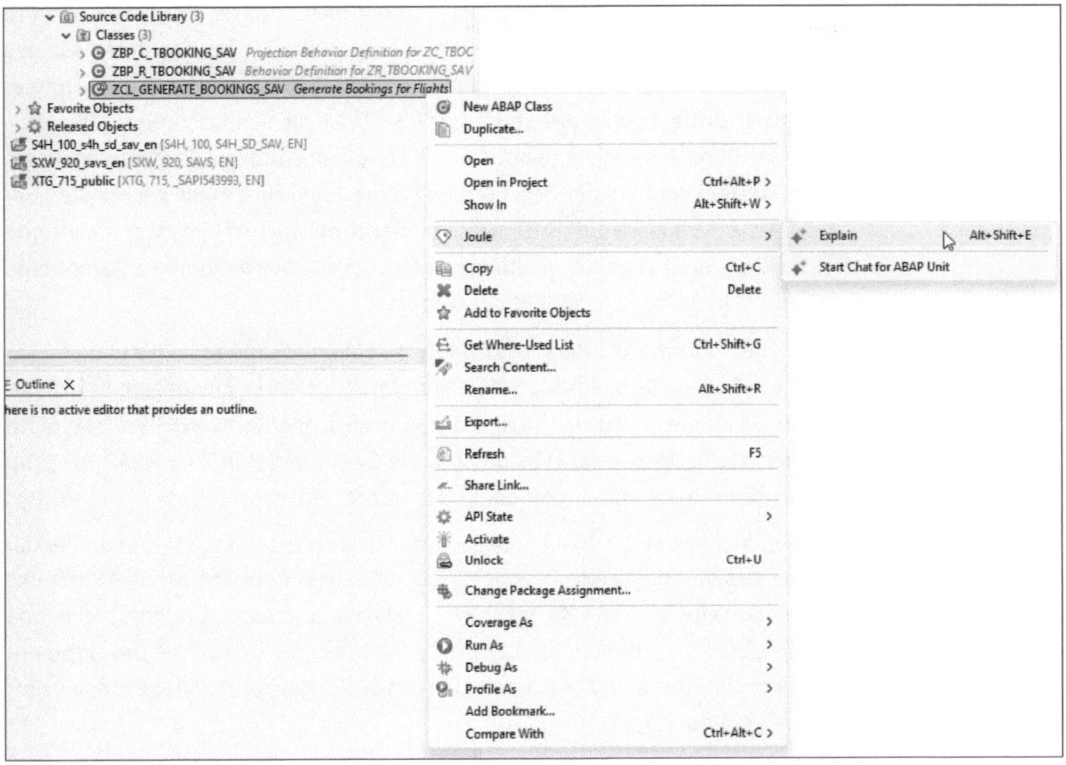


*Abbildung 7.37: Erklärung des Codings mit Joule*

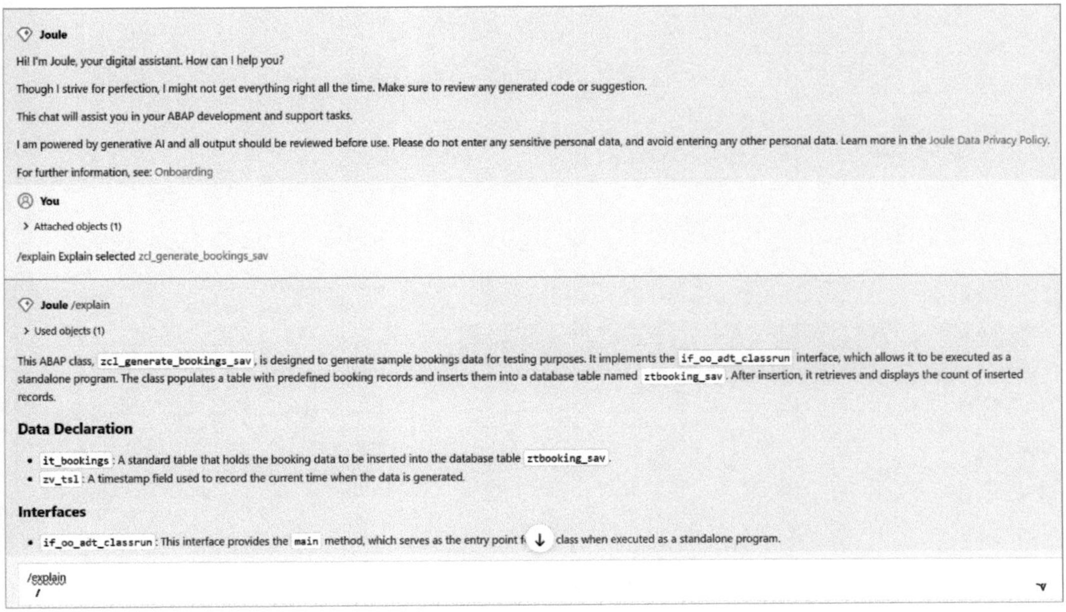


*Abbildung 7.38: Erklärung des Codings mit Joule – Ergebnis*

**Generierung von Testdaten durch Joule**

Joule erkennt automatisch, dass es sich bei dieser Klasse um ein Programm handelt, das Beispieldaten für Buchungen generiert, also Testdaten für das ABAP-RESTful-Application-Programming-Model-Szenario, das zuvor implementiert wurde. Es wird erläutert, dass die Klasse die Schnittstelle `IF_OO_ADT_CLASSRUN` implementiert, wodurch sie als eigenständiges Programm ausgeführt werden kann. In der Beschreibung führt Joule zudem die wichtigsten Bestandteile der Klasse auf: Unter **Data Declaration** wird erklärt, dass die interne Tabelle `it_bookings` die Buchungsdaten enthält, die später in die Datenbanktabelle `ZTBOOKING_SAV` eingefügt werden.

Unter dem Abschnitt **Interfaces** erläutert Joule, dass die Schnittstelle `IF_OO_ADT_CLASSRUN` die **Methode** `main` bereitstellt, die als Einstiegspunkt dient, wenn die Klasse als eigenständiges Programm ausgeführt wird. Dies ist typisch für generierte Test- oder Hilfsklassen, die Daten initial in eine ABAP-RESTful-Application-Programming-Model-Entität schreiben.

**Analyse der Codingstellen durch Joule**

Es gibt auch die Möglichkeit, einzelne Stellen des Codes analysieren und erklären zu lassen. In unserem Beispiel haben wir einen Prompt formuliert, um uns die Codestelle ab Zeile 44 im Detail erklären zu lassen. Die entsprechende ABAP-Klasse `ZCL_GENERATE_BOOKINGS_SAV` wird in den ABAP Development Tools geöffnet und im Zusammenspiel mit SAP Joule for Developers analysiert (siehe Abbildung 7.39).

Abbildung 7.39: Detaillierte Erklärung des Codings mit Joule

Joule erklärt, dass es sich dabei um den Teil des Programms handelt, der nach dem Einfügen der Buchungsdaten in die Datenbank ausgeführt wird, also um den Abschnitt, der die Überprüfung und Rückmeldung der erfolgreichen Datenbankoperation übernimmt.

Im linken Bereich des Fensters ist der Quellcode sichtbar. In der Methode IF_OO_ADT_CLASSRUN~MAIN wird zunächst eine interne Tabelle it_bookings mit zwei Buchungssätzen gefüllt. Diese werden anschließend mit dem Befehl INSERT ztbooking_sav FROM TABLE @it_bookings in die Datenbanktabelle ZTBOOKING_SAV eingefügt. Direkt danach beginnt der analysierte Abschnitt, der mit dem Kommentar "check the result" eingeleitet wird.

**Validierung des erfolgreichen Inserts**

Hier erfolgt zunächst mit CLEAR it_bookings das Leeren der internen Tabelle, um sicherzustellen, dass keine alten Daten mehr enthalten sind. Anschließend liest der Befehl SELECT * FROM ztbooking_sav INTO TABLE @it_bookings alle aktuell in der Datenbank gespeicherten Buchungssätze erneut ein. Dadurch können Sie prüfen, ob der vorherige Insert-Befehl erfolgreich war und die neuen Datensätze tatsächlich in der Tabelle vorhanden sind. Die Zeile out->write( sy-dbcnt ) gibt anschließend über das Systemfeld SY-DBCNT die Anzahl der von der letzten Datenbankoperation betroffenen Datensätze aus, in diesem Fall also die Anzahl der eingefügten Buchungen. Damit erhalten Sie direkt im Ausgabefenster der ADT eine Rückmeldung, wie viele Einträge in die Tabelle geschrieben wurden. Der folgende Befehl out->write( 'data inserted successfully!' ) würde eine zusätzliche Bestätigungsmeldung ausgeben, dass die Daten erfolgreich gespeichert wurden. Dieser Teil wurde hier jedoch kommentiert bzw. deaktiviert, könnte aber bei Bedarf aktiviert werden, um eine klare Statusmeldung auszugeben.

**Semantische Interpretation durch Joule**

Im rechten Bereich des Bildschirms zeigt Joule die automatisch generierte Erklärung des Codes, gegliedert in nummerierte Abschnitte. Joule erläutert präzise, welche Funktion jede Zeile erfüllt: das Leeren der Tabelle, das erneute Einlesen der Daten und das Ausgeben der Ergebnisse. Besonders hilfreich ist, dass Joule nicht nur den Code wiedergibt, sondern auch semantisch interpretiert, was die Befehle bewirken, etwa die Bedeutung von SY-DBCNT oder den Zweck der Datenprüfung.

**Tabelle verständlich erklärt**

Eine weitere Möglichkeit, Joule zu nutzen, sehen Sie in Abbildung 7.40. Hier haben wir Joule gezielt mit dem Prompt »Erkläre mir diese Tabelle: ztbooking_sav« aufgefordert, eine Tabellenstruktur zu erklären. Joule reagiert darauf mit einer umfassenden und klar strukturierten Erklärung der gesamten Tabellenstruktur. Im linken Bereich ist die technische Definition der Tabelle ZTBOOKING_SAV in den ABAP Development Tools dargestellt. Diese Tabelle dient als transparente Datenbanktabelle innerhalb der ABAP-RESTful-Application-Programming-Model-Applikation und enthält alle relevanten Felder für die Verwaltung von Buchungsdaten, von der Buchungsnummer über Kundendaten bis hin zu technischen Feldern wie Erstellungs- und Änderungsinformationen.

*Abbildung 7.40: Datenbank-Definitionen mit Joule erklärt*

**Felderklärung in Echtzeit**

Im rechten Bereich zeigt Joule die automatisch generierte Antwort auf die Anfrage. Die KI analysiert den Tabelleninhalt in Echtzeit und liefert eine semantische Erklärung zu jedem Feld. Joule erläutert beispielsweise:

- `booking` ist der Primärschlüssel der Tabelle.
- `customername` enthält den Namen des Kunden.
- `emailaddress` speichert die E-Mail-Adresse.
- `numberofpassengers` gibt die Anzahl der Reisenden an.
- `cost` und `currencycode` enthalten die Preisangaben.
- Die Felder `createdby`, `createdat`, `changedby` und `changedat` übernehmen die automatische Änderungs- und Erstellungsprotokollierung.

Diese Interaktion zeigt, dass Joule nicht nur Code generieren, sondern auch bestehende Objekte auf Nachfrage analysieren und erläutern kann. Es genügt eine natürliche Sprachfrage – Joule interpretiert daraufhin den Kontext, erkennt das angezeigte Objekt und liefert eine fachlich fundierte, aber verständliche Erklärung.

## 7.4 SAP Joule for Developers in SAP Cloud Application Programming Model

**Erweiterungen unter der Clean-Core-Philosophie**

Im vorherigen Kapitel wurde thematisiert, wie Sie SAP Joule for Developers bei der Entwicklung von ABAP-RESTful-Application-Programming-Model-Erweiterungen einsetzen können. Diese Artefakte können sowohl als On-Stack-Erweiterungen direkt in SAP S/4HANA On-Premise, SAP S/4HANA Public Cloud und SAP S/4HANA Private Cloud oder auch als Side-by-Side Extension in der SAP BTP provisioniert werden. Für das Side-by-Side-Erweiterungsszenario existiert mit dem SAP Cloud Application Programming Model (CAP) aber noch eine zweite Möglichkeit, kundeneigene Erweiterungen gemäß der Clean-Core-Philosophie umzusetzen.

### 7.4.1 SAP Cloud Application Programming Model

**Java und Node.js als Programmiersprachen für CAP**

Beim SAP Cloud Application Programming Model handelt es sich um ein Open-Source-Framework, das verschiedene Softwarebibliotheken und Tools zu einem Software Development Kit (SDK) bündelt. Dieses SDK wird in das Entwicklungsprojekt eingebunden. Im Gegensatz zum ABAP RESTful Application Programming Model, das ausschließlich auf ABAP Cloud beschränkt ist, stehen bei CAP mit Java und Node.js zwei Programmiersprachen zur Auswahl. Je nach Anforderung lassen sich mit CAP vollumfängliche Full-Stack-Applikationen oder auch einzelne Schichten einer Applikation implementieren.

[«]

**Full-Stack-Applikation**

Unter einer *Full-Stack-Applikation* versteht man eine Anwendung, die alle Schichten, also den kompletten technologischen »Stack«, umfasst. Dazu zählen die folgenden drei Schichten:

- **Presentation Layer**: Diese Schicht umfasst das sichtbare User Interface (z. B. SAP GUI, SAP Fiori oder SAP Start bei mobilen Applikationen). Die Entwicklung beinhaltet sowohl die visuelle Darstellung eines User Interfaces (z. B. Buttons, Formulare, List Views oder Dropdowns) als auch die UI-Logik. Diese Schicht wird auch *Frontend* genannt.

- **Application Layer**: In dieser Schicht erfolgt die transaktionale Bearbeitung der Anfragen aus dem Frontend. Hierfür wird eine Schnittstelle bzw. ein Application Programming Interface (API) exponiert, an die das Frontend andocken kann. Im Application Layer werden Berechnungen durchgeführt, Daten validiert und die eigentliche Geschäftslogik (z. B. Berechnung eines Rabatts, Anlegen einer Bestellung, Prüfung eines Stammdatensatzes) implementiert. Diese Schicht wird auch *Backend* genannt.
- **Persistence Layer**: Hier werden die Daten gespeichert, die von der Anwendung genutzt werden (z. B. Stammdaten wie Geschäftspartner oder transaktionale Daten wie Buchungen oder Bestellungen).

**Unterstützte IDEs**

Mit CAP können kundeneigene Anwendungen vollintegriert auf allen drei Layern implementiert werden. Während der Implementierungsphase kommen zwei Szenarien infrage, wie ein CAP-Projekt angelegt und umgesetzt werden kann:

- über eine lokale integrierte Entwicklungsumgebung (engl. Integrated Development Environment, IDE): CAP-Projekte können lokal auf dem eigenen Rechner mit einer beliebigen IDE (z. B. Visual Studio Code) erstellt, implementiert und getestet werden. Die Runtime-Artefakte (MTA-Dateien) werden lokal gebaut (Build-Vorgang) und anschließend auf die gewählte Cloud-Laufzeitumgebung der SAP BTP (z. B. Cloud Foundry) provisioniert.
- über die Cloud-native Entwicklungsumgebung in der SAP BTP: Mit SAP Build Code, einer Lösung, die auf dem SAP Business Application Studio aufbaut (dem Nachfolger der SAP Web IDE ), bietet SAP auf der SAP BTP eine schon vorkonfigurierte Software-as-a-Service-Lösung für eine IDE an, die sämtliche IDE-spezifischen Tools (Befehle, Syntax Highlighting) bereits automatisch enthält.

Derzeit (Stand: Mai 2026) kann SAP Joule for Developers ausschließlich in SAP Build Code und in den ABAP Development Tools für Eclipse genutzt werden, sofern die kommerziellen Voraussetzungen (SAP AI Units) gegeben und die technische Konfiguration auf der SAP BTP durchgeführt worden ist. Die nachfolgenden Screenshots stammen daher aus SAP Build Code.

### 7.4.2 Integration von SAP Joule for Developers in SAP Build Code

Um SAP Joule for Developers in SAP Build Code nutzen zu können, muss zunächst ein neues Projekt in der SAP Build Lobby angelegt werden. Hierfür genügt ein Klick auf den blauen Button **Anlegen**. Abbildung 7.41 zeigt das Pop-up, das nach dem Klick erscheint und bei dem das Full-Stack-Node.js-Projekt bereits vorausgewählt ist. Im Rahmen dieses Kapitels werden die Beispiele anhand der Programmiersprache Node.js gezeigt, mit Java wären sie ebenso möglich.

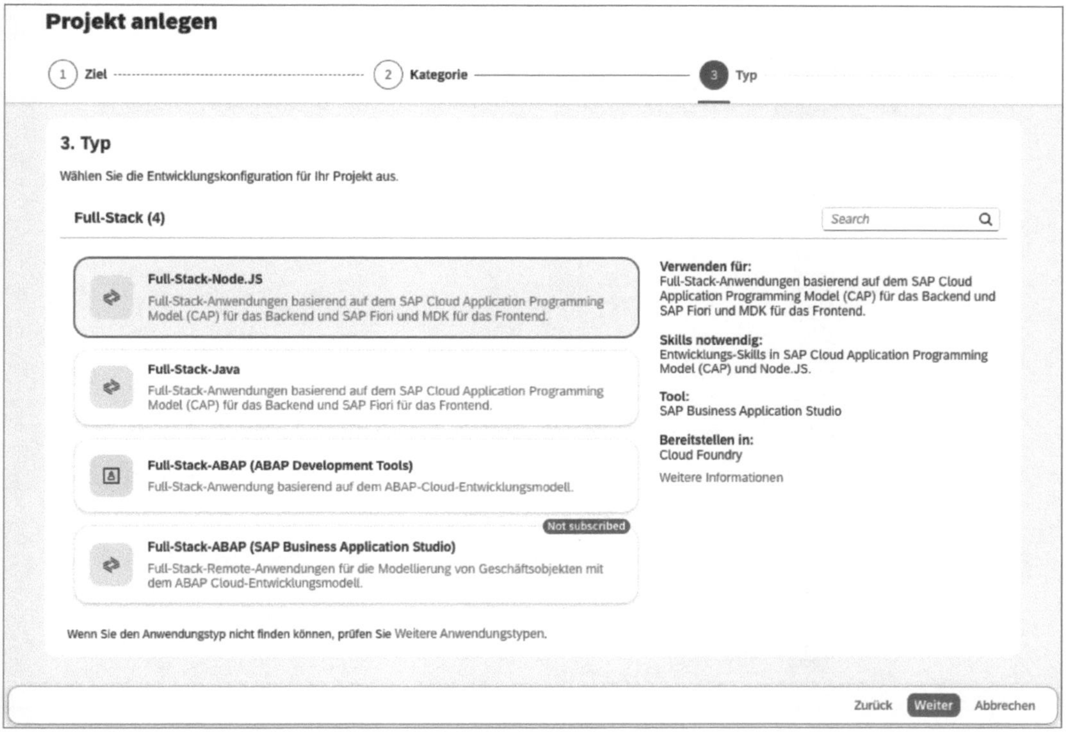


*Abbildung 7.41: Neues Full-Stack-Node.js-Projekt in SAP Build Code anlegen*

Nach der initialen Anlage eines neuen Projekts öffnet sich in einer neuen Registerkarte die Entwicklungsumgebung SAP Build Code, wie in Abbildung 7.42 dargestellt. Als Arbeitsbereich dient ein Linux-basierter Container, in dem das Projekt inklusive aller Artefakte (Source Code, Konfigurationsdateien wie JSON, YAML usw.) angelegt wird. In der Mitte des Fensters werden die geöffneten Programmierartefakte angezeigt, im unteren Bereich weitere Hilfsfenster und ein Terminal zur Bedienung des Linux-Containers per Command Line. Am linken Rand befindet sich die Menüleiste, die die einzelnen Funktionssichten der IDE in Form von Symbolen zeigt. Eine dieser Funktionssichten ist die in Abbildung 7.42 gezeigte Sicht auf SAP Joule for Developers, die vollständig in die IDE integriert ist.

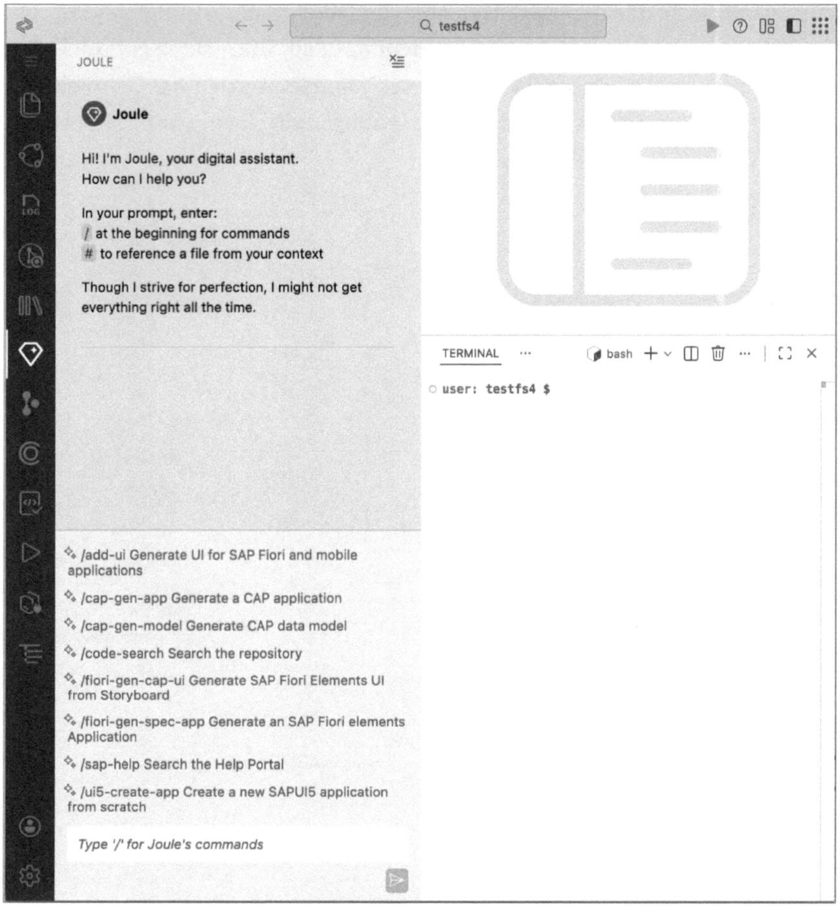


*Abbildung 7.42: SAP Joule for Developers in SAP Build Code*

**Befehle für die Prompt-Eingabe**

Das SAP Business Application Studio ist eine browserbasierte IDE, in die SAP Joule for Developers direkt integriert ist. Mit einem Klick auf das Diamant-Symbol in der linken Menüzeile können Sie ein Prompting-Fenster öffnen. In der unteren Textzeile können Sie nun einen Prompt eingeben und an Joule schicken. Die Antwort von Joule erfolgt direkt im Fenster. Nach der Anlage eines neuen Projekts kann bereits mit SAP Joule for Developers in SAP Build Code gearbeitet werden. Um einen Prompt abzusetzen, müssen Sie zuerst einen Befehl auswählen. Diese sind mit dem Präfix / (Schrägstrich) gekennzeichnet. Initial stehen im Prompt-Fenster folgende Optionen zur Verfügung:

- `/add-ui`: Erstellung einer UI für SAP Fiori und mobile Anwendungen
- `/cap-gen-app`: Generierung einer CAP-Anwendung
- `/cap-gen-model`: Generierung eines CAP-Datenmodells
- `/code-search`: Durchsuchen des Repositories

- `/fiori-gen-cap-ui`: Generierung einer SAP-Fiori-Elements-UI aus dem Storyboard
- `/fiori-gen-spec-app`: Generierung einer SAP-Fiori-Elements-Applikation
- `/sap-help`: Durchsuchen des SAP Help Portals

Um eine neue CAP-Applikation zu erstellen, nutzen Sie den Befehl `/cap-gen-app`. Im nächsten Schritt schlägt SAP Joule for Developers optional Beispiel-Prompts vor (siehe Abbildung 7.43).

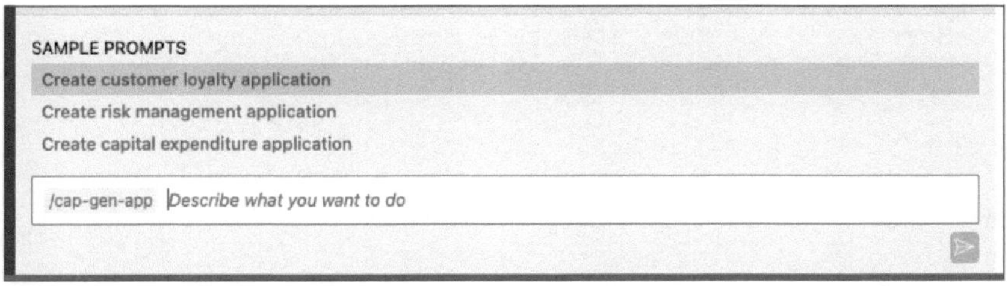


*Abbildung 7.43: Vorgeschlagene Beispiel-Prompts bei der Erstellung einer neuen CAP-Anwendung*

Die Auswahl des Beispiel-Prompts **Create customer loyalty application** bewirkt, dass eine beispielhafte Beschreibung der Anforderungen an die CAP-Anwendung in die Eingabemaske vorausgefüllt wird.

**Beispiel-Prompts**

Beispiel-Prompts dienen dazu, sich mit SAP Joule for Developers vertraut zu machen und zu verstehen, wie Prompts am besten formuliert werden sollen. Diese Beispiele werden nicht von SAP Joule for Developers vorgeschlagen, sondern sind als statischer Text in SAP Build Code hinterlegt. Zugunsten der besseren Reproduzierbarkeit wurde für die folgenden Abschnitte der erste Beispiel-Prompt gewählt. Sie sind aber herzlich eingeladen, einen beliebigen anderen Prompt zu formulieren.

**Komplexe Aufgabe in mehrere Teilaufgaben zerlegen**

Nach dem erneuten Klick auf die blaue Schaltfläche beginnt Joule mit der Analyse und der Generierung der notwendigen Artefakte. Joule erkennt hierbei, dass es sich um eine komplexe Aufgabe handelt, und schlägt vor, wie eine Lösung mit mehreren Teilschritten aussehen kann. Abbildung 7.44 zeigt diese Teilschritte. Die einzelnen Aufgaben lassen sich Schritt für Schritt durch einen Klick auf das Dreieck in der jeweiligen Überschrift ausführen. Joule erstellt daraufhin die notwendigen Source-Code-Artefakte, die in einer Staging Area als Vorschau zur Verfügung stehen. Durch den Klick auf eine Staging-Datei wird das ausgewählte Artefakt im Editor angezeigt. Abbildung 7.45 zeigt die generierten Artefakte der ersten Teilaufgabe an.

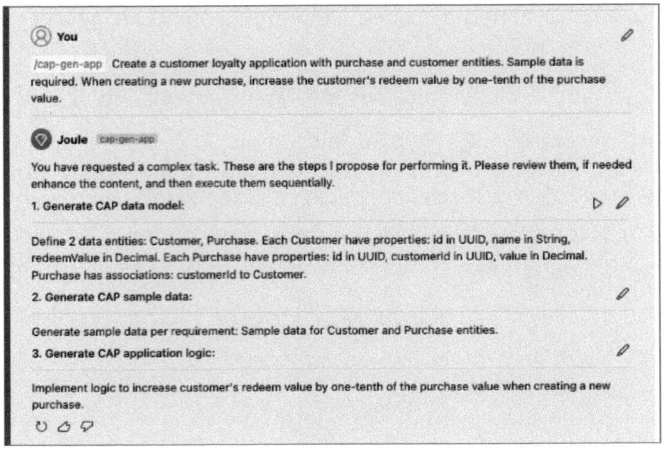


*Abbildung 7.44: Antwort von Joule mit vorgeschlagenen Teilschritten*

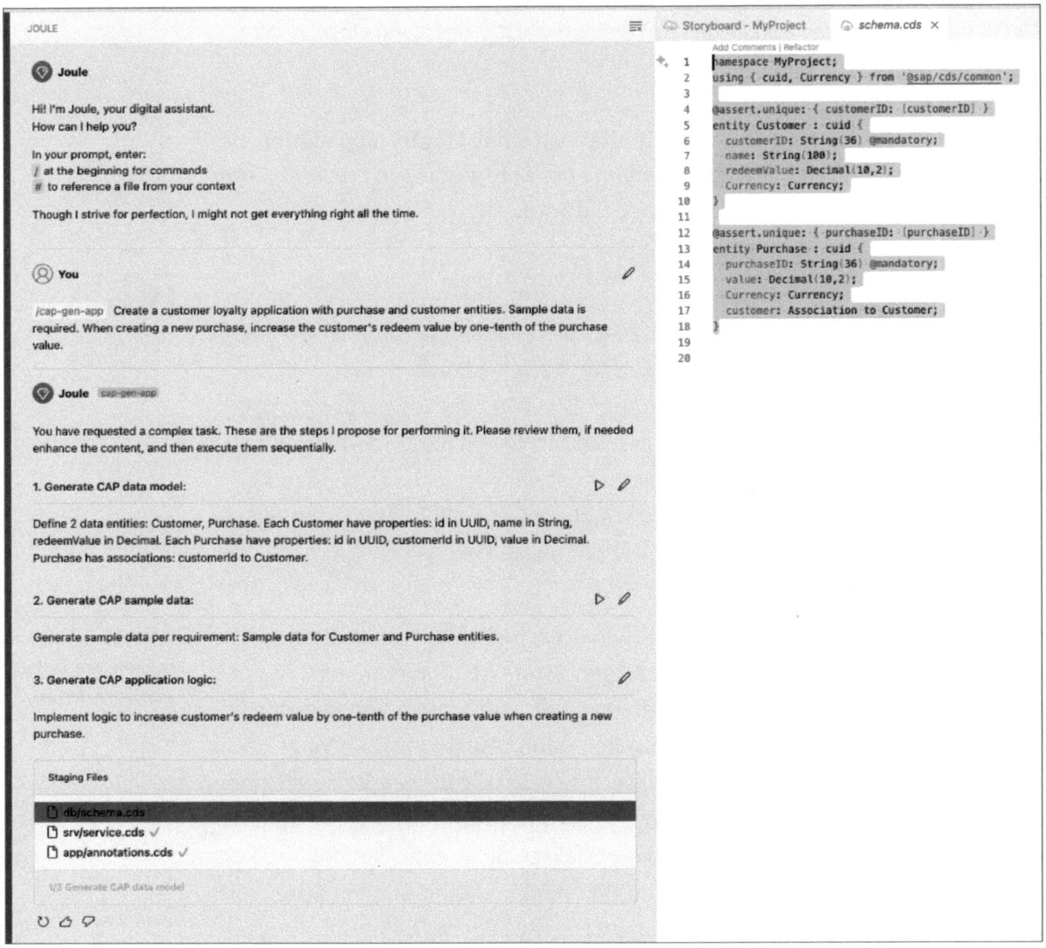


*Abbildung 7.45: Generiertes Artefakt in der Staging Area*

**Generierung des Datenmodells**

SAP Joule for Developers hat in diesem ersten Schritt das Datenmodell, die Servicebeschreibung und die SAP-Fiori-Annotationen erstellt. Im CAP werden hierfür Core-Data-Services-Dateien (*.cds*) erzeugt. Listing 7.1 zeigt beispielhaft das generierte Datenmodell für die angeforderte Applikation. Joule hat dafür zwei Entitäten (`Customer` und `Purchase`) erstellt, die über eine Assoziation (`customer: Association to Customer`) miteinander verbunden sind.

```
db/schema.cds
namespace MyProject;
using { cuid, Currency } from '@sap/cds/common';

@assert.unique: { customerID: [customerID] }
entity Customer : cuid {
  customerID: String(36) @mandatory;
  name: String(100);
  redeemValue: Decimal(10,2);
  Currency: Currency;
}

@assert.unique: { purchaseID: [purchaseID] }
entity Purchase : cuid {
  purchaseID: String(36) @mandatory;
  value: Decimal(10,2);
  Currency: Currency;
  customer: Association to Customer;
}
```

*Listing 7.1: db/schema.cds: Definition des Datenmodells*

**Generierung von Beispieldaten und Applikationslogik**

Im Rahmen der zweiten Aufgabe schlägt Joule die Generierung von Beispieldaten als CSV-Dateien vor, die ebenfalls über einen Klick auf das Dreieck angestoßen werden kann. Der letzte Aufgabenblock ist die Erzeugung der CAP-Applikationslogik, die Joule über die JavaScript-Dateien `srv/service.js` und `srv/code/before-purchase-create.js` modelliert. Alle generierten Artefakte befinden sich zunächst in der Staging Area und können dort noch verändert werden. Erst mit einem Klick auf den Button **Accept** werden die erzeugten Artefakte in die Codebase übernommen.

### 7.4.3 CAP-Storyboard

**Grafische Übersicht der CAP-Module**

Das Storyboard gibt einen Überblick über die einzelnen Module einer CAP-Applikation. Abbildung 7.46 zeigt das Storyboard für die Applikation, die mit dem Beispiel-Prompt von Joule erzeugt wurde. Zur besseren Gliederung ist das Storyboard in SAP Build Code unterteilt in die folgenden vier Spalten:

- **External Resources**: Die erste Spalte bezieht sich auf Services, Funktionen oder Events, die über externe APIs anderer Systeme bereitgestellt werden. In Abbildung 7.46 bleibt diese Spalte leer, weil im Beispiel-Prompt keine externen Ressourcen angefragt wurden.
- **Data Models**: In der zweiten Spalte sind die Entitäten aufgelistet, die gemeinsam das Datenmodell bilden. Im Beispiel sind hier genau jene zwei Entitäten (`Customer` und `Purchase`) grafisch zu sehen, die in Listing 7.1 von Joule erzeugt wurden.
- **Services**: Unter den Services befinden sich die Service-Controller, die die Anwendungslogik bereitstellen. Joule hat im Beispiel einen OData-Service-Endpoint erstellt, der in `service.cds` konfiguriert wird.
- **UI Applications**: Die vierte Spalte listet die UI-Applikationen (SAP-Fiori-Apps und mobile Anwendungen) auf, die das CAP-Projekt enthält. Im Beispielprojekt befinden sich noch keine SAP-Fiori-Apps in der Applikation.

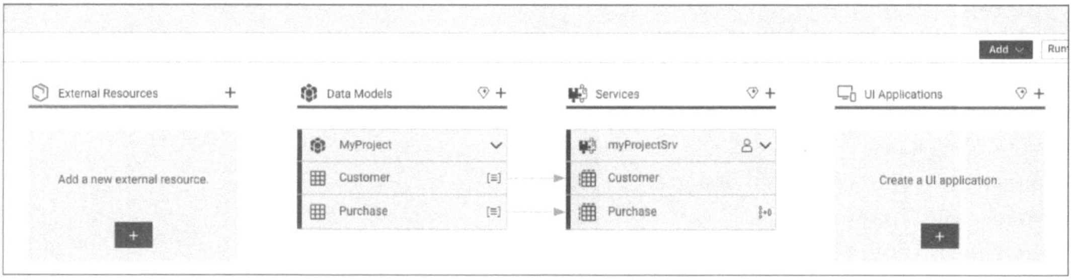


*Abbildung 7.46: Storyboard in SAP Build Code*

In der Überschrift der jeweiligen Spalte befindet sich auch das Diamant-Symbol, mit dem Sie SAP Joule for Developers öffnen können. Neben der klassischen Anlage über das Menü kann SAP Joule for Developers also auch direkt im Storyboard genutzt werden, um die einzelnen Artefakte zu bearbeiten, zu erweitern oder neue Module hinzuzufügen. Mit einem Klick auf den Diamanten öffnet sich ein kleines Pop-up-Fenster mit einer Eingabemaske, über die die gewünschte Aktion per Prompt an Joule formuliert werden kann.

Abbildung 7.47 zeigt beispielhaft, wie SAP Joule for Developers eine UI-Applikation für das CAP-Projekt erstellt. Nach Bestätigung über die blaue Pfeil-Schaltfläche wird die Joule-for-Developers-Funktionssicht – sofern sie nicht sichtbar ist – wieder angezeigt und darin der Befehl `/add-ui` sowie die Prompt-Beschreibung, die zuvor im Pop-up eingegeben wurde. In der Projektmappe befindet sich nun im Ordner *app* ein neuer Unterordner, der die UI-Artefakte beinhaltet und als Modul jetzt auch im Storyboard sichtbar sein sollte.

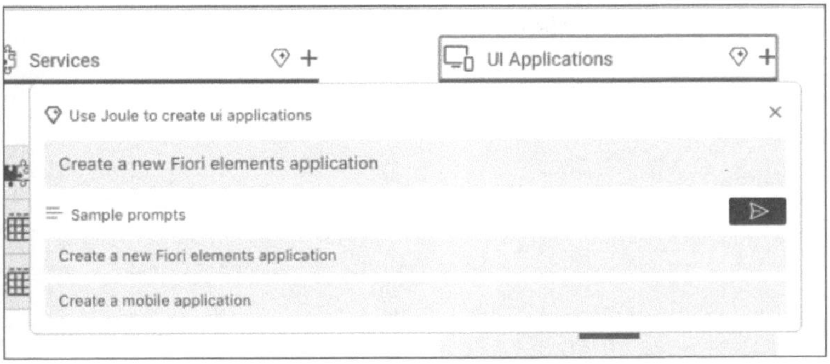


*Abbildung 7.47: Erstellung einer SAP-Fiori-Elements-UI-Applikation mit SAP Joule for Developers*

### 7.4.4 Die von Joule for Developers generierte Applikation starten

Mit einem Klick auf das grüne Dreieck in der rechten oberen Ecke von SAP Build Code können Sie das Projekt lokal starten, um die von SAP Joule for Developers erstellte Applikation zu testen. In einer neuen Registerkarte öffnet sich eine Projektvorschau, die in Abbildung 7.48 dargestellt ist. Im linken Bereich sehen Sie die Vorschau der SAP-Fiori-Kachel der Applikation in einem simulierten SAP Fiori Launchpad. Im rechten Fenster werden die Backend-OData-Services inklusive der beiden Entitäten des Beispiels angezeigt. Mit einem Klick auf die SAP-Fiori-Kachel öffnet sich in einer neuen Registerkarte die SAP-Fiori-App, die SAP Joule for Developers erzeugt hat. Nach einem Klick auf **Start** sollten zudem die ersten Demodatensätze angezeigt werden, die SAP Joule for Developers erzeugt hat.

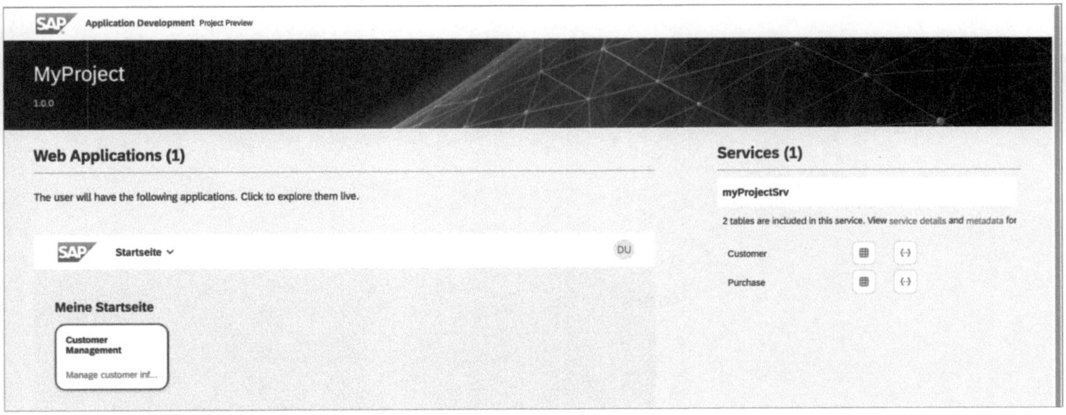


*Abbildung 7.48: Vorschau der gestarteten Applikation*

Mit dem Beispiel haben wir Ihnen gezeigt, dass SAP Joule for Developers in der Lage ist, CAP-Applikationen nur anhand von natürlicher Sprache zu generieren. Mithilfe weiterer Befehle könnten Sie die Applikation nun anpassen und erweitern.

# Kapitel 8
# Custom-AI-Beispiele

*In diesem Kapitel erleben Sie anhand konkreter End-to-End-Szenarien, wie künstliche Intelligenz SAP-Geschäftsprozesse intelligent erweitert – von der Rechnungsfreigabe über das Qualitätsmanagement und die Workflow-Analyse bis hin zur Transportplanung. Dabei verstehen Sie sowohl den geschäftlichen Mehrwert als auch die technische Umsetzung, von Prompt Engineering und Custom AI bis zur Integration moderner KI-Services auf der SAP BTP.*

Künstliche Intelligenz entfaltet ihren größten Mehrwert dort, wo sie direkt in bestehende Geschäftsprozesse integriert wird. Neben Standardfunktionen benötigen Unternehmen häufig individuelle KI-Lösungen, die exakt auf ihre Prozesse und Anforderungen zugeschnitten sind. Genau hier setzt *Custom AI* an. In diesem Kapitel lernen Sie anhand konkreter End-to-End-Szenarien, wie sich KI-gestützte Anwendungen auf Basis von SAP S/4HANA, der SAP Business Technology Platform (SAP BTP) und modernen KI-Services umsetzen lassen. Sie sehen unter anderem, wie sich Rechnungen mit SAP Build Process Automation und SAP Document AI automatisiert verarbeiten lassen (siehe Abschnitt 8.1) und wie ein agentenbasierter End-to-End-Qualitätsmanagement-Prozess Bildanalyse, Lieferscheinauswertung und QM-Folgeprozesse miteinander verbindet (siehe Abschnitt 8.2). Darüber hinaus erfahren Sie, wie sich versteckte Genehmigungslogiken durch eine KI-gestützte Workflow-Analyse transparent machen lassen (siehe Abschnitt 8.3) und wie Anlieferungen direkt aus Lieferscheinen erstellt werden können (siehe Abschnitt 8.4). Abschließend zeigen wir Ihnen, wie KI technische Protokolldateien in SAP Transportation Management verständlich analysiert (siehe Abschnitt 8.5) und wie Sie mit Edith einen KI-gestützten Enablement-Assistenten aufbauen, der auf generativer KI und Retrieval-Augmented Generation (RAG) basiert (siehe Abschnitt 8.6).

Neben dem fachlichen Nutzen stehen insbesondere die technische Integration, das Prompt Engineering, Human-in-the-Loop-Konzepte sowie der Einsatz von Large Language Models (LLMs) im Mittelpunkt. Damit erhalten Sie einen praxisnahen Überblick darüber, wie individuelle KI-Lösungen in SAP-Systemlandschaften entwickelt und produktiv eingesetzt werden können.

## 8.1 Rechnungsfreigabe mit künstlicher Intelligenz

In SAP ECC und im On-Premise-Umfeld gibt es bereits etablierte Werkzeuge und Prozesse für die Rechnungsfreigabe. Diese Lösungen bilden seit vielen Jahren die Grundlage für die Automatisierung im Finanzbereich. Mit der zunehmenden Bedeutung von künstlicher Intelligenz rückt jedoch ein neuer Ansatz in den Fokus: die Integration von KI-Funktionalitäten wie *SAP Document AI* (ehemals Document Information Extraction). Diese Technologie ermöglicht die Extraktion von Rechnungsdaten und schafft damit die Voraussetzung für eine höhere Automatisierungstiefe. Ein weiterer Aspekt ist die Ablösung von Legacy-Werkzeugen. An ihre Stelle treten moderne Benutzeroberflächen und aktuelle Entwicklungswerkzeuge, die sich auf das Nutzungserlebnis und die Wartbarkeit der Prozesse auswirken.

Die Komplexität – von der Modellierung des Freigabeprozesses über die Integration der KI bis hin zur Bereitstellung moderner Oberflächen – kann heute vollständig mit *SAP Build Process Automation* umgesetzt werden. Die Lösung kombiniert Workflow-Management, Robotic Process Automation und KI-Services in einer einheitlichen Low-Code-Umgebung.

Prozessautomatisierungen und Workflow-Szenarien können direkt in der App von SAP Build Process Automation erstellt werden. Die App stellt eine zentrale Arbeitsoberfläche bereit, in der sämtliche Automatisierungsbausteine von Workflows über Formulare bis hin zu Automatisierungsbots zusammengeführt werden. Abbildung 8.1 zeigt die SAP-Build-Startseite mit dem Process-Automation-Projekt **Invoice Processing**. Über diese Oberfläche können Workflows, Formulare und Automatisierungen in SAP Build Process Automation verwaltet werden.

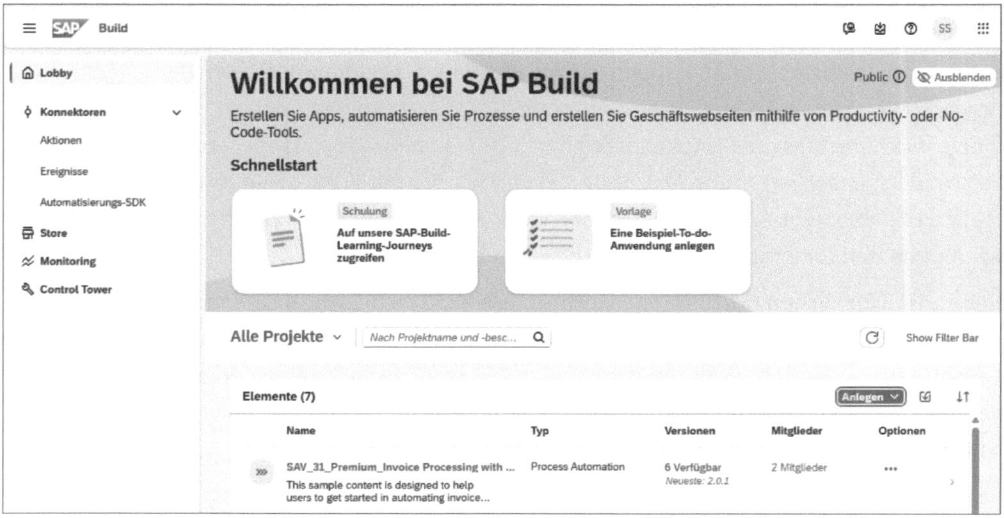


*Abbildung 8.1: SAP Build Process Automation*

### 8.1.1 Geschäftliche Herausforderungen der Rechnungsfreigabe

Die Verarbeitung eingehender Rechnungen stellt Unternehmen vor mehrere Herausforderungen. Tätigkeiten wie das Öffnen von PDF-Dateien, das Ablesen von Beträgen oder das manuelle Weiterleiten an Kolleginnen und Kollegen sind zeitaufwendig und fehleranfällig. Hinzu kommt, dass Rechnungen in unterschiedlichen Formaten eingehen, was die zuverlässige Erfassung und Übertragung der Daten in die richtigen ERP-Systeme erschwert.

**Fehlende Transparenz in Rechnungsworkflows**

Auch die Durchlaufzeiten können lang sein, da Verzögerungen im Prüf- oder Freigabeprozess unmittelbare Auswirkungen auf Zahlungsfristen und interne Abläufe haben. Zusätzlich fehlt häufig die notwendige Transparenz, da Anwenderinnen und Anwender nicht auf Anhieb erkennen können, ob ein Prozessschritt erfolgreich ausgeführt wurde oder ob die Automatisierung an einer bestimmten Stelle ins Stocken geraten ist.

**Durchgängiger Workflow**

Services wie SAP Document AI erkennen Rechnungsinhalte automatisch und lesen Beträge, Positionen und Stammdaten verlässlich aus. Dadurch werden Fehler reduziert, und der gesamte Prozess läuft schneller und stabiler ab. In Kombination mit SAP Build Process Automation entsteht so ein durchgängiger, KI-gestützter Workflow.

Wie dies genau geht, zeigen wir Ihnen im Folgenden.

### 8.1.2 Anwendung der Rechnungsfreigabe mit KI-Extraktion

Ziel des Szenarios ist es, eine eingehende Rechnung digital zu erfassen und den gesamten Prüf- und Freigabeprozess zu automatisieren. Dazu wird die Rechnung zunächst eingescannt oder als PDF hochgeladen. Anschließend übernimmt ein KI-gestützter Dienst, etwa SAP Document AI, die Extraktion der relevanten Rechnungsdaten. Nach der Erkennung wird die Rechnung in der Inbox des zuständigen Anwenders bzw. der Anwenderin angezeigt. Dort kann sie fachlich geprüft, ergänzt oder korrigiert werden. Der Anwender oder die Anwenderin entscheidet, ob die Rechnung zur weiteren Verarbeitung freigegeben oder abgelehnt wird.

**Buchung nach erfolgreicher Freigabe**

Im Fall einer Freigabe können die Daten an das angebundene ERP-System übergeben werden. Dort findet die eigentliche Buchung statt, sodass der gesamte Prozess von der Erfassung über die Prüfung bis zur Verbuchung durchgängig unterstützt wird.

Abbildung 8.2 zeigt ein Beispiel für eine eingescannte oder digital bereitgestellte Lieferantenrechnung, wie sie typischerweise als PDF-Datei oder Bilddatei vorliegt. Dabei werden relevante Informationen wie Rechnungsnummer, Rechnungsdatum, Lieferant, Positionen, Beträge oder Steuerinformationen automatisiert erkannt und ausgelesen. Die extrahierten Daten können anschließend validiert, ergänzt und für die weitere Verarbeitung im ERP-System verwendet werden.

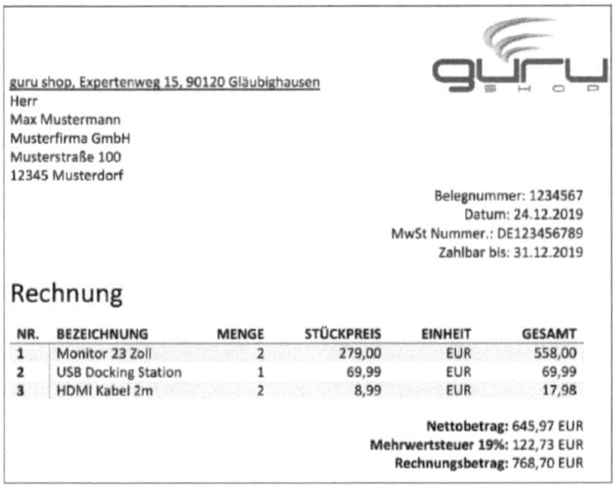

guru shop, Expertenweg 15, 90120 Gläubighausen
Herr
Max Mustermann
Musterfirma GmbH
Musterstraße 100
12345 Musterdorf

Belegnummer: 1234567
Datum: 24.12.2019
MwSt Nummer.: DE123456789
Zahlbar bis: 31.12.2019

Rechnung

| NR. | BEZEICHNUNG | MENGE | STÜCKPREIS | EINHEIT | GESAMT |
|---|---|---|---|---|---|
| 1 | Monitor 23 Zoll | 2 | 279,00 | EUR | 558,00 |
| 2 | USB Docking Station | 1 | 69,99 | EUR | 69,99 |
| 3 | HDMI Kabel 2m | 2 | 8,99 | EUR | 17,98 |

**Nettobetrag:** 645,97 EUR
**Mehrwertsteuer 19%:** 122,73 EUR
**Rechnungsbetrag:** 768,70 EUR

*Abbildung 8.2: Beispiel einer Rechnung zur Dokumentextraktion*

Im ersten Schritt wird die Rechnung in das System übernommen. Dafür stehen zwei Upload-Varianten zur Verfügung:

- **Drag-and-Drop**

  Die Rechnung kann direkt per Drag-and-Drop in das Upload-Fenster gezogen werden (siehe Abbildung 8.3). Das System erkennt die Datei automatisch und übernimmt sie für die weitere Verarbeitung.

- **Dateiauswahl über ein Pop-up-Fenster**

  Alternativ können Sie ein Pop-up im Browser öffnen, um die Datei manuell auszuwählen. Nach der Bestätigung wird die Rechnung ebenfalls in das System eingespielt.

*Abbildung 8.3: Rechnung uploaden*

**Upload als Grundlage für die KI-gestützte Verarbeitung**

Dieser Upload-Prozess bildet den Startpunkt des automatisierten Rechnungsworkflows. Das Ziel ist es, unabhängig von der gewählten Methode, die Rechnung in das System zu übernehmen und für die anschließende KI-gestützte Verarbeitung bereitzustellen.

**Prüfung der Rechnung in der Anwender-Inbox**

Nachdem die Rechnung erfolgreich eingespielt wurde, erscheint sie automatisch in der Inbox des zuständigen Anwenders oder der Anwenderin (siehe Abbildung 8.4). Die relevanten Daten wurden zuvor aus dem PDF extrahiert und sowohl als strukturierte Informationen in die vordefinierten Felder übernommen als auch als Originaldatei im Vorgang hinterlegt. Dadurch können die Informationen direkt in der Benutzeroberfläche geprüft werden, ohne das PDF öffnen zu müssen. Der Fokus liegt auf den wichtigsten Rechnungsdaten, die klar und übersichtlich dargestellt werden. Nach der Überprüfung wird entschieden, ob die Rechnung freigegeben oder abgelehnt wird. Dieser Schritt bildet die fachliche Qualitätssicherung im automatisierten Rechnungsprozess.

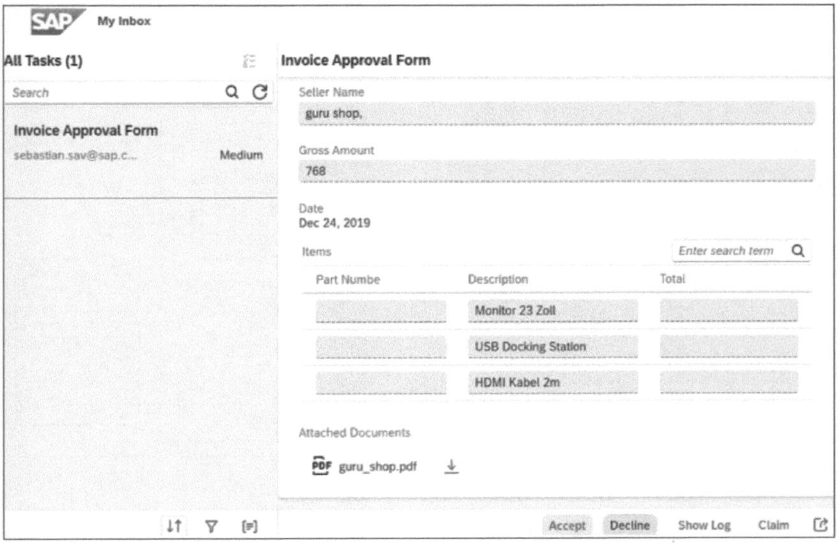


*Abbildung 8.4: Inbox – Rechnungsprüfung*

### 8.1.3 Technische Umsetzung der Rechnungsfreigabe mit KI

Nachdem Sie das fachliche Szenario kennen, werfen wir nun einen Blick auf die technische Umsetzung. Wir gehen dabei in drei Schritten vor: Zuerst zeigen wir Ihnen die Gesamtarchitektur, damit Sie verstehen, welche Komponenten zusammenspielen. Anschließend schauen wir uns die Modellierung des Workflows zur Designzeit in SAP Build Process Automation an. Zum Schluss sehen Sie, wie sich der Prozess zur Laufzeit ausführen und überwachen lässt.

**Gesamtarchitektur des Prozesses**

Abbildung 8.5 zeigt, wie die SAP Business Technology Platform (SAP BTP), SAP Build Process Automation und der KI-Service SAP Document AI zusammenspielen. Im linken Bereich sehen Sie, dass SAP Document AI die hochgeladenen Dateien verwaltet und sie über eine Benutzeroberfläche, ein Repository sowie über APIs bereitstellt. Die eigentliche Prozesssteuerung übernimmt SAP Build Process Automation: Sobald jemand das Trigger-Formular startet, lädt der Prozess das Dokument in SAP Document AI hoch und erzeugt gleichzeitig eine Aufgabe in der Inbox sowie eine Bot-Automatisierung im Automation Queue. Ein Desktop-Agenten auf einer virtuellen Maschine oder einem Laptop führt die automatisierten Schritte aus. Bei Bedarf lädt er Dokumente aus SAP Document AI herunter.

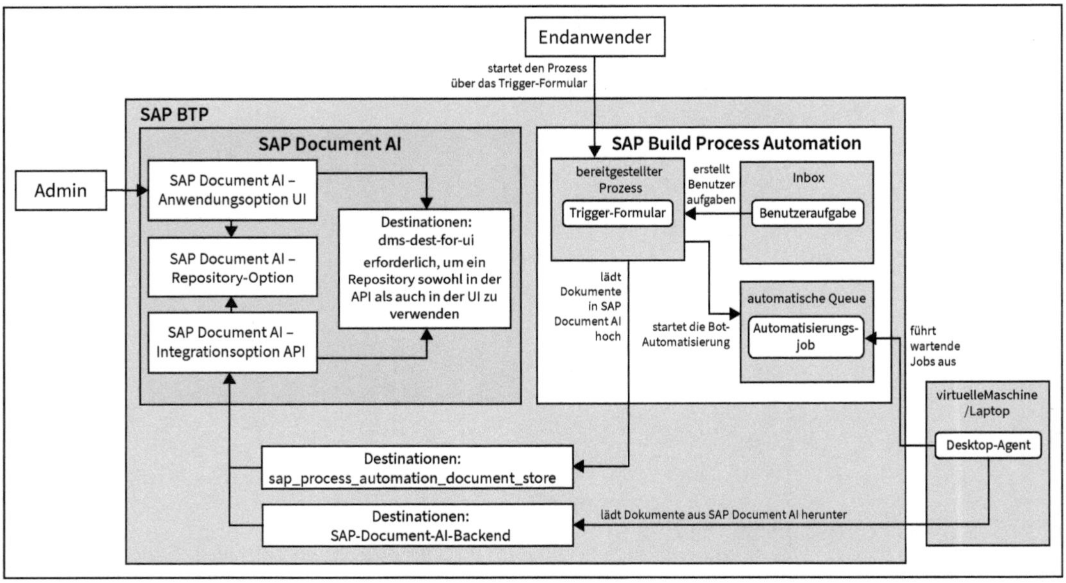


*Abbildung 8.5: Gesamtarchitektur des Rechnungsfreigabeprozesses*

Soweit der architektonische Überblick. Wie das Zusammenspiel dieser Komponenten konkret orchestriert wird, definieren wir im nächsten Schritt durch die Modellierung des Workflows in SAP Build Process Automation.

**Prozessübersicht des Workflow-Szenarios in SAP Build**

Der gesamte Prozess wird in SAP Build Process Automation als Prozessschritte abgebildet. Abbildung 8.6 zeigt das Projekt **Invoice Processing** mit seiner freigegebenen Version. Die Ablaufkette besteht aus mehreren Schritten, die von oben nach unten ausgeführt werden.

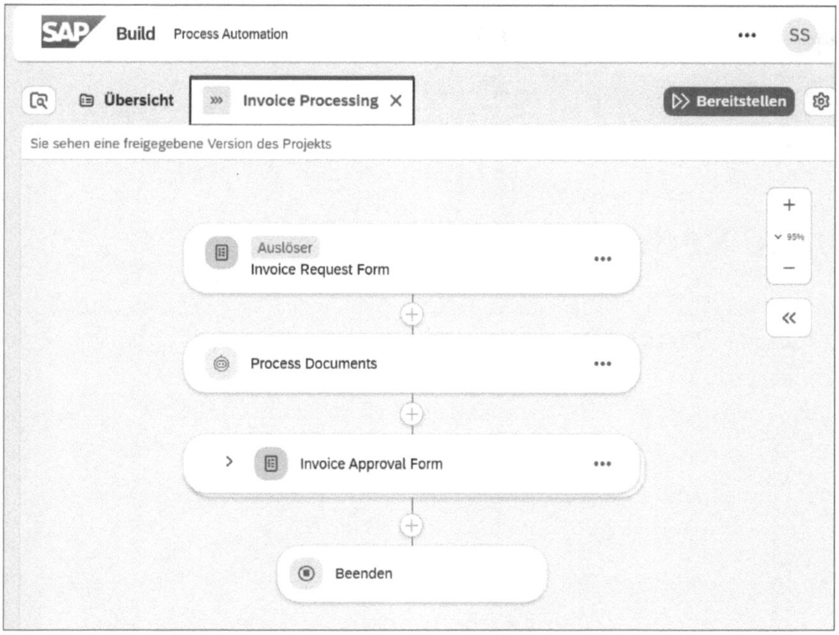


*Abbildung 8.6: Prozessfluss in SAP Build*

**Ablauf des Prozesses vom Request bis zur Freigabe**

Vier Schritte bilden das Grundgerüst:

- Der Prozess beginnt mit dem **Invoice Request Form**. Dieses Formular dient als Auslöser und nimmt die grundlegenden Rechnungsinformationen entgegen. Auf dieser Basis wird der Workflow gestartet.
- Anschließend verarbeitet der Schritt **Process Documents** die eingespielten Rechnungsdokumente und liest die relevanten Daten aus.
- Im darauffolgenden **Invoice Approval Form** prüft der zuständige Anwender oder die Anwenderin die ermittelten Informationen und entscheidet, ob die Rechnung genehmigt oder abgelehnt wird.
- Den Abschluss bildet der Knoten **Beenden**, der den Prozess sauber und formal beendet.

Schauen wir uns die ersten beiden Schritte im Detail an.

**Upload der Rechnung per Drag-and-Drop**

Im ersten Schritt **Invoice Request Form** legen Sie ein Formular an, das dem Anwender beim Einspielen der Rechnung angezeigt wird (siehe Abbildung 8.7). Über dieses Formular kann der Benutzer die Rechnung bequem per Drag-and-Drop hinzufügen und damit den Prozess starten.

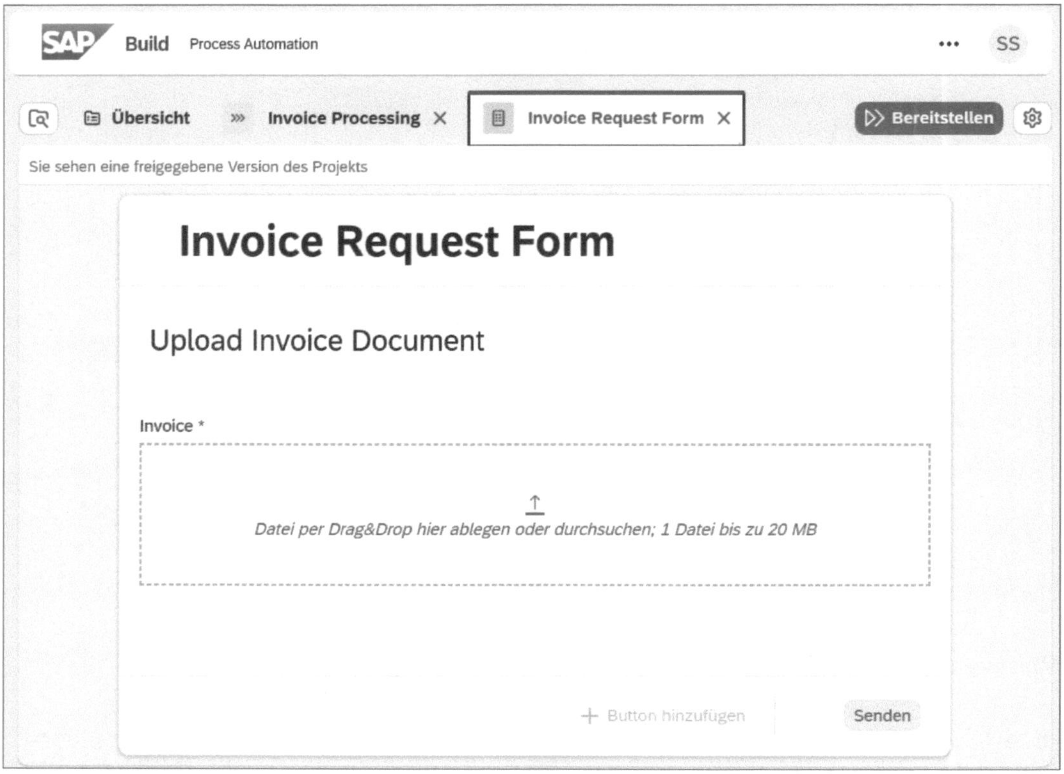


*Abbildung 8.7: Erstellung des Rechnungsformulars*

**Technischer Prozessstart über Start- und Content-Knoten**

Sobald die Rechnung eingereicht ist, übernimmt die Automatisierung. Der Schritt **Process Documents** ist das Herzstück der Automatisierung (siehe Abbildung 8.8). In der Mitte ist das Hauptdiagramm zu sehen, das den technischen Ablauf Schritt für Schritt beschreibt. Der Prozess startet mit einem einfachen Start-Knoten. Direkt danach wird mit **Get Folder Content** der Inhalt eines zuvor definierten Ordners ermittelt. Auf dieser Basis lädt der nächste Schritt **Download Documents** die im Ordner enthaltenen Dateien herunter.

Anschließend werden die Dokumente im Schritt **send to DOX** an den KI-Service SAP Document AI (häufig *DOX* abgekürzt) übertragen, damit die relevanten Inhalte automatisch erkannt werden. Zum Abschluss schreibt **Log Message** eine Protokollmeldung, bevor der Prozess über den **End**-Knoten sauber beendet wird. Auf der rechten Seite im Bildschirm sehen Sie den Bereich **Automatisierungsdetails**. Dort sind die Variablen und Parameter des Schritts einsehbar, unter anderem die Eingabe **folderId** sowie die Ausgabeparameter **InvoiceDetails** und **Invoice**, die im weiteren Verlauf des Workflows wiederverwendet werden.

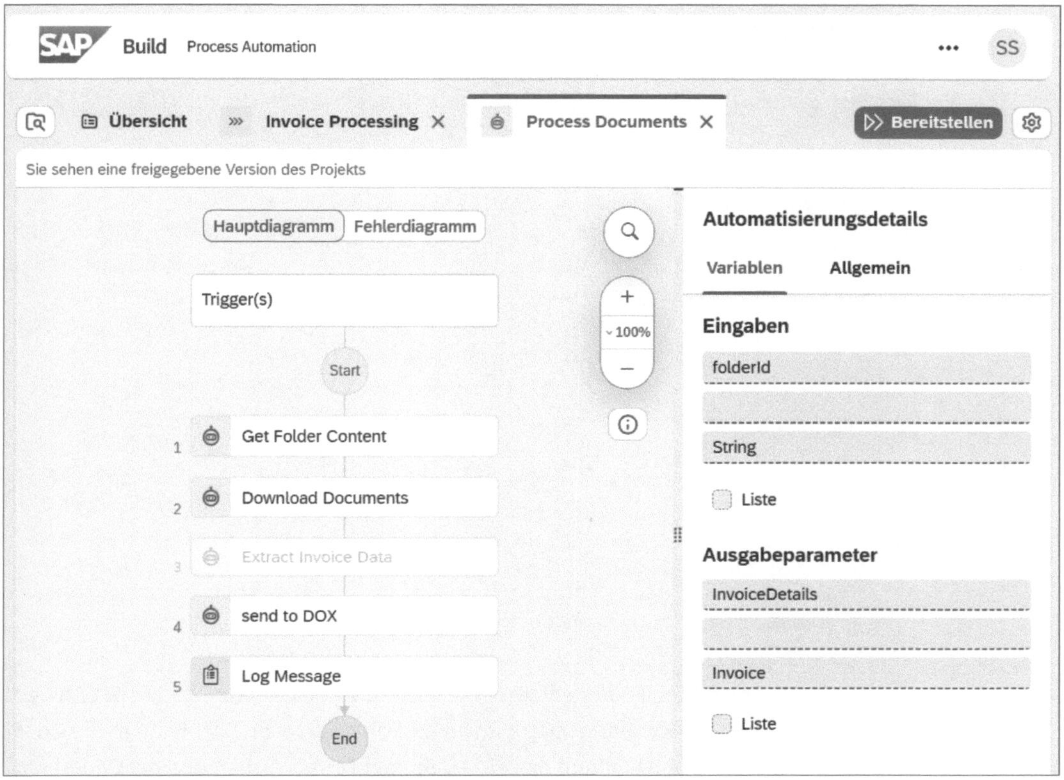


*Abbildung 8.8: Prozessierung der Schritte im Detail*

**Datenmapping für die Anzeige in der Inbox**

Um zu sehen, welche Datenfelder im Rahmen der Rechnungsverarbeitung automatisch ausgelesen und anschließend im Formular der Inbox angezeigt werden sollen, können Sie sich die Definition der Datenfelder anzeigen lassen (siehe Abbildung 8.9). Dazu wechseln Sie in die Übersicht der Artefakte des Projekts und öffnen das Artefakt **Invoice**. Dort werden die definierten Felder angezeigt, die durch die Dokumentextraktion erkannt und später im Freigabeformular weiterverarbeitet werden.

Jedes dieser Felder repräsentiert eine Information, die aus dem hochgeladenen PDF extrahiert wird und dem Anwender oder der Anwenderin später zur Prüfung bereitsteht. Zu den definierten Feldern zählen unter anderem **DocumentNumber**, **GrossAmount**, **SenderName** oder **DocumentDate**. Zusätzlich gibt es ein Objekt **Items**, das weitere Detailfelder wie **PartNumber**, **Description** und **Total** enthält. Diese Struktur ermöglicht es, sowohl Kopf- als auch Positionsdaten der Rechnung übersichtlich abzubilden.

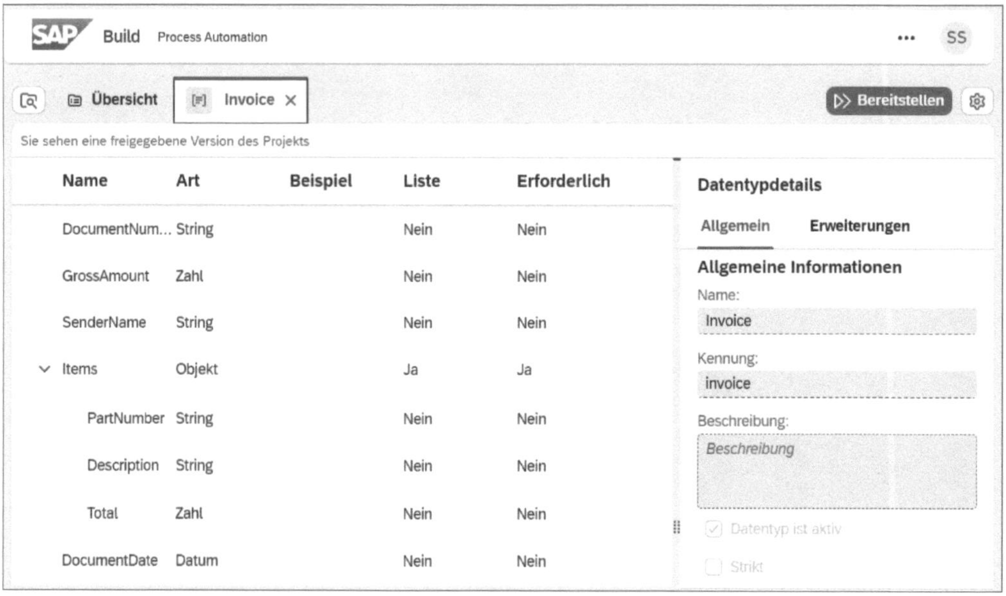


*Abbildung 8.9: Rechnungsfelder für die Inbox*

Alle dargestellten Felder entsprechen exakt den Informationen, die der Anwender oder die Anwenderin später im Inbox-Formular sieht. Dort kann er die extrahierten Werte ohne Öffnen des PDF-Dokuments überprüfen und bei Bedarf korrigieren.

**Projektübersicht und Status der Bereitstellung**

Damit ist der Workflow vollständig modelliert. Bevor wir uns der Laufzeit zuwenden, lohnt ein Blick auf die Projektübersicht – sie ist Ihre Schaltzentrale für den gesamten Lebenszyklus. Abbildung 8.10 zeigt die Übersichtsseite des Projekts **SAV_31_Premium_Invoice Processing with Document**.

Im oberen Bereich erkennen Sie den Deployment-Status, die gebundene Agent-Version und die beteiligten Personen.

**Bausteine des Projekts**

Darunter finden Sie den Bereich **Artefakte**. Hier sind alle Bausteine des Projekts aufgelistet, gruppiert nach Typ:

- Automatisierungen wie **Download Documents** oder **Extract Invoice Data**
- Formulare wie **Invoice Approval Form**
- Datentypen wie **Invoice** oder **DMS Object**

Jedes dieser Artefakte erfüllt eine bestimmte Aufgabe innerhalb des Rechnungsverarbeitungsprozesses und trägt dazu bei, den End-to-End-Ablauf vollständig abzubilden.

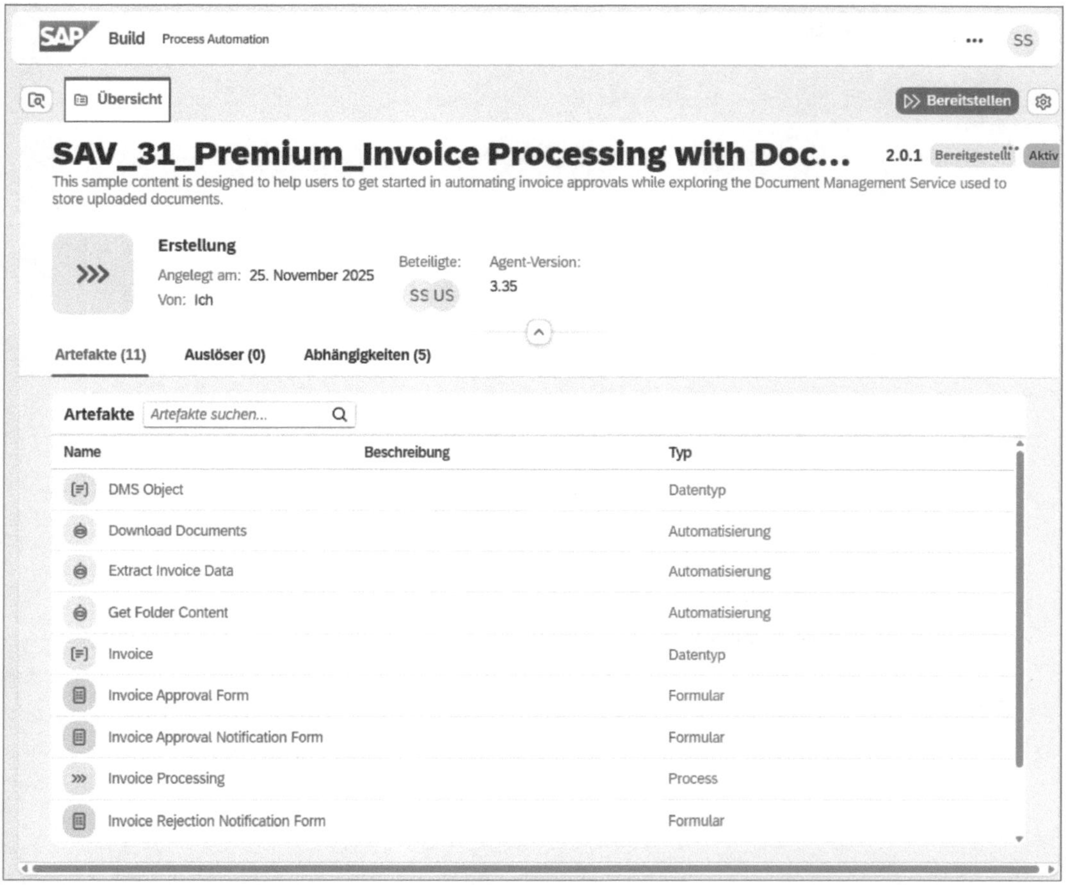


*Abbildung 8.10: Prozessübersichtsseite*

**Monitoring-Tools**

Sobald der Workflow produktiv läuft, brauchen Sie Werkzeuge, um den Überblick zu behalten. Genau das leistet das Monitoring in SAP Build Process Automation. Auf einen Blick erkennen Sie, ob ein Job erfolgreich durchgelaufen ist, noch verarbeitet wird oder ob während der Ausführung ein Fehler aufgetreten ist, beispielsweise durch Probleme mit dem Agenten oder der Dokumentenverarbeitung. So können Sie unmittelbar reagieren und sicherstellen, dass der Prozess reibungslos weiterläuft.

**Überwachung des Automatisierungsjobs**

Wie das in der Praxis aussieht, zeigt Abbildung 8.11 am Beispiel des Schritts **Process Documents.** In diesem Beispiel wird der Schritt als **Abgeschlossen** angezeigt. Das bedeutet, dass die Verarbeitung der Dokumente erfolgreich durchgeführt wurde und sich der Beleg nun in der Inbox des zuständigen Anwenders oder der zuständigen Anwenderin zur weiteren Prüfung befindet.

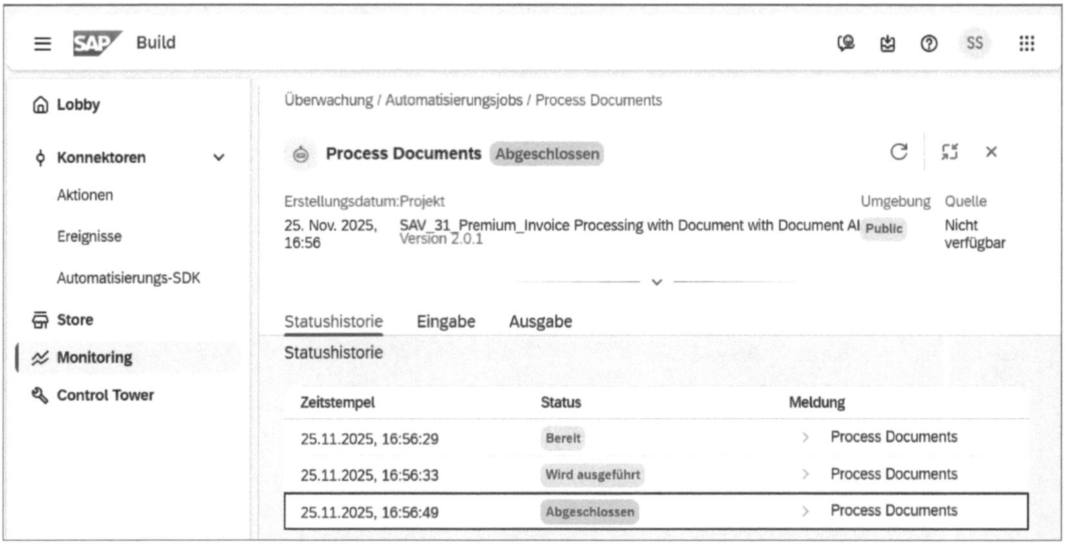


*Abbildung 8.11: Monitoring der Jobs*

**Transparente Dokumentation von Status und Zeitstempel**

Unterhalb der Kopfzeile befindet sich die Statushistorie, die den zeitlichen Verlauf der Ausführung dokumentiert. Hier ist zu sehen, dass der Job zuerst den Status **Bereit** hatte, danach in den Zustand **Wird ausgeführt** überging und schließlich mit dem Status **Abgeschlossen** beendet wurde. Jede Zeile enthält einen Zeitstempel und eine kurze Meldung, sodass sich der Ablauf jederzeit transparent nachvollziehen lässt.

### 8.1.4 Geschäftlicher Nutzen und Auswirkungen

**Reduzierte manuelle Tätigkeiten**

Der Einsatz künstlicher Intelligenz in der Rechnungsfreigabe bietet Unternehmen einen klaren geschäftlichen Mehrwert und verbessert gleichzeitig die Stabilität ihrer Finanzprozesse. Durch die automatische Extraktion von Rechnungsdaten reduziert sich der manuelle Aufwand spürbar, da viele repetitive Tätigkeiten wie das Öffnen, Lesen und Abtippen von Informationen entfallen. Die Qualität der Daten steigt, weil KI-basierte Dienste Beträge, Positionen und Stammdaten deutlich präziser erkennen als herkömmliche Verfahren.

**Transparenz im Rechnungsworkflow**

Dadurch lassen sich Fehler in der weiteren Verarbeitung reduzieren. Ein durchgängiger Workflow mit SAP Build Process Automation kann zudem die Durchlaufzeiten verkürzen, was Unternehmen hilft, Zahlungsfristen einzuhalten und Verzögerungen zu vermeiden. Fachabteilungen profitieren von modernen Benutzeroberflächen, in denen Rechnungen klar strukturiert dargestellt und intuitiv geprüft werden können. Die Inbox zeigt alle relevanten Informationen übersichtlich an, ohne dass das PDF erneut geöffnet werden muss. Gleichzeitig sorgt das automatisierte Monitoring dafür, dass jeder Schritt des Prozesses transparent nachverfolgt werden kann. Anwenderinnen und Anwender erkennen sofort, ob ein Job erfolgreich abgeschlossen wurde oder ob ein Problem vorliegt.

**Modernisierung der Benutzeroberfläche**

Die Ablösung von Legacy-Werkzeugen trägt zur Modernisierung der Systemlandschaft bei. Durch die nahtlose Anbindung an ERP-Systeme werden freigegebene Rechnungen ohne Medienbrüche weiterverarbeitet und automatisch verbucht. Unternehmen erhalten damit einen harmonisierten End-to-End-Prozess, der effizienter, stabiler und für die Beteiligten einfacher zu bedienen ist.

## 8.2 Agent-basierter End-to-End-Qualitätsmanagement-Prozess

Ein durchgängiger End-to-End-Prozess im Qualitätsmanagement ermöglicht es, Prüfvorgänge mit KI-Unterstützung zu automatisieren. In diesem Beispiel lädt ein Mitarbeiter Fotos eines beschädigten Teils hoch – konkret handelt es sich um eine Bremsscheibe, die eine Kundin aufgrund eines vermuteten Produktionsfehlers per E-Mail zugesendet hat. Zusätzlich wird auch ein Foto des Lieferscheins übermittelt, um die Identifikation des Vorgangs zu erleichtern. Die KI erkennt Beschädigungen, liest relevante Informationen aus den Dokumenten aus und gleicht diese mit bestehenden Qualitäts- und Logistikdaten ab. Auf dieser Basis werden automatisch Folgeprozesse angestoßen, beispielsweise die Anlage eines Qualitätsmeldungsprozesses, die Zuordnung zu bestehenden Reklamationen oder die Einleitung weiterer Prüf- und Freigabeschritte.

**KI-Analyse von Produktionsfehlern**

Nach der Analyse legt der Mitarbeiter direkt eine Qualitätsmeldung an. Die Fehlerbeschreibung sowie die automatisch erkannte Codierung werden dabei nahtlos in die QM-Meldung übernommen, das System legt zusätzlich eine passende Fehlerposition an. Bei Bedarf können weitere Produktbilder hochgeladen werden, woraufhin die KI zusätzliche Maßnahmen vorschlägt. Anschließend erstellt das System eine strukturierte Zusammenfassung aller bereits durchgeführten Schritte, sodass der Mitarbeiter jederzeit den Überblick behält. Darüber hinaus können weitere Folgeaktionen automatisch angestoßen werden, etwa die Erstellung einer Gutschrift, die Einleitung einer Reparatur- bzw. Retourenabwicklung oder andere qualitätsrelevante Prozessschritte.

### 8.2.1 Geschäftliche Herausforderungen des End-to-End-Qualitätsmanagement-Prozesses

Kundenreklamationen gehen über unterschiedliche Kanäle ein, häufig unstrukturiert per E-Mail und mit variierendem Informationsgehalt. Bilder von beschädigten Produkten, Lieferscheine oder ergänzende Dokumente müssen manuell gesichtet, interpretiert und in SAP-Systeme übertragen werden. Dieser Medienbruch verursacht Zeitaufwand, Fehler und inkonsistente Datenqualität.

**Fehlende Transparenz**

In klassischen QM-Prozessen fehlt häufig die Transparenz über den aktuellen Bearbeitungsstand einer Reklamation. Mitarbeitende müssen Informationen aus verschiedenen Modulen manuell zusammenführen, um eine fundierte Entscheidung treffen zu können. Die manuelle Klassifizierung von Fehlerbildern und die Zuordnung passender Fehlercodes erfordern zudem fachliches Know-how.

**Fehlende Skalierbarkeit**

Ein weiteres zentrales Problem ist die Verzögerung von Folgeprozessen, etwa der Einleitung von Reparaturen, Retouren oder Gutschriften. Jede manuelle Prüfung verlängert die Durchlaufzeit und wirkt sich negativ auf die Kundenzufriedenheit aus. Gleichzeitig steigt der Druck, Entscheidungen schneller, nachvollziehbarer und wirtschaftlich sinnvoll zu treffen. Ohne eine durchgängige End-to-End-Unterstützung fehlt es an Skalierbarkeit und Effizienz im Qualitätsmanagement.

### 8.2.2 Anwendung des KI-unterstützten Prozesses

Die zentralen Prozessschritte sind in Abbildung 8.12 zusammengefasst. Der Ablauf beginnt mit der Interaktion über ein KI-Chat-Fenster, in dem Bilder und Lieferschein hochgeladen werden. Auf Basis dieser Informationen wird automatisch eine QM-Meldung mit passenden Fehlercodes und -ursachen erzeugt. Anschließend unterstützt die KI bei der Generierung von Maßnahmen und erstellt die erforderlichen Belege im Hintergrund. Die einzelnen Schritte sind den Bereichen AI, QM und SD (*Sales and Distribution*, dt. Vertrieb) zugeordnet und reichen bis zur Einleitung des Reparaturprozesses und der Gutschriftanforderung.

**Human-in-the-Loop**

Dabei kommt ein integriertes Chat- und KI-Framework zum Einsatz, das nahtlos in SAP S/4HANA eingebunden ist und verschiedene Komponenten direkt unterstützt. Trotz des hohen Automatisierungsgrads folgt der Prozess konsequent dem Human-in-the-Loop-Ansatz: Die KI bereitet Entscheidungen vor und erstellt Vorschläge, die finale Prüfung und Freigabe erfolgen stets durch die Anwenderinnen und Anwender.

**Interaktion über Chat**

Über die App **Artificial Intelligence for QM** (siehe Abbildung 8.13) wird der gesamte End-to-End-QM-Prozess gestartet. Beim Öffnen der Anwendung erscheint ein Chat-Fenster, über das die Anwenderinnen und Anwender direkt mit der KI interagieren können. Dort können verschiedenste Fragen gestellt werden, von der Identifikation möglicher Fehlerursachen bis hin zu Empfehlungen für geeignete Maßnahmen.

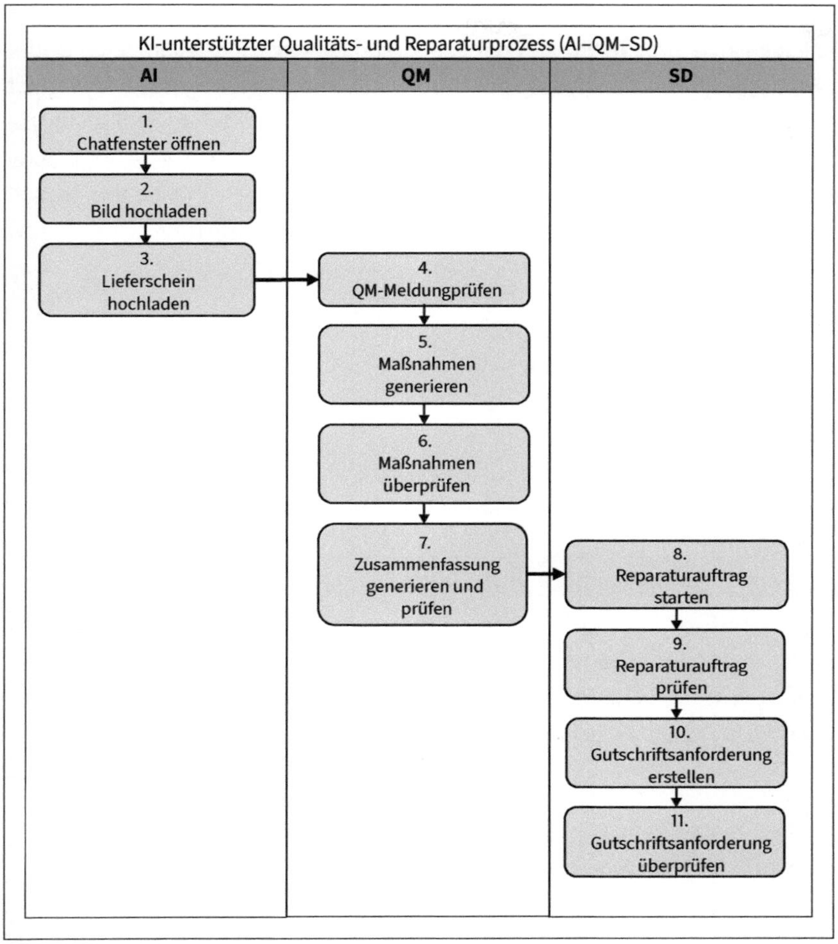


*Abbildung 8.12: KI-unterstützter Qualitäts- und Reparaturprozess*

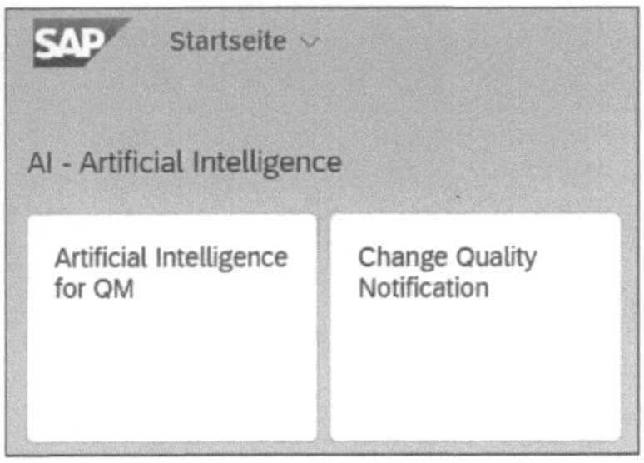


*Abbildung 8.13: Kachel »Artificial Intelligence for QM« im SAP Fiori Launchpad*

Die KI begleitet somit Schritt für Schritt durch den Qualitätsprozess und stellt alle relevanten Informationen kontextbezogen bereit.

**Natürliche Sprache**

Nach dem Öffnen der App können die Mitarbeitenden über das Chat-Fenster ihr Anliegen in natürlicher Sprache eingeben, sodass keine speziellen Befehle oder technischen Kenntnisse benötigt werden. Im Beispiel informiert der Anwender die KI über eine eingegangene Kundenbeschwerde und fragt, ob die Analyse des bereitgestellten Bildmaterials gestartet werden kann (siehe Abbildung 8.14). Die KI erkennt den Kontext der Anfrage automatisch und initiiert daraufhin die Bildanalyse, um den Qualitätsprozess effizient anzustoßen.

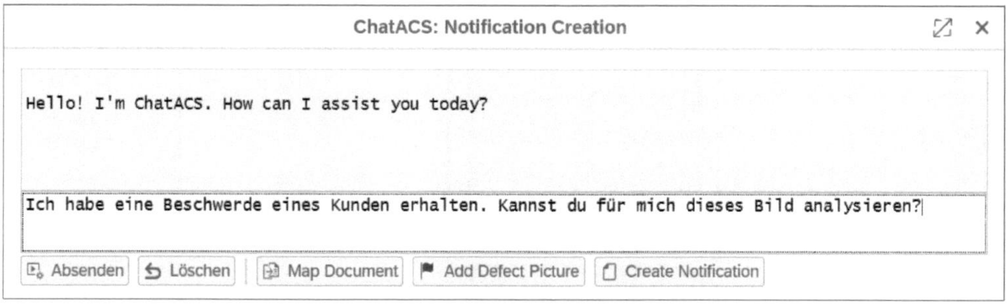


*Abbildung 8.14: Anfrage zum Upload eines Produkts*

**Dialogbasierter Einstieg**

Die KI antwortet in natürlicher Sprache, sodass eine Konversation entsteht. Weitere Fragen sind jederzeit möglich, etwa zum Fehlerbild, Status der Analyse oder zu den nächsten Schritten (siehe Abbildung 8.15).

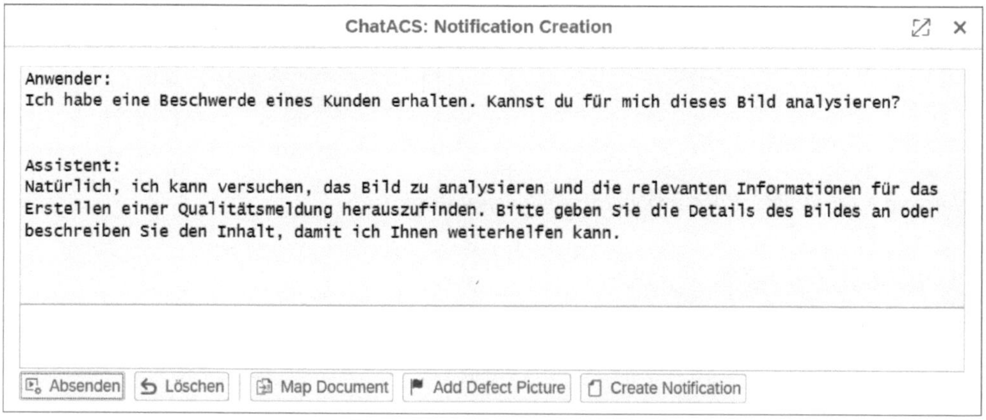


*Abbildung 8.15: Antwort der KI im Kontextfenster*

**Upload von Produktbildern zur Fehlererkennung**

Über den Button **Add Defect Picture** kann nun ein Bild des beschädigten Produkts hochgeladen werden (siehe Abbildung 8.15). Es öffnet sich ein Pop-up-Fenster, in dem das entsprechende Foto ausgewählt und hinzugefügt werden kann. Dieser Schritt startet die KI-gestützte Analyse und bildet die Grundlage für die weiteren automatisierten Qualitätsprozesse. Wenn die Datei erfolgreich hochgeladen wurde, erscheint ein entsprechendes Pop-up-Fenster (siehe Abbildung 8.16).

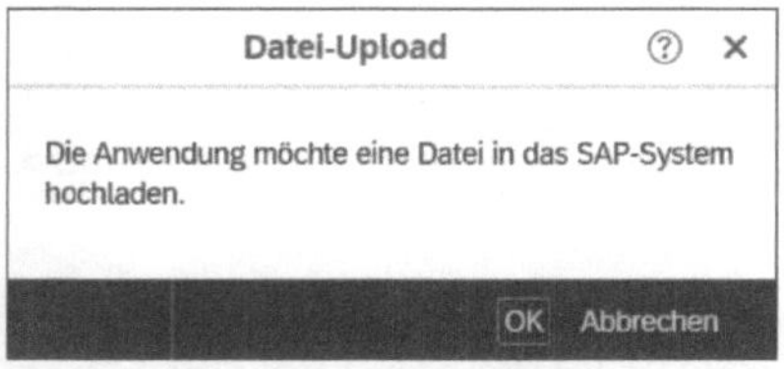


*Abbildung 8.16: Datei-Upload*

**Automatische Bildanalyse durch die KI**

Nachdem das Foto der Bremsscheibe hochgeladen wurde, analysiert die KI das Bild automatisch und liefert eine verständliche und strukturierte Rückmeldung. In der Antwort beschreibt sie zunächst den erkannten Schaden, hier eine rostige Oberfläche auf einem Metallbauteil, und schlägt Katalogeinträge für die Qualitätsmeldung vor (siehe Abbildung 8.17). Damit liegen die Informationen bereit, um die QM-Meldung fachlich korrekt und vollständig zu ergänzen. Abschließend weist sie darauf hin, dass der Anwender weitere Angaben machen kann, falls zusätzliche Informationen berücksichtigt werden sollen.

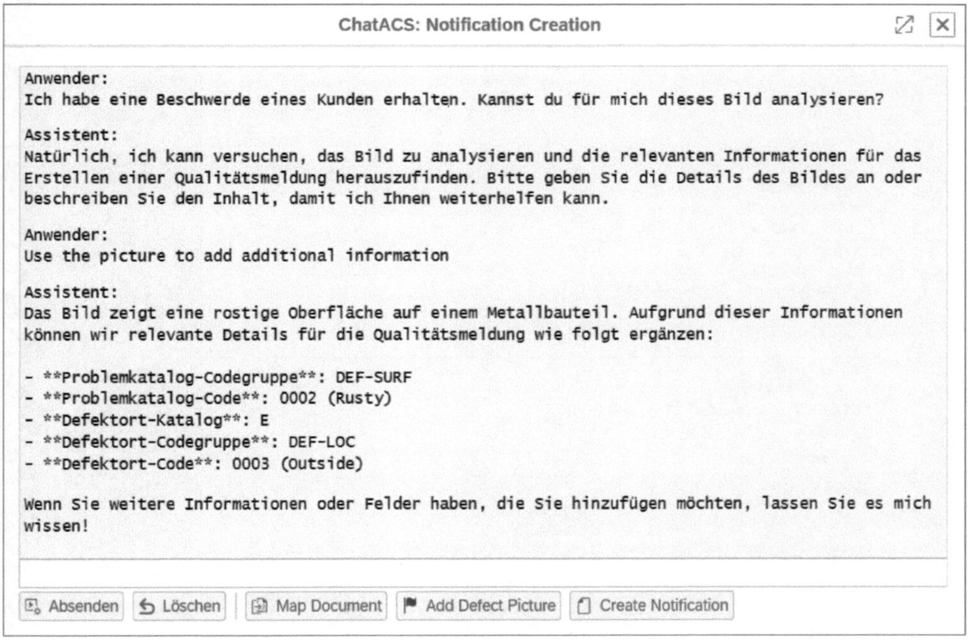


*Abbildung 8.17: Antwort auf Upload des Bildes*

**Mehrere Dateiformate**

Als Nächstes kann der Lieferschein der Kundin hochgeladen werden. Dazu verwendet der Anwender den Button **Map Document**, über den sich ein Upload-Fenster öffnet.

Abbildung 8.18 zeigt einen Lieferschein, der in das System hochgeladen und anschließend zur weiteren Verarbeitung an die KI übergeben wird. Der Upload kann dabei beispielsweise als Bilddatei oder PDF erfolgen, auch wenn dies in der Abbildung selbst nicht explizit dargestellt ist. Die KI kann beide Formate einlesen und verarbeiten – so werden die relevanten Informationen unabhängig vom Dateityp zuverlässig extrahiert und den passenden Feldern im ERP-System zugeordnet.

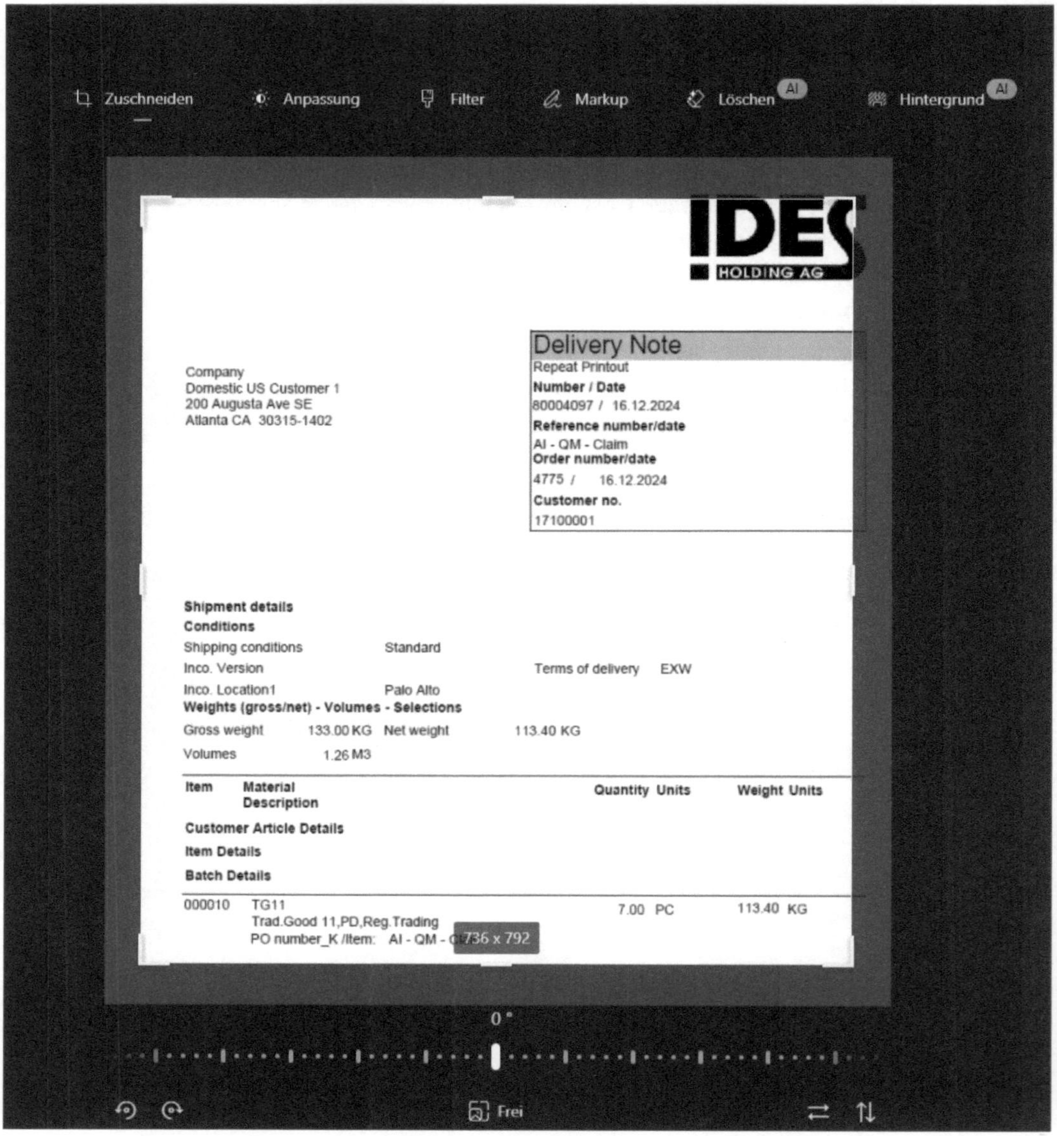


*Abbildung 8.18: Lieferschein uploaden*

**Strukturierte Aufbereitung der extrahierten Daten**

Abbildung 8.19 zeigt, wie die KI nach dem Hochladen des Lieferscheindokuments die enthaltenen Informationen automatisch analysiert und strukturiert aufbereitet. Die relevanten Daten wurden extrahiert und direkt den entsprechenden Feldern der Qualitätsmeldung zugeordnet.

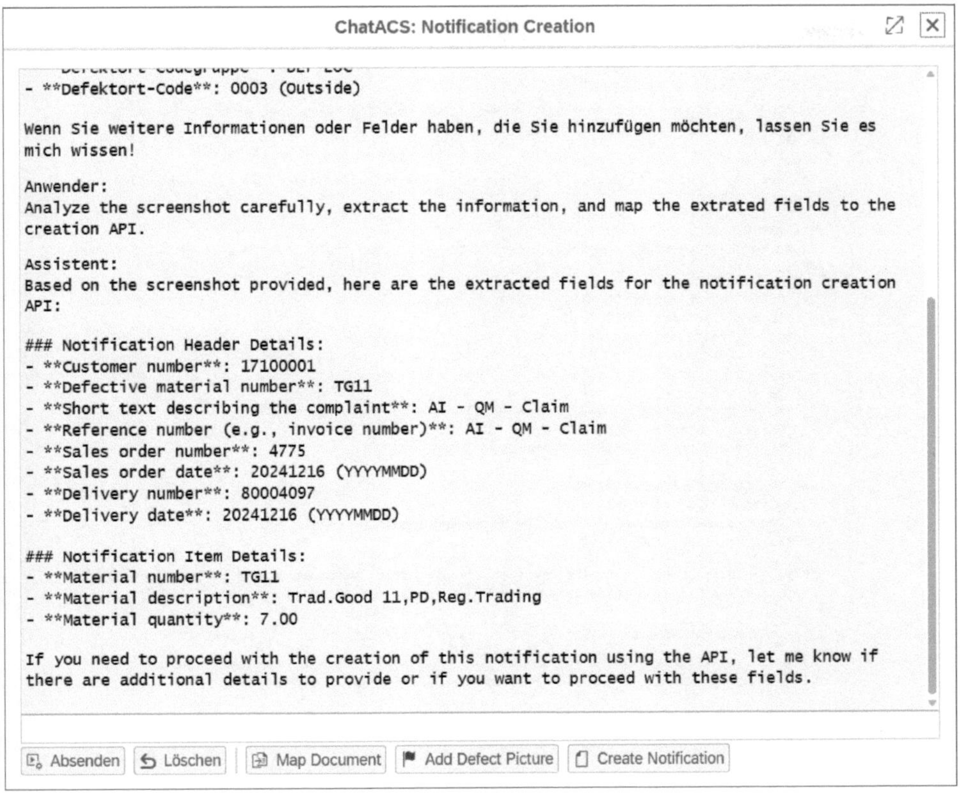


*Abbildung 8.19: Antwort der KI zum Lieferschein*

**Weniger Eingaben und höhere Datenqualität**

Im Kopfbereich der Meldung identifiziert die KI unter anderem die Kundennummer, die Materialnummer des reklamierten Teils, eine passende Kurzbeschreibung, die Referenznummer sowie auftrags- und lieferrelevante Daten (Kundenauftragsnummer, Bestelldatum, Lieferscheinnummer und Lieferdatum). Im Positionsbereich werden Materialnummer, Beschreibung und reklamierte Menge übernommen. Manuelle Eingaben werden reduziert, sodass die Datenqualität steigt.

**Erstellung der QM-Meldung per Prompt oder Button**

Nun kann der Anwender entweder über eine gezielte Prompt-Eingabe oder über den Button **Create Notification** die Qualitätsmeldung erstellen. Wie in Abbildung 8.20 gezeigt, wurde in diesem Fall die KI per natürlichsprachlicher Eingabe veranlasst, den Erstellungsprozess zu starten. Die KI interpretiert den Prompt, übernimmt die zuvor extrahierten Informationen und generiert daraus automatisch eine vollständige Meldung im SAP-System.

**Integration in SAP S/4HANA**

Die Qualitätsmeldung mit der Nummer 200000360 wurde erfolgreich angelegt (siehe Abbildung 8.21). Sämtliche relevanten Informationen, die zuvor im Chat-Fenster erfasst oder von der KI automatisch identifiziert und extrahiert wurden, sind vollständig in die QM-Meldung übernommen worden.

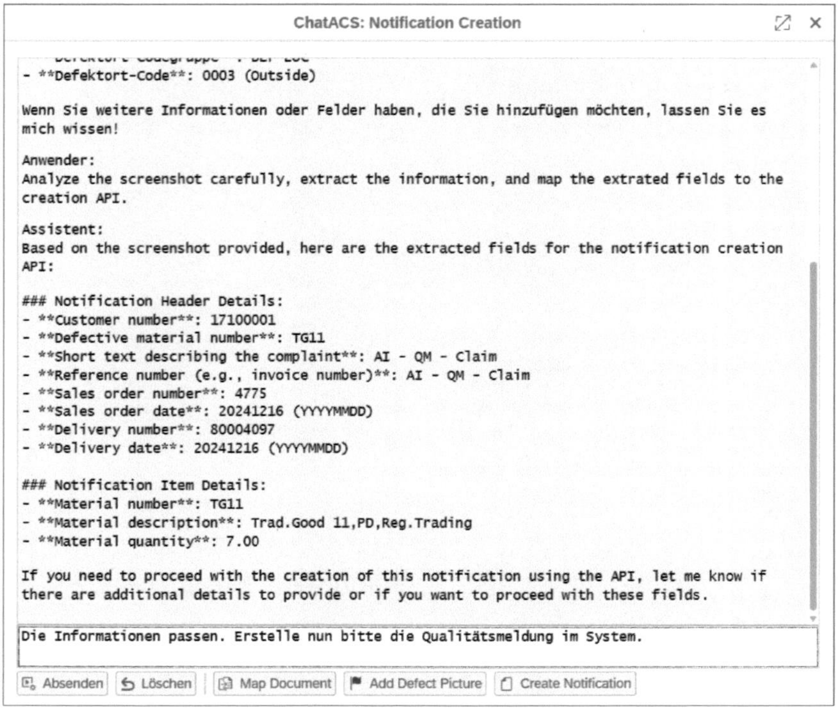


*Abbildung 8.20: Meldung anlegen durch Prompt-Eingabe*

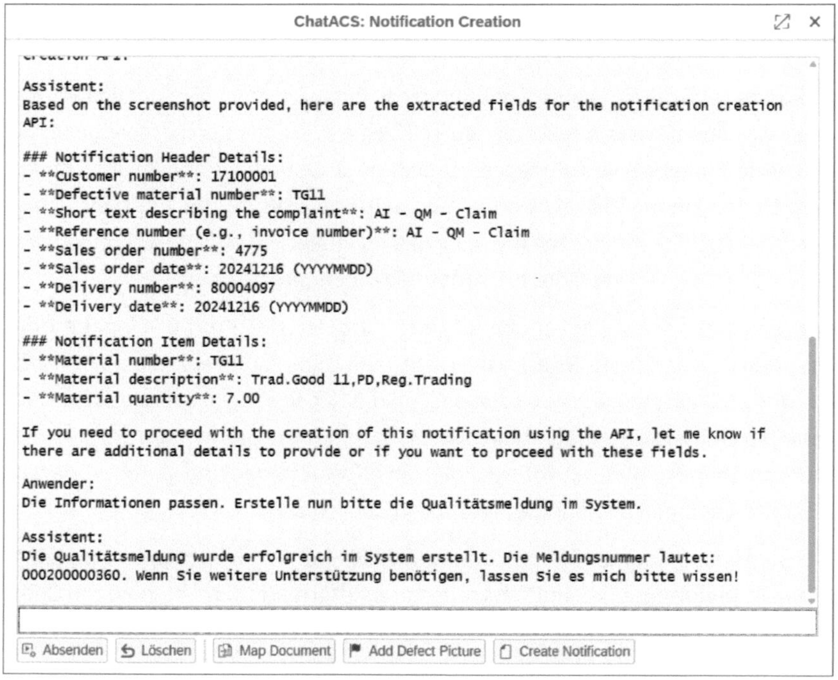


*Abbildung 8.21: Qualitätsmeldung in S/4HANA angelegt*

**Übernahme der Informationen aus dem Chat**

Abbildung 8.22 zeigt, dass die zuvor im Chat identifizierten Informationen vollständig in die Qualitätsmeldung übernommen wurden. In diesem Beispiel hat die KI die Lieferungsnummer inklusive der zugehörigen Position korrekt erkannt und eingetragen. Fehlende Angaben können bei Bedarf manuell ergänzt werden. Die übernommenen Daten stammen aus der SAP-Standardlogik zur Bezugsobjektermittlung, was bedeutet, dass bei einer gültigen Lieferungsnummer automatisch auch der zugehörige Kundenauftrag, die Referenznummer, das kundenbezogene Material sowie die Auftraggebernummer geprüft und übernommen werden. Sollte eine Nummer fehlerhaft oder unvollständig sein, kann die Meldung dennoch angelegt werden, wird jedoch entsprechend als unvollständig geführt. Auch in diesem Fall bleibt der Anwender flexibel und kann die fehlenden Informationen jederzeit nachpflegen.

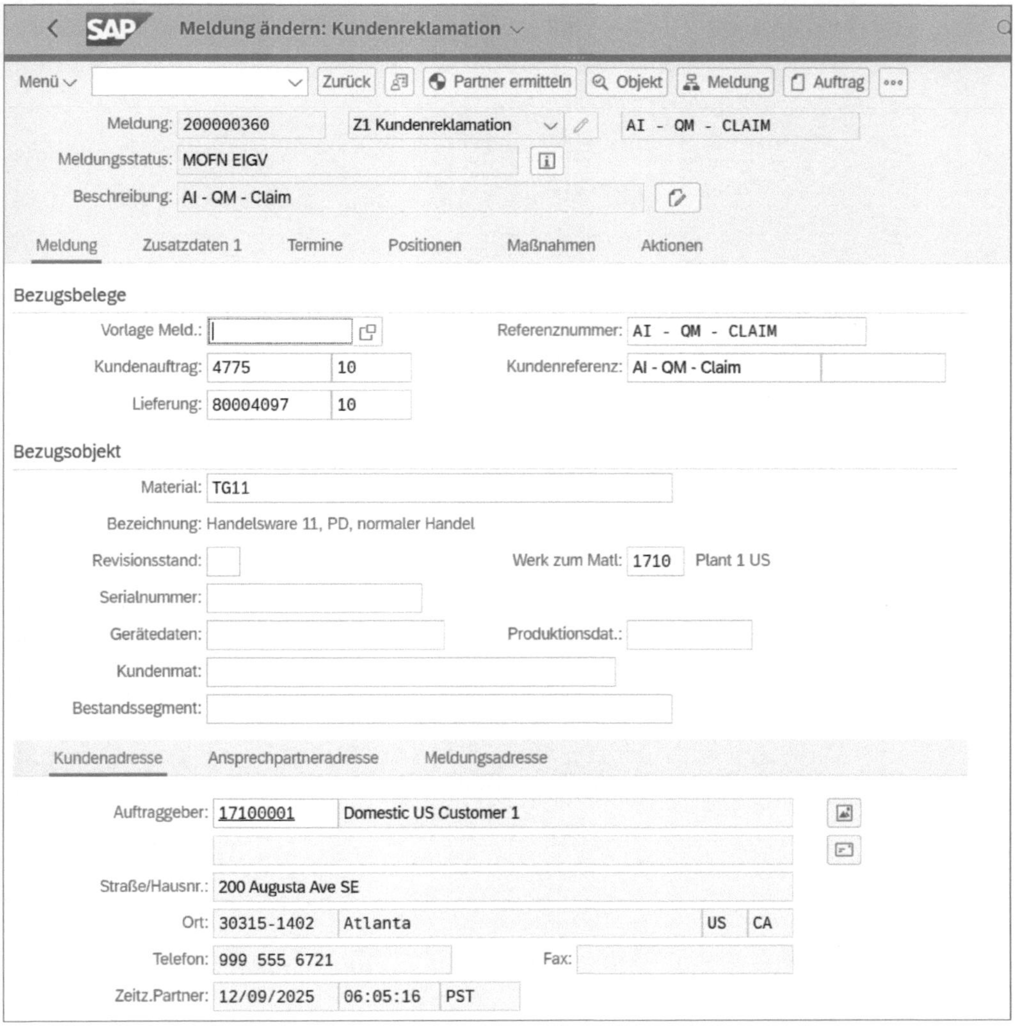


*Abbildung 8.22: Qualitätsmeldung anzeigen*

**Klassifizierung als Basis für Maßnahmen**

Wie in Abbildung 8.23 gezeigt, wurden sowohl die Fehlerort-Codegruppen als auch die Fehlerart-Codegruppen korrekt in die Qualitätsmeldung übernommen und den jeweiligen Positionen zugeordnet. Diese Informationen bilden die Grundlage für alle weiteren qualitätsbezogenen Maßnahmen, da sie den Fehler eindeutig klassifizieren und strukturiert erfassbar machen. Zudem ermöglicht die QM-Logik, mehrere Positionen innerhalb einer einzigen Meldung anzulegen, etwa dann, wenn ähnliche Fehlerbilder auftreten und gemeinsam bewertet oder mit unterschiedlichen Maßnahmen hinterlegt werden sollen.

*Abbildung 8.23: QM-Meldung: Positionen anzeigen*

Sowohl der Lieferschein als auch die beschädigte Felge wurden als Anlagen hinterlegt (siehe Abbildung 8.24). Diese Informationen dienen der KI als zusätzliche Hintergrundinformationen für die weitere Verarbeitung. Die Anlageliste kann über den Button **Dienste zum Objekt** aufgerufen werden. Dort lassen sich sämtliche zum QM-Prozess hinterlegten Dokumente, Bilder und Dateien anzeigen.

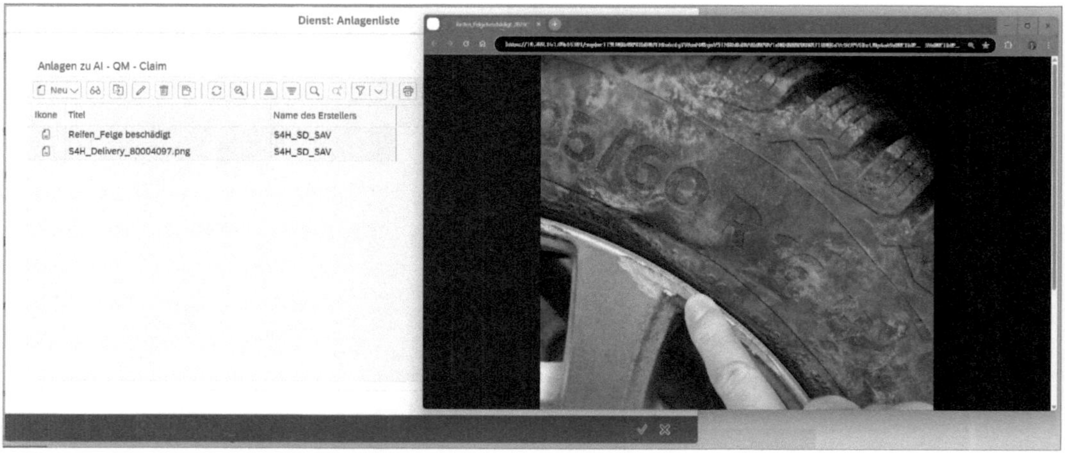


*Abbildung 8.24: Bilder als Anlagenliste*

Über den Button **AI Check Produkt durchführen** in der Aktivitätenleiste können nun weitere Bilder für die Analyse ausgewählt und direkt zur Meldung hinzugefügt werden (siehe rechts in Abbildung 8.25).

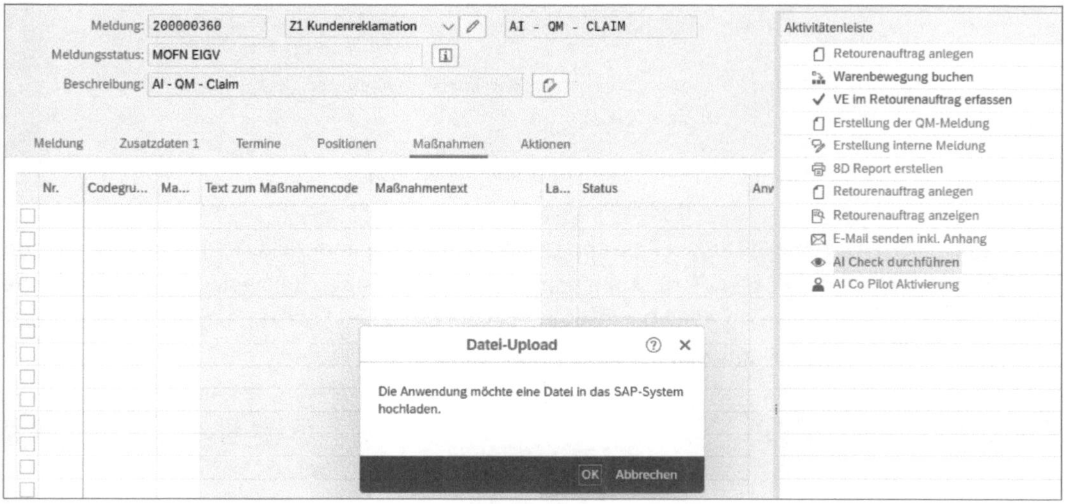


*Abbildung 8.25: AI-Check durchführen*

Nun wird ein Foto der Kundin hochgeladen, auf dem sowohl die Felge als auch der Reifen beschädigt sind. Dieses Foto wird anschließend über die Aktivitätsleiste mit der Funktion **AI Check durchführen** analysiert. Ein Informationsdialogfenster (siehe Abbildung 8.26) bestätigt: Die KI hat das Foto erfolgreich analysiert, automatisch eine Maßnahmenposition generiert und die entsprechenden Maßnahmen im Textfeld erfasst.

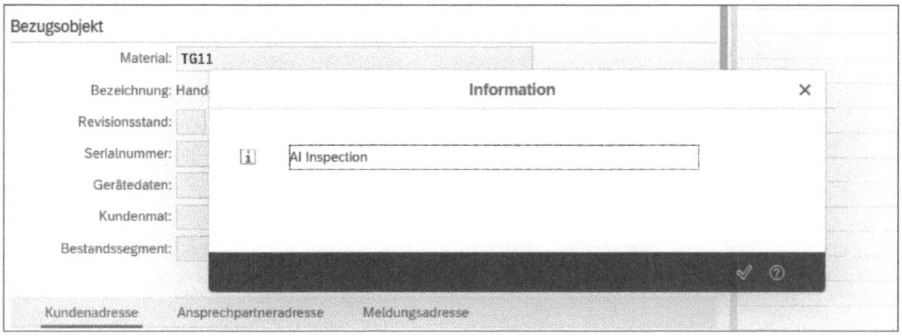


*Abbildung 8.26: AI-Infobox*

**Detaillierter Maßnahmentext durch die KI**

In diesem Fall wurde eine neue Maßnahmenposition generiert, und im Langtext beschreibt die KI die zugehörigen Detailinformationen ausführlich und strukturiert. Die erzeugte Maßnahme aus unserem Beispiel (siehe Abbildung 8.27) trägt den Maßnahmentext »AI Inspection from photo«.

*Abbildung 8.27: KI-generierte Maßnahmenposition*

**Strukturierte Bewertung und Ableitung nächster Schritte**

Wenn Sie nun auf die App **Qualitätsmeldung ändern** klicken, sehen Sie das von der KI generierte Analyseergebnis auf Basis des hochgeladenen Fotos (siehe Abbildung 8.28). Die KI erkennt einen beschädigten Fahrzeugreifen mit sichtbaren Schäden an der Seitenwand sowie an der Felge.

*Abbildung 8.28: KI-generierter Text zur Maßnahme*

Auf Grundlage dieser Analyse leitet sie eine strukturierte Bewertung des Schadens ab und benennt die nächsten Schritte: Dokumentation des Schadensumfangs, sicherheitsrelevante Sofortmaßnahmen, Hinweise zur weiteren Nutzung des Fahrzeugs sowie empfohlene Folgeaktivitäten wie fachliche Überprüfung, mögliche Reklamationsprozesse und gegebenenfalls Bauteilaustausch. Die Ergebnisse stehen in einem zusammenfassenden Text sowie in einem detaillierten Langtext zur weiteren Bearbeitung bereit.

**Erweiterung der Analyse durch zusätzliche Fotos**

Da dem Anwender noch ein weiteres Foto der Kundin vorliegt – diesmal von einem zerkratzten Autoschlüssel –, kann er dieses erneut über den Button **AI Check durchführen** hochladen und ebenfalls analysieren lassen. Auf dieser Basis ermittelt das System weitere Maßnahmen, wie bereits im vorherigen Beispiel gezeigt, sowie eine verantwortliche Person für deren Umsetzung. Damit wird der Analyseprozess effizient unterstützt und strukturiert fortgeführt.

Wie in Abbildung 8.29 zu sehen ist, wurden nun zwei Maßnahmen angeführt, da beide hochgeladenen Bilder mithilfe der KI überprüft wurden.

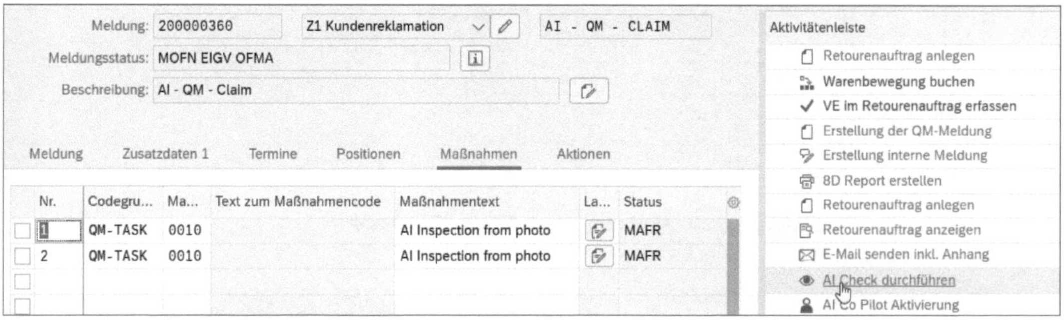


*Abbildung 8.29: Weitere Maßnahmen angeführt*

**Maßnahmenvorschläge**

Das System hat das Foto des Schlüsselanhängers analysiert und Kratzer bzw. Gebrauchsspuren erkannt (siehe Abbildung 8.30). Daraus werden nun Maßnahmenvorschläge generiert, etwa die Lieferantenkommunikation, Nachverfolgung des Beschwerdeprozesses oder Dokumentation der Mängel. Zusätzlich wurde der Maßnahme ein verantwortlicher Mitarbeitender zugeordnet. Die Maßnahme ist noch nicht abgeschlossen, da im Sinne des Human-in-the-Loop-Ansatzes weiterhin eine manuelle Prüfung und Freigabe durch eine Person erforderlich bleibt.

Wie Abbildung 8.31 zeigt, wurde das von der KI analysierte Foto, das nun als Maßnahmenposition angeführt ist, automatisch in die Anlageliste übernommen.

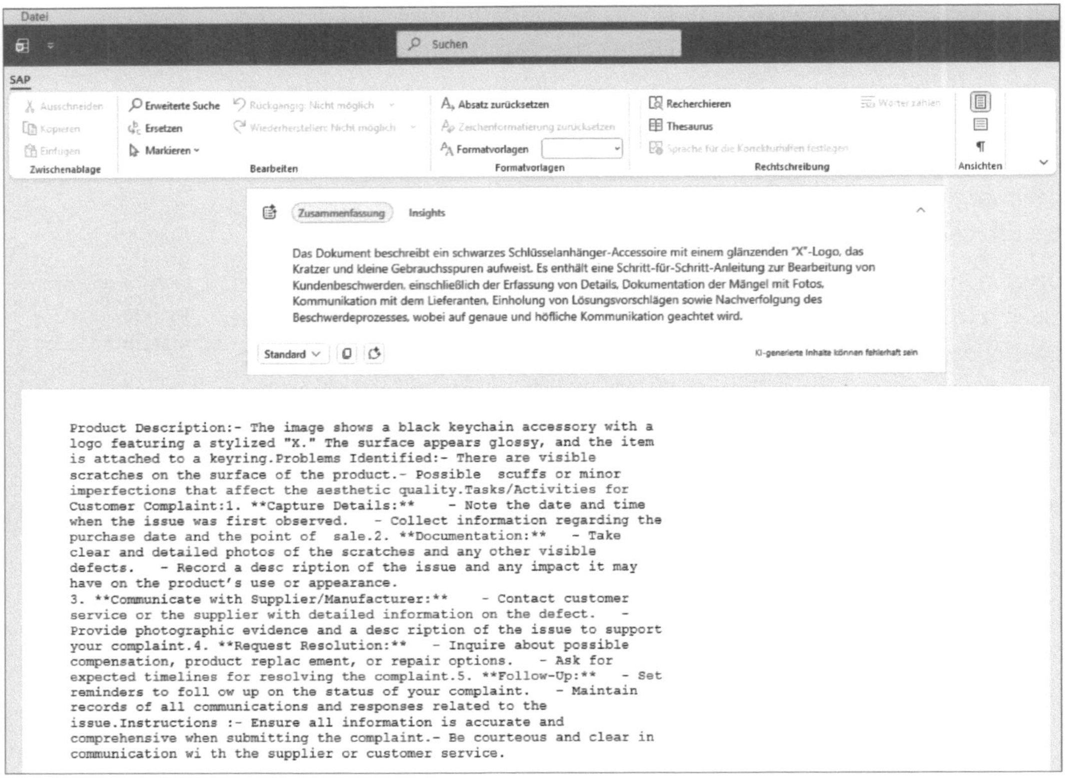


*Abbildung 8.30: AI-Maßnahmen für den Schlüssel*

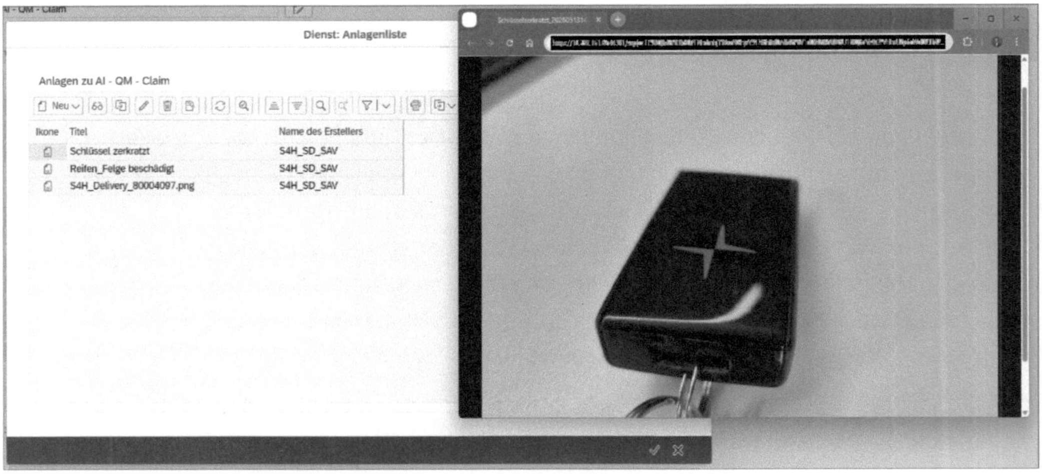


*Abbildung 8.31: Autoschlüssel als Anhang in SAP S/4HANA*

**Kontextbezogene Anfragen zur QM-Meldung**

Über den Button **AI Co Pilot Aktivierung** (siehe Abbildung 8.32) in der Aktivitätenleiste öffnet sich ein Fenster direkt innerhalb der Anwendung. In diesem Bereich können gezielt Fragen zur QM-Meldung gestellt werden. Die Anfragen werden kontextbezogen verarbeitet und die Ergebnisse unmittelbar in der Anwendung dargestellt (siehe Abbildung 8.33).

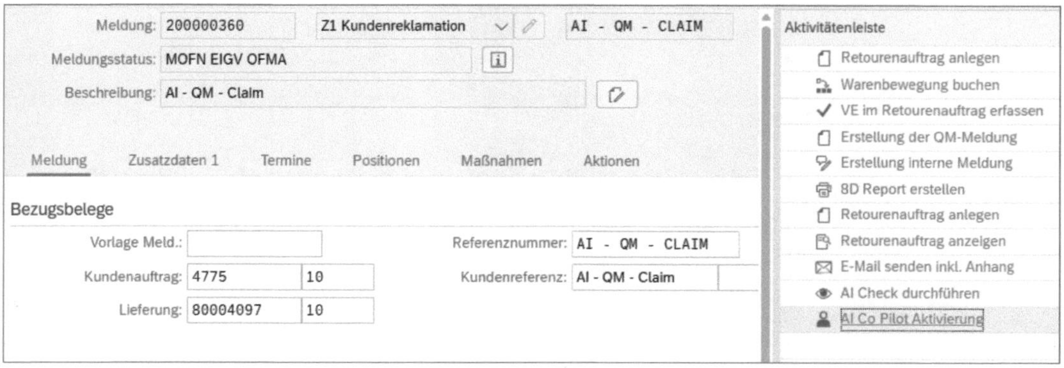


*Abbildung 8.32: »AI Co Pilot Aktivierung«*

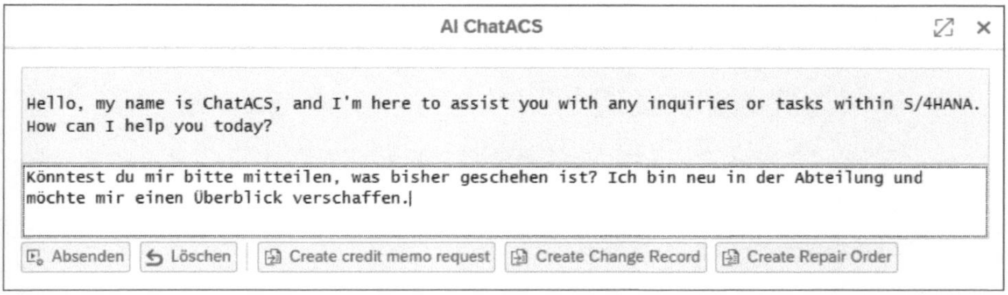


*Abbildung 8.33: KI-Prompt in QM-Meldung*

**Prozessverlauf**

Abbildung 8.34 zeigt die Antwort des Co-Piloten auf eine zusammenfassende Anfrage zum bisherigen Verlauf der QM-Meldung. Die KI gliedert die Informationen: Zunächst beschreibt sie die identifizierten Schäden an Reifen und Felge sowie sicherheitsrelevante Auswirkungen. Anschließend fasst sie den Bearbeitungsprozess zusammen, einschließlich Sofortmaßnahmen, Schadensdokumentation und Kommunikation mit der Kundin und den Lieferanten.

**Hilfe durch den Co-Piloten**

Darüber hinaus nennt die KI empfohlene nächste Schritte, wie die Erstellung einer Maßnahme, die Durchführung eines möglichen Rücksendeprozesses und die weitere Abstimmung mit der Kundin. Abschließend bietet der KI-Co-Pilot Unterstützung bei Rückfragen oder bei der Bereitstellung weiterer Informationen an.

**Entscheidungsoptionen bei beschädigter Ware**

Betriebswirtschaftlich stehen in diesem Szenario mehrere Optionen zur Verfügung. Die beschädigte Ware kann retourniert, repariert oder über eine Gutschrift ausgeglichen werden. In diesem Beispiel wird der Reparaturprozess angestoßen.

*Abbildung 8.34: KI-generierte Zusammenfassung der QM-Meldung*

**Start des Reparaturprozesses**

Im Reparaturprozess wird entschieden, welche Komponenten in welchem Umfang repariert werden können. Sollten einzelne Produkte nicht mehr reparabel sein, kann der Kundin alternativ eine Gutschrift ausgestellt werden. In Abbildung 8.35 ist dargestellt, wie der Anwender den Reparaturprozess initiiert.

*Abbildung 8.35: Reparaturprozess mit Prompt starten*

**Human-in-the-Loop bei der Auftragserstellung**

Vor dem Start blendet die KI das SAP-Standardfenster ein (siehe Abbildung 8.36), um Auftragsart und Organisationsdaten zu prüfen. Die Daten werden aus der QM-Meldung übernommen, und der Anwender prüft und bestätigt die Informationen.

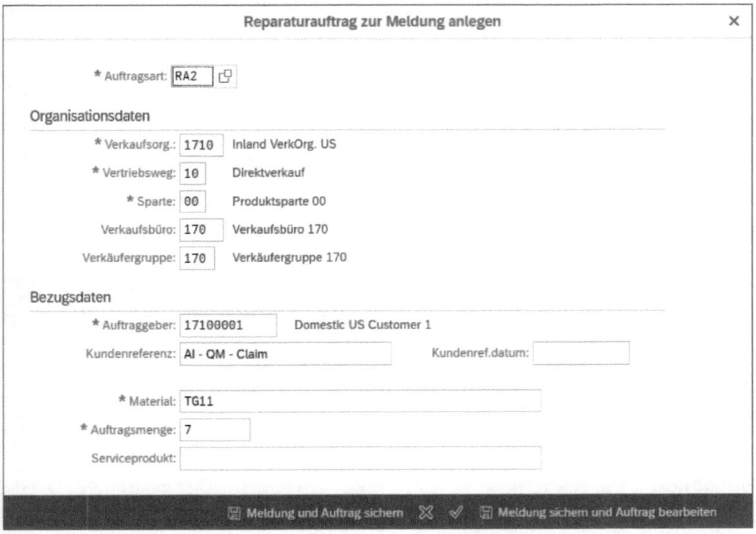


*Abbildung 8.36: Reparaturprozess mit Pop-up-Fenster*

**Bestätigung der Auftragserstellung**

Auf die Frage, ob der Retourenprozess gestartet wurde, wurde im Hintergrund automatisch der Beleg **Reparaturauftrag** angelegt (siehe Abbildung 8.37).

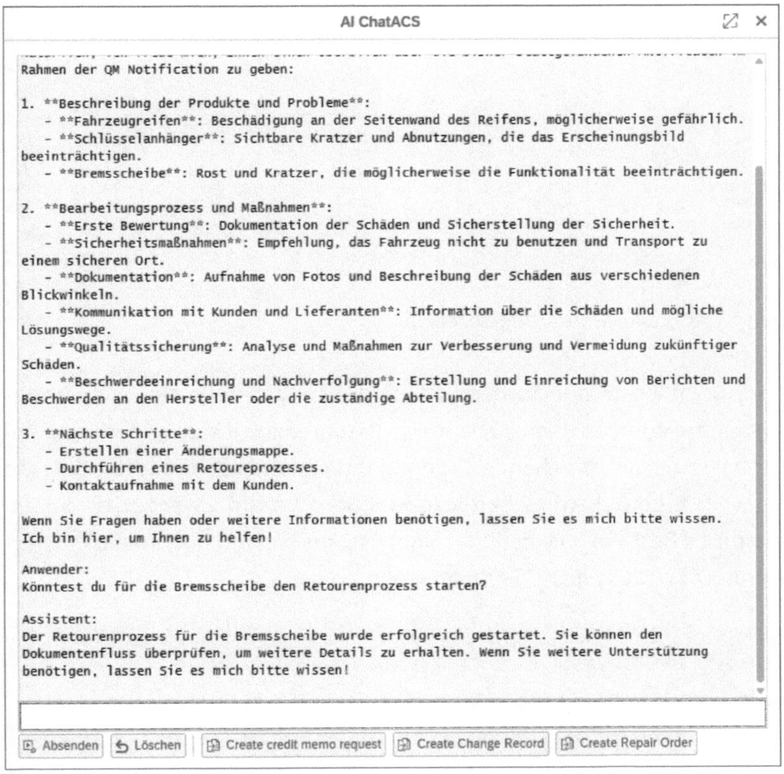


*Abbildung 8.37: Chat-Verlauf und Ergebnis der KI*

In diesem Fall wurde bewusst das Wording »Retoure« verwendet und nicht »Reparatur«. Dies ist auf das im Hintergrund hinterlegte System-Prompting zurückzuführen. Im gezeigten Beispiel wollte der Anwender einen Reparaturauftrag anlegen. Die KI hat daraufhin einen Reparaturauftrag erstellt, was sowohl in Abbildung 8.35 als auch in Abbildung 8.38 erkennbar ist. Die vom Anwender in Abbildung 8.37 zusätzlich genannte Retoure wurde in diesem Szenario hingegen noch nicht implementiert und daher auch nicht im System angelegt.

Der Reparaturauftrag wurde erfolgreich angelegt (siehe Abbildung 8.38). Diese Information ist sowohl in der QM-Meldung in der Belegpositionenliste als auch im SD-Bereich bei den Kundenaufträgen verfügbar.

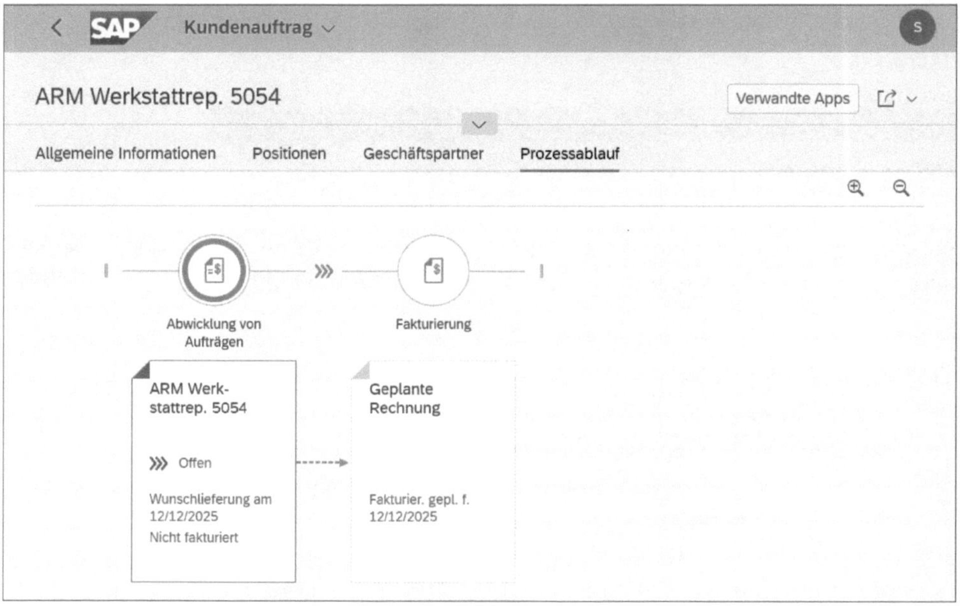


*Abbildung 8.38: Reparaturauftrag anzeigen*

**Prozesssteuerung mit ChatACS**

An dieser Stelle besteht außerdem die Möglichkeit, anstelle eines Reparaturauftrags eine Retoure bzw. eine erweiterte Retourenabwicklung oder einen Änderungsbeleg für entsprechende Produktionsversionen zu erzeugen. Ebenso können weitere betriebswirtschaftliche Funktionen genutzt werden, die im Unternehmen als Best Practice definiert sind. Eine dieser Funktionen ist die Beleggenerierung über das *ChatACS-Framework*.

**ChatACS-Framework**

ChatACS ist ein von SAP entwickeltes Framework zur Integration generativer KI in SAP-Systeme. Es basiert auf dem Generative AI Hub und ermöglicht Ihnen die Nutzung von Large Language Models (LLMs) direkt innerhalb von SAP-Anwendungen. Dabei stellt ChatACS eine ABAP-basierte Entwicklungsumgebung bereit, mit der Sie KI-Funktionen in bestehende SAP-Transaktionen und Apps integrieren können. Anwenderinnen und Anwender können beispielsweise Dokumente analysieren, Texte übersetzen, Zusammenfassungen erzeugen oder SAP-Belege über natürliche Sprache erstellen. Ziel von ChatACS ist es, Geschäftsprozesse durch dialogorientierte KI-Unterstützung effizienter und benutzerfreundlicher zu gestalten.

Der KI sind dabei keine festen Grenzen gesetzt, sodass unterschiedliche Folgeprozesse flexibel und kontextabhängig angestoßen werden können. Wie Abbildung 8.39 zeigt, kann die KI gezielt nach weiteren Optionen und Varianten gefragt werden, um zusätzliche Vorschläge für die Fortführung des Prozesses zu erhalten.

*Abbildung 8.39: Nachfrage nach Vorschlägen zur Prozessvereinfachung*

**Weitere Prozessoptionen**

Da die Reparatur in diesem Fall nicht ausreicht, schlägt die KI als mögliche weitere Maßnahme die Erstellung einer Gutschrift für die Kundin vor. Dadurch unterstützt sie den Anwender bei der Auswahl einer passenden betriebswirtschaftlichen Folgeaktion. Abbildung 8.40 zeigt die KI-Vorschläge, nachdem festgestellt wurde, dass bestimmte Teile nicht reparierbar sind: Erstellung einer Gutschrift (Rückerstattung oder Verrechnung), Start eines Retourenprozesses für nicht reparierbare Teile sowie eine aktive Kundenkommunikation, um transparent über den Status und die nächsten Schritte zu informieren. Im gezeigten Beispiel entscheidet sich der Anwender für die Erstellung einer Gutschriftanforderung mit Fakturasperre, sodass keine automatische Auszahlung erfolgt. Die KI setzt diesen Schritt um, legt die Gutschriftanforderung erfolgreich an und stellt die entsprechende Belegnummer zur weiteren Verwendung bereit.

**Anlage der Gutschriftanforderung**

Abbildung 8.41 zeigt das Ergebnis der von der KI angestoßenen Folgeaktion. Dabei hat die KI erfolgreich eine Gutschriftanforderung im SAP-System und einen entsprechenden SD-Beleg mit einer eigenen Belegnummer angelegt, der der Kundin eindeutig zugeordnet ist. Die relevanten Kopfdaten wie Kunde und Referenz zur QM-Meldung sowie die Positionsdaten (Material, Menge und Wert) wurden automatisch übernommen. Zusätzlich wurde, wie vom Anwender gewünscht, eine Fakturasperre gesetzt, sodass keine automatische Auszahlung erfolgt und eine fachliche Prüfung möglich bleibt.

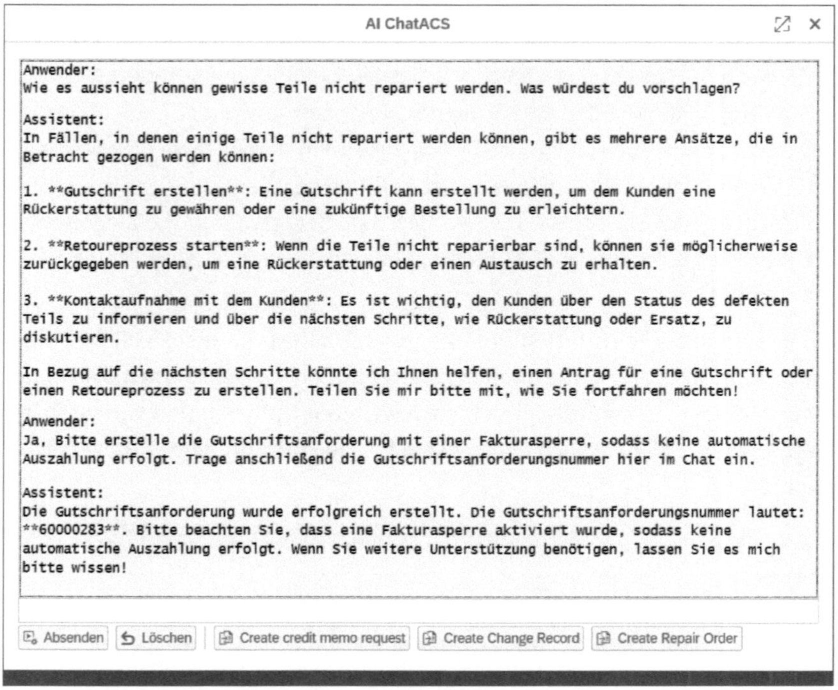


*Abbildung 8.40: KI-generierte Gutschrift im Chat-Verlauf*

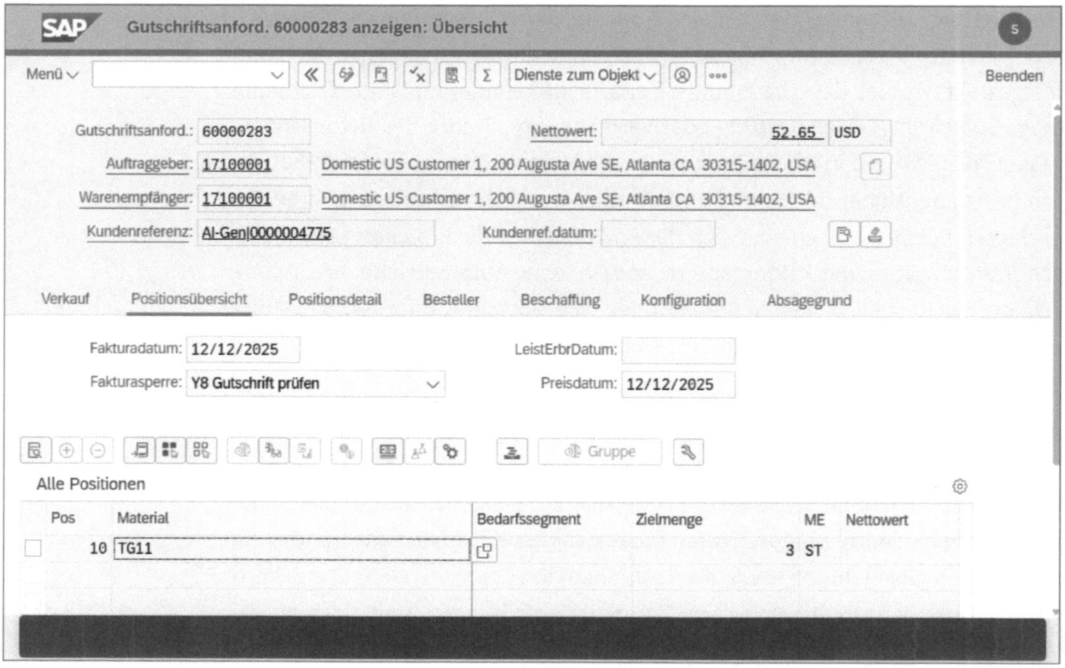


*Abbildung 8.41: KI-generierte Gutschrift*

### 8.2.3 Technische Implementierung des End-to-End-Qualitätsmanagement-Prozesses

In diesem Abschnitt geht es um die technische Implementierung des End-to-End-Qualitätsmanagement-Prozesses. Während die vorherigen Abschnitte den fachlichen Ablauf und die Anwendung in den Vordergrund gestellt haben, liegt der Fokus hier auf den Konfigurations- und Entwicklungsaspekten, die für Entwicklerinnen und Entwickler sowie für Beraterinnen und Berater relevant sind. Wie bei den übrigen Use Cases in diesem Buch stellen wir die zugrunde liegenden Erweiterungen und die wichtigsten technischen Details vor.

Auf Basis der AI Foundation lassen sich eigene KI-Implementierungen entwickeln und in individuelle Geschäftsprozesse integrieren. Über die SAP BTP können Sie kundenspezifische Logiken, Modelle und Workflows aufbauen, die über den Standard hinausgehen. Diesen Bereich – Custom AI – zeigt Abbildung 8.42.

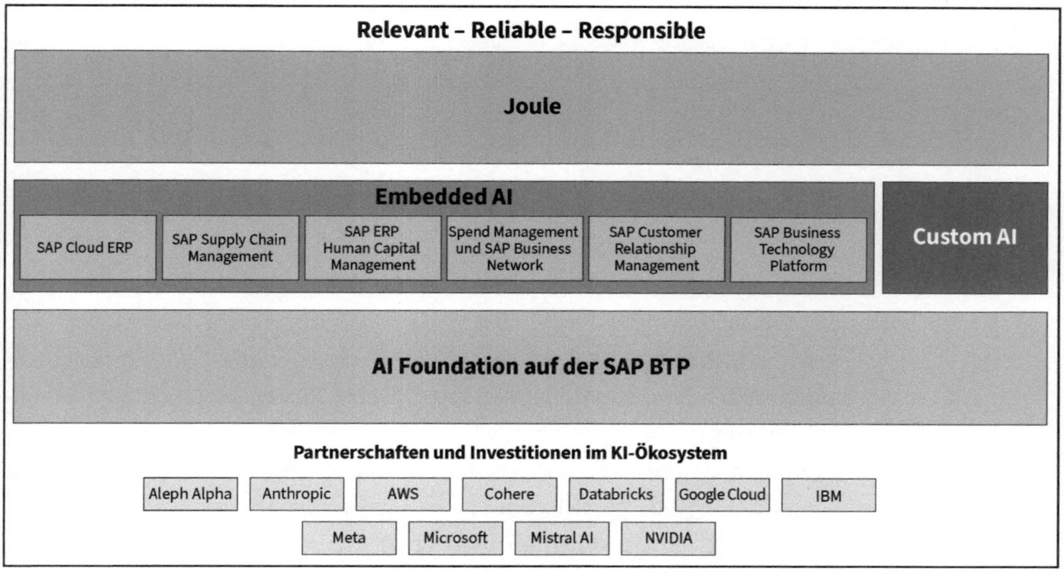


*Abbildung 8.42: Verortung der Custom AI im SAP-Ökosystem*

In diesem Kontext ist auch das bereits erwähnte ChatACS-Framework verortet. Es nutzt die AI Foundation als technologische Basis, um kontextbezogene, unternehmensspezifische KI-Anwendungen bereitzustellen. Dadurch können Unternehmen eigene Co-Pilot-Szenarien, automatisierte Entscheidungslogiken und prozessintegrierte Interaktionen umsetzen und diese nahtlos in ihre SAP-Systemlandschaft einbinden.

In Abbildung 8.43 sehen Sie eine Referenzarchitektur für den Einsatz von ChatACS im Zusammenspiel mit SAP S/4HANA und der SAP BTP. Der Fokus liegt auf der nahtlosen Integration von KI-gestützten Funktionen direkt in die zentralen Geschäftsprozesse. Im oberen Bereich ist SAP S/4HANA mit einer Vielzahl angebundener Fachbereiche dargestellt. Neben Vertrieb, Materialwirtschaft, Qualitätsmanagement, Transportation Management, EWM und Finanzwesen können auch weitere Module wie Production Planning (PP), Plant Maintenance/ Asset Management (PM/EAM), Customer Service (CS), Project System (PS) sowie Human Resources eingebunden werden.

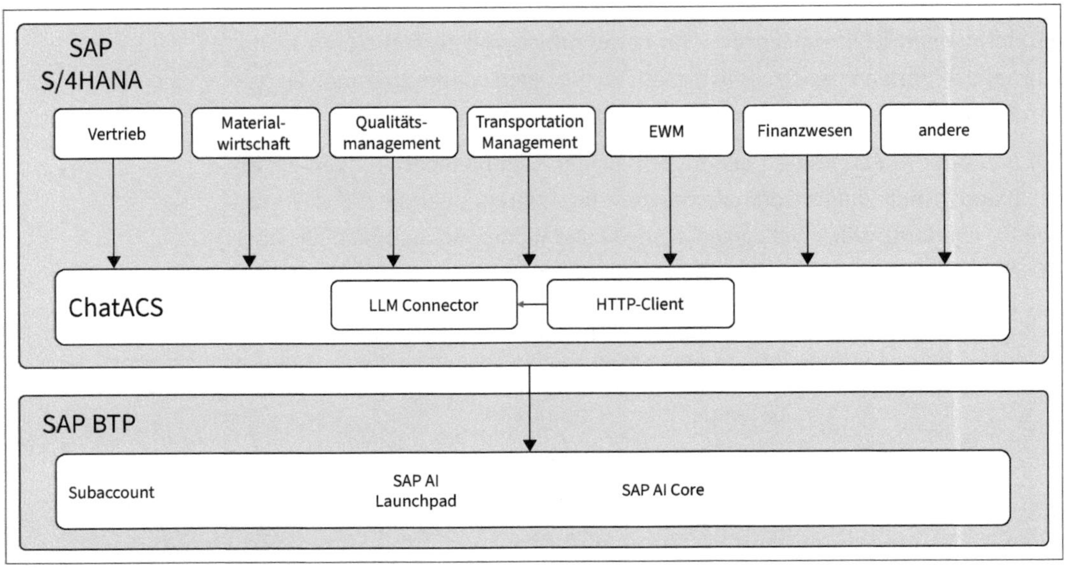


*Abbildung 8.43: Integration von ChatACS in SAP S/4HANA*

Innerhalb von ChatACS übernehmen *LLM Connector* und *HTTP-Client* die technische Anbindung externer KI-Services. Der LLM Connector steuert die Kommunikation mit großen Sprachmodellen, während der HTTP-Client die sichere und flexible Integration weiterer Services und APIs ermöglicht. Im unteren Bereich ist die SAP BTP dargestellt. Über einen eigenen Subaccount werden hier zentrale KI-Services wie *SAP AI Core* und das *SAP AI Launchpad* bereitgestellt. Diese bilden die technologische Grundlage für das Ausführen, Verwalten und Überwachen von KI-Szenarien. ChatACS nutzt diese Services, um kundenspezifische KI-Logiken bereitzustellen und flexibel zu erweitern.

Den sicheren Einsatz von ChatACS im Zusammenspiel mit SAP S/4HANA, der SAP BTP und einer SAP Private Azure Instance veranschaulicht Abbildung 8.44. ChatACS ist direkt in den jeweiligen SAP-S/4HANA-Use-Case integriert und fungiert als vermittelnde Schicht zwischen den Geschäftsprozessen und den KI-Services. Die Kommunikation mit der SAP BTP erfolgt über einen dedizierten Subaccount, in dem SAP AI Core und SAP AI Launchpad für das Orchestrieren und Überwachen der KI-Modelle genutzt werden. Die angebundenen LLM Deployments laufen in einer abgeschotteten SAP-Private-Azure-Umgebung. Dabei werden die Daten ausschließlich transient verarbeitet.

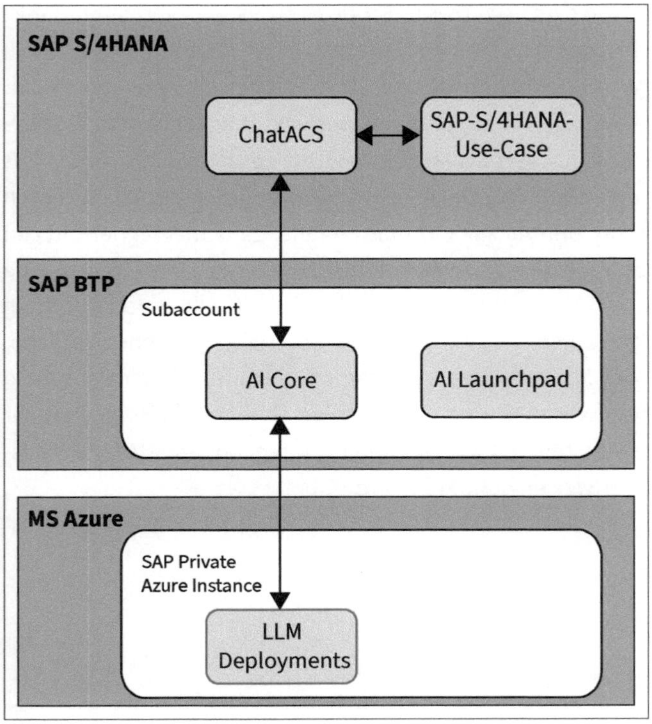


*Abbildung 8.44: ChatACS-Architektur*

> **LLM Deployment**
>
> Mit *LLM Deployments* sind bereitgestellte und ausgeführte Large Language Models (LLMs) gemeint, die innerhalb von SAP AI Core verwaltet und betrieben werden. Dabei handelt es sich beispielsweise um generative KI-Modelle wie GPT-Modelle oder andere Foundation Models, die über SAP AI Core angebunden und für konkrete Anwendungsfälle verfügbar gemacht werden.

Es findet keine Speicherung der Informationen im Sprachmodell statt, und die Verarbeitung erfolgt zustandslos. Damit wird sichergestellt, dass keine fachlichen oder personenbezogenen Daten in den LLMs abgelegt oder für Trainings- oder Testzwecke an Dritte weitergegeben werden.

### Prompt Engineering

**Modularer Aufbau eines System-Prompts**

Ein zentraler Aspekt der technischen Implementierung ist das Prompt Engineering. In unserem Beispiel arbeitet eine Entwicklerin oder ein Entwickler in der ABAP-Entwicklungsumgebung (ABAP Development Tools, ADT) an der Methode, die später das LLM für die bildbasierte Qualitätsprüfung im End-to-End-

QM-Retourenprozess aufruft. Ziel dieses Schrittes ist es, das Verhalten der KI einmalig im Code festzulegen – also vorzugeben, in welcher Rolle das Modell agiert, welche Aufgaben es übernimmt und wie es mit den eingehenden Bildinformationen umgehen soll. Diese Vorgaben werden im sogenannten *System-Prompt* hinterlegt. Er wird nicht als langer Fließtext geschrieben, sondern aus mehreren klar abgegrenzten Bausteinen modular zusammengesetzt. So lassen sich Rolle, Prüfumfang und Ausgabeformat unabhängig voneinander pflegen und später leichter anpassen. Im ersten Baustein weisen Sie dem LLM eine klare Rolle zu: Es agiert als Quality Engineer, der eine visuelle Produktprüfung auf Basis eines Bildes durchführt. Diese Rollenbeschreibung ist entscheidend, denn Large Language Models (LLMs) arbeiten stark kontextabhängig. Sobald Aufgabe und Verantwortlichkeit eindeutig definiert sind, steigt die Qualität der Antworten spürbar. Abbildung 8.45 zeigt den entsprechenden ABAP-Codeausschnitt mit dem schrittweisen Aufbau des Prompts.

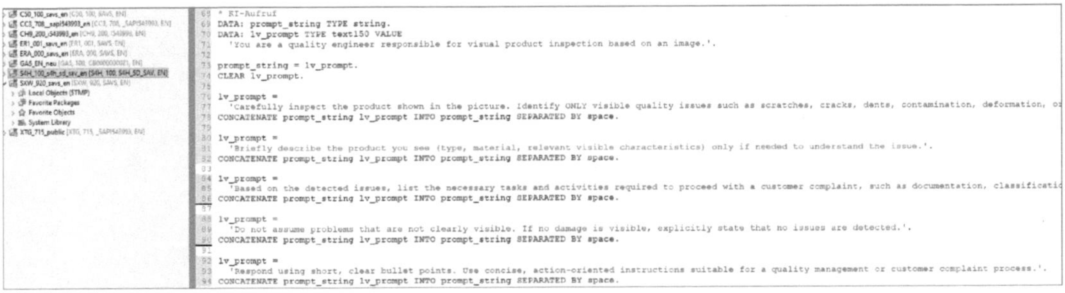


*Abbildung 8.45: Prompt Engineering im End-to-End-Prozess*

**Halluzinationen vermeiden**

Im nächsten Schritt grenzen Sie als Entwicklerin oder Entwickler im System-Prompt den gewünschten Prüfungsumfang ein. Das LLM soll ausschließlich sichtbare Qualitätsmängel wie Kratzer, Risse, Dellen, Verschmutzungen oder Verformungen identifizieren. Nicht sichtbare oder nur vermutete Defekte sind ausgeschlossen. Diese Einschränkung ist wichtig, um sogenannte *Halluzinationen* zu vermeiden, also das Erfinden von Problemen, die im Bild gar nicht erkennbar sind.

**Klare Formulierung und Anweisungen**

Auf Basis der erkannten Mängel soll das LLM anschließend konkrete Aufgaben und Aktivitäten ableiten, die für die Weiterbearbeitung einer Kundenreklamation notwendig sind. Dazu gehören beispielsweise die Dokumentation des Schadens, die Klassifizierung im QM-Prozess, Entscheidungen über Nacharbeit oder Ablehnung sowie eine mögliche Eskalation. Damit schlagen Sie die Brücke von der reinen Bildanalyse hin zur prozessualen Weiterverarbeitung im SAP-QM-Umfeld. Wichtig ist eine explizite Anweisung des Entwicklers bzw. der Entwicklerin im System-Prompt, dass das LLM auch das Ergebnis »keine sichtbaren Schäden« eindeutig ausgeben soll, sofern im Bild keine erkennbaren Mängel vorhanden sind. Abgerundet wird der Prompt durch Vorgaben zum

Ausgabeformat. Die Antwort des LLMs soll in kurzen, präzisen Stichpunkten und in handlungsorientierter Sprache erfolgen. Dieses Format eignet sich optimal, um die Ergebnisse direkt in nachgelagerte SAP-Prozesse zu überführen – etwa in QM-Meldungen, Retourenworkflows oder Folgeentscheidungen.

**Schrittweiser Aufbau eines System-Prompts**

Abbildung 8.46 veranschaulicht den schrittweisen Aufbau eines System-Prompts. Jede Zeile gibt der KI eine eindeutige Vorgabe – zur Rolle, zum Kontext und zu den Grenzen ihrer Antworten. Gerade im SAP-Umfeld ist diese Klarheit entscheidend, denn LLMs reagieren stark auf ihre Instruktionen – unklare Vorgaben führen schnell zu falschen oder unvollständigen Ergebnissen.

```
system_prompt = system_prompt &&
  |Ordne die Inhalte der angehängten Bilder den entsprechenden Feldern der Qualitätsmeldung zu.\n|.
system_prompt = system_prompt &&
  |Befülle ausschließlich Felder, die tatsächlich existieren, und erfinde keine Inhalte oder Felder.\n|.
system_prompt = system_prompt &&
  |Wir arbeiten in einer S/4HANA-Umgebung. Verwende daher bei API-Aufrufen ausschließlich SAP-kompatible Feldformate.\n|.
system_prompt = system_prompt &&
  |Beispiel: Datumsfelder müssen im Format JJJJMMTT angegeben werden.\n|.
system_prompt = system_prompt && |\n|.
system_prompt = system_prompt &&
  |Behandle mich standardmäßig als Fachanwender. Verwende daher keine technischen Feldnamen, kein JSON und keine technischen Strukturen, sondern aussc
system_prompt = system_prompt &&
  |Nenne keine SAP-internen Formate in der Ausgabe, verwende diese jedoch intern bei der Verarbeitung und bei API-Aufrufen.\n|.
system_prompt = system_prompt && |\n|.
system_prompt = system_prompt &&
  |Wenn ich mich im Verlauf des Gesprächs als Administrator oder Consultant identifiziere, darfst du zusätzlich technische Feldnamen zur Analyse nenne
system_prompt = system_prompt &&
  |In der Administrator-Ansicht stelle bitte sowohl die fachliche Bezeichnung als auch die SAP-interne Repräsentation in Klammern dar.\n|.
system_prompt = system_prompt && |\n|.
system_prompt = system_prompt &&
  |Der Chat-Client unterstützt ausschließlich reinen Text und kein Markdown. Formatiere daher alle Antworten gut lesbar im Textformat.\n|.
system_prompt = system_prompt && |\n|.
system_prompt = system_prompt &&
  |Lege eine Qualitätsmeldung erst dann an, wenn ich dir entweder alle erforderlichen Felder bereitgestellt habe oder dich explizit zur Anlage der Rek
system_prompt = system_prompt &&
  |Falls bei der Aufforderung zur Anlage der Qualitätsmeldung Felder fehlen, müssen diese leer bleiben.\n|.
```

*Abbildung 8.46: Erweiterter Prompt*

**SAP-kompatible Formate**

Der Prompt legt zusätzlich fest, welche Informationen aus Bildern abgeleitet werden dürfen, und schreibt vor, dass nur tatsächlich vorhandene Felder genutzt werden sollen. Die Systemlandschaft wird klar benannt (z. B. SAP S/4HANA), es wird die Einhaltung SAP-kompatibler Formate gefordert. Auch die Zielgruppe ist eindeutig adressiert: Standardmäßig wird eine fachliche Sprache ohne technische Details verlangt. Nur bei Bedarf – etwa im Administrator- oder Consultant-Kontext – dürfen technische Feldnamen ergänzt werden.

**ABAP-Methodenaufruf**

Nachdem der System-Prompt definiert ist, folgt der eigentliche Methodenaufruf. Dieser wird einmalig durch die Entwicklerin oder den Entwickler in der ABAP-Entwicklungsumgebung implementiert. Er steuert, wie das Bild aus dem System geladen, technisch vorbereitet und gemeinsam mit dem Prompt an das LLM übergeben wird. Über einen Dialog wählen die Anwenderinnen und Anwender das Bild aus, das geprüft werden soll. Die ABAP-Methode lädt es als Dateiobjekt in den Speicher. Damit das LLM das Bild verarbeiten kann, wird es in einen Base64-kodierten String umgewandelt. *Base64* ist ein Verfahren, das binäre Daten – wie eine Bilddatei – in eine reine Textdarstellung übersetzt. Erst dadurch lassen sich Bilder gemeinsam mit einem Text-Prompt über eine API übertragen. Zusätzlich wird dem String ein passendes MIME-Präfix vorangestellt. *MIME* (*Multipurpose Internet Mail Extensions*) ist ein standardisierter Mechanismus, um den Dateityp eindeutig zu kennzeichnen – beispielsweise *data:image/png;base64,...* für eine PNG-Datei oder *data:image/jpeg;base64,...* für ein JPEG. Anhand dieses Präfixes erkennt das LLM, dass es sich um ein Bild handelt, und kann den Inhalt korrekt interpretieren.

Parallel erzeugt die Methode eine Chat-Instanz für ein auf der SAP BTP bereitgestelltes LLM (hier eine GPT-4o-Deployment-Konfiguration). Der zuvor erstellte Prompt-Text und das Base64-kodierte Bild werden gemeinsam an das LLM übergeben. Dadurch wird das Bild für die KI »hochgeladen« und sie kann es kontextualisiert analysieren. Die Antwort des Modells enthält das Ergebnis der visuellen Qualitätsprüfung und wird direkt im SAP-System weiterverarbeitet. Dazu wird der KI-Text in ein für SAP QM geeignetes Langtextformat aufgeteilt und in die Qualitätsmeldung übernommen. So fügt sich die KI-gestützte Bildanalyse nahtlos in den bestehenden End-to-End-QM-Retourenprozess ein.

**Übergabe an die nachgelagerten QM-Prozesse**

Auf Basis der LLM-Analyse entscheidet das System, welcher Folgeprozess im QM-Umfeld angestoßen wird. Die KI bewertet das hochgeladene Bild anhand des im Prompt definierten Prüfauftrags und leitet daraus konkrete Aktivitäten ab, etwa ob ein Produkt gutzuschreiben ist, eine Retoure eingeleitet wird oder ein Reparaturprozess erforderlich ist. Diese Aktivitäten werden nicht pauschal festgelegt, sondern ergeben sich aus der Kombination der erkannten Qualitätsmerkmale, der Schadensart und des Schweregrads.

**KI-gestützte Auswahl von Skills und Funktionen**

Welche Skills und Funktionen dafür aufgerufen werden, wählt das System ebenfalls KI-gestützt aus, auf Grundlage der Prompt-Vorgaben und der Analyseergebnisse. Je nach Ergebnis werden unterschiedliche Prozessfunktionen aktiviert, beispielsweise die Anlage einer Gutschrift, die Weiterleitung in einen Retourenprozess oder die Übergabe an einen Reparatur- bzw. Nacharbeitsprozess. Die fachliche Logik, wie diese Entscheidungen technisch umgesetzt und welche SAP-Objekte dabei angesprochen werden, ist transparent in den jeweiligen ABAP-Methoden implementiert.

### 8.2.4 Geschäftlicher Nutzen und Auswirkungen des KI-unterstützten End-to-End-Qualitätsmanagement-Prozesses

Der KI-unterstützte End-to-End-Qualitätsmanagement-Prozess bietet Unternehmen einen klaren und messbaren geschäftlichen Mehrwert. Durch die enge Integration von künstlicher Intelligenz in die bestehenden SAP-QM-, Vertriebs- und Logistikprozesse werden manuelle Tätigkeiten deutlich reduziert und Abläufe nachhaltig beschleunigt.

**Effizienz und Automatisierung**

Bisher manuelle Tätigkeiten – Sichten von Bildern, Auslesen von Lieferscheinen, Pflegen von Fehlercodes – übernimmt die KI. Die Anwenderinnen und Anwender konzentrieren sich auf fachliche Entscheidungen und Ausnahmen. Durchlaufzeiten von der Reklamation bis zur Entscheidung verkürzen sich.

Gleichzeitig verbessert sich die Datenqualität im Qualitätsmanagement. Die KI erkennt Schäden objektiv, ordnet passende Fehlercodes zu und übernimmt Dokumentendaten strukturiert in die QM-Meldung. Medienbrüche, Tippfehler und unvollständige Informationen werden vermieden. Dies schafft eine belastbare Datenbasis für Auswertungen, Audits und kontinuierliche Verbesserungsprozesse.

**Schnellere Bearbeitung und Kundenzufriedenheit**

Ein weiterer wesentlicher Vorteil ist die höhere Prozesssicherheit und Transparenz. Alle Schritte, von der Analyse des Schadens über die Maßnahmenableitung bis hin zu Reparatur, Retoure oder Gutschrift, sind systemseitig dokumentiert. Die KI erstellt strukturierte Zusammenfassungen, sodass Anwenderinnen und Anwender, Führungskräfte und angrenzende Fachbereiche jederzeit den Bearbeitungsstand einsehen können. Auch kundenseitig wirkt sich der KI-gestützte Prozess aus: Reklamationen werden schneller bearbeitet, Entscheidungen sind konsistenter und Rückmeldungen an Kunden erfolgen zeitnah.

**Akzeptanz durch Human-in-the-Loop-Ansatz**

Der End-to-End-Prozess ermöglicht fundiertere Entscheidungen über Folgeprozesse. Ob Reparatur, Retoure oder Gutschrift: Die KI unterstützt bei der Auswahl der passenden Maßnahme und stößt die erforderlichen SAP-Belege automatisch an. Dadurch werden Kosten reduziert, Durchlaufzeiten verkürzt und interne Abstimmungsaufwände minimiert. Der Human-in-the-Loop-Ansatz fördert die Akzeptanz im Fachbereich, denn die KI liefert Vorschläge und Analysen, während die finale Entscheidung beim Menschen verbleibt.

## 8.3 Workflow-Analyse mit KI-Unterstützung

In SAP-S/4HANA-Systemen kommen Workflows in unterschiedlichen Modulen zum Einsatz. Sie können sehr komplex sein und bestehen häufig aus zahlreichen Bedingungen, Rollen und technischen Abhängigkeiten. Allein die Erstellung eines effizienten und stabilen End-to-End-Workflows kann mehrere Tage in Anspruch nehmen. Im folgenden Beispiel geht es nicht um die Neuentwicklung, sondern um die Analyse eines bereits bestehenden Workflows. Der Workflow wurde in SAP S/4HANA Private Cloud eingerichtet und nutzt die neuesten SAP-Fiori-Apps sowie eine Business-Add-in-Implementierung. Die relevanten Bedingungen sind dabei teils in den Apps, teils im Business Add-in (BAdI) technisch umgesetzt.

**Workflows effizient anpassen**

Der Mehrwert der KI liegt darin, die Mitarbeitenden gezielt zu unterstützen. Sie hilft dabei, zu erkennen, wer den Workflow freigeben muss, unter welchen fachlichen und technischen Bedingungen der Workflow ausgelöst wird und wo diese Bedingungen im System definiert sind, sei es in einer App, in der Konfiguration oder im Custom Code.

Dadurch reduziert sich der Analyseaufwand erheblich. Fachbereiche, Beraterinnen und Berater sowie Entwicklerinnen und Entwickler erhalten schneller Transparenz über bestehende Workflow-Logiken und können Anpassungen, Fehleranalysen oder Erweiterungen deutlich effizienter durchführen.

### 8.3.1 Geschäftliche Herausforderungen der Workflow-Analyse

Die Analyse bestehender Workflows ist für viele Unternehmen eine zentrale geschäftliche Herausforderung. In SAP-S/4HANA-Systemen sind Workflows häufig historisch gewachsen und über mehrere Module verteilt. Fachliche Regeln, Genehmiger und technische Bedingungen sind dabei nicht an einer zentralen Stelle sichtbar. Für Anwenderinnen und Anwender ist oft nicht erkennbar, warum ein Beleg in einen Genehmigungsprozess läuft oder warum Änderungen gesperrt sind. Dies führt zu Rückfragen, Unsicherheit und Verzögerungen im operativen Geschäft.

**Verteilte Workflow-Informationen**

Auch aus Managementsicht fehlt häufig die notwendige Transparenz über laufende Prozesse. Entscheidungen verzögern sich, da Verantwortlichkeiten nicht klar ersichtlich sind. Beratungs- und Entwicklungsteams müssen viel Zeit investieren, um bestehende Workflow-Logiken zu analysieren. Diese Analyse erfordert tiefes technisches und fachliches Wissen und bindet wertvolle Ressourcen. Anpassungen an Workflows sind dadurch zeitaufwendig und fehleranfällig.

Hinzu kommt, dass relevante Informationen oft auf SAP-Fiori-Apps, Customizing und ABAP-Code verteilt sind. Eine End-to-End-Sicht auf den Workflow ist nur mit hohem Aufwand möglich. Fehler in der Logik werden häufig erst im laufenden Betrieb erkannt. Dies kann zu Prozessabbrüchen oder unnötigen Genehmigungsschleifen führen.

**Basis für stabile Prozesse**

Aus geschäftlicher Perspektive steigen dadurch Durchlaufzeiten und Kosten. Die Benutzerakzeptanz leidet, wenn Prozesse nicht verständlich sind. Gleichzeitig wird die notwendige Agilität im Unternehmen eingeschränkt. Eine effiziente und transparente Workflow-Analyse ist daher entscheidend, um Geschäftsprozesse stabil, nachvollziehbar und zukunftssicher zu gestalten.

### 8.3.2 Anwendung der Workflow-Analyse

Im Beispiel legen wir einen Kundenauftrag in SAP S/4HANA an. Ziel ist es, dass dieser Auftrag automatisch in einen Genehmigungsworkflow übergeht. Für die Anwenderinnen und Anwender ist jedoch nicht unmittelbar ersichtlich, dass der Auftrag bereits zur Genehmigung in einen Workflow übergeben wurde und deshalb noch nicht weiterverarbeitet werden kann, beispielsweise für die Erstellung einer Lieferung. Erst wenn die zuständige Person den Workflow freigibt, geht es im Prozess weiter. Genau hier setzt die KI an: Sie erkennt den aktuellen Status des Kundenauftragsworkflows automatisch, interpretiert ihn und macht ihn für die Anwenderinnen und Anwender transparent.

Nicht alle Kundenaufträge oder Angebote unterliegen einem Workflow. Ob ein Genehmigungsprozess gestartet wird, hängt von spezifischen fachlichen und technischen Bedingungen ab, die häufig verteilt im System hinterlegt sind – in Konfigurationen, in SAP-Fiori-Apps oder in BAdI-Implementierungen. Für die Anwenderinnen und Anwender ist dieses Zusammenspiel kaum zu durchschauen. Die technischen Details dazu folgen in Abschnitt 8.3.3, »Technische Implementierung der KI-Workflow-Analyse« – hier reicht es zu wissen, dass die KI diese verteilten Informationen auswertet und in einer verständlichen Aussage zusammenführt.

Schauen wir uns zunächst den aktuellen Workflow in unserem Beispiel an: Der Kundenauftrag wird über die App **Kundenaufträge verwalten** angelegt (siehe Abbildung 8.47). Alternativ könnte die Erfassung auch über Transaktion VA01 oder direkt im SAP GUI erfolgen.

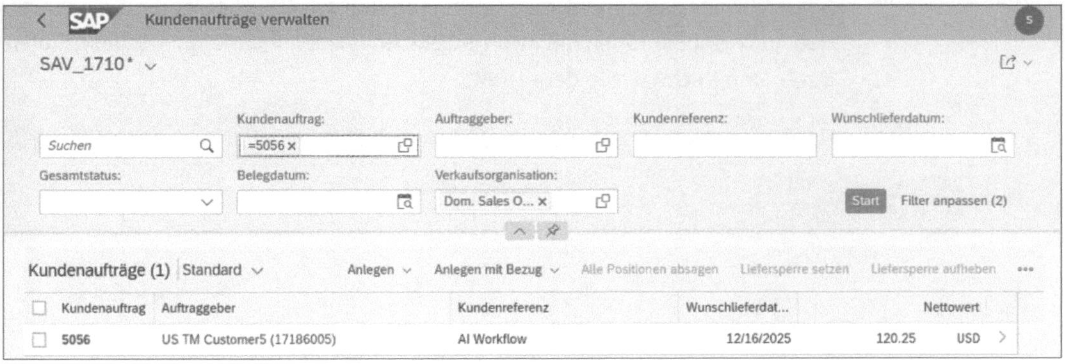


*Abbildung 8.47: Kundenaufträge verwalten*

**Unklare Genehmigungslogik im Kundenauftrag**

Wenn Sie den eingegangenen Kundenauftrag anklicken, öffnet sich die Detailansicht, wie sie Abbildung 8.48 zeigt. Der Kundenauftrag befindet sich aktuell im Status **offen**, da der Kunde noch nicht beliefert wurde. Im Kopfbereich ist ebenfalls erkennbar, dass der Auftrag den Genehmigungsstatus **In Genehmigung** hat. Es ist jedoch nicht klar erkennbar, warum sich der Auftrag in einem Genehmigungsverfahren befindet, während andere Aufträge dies nicht tun, wer den Auftrag genehmigen muss und welche konkreten Bedingungen den Workflow ausgelöst haben.

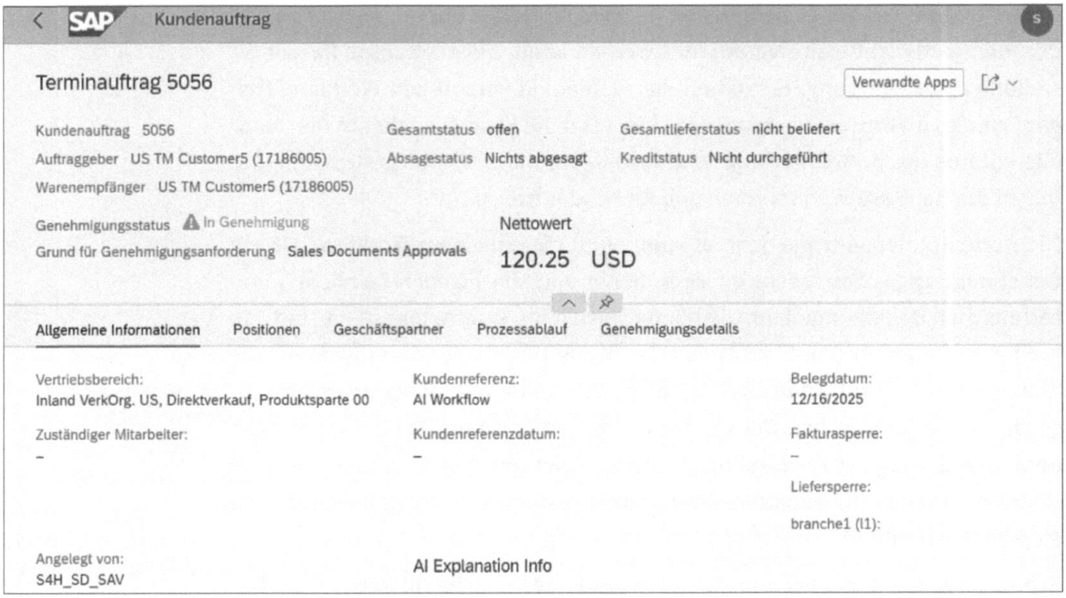


*Abbildung 8.48: Kundenauftrag im Genehmigungsprozess*

**Regeln auf Kopf- und Positionsebene**

Wenn Sie nun in die Registerkarte **Positionen** wechseln, sehen Sie die Positionsübersicht des Kundenauftrags (siehe Abbildung 8.49). Hier werden die einzelnen Auftragspositionen mit ihren jeweiligen Produkten, Mengen, Wunschlieferdaten und Nettowerten dargestellt.

*Abbildung 8.49: Positionen des Kundenauftrags*

Im Beispiel enthält der Auftrag zwei Positionen mit unterschiedlichen Materialien. Jede Position weist eigene Merkmale wie Bestellmenge und Wert auf und kann damit unterschiedlich auf nachgelagerte Prozesse wirken. Gerade diese Positionsdaten sind häufig relevant für die Auslösung eines Genehmigungsworkflows, da Genehmigungsregeln nicht nur auf Kopfebene, sondern auch positionsspezifisch definiert sein können, beispielsweise abhängig von Produktart, Menge, Wert oder einer Kombination mehrerer Positionen.

Um nun die KI-gestützte Analyse des Workflows aufzurufen, nutzen Sie erneut das ChatACS-Framework, das Sie bereits aus Abschnitt 8.2, »Agent-basierter End-to-End-Qualitätsmanagement-Prozess«, kennen. Das ChatACS-Dialogfenster **AI Workflow Analysis** ist direkt in SAP S/4HANA eingebettet und wird durch Aufruf der dafür definierten Transaktion bzw. der App **ZSD_AI_WF** geöffnet (siehe Abbildung 8.50). ChatACS steht auch hier als virtueller Assistent zur Verfügung, um Fragen zu laufenden Geschäftsprozessen zu beantworten.

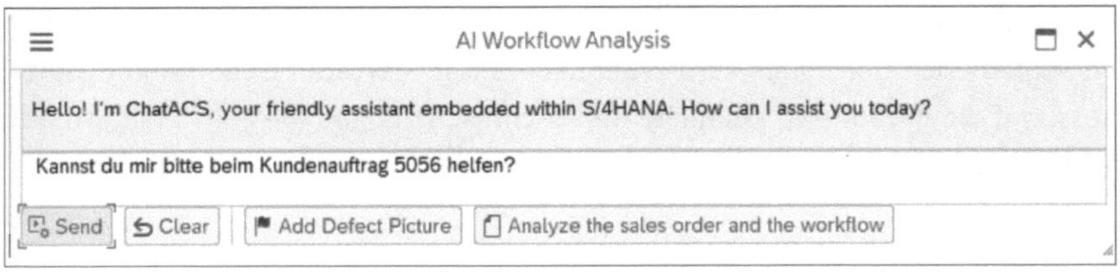


*Abbildung 8.50: ChatACS-Dialogfenster zur Workflow-Analyse*

**ChatACS erklärt Aktionen im Auftrag**

Wie Sie in Abbildung 8.50 sehen, haben wir hier eine konkrete Frage zum Kundenauftrag 5056 gestellt, da dieser nicht geändert werden kann. Ziel ist es, zu verstehen, was mit dem Auftrag passiert und warum entsprechende Aktionen gesperrt sind. Über die im Dialogfenster bereitgestellten Buttons kann der Anwender oder die Anwenderin zusätzlich den Auftrag und den zugehörigen Workflow analysieren lassen (Button **Analyze the sales order and the workflow**).

**Zusammenfassung der Auslöser**

Über das Dialogfenster übermitteln Sie die relevanten Informationen an ChatACS und geben dabei explizit an, dass Ihnen ausschließlich der Kundenauftrag vorliegt. Diese Eingabe dient der KI als fachlicher Kontext und legt eindeutig fest, auf welchen Beleg sich die nachfolgende Analyse beziehen soll. Die KI liefert eine strukturierte und nachvollziehbare Erklärung, warum der Auftrag aktuell nicht geändert werden kann. Zunächst bestätigt die KI, dass der Kundenauftrag Teil eines Genehmigungsworkflows ist und daher für Änderungen gesperrt wurde (siehe Abbildung 8.51). Anschließend stellt sie eine übersichtliche Zusammenfassung bereit, die unter anderem die Auftragsnummer, den aktuellen Genehmigungsstatus sowie den konkreten Auslösegrund des Workflows umfasst. In diesem Fall ist es der Auftragsgrund »ZAI«, der dazu führt, dass für den Auftrag eine Genehmigung erforderlich ist.

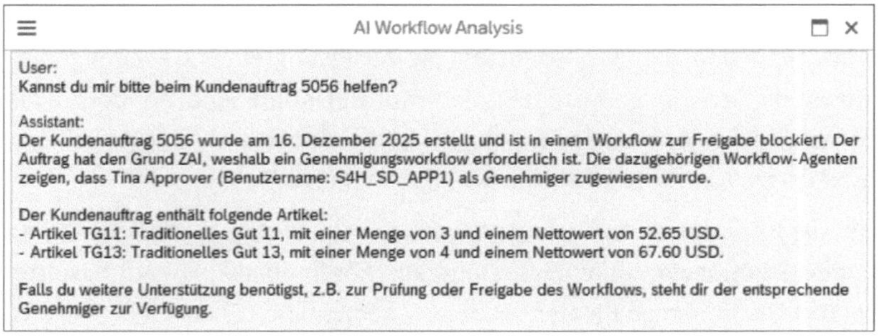


*Abbildung 8.51: Ergebnis der Workflow-Analyse für den Kundenauftrag*

**Vom Workflow-Ergebnis zur Ursachenanalyse**

Die KI kann anschließend weiter befragt werden. Wie in Abbildung 8.52 zu sehen ist, haben wir die KI hier gezielt um weitere Informationen zu den konkreten Bedingungen, unter denen der Workflow ausgelöst wurde, gebeten. Damit verschiebt sich der Fokus vom Ergebnis, dem gestarteten Genehmigungsprozess, auf die detaillierte fachliche und technische Logik, die zum Triggern des Workflows geführt hat.

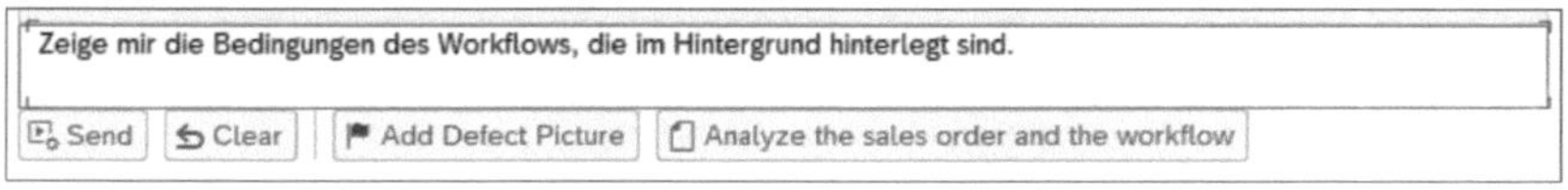


*Abbildung 8.52: Anfrage zur Auflistung der Bedingungen*

Die KI erklärt kurz und präzise, dass der Genehmigungsworkflow für den Kundenauftrag ausgelöst wurde, weil definierte Bedingungen in der ABAP-Logik erfüllt sind. Dazu zählen die Dokumentenkategorie, der Auftragsgrund »ZAI« sowie die im Auftrag enthaltenen Materialien. Erst wenn diese Kriterien gemeinsam zutreffen, wird der Genehmigungsworkflow gestartet (siehe Abbildung 8.53).

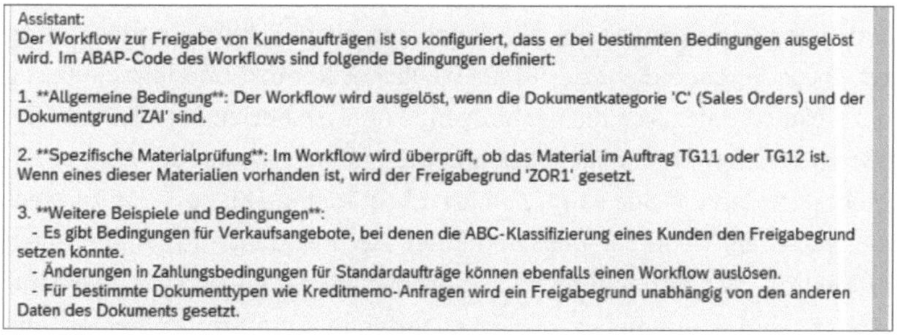


*Abbildung 8.53: Detaillierte KI-Analyse der Bedingungen*

**Transparenz über die Workflow-Implementierung**

Sie können sich nun auch das hierfür verantwortliche Coding anzeigen lassen, indem Sie danach fragen (siehe Abbildung 8.54). Der Fokus liegt damit auf der technischen Nachvollziehbarkeit: Es soll nicht nur deutlich werden, welche Kriterien den Workflow auslösen, sondern auch, wo diese Logik – beispielsweise in einer BAdI-Implementierung, Klasse oder Methode – im ABAP-Code verankert ist.

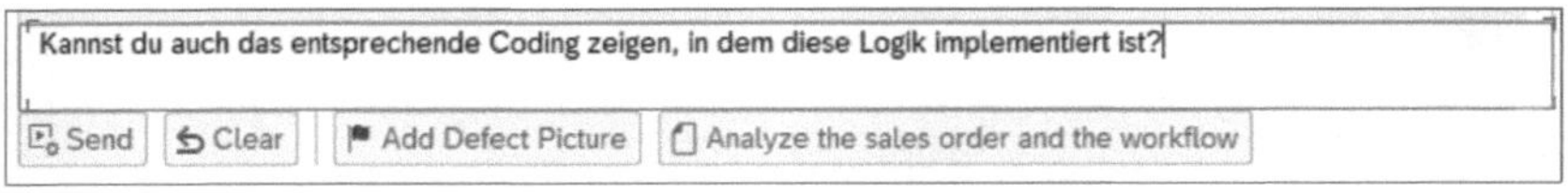


*Abbildung 8.54: Anfrage zum Anzeigen der Code-Implementierung*

**KI liefert das ABAP-Coding**

Abbildung 8.55 zeigt die Antwort der KI auf die technische Nachfrage. Sie gibt das relevante ABAP-Coding direkt aus und macht transparent, an welcher Stelle die Workflow-Logik implementiert ist. Die KI identifiziert die verantwortliche Methode und erklärt anhand des ABAP-Codes, unter welchen Bedingungen der Genehmigungsworkflow ausgelöst wird. Berücksichtigt werden dabei sowohl Kriterien auf Belegebene wie Verkaufsbelegart und Auftragsgrund als auch positionsbezogene Prüfungen.

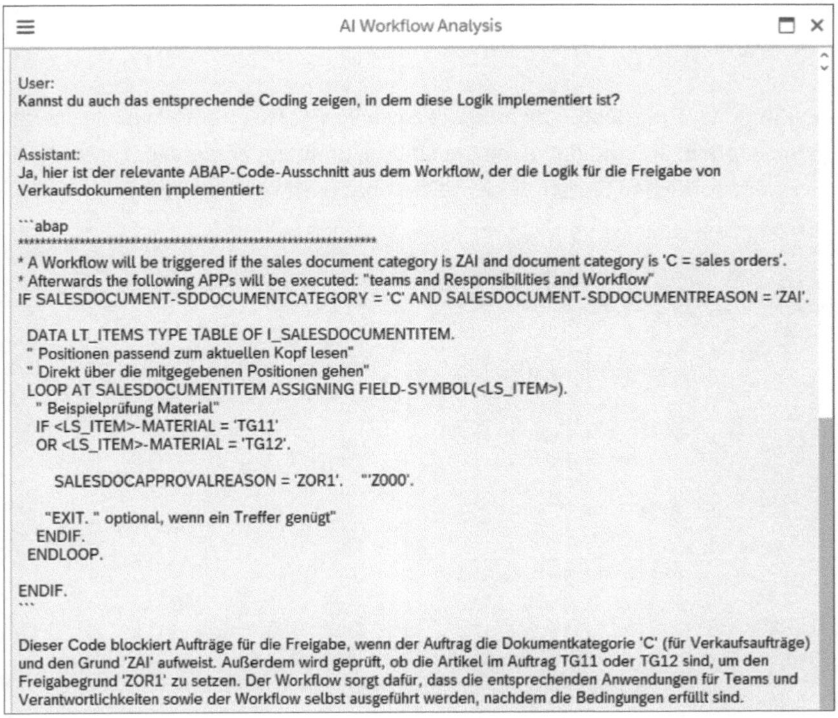


*Abbildung 8.55: Detaillierte Anzeige des entsprechenden Codes*

**Materialprüfung als Auslöser**

In diesem Beispiel sind die Materialien TG11 und TG12 bewusst hart im Code hinterlegt. Dies dient ausschließlich der Veranschaulichung. In realen Projekten sollten solche Werte in der Regel dynamisch, z. B. über Customizing oder Regelwerke, ermittelt werden. Da im vorliegenden Kundenauftrag eines dieser

Materialien enthalten ist, wurden die definierten Bedingungen erfüllt und der Genehmigungsworkflow entsprechend ausgelöst.

Nachdem der Workflow analysiert und das Problem erkannt wurde, kann die Freigabe durch die berechtigte Person erfolgen. Wie in Abbildung 8.56 zu sehen, meldet sich also der Benutzer s4h_sd_app1 mit dem entsprechenden Passwort am System an, den die KI zuvor als »Approver« erkannt hat.

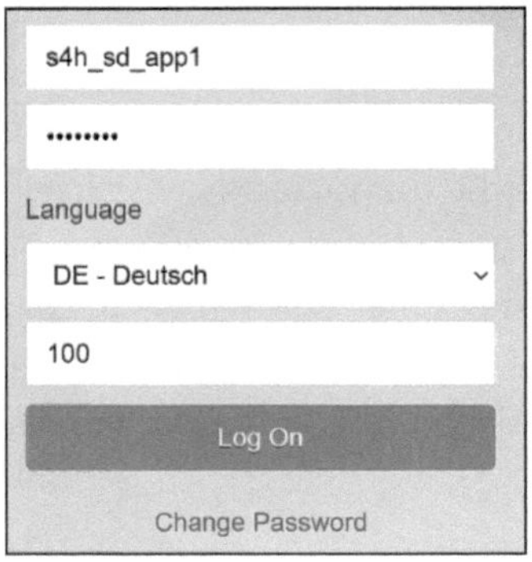


*Abbildung 8.56: Login mit Freigabe-User*

**KI identifiziert die richtige Person**

Der Kundenauftrag 5056 kann nun, wie zuvor von der KI ermittelt wurde, freigegeben werden. Sie sind dabei mit genau dem Benutzer angemeldet, den die KI als verantwortlichen Freigeber identifiziert hat (siehe Abbildung 8.57).

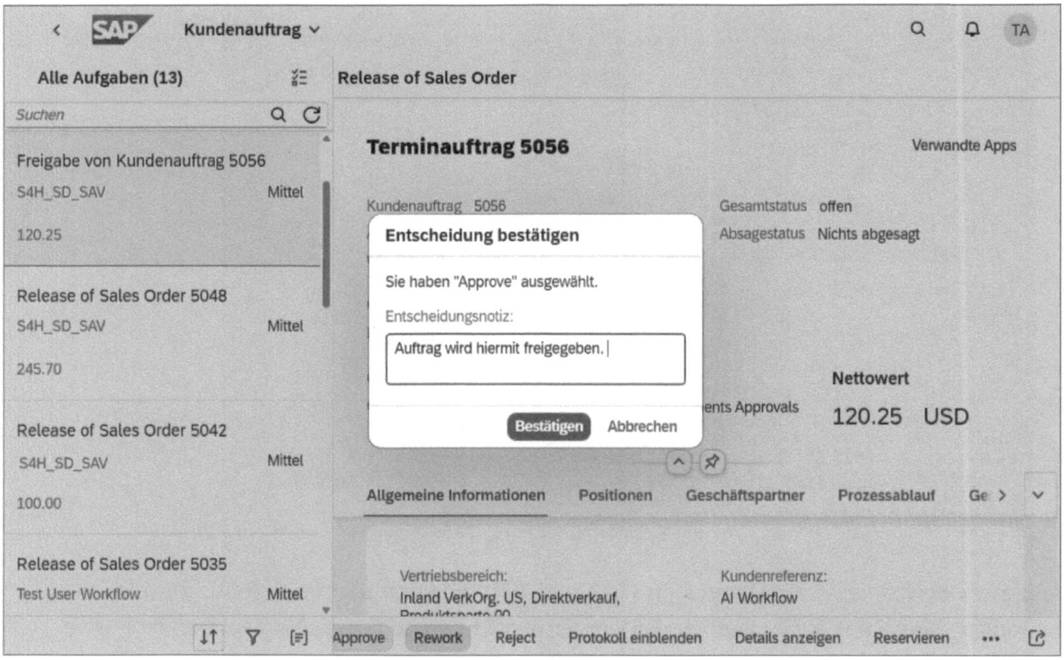


*Abbildung 8.57: Freigabe des Kundenauftrags*

Im Genehmigungsdialog wird die Entscheidung **Approve** ausgewählt und mit einer entsprechenden Entscheidungsnotiz bestätigt. Damit wird der Genehmigungsworkflow erfolgreich abgeschlossen und der Kundenauftrag freigegeben. Die von der KI bereitgestellten Informationen waren demnach korrekt und der Auftrag konnte durch den richtigen Benutzer freigegeben werden.

### 8.3.3 Technische Implementierung der KI-Workflow-Analyse

Um die Ergebnisse der KI-Analyse einordnen zu können, lohnt sich abschließend ein Blick auf die zugrunde liegende technische Konfiguration im System.

Abbildung 8.58 zeigt die technischen Hintergrundinformationen zur Genehmigungslogik des Workflows in SAP S/4HANA. Dargestellt ist die Pflege eines Teams mit der Kennung SD_AI_WF, das für die Freigabe von Verkaufsdokumenten verwendet wird.

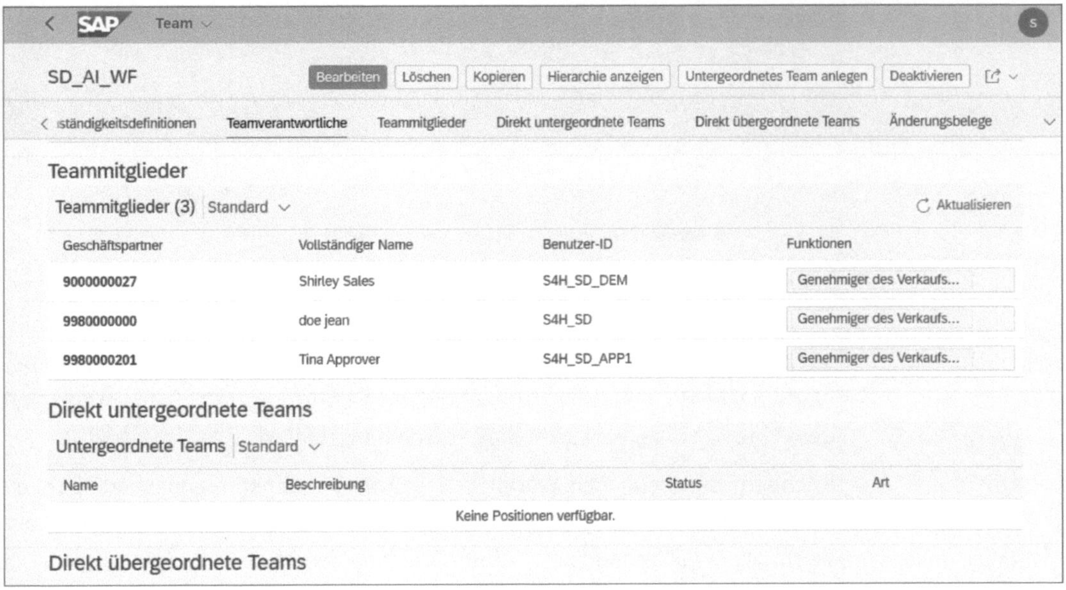


*Abbildung 8.58: Workflow-Team*

**Genehmigungsrollen im System**

Im Bereich **Teammitglieder** sind die dem Team zugeordneten Benutzer aufgeführt. Jedes Mitglied ist mit einer **Benutzer-ID** und der Funktion **Genehmiger des Verkaufsdokuments** hinterlegt. In diesem Beispiel ist unter anderem der Benutzer S4H_SD_APP1 (Tina Approver) als genehmigende Person definiert. Diese Teamzuordnung bildet die technische Grundlage dafür, dass genau dieser Benutzer im Genehmigungsworkflow ermittelt und zur Freigabe des Kundenauftrags herangezogen wird. Die Abbildung verdeutlicht, dass die von der KI identifizierte Freigaberolle direkt aus der im System gepflegten Team- und Verantwortlichkeitsstruktur abgeleitet wird.

**Startbedingungen im System**

Wie in Abbildung 8.59 zu sehen ist, werden die Workflow-Details eines Genehmigungsworkflows in SAP S/4HANA mit der Bezeichnung **Artificial Intelligence Approval Workflow** angezeigt. Im oberen Bereich sind die Eigenschaften des Workflows dargestellt, darunter die Beschreibung sowie der Gültigkeitszeitraum. Darunter werden die Startbedingungen aufgeführt: Im Beispiel wird der Workflow gestartet, wenn der Auftragsgrund den Wert **ZAI (Besuch)** hat. Diese Bedingung bestätigt die zuvor von der KI identifizierte Auslöselogik.

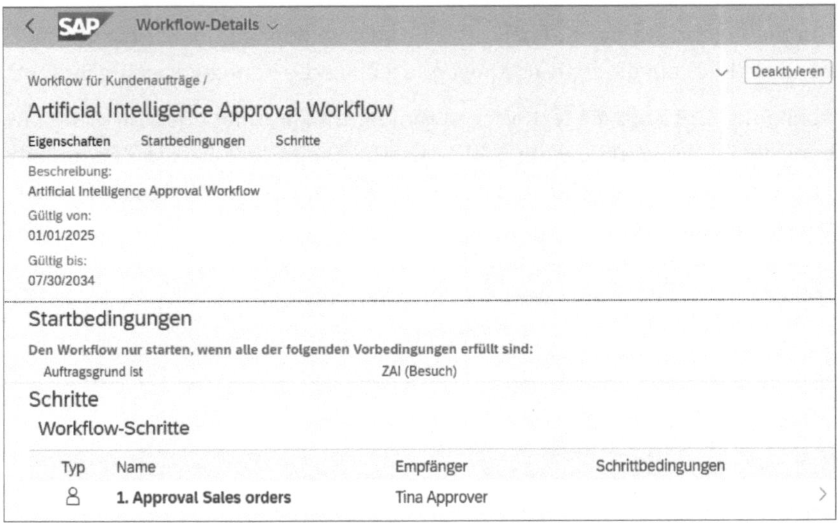


*Abbildung 8.59: Workflow-Details für Schrittbedingungen*

Im Abschnitt **Schritte** ist der eigentliche Workflow-Ablauf dargestellt. Der Workflow besteht aus einem Genehmigungsschritt **Approval Sales orders**, bei dem Tina Approver als zuständige Person hinterlegt ist.

Nachdem die fachlichen Workflow-Schritte und Genehmigungsbedingungen erläutert wurden, schauen wir uns nun die technische Implementierung der Workflow-Logik anhand eines ABAP-Codebeispiels an.

**Materialabhängiger Start des Genehmigungsprozesses**

Abbildung 8.60 zeigt einen Ausschnitt aus dem ABAP-Code, in dem die Bedingungen für die Auslösung des Genehmigungsworkflows definiert sind. Zunächst wird geprüft, ob es sich um einen Verkaufsbeleg handelt und ob der Auftragsgrund **ZAI** gesetzt ist. Anschließend durchläuft der Code die Positionen des Kundenauftrags und prüft für jede Position, welches Material enthalten ist. In diesem Beispiel ist die Logik so implementiert, dass der Workflow ausgelöst wird, sobald eines der beiden Materialien TG11 oder TG12 im Auftrag vorkommt. Trifft diese Bedingung zu, wird der entsprechende Genehmigungsgrund gesetzt und der Workflow gestartet.

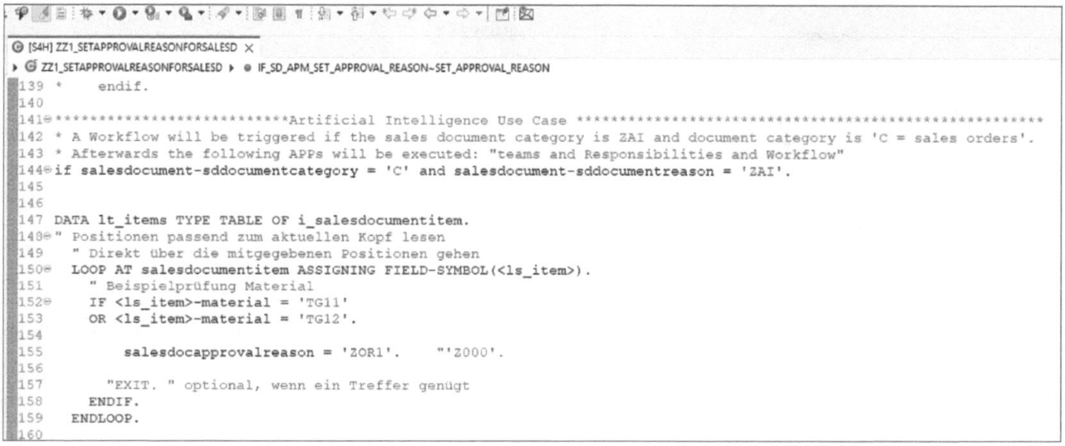


*Abbildung 8.60: Coding für die Workflow-Implementierung*

**Custom Logic App als Clean-Core-Implementierung**

Die Implementierung kann sowohl in den ABAP Development Tools (ADT) als auch in der Transaktion SE80 nachvollzogen werden. Darüber hinaus ist die Logik auch in der App **Custom Logic** einsehbar, in der die eigentliche Implementierung gemäß Clean-Core-Ansatz programmiert wurde.

### *Prompt Engineering*

**System-Prompt: Rolle und Aufgaben**

Die Darstellung in Abbildung 8.61 zeigt einen Ausschnitt aus dem System-Prompting, das für das Prompt Engineering von ChatACS verwendet wird. Hier wird klar definiert, welche Rolle die KI einnimmt und welche Aufgaben sie ausführen soll. Zunächst wird die KI explizit als SAP-Workflow-Engineer positioniert. Dadurch ist sichergestellt, dass die Antworten nicht allgemein, sondern gezielt im SAP- und ABAP-Kontext erfolgen. Anschließend wird im System-Prompt festgelegt, dass die KI den Verkaufsauftrag und dessen Inhalte analysieren soll und darauf aufbauend konkrete Fragestellungen beantworten muss. Darüber hinaus werden klare Analyseanweisungen vorgegeben. Die KI soll den relevanten ABAP-Code analysieren, die Workflow-Logik nachvollziehen sowie Teammitglieder und Genehmigungslogiken identifizieren. Gleichzeitig werden Einschränkungen definiert: Wenn kein Verkaufsauftrag übergeben wird, darf die KI nichts erfinden und muss sich ausschließlich auf die vorhandenen Informationen stützen.

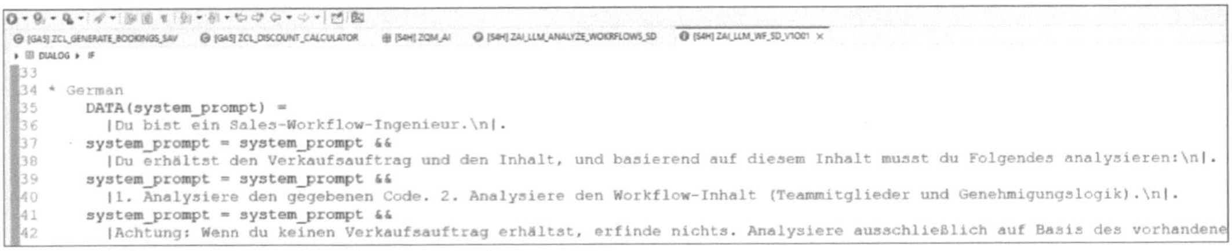


*Abbildung 8.61: Prompt Engineering für den Workflow*

### 8.3.4 Geschäftlicher Nutzen und Auswirkungen der Workflow-Analyse

Die KI-gestützte Workflow-Analyse schafft einen klaren geschäftlichen Mehrwert, indem sie Transparenz in komplexe und historisch gewachsene Genehmigungsprozesse bringt. Anwenderinnen und Anwender erkennen, warum ein Beleg in einen Workflow läuft und welche Bedingungen dafür ausschlaggebend sind. Dadurch werden Rückfragen reduziert und operative Verzögerungen deutlich minimiert.

**Mehr Transparenz in Genehmigungsprozessen**

Gleichzeitig unterstützt die KI dabei, den zuständigen Genehmiger eindeutig zu identifizieren. Das beschleunigt Freigabeprozesse und regelt Verantwortlichkeiten klar. Die Fachbereiche profitieren davon, da sie weniger auf technische Expertinnen und Experten angewiesen sind, um bestehende Workflow-Logiken zu verstehen.

**Kürzere Analysezeiten**

Auch für Beraterinnen und Berater sowie Entwicklerinnen und Entwickler entsteht ein hoher Nutzen, da Analysezeiten erheblich verkürzt werden. Die KI zeigt nicht nur das Ergebnis eines Workflows, sondern erklärt nachvollziehbar die zugrunde liegende fachliche und technische Logik. Dadurch lassen sich Anpassungen und Erweiterungen gezielter und mit geringerem Risiko umsetzen. Aus Managementsicht verbessert sich die Steuerbarkeit der Prozesse, da Genehmigungsabläufe transparenter und messbarer werden. Fehlerhafte oder unnötige Genehmigungsschleifen können frühzeitig erkannt und eliminiert werden. Dies führt zu kürzeren Durchlaufzeiten und geringeren Prozesskosten.

**Basis für Automatisierung und KI**

Darüber hinaus steigt die Benutzerakzeptanz, da verständlich wird, was im System passiert und warum bestimmte Aktionen gesperrt sind. Die KI fungiert dabei als verständliche Schnittstelle zwischen Fachlichkeit und Technik. Langfristig unterstützt die KI-gestützte Workflow-Analyse Unternehmen dabei, ihre Prozesse stabil, nachvollziehbar und zukunftssicher zu gestalten. Sie erhöht die Agilität, erleichtert den Betrieb komplexer SAP-Landschaften und schafft eine belastbare Grundlage für weitere Automatisierungs- und KI-Szenarien.

## 8.4 KI-unterstützte Erstellung von Anlieferungen

Viele Unternehmen erhalten Lieferscheine von Lieferanten immer noch in physischer Form. Nur in seltenen Fällen werden diese digital, beispielsweise per E-Mail oder über eine B2B-Verbindung, übermittelt. Im folgenden Beispiel zeigen wir Ihnen, wie Sie mit Custom AI einen Lieferantenlieferschein an die KI übergeben. Die KI analysiert den Lieferschein, erkennt und interpretiert die relevanten Inhalte, ordnet die entsprechenden Felder zu und ermittelt die zugehörige Bestellung. Darauf aufbauend wird anschließend die Anlieferung im Zielsystem SAP S/4HANA automatisch angelegt. Dabei stehen die Menschen weiterhin im Mittelpunkt (Human-in-the-Loop). Die Anwenderinnen und Anwender können die ermittelten Daten prüfen, bestätigen oder bei Bedarf korrigieren, bevor der Prozess final abgeschlossen wird.

**Integration ChatACS**

Die technische Umsetzung erfolgt auch in diesem Szenario mithilfe des ChatACS-Frameworks, wobei die Implementierung in ABAP realisiert wird.

### 8.4.1 Geschäftliche Herausforderungen der KI-unterstützten Erstellung von Anlieferungen

Die KI-gestützte Erstellung von Anlieferungen adressiert zentrale Herausforderungen im Wareneingangsprozess. Papierbasierte Lieferscheine, manuelle Zuordnungen zu Bestellungen sowie fehleranfällige Datenerfassungen führen häufig zu Verzögerungen und Medienbrüchen. Fehler bei Mengen, Materialien oder Bestellreferenzen wirken sich dabei direkt auf Bestände, Wareneingangsbuchungen und nachgelagerte Prozesse aus. KI unterstützt dabei, diese Informationen automatisiert zu erkennen, strukturiert aufzubereiten und den passenden SAP-Belegen zuzuordnen.

**Kontrolle trotz Automatisierung**

Eine weitere Herausforderung besteht darin, Vertrauen in die von der KI extrahierten Daten aufzubauen, da diese als Grundlage für die automatische Anlage von Anlieferungen und spätere Buchungen dienen. Gleichzeitig muss sichergestellt sein, dass die Mitarbeitenden jederzeit die Kontrolle haben und Korrekturen vornehmen können, bevor geschäftskritische Folgeprozesse ausgelöst werden. Die korrekte Ermittlung der passenden Bestellung ist besonders anspruchsvoll, wenn mehrere offene Bestellungen oder Teillieferungen vorliegen.

**Integration in bestehende Prozesse**

Mit der Option, auf Basis der Anlieferung direkt den Wareneingang zu buchen, steigt die fachliche Verantwortung der Lösung weiter an. Falsch interpretierte Daten können hier unmittelbare Auswirkungen auf Lagerbestände, Finanzbuchhaltung und Reporting haben. Zudem müssen die KI-gestützten Prozesse sauber in bestehende SAP-S/4HANA-Logiken integriert sein, um Konsistenz und Nachvollziehbarkeit sicherzustellen. Auch Compliance- und Audit-Anforderungen spielen eine wichtige Rolle, da Buchungen weiterhin prüfbar und revisionssicher sein müssen. Es besteht die geschäftliche Herausforderung, Effizienzgewinne durch KI zu realisieren, ohne Transparenz, Kontrolle und Prozesssicherheit im gesamten Beschaffungs- und Wareneingangsprozess zu verlieren.

### 8.4.2 Anwendung der KI-unterstützten Erstellung von Anlieferungen

Im Beispielszenario sendet der Lieferant gemeinsam mit der Ware den Lieferschein. Dieser wird im System entweder eingescannt oder abfotografiert und anschließend an die KI übergeben. Für die Übergabe nutzen die Anwenderinnen und Anwender ein KI-Chat-Fenster, das über eine kundendefinierte App- bzw. Transaktions-ID im SAP Fiori Launchpad oder direkt im SAP-S/4HANA-System aufgerufen wird. Sobald sich das Dialogfenster öffnet, laden sie den Lieferschein über die Upload-Funktion als PDF- oder Bilddatei hoch. ChatACS startet daraufhin automatisch die KI-gestützte Analyse.

**Automatische Datenerkennung**

Die Aufgabe der KI besteht darin, den Lieferschein (siehe Abbildung 8.62) zu analysieren, die relevanten Felder zu extrahieren, etwa Lieferant, Lieferscheinnummer, Bestellnummer, Material, Menge und Datum, und diese Informationen strukturiert im Chat-Fenster anzuzeigen.

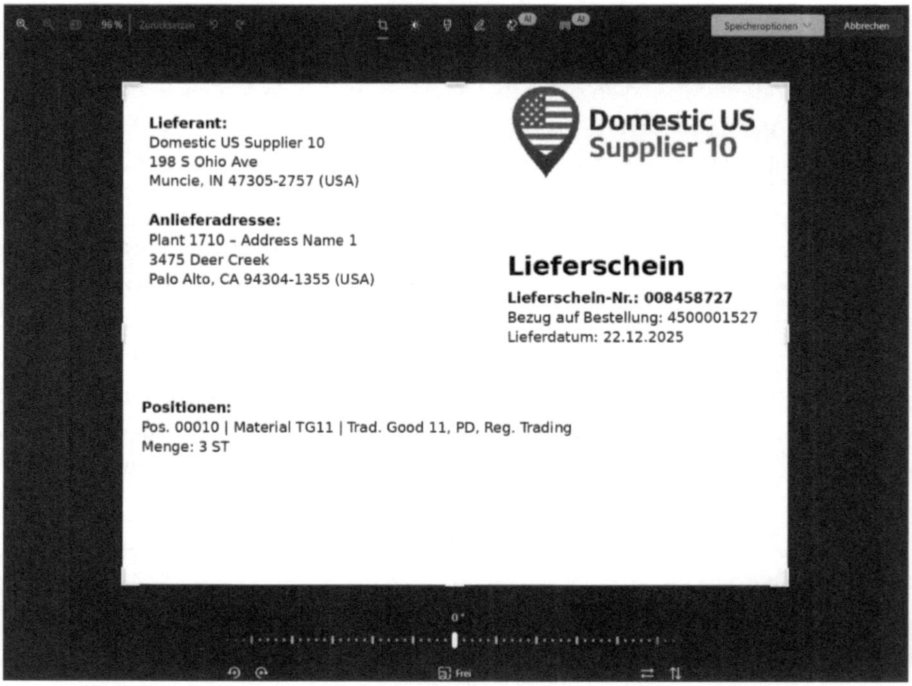


*Abbildung 8.62: Beispiel für einen Lieferschein des Lieferanten zum Einspielen*

Dadurch erhalten Anwenderinnen und Anwender schnell einen übersichtlichen und verständlichen Überblick über die erkannten Daten und können diese für die weitere Verarbeitung prüfen und freigeben bzw. die nächsten Schritte anstoßen.

**Verarbeitung im Hintergrund**

Alternativ besteht die Möglichkeit, die KI-Agenten vollständig im Hintergrund auszuführen. Beispielsweise kann der Agent Lieferscheine automatisch aus eingehenden E-Mails oder aus einem Verzeichnis auslesen, die relevanten Informationen extrahieren und diese anschließend direkt im SAP-System weiterverarbeiten.

Die KI analysiert den übergebenen Lieferschein und gibt die daraus gewonnenen Informationen strukturiert im ChatACS-Dialogfenster aus (siehe Abbildung 8.63). Dazu gehören unter anderem die Lieferantendaten mit Name und Adresse, die Lieferadresse inklusive Werk, die Lieferscheininformationen wie Lieferscheinnummer, Bestellreferenz und Lieferdatum sowie die Positionsdaten mit Positionsnummer, Material, Beschreibung und Menge.

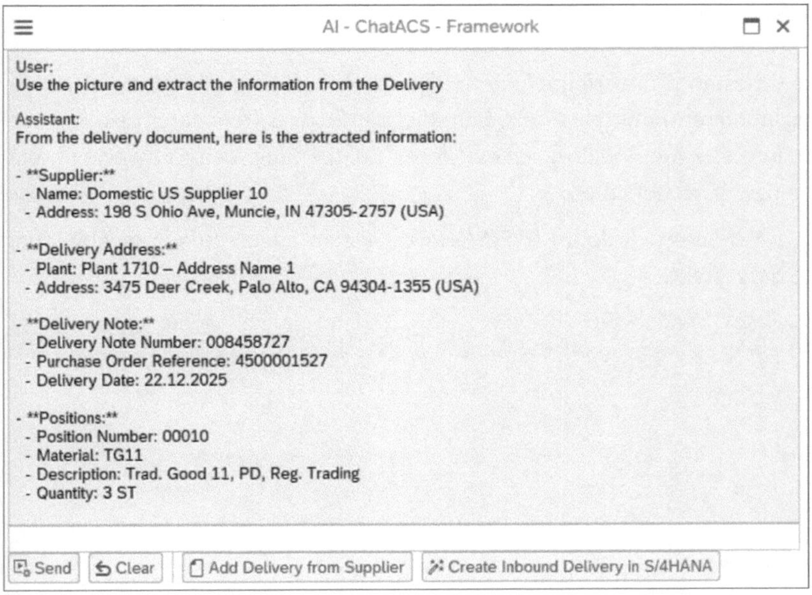


*Abbildung 8.63: Prompt-Ergebnis der extrahierten Felder vom Lieferschein*

**Grundlage für Folgeschritte**

Der Anwender oder die Anwenderin kann nun direkt im Chat einen Prompt formulieren, um die Anlieferung automatisch zu generieren. Alternativ besteht die Möglichkeit, die Anlieferung über den Button **Create Inbound Delivery in S/4HANA** im System anzulegen (siehe Abbildung 8.64). In beiden Fällen nutzt ChatACS die zuvor von der KI extrahierten und geprüften Lieferscheindaten, um die Anlieferung im SAP-S/4HANA-System zu erstellen. Die Kontrolle über den Prozess bleibt dabei jederzeit bei den Anwenderinnen und Anwendern – die Ausführung wird bewusst ausgelöst.

*Abbildung 8.64: Erstellung der Anlieferung mit Prompt-Buttons*

Abbildung 8.65 zeigt die Antwort der KI nach der Ausführung des gewünschten Prozessschritts. Auf Basis des Benutzerprompts erstellt die KI erfolgreich die Anlieferung im SAP-S/4HANA-System.

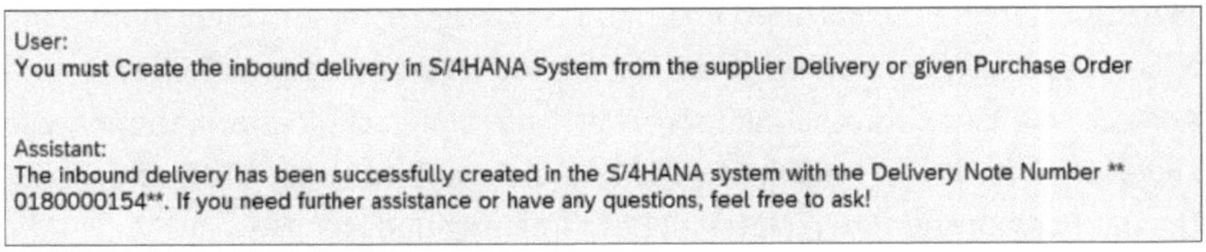


*Abbildung 8.65: Ergebnis der Erstellung der Anlieferung im ChatACS-Fenster*

**Anlieferungsnummer direkt verfügbar**

Die KI bestätigt die erfolgreiche Anlage der Anlieferung und gibt die Anlieferungsnummer unmittelbar aus. Damit ist der Prozess transparent abgeschlossen, und es kann direkt mit der weiteren Bearbeitung, beispielsweise im Wareneingang, weitergehen.

**Eindeutige Bestellzuordnung**

Die Anlieferung wurde im SAP-S/4HANA-System angelegt, wie in Abbildung 8.66 dargestellt.

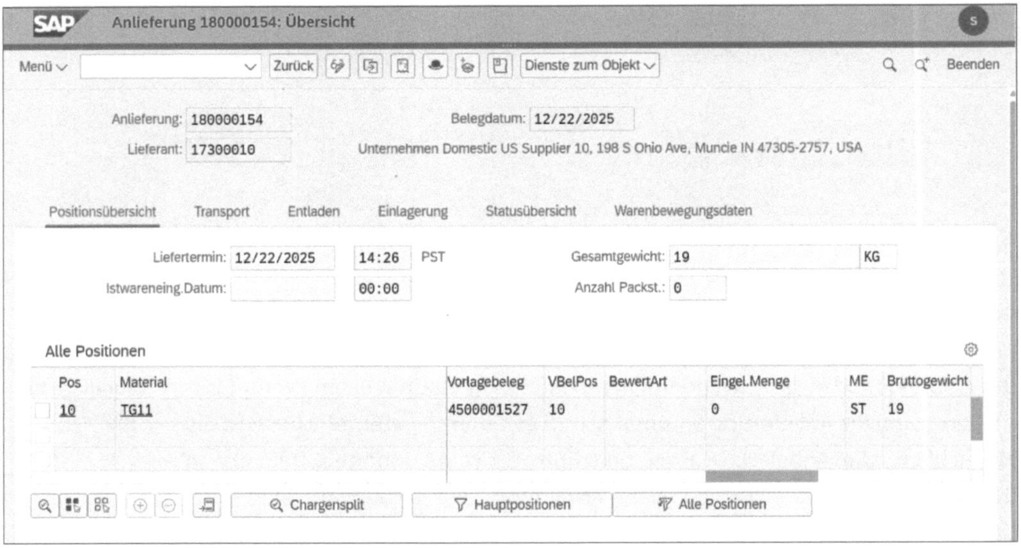


*Abbildung 8.66: Erstellte Anlieferung in SAP S/4HANA*

Die erzeugte Anlieferung ist mit einer eigenen Anlieferungsnummer versehen und eindeutig dem Lieferanten sowie der zugrunde liegenden Bestellung zugeordnet. In der Positionsübersicht ist ersichtlich, dass das Material aus der Bestellung korrekt übernommen wurde, inklusive Menge und Referenz auf den Bestellbeleg.

**Bestellung prüfen**

Mit der App **Bestellungen verwalten** kann die zugehörige Bestellung überprüft und im Detail eingesehen werden (siehe Abbildung 8.67). Die Anwenderinnen und Anwender können gezielt nach der gewünschten Bestellung suchen. Wurde die Bestellung erfolgreich im System angelegt, wird sie in der App mit ihren entsprechenden Positionen angezeigt.

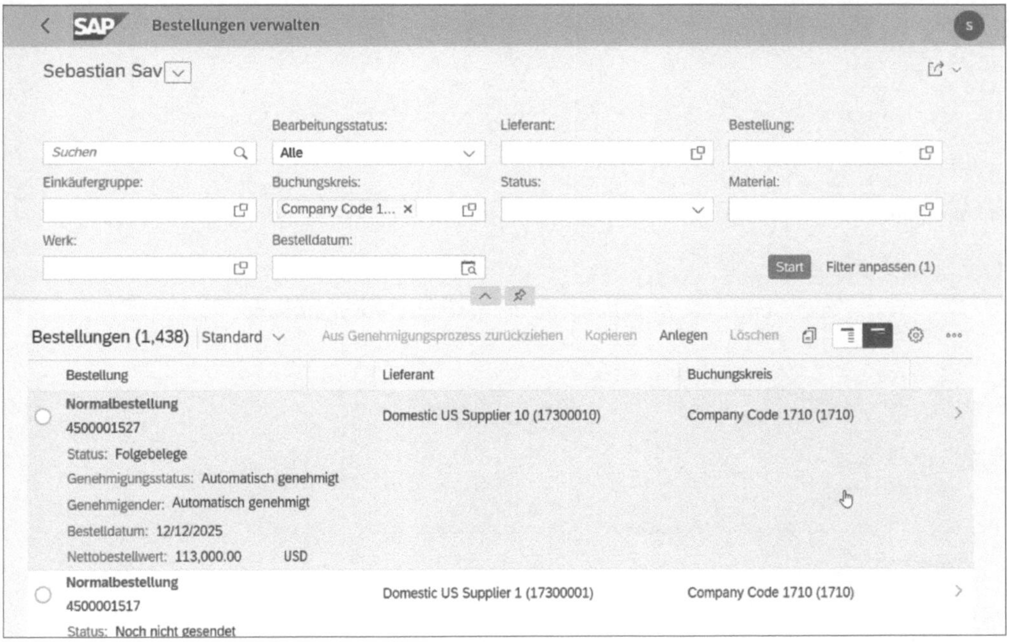


*Abbildung 8.67: Bestellungen verwalten*

**Saubere Grundlage für Folgeprozesse**

In Abbildung 8.68 ist zur Bestellung die vollständige bestellte Position ersichtlich, inklusive Bestellnettopreis, Preiseinheit und Warengruppe. In diesem Fall wird deutlich, dass nicht nur die richtige Bestellung, sondern auch die korrekte Bestellposition ermittelt wurde. Die zugehörigen Wareneingänge sowie die Lieferantenrechnungen werden anschließend genau auf diese Bestellung und die entsprechende Bestellposition gebucht.

**Durchgängige Belegverknüpfung**

Als nächster betriebswirtschaftlicher Prozessschritt erfolgt die Buchung des Wareneingangs zur Anlieferung. Nachdem dieser erfolgreich verbucht wurde, ist der entsprechende Materialbeleg sowohl in der Anlieferung als auch in der Bestellung ersichtlich (siehe Abbildung 8.69).

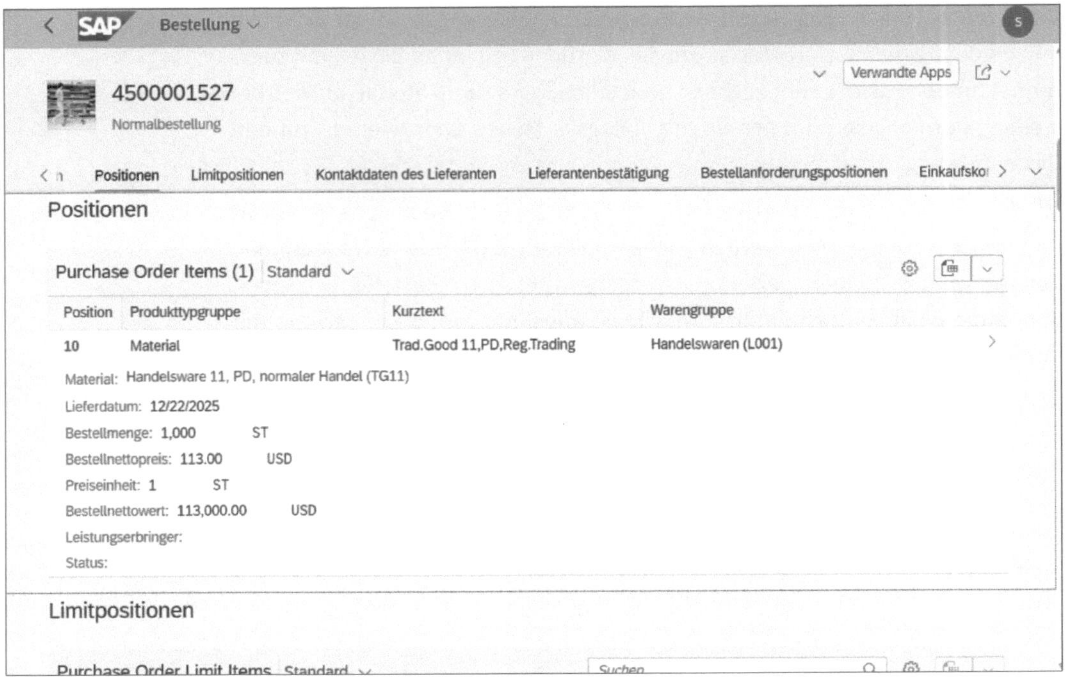


*Abbildung 8.68: Bestellung mit der gesamten Positionsmenge*

*Abbildung 8.69: Wareneingänge zur Bestellung überwachen*

### 8.4.3 Technische Implementierung der KI-unterstützten Erstellung von Anlieferungen

**Geringere Komplexität durch Prompt-Buttons**

Auch in diesem Beispiel wird das ChatACS-Framework eingesetzt. Dabei kamen keine User-Prompts zum Einsatz. Stattdessen wurde der Prozess ausschließlich über die vordefinierten Buttons **Add Delivery from Supplier** und **Create Inbound Delivery in S/4HANA** ausgelöst.

**Button mit eigener KI-Funktion**

Der Button **Add Delivery from Supplier** (siehe Abbildung 8.70) ermöglicht es zum einen, ein Foto des Lieferantenlieferscheins an die KI zu übergeben, und zum anderen, die relevanten Felder aus dem Lieferschein zu extrahieren und diese strukturiert im Chat-Fenster anzuzeigen.

*Abbildung 8.70: Funktionsbuttons im ChatACS-Fenster*

**System-Prompts als Steuerung**

Hinter dem Button **Create Inbound Delivery in S/4HANA** verbirgt sich ein System-Prompt, der die Funktion zur Anlage der Anlieferung steuert. Betätigen Sie diesen Button, wird die Anlieferung automatisch im SAP-S/4HANA-System angelegt. Wird alternativ ein inhaltlich ähnlicher Text zur Anlage der Anlieferung direkt im Chat-Fenster eingegeben, interpretiert die KI diese Eingabe und entscheidet, welche der verfügbaren Funktionen ausgeführt werden soll.

Dabei ist wichtig, dass die KI ausschließlich auf vordefinierte KI-Funktionen zugreifen kann. Diese Funktionen müssen ihr zuvor explizit zur Verfügung gestellt worden sein und enthalten die jeweils implementierten Buchungs- und Verbuchungslogiken. Dadurch bleibt der Prozess kontrolliert, nachvollziehbar und sicher.

**Klar definierte Rolle und Kontext**

Abbildung 8.71 zeigt einen Ausschnitt aus dem System-Prompt, der im Hintergrund für ChatACS hinterlegt ist. Dieser System-Prompt ist für den Anwender oder die Anwenderin nicht sichtbar, wird jedoch bei jedem Aufruf der Agentenfunktion automatisch an die KI übergeben. Er definiert die Rolle der KI, den fachlichen Kontext sowie die konkreten Aufgaben und Regeln. Die KI wird angewiesen, einen Lieferantenlieferschein zu analysieren, die relevanten Geschäftsdaten wie Lieferant, Materialien, Mengen, Lieferdatum und Bestellreferenzen zu identifizieren und diese Informationen strukturiert weiterzuverarbeiten.

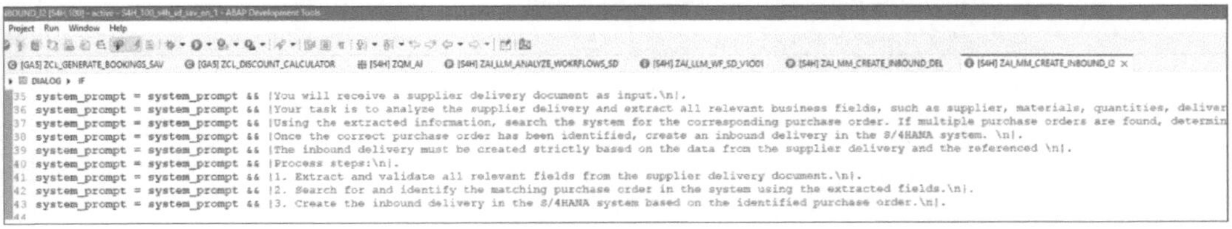


*Abbildung 8.71: Prompt für die Erstellung der Anlieferung*

**Nachvollziehbare Folgeentscheidungen**

Darüber hinaus enthält der System-Prompt klare Vorgaben, wie die KI mit den extrahierten Daten umzugehen hat, beispielsweise zur Ermittlung der passenden Bestellung, zur Validierung der Informationen und zur Auswahl der richtigen Folgefunktion, wie etwa der Anlage einer Anlieferung. Dieser Ansatz stellt sicher, dass die KI deterministisch und kontrolliert arbeitet. Der Anwender oder die Anwenderin sieht lediglich das Ergebnis im Chat, während die eigentliche Logik, Entscheidungsfindung und Prozesssteuerung über die im Hintergrund hinterlegten System-Prompts erfolgt.

### 8.4.4 Geschäftlicher Nutzen und Auswirkungen der KI-unterstützten Erstellung von Anlieferungen

Die KI-unterstützte Erstellung von Anlieferungen bietet einen erheblichen geschäftlichen Nutzen entlang des gesamten Wareneingangsprozesses. Durch die automatische Analyse und Erfassung von Lieferscheinen werden manuelle Tätigkeiten reduziert, was Zeit spart und die Mitarbeitenden entlastet. Gleichzeitig sinkt die Fehlerquote bei der Erfassung von Lieferanten-, Material- und Mengendaten, da strukturierte und geprüfte Informationen als Grundlage dienen. Die schnellere Anlage von Anlieferungen führt zu kürzeren Durchlaufzeiten und erhöht die Transparenz im Wareneingang.

**Human-in-the-Loop als Vertrauensanker**

Durch die nahtlose Anbindung an SAP S/4HANA können auf Basis der Anlieferung direkt Folgeprozesse wie die Wareneingangsbuchung angestoßen werden. Dies sorgt für aktuelle Bestandsinformationen und verbessert die Planbarkeit in Logistik und Produktion. Der Human-in-the-Loop-Ansatz stellt sicher, dass die Mitarbeitenden jederzeit die Kontrolle behalten und Vertrauen in die KI-gestützten Ergebnisse aufbauen. Darüber hinaus erhöht die durchgängige Dokumentation die Nachvollziehbarkeit und unterstützt Compliance- und Audit-Anforderungen.

## 8.5 KI-basierte Analyse von Protokolldateien in der SAP-TM-Planung

Die Transportplanung in *SAP Transportation Management* (SAP TM) ist einer der komplexesten logistischen Prozesse im SAP-Umfeld. Zahlreiche fachliche und technische Schritte greifen ineinander, und ein einzelner Abbruch – etwa bei der Anlage eines Frachtauftrags – kann den gesamten nachgelagerten Ablauf stoppen. Wird ein Frachtauftrag nicht angelegt, ist die Ursache zunächst nicht ersichtlich. Zwar liefert SAP TM umfangreiche Erklärungen, Meldungen und Protokolldateien, diese sind jedoch technisch geprägt, sehr detailliert sowie über mehrere Einstellungen und Dateien verteilt.

Genau hier setzt der in diesem Abschnitt beschriebene Einsatz von Custom AI an: Eine KI analysiert die Protokoll- und Logdateien der Optimiererklärung und liefert in natürlicher Sprache eine verständliche Erklärung dafür, warum ein Frachtauftrag nicht erstellt wurde. Custom AI lässt sich grundsätzlich in jeder SAP-Anwendung einsetzen – ob in SD, MM, QM oder PP. Ziel ist dabei nicht, Menschen zu ersetzen, sondern sie bei ihrer täglichen Arbeit gezielt zu entlasten.

**Architektur im Überblick**

Damit moderne SAP-Geschäftsprozesse intelligent erweitert werden können, braucht es eine klar strukturierte und sicher integrierte Architektur. Abbildung 8.72 veranschaulicht diesen Aufbau und zeigt, wie SAP-Systeme, die SAP BTP und cloudbasierte KI-Services nahtlos zusammenspielen. Im oberen Bereich ist SAP S/4HANA angesiedelt. Hier kommuniziert ChatACS direkt mit SAP Transportation Management, das wiederum mit einem externen VSR-Optimierer verbunden ist, um Transportprozesse zu optimieren. Die fachlichen Prozesse bleiben damit vollständig im SAP-Kern verankert.

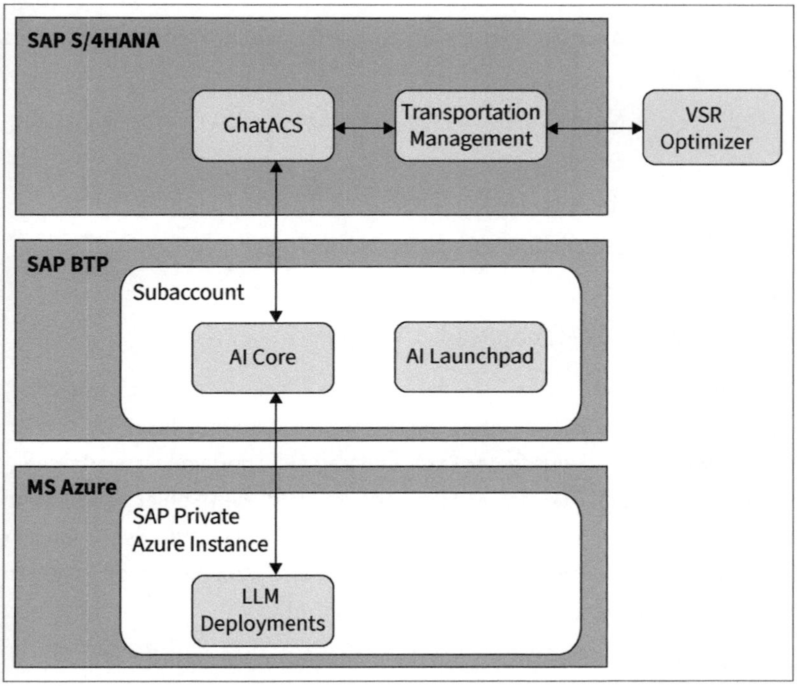


*Abbildung 8.72: Architektur – KI-Integration*

**VSR-Optimierer**

Der *Vehicle-Scheduling-and-Routing-Optimierer* in SAP Transportation Management ist die intelligente Planungs-Engine, die Transporte automatisch hinsichtlich Kosten, Routen, Kapazitäten und Lieferterminen optimal plant und konsolidiert.

Die SAP BTP bildet die technologische Brücke. In einem Subaccount stellen SAP AI Core und SAP AI Launchpad die zentrale KI-Schicht bereit – SAP AI Core steuert den Zugriff auf KI-Modelle, während das SAP AI Launchpad Transparenz und Governance für die eingesetzten KI-Szenarien bietet. Im unteren Bereich ist Microsoft Azure dargestellt. Dort laufen in einer SAP Private Azure Instance die LLM Deployments, die über die SAP BTP sicher angebunden und aus SAP S/4HANA heraus genutzt werden.

**Entlastung durch gezielte KI-Hinweise**

Im beschriebenen KI-Use-Case soll ein Frachtauftrag in SAP TM angelegt werden. Der Frachtauftrag wurde jedoch nicht erstellt. Zwar stellt SAP TM im Erklärungstool viele Informationen bereit, diese sind jedoch häufig zu umfangreich oder nicht direkt zielführend. Zusätzlich muss der Anwender oder die Anwenderin verschiedene Konfigurationen, Stammdaten und Logdateien prüfen, was zeitaufwendig und fehleranfällig ist. Eine KI-basierte Analyse hilft dabei, die relevanten Informationen schnell und verständlich aufzubereiten. So entstehen in kurzer Zeit klare und hilfreiche Hinweise, ohne dass sich die Anwenderinnen und Anwender durch zahlreiche Dateien, Einstellungen und technische Details arbeiten müssen.

**Prozessabbrüche an mehreren Stellen**

Die Gründe für eine nicht erfolgte Anlage eines Frachtauftrags können vielfältig sein, z. B.:

- falsche Transportbeziehungen
- fehlerhafte oder unvollständige Stammdaten
- unzureichende Konfiguration der Transportplanung
- nicht verfügbarer Transportplanungsoptimierer

**Schnelle Fehleridentifikation**

Neben fachlichen Ursachen spielen daher auch technische Aspekte eine wichtige Rolle, da der Prozess an unterschiedlichen Stellen unterbrochen werden kann. Im konkreten Fall wurde der Frachtauftrag aufgrund von Kapazitätsengpässen nicht angelegt. Ziel des KI-Einsatzes ist es, diesen Fehler schnell und eindeutig zu identifizieren und verständlich zu erklären, warum der Transport aktuell nicht geplant werden kann. Dadurch können Probleme gezielt behoben und Planungsprozesse deutlich beschleunigt werden.

**Komplexe Abhängigkeiten in SAP TM**

SAP TM weist eine Vielzahl unterschiedlicher logistischer Schritte und gegenseitiger Abhängigkeiten auf. Abbildung 8.73 zeigt einen Auszug eines durchgängigen Outbound-Logistikprozesses, modelliert im SAP Signavio Process Manager. Er dient als fachliche Grundlage für den beschriebenen KI-Use-Case.

Der Prozess beginnt mit der Anlage des Kundenauftrags. Darauf aufbauend werden die Auslieferung sowie die notwendigen logistischen Folgeaktivitäten geplant. Bereits in dieser frühen Phase entstehen die ersten Abhängigkeiten für die spätere Transportplanung, etwa durch Liefertermine, Mengen und organisatorische Vorgaben.

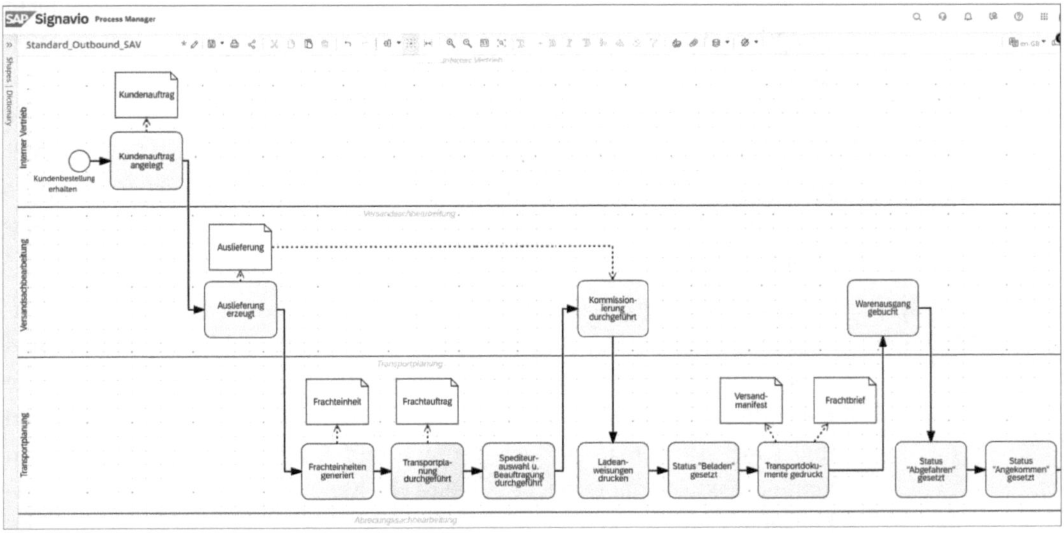


*Abbildung 8.73: Prozessarchitektur von SAP TM*

**KI-Unterstützung in der Transportplanung**

Im nächsten Schritt werden Fracht- und Transporteinheiten generiert. Diese stellen die zentrale Eingangsgröße für die Transportplanung in SAP TM dar. Genau an dieser Stelle setzt der betrachtete KI-Use-Case an, da in der Transportplanung aus den vorhandenen Transporteinheiten ein oder mehrere Frachtaufträge gebildet werden sollen, wobei Kapazitäten, Transportbeziehungen und definierte Optimierungsregeln berücksichtigt werden müssen. In der Prozessarchitektur ist sichtbar, dass die Transportplanung nicht isoliert betrachtet werden kann. Sie ist eingebettet in nachgelagerte Prozesse wie Spediteursauswahl, Kommissionierung, Laden, Statusrückmeldungen und schließlich den Warenausgang. Wird an dieser Stelle kein Frachtauftrag angelegt, kommt der gesamte nachfolgende Prozess zum Stillstand.

**Enge Verzahnung mit Folgeprozessen**

Abbildung 8.73 verdeutlicht, wie komplex ein Prozess in SAP TM sein kann, da zahlreiche fachliche und technische Schritte miteinander verzahnt sind. Unterschiedliche Prozessphasen, Systeme und Abhängigkeiten greifen ineinander, sodass ein Abbruch an einer einzelnen Stelle Auswirkungen auf den gesamten nachgelagerten Ablauf hat. Dadurch wird nachvollziehbar, warum eine KI-gestützte Analyse in diesem Umfeld besonders sinnvoll ist. Eine fehlende Anlage eines Frachtauftrags kann sowohl fachliche Ursachen haben, etwa unzureichende oder falsch gepflegte Kapazitäten, als auch technische Gründe, beispielsweise Einschränkungen im Transportplanungsoptimierer oder systemseitige Abbrüche.

### 8.5.1 Geschäftliche Herausforderungen der Analyse der Protokolldateien in SAP TM

Die Analyse von Planungsergebnissen in SAP TM stellt aus geschäftlicher Sicht eine besondere Herausforderung dar, da Transportprozesse aus vielen voneinander abhängigen fachlichen und technischen Schritten bestehen. Wird ein Frachtauftrag nicht angelegt, ist zunächst nicht ersichtlich, an welcher Stelle der Prozess unterbrochen wurde und was die Ursache dafür ist. SAP TM stellt zwar umfangreiche Erklärungen, Meldungen und Protokolldateien bereit, diese sind jedoch häufig technisch geprägt, sehr detailliert und nur mit tiefem Systemwissen vollständig verständlich.

**Hohe Analysekomplexität**

Für Fachanwenderinnen und Fachanwender bedeutet dies einen hohen Zeitaufwand, da sie zahlreiche Logdateien, Einstellungen und Stammdaten prüfen müssen, um die eigentliche Ursache zu ermitteln. Gleichzeitig verzögert eine fehlende Transparenz über die Planungsergebnisse operative Entscheidungen und kann sich direkt auf Liefertermine und Servicelevel auswirken. Hinzu kommt, dass sowohl fachliche Aspekte wie Kapazitäten oder Transportbeziehungen als auch technische Faktoren wie Optimierereinstellungen oder Systemabbrüche eine Rolle spielen können. Ohne gezielte Unterstützung ist es daher schwierig, Planungsergebnisse schnell und sicher zu bewerten und geeignete Maßnahmen abzuleiten.

### 8.5.2 Anwendung der KI-basierten Analyse von Protokolldateien in der SAP-TM-Planung

Im Folgenden zeigen wir Schritt für Schritt, wie sich eine fehlgeschlagene Optimiererplanung mithilfe von ChatACS analysieren und auflösen lässt.

**Layouts als Grundlage für weitere Planung**

Nachdem der Kundenauftrag angelegt und im Rahmen der lieferbasierten Planung eine Frachteinheit erzeugt wurde, steht diese im Transport-Cockpit für die weitere Transportplanung zur Verfügung. In den Profil- und Layout-Einstellungen des Transport-Cockpits in SAP TM (siehe Abbildung 8.74) können Sie festlegen, wie Transporteinheiten, Frachteinheiten und Frachtaufträge im Cockpit dargestellt werden. Hier wählen Sie ein passendes Profil, etwa für Outbound- oder Inbound-Prozesse, und definieren damit Sicht, Spalten und Funktionen des Cockpits. In unserem Beispiel wählen wir das Profil **SAV_AI_TM_ENH** und werden direkt in das Transport-Cockpit weitergeleitet, in dem die generierten Frachteinheiten angezeigt und für die weitere Transportplanung und Optimierung verarbeitet werden.

Im Transport-Cockpit soll aus der vorhandenen Frachteinheit über die Optimiererplanung ein Frachtauftrag gebildet werden. Dabei berücksichtigt der Optimierer die verfügbaren Kapazitäten und Ressourcen – insbesondere die zugeordneten Lkw. An dieser Stelle entscheidet sich, ob die automatische Planung erfolgreich verläuft oder – etwa wegen fehlender Kapazitäten – abbricht. Abbildung 8.75 zeigt die Ausgangssituation mit Frachteinheit und zugeordneter Lkw-Ressource.

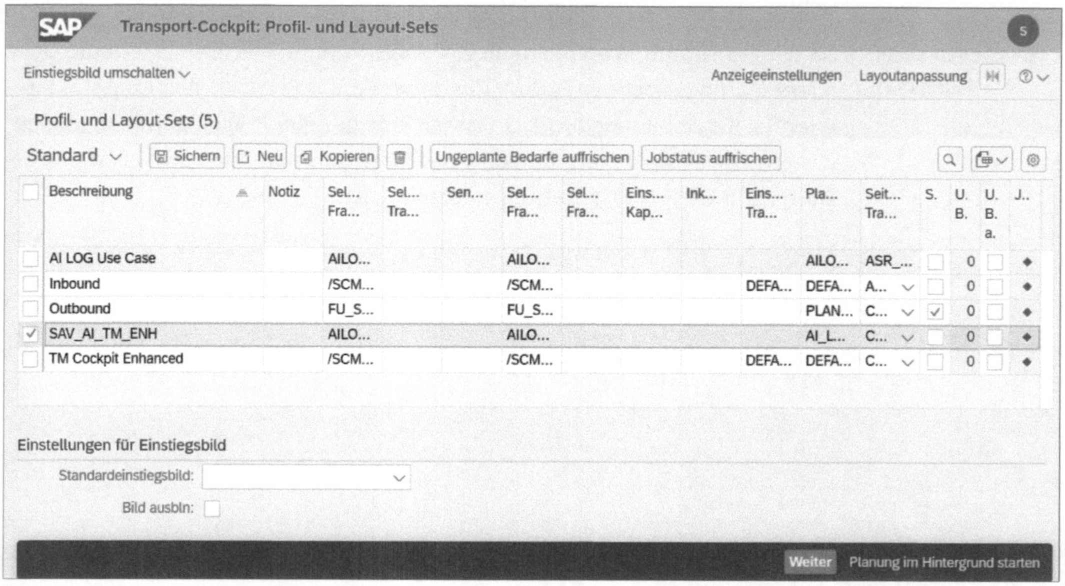

Abbildung 8.74: Layout des Transport-Cockpits in SAP TM

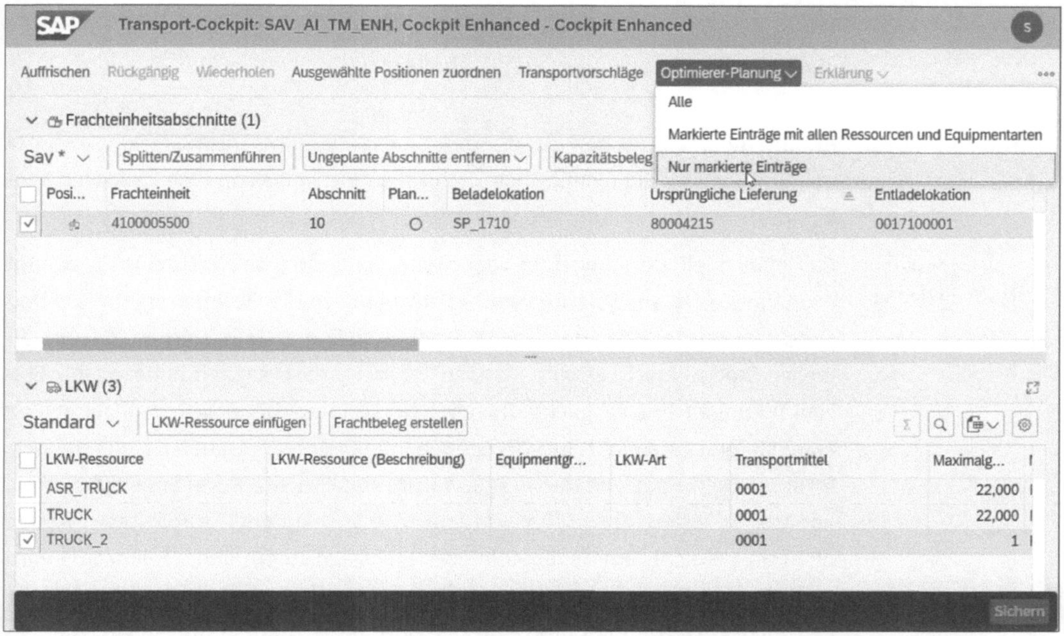

Abbildung 8.75: Transport-Cockpit mit Frachteinheit

**Kapazität als Abbruchgrund**

Um das Beispiel so einfach wie möglich zu gestalten, wurde bewusst eine einzelne Frachteinheit ausgewählt und ein nicht passender Lkw herangezogen, der aufgrund seines maximalen Kapazitätsgewichts von nur einem Kilo offensichtlich nicht für den Transport geeignet ist.

**ChatACS direkt in SAP TM integriert**

Da der Frachtauftrag nicht angelegt werden konnte, wechseln wir in die Optimiererklärung. Über den Button **Customer Function** wurde hier ChatACS integriert (siehe Abbildung 8.76). So lassen sich gezielte Fragen an die KI stellen, während diese im Hintergrund die relevanten Informationen analysiert und erklärt, warum kein Frachtauftrag entstanden ist.

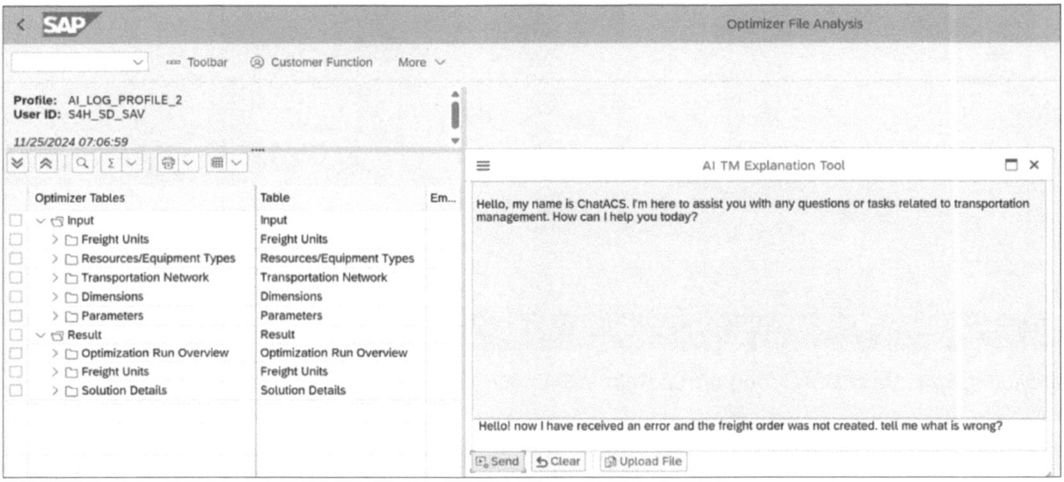


*Abbildung 8.76: Aufruf von ChatACS in SAP TM*

Abbildung 8.77 zeigt den integrierten Chat-Verlauf im Optimiererklärungstool von SAP TM. Der Dialog mit ChatACS führt schrittweise von einer unklaren Fehlersituation zu einer konkreten, verständlichen Ursache.

**Dialogbasierte Ursachenklärung**

Zu Beginn stellt der Anwender oder die Anwenderin eine allgemeine Frage zum Problem. Die KI analysiert daraufhin automatisch die Optimierergebnisse und Logdaten und erklärt, dass keine Frachtaufträge erstellt wurden. Bereits an dieser Stelle liefert sie einen ersten Hinweis, dass kapazitätsbezogene Einschränkungen eine mögliche Ursache sein könnten. Damit wird frühzeitig eine fachlich relevante Richtung vorgegeben, ohne mit technischen Details zu überfordern. Auf die gezielte Nachfrage, warum kein Frachtauftrag angelegt werden konnte, präzisiert die KI ihre Antwort: Die vorhandenen Kapazitäten haben nicht ausgereicht, um die bestehende Nachfrage zu erfüllen. Gleichzeitig wird erklärt, dass diese Einschränkung dazu geführt hat, dass keine Frachtstücke ausgeliefert werden konnten und der Optimierer den Planungsprozess abgebrochen hat.

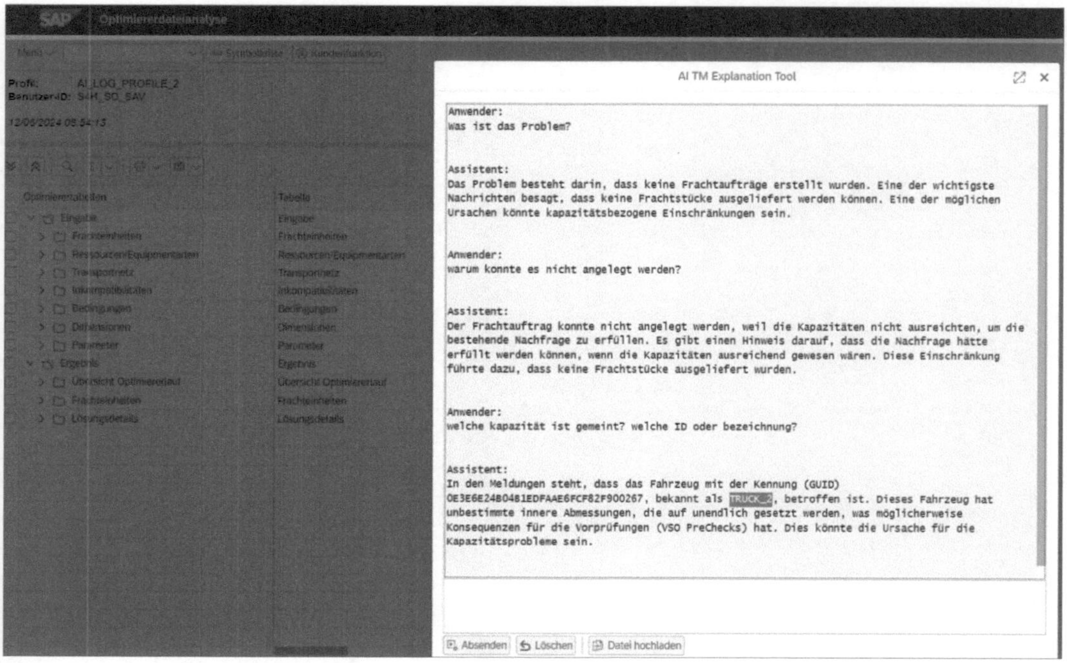


*Abbildung 8.77: KI-Chat-Verlauf und Erklärung*

**Eindeutige Fahrzeug-identifikation**

Auf die weitere Nachfrage nach der betroffenen Kapazität nennt die KI das Fahrzeug TRUCK_2 mit eindeutiger Kennung. Sie erläutert, dass dessen eingeschränkte Abmessungen bzw. Kapazitäten in den Vorprüfungen des Optimierers berücksichtigt wurden und letztlich zur Ablehnung führten.

**Natürliche Sprache statt Logdateien**

Der Chat-Verlauf zeigt den Mehrwert von Custom AI in SAP TM: Statt zahlreiche Logtabellen, Meldungen und technische Details manuell zu analysieren, erhält man eine schrittweise, verständliche und kontextbezogene Erklärung in natürlicher Sprache.

**Ursache für fehlende Frachtauftragserstellung**

Die von der KI genannte Ursache lässt sich direkt in den Stammdaten der Fahrzeugressource nachvollziehen. Für die Ressource TRUCK_2 wurde in den Kapazitätsdaten eine planungsrelevante Kapazität von nur einem Kilo hinterlegt (siehe Abbildung 8.78). Diese Einstellung befindet sich in den Stammdaten des Fahrzeugs und wird vom Transportplanungsoptimierer unmittelbar berücksichtigt.

Da die zu transportierende Frachteinheit bzw. die zugrunde liegende Lieferung ein deutlich höheres Gewicht aufweist, entsteht an dieser Stelle ein klarer Kapazitätskonflikt. Der Optimierer erkennt, dass die vorhandene Fahrzeugkapazität nicht ausreicht, um die Frachteinheit aufzunehmen, und bricht die Planung entsprechend ab. Aus diesem Grund kann kein Frachtauftrag angelegt werden.

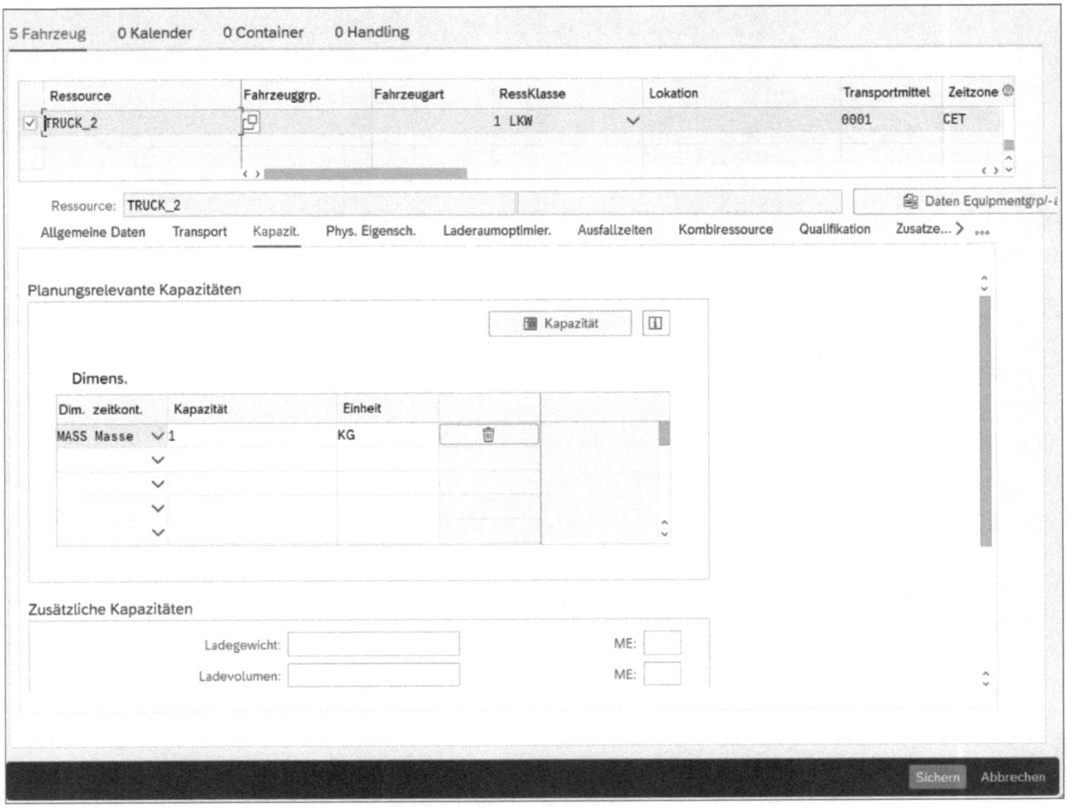


*Abbildung 8.78: Stammdaten der Fahrzeugressource in SAP TM*

**Grundlage für Fehleranalyse**

Die Optimiererklärung in SAP TM stützt sich auf typische Log-, IN- und OUT-Dateien (siehe Abbildung 8.79). Diese Dateien enthalten detaillierte Informationen zum Ablauf der Transportplanung, zu den Eingabedaten des Optimierers, zu den durchgeführten Prüfungen sowie zu den Ergebnissen oder Abbrüchen der Optimierung.

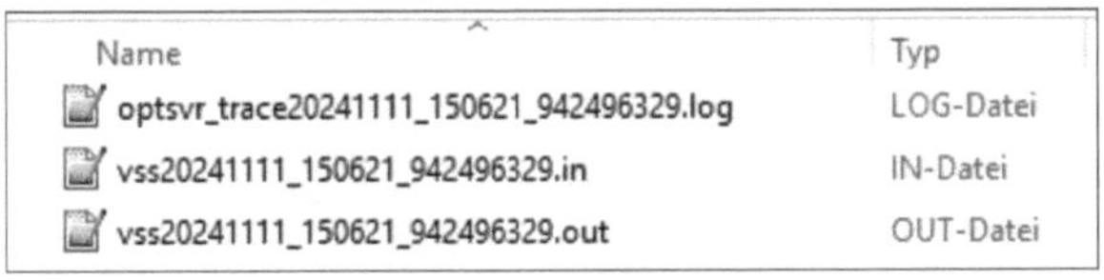


*Abbildung 8.79: Analysedateien in SAP TM*

Die Optimiererklärung wertet genau diese Dateien aus, um technische und fachliche Gründe dafür zu identifizieren, warum beispielsweise kein Frachtauftrag angelegt werden konnte. Dabei werden unter anderem Kapazitäten, Restriktionen und Optimierungsentscheidungen nachvollzogen (siehe auch Abbildung 8.80).

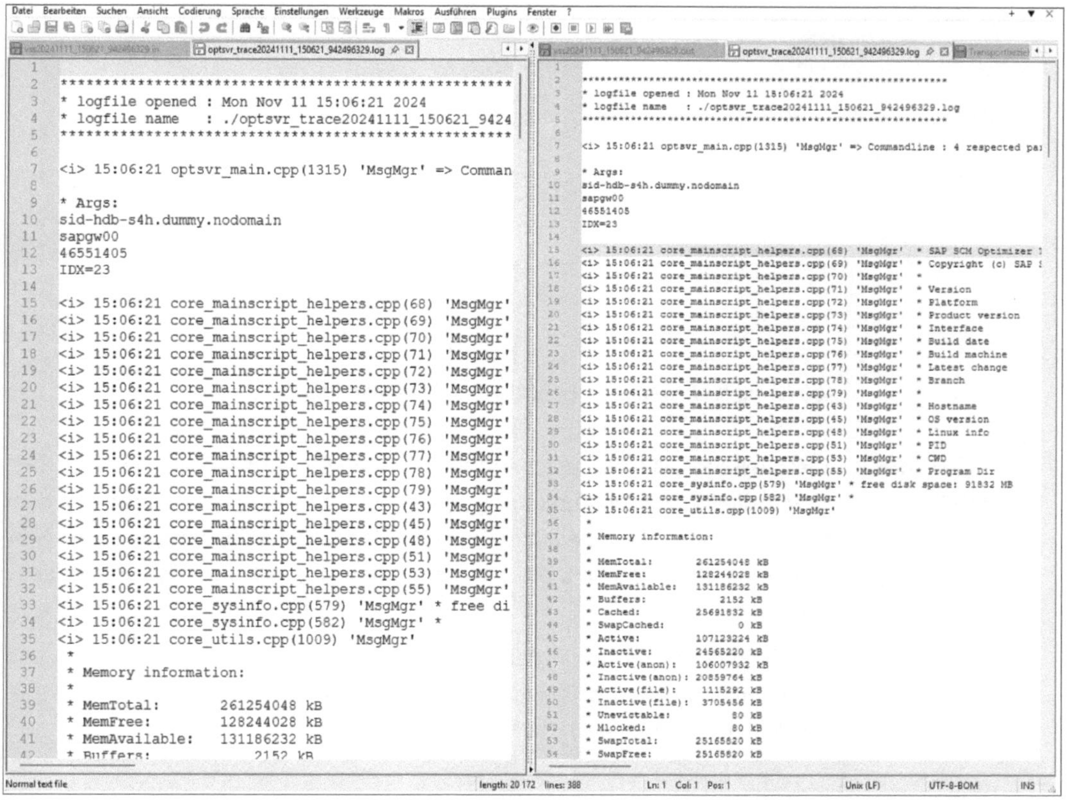


*Abbildung 8.80: Details der Analysedateien*

**KI nutzt gleiche Datenbasis**

ChatACS greift auf dieselben Dateien zurück. Die KI analysiert die Inhalte dieser Log- und Trace-Dateien automatisch und übersetzt die komplexen technischen Informationen in eine verständliche, fachliche Erklärung. Dadurch erhalten die Anwenderinnen und Anwender die relevanten Ursachen direkt im Chat, ohne die Dateien manuell öffnen, durchsuchen oder interpretieren zu müssen.

### 8.5.3 Technische Implementierung der KI-basierten Analyse von Protokolldateien in SAP TM

**Integration in Optimierungserklärung**

Die technische Umsetzung des AI-Use-Cases erfolgte über eine BAdI-Implementierung im SAP-TM-Optimiererklärungstool. In Abbildung 8.81 ist die entsprechende BAdI-Implementierung zu sehen, die gezielt in den Ablauf der Optimiererklärung eingebunden wurde.

Über diese BAdI wird der Standardprozess von SAP TM an der vorgesehenen Erweiterungsstelle ergänzt. Sobald im Optimiererklärungstool die Customer Function aufgerufen wird, wird die implementierte BAdI ausgeführt. Innerhalb dieser Implementierung werden die relevanten Optimiererinformationen, Logdateien sowie Kontextdaten gesammelt und strukturiert aufbereitet.

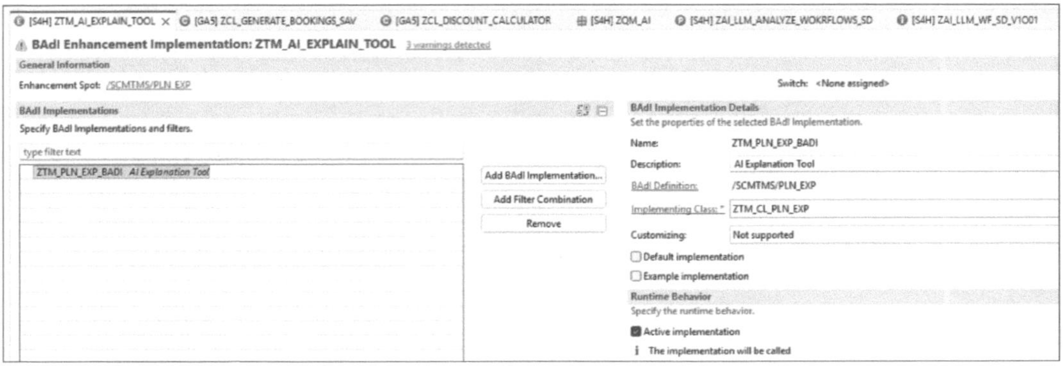


*Abbildung 8.81: BAdI-Implementierung für den KI-Aufruf*

**KI generiert verständliche Antwort**

Anschließend wird aus der BAdI heraus ChatACS aufgerufen. ChatACS übernimmt die technische Anbindung an die KI und stellt die Verbindung zu dem entsprechenden KI-Modell über die SAP BTP her. Die aufbereiteten Daten werden an die KI übergeben, die diese analysiert und daraus eine verständliche Antwort generiert.

Innerhalb der Methode werden zunächst die benötigten Datenstrukturen und Variablen definiert, um Knoten, Zuordnungen und Kontextdaten aus der Optimiererklärung auszulesen (siehe Abbildung 8.82).

```
METHOD /scmtms/if_pln_exp_badi~cust_func.

* Sebastian Sav, AI Implementation for Optimizer Explanation

    DATA:
      lt_children TYPE lvc_t_nkey,
      ls_tree     TYPE /scmtms/s_pln_expl_tree_struc,
      lo_data     TYPE REF TO data,
      ls_node     TYPE lvc_s_layn,
      lt_key      TYPE lvc_t_nkey,
      ls_assoc    TYPE /bobf/s_confro_assoc,
      lt_distance TYPE /scmtms/t_pln_ex_dist_k.

    DATA:
      lv_key      TYPE lvc_nkey,
      lv_assoc    TYPE /bobf/obm_assoc_key,
      lv_icon_mot TYPE icon_d,
      lv_mot_prev TYPE /scmtms/transmodecode,
      lv_row      TYPE i,
      lv_node_txt TYPE lvc_value,
      lv_tabname  TYPE tabname,
      lv_tabtype  TYPE ttypename.

    FIELD-SYMBOLS:
      <ls_node> TYPE /bobf/s_confro_node,
      <lt_data> TYPE ANY TABLE,
      <fs_data> TYPE any,
      <fv_mot> TYPE /scmtms/transmodecode,
      <fv_icon> TYPE /scmtms/pln_exp_mot_icon.

** get the data
    DATA: lo_instance   TYPE REF TO /scmtms/cl_pln_exp_ui,
          iv_node       TYPE lvc_nkey,
          lv_rcc_handle TYPE rcc_log_handle
```

*Abbildung 8.82: Quellcode der BAdI-Implementierung*

Diese Daten bilden die technische Grundlage, um die relevanten Informationen aus dem Optimierungslauf gezielt zu sammeln. Auf dieser Basis wird anschließend ChatACS aufgerufen, das die aufbereiteten Daten an die KI weiterleitet.

**Steuerung über System-Prompt**

Damit die KI fachlich passende Antworten liefert, wird ihr Verhalten über einen System-Prompt gesteuert. Dieser legt fest, wie die KI antwortet und welchen fachlichen Kontext sie berücksichtigt. Konkret ist sie angewiesen, kurz, klar und in einfachen Sätzen zu erklären, warum der Frachtauftrag nicht erstellt wurde. Sie darf nur auf tatsächlich vorhandene Daten eingehen und keine eigenen Annahmen treffen. Den vollständigen Prompt zeigt Abbildung 8.83.

```
system_prompt = system_prompt &&
  | Explain the displayed content using short and clear sentences.| &&
  | Your most important task is to explain why the freight order was not created.| &&
  | Use the messages of the Freight Units to derive the reason.| &&
  | Only refer to fields that actually exist. Do not invent information.| &&
  | When working with date fields, always use the format YYYYMMDD.| &&
  | | &&
  | By default, treat me as a business user.| &&
  | Do not mention technical field names, internal object names, or JSON structures.| &&
  | Use only business-friendly field descriptions.| &&
  | Do not expose SAP internal formats in the explanation.| &&
  | | &&
  | If I explicitly identify myself as an administrator or consultant during the conversation,| &&
  | also include the technical field names for analysis purposes.| &&
  | In administrator view, always show both representations:| &&
  | the business description and the SAP internal field name in brackets.| &&
  | | &&
  | The chat client supports plain text only.| &&
  | Do not use markdown or special formatting.| &&
  | Format the response in a clear, readable text-only layout.| &&
  | | &&
  | You are working in transaction /SCMTMS/EXP (Optimizer Explanation).| &&
  | An error occurred during optimization.| &&
  | Explain clearly what went wrong and why the freight order was not created.|.
```

*Abbildung 8.83: BAdI-System-Prompt*

**Keine technischen Details**

Gleichzeitig wird sichergestellt, dass die Antworten geschäftsorientiert und verständlich formuliert sind. Technische Feldnamen, interne Objektstrukturen oder SAP-interne Formate sollen nicht angezeigt werden. Stattdessen werden nur fachlich sinnvolle Bezeichnungen verwendet, ergänzt durch technische Feldnamen in Klammern, falls dies für das Verständnis erforderlich ist.

**Drei Schritte der Kontextbereitstellung**

Die Kontextbereitstellung erfolgt in drei Schritten: Zunächst werden die relevanten Optimiererdateien aus dem System geladen, anschließend inhaltlich aufbereitet und gemeinsam mit dem fachlichen Kontext an ChatACS übergeben, um eine verständliche Erklärung für den Anwender oder die Anwenderin zu erzeugen.

**Dateien laden**

In Abbildung 8.84 wird gezeigt, wie im ersten Schritt die für die Optimiererklärung relevanten Dateien, wie Log-, IN- und OUT-Dateien, technisch aus dem System geladen werden und damit die Grundlage für die weitere Analyse geschaffen wird. Diese Dateien bilden die vollständige Grundlage, um den Ablauf und das Ergebnis der Transportoptimierung nachvollziehen zu können.

```
*.... 1) download the file
    cl_rcc_file_download=>download_reference(
      EXPORTING
        it_files          = lt_files
        iv_transfermode   = iv_transfermode
        "iv_trigger_event = abap_false " return the WHOLE file
        iv_app            = ls_logentries-app "iv_app
        iv_dest_id        = ls_logentries-id "iv_dest_id
        is_slot           = ls_slot "is_slot
      IMPORTING
        et_file_table = lt_outfiles
```

*Abbildung 8.84: Coding zum Datei-Download*

**Dateiinhalte strukturieren**

Im zweiten Schritt wird der Inhalt dieser Dateien weiterverarbeitet, indem die Daten aus den Dateien ausgelesen und in eine strukturierte, für die fachliche Analyse geeignete Form überführt werden (siehe Abbildung 8.85). Die Dateien werden zeilenweise ausgelesen und in einen lesbaren Text überführt, sodass die enthaltenen Informationen für eine fachliche Analyse genutzt werden können.

```
*.... 2) get the data out of it
        DATA: lv_text TYPE string.

    LOOP AT lt_outfiles INTO ls_outfiles.
      lo_file = ls_outfiles-fileref.
```

*Abbildung 8.85: Coding zur Datenübernahme*

**Dialog starten**

Im dritten Schritt wird schließlich der KI-Dialog gestartet, indem die aufbereiteten Informationen zusammen mit dem definierten Kontext an ChatACS übergeben werden (siehe Abbildung 8.86). Die zuvor aufbereiteten Informationen werden zusammen mit dem definierten System-Prompt an ChatACS übergeben, das die Verbindung zur KI herstellt und eine verständliche Erklärung direkt im Optimiererklärungstool bereitstellt.

```
*.... 3) Start the AI-Dialog
    zacscl_btp_llm_chat_dia_w_tool=>start_chat_dialog(
*         object_ref                    =
        chat_title                      = ' '
*         bo_specific_context           =
```

*Abbildung 8.86: Coding zum Dialogaufruf*

### 8.5.4 Geschäftlicher Nutzen und Auswirkungen der KI-basierten Analyse von Protokolldateien in der SAP-TM-Planung

Die KI-basierte Analyse von Protokolldateien in der SAP-TM-Planung bietet einen klaren geschäftlichen Mehrwert, da komplexe Planungsergebnisse schneller und verständlicher interpretiert werden können. Anwender erhalten unmittelbar nachvollziehbare Erklärungen, warum ein Frachtauftrag nicht angelegt wurde, ohne tiefes technisches Wissen über Optimiererlogs oder Systemeinstellungen besitzen zu müssen. Dadurch sinkt der zeitliche Aufwand für Fehleranalysen deutlich, und operative Entscheidungen können schneller getroffen werden.

**Nachhaltige Effizienzsteigerung durch KI-Integration**

Gleichzeitig wird die Prozessstabilität erhöht, da Ursachen wie Kapazitätsengpässe, fehlerhafte Stammdaten oder technische Einschränkungen frühzeitig erkannt und gezielt behoben werden können. Die Transparenz über Planungsergebnisse verbessert zudem die Zusammenarbeit zwischen Fachbereichen und IT, da eine gemeinsame, verständliche Sicht auf das Problem entsteht. Durch die direkte Integration der KI in den SAP-TM-Standardprozess bleiben die Anwenderinnen und Anwender in ihrer gewohnten Oberfläche und müssen keine zusätzlichen Werkzeuge verwenden. Insgesamt trägt die KI-basierte Analyse dazu bei, Transportplanungsprozesse zu beschleunigen, Fehlerkosten zu reduzieren und die Effizienz sowie Qualität der logistischen Planung nachhaltig zu steigern.

## 8.6 Edith, ein KI-gestützter Enablement-Assistent

*Edith* ist ein KI-gestützter Enablement-Assistent, der nicht nur auf statischen Dokumentationsdatenbanken beruht, sondern durch generative künstliche Intelligenz dynamisch Inhalte erstellt und kontextbezogene Unterstützung bei der täglichen Arbeit von Produktexpertinnen und -experten bietet.

**Edith kein offizielles SAP-Produkt**

Edith ist kein offizielles SAP-Produkt und steht Kunden nicht zur Verfügung. Es handelt sich um einen SAP-intern entwickelten und genutzten Enablement-Assistenten. Wir stellen ihn in diesem Buch vor, weil er beispielhaft zeigt, wie sich generative KI auf Basis der SAP BTP für reale Anwendungsfälle umsetzen lässt. Da Sie den Assistenten mit den Möglichkeiten der Custom AI so oder ähnlich mit Ihren eigenen Domaindaten umsetzen könnten, findet sich seine Beschreibung auch in diesem Kapitel und nicht in Kapitel 6, »Embedded AI im Customer Relationship Management«.

Die technische Realisierung folgt dem Best-Practice-Ansatz von SAP: eine moderne, Cloud-native Softwarearchitektur, entwickelt auf der SAP BTP. Im Folgenden werden die geschäftlichen Herausforderungen sowie die Funktionsweise, der technische Aufbau, die Datenflüsse und die Integration der einzelnen Lösungskomponenten erläutert.

### 8.6.1 Geschäftliche Herausforderungen

Die kurzen Entwicklungszyklen moderner Cloud-Lösungen stellen Softwareunternehmen zunehmend vor Herausforderungen beim Wissenstransfer neuer Funktionen und Innovationen an die Anwenderbasis. Auch SAP ist davon betroffen: Durch den technologischen Fortschritt und den Einsatz generativer KI bei der Entwicklung steigt die Output-Quote stetig. Gleichzeitig wächst die SAP-Kundenbasis, insbesondere aufgrund der zunehmenden Durchdringung im Mittelstand, kontinuierlich, was die genannten Herausforderungen zusätzlich verstärkt.

**Innovationsgeschwindigkeit vs. Wissenstransfer**

Eine der drängendsten Herausforderungen ist die wachsende Kluft zwischen der technischen Bereitstellung einer Innovation und der Verfügbarkeit verständlicher Dokumentation. Es besteht erheblicher Zeitdruck, die Lücke zwischen dem Release-Datum einer Funktion und deren praktischer Erklärbarkeit möglichst gering zu halten, da veraltete Trainingsinhalte den Projekterfolg unmittelbar gefährden.

**Kognitive Hürden bei der Aufbereitung**

Die Übersetzung technischer Spezifikationen in didaktisch wertvolle Enablement-Assets, wie etwa Blogs zu Release-Highlights neuer Software-Versionen, ist eine enorme Transferleistung. Expertinnen und Experten stehen vor der Aufgabe, trockene technische Fakten aus Quellen wie dem SAP Help Portal oder What's-New-Dokumentation (beide verfügbar unter *https://help.sap.com*) in einen verständlichen Kontext zu setzen. Ohne diese Aufbereitung bleiben Funktionen abstrakt, lösen sich vom Prozesskontext und sind für die Endanwenderinnen und Endanwender schwer verständlich.

**Fehlender Praxisbezug**

Eine weitere Hürde besteht darin, den konkreten Mehrwert einer Funktion so praxisnah zu beschreiben, dass sich dieser direkt auf Problemstellungen im Geschäftsalltag übertragen lässt. Oft fehlt die Verbindung zwischen der rein funktionalen Beschreibung (»Was macht die Funktion?«) und der lösungsorientierten Anwendung (»Wie löst das mein konkretes Praxisproblem?«).

**Doppelter Wachstumsfaktor**

Hinzu kommt: Es werden in immer kürzeren Abständen mehr Innovationen ausgeliefert, parallel dazu steigt die Anzahl der Anwenderinnen und Anwender sowie der Implementierungsberater kontinuierlich an. Dieser doppelte Wachstumsfaktor überlastet herkömmliche Erstellungsprozesse, da die Kapazitäten der Produktexpertinnen und -experten nicht im gleichen Maße mitwachsen können.

**Fragmentierung der Informationsquellen**

Das relevante Wissen ist über zahlreiche Plattformen wie Community-Foren, Support-Portale oder Blogs verteilt. Die manuelle Sichtung, Konsolidierung und Harmonisierung dieser heterogenen Datenquellen zur Erstellung von umfangreichen und tiefgehenden Trainingsinhalten (z. B. Webinare, Podcasts oder Blogbeiträge) ist kaum noch effizient zu bewältigen.

Ohne automatisierte Analyseverfahren ist es schwierig, zeitnah zu erkennen, welche Themen in der Anwender-Community (*http://community.sap.com*) aktuell kritisch diskutiert werden. Dies führt dazu, dass Enablement-Inhalte oft am tatsächlichen Bedarf der Praxis vorbeigehen, da dringende Fragen in Foren oder Support-Tickets mit traditionellen Methoden der Content-Erstellung nicht schnell genug in offizielle Schulungsunterlagen einfließen können.

**Hot-Topics identifizieren**

## 8.6.2 Anwendung und Verwendung von Edith

Edith unterstützt Produktexpertinnen und -experten in verschiedenen Anwendungsszenarien. Im Folgenden stellen wir zwei zentrale Einsatzgebiete vor: die Erstellung von Blogbeiträgen zu Release-Highlights sowie die KI-gestützte Auswertung der meistgestellten Fragen aus der SAP-Community.

### Blogbeiträge zu Release-Highlights

Ein wesentliches Einsatzgebiet von Edith ist die Transformation komplexer technischer Release-Informationen in zielgruppenspezifische Kommunikationsformate. Wie das Tool genutzt werden kann, um einen informativen Blogbeitrag für die Zielgruppe der operativen Einkäuferinnen und Einkäufer zu erstellen, zeigt das folgende Praxisbeispiel.

**Bekannte Chat-UI**

Die Interaktion mit Edith erfolgt über eine Chat-Schnittstelle, die detaillierte Vorgaben für die Blogerstellung erlaubt. Wie in Abbildung 8.87 zu sehen ist, nutzen wir im aktuellen Praxisbeispiel den Assistenten, um einen Beitrag über die neuen Funktionen eines spezifischen Releases (hier Release 2508 für SAP S/4HANA Cloud) zu generieren.

**Strukturierte Eingabe**

Über eine vordefinierte Maske mit Dropdown-Menüs werden die wichtigsten Eckdaten des Blogbeitrags ausgewählt. Die Auswahlwerte sind vordefiniert, um den korrekten Ablauf der nachfolgenden Programmlogik und der API-Aufrufe zu externen Wissensdatenbanken sicherzustellen.

**Flexible Prompt-Erweiterung**

Für spezifische Anfragen steht ein Textfeld bereit, über das sich der Prompt ergänzen lässt. Im Praxisbeispiel präzisieren wir die Anfrage mit der Anweisung, den Fokus auf relevante Themen zu setzen, die insbesondere den Mitarbeitenden im operativen Einkauf zugutekommen. Nach Auswahl der Schaltfläche **Write** analysiert Edith auf Basis dieser Parameter die zugrunde liegenden technischen Dokumentationen und generiert einen strukturierten Entwurf für die Zielgruppe im operativen Einkauf.

**Blogbeitrag generieren**

Der KI-Assistent Edith setzt die im Dialogfenster festgelegten Parameter präzise um (siehe Abbildung 8.88). Die individuellen Anforderungen werden eingehalten, der Text in einem formellen Schreibstil auf Deutsch verfasst. Entsprechend der Anweisung, Innovationen mit hoher Relevanz zu priorisieren, hebt

Edith im Entwurf explizit Funktionen hervor, die für die Zielgruppe relevant sind, also z. B. verbesserte Suchmöglichkeiten und KI-gestützte Zusammenfassungen.

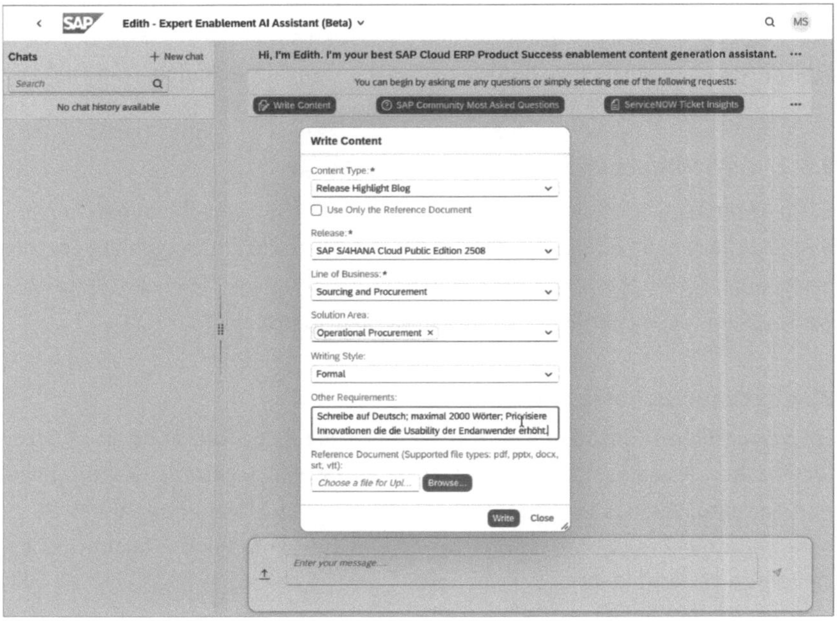


*Abbildung 8.87: Blogbeitrag zu Release-Highlights: Abfrageumfang definieren*

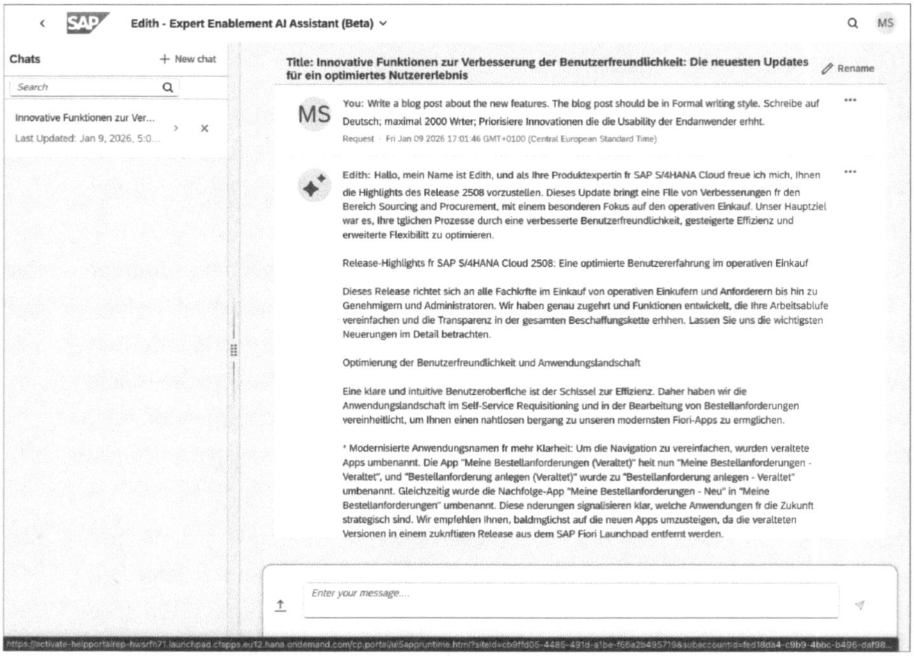


*Abbildung 8.88: Release-Highlights-Blog: KI-unterstützter Entwurf des Blogbeitrags*

> **Generierter Blogbeitrag in der SAP-Community**
> Wenn Sie sich auch inhaltlich für den in diesem Beispiel generierten Blogbeitrag zu den neuesten Innovationen im Bereich Einkauf interessieren, finden Sie das Endergebnis, das mit Edith erstellt und von SAP-Produktexpertinnen und -experten überarbeitet wurde, in der SAP-Community unter: *https://pages.community.sap.com/topics/s4hana-cloud-sourcing-procurement*.

**Responsible AI**

Am Ende des Blogentwurfs werden, wie in Abbildung 8.89 gezeigt, die Referenzen auf die Quelldokumente angeführt. Dies vereinfacht es, die KI-generierten Texte auf Korrektheit und Authentizität zu validieren. Damit erfüllt der Enablement-Assistent Edith auch die Anforderungen an eine verantwortungsvolle KI, indem er nicht nur Inhalte basierend auf seinem Training-Content erstellt, sondern die Belege zur Validierung durch einen Menschen (Human-in-the-Loop) direkt mitliefert.

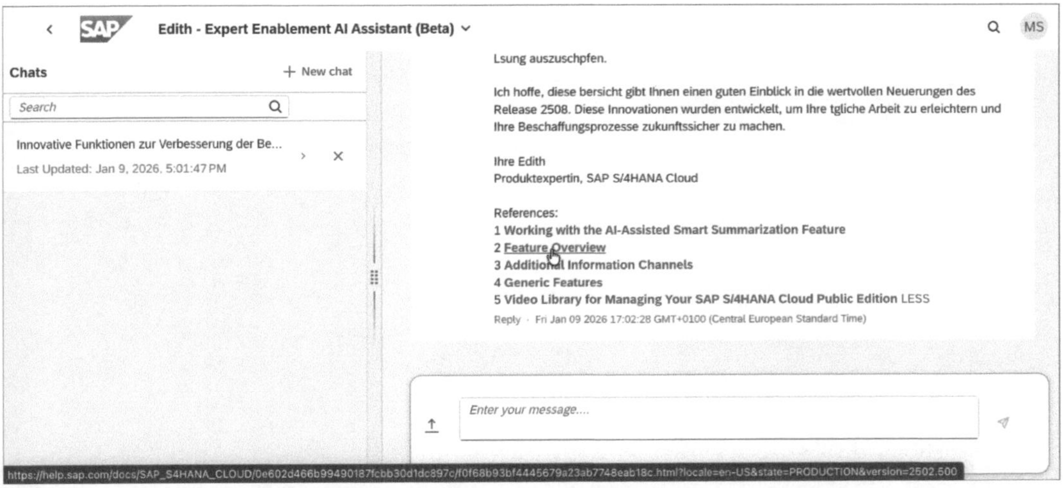


*Abbildung 8.89: Release-Highlights-Blog: Referenzen auf Quelldokumente*

### Most Asked Questions in der SAP-Community

In einer dynamischen und nahezu unbegrenzt breiten Softwareumgebung wie SAP Cloud ERP zählt das kollektive Wissen der Anwenderinnen und Anwender zu den wertvollsten Ressourcen. Die SAP-Community dient als zentraler Knotenpunkt, an dem Expertinnen und Experten, Kunden und Partner täglich Herausforderungen diskutieren und Lösungen teilen. Doch die schiere Menge an Informationen kann überwältigend sein. Hier setzt eine der leistungsstärksten Funktionen von Edith an: die KI-gestützte Analyse und Zusammenfassung der meistgestellten Fragen (*Most Asked Questions*).

**Wissen bündeln statt suchen**

Statt manuell Hunderte Forenbeiträge zu sichten, scannt Edith mithilfe künstlicher Intelligenz die SAP-Community und identifiziert aktuelle Trends sowie wiederkehrende Fragestellungen. Diese Funktion ist besonders wertvoll für Produktexpertinnen und -experten, da sie ihren Fokus gezielt auf die Beantwortung jener Fragestellungen legen können, die den größten Mehrwert für die Community bringt.

**Bekannte Chat-Benutzeroberfläche**

Der Zugriff auf dieses kollektive Wissen ist intuitiv in die Benutzeroberfläche von Edith integriert (siehe Abbildung 8.90) und nutzt dieselbe Chat-Funktionalität wie die Release-Highlights-Funktion. Die Eingrenzung erfolgt zeitlich basierend auf dem Datum, an dem die Frage erstellt wurde, und thematisch über die Auswahl der zu analysierenden Lösungsbereiche. In unserem Praxisbeispiel wählen wir einen Analysezeitraum von 30 Tagen (**30 days**) und als Lösungsbereich den Einkauf aus dem Produkt SAP S/4HANA Cloud Public Edition (**SAP S/4HANA Cloud Public Edition Sourcing and Procurement**). Nach dem Klick auf Schaltfläche **Generate** scannt Edith Hunderte von aktuellen Diskussionsthemen und identifiziert repetitive Muster.

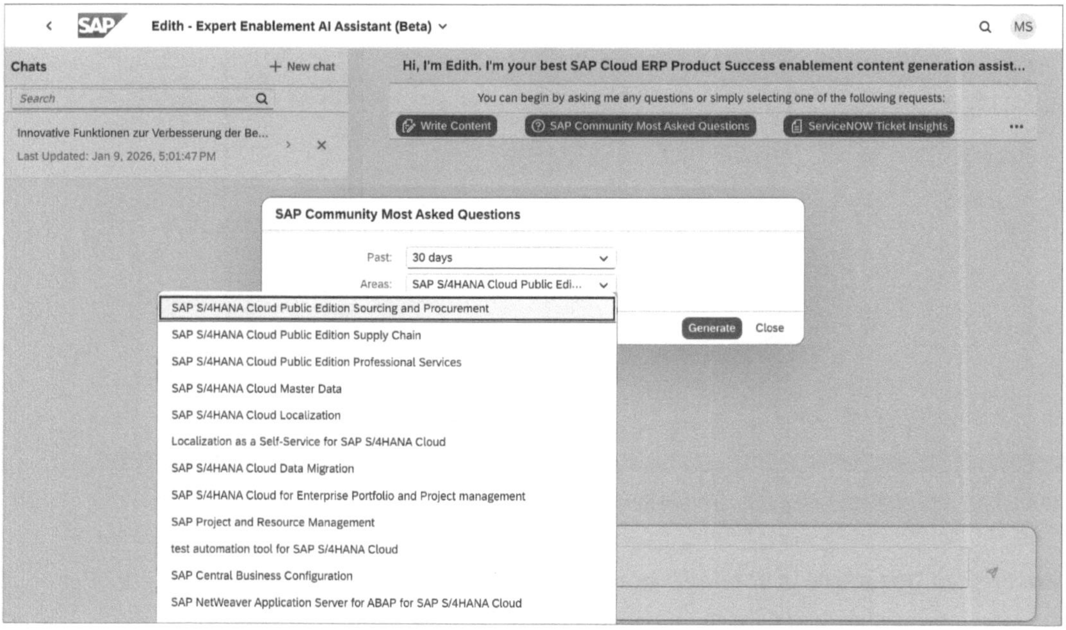


*Abbildung 8.90: Most Asked Questions: Abfrageumfang definieren*

**Strukturierte Kategorisierung**

Das Ergebnis der automatisierten Auswertung der SAP-Community sehen Sie in Abbildung 8.91. Dieses Ergebnis, das sich in Abbildung 8.92 fortsetzt, ist weit mehr als eine einfache Linksammlung – es ist eine thematische Clusterung, die auf einen Blick zeigt, wo die Community aktuell vor Herausforderungen steht.

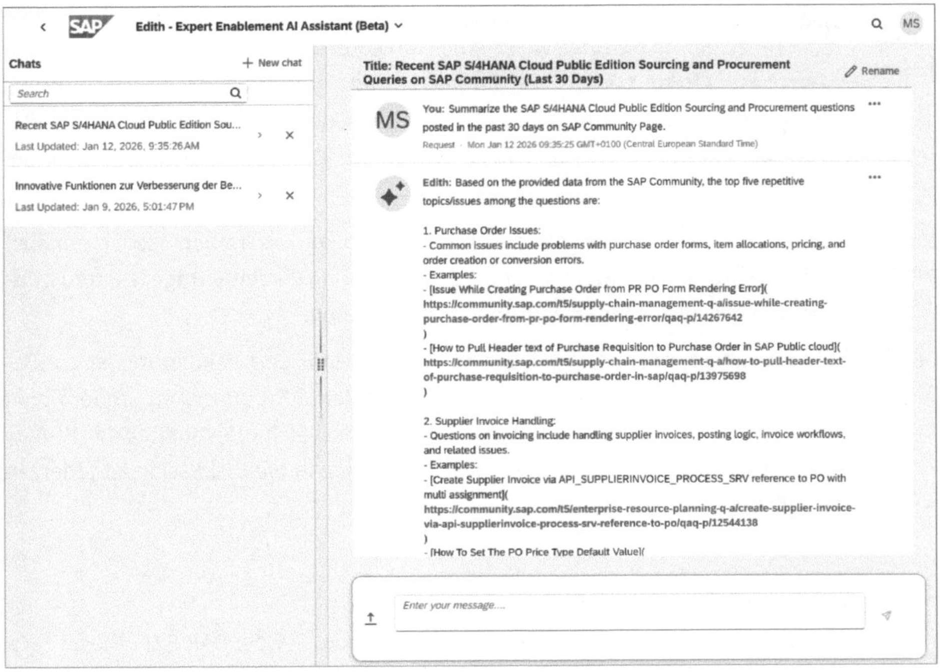


Abbildung 8.91: KI-unterstützte Zusammenfassung der meistgestellten Fragen (Teil 1)

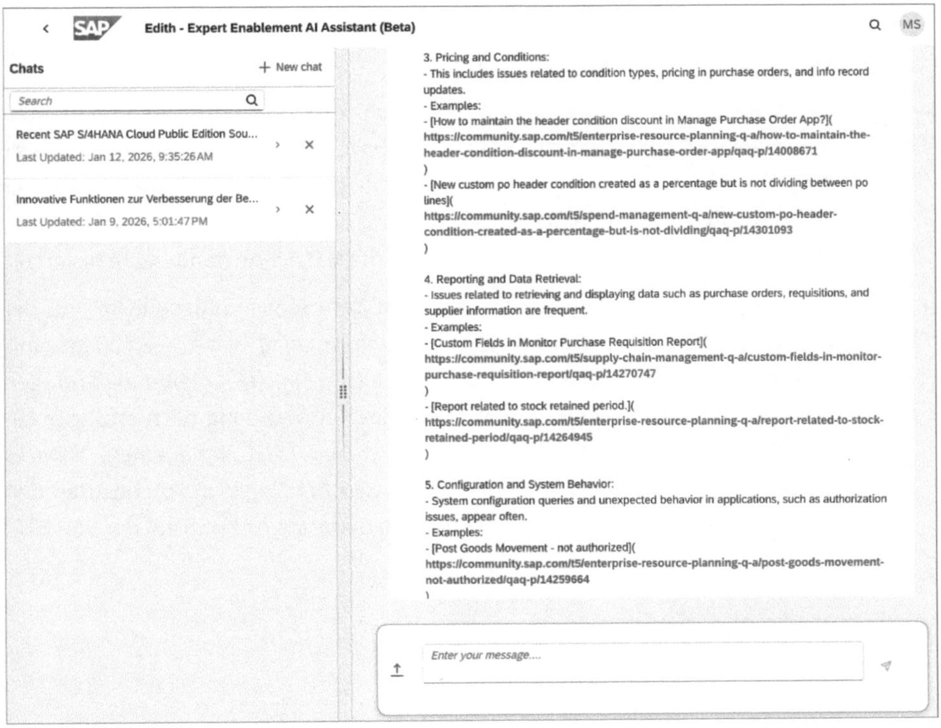


Abbildung 8.92: KI-unterstützte Zusammenfassung der meistgestellten Fragen (Teil 2)

**Themenschwerpunkte identifizieren**

Edith priorisiert die fünf am häufigsten auftretenden Problemfelder. Im Bereich Einkauf zeigt sich beispielsweise eine starke Konzentration auf Bestellprozesse (**Purchase Order Issues**), Rechnungsprüfung (**Supplier Invoice Handling**), Stammdaten und Konditionen (**Pricing and Conditions**), Berichtswesen (**Reporting and Data Retrieval**) und Konfiguration (**Configuration and System Behavior**).

**Zusammenfassung der Gemeinsamkeiten**

Zu jedem Schwerpunkt generiert Edith eine kurze Zusammenfassung der spezifischen Kernprobleme. Dies spart Zeit, Dutzende Einzelbeiträge lesen zu müssen, um den »gemeinsamen Nenner« zu erkennen.

**Direkte Verlinkung zur Quelle**

Ein entscheidendes Merkmal für die Authentizität und Validierung ist die Bereitstellung direkter Links auf die Beiträge in der SAP-Community. Jeder Punkt wird durch reale Beispiele untermauert. So lässt sich die Validität der KI-Aussage sofort überprüfen, und ein tieferer Einstieg in die Diskussion ist jederzeit möglich.

### 8.6.3 Technische Implementierung

Die technische Basis von Edith ist ein *Subaccount* auf der SAP BTP. Dieser Subaccount fungiert als zentraler Container für alle beteiligten Services und gewährleistet die logische Trennung und Verwaltung der Ressourcen in einer Multi-Cloud-Umgebung.

#### Technische Architektur

**SAP-BTP-Subaccount**

Den schematischen Überblick über die Architektur der Lösungskomponenten innerhalb und außerhalb des SAP-BTP-Subaccounts zeigt Abbildung 8.93. Der Zugriff auf die Anwendung kann über verschiedene Clients erfolgen, etwa über einen Webbrowser auf einem Desktop-Gerät oder über ein mobiles Endgerät. Die Benutzeroberfläche selbst ist als moderne HTML5-Anwendung realisiert.

**Aufruf der Edith-Programmlogik**

Um die sichere Kommunikation zwischen dem Anwendungs-Client und der Backend-Logik im *SAP Cloud Application Programming Model* (*CAP*) zu gewährleisten, kommt der SAP-Destination-Service zum Einsatz. Er leitet die Anfragen der Clients an die Endpunkte der Edith-Cloud-Anwendung nach erfolgter Authentifizierung durch die *SAP Authorization and Trust Management Services* weiter. Die CAP-Anwendung beinhaltet die Geschäftslogik und orchestriert den Aufruf der nachgelagerten Microservices im Generative AI Hub auf der SAP BTP.

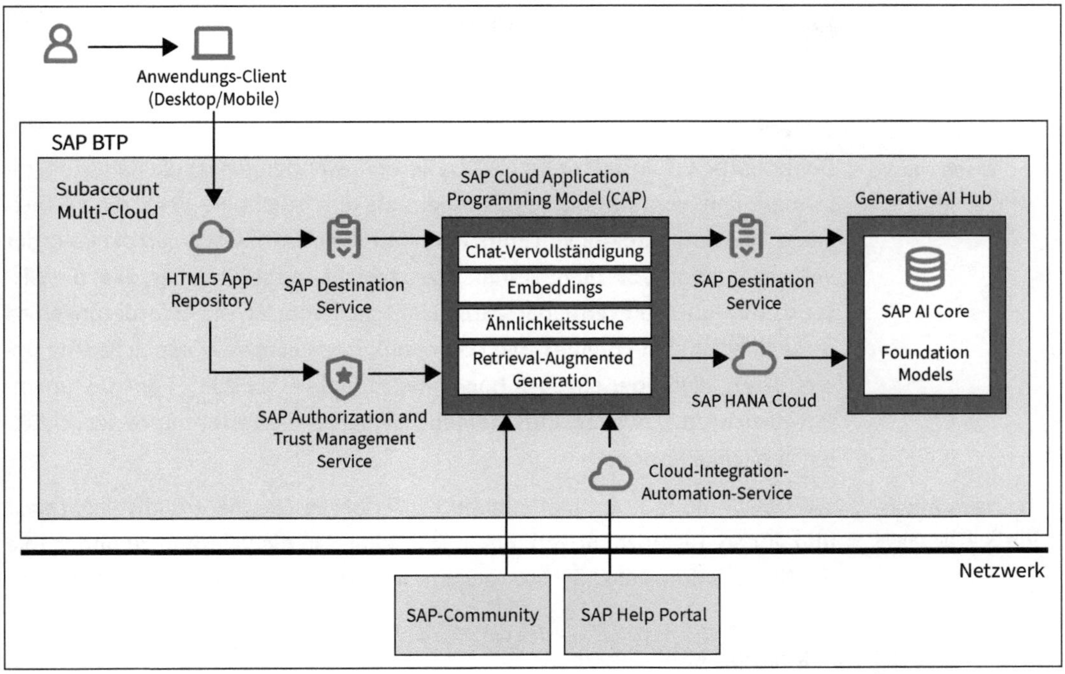


*Abbildung 8.93: SAP-BTP-Service-Architektur für Edith*

## Anwendungslogik

**CAP-Anwendung**

Wenn eine Anwenderin oder ein Anwender eine Anfrage stellt, initiiert die CAP-Anwendung zunächst die *Chat-Vervollständigung*. Dies ist der Prozess der interaktiven Kommunikation, bei dem der Kontext der Unterhaltung verwaltet wird. Bevor das Sprachmodell aufgerufen wird, kommt das Modul für *Retrieval Augmented Generation* (*RAG*) zum Einsatz.

**KI-Kontext anreichern**

Das RAG-Modul überführt die Texteingabe in eine mathematische Repräsentation. Dieser Vorgang wird als Erstellung von *Embeddings* bezeichnet. Hierbei werden Texte und Dokumente in hochdimensionale Vektoren umgewandelt, die ihre semantische (inhaltliche) Bedeutung repräsentieren und über die vielen Dimensionen unterschiedlich stark in semantischer Beziehung zueinander stehen.

**Ähnlichkeitssuche**

Das RAG-Modul orchestriert daraufhin die Ähnlichkeitssuche in der Edith-spezifischen Wissensdatenbank. Es sendet die Vektoren der Nutzeranfrage an die Datenbank, um dort nach inhaltlich korrespondierenden Vektoren zu suchen. Sobald relevante Wissensinhalte identifiziert wurden (im Praxisbeispiel SAP-Hilfe-Beiträge von *help.sap.com* sowie SAP-Community-Beiträge), führt das RAG-Modul diese Informationen mit der ursprünglichen Chat-Anfrage zusammen und übergibt dieses angereicherte Textpaket an das generative KI-Modell zur Formulierung der finalen Antwort.

Der gesamte Ablauf – von der Anfrage über die Embeddings bis zur Generierung – wird innerhalb des CAP-Frameworks abgewickelt.

### Datenbank

**Wissensbasis: SAP HANA Cloud als Vector Store**

Der kritische Erfolgsfaktor für RAG-basierte Anwendungen ist die Fähigkeit, Informationen nicht nur als Text, sondern als durchsuchbare Vektoren zu speichern. In der Architektur von Edith übernimmt die *SAP HANA Cloud* die Rolle der Vektordatenbank. Sie dient als Persistenzschicht und stellt sicher, dass die Wissensbasis dauerhaft verfügbar, aktuell und skalierbar ist. Die Anforderungen an diese Schicht sind komplex. Die Datenbank muss eine Vektorspeicherung unterstützen, die in der Lage ist, hochdimensionale Embeddings aus Dokumenten effizient zu verwalten. Entscheidend ist hierbei die Performance der schnellen Ähnlichkeitssuche.

**Semantische Übereinstimmung**

SAP HANA Cloud nutzt mathematische Verfahren wie die *Kosinus-Ähnlichkeit* und andere Distanzmetriken, um in Millisekunden die Vektoren zu finden, die der Nutzeranfrage am nächsten liegen – also semantisch am ähnlichsten sind.

[»]

**Kosinus-Ähnlichkeit**

Die Kosinus-Ähnlichkeit quantifiziert die Ähnlichkeit zweier Vektoren anhand ihrer Ausrichtung im mehrdimensionalen Raum, unabhängig von deren Längen (Anzahl Zeichen/Token). Sie ist mathematisch definiert als das Skalarprodukt der Vektoren geteilt durch das Produkt ihrer Längen (Normen). Die Metrik liefert einen Wert zwischen –1 und 1 – durch die Division ihrer Längen wird der Längenunterschied der beiden Texte ausgeklammert. Ein Wert nahe 1 signalisiert eine nahezu identische Ausrichtung und somit eine hohe semantische Übereinstimmung, während Werte gegen und kleiner 0 auf keine inhaltliche Ähnlichkeit hindeuten.

Beispiele hierfür sind:

- **Semantische Nähe statt Gegensatz:** Wörter werden auf Basis ihres Kontexts gruppiert. »Schwarz« und »Weiß« sind zwar eigentlich gegenteilig, kommen aber oft in ähnlichen Sätzen vor (»Das Auto ist ...«). Daher haben sie meist eine hohe positive Cosinus-Ähnlichkeit (oft > 0,7).
- **Keine physikalischen Gegenteile:** Für die Mathematik eines Sprachmodells sind Gegenteile keine »Gegen-Vektoren«. Sie sind sich semantisch ähnlicher als völlig unzusammenhängende Wörter (wie »Schwarz« und »Spaghetti«), die einen Wert näher bei 0 hätten.

Aufgrund ihrer Eigenschaft, die absolute Länge von Vektoren zu ignorieren, ist die Kosinus-Ähnlichkeit der Standard in modernen Suchmaschinen und RAG-Architekturen. Sie ermöglicht es, die inhaltliche Nähe zwischen einer kurzen Nutzeranfrage und umfangreichen Dokumenten präzise zu bestimmen.

**Anbindung externer Quellen**

Darüber hinaus stellt die Datenbank eine API-gesteuerte Integration bereit, die es erlaubt, neue Dokumente von externen Servern aufzunehmen und bestehende Inhalte aktuell zu halten. Ebenso wichtig ist die Metadatenverwaltung. Zu jedem Vektor werden Metadaten wie Tags, Version und Quellverweise gespeichert. Nur so kann Edith später im Chat genau referenzieren, aus welchem Dokument eine Information stammt.

**Datenpersistenz und Backup**

Die Datenpersistenz wird durch den *SAP HANA Vector Store* gewährleistet. Er stellt sicher, dass alle Embeddings und die zugehörigen Metadaten nicht nur flüchtig im Speicher liegen, sondern dauerhaft indexiert sind. Standardmechanismen der SAP HANA Cloud für Backup und Recovery sorgen dabei für die Einhaltung von Compliance-Vorgaben und schützen vor Datenverlust.

### SAP AI Core und Generative AI Hub

Während die CAP-Anwendung die Geschäftslogik steuert und SAP HANA Cloud das Wissen speichert, stellt *SAP AI Core* die notwendige Rechenleistung für die künstliche Intelligenz zur Verfügung. SAP AI Core ist der zentrale Dienst auf der SAP BTP, um generative KI-Modelle zu verwalten und auszuführen.

**LLM-Abstraktionsschicht**

Über das *SAP AI Launchpad* und seine Verwaltungsoberfläche lassen sich KI-Workflows konfigurieren und überwachen. Hier stellt der *Generative AI Hub* die notwendige Abstraktionsschicht für die Arbeit mit mehreren *Foundation Models* bereit. In Abbildung 8.94 sind die Modelle ersichtlich, die Edith nutzt. Anstatt die Anwendung fest mit einem einzigen LLM zu verdrahten, ermöglicht der Hub den Zugriff auf verschiedene Modelle, die je nach Anwendungsfall optimiert sind – sei es für die Erstellung von Embeddings oder für die Chat-Vervollständigung.

**Szenariobasierte Zuordnung**

Der Generative AI Hub nimmt die um Embeddings erweiterten Prompts der CAP-Anwendung entgegen, leitet sie an das dem Szenario zugeordnete Modell weiter (im Anwendungsfall Gemini oder GPT-5) und gibt das Ergebnis zurück.

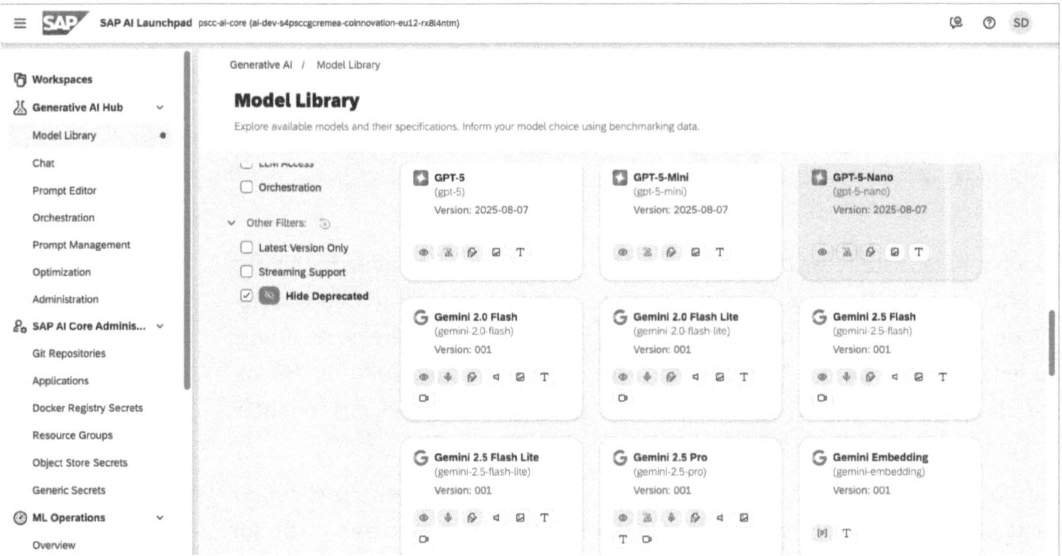


*Abbildung 8.94: Verfügbare LLMs im Generative AI Hub*

### Integration und Automatisierung

Da Edith seinen eigentlichen Vorteil hauptsächlich durch aktuelle Informationen entfaltet, sind die Aktualisierungsprozesse der Embeddings in der SAP-HANA-Cloud-Vektordatenbank besonders wichtig. Hier kommt die *SAP Integration Suite* ins Spiel.

**Regelmäßige Aktualisierung der Wissensdatenbank**

Sie verbindet den SAP-BTP-Subaccount mit externen Systemen und sorgt für die automatisierte Synchronisation mit verschiedenen Wissensquellen. Über den *Cloud-Integration-Automation-Service* sind *Pipelines* eingerichtet, die die für Edith notwendigen Wissensdatenbanken auf dem aktuellen Stand halten. Hierbei werden als Quellen die SAP-Community (ausgewählte Tags) und das SAP Help Portal (bestimmte Produktunterseiten) abgefragt. Werden neue oder aktualisierte Inhalte erkannt, stößt die SAP Integration Suite den Aktualisierungsprozess in der SAP-HANA-Datenbank an. Dabei werden die Quelldaten abgerufen, mittels der KI-Modelle in Embeddings transformiert und über die APIs in SAP HANA Cloud gespeichert. Dort stehen sie dem RAG-Modul für zukünftige Anfragen zur Verfügung.

### Sicherheit und Erweiterbarkeit

Zur Verwaltung der Benutzerberechtigungen ist in der Architektur (siehe Abbildung 8.93) der Dienst *SAP Authorization and Trust Management* eingebettet. Er gewährleistet eine sichere Authentifizierung und flexible Berechtigungsverwaltung. So wird sichergestellt, dass nur berechtigte Personen Zugriff auf die einzelnen Enablement-Funktionen erhalten und die Datensicherheit gewahrt bleibt.

**Modulare Architektur auf der SAP BTP**

Die Architektur von Edith bietet durch die flexible modulare Integration verschiedenster SAP-BTP-Services eine hochgradig skalierbare und flexible Entwicklung. Die saubere und klare Trennung von Anwendungslogik (CAP-Anwendung), Datenhaltung (SAP HANA Cloud), KI-Ausführung (SAP AI Core) und Integration (SAP Integration Suite) erlaubt es unseren Entwicklerinnen und Entwicklern, neue Funktionen oder zusätzliche Wissensquellen flexibel zu implementieren.

### 8.6.4 Geschäftlicher Nutzen und Auswirkungen

**Signifikante Effizienzsteigerung**

Der Einsatz von Edith markiert einen Paradigmenwechsel im Enablement für cloudbasierte SAP-Lösungen. Während traditionelle Wissensmanagement-Ansätze linear mit der Zahl der verfügbaren Expertinnen und Experten skalieren, entkoppelt Edith die Bereitstellung von Fachwissen von der reinen Personalstärke. Der unmittelbarste betriebswirtschaftliche Effekt zeigt sich in einer massiven Effizienzsteigerung innerhalb der Content-Produktion: Durch die Automatisierung der Erstellung und Qualitätssicherung von Enablement-Inhalten – seien es Blogbeiträge, Webinar-Skripte oder Antworten auf häufige Fragen – sinkt der manuelle redaktionelle Aufwand drastisch.

**Wegfall monotoner Aufgaben**

Produktexpertinnen und -experten werden von repetitiven Recherche- und Schreibarbeiten entlastet und können ihre Zeit stattdessen in die inhaltliche Analyse und die Überleitung der Themen in die Praxis der Kunden investieren. Dies beschleunigt die Erstellung neuer Inhalte und erhöht den möglichen Umfang signifikant.

**Globale Skalierbarkeit**

In einem wachsenden Cloud-Umfeld ist die Fähigkeit zur Skalierung erfolgskritisch. Es ermöglicht, eine exponentiell wachsende Zahl von Kunden und Partnern mit konsistenten und qualitativ hochwertigen Inhalten zu versorgen – unabhängig von der aktuellen Größe des Enablement-Teams.

**Beschleunigte Innovationsadoption**

Innovationen entfalten ihren Wert nicht mit der Softwareauslieferung, sondern erst durch ihre Nutzung. Edith fungiert hier als Katalysator für die Einführung neuer Cloud-Innovationen. Durch die aktive Analyse und die Aggregation von Community-Fragen werden Verständnisbarrieren identifiziert, noch bevor sie zu kritischen Problemen eskalieren. Neue Features werden schneller verstanden, akzeptiert und produktiv eingesetzt, was den Nutzen der Software für den Kunden erhöht.

**Vertrauen durch Transparenz**

In Zeiten generativer KI ist das Vertrauen in die Richtigkeit von Aussagen unerlässlich. Edith gewährleistet dies durch strikte Transparenz und Nachvollziehbarkeit. Jede generierte Antwort wird durch die direkte Integration von Referenzquellen und Deep-Links in die offizielle Dokumentation belegt. Dadurch wird die Zuverlässigkeit der bereitgestellten Informationen signifikant erhöht.

**Technologische Zukunftssicherheit**

Die Architektur von Edith ist schließlich kein statisches Konstrukt, sondern auf Langlebigkeit ausgelegt. Die flexible Basis der SAP BTP gewährleistet Zukunftssicherheit. Die kontinuierliche Erweiterung der Wissensbasis auf zusätzliche SAP-Cloud-Produkte (SAP Ariba, SAP Concur etc.) und die geplante Integration neuer Technologien – wie etwa automatisierte Übersetzungen mittels Machine Learning oder die Anbindung weiterer externer Suchtools – stellen sicher, dass Edith auch zukünftigen Anforderungen seiner Nutzerinnen und Nutzer sowie dem sich stetig wandelnden technologischen Umfeld gerecht wird.

TEIL III

# KI-Entwicklung auf der SAP BTP

*In diesem Teil zeigen wir Ihnen, wie sich KI-Lösungen im SAP-Umfeld technisch konzipieren, entwickeln und produktiv betreiben lassen. Ausgehend von der SAP-AI-Referenzarchitektur und den zentralen Lösungsbausteinen beleuchten wir verschiedene Entwicklungsansätze für Custom AI – von Joule Studio über das ABAP RESTful Application Programming Model und das Cloud Application Programming Model (CAP) bis hin zum Intelligentes-Szenario-Lebenszyklusmanagement (ISLM). Abschließend zeigen wir Ihnen, wie Sie KI-Innovationen in Ihrem Unternehmen gezielt gestalten und nachhaltig umsetzen.*

Kapitel 9

# SAP-AI-Referenzarchitektur und Lösungsbausteine

*In diesem Kapitel lernen Sie die SAP-Referenzarchitektur für die KI-Entwicklung und ihre zentralen Bausteine kennen.*

Die Transformation moderner Geschäftsprozesse wird zunehmend durch die Integration künstlicher Intelligenz vorangetrieben. Die *SAP Business Technology Platform* (SAP BTP) bildet hierfür das entscheidende technologische Fundament unterhalb des gesamten SAP-Lösungsportfolios. Sie stellt eine einheitliche Plattform bereit, die Funktionen für Anwendungsentwicklung, Automatisierung, Datenmanagement, Integration, Analytik und künstliche Intelligenz kombiniert und damit die Entwicklung prozessnaher Geschäftsanwendungen unterstützt. Für Unternehmen bietet die SAP BTP insbesondere ein hohes Maß an Flexibilität und Agilität. Durch die Integration von SAP- und Nicht-SAP-Systemen lassen sich Geschäftsprozesse vereinheitlichen, automatisieren und beschleunigen. Gleichzeitig ermöglicht die Plattform die Entwicklung und Erweiterung intelligenter Anwendungen auf Basis moderner KI-Technologien.

Dieses Kapitel vermittelt Ihnen ein fundiertes Verständnis der SAP-Referenzarchitektur für KI-Entwicklung sowie ihrer zentralen Lösungsbausteine auf der SAP BTP. In Abschnitt 9.1 lernen Sie das Zusammenspiel von SAP AI Core und SAP AI Launchpad kennen, um KI-Szenarien effizient zu orchestrieren und zu betreiben. Ein besonderer Fokus liegt auf der Rolle der SAP HANA Cloud Vector Engine für moderne RAG-Szenarien und das Grounding von Sprachmodellen. Darüber hinaus erfahren Sie in Abschnitt 9.2, wie das Intelligent Scenario Lifecycle Management (ISLM) KI-Funktionen nahtlos in SAP S/4HANA Cloud integriert und welche Architekturoptionen für die Ausführung von KI-gestützten Eigenentwicklungen zur Verfügung stehen.

## 9.1 SAP-BTP-Referenzarchitektur zur Anwendung künstlicher Intelligenz

Die Architektur der SAP BTP gliedert sich, wie in Abbildung 9.1 dargestellt, in vier zentrale Bausteine, die im Folgenden näher beleuchtet werden:

- Anwendungsentwicklung und Automatisierung
- Daten und Analysen
- Integration
- künstliche Intelligenz

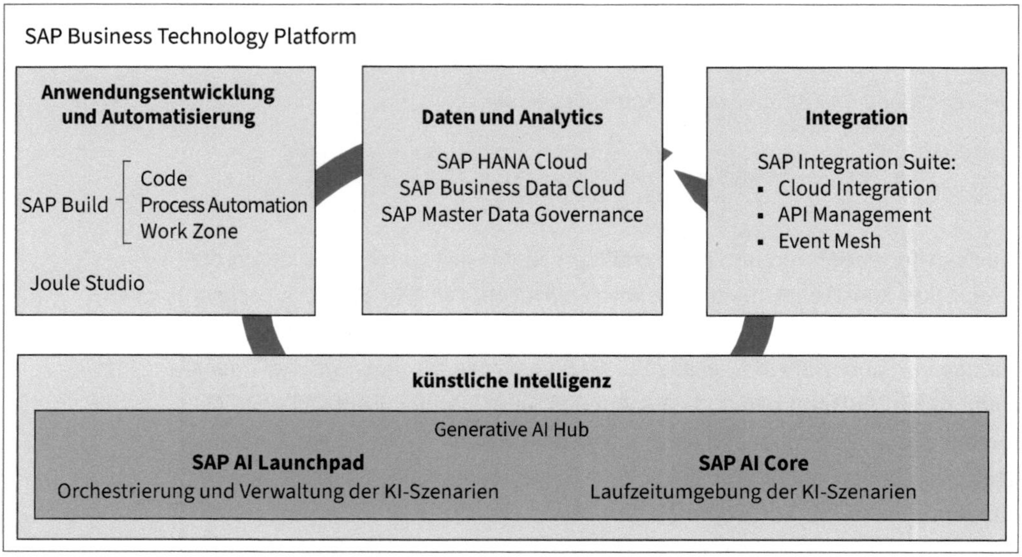


*Abbildung 9.1: Zentrale Bausteine der SAP BTP zur Entwicklung und Integration von KI-Funktionen*

**Anwendungsentwicklung und Automatisierung**

Der erste Baustein – Anwendungsentwicklung und Automatisierung – ermöglicht es Unternehmen, innovative Anwendungen und Benutzeroberflächen zu erstellen, bestehende Anwendungen zu erweitern oder Prozesse mit maßgeschneiderten IT-Lösungen zu verbessern und zu automatisieren. SAP stellt hierfür ein breites Portfolio an Werkzeugen bereit:

- **SAP Build Code** (Pro-Code)

  Entwicklung und Erweiterungen von Applikationen für professionelle Entwicklerinnen und Entwickler, z. B. im *SAP Business Application Studio*, mit dem *Cloud Application Programming Model* (CAP) oder dem *ABAP RESTful Application Programming Model*.

- **SAP Build Process Automation**

  Modellierung und Automatisierung von Geschäftsprozessen durch Workflows und regelbasierte Bots

- **SAP Build Work Zone**

  Aufbau digitaler Arbeitsbereiche, die den Zugriff auf SAP- und Nicht-SAP-Applikationen und weiterer individuell gestaltbarer Inhalte an einem Punkt vereinen.

- **Joule Studio**

  Entwicklung von *Joule Skills* und *Agents* im unternehmensspezifischen Kontext, um individuelle Geschäftsprozesse zu beschleunigen und zu automatisieren.

**Daten und Analysen**

Der zweite Baustein – Daten und Analysen – ermöglicht es Organisationen, den Wert ihrer Geschäftsdaten besser auszuschöpfen, indem sie auf ein harmonisiertes und vereinheitlichtes Datenfundament zugreifen. Hierfür spielen folgende drei Lösungskomponenten eine zentrale Rolle:

- **SAP HANA Cloud**

  In-Memory-Datenbank, die die notwendige Persistenz für SAP- und Nicht-SAP-Anwendungen bietet und die Basis für Hochleistungsszenarien bildet. Im Kontext der Entwicklung von KI-Anwendungen spielt ihre Fähigkeit, hochdimensionale Vektoren abbilden zu können, eine zentrale Rolle.

- **SAP Business Data Cloud**

  Diese Komponente stellt (in Koordination mit den angebundenen SAP-Business-Suite-Komponenten) vordefinierte Datenprodukte je Businessobjekt und Anwendungsfall zur Verfügung. Diese folgen einem harmonisierten Datenmodell, was einen raschen und skalierbaren Datenzugriff ohne mühevolle Datentransformation ermöglicht. Zusätzlich enthält die Komponente Services wie *SAP Datasphere*, *SAP Analytics Cloud* und *SAP Databricks*, um umfangreiche Analysen, Auswertungen und Einblicke mithilfe von KI zu generieren.

- **SAP Master Data Governance**

  Für verlässliche Geschäftsanalysen und fehlerfreie Transaktionen ist die Qualität der Stammdaten entscheidend. Diese Anwendung bildet das nötige Fundament für unternehmensweit konsolidierte und konsistente Stammdaten.

**Integration**

Der dritte Baustein – Integration – ist darauf ausgelegt, Anwendungen und Prozesse über das gesamte Unternehmen hinweg zu verbinden. Die zentrale Lösung ist die *SAP Integration Suite*, eine einheitliche Plattform für die Integration von Geschäftsprozessen, *Programmierschnittstellen* (engl. Application Programming Interfaces, APIs) und *Events* – sowohl für SAP- als auch für Nicht-SAP-Anwendungen in Public-Cloud- und Private-Cloud-Umgebungen. Für die Entwicklung von KI-Lösungen sind folgende Komponenten wesentlich:

- **Cloud Integration**

  Der Service, um alle Anwendungen und Prozesse innerhalb einer heterogenen Landschaft zu verbinden und Integrationsszenarien zwischen Softwarelösungen abzuwickeln.

- **API Management**

  Ermöglicht die effiziente Verwaltung und den Betrieb von Programmierschnittstellen (APIs), um den Datenaustausch kontrolliert zu steuern.

- **Event Mesh**

  Diese Komponente erlaubt die Einführung einer ereignisgesteuerten Architektur. Sie verteilt Events in Echtzeit, um eine nahtlose Integration innerhalb hybrider Umgebungen zu gewährleisten. Dazu übermittelt sie die erforderlichen Trigger, um automatisierte Prozesse reibungslos über verschiedene Systeme hinweg ablaufen zu lassen.

**Künstliche Intelligenz**

Der vierte Baustein – künstliche Intelligenz – wurde entwickelt, um KI-Szenarien standardisiert und skalierbar zu entwickeln und zu betreiben. Im *Generative AI Hub* werden zwei Kernkomponenten für die Entwicklung mit künstlicher Intelligenz zur Verfügung gestellt: zum einen das *SAP AI Launchpad* für die Orchestrierung und Verwaltung von KI-Szenarien und zum anderen der *SAP AI Core*, der als Laufzeitumgebung die notwendigen Tools und Services bereitstellt, um KI-Szenarien zu entwickeln und auszuführen. In Abschnitt 9.1.1 und Abschnitt 9.1.2 werden diese zentralen Komponenten näher beleuchtet.

Die schematische Darstellung in Abbildung 9.2 zeigt die Service-Architektur der SAP BTP und verdeutlicht das Zusammenspiel der beschriebenen Bausteine in einer technischen Gesamtarchitektur.

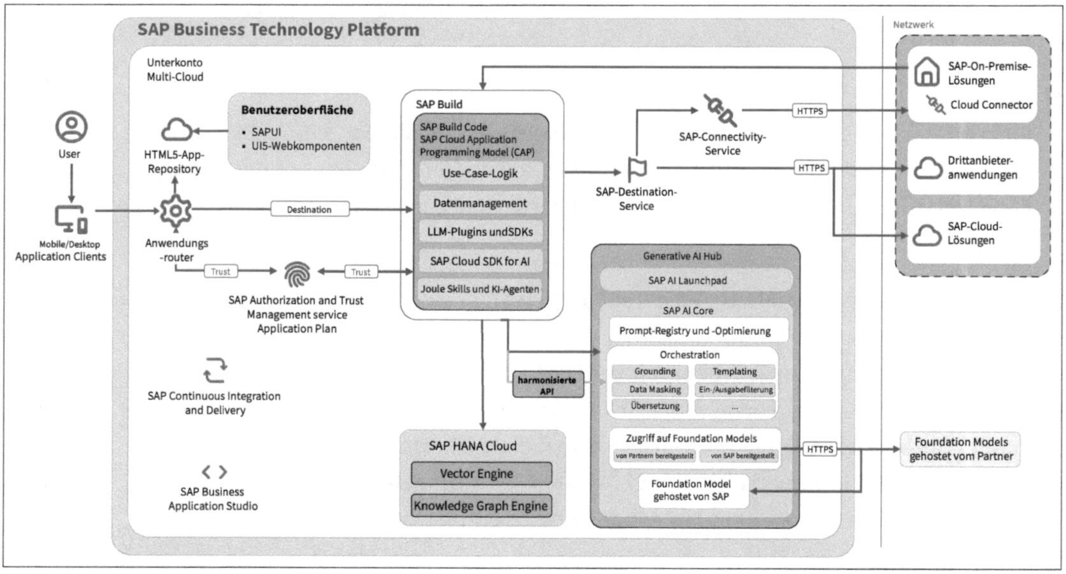


*Abbildung 9.2: Service-Architektur der SAP BTP*

**Flexible Service-Architektur**

Wie in Abbildung 9.2 dargestellt, bildet die Anwendungsentwicklung die oberste Schicht. In dieser werden Benutzeroberfläche und Anwendungslogik mit Lösungen wie z. B. SAP Build umgesetzt. Das Herzstück der Architektur ist der *Generative AI Hub*, der als zentraler Knotenpunkt alle Funktionen rund um die generative KI bündelt, Zugriff auf verschiedene Foundation Models gewährt und Dienste für die Orchestrierung von Anfragen sowie für das Prompt-Management bietet.

**Moderne In-Memory-Datenbank**

Die Grundlage für KI-Anwendungen bildet das Datenmanagement. SAP HANA Cloud übernimmt die Speicherung und Verarbeitung der Daten. Ergänzt wird dies durch Integrationsdienste, die eine Anbindung der Plattform an das Netzwerk der Außenwelt, darunter SAP-On-Premise-Lösungen, Anwendungen von Drittanbietern sowie weitere Cloud-Lösungen, sicherstellt.

### 9.1.1 SAP AI Launchpad

Das SAP AI Launchpad ist die zentrale Verwaltungsebene und Steuerungsinstanz für das KI-Management auf der SAP BTP. Technisch betrachtet handelt es sich um eine Software-as-a-Service-Anwendung (SaaS-Anwendung), die von SAP bereitgestellt wird, um die operative Verwaltung von KI-Szenarien von der eigentlichen Ausführungsinfrastruktur zu entkoppeln.

**Grafisches Frontend**

Das SAP AI Launchpad dient als grafische Oberfläche, während die rechenintensive Ausführung der KI-Szenarien auf separaten, angebundenen Laufzeitumgebungen (dem SAP AI Core) erfolgt. Abbildung 9.3 zeigt die Benutzeroberfläche des SAP AI Launchpad mit der Modellübersicht im Generative AI Hub. Eine aktuelle Übersicht über die Verfügbarkeit generativer KI-Modelle gibt SAP-Hinweis 3437766 (abrufbar unter *https://me.sap.com/notes/3437766*).

**Entwicklung und Laufzeitumgebung für Narrow AI**

Die Kernaufgabe des Launchpads ist die Verwaltung des gesamten KI-Szenario-Lebenszyklus. In sogenannten *Narrow-AI-Szenarien* kann es genutzt werden, um KI-Modelle zu trainieren und anschließend als skalierbare Endpunkte für die Inferenzabwicklung bereitzustellen. Bei Narrow-AI-Anwendungen handelt es sich um spezialisierte Modelle, die darauf trainiert sind, eine einzige, klar definierte Geschäftsaufgabe effizient zu lösen. Zum Einsatz kommen hierfür üblicherweise klassische Machine-Learning-Algorithmen. Ein zentrales Architekturmerkmal ist die Verwendung von Ressourcengruppen. Diese ermöglichen eine logische Isolierung von KI-Artefakten wie Modellen und Deployments innerhalb einer Laufzeitumgebung. Auf diese Weise lassen sich getrennte Umgebungen realisieren, z. B. für Entwicklung, Test und Produktion, die über eine einzige Oberfläche verwaltet werden.

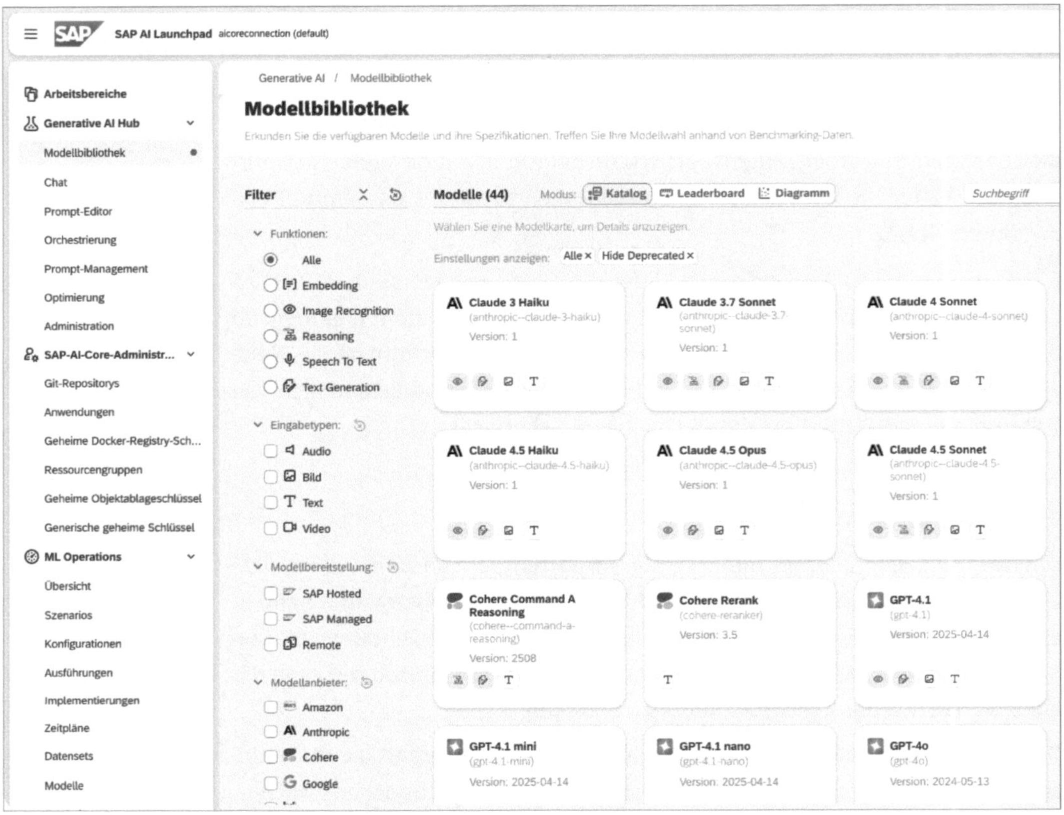


*Abbildung 9.3: SAP AI Launchpad mit der Modellübersicht im Generative AI Hub*

**Entwicklung und Laufzeitumgebung für Generative AI**

Neben dem klassischen Machine Learning für Narrow-AI-Szenarien integriert das Launchpad auch den *Generative AI Hub*, der als Entwicklungsumgebung für *Generative-KI-Szenarien* dient. Anstatt eine eigene Infrastruktur für LLMs aufzusetzen, greifen Entwicklerinnen und Entwickler zentralisiert auf verschiedene angebundene *Foundation Models* zu. Das Launchpad bietet zudem Werkzeuge für Prompt Engineering inklusive verschiedener Experimentierumgebungen sowie die Verwaltung von *Prompt-Templates*. Damit können sie in vordefinierten Prompts Textvariablen einbetten, die bei der Ausführung durch kontextspezifische Inhalte, beispielsweise einer Benutzereingabe, ausgetauscht werden.

**Zentrale administrative Verwaltung**

Das Launchpad bietet zudem umfassende Monitoring- und Administrationsfunktionen. Sie können Statistiken zur Nutzung von KI-Szenarien einsehen, um den Rechenbedarf der angeschlossenen Laufzeiten abzuschätzen und Kosten zu kontrollieren. Zudem werden hier administrative Aufgaben zentral verwaltet, wie etwa die Konfiguration von Authentifizierungsmechanismen für die KI-Workflows.

**Flexibilität durch Abstraktion der Laufzeitumgebung**

Die laufzeitagnostische *AI API* bildet hierbei das Herzstück der Interoperabilität in SAP AI Core. Sie fungiert als standardisierte Abstraktionsschicht, die es ermöglicht, KI-Szenarien über eine einheitliche Schnittstelle zu steuern – unabhängig davon, welche Technologie im Hintergrund die eigentliche Rechenarbeit verrichtet (lokale LLMs in SAP AI Core oder angebundene LLMs von externen Hyperscalern).

### 9.1.2 SAP AI Core

Während das SAP AI Launchpad als die zentrale Verwaltungsebene für die Interaktion und Überwachung dient, bildet SAP AI Core als Laufzeitumgebung in diesem Kontext das technologische Herzstück innerhalb der SAP BTP.

**Skalierbare KI-Workflows**

Es handelt sich um eine vollständig verwaltete, Kubernetes-native Laufzeitumgebung, die speziell dafür entwickelt wurde, KI-Workloads unabhängig von der zugrunde liegenden Infrastruktur und von angebundenen Services auszuführen.

**Operativer Modell-Lebenszyklus**

SAP AI Core ist darauf ausgelegt, den gesamten Lebenszyklus von KI-Modellen operativ abzubilden. Dies beginnt bei der Entwicklung und dem Training von Modellen auf großen Datensätzen und reicht bis hin zur Bereitstellung von Inferenz-API-Endpunkten für den produktiven Einsatz. Ein entscheidendes Merkmal für Entwickler und Entwicklerinnen ist hierbei die Offenheit der Architektur: SAP AI Core setzt konsequent auf etablierte Open-Source-Standards und Cloud-native Prinzipien.

**Offene Standards und Cloud-native Architektur**

Die Ausführung von *Trainingspipelines* und Workflows erfolgt beispielsweise über *Argo Workflows*, einen etablierten Standard im Kubernetes-Umfeld. Für das Deployment der trainierten Modelle werden Serving-Technologien wie *KServe* unterstützt. Dadurch können Data Scientists ihre Modelle mit gewohnten Frameworks und Bibliotheken (wie *TensorFlow*, *PyTorch* oder *Scikit-learn*) entwickeln, in Docker-Container verpacken und über externe Repositories (z. B. *GitHub* für den Quellcode und *Docker Hub* für Docker-Images) in SAP AI Core orchestrieren.

**Model Deployment und Model Serving**

*Model Deployment* bezeichnet den übergeordneten technischen Prozess, ein trainiertes Modell (als dezidiertes Artefakt) in eine Produktionsumgebung zu überführen, zu konfigurieren und dort zu installieren. Es umfasst das Verpacken in Container, das Zuweisen von Rechenressourcen und das Einrichten der Infrastruktur.

*Model Serving* beschreibt die aktive Laufzeitfunktion, bei der das bereitgestellte Modell über eine API Anfragen entgegennimmt und Antworten bzw. Prognosen (Inferenz) in Echtzeit zurückliefert.

**Unternehmensweit einsetzbar**

Die Architektur von SAP AI Core ist mandantenfähig und hierarchisch strukturiert. Dies ist besonders relevant für den Betrieb in Unternehmen, in denen Entwicklungs-, Test- und Produktivumgebungen getrennt werden müssen. Für die Datenhaltung integriert sich der Service über *Objektspeicher* der großen Hyperscaler wie beispielsweise *Amazon S3*, *Azure Blob Storage* oder *Google Cloud Storage*, um Trainingsdaten und persistierte Modelle zu verwalten.

**Gateway zu generativen KI-Modellen**

Neben der Ausführung eigener Modelle fungiert SAP AI Core auch als Gateway für generative KI. Über die Integration mit dem Generative AI Hub können Sie auf Foundation Models zugreifen und diese via Prompt Engineering nutzen, ohne eigene Infrastruktur für diese ressourcenintensiven *Large Language Models* (LLMs) bereitstellen zu müssen. SAP AI Core übernimmt hierbei das Routing, die Authentifizierung und die Inhaltsfilterung. Anwendungen kommunizieren daher nicht direkt mit den externen Modellanbietern, sondern nutzen hierfür diese sichere, SAP-verwaltete Infrastruktur. Die gesamte Steuerung, egal ob für klassisches Machine Learning oder generative KI, erfolgt über die standardisierte AI API, was die Integration in *CI/CD-Pipelines* und *MLOps*-Automatisierungen drastisch vereinfacht.

**CI/CD Pipelines im MLOps Kontext**

Continuous Integration/Continuous Delivery bzw. Deployment (CI/CD) bezeichnet im Software-Engineering die Praxis, Codeänderungen durch vollautomatisierte Pipelines kontinuierlich zu testen, zu integrieren und in Test- oder Produktionsumgebungen auszurollen, um Fehler frühzeitig zu finden und Entwicklungszyklen zu beschleunigen.

Machine Learning Operations (MLOps) überträgt diese bewährten DevOps-Prinzipien auf die Entwicklung künstlicher Intelligenz, indem es nicht nur den Programmcode, sondern auch die Versionierung von Daten und KI-Modellen in den Automatisierungsprozess einbezieht.

Wenn beispielsweise Code oder Trainingsdaten im Git-Repository geändert werden, erkennt die Pipeline dies, baut automatisch ein neues Docker-Image und stößt über die AI API in SAP AI Core das Training oder das Update eines Deployments an.

### 9.1.3 SAP HANA Cloud

Im Kontext der SAP BTP und moderner KI-Architekturen wandelt sich die Rolle der SAP HANA Cloud von einer reinen Hochleistungsdatenbank hin zu einer spezialisierten Engine für intelligente Datenanwendungen. Für Architektinnen und Architekten sowie für Entwickler und Entwicklerinnen sind dabei insbesondere drei Aspekte entscheidend:

- die *Vector Engine*
- die Fähigkeit zum *Data Grounding*
- die *Multi-Model-Architektur*

**Vector Engine**

Das Herzstück für generative KI-Szenarien auf der SAP BTP ist die integrierte Vector Engine. Sie ermöglicht es, SAP HANA Cloud als Vektordatenbank zu nutzen.

**Hochdimensionale Vektoren**

Abbildung 9.4 veranschaulicht, wie sogenannte *Embeddings* – also hochdimensionale Vektoren, die die semantische Bedeutung unstrukturierter Daten wie Texte, PDFs oder Dokumente repräsentieren – in der SAP-HANA-Datenbank abgelegt werden.

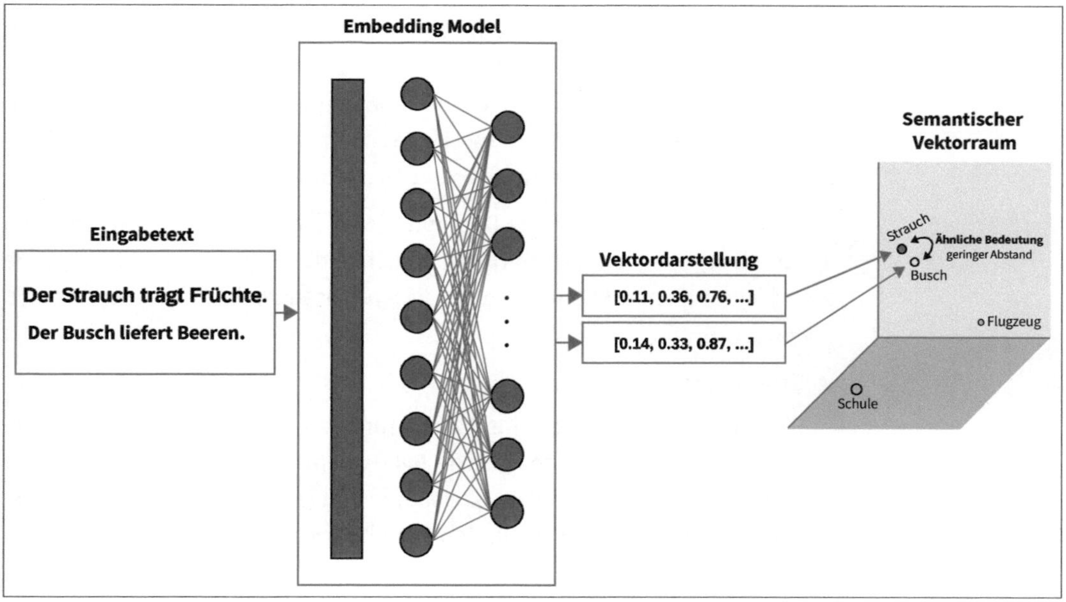


*Abbildung 9.4: SAP HANA Vector Engine: Text-zu-Vektor-Embedding*

Vereinfacht dargestellt liegen Sätze wie »Der Strauch trägt Früchte« und »Der Busch liefert Beeren« im multidimensionalen Vektorraum nahe beieinander, da sie semantisch ähnlich sind. Im Gegensatz dazu sind Begriffe wie »Schule« und »Flugzeug« deutlich weiter voneinander entfernt.

**Ähnlichkeitssuche mithilfe von RAG**

Durch die in der Vector Engine integrierte Ähnlichkeitssuche (z. B. auf Basis der *Kosinus-Ähnlichkeit*) kann die Datenbank innerhalb von Millisekunden die relevantesten Informationen zu einer Nutzeranfrage identifizieren. Dies bildet die technische Voraussetzung für *Retrieval-Augmented Generation* (RAG), bei der ein LLM mit spezifischem und aktuellem Unternehmenswissen angereichert wird.

**Grounding der LLM-Anfragen**

KI-Modelle neigen ohne ausreichend Kontext zu sogenannten *Halluzinationen*, also zu inhaltlich falschen, aber plausibel formulierten Aussagen. SAP HANA Cloud löst dieses Problem durch *Grounding* (dt. Erdung). Grounding bezeichnet den Ansatz, ein Sprachmodell nicht als Wissensdatenbank zu nutzen, sondern es lediglich als Sprachprozessor, der seine Antworten ausschließlich auf im Prompt bereitgestellte, valide Fakten stützt. In der Architektur der SAP BTP wird dieses Grounding primär durch RAG technisch realisiert.

**Einbindung der unternehmensspezifischen Wissensbasis**

Wird dem Modell dann eine fachspezifische Frage gestellt, generiert das LLM die Antwort nicht aus seiner vor Monaten trainierten Wissensdatenbank. Stattdessen wird im Rahmen des RAG-Prozesses die SAP HANA Cloud in Echtzeit nach relevanten Informationen durchsucht. Hierbei spielt die Vector Engine ihre Stärke aus. Sie identifiziert mittels Vektorsuche (siehe Abbildung 9.4) jene Textfragmente aus den zuvor geladenen Unternehmensdaten (Handbücher, Richtlinien oder Support-Tickets), die semantisch zur Anfrage passen. Diese Fragmente werden extrahiert und zusammen mit der ursprünglichen Frage an das LLM gesendet. Der Prompt enthält dabei die klare Anweisung, ausschließlich die bereitgestellten Informationen zu verwenden.

Um das Profil als umfassende Datenplattform für intelligente Anwendungen abzurunden, integriert SAP HANA Cloud neben der Vector Engine drei weitere essenzielle Datenfunktionen, die für diesen Einsatzzweck kombiniert werden können:

- **Graph-Daten**

  Sie ermöglichen eine explizite Modellierung von Beziehungen und Abhängigkeiten und bilden das technische Fundament für *Knowledge Graphs*, mit denen KI-Systeme komplexe Zusammenhänge (z. B. Kausalitäten zur Betrugserkennung oder Belegketten-Beziehungen) verstehen und navigieren können.

- **Geodaten**

  Sie liefern den notwendigen Kontext der realen Welt. Geodaten erlauben die präzise räumliche Verortung von Geschäftsobjekten, was für logistische KI-Szenarien entscheidend ist.

- **Relationale Daten**
  Trotz aller Innovationen bleiben strukturierte relationale Daten das unverzichtbare Rückgrat. Sie gewährleisten die Transaktionssicherheit, ermöglichen performante strukturierte Operationen und bilden die Basis, auf die sich das Unternehmen verlässt.

## 9.2 ISLM-Architektur

Nachdem wir im vorherigen Abschnitt die Referenzarchitektur auf der SAP BTP beleuchtet haben, richten wir den Fokus nun applikationsseitig direkt auf den Kern der Unternehmenssoftware, auf SAP S/4HANA Cloud.

Das *Intelligent Scenario Lifecycle Management* (ISLM) ist ein Framework zur Entwicklung, Verwaltung und Ausführung von KI-Anwendungen direkt auf der ABAP-Plattform. Es ermöglicht die Umsetzung sogenannter *On-Stack-Szenarien*, bei denen die Applikationslogik innerhalb von SAP S/4HANA verbleibt und eng mit den Geschäftsprozessen verzahnt ist.

Die technische Bereitstellung von KI-Funktionalitäten kann auf zwei zentralen Architekturpfaden erfolgen:

- in eingebetteten intelligenten Szenarien
- in Side-by-Side-Szenarien

**Eingebettete intelligente Szenarien**

In einem *eingebetteten intelligenten Szenario* erfolgt die Verarbeitung der KI-Modelle direkt innerhalb der zugrunde liegenden SAP-HANA-Datenbank der SAP S/4HANA Cloud.

**Side-by-Side-Szenarien**

Alternativ kann die KI-Rechenlast im Sinne eines *Side-by-Side-Szenarios* auf die SAP Business Technology Platform (SAP BTP) verlagert werden. Dieser Ansatz ist insbesondere dann zwingend, wenn die leistungsintensiven Funktionen der generativen KI über den Generative AI Hub genutzt werden sollen. Beide Architekturvarianten werden im weiteren Verlauf dieses Abschnitts genauer beleuchtet.

**Lokale Verwaltung intelligenter Szenarien**

Abbildung 9.5 zeigt, wie ISLM als zentrales Tool für die Orchestrierung und Ausführung von klassischen ML- und GenAI-Szenarien fungiert. Es stellt, analog wie SAP AI Core auf der BTP, ein standardisiertes Set an Funktionen für das Management, Training und die Inferenz für KI-Anwendungen zur Verfügung. Jedoch mit dem Unterschied, dass die Applikation nicht auf der SAP BTP, sondern am Stack des SAP-S/4HANA-Cloud-Systems ausgeführt wird.

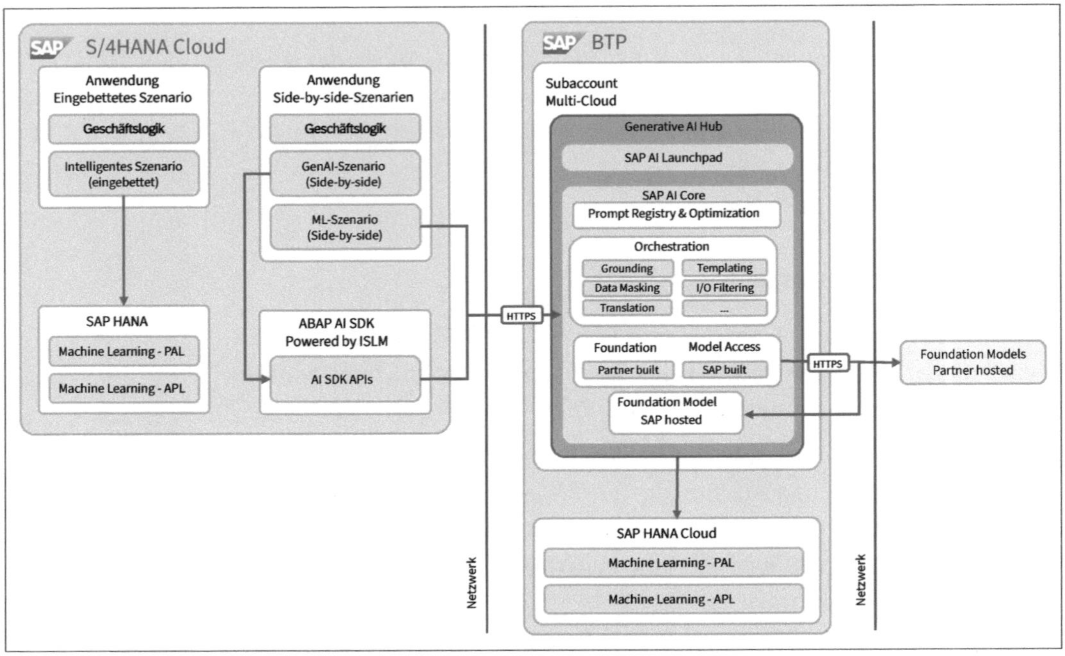


*Abbildung 9.5: ISLM-Architektur in SAP S/4HANA Cloud*

Die direkte Integration von KI in ERP-Unternehmensprozesse ist damit noch einfacher möglich. Versierte ABAP-Entwicklerinnen und -Entwickler finden sich in dieser Welt auch schnell zurecht, da die Entwicklertools und die Erweiterungsframeworks am SAP S/4HANA Stack bereits bekannt sind.

**Intelligente Szenarien**

Ein *intelligentes Szenario* fungiert technisch als ABAP-Darstellung eines geschäftsspezifischen Anwendungsfalls. Es handelt sich hierbei um KI-gestützte Workflows oder Prozesse, deren primäres Ziel die Automatisierung und Optimierung von Geschäftsaufgaben ist.

**Verwaltung der intelligenten Szenarien**

Die in Abbildung 9.6 ersichtliche App **Intelligentes Szenario-Management** unterstützt die Verwaltung, Überwachung und die Optimierung der KI-gesteuerten Szenarien. Dies umfasst sowohl jene Szenarien, die von SAP als Teil des Produkts bereitgestellt werden, als auch selbstentwickelte kundeneigene Szenarien.

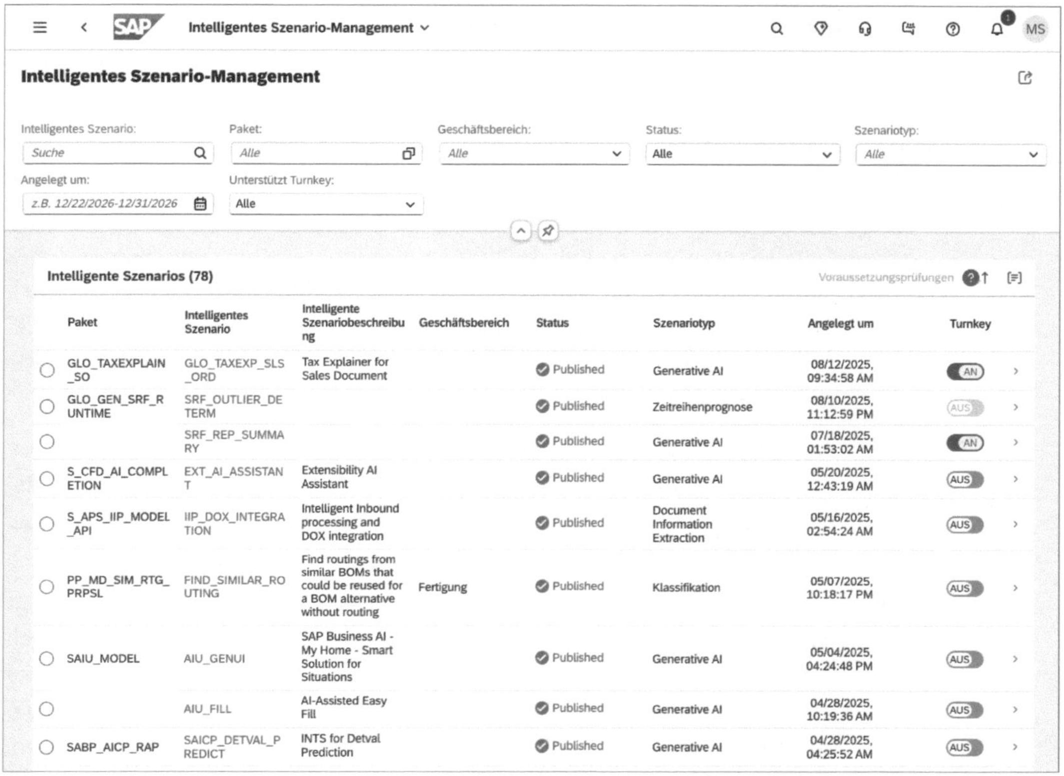


*Abbildung 9.6: SAP-Fiori-App »Intelligentes Szenario-Management«: Verwaltung der Szenarien*

### 9.2.1 Eingebettete intelligente Szenarien

Bei eingebetteten Szenarien sind Geschäftsanwendung und KI-Modell tief integriert, d. h., sie werden auf demselben SAP-S/4HANA-Stack ausgeführt und nutzen dieselbe SAP-HANA-Datenbank. Da es innerhalb dieses Stacks keine Laufzeitumgebung für Foundation Models gibt, werden in eingebetteten Szenarien auch nur klassische ML-Anwendungsfälle unterstützt.

**Klassische Machine-Learning-Szenarien**

Hierfür werden die ML-Funktionalitäten der leistungsstarken Analysebibliotheken direkt an der SAP-HANA-Datenbank genutzt. Die SAP HANA *Automated Predictive Library* (APL) bietet Business-Analysten und -Analystinnen automatisierte Data-Mining-Funktionen zur Prognosemodellierung, während die SAP HANA *Predictive Analysis Library* (PAL) Data Scientists erweiterte Algorithmen für komplexe Analysen bereitstellt.

### 9.2.2 Side-by-Side-Szenarien

Im Gegensatz zum eingebetteten Ansatz zeichnen sich Side-by-Side-Szenarien durch eine architektonische Trennung aus:

**Applikation und KI-Laufzeit systemisch getrennt**

Die Geschäftsanwendung (in SAP S/4HANA) und die KI-Laufzeit (in SAP BTP) werden auf unterschiedlichen Stacks ausgeführt. Dies ist auch in Abbildung 9.5 zu sehen. In dieser Konstellation fungiert ISLM als technologische Brücke, die den Datenaustausch und die Kommunikation zwischen der SAP-S/4HANA-basierten Applikation und dem Remote-KI-Provider (SAP BTP) orchestriert. Dieser Ansatz ist prädestiniert für erweiterte Anwendungsfälle, die hohe Rechenleistung erfordern, wie etwa Deep Learning auf Basis neuronaler Netzwerke, Bilderkennung oder umfangreiche Foundation Models.

Ein zentraler Aspekt moderner Side-by-Side-Architekturen ist die Integration von generativer KI. ISLM dient hier als Schlüsselfaktor, um zentrale Geschäftsprozesse lokal am System durch die Integration großer Sprachmodelle zu transformieren.

**ABAP AI SDK in SAP S/4HANA**

Die technische Verbindung zwischen SAP S/4HANA und der SAP BTP erfolgt über das *ABAP AI Software Development Kit* (ABAP AI SDK). Dabei handelt es sich um eine wiederverwendbare Bibliothek, die es Ihnen ermöglicht, KI-Services der SAP BTP direkt aus ABAP-Anwendungen heraus aufzurufen. So können generative KI-Funktionen gezielt in bestehende Anwendungen integriert werden. ISLM verwaltet dabei nicht nur die Konnektivität zum SAP AI Core und den LLM-Providern, sondern steuert den gesamten Lebenszyklus eigenentwickelter Szenarien – von der Definition über das Deployment bis hin zur Aktivierung und Inferenzermittlung.

# Kapitel 10
# Joule Studio

*Mit Joule Studio integriert SAP generative KI direkt in Geschäftsprozesse und SAP-Systeme. Dieses Kapitel zeigt, wie Skills und Agenten entwickelt werden, um Daten auszulesen, Prozesse zu unterstützen und Aktionen auszuführen. Außerdem erfahren Sie, wie sich KI nachvollziehbar im Unternehmenskontext einsetzen lässt.*

Dieses Kapitel führt Sie in Joule Studio ein und zeigt, wie SAP generative KI kontrolliert und geschäftsnah in SAP-Systeme integriert. In Abschnitt 10.1 lernen Sie die Architektur, Konzepte und zentralen Bausteine von Joule Studio kennen und verstehen das Zusammenspiel von Skills, Aktionen und Agenten. In Abschnitt 10.2 betrachten wir die geschäftlichen Herausforderungen beim Einsatz generativer KI in Unternehmensprozessen. Abschnitt 10.3 zeigt anschließend die technische Einrichtung von Joule Studio sowie die Anbindung an SAP S/4HANA und die SAP BTP. Anhand der Beispielszenarien in Abschnitt 10.4 und Abschnitt 10.5 sehen Sie, wie Joule Geschäftsprozesse unterstützt und ausführt. In Abschnitt 10.6 erfahren Sie, wie Sie anhand des Logs nachvollziehen können, wie Joule arbeitet. Abschließend fassen wir in Abschnitt 10.7 zusammen, welchen geschäftlichen Nutzen Joule Studio bietet und welche Auswirkungen sich für die Integration von KI in SAP-Geschäftsprozesse und den produktiven KI-Einsatz ergeben. In Abschnitt 10.8 geben wir Ihnen abschließend einen kurzen Ausblick auf das noch nicht allgemein verfügbare neue Joule Studio.

## 10.1 Einführung in Joule Studio

*Joule Studio* ist die zentrale Entwicklungsumgebung für Joule, den KI-Assistenten von SAP. Joule Studio ermöglicht es, Joule gezielt an die individuellen Anforderungen eines Unternehmens anzupassen und den Assistenten damit zu einer echten Unterstützung im Geschäftsalltag zu machen. Jedes Unternehmen arbeitet mit eigenen Prozessen, Strukturen und Daten, die ein standardisierter KI-Assistent nicht automatisch kennt oder versteht. Mit Joule Studio kann Joule um diese unternehmensspezifischen Kenntnisse erweitert werden.

Joule Studio ist der Nachfolger des früheren *Agent Builders* von SAP. Es bietet eine moderne Umgebung, um intelligente Chats und Joule Agents zu entwickeln. Diese können direkt mit SAP-Systemen wie SAP S/4HANA interagieren. So ist es möglich, Informationen aus dem System abzurufen, Daten auszuwerten und zu analysieren sowie Belege anzulegen oder zu verändern – kontrolliert, nachvollziehbar und eingebettet in die bestehenden Geschäftsprozesse.

**Zusammenspiel von Joule und Agenten**

Die Grundlage dafür bilden *Skills* und *Aktionen*, die im Joule Studio zusammengeführt werden. Sie definieren, was Joule kann und welche Aufgaben der Assistent nicht nur beschreiben, sondern auch aktiv ausführen darf. Auf dieser Basis lassen sich auch komplexe oder mehrstufige Abläufe umsetzen, bei denen Joule und spezialisierte Agenten zusammenarbeiten, um Aufgaben effizient zu erledigen.

**Low-Code, Pro-Code und KI vereint**

Joule Studio unterstützt ferner eine kontinuierliche Weiterentwicklung. Skills und Agenten können versioniert, aktualisiert und gezielt bereitgestellt werden. Als integraler Bestandteil von SAP Build verbindet Joule Studio Low-Code- und Pro-Code-Ansätze mit den Möglichkeiten generativer KI.

**Zentrale KI-Drehscheibe**

Abbildung 10.1 stellt Joule Studio als zentrale Drehscheibe für die Entwicklung und Integration von KI-gestützten Funktionen in der SAP-Landschaft dar. Im Mittelpunkt steht Joule Studio als Bestandteil von SAP Build. Hier werden die Fähigkeiten von Joule aufgebaut, erweitert und gesteuert. Aktionen ermöglichen den Zugriff auf SAP-APIs sowie auf Schnittstellen von Drittsystemen. Joule arbeitet demnach nicht isoliert, sondern ist tief in bestehende Systemlandschaften eingebunden.

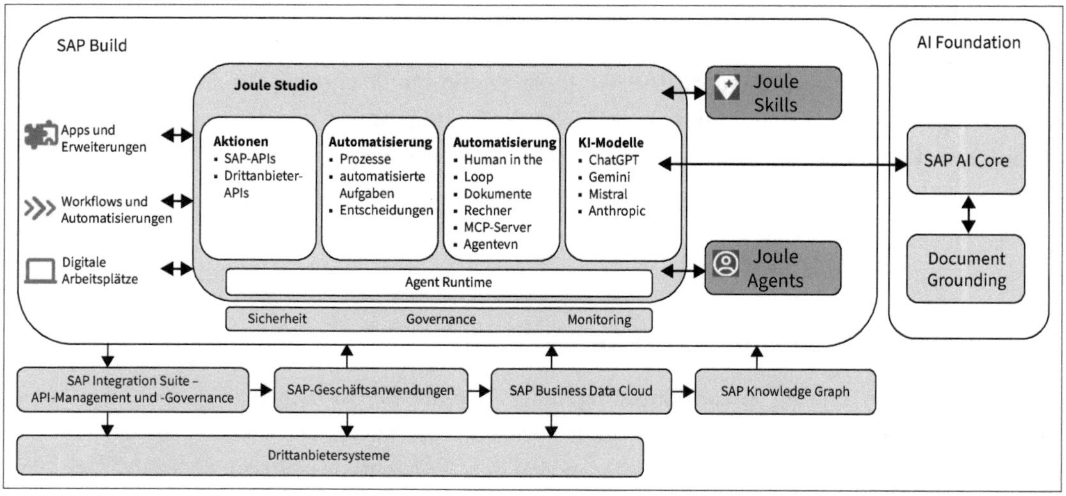


*Abbildung 10.1: Architektur von SAP Build mit Joule Studio als zentrale Drehscheibe*

**Integration als zentrales Gestaltungsprinzip**

Ein wesentlicher Fokus liegt auf den Integrationsmöglichkeiten. Über SAP Build lassen sich Workflows, Prozesse und Automatisierungen modellieren, die Joule direkt nutzen kann. Die SAP Integration Suite sorgt dabei für eine saubere API-

Verwaltung und sichere Kommunikation sowie Governance über Systemgrenzen hinweg. So können sowohl SAP-Geschäftsanwendungen als auch externe Systeme angebunden werden, ohne eine individuelle Punkt-zu-Punkt-Integration aufbauen zu müssen. Das sorgt für eine bessere Skalierbarkeit und Wiederverwendbarkeit.

**Nutzung von Skills und Agenten**

Auf der Datenebene wird Joule über die SAP Business Data Cloud und den SAP Knowledge Graph mit konsistenten, semantisch angereicherten Geschäftsdaten versorgt. Dadurch versteht Joule nicht nur einzelne Datensätze, sondern auch deren fachliche Zusammenhänge. Zusätzlich ermöglicht *Document Grounding*, dass strukturierte und unstrukturierte Inhalte sicher in KI-Antworten einbezogen werden.

**Document Grounding**

Document Grounding ist eine Funktion von Joule, mit der Informationen aus Geschäftsdokumenten in SAP- und Drittsystemen für Antworten genutzt werden können. Dafür durchsucht Joule Inhalte aus verschiedenen Dokumentquellen und bezieht diese in die Antwort ein.

Die eigentliche KI-Ausführung erfolgt über die AI Foundation mit dem SAP AI Core, der verschiedene KI-Modelle kontrolliert und unternehmensgerecht bereitstellt.

Die in Joule Studio entwickelten Ergebnisse stehen Joule anschließend in Form von Skills, Agenten und Automatisierungen für den produktiven Einsatz zur Verfügung. Dazu gehören beispielsweise Skills zum Auslesen von Geschäftsdaten, Agenten zur Steuerung von Prozessen oder KI-gestützte Automatisierungen für wiederkehrende Aufgaben. Diese entwickelten KI-Anwendungen werden von Entwicklerinnen, Entwicklern oder Fachbereichen modelliert und können anschließend direkt von Benutzern in Anwendungen, Geschäftsprozessen oder über den Joule-Chat genutzt werden.

## 10.2 Geschäftliche Herausforderungen

**Standardisierte KI-Assistenten unzureichend**

Unternehmen stehen heute vor der Herausforderung, ihre zunehmend komplexen Geschäftsprozesse effizienter zu steuern und gleichzeitig schneller auf Markt- und Kundenanforderungen zu reagieren. Standardisierte KI-Assistenten reichen dafür häufig nicht aus, da sie unternehmensspezifische Prozesse, Datenmodelle und Geschäftslogiken nicht ausreichend verstehen. Gleichzeitig erwarten Fachanwenderinnen und -anwender einen intuitiven, dialogbasierten Zugriff auf SAP-Systeme, ohne technische Details oder Transaktionen kennen zu müssen.

**KI im Unternehmenskontext**

Eine weitere Herausforderung besteht darin, KI sicher, kontrolliert und nachvollziehbar in bestehende Geschäftsprozesse zu integrieren. Dies ist insbesondere bei schreibenden Zugriffen, wie dem Anlegen oder Ändern von Belegen, wichtig. Unternehmen müssen zudem sicherstellen, dass KI-gestützte Entscheidungen auf konsistenten, semantisch korrekten Geschäftsdaten basieren und keine Halluzinationen entstehen.

Hinzu kommt die Komplexität hybrider Systemlandschaften aus SAP- und Nicht-SAP-Systemen, die sauber integriert und Governance-konform angebunden werden müssen. Viele Organisationen kämpfen mit fehlender Transparenz darüber, wie KI-Antworten zustande kommen, was die Akzeptanz im Fachbereich hemmt. Die kontinuierliche Weiterentwicklung von KI-Funktionen stellt eine weitere Herausforderung dar, da Skills versioniert, getestet und gezielt bereitgestellt werden müssen.

**Innovation ohne Kontrollverlust**

Mit Joule Studio können diese Herausforderungen adressiert werden, indem Unternehmen ihre KI gezielt an eigene Prozesse und Daten anpassen. Dabei sind jedoch klare Rollen-, Berechtigungs- und Governance-Modelle für den produktiven Einsatz erforderlich. Besonders relevant ist die enge Verzahnung mit SAP S/4HANA und der SAP Business Technology Platform (SAP BTP), um End-to-End-Szenarien sicher umzusetzen. Zukünftig wird zudem die Fähigkeit an Bedeutung gewinnen, Custom AI sowohl für Public-Cloud- als auch für Private-Cloud-Lösungen zu implementieren. Unternehmen erwarten hierbei eine einheitliche Entwicklungs- und Betriebslogik über beide Betriebsmodelle hinweg. Die geschäftliche Herausforderung liegt somit darin, Innovation durch KI zu ermöglichen, ohne Komplexität, Risiken und Kontrollverlust in Kauf zu nehmen.

## 10.3 Joule Studio einrichten

**Erforderliche Schritte**

Um Joule Studio einzurichten, müssen zunächst die notwendigen SAP-Services in Ihrem Account der SAP BTP verfügbar sein, insbesondere Joule, SAP Build und SAP Build Process Automation. Danach stellen Sie in der SAP BTP eine Verbindung zwischen Joule und SAP Build Process Automation her, damit Joule später Prozesse ausführen und Aktionen im System anstoßen kann. Diese Verbindung fasst die beteiligten Services in einer gemeinsamen technischen Struktur zusammen. Gleichzeitig werden die SAP Cloud Identity Services genutzt, um die sichere Kommunikation und Benutzerzuordnung zwischen den Systemen zu ermöglichen.

Im nächsten Schritt legen Sie fest, in welchem Subaccount Joule Studio betrieben werden soll. Anschließend wählen Sie aus, welche Integrationen und Funktionen benötigt werden, abhängig von den geplanten Anwendungsfällen. Darauf aufbauend definieren Sie die Capabilities, die Joule später nutzen darf.

Nach einer abschließenden Prüfung der Einstellungen wird die Einrichtung gestartet. Die technische Konfiguration läuft automatisch im Hintergrund ab. Nach wenigen Minuten steht Joule Studio vollständig zur Verfügung und kann produktiv genutzt werden.

### 10.3.1 Konfiguration von SAP S/4HANA Cloud Public Edition mit Joule Studio

In diesem Abschnitt beschreiben wir die technische Konfiguration, die notwendig ist, um SAP S/4HANA Cloud Public Edition mit der SAP BTP sowie Joule Studio als Bestandteil von SAP Build zu verbinden. Der erste Schritt hierbei ist die Konfiguration aufseiten des SAP-S/4HANA-Systems. Hier wird über eine *Kommunikationsvereinbarung* festgelegt, wie externe Cloud-Services auf das System zugreifen dürfen.

**Kommunikationsvereinbarung als Schlüssel**

Abbildung 10.2 zeigt die Pflege einer Kommunikationsvereinbarung in SAP S/4HANA. Konkret geht es hier um eine solche Vereinbarung für das Szenario SAP_COM_0882 im Kontext der Joule-Integration. In der SAP-Fiori-Anwendung **Kommunikationsvereinbarungen** werden die grundlegenden technischen Einstellungen vorgenommen, um eine sichere Verbindung zur SAP BTP herzustellen. Im Bereich **Gemeinsame Daten** definieren Sie das *Kommunikationssystem*, das die SAP BTP repräsentiert. Über die Schaltfläche **Neu** können Sie dieses System neu anlegen oder ein bereits bestehendes Kommunikationssystem auswählen.

*Abbildung 10.2: Kommunikationsvereinbarung anlegen*

**Voraussetzung für die Joule-Anbindung**

Diese Konfiguration ist erforderlich, damit SAP S/4HANA seine APIs kontrolliert für die Services auf der SAP BTP freigibt. Erst dadurch können Komponenten wie SAP Build, Joule und Joule Studio auf Geschäftsdaten im SAP-S/4HANA-System zugreifen oder dort Aktionen ausführen.

Abbildung 10.3 zeigt die Detailkonfiguration der Kommunikationsvereinbarung für das Szenario SAP_COM_0882 im Kontext der Joule-Integration in SAP

S/4HANA. Hier wird die zuvor definierte Verbindung konkretisiert und technisch aktiviert, sodass SAP S/4HANA mit der SAP BTP und den dort laufenden Joule-Services kommunizieren kann.

*Abbildung 10.3: Detailkonfiguration der Kommunikationsvereinbarung*

**Gesicherter Zugriff durch Authentifizierung**

Im oberen Bereich sind die allgemeinen Daten der Kommunikationsvereinbarung zu sehen, einschließlich des zugeordneten **Kommunikationssystems** und der Ziel-URL, über die die Verbindung zur SAP BTP hergestellt wird. Die konkrete URL und das Cloud-System wurden in der Abbildung aus Gründen der Anonymisierung entfernt. Die URL verweist auf den entsprechenden Service in der Cloud und bildet den technischen Endpunkt für die Kommunikation. Im Abschnitt **Ausgehende Kommunikation** werden der Benutzer, der später auf der SAP BTP eingerichtet wird, und die **Authentifizierungsmethode** festgelegt. Dadurch wird sichergestellt, dass der Zugriff eindeutig zugeordnet und sicher authentifiziert erfolgen kann.

### 10.3.2 Konfiguration auf der SAP BTP

Nachdem die Verbindung in SAP S/4HANA vorbereitet wurde, folgt im nächsten Schritt die korrespondierende Konfiguration auf der SAP BTP. Abbildung 10.4 zeigt das SAP BTP Cockpit. Navigieren Sie hier zum Bereich **Connectivity • Destinations**. Die Konfiguration an dieser Stelle definiert den technischen Zugriff der SAP BTP auf die zuvor in SAP S/4HANA freigegebene Verbindung.

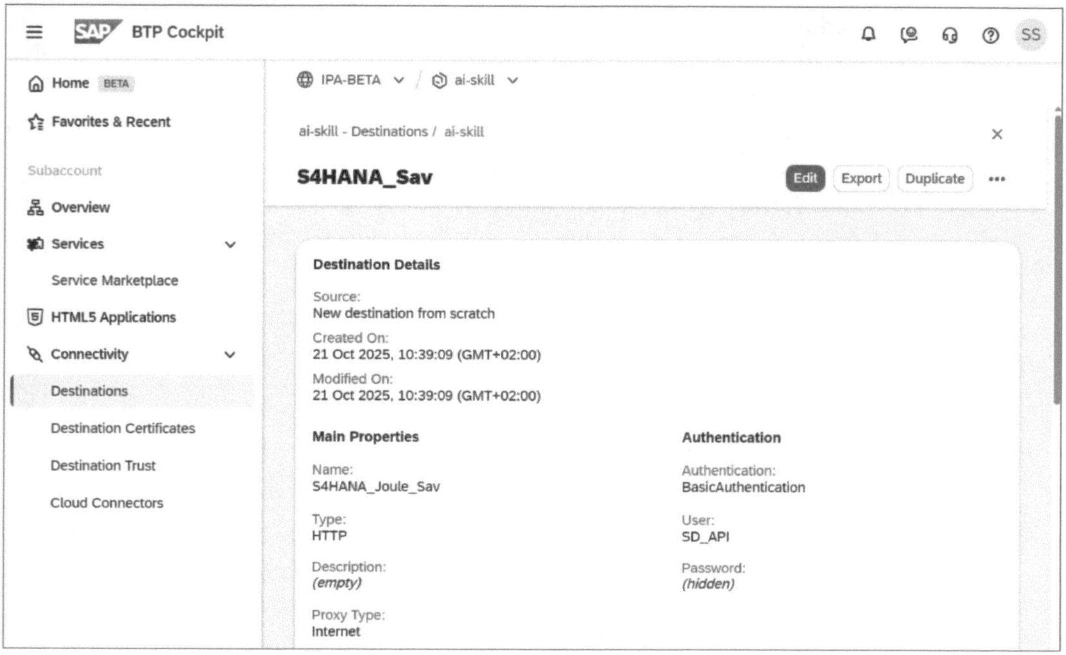


*Abbildung 10.4: Konfiguration der Destination auf der SAP BTP*

**Konfiguration der Destination**

Die an dieser Stelle einzurichtende *Destination* beschreibt den Zugriff der SAP BTP auf das SAP-S/4HANA-System. Über Eigenschaften wie den Typ der Verbindung, die Ziel-URL und die Authentifizierungsmethode legen Sie fest, wie Services auf der SAP BTP mit SAP S/4HANA kommunizieren dürfen. In dem Beispiel in Abbildung 10.4 handelt es sich um eine HTTP-Destination mit der Authentifizierungsmethode *Basic Authentication* (also einer Authentifizierung über Benutzername und Passwort), die auf einen technischen Benutzer im SAP-S/4HANA-System verweist.

Diese Destination ist demnach das zentrale Bindeglied zwischen SAP S/4HANA und SAP BTP. SAP Build, Joule und Joule Studio nutzen genau diese Verbindung, um Daten aus SAP S/4HANA zu lesen oder Aktionen im System auszuführen. Die zuvor in SAP S/4HANA eingerichtete Kommunikationsvereinbarung legt fest, was erlaubt ist, während die Destination aufseiten der SAP BTP definiert, wie der Zugriff technisch erfolgt.

**Additional Properties als Nutzungsschalter**

Im Bereich **Additional Properties** steuern Sie, wofür die Verbindung technisch verwendet werden darf und welche SAP-Services darauf zugreifen können (siehe Abbildung 10.5):

- Mit der Eigenschaft `sap.processautomation.enabled` legen Sie fest, dass diese Destination von SAP Build Process Automation genutzt werden darf. Dadurch können auf der SAP BTP angelegte Prozesse und Automatisierungen direkt auf das angebundene SAP-S/4HANA-System zugreifen.

- Die Einstellung `sap.applicationdevelopment.actions.enabled` erlaubt es, die Destination für *Aktionen* zu verwenden, also für ausführbare Schritte, die später in Joule Studio als Skills oder Aktionen eingesetzt werden.
- Die Eigenschaft `sap.build.usage` mit dem Wert `odata_gen` kennzeichnet die Destination zusätzlich für den Einsatz in SAP Build im Kontext von OData-Services. Damit wird sichergestellt, dass die in SAP S/4HANA freigegebenen APIs korrekt erkannt und in SAP Build sowie Joule Studio genutzt werden können.

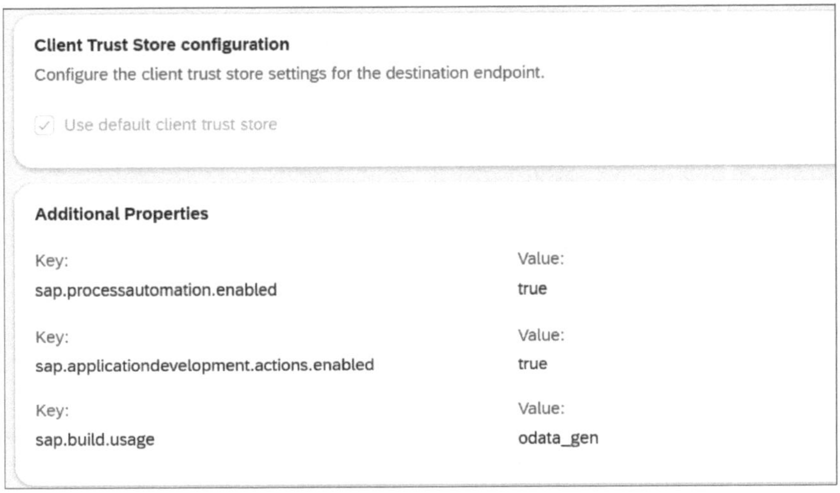


*Abbildung 10.5: Zusatzeigenschaften BTP*

**Destination in SAP Build und Joule Studio freigeben**

Nachdem die Destination im SAP BTP Cockpit angelegt und konfiguriert wurde, muss diese Verbindung im nächsten Schritt in SAP Build bzw. Joule Studio verfügbar gemacht werden. Abbildung 10.6 zeigt die Übersicht der Destinationen im *SAP Build Control Tower*. Hier werden genau die Verbindungen angezeigt, die SAP Build und Joule Studio später aktiv nutzen können.

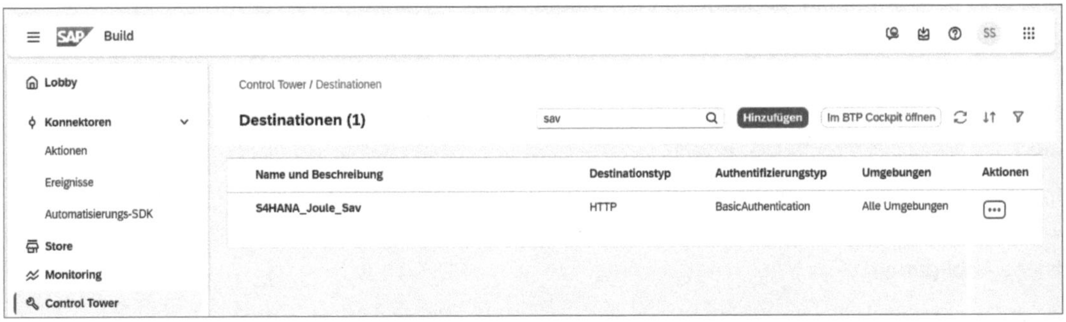


*Abbildung 10.6: Übersicht der Destinationen im SAP Build Control Tower*

In dieser Ansicht ist die zuvor im SAP BTP Cockpit eingerichtete Destination für SAP S/4HANA bereits sichtbar. Durch das Hinzufügen bzw. Auswählen dieser Destination wird sie für SAP Build Process Automation und Joule Studio freigeschaltet. Erst dadurch können Aktionen, Automatisierungen und Joule Skills auf das angebundene SAP-S/4HANA-System zugreifen.

## 10.4 End-to-End-Beispiel zur Kundenauftragsanalyse

In diesem Abschnitt beschreiben wir Schritt für Schritt anhand eines durchgängigen Beispiels, wie Joule von Grund auf eingerichtet wird, um Kundenaufträge in SAP S/4HANA auszulesen und direkt zu ändern, gesteuert über einen Joule-Chat. Ziel ist es, zu zeigen, wie Joule nicht nur Informationen bereitstellt, sondern mithilfe von Skills und Aktionen aktiv in Geschäftsprozesse eingreift.

**SAP Build als Einstiegspunkt**

Abbildung 10.7 zeigt die Einstiegsseite von SAP Build als zentrale Umgebung für die Entwicklung von Joule Agents und Skills. Hier werden Projekte angelegt, verwaltet und mit den zuvor konfigurierten Verbindungen zu SAP S/4HANA verknüpft. In der Projektübersicht in Abbildung 10.7 sind bereits Joule Agents und Skills sichtbar, die als Grundlage für den Zugriff auf Kundenaufträge dienen. Ausgehend von dieser Übersicht werden die benötigten Fähigkeiten definiert, mit OData-Services aus SAP S/4HANA verbunden und für Joule verfügbar gemacht.

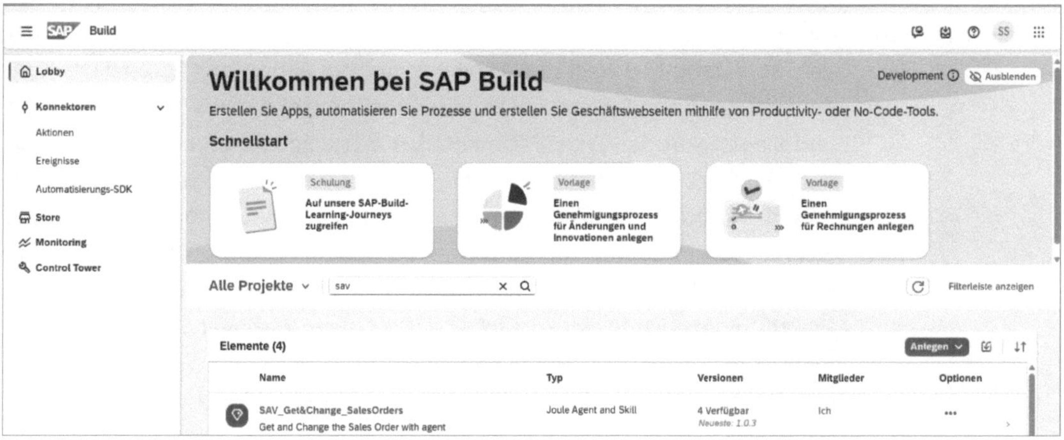


*Abbildung 10.7: Projektübersicht in SAP Build*

### 10.4.1 Aktionen zum Aufruf von APIs anlegen

**API als technische Grundlage**

Bevor ein Joule-Projekt vollständig genutzt werden kann, müssen zunächst die notwendigen Aktionen definiert werden. Aktionen legen fest, welche konkreten Tätigkeiten Joule im angebundenen SAP-System ausführen darf. Dafür ist es erforderlich, die APIs zu kennen, die in den Aktionen hinterlegt werden, etwa OData-Services aus SAP S/4HANA zum Lesen oder Ändern von Kundenaufträgen.

**Parameter steuern den API-Aufruf**

Wie Abbildung 10.8 zeigt, wird eine Aktion auf Basis eines OData-Services angelegt, in diesem Fall zum Lesen eines Kundenauftrags (Sales Order). Die Aktion ist mit der zuvor eingerichteten Destination für SAP S/4HANA verbunden und nutzt einen HTTP-GET-Aufruf, um Auftragsdaten abzurufen. In der Detailansicht werden die benötigten Parameter definiert, etwa die Auftragsnummer, die als Pfadparameter an die API übergeben wird.

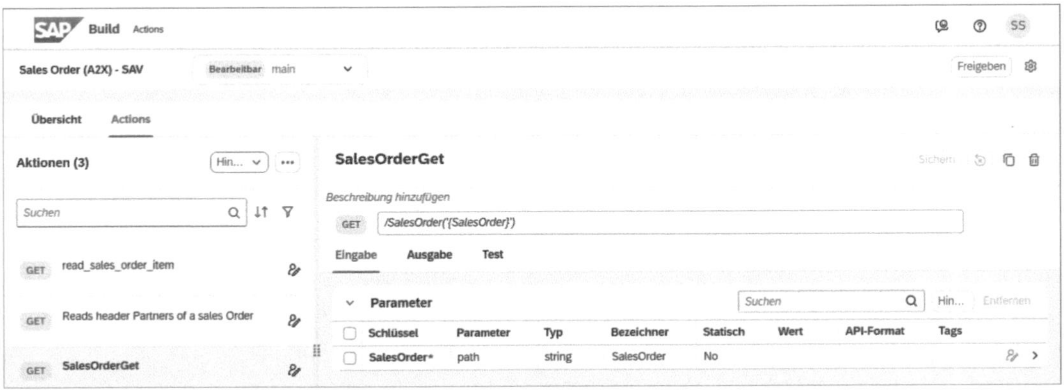


*Abbildung 10.8: Aktion in SAP Build anlegen*

**API-Antwort als JSON sichtbar**

Nachdem eine Aktion definiert wurde, kann sie direkt in SAP Build getestet werden. Abbildung 10.9 zeigt die Testvorschau einer Aktion zum Lesen eines Kundenauftrags aus SAP S/4HANA. In dieser Ansicht wird der API-Aufruf ausgeführt und die Antwort des Systems unmittelbar angezeigt. Zu sehen ist die strukturierte Rückgabe der Auftragsdaten im JSON-Format. Enthalten sind unter anderem die Auftragsnummer, organisatorische Daten, Statusinformationen sowie weitere relevante Felder des Kundenauftrags. Damit können Sie überprüfen, ob die angebundene API korrekt funktioniert und ob die Destination sowie die Authentifizierung richtig eingerichtet sind. Dies ist ein wichtiger Schritt, da hier einerseits überprüft wird, ob die Verbindung zum Zielsystem SAP S/4HANA korrekt funktioniert, und andererseits, ob die verwendete API die gewünschten Daten liefert.

**Separate Aktion für Auftragspositionen**

Zusätzlich zur Aktion zum Lesen des Kundenauftragskopfes definieren wir noch eine Aktion zum Lesen der Auftragspositionen. Abbildung 10.10 zeigt eine GET-Aktion, die gezielt auf die Positionen eines Kundenauftrags zugreift. Dafür werden sowohl die Auftragsnummer als auch die Positionsnummer als Pfadparameter an die OData-API übergeben.

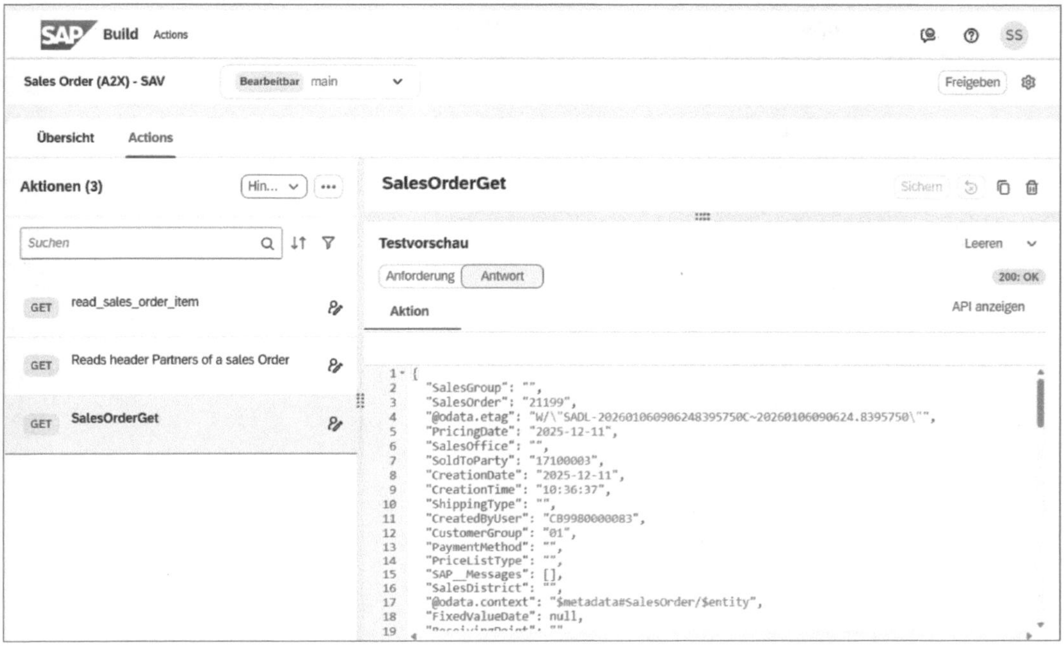


*Abbildung 10.9: Aktion anhand der Vorschaufunktion testen*

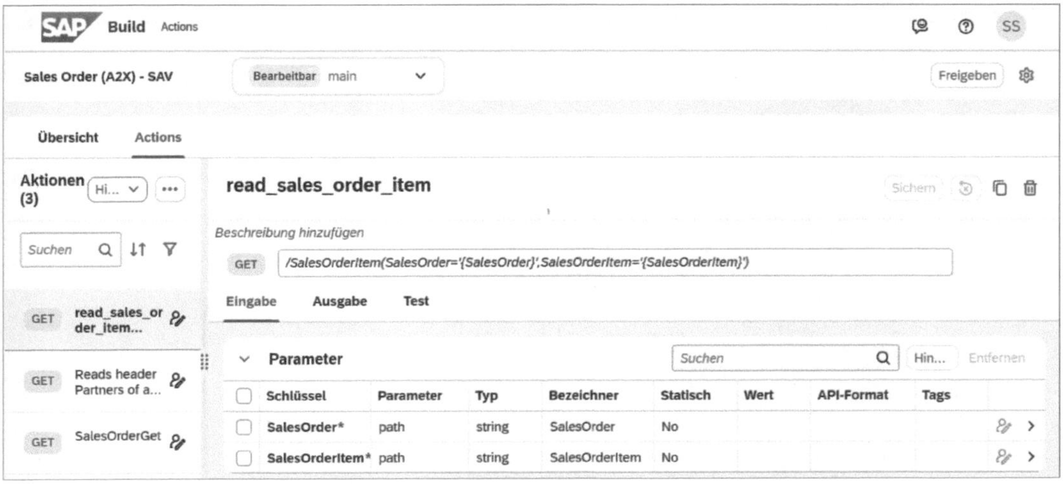


*Abbildung 10.10: Aktion zum Lesen der Positionsdaten anlegen*

**Erfolgreiche Rückgabeantwort aus SAP S/4HANA**

Abbildung 10.11 dient als Beispiel dafür, wie eine Antwort auf einen API-Aufruf für die Positionsdaten aus dem SAP-S/4HANA-System zurückgegeben wird. Nach dem Ausführen der Aktion liefert SAP S/4HANA die angeforderten Daten ebenfalls strukturiert im JSON-Format zurück. Enthalten sind unter anderem die Positionsnummer, Material- und Mengendaten, Preis- und Steuerinformationen sowie organisatorische Angaben zum Kundenauftrag etc.

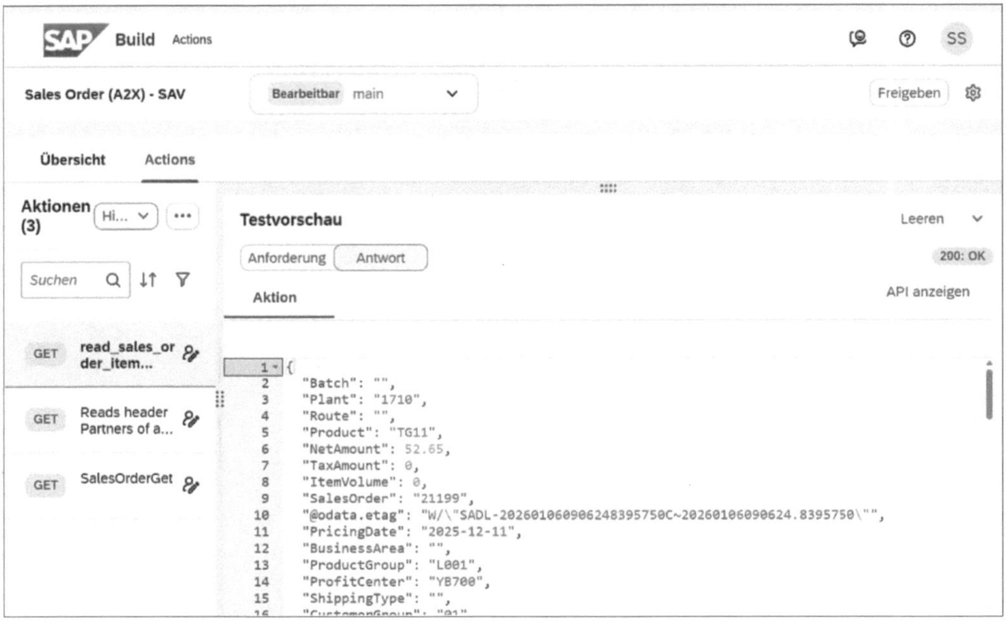

Abbildung 10.11: Aktion zum Lesen der Positionsdaten in SAP Build testen

**API-Antwort für Geschäftspartnerdaten**

Eine dritte Aktion legen wir zum Auslesen des Geschäftspartnerkontexts an. Abbildung 10.12 zeigt eine erfolgreiche Antwort aus dem SAP-S/4HANA-System, die die Partnerdaten eines Kundenauftrags über eine API zurückliefert.

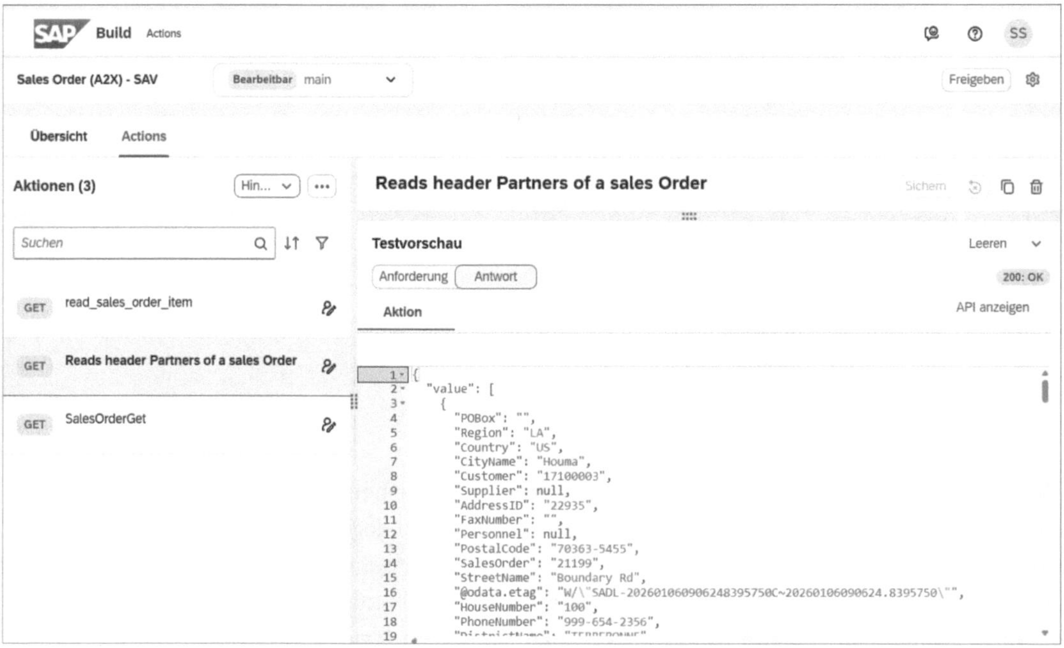

Abbildung 10.12: Aktion zum Auslesen der Geschäftspartnerdaten in SAP Build testen

Dazu gehören unter anderem Rollen wie Auftraggeber, Empfänger oder Ansprechpartner sowie die zugehörigen Adress- und Kontaktdaten.

### 10.4.2 Projekt in Joule Studio anlegen

**Grundlage für produktiven Joule-Chat**

Nachdem nun alle technischen Grundlagen geschaffen wurden, wird im nächsten Schritt das eigentliche Projekt in Joule Studio angelegt. Abbildung 10.13 zeigt dieses Projekt als zentralen Container, in dem alle zuvor vorbereiteten Bausteine zusammengeführt werden. In diesem Projekt wird festgelegt, welche Aufgaben Joule übernehmen soll und wie die einzelnen Fähigkeiten zusammenspielen. Innerhalb des Projekts werden Joule Agents und Joule Skills angelegt, die auf den zuvor definierten Aktionen und APIs aus SAP S/4HANA basieren. Die *Skills* kapseln dabei die fachlichen Funktionen, z. B. das Lesen und Ändern von Kundenaufträgen, während der *Joule Agent* die Orchestrierung und den Dialogfluss übernimmt. Zusätzlich werden Abhängigkeiten wie Destinationen und Aktionen eingebunden. Erst durch diese Projektanlage entsteht eine lauffähige Grundlage, um Joule im Chat produktiv für das Auslesen und Verändern von Kundenaufträgen zu nutzen.

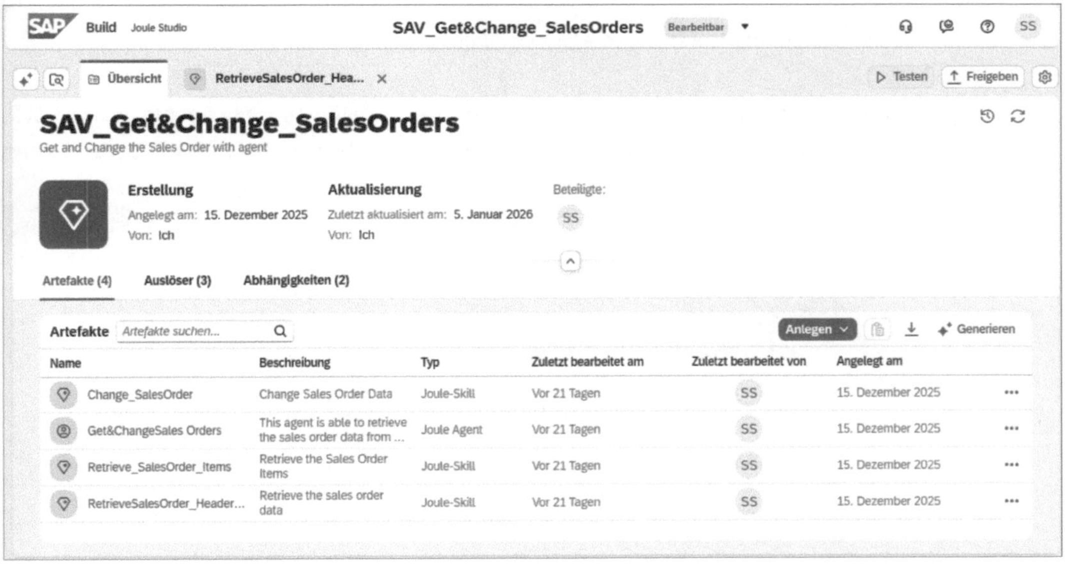


*Abbildung 10.13: Projektansicht mit Skills und Agent*

#### Konfiguration des Joule Agents

**Fachlicher Kontext für den Joule Agent**

Im Bereich **Fachkenntnisse und Anleitungen** wird dem Joule Agent ein zusätzlicher Kontext mitgegeben (siehe Abbildung 10.14). Dieser Kontext beschreibt, wofür der Agent zuständig ist und in welchem fachlichen Rahmen er agieren soll. Hier werden Informationen hinterlegt, die Joule helfen, Kundenaufträge korrekt zu interpretieren und angemessen darauf zu reagieren. Dazu gehören

z. B. Hinweise zu Geschäftsregeln, zur fachlichen Bedeutung von Auftragsdaten oder zur Rolle, in der Joule auftritt, etwa als Unterstützung für Vertriebs- oder Servicemitarbeitende.

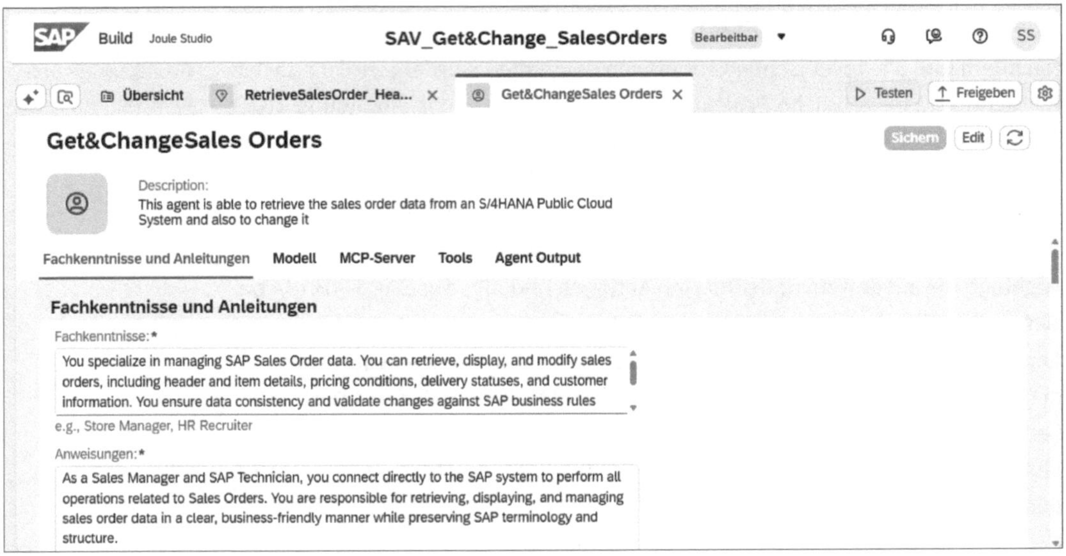


*Abbildung 10.14: Kontext für den Joule Agent in SAP Build*

**Modellauswahl steuert die Agentenfähigkeit**

Abbildung 10.15 zeigt die Modellkonfiguration eines Joule Agents in Joule Studio. In diesem Schritt wird festgelegt, welches KI-Modell für die Verarbeitung der Anfragen und die Generierung der Antworten verwendet wird.

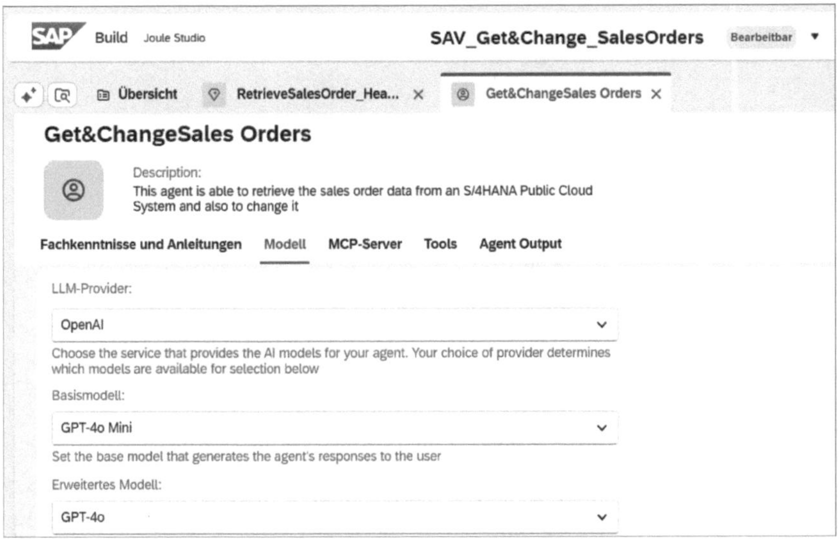


*Abbildung 10.15: Modellkonfiguration für den Joule Agent*

Damit wird definiert, wie leistungsfähig, flexibel und detailliert der Agent auf Benutzeranfragen reagieren kann.

Im gezeigten Beispiel wird OpenAI als LLM-Provider ausgewählt. Darauf aufbauend wird ein Basismodell definiert, das für die Standardantworten des Agents zuständig ist, sowie ein erweitertes Modell, das für komplexere Aufgaben oder anspruchsvollere Dialoge genutzt werden kann.

### Konfiguration der Joule Skills

Ein Joule Skill besteht aus mehreren klar definierten Schritten. Jeder Schritt übernimmt dabei eine bestimmte Aufgabe innerhalb dieses Ablaufs.

**Grafisch modellierbarer Ablauf**

Für unser Beispiel bauen wir einen Skill zum Auslesen der Kopfdaten eines Kundenauftrags auf. Der Ablauf startet mit einem Auslöser, der aktiviert wird, sobald das Szenario aufgerufen wird. Anschließend wird die in Abschnitt 10.4.1, »Aktionen zum Aufruf von APIs anlegen«, definierte Aktion ausgeführt, um über eine API die Kopfdaten des Kundenauftrags aus SAP S/4HANA abzurufen. Zum Abschluss werden die ermittelten Daten als strukturierter Output aufbereitet, sodass Joule sie verständlich im Chat ausgeben kann. Wie in Abbildung 10.16 zu sehen, lassen sich diese Schritte im Joule Studio grafisch modellieren und flexibel erweitern.

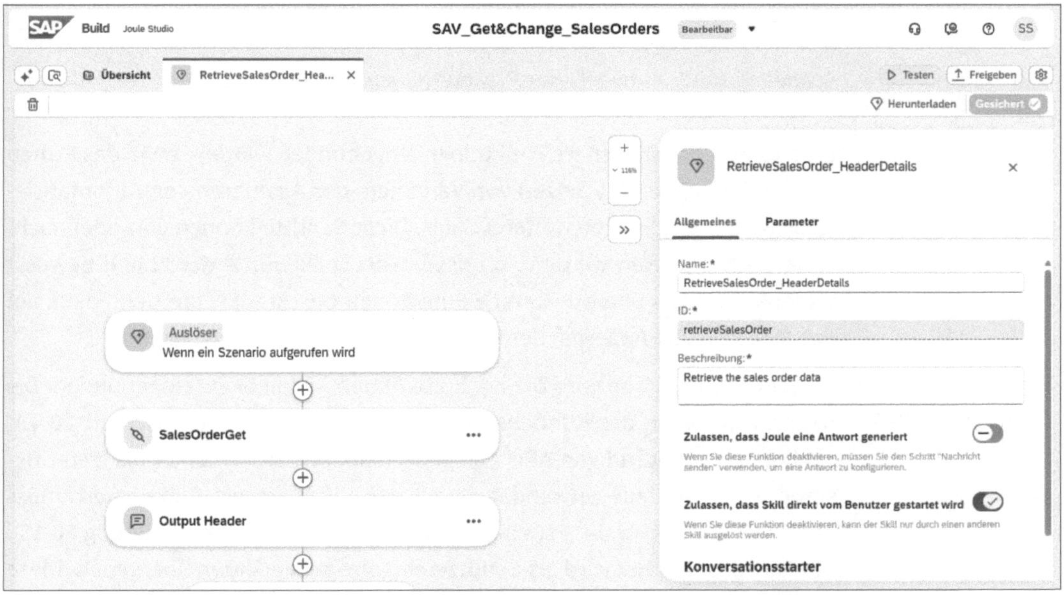


*Abbildung 10.16: Grafische Modellierung eines Joule Skills zum Auslesen der Kundenauftragskopfdaten*

Innerhalb eines Joule Skills können beliebige Folgeschritte definiert werden, um den Ablauf gezielt zu steuern. Dabei wird für jeden Schritt ausgewählt, welche Funktion als Nächstes ausgeführt werden soll. So lassen sich sowohl einfache als auch komplexe Logiken abbilden.

**Funktion »Call Action«**

Um in unserem Szenario die Kopfdaten eines Kundenauftrags zu ermitteln und anzuzeigen, wird die Funktion **Call Action** eingesetzt (siehe Abbildung 10.17). Sie ruft die zuvor definierte Aktion auf und greift damit über eine API direkt auf SAP S/4HANA zu. Die zurückgelieferten Daten stehen anschließend für die Ausgabe im Joule-Chat oder für weitere Verarbeitungsschritte zur Verfügung.

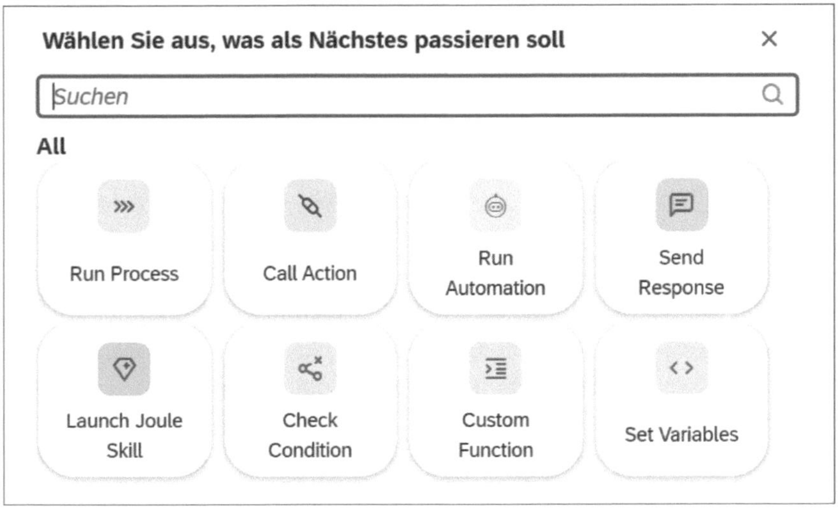


*Abbildung 10.17: Auswahl einer Funktion für einen Folgeschritt*

Ergänzend können weitere Funktionen eingebunden werden, etwa das Prüfen von Bedingungen, das Setzen von Variablen, das Ausführen von Automatisierungen oder das Starten weiterer Skills. Diese Schritte können vor- oder nacheinander aufgerufen werden. In unserem Beispiel wurde der Ablauf bewusst schlank gehalten und auf wenige Funktionen beschränkt, um den Fokus auf das Auslesen und Anzeigen der Kopf- und Positionsdaten zu legen.

**Zugriff auf den Kundenauftrag**

Im Schritt **Call Action** wird die konkrete Aktion in den Skills eingebunden. Die Aktion zum Lesen des Kundenauftrags haben wir bereits in Abschnitt 10.4.1, »Aktionen zum Aufruf von APIs anlegen«, definiert. Sie wird hier als fester Bestandteil des Ablaufs verwendet. Damit der Aufruf korrekt funktioniert, muss der Input-Parameter `SalesOrder` übergeben werden (siehe Abbildung 10.18). Die Auftragsnummer wird als Benutzereingabe an die Aktion übergeben. Diese Übergabe ist notwendig, da die zugrunde liegende API genau diesen Parameter erwartet, um die richtigen Daten aus SAP S/4HANA zu lesen. Der Skill greift damit gezielt auf einen bestimmten Kundenauftrag zu.

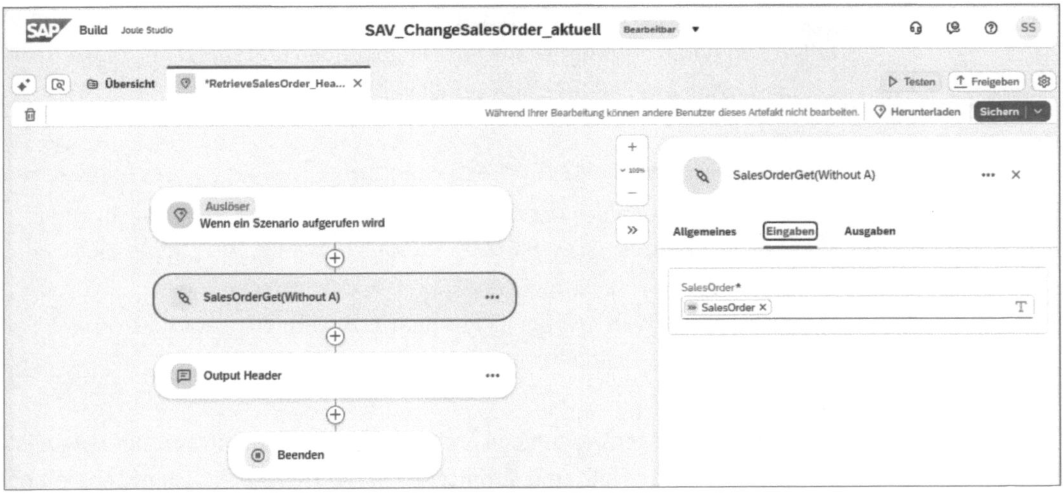


*Abbildung 10.18: Aktion für den API-Aufruf in Skill einbinden*

**Kartenbasierte Darstellung der Auftragsdaten in Joule**

In diesem Schritt wird auch die Ausgabe (Output) definiert, die Joule der Anwenderin oder dem Anwender im Chat anzeigen soll (siehe Abbildung 10.19). In der Konfiguration legen Sie fest, wie die Informationen präsentiert werden, in diesem Beispiel in Form einer Karte mit Titel und Text.

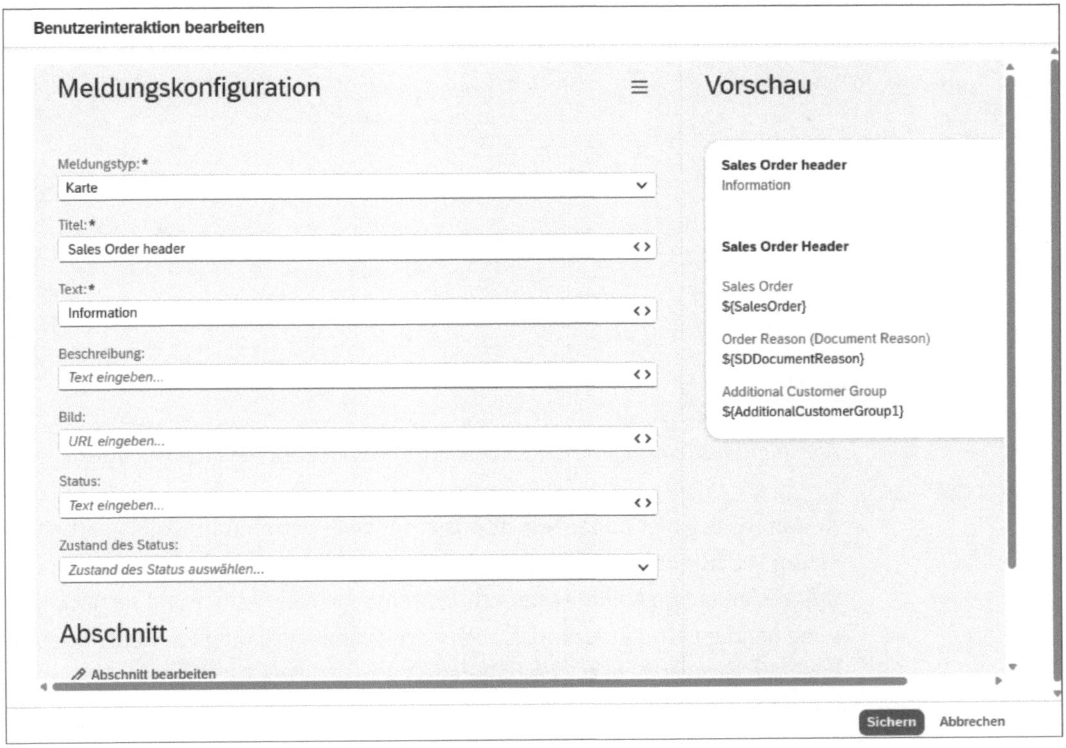


*Abbildung 10.19: Ausgabe der Auftragskopfdaten in Form einer Karte konfigurieren*

In der Vorschau auf der rechten Seite sehen Sie, dass Platzhalter für die ermittelten Kopfdaten des Kundenauftrags eingebunden und später zur Laufzeit mit echten Werten aus SAP S/4HANA gefüllt werden.

[+]

**Freie oder gesteuerte Antworterzeugung**

Bei der Erzeugung der Antwort gibt es grundsätzlich zwei Möglichkeiten: Entweder Joule erzeugt die Antwort selbstständig, also inklusive ihrer Struktur und Formulierung, oder Sie geben das Format gezielt vor. In unserem Beispiel haben wir das Layout bewusst definiert, damit die Ausgabe konsistent, übersichtlich und fachlich passend erfolgt.

**Skill zum Ändern eines Kundenauftrags**

Im nächsten Skill geht es um das Ändern eines Kundenauftrags. Der Ablauf ist ähnlich wie beim Skill zum Ermitteln der Auftragsdaten (siehe Abbildung 10.20). Zuerst wird eine Aktion ausgeführt, hier das Update der `SalesOrder`-Entität, und anschließend wird die Ausgabe des Ergebnisses im Schritt **Sales Order Changing Information** aufbereitet. Am Ende werden die Änderungen in einer Skill-Ausgabe konsolidiert, sodass der Joule-Chat eine klare Rückmeldung geben kann, ob die Änderung erfolgreich war und welche Werte betroffen sind.

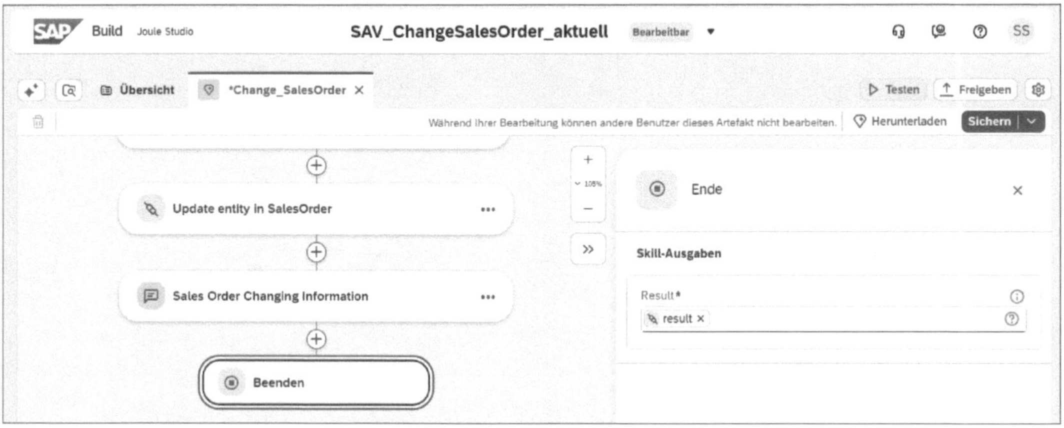


*Abbildung 10.20: Übersicht der Folgeschritte fürs Ändern eines Kundenauftrags*

In diesem Beispiel haben wir bewusst mit zwei getrennten Skills gearbeitet, einem Skill für das Anzeigen und einem für das Ändern der Auftragsdaten. Dadurch bleiben die Abläufe übersichtlich, sind leichter testbar und fachlich klar voneinander getrennt. Grundsätzlich wäre es aber auch möglich, beide Schritte in einem einzigen Skill zu kombinieren, indem mehrere Aktionen nacheinander ausgeführt werden, etwa erst das Lesen, dann das Prüfen, anschließend das Ändern und zum Schluss die Ausgabe einer zusammengefassten Antwort.

### Test des Joule Agents

**Transparenz über Services und Versionen**

Möchten Sie überprüfen, welche API-Aufrufe tatsächlich im Projekt verwendet werden, können Sie dies in den **Projekteigenschaften** in Joule Studio nachvollziehen. Wie in Abbildung 10.21 zu sehen ist, lassen sich dort die Abhängigkeiten verwalten. In diesem Bereich werden alle eingebundenen Artefakte und technischen Referenzen angezeigt, z. B. die zugrunde liegenden `SalesOrder`-Services und deren Versionen.

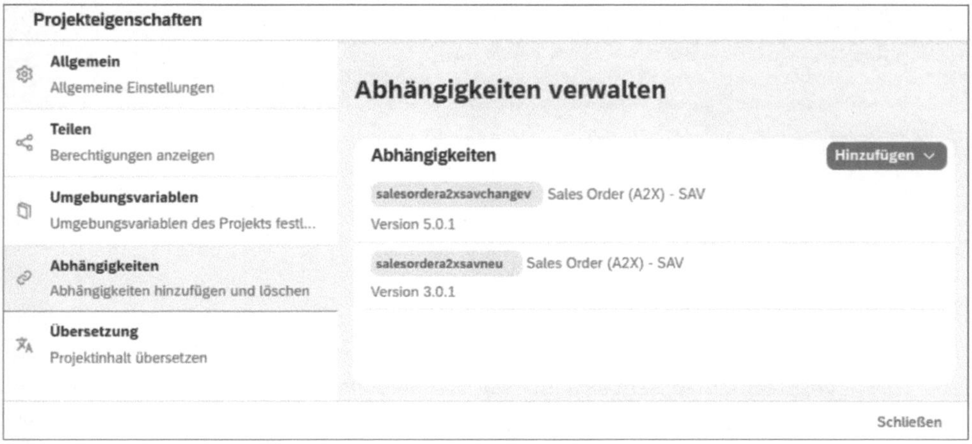


*Abbildung 10.21: Projekteigenschaften und Abhängigkeiten in Joule Studio verwalten*

**Bereitstellung des Joule Agents**

Nachdem die Konfiguration und die Designphase abgeschlossen sind, kann der Test beginnen. Anschließend wird das Modell freigegeben und bereitgestellt, sodass es in der ausgewählten Umgebung genutzt werden kann. Wie in Abbildung 10.22 dargestellt, wird dabei festgelegt, in welcher Umgebung der Joule Agent aktiviert wird. Dies kann je nach Systemlandschaft beispielsweise eine Test-, Entwicklungs- oder Produktivumgebung sein.

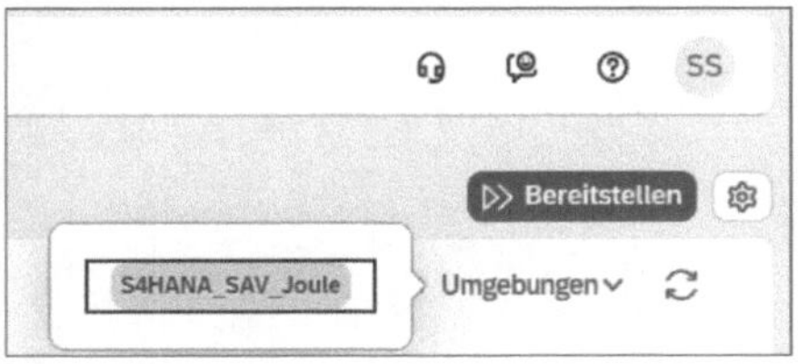


*Abbildung 10.22: Aktivierung des Joule Agents in einer Umgebung*

**Joule-Chat als zentrale Interaktionsfläche**

Jetzt kann die Anwendung getestet werden. Auf der in Abbildung 10.23 dargestellten Joule-Oberfläche steht der Chat zur Verfügung, über den direkt mit dem bereitgestellten Joule Agent interagiert werden kann. An dieser Stelle lässt sich Joule z. B. fragen, was es tun kann, welche Fähigkeiten verfügbar sind oder wie es bei bestimmten Aufgaben unterstützt.

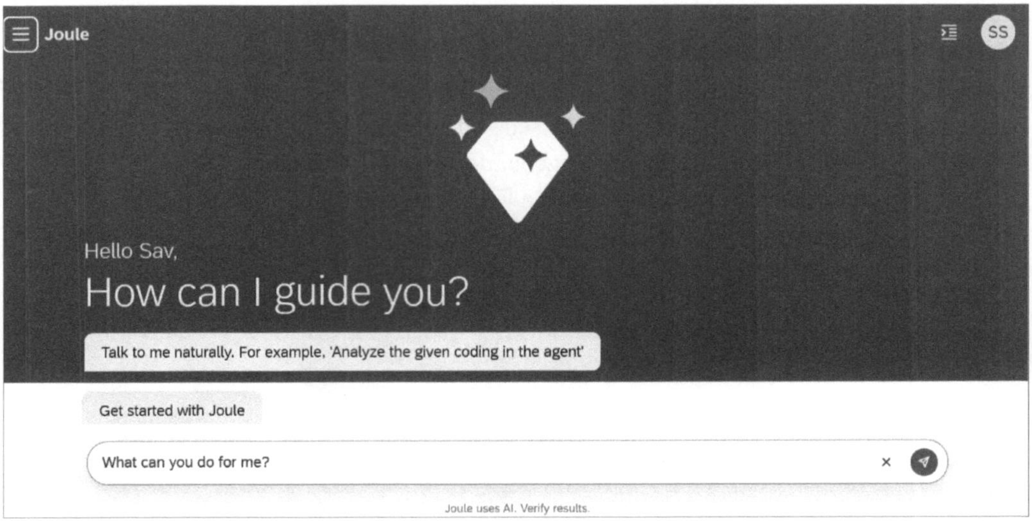


*Abbildung 10.23: Joule-Chatfenster*

Über natürliche Sprache werden die zuvor entwickelten Skills und Aktionen angesprochen. So zeigt sich im Test, ob Joule die definierten Funktionen korrekt versteht, die richtigen Daten aus SAP S/4HANA abruft und die Antworten wie vorgesehen ausgibt.

**Fachliche Anfrage in natürlicher Sprache**

Zum Testen können Sie eine konkrete fachliche Anfrage in natürlicher Sprache stellen, Joule also z. B. bitten, einen bestimmten Kundenauftrag anzuzeigen (siehe Abbildung 10.24). Joule interpretiert die Eingabe, erkennt die Absicht hinter der Anfrage und ordnet sie dem passenden Joule Skill zu, den wir zuvor in Joule Studio definiert haben.

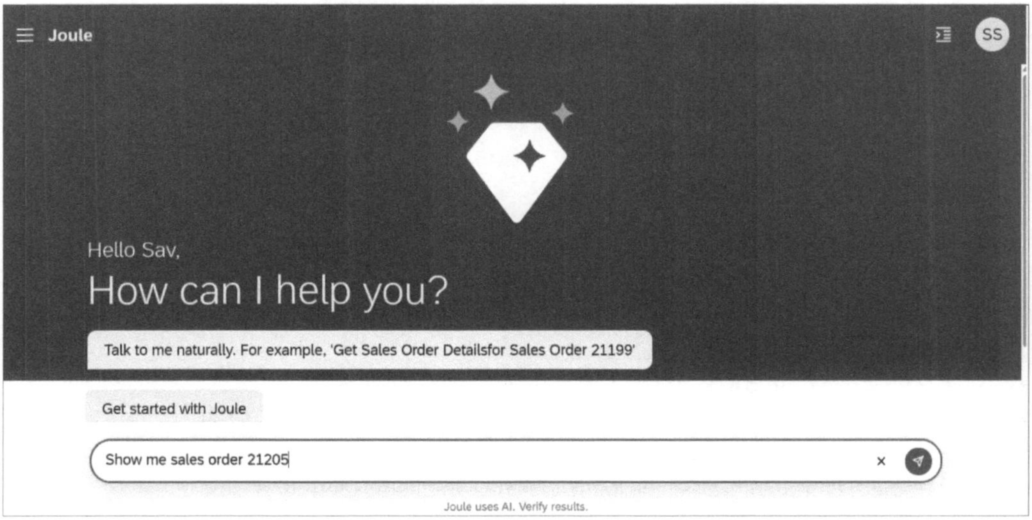


*Abbildung 10.24: Joule-Anfrage zur Ermittlung eines Kundenauftrags*

Auf Basis dieser Zuordnung ruft Joule im Hintergrund die entsprechenden Aktionen auf, die über APIs mit SAP S/4HANA verbunden sind. In diesem Fall werden die Kopfdaten des angegebenen Kundenauftrags aus dem Backend gelesen. Die zurückgelieferten Daten werden anschließend gemäß der im Skill definierten Ausgabelogik aufbereitet und im Chat angezeigt.

**Strukturierte Anzeige der Auftragskopfdaten**

Das gezeigte Ergebnis ist die Antwort von Joule auf die Anfrage nach den Details eines Kundenauftrags. Angezeigt werden die Kopfdaten des Auftrags, z. B. die Auftragsnummer, der Auftragsgrund und weitere relevante Informationen (siehe Abbildung 10.25). Diese Darstellung ist kein Zufall, sondern das direkte Ergebnis der zuvor definierten Logik im Joule Skill. Die Ausgabe sieht genauso aus, weil im Skill ein eigener Output-Schritt definiert wurde. In diesem Schritt wurde festgelegt, welche Felder aus der API-Antwort übernommen werden und in welchem Format sie im Joule-Chat erscheinen sollen. Joule wählt hier also nicht selbstständig eine Struktur, sondern folgt der bei der Entwicklung vorgegebenen Darstellung. So wird sichergestellt, dass die wichtigsten Informationen übersichtlich und fachlich korrekt angezeigt werden und Joule nicht halluziniert, sondern ausschließlich die aus SAP S/4HANA gelieferten Daten darstellt.

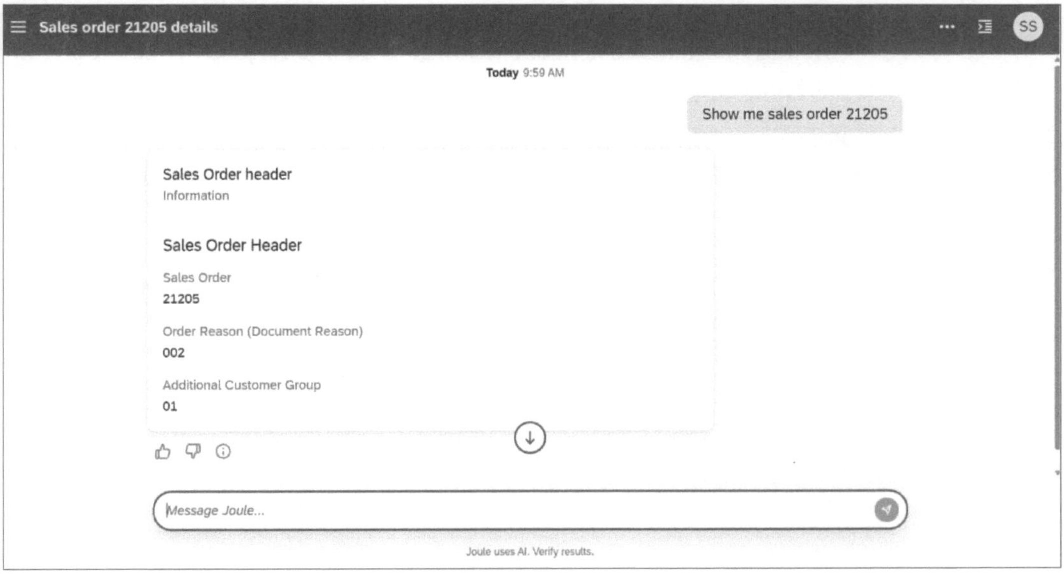


*Abbildung 10.25: Joule-Antwort zur Ausgabe des Kundenauftrags*

**Positionsabfrage aus dem bestehenden Kontext**

Als Nächstes kann eine Position des Kundenauftrags gezielt abgefragt werden, wie in Abbildung 10.26 zu sehen. Auf Basis der vorherigen Interaktion weiß Joule bereits, auf welchen Auftrag sich die Frage bezieht, und kann die Anfrage eindeutig zuordnen. Die natürliche Spracheingabe wird analysiert und dem passenden Skill für die Positionsabfrage zugewiesen. Daraufhin ruft Joule im

Hintergrund die entsprechende Aktion auf, um die gewünschten Positionsdaten aus SAP S/4HANA zu lesen.

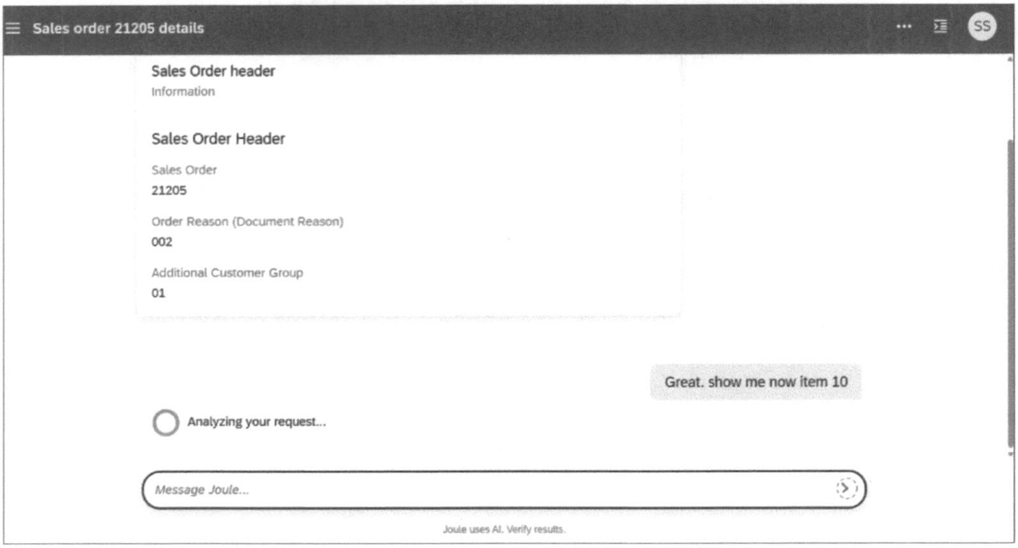


*Abbildung 10.26: Positionsdaten des Kundenauftrags ermitteln*

Die Positionsdaten des Kundenauftrags werden erfolgreich ermittelt und im Chat angezeigt (siehe Abbildung 10.27).

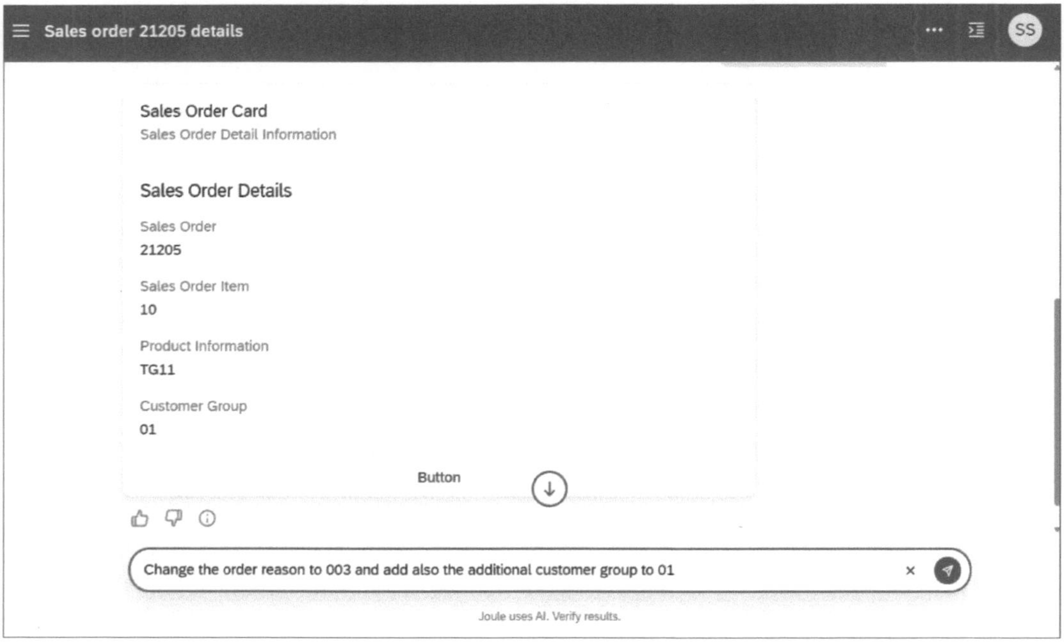


*Abbildung 10.27: Ändern des Kundenauftrags mit Joule*

Joule hat die Anfrage korrekt interpretiert, die passende Aktion ausgeführt und die Daten strukturiert zurückgegeben. Im nächsten Schritt folgt nun die Änderung des Kundenauftrags. Auf Basis der natürlichen Spracheingabe wird Joule angewiesen, zwei Felder zu aktualisieren. Zum einen wird die Kundengruppe (**Customer Group**) angepasst und zum anderen der Auftragsgrund (**Order Reason**) geändert. Dafür wird der entsprechende Skill zum Ändern des Auftrags aufgerufen, der die notwendigen API-Updates im SAP-S/4HANA-System ausführt.

**Übergang vom Chat ins System**

Wie im Joule Studio definiert, kann nun direkt in das SAP-S/4HANA-System abgesprungen werden. Über den bereitgestellten Link (siehe Abbildung 10.28) wird der geänderte Kundenauftrag automatisch geöffnet, ohne dass Sie ihn im System manuell suchen oder selektieren müssen.

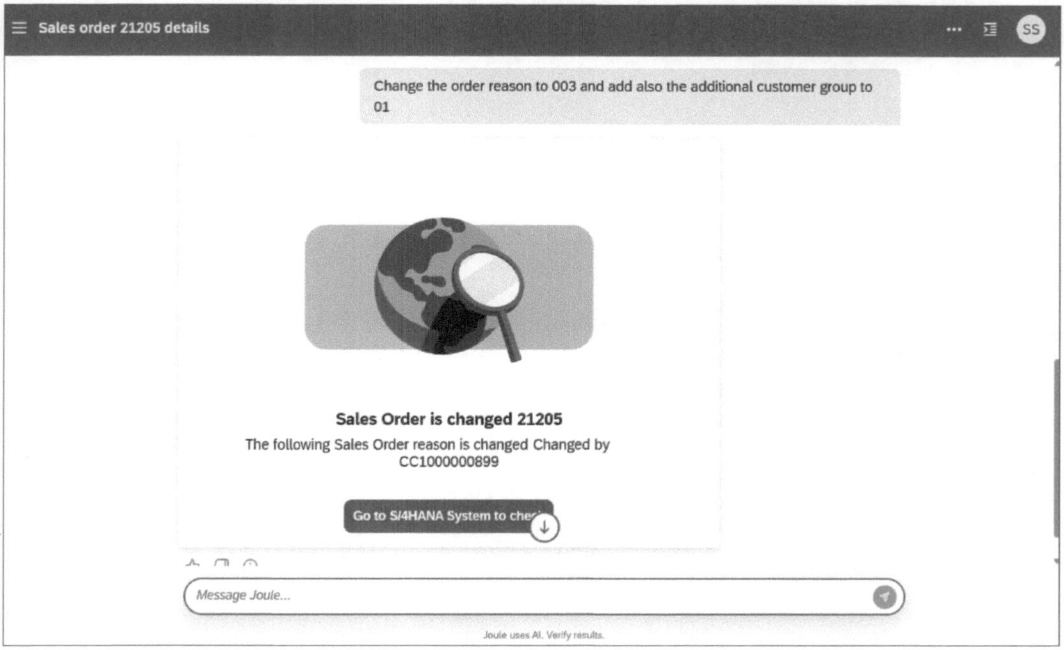


*Abbildung 10.28: Absprung aus Joule ins SAP-S/4HANA-System*

In diesem Beispiel wird die App **Kundenaufträge verwalten – Version 2** im SAP-S/4HANA-System geöffnet. Der zuvor über Joule geänderte Kundenauftrag ist bereits vorausgewählt, sodass Sie die Anpassungen unmittelbar überprüfen können (siehe Abbildung 10.29).

**Synchronisation zwischen Joule und SAP S/4HANA**

Der Auftragsgrund wurde im Kundenauftrag erfolgreich geändert. In der geöffneten Detailsicht des Auftrags ist außerdem zu erkennen, dass der neue Auftragsgrund im Kopf des Kundenauftrags übernommen wurde (siehe Abbildung 10.30).

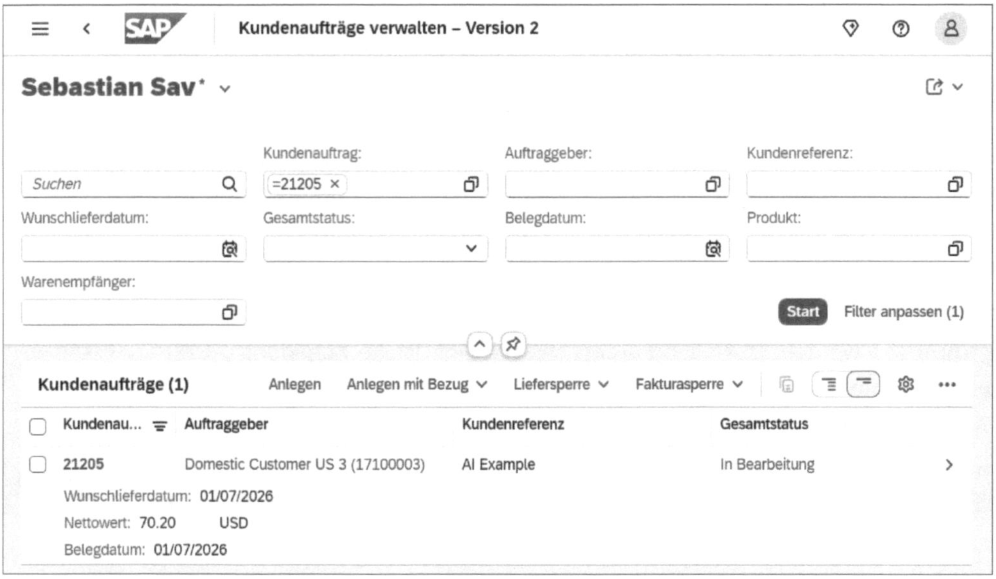


*Abbildung 10.29: Ausgewählter Kundenauftrag in der App »Kundenaufträge verwalten – Version 2« in SAP S/4HANA*

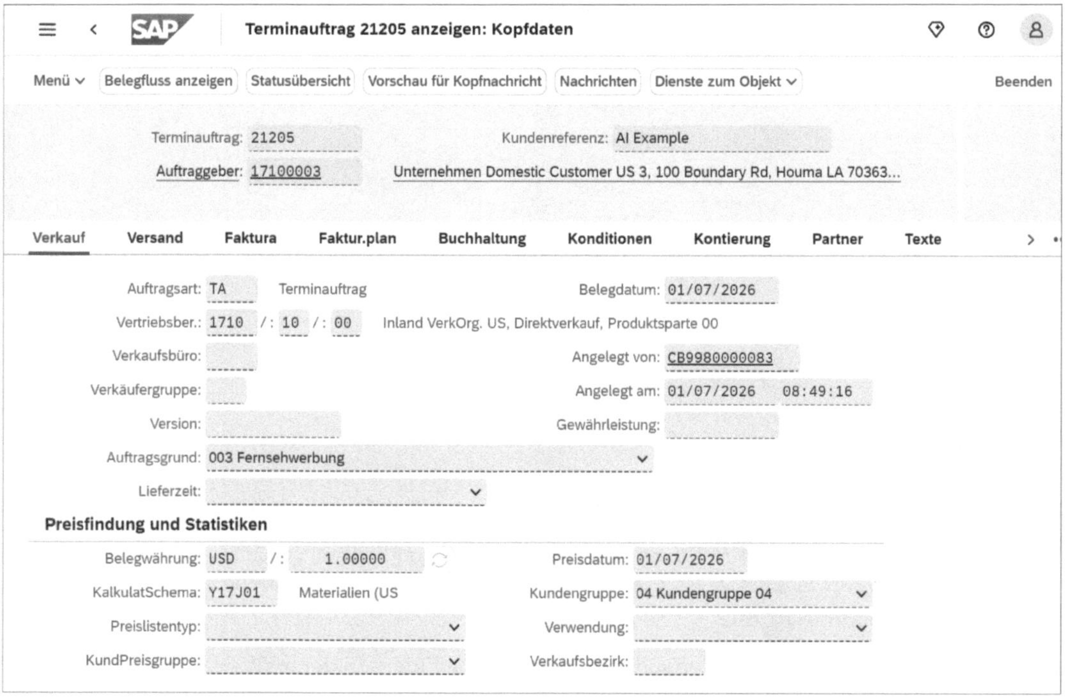


*Abbildung 10.30: Details zum Kundenauftrag anzeigen*

Auch die Kundengruppe wurde erfolgreich angepasst. In den zusätzlichen Kopfdaten des Verkaufsauftrags auf der Registerkarte **Zusatzdaten A** ist der neue Wert sichtbar und bestätigt, dass die Änderung korrekt übernommen wurde (siehe Abbildung 10.31).

*Abbildung 10.31: Zusatzdaten zum Kundenauftrag*

## 10.5 Kundenauftragsanlage basierend auf einer E-Mail

In unserem zweiten Anwendungsbeispiel übernimmt Joule die automatische Anlage eines Kundenauftrags auf Basis einer eingehenden E-Mail. Die Anfrage des Kunden wird direkt im Joule-Chat verarbeitet, ohne dass strukturierte Auftragsdaten oder vollständige Kontaktdaten explizit angegeben wurden. Weder eine Kundennummer noch ein bereits bekannter Ansprechpartner müssen dazu in der E-Mail genannt werden. Abbildung 10.32 zeigt den Text einer solchen E-Mail als Eingabe in Joule.

**Direkte Anlage in SAP S/4HANA durch eine E-Mail**

Joule analysiert den Inhalt der E-Mail, erkennt die bestellten Produkte und Mengen und nutzt zusätzlich Metainformationen wie die E-Mail-Adresse und deren Domain. Auf dieser Basis wird der zugehörige Geschäftspartner ermittelt, z. B. über die Domain oder im System hinterlegte Zuordnungslogiken. Selbst wenn die konkrete Kontaktperson noch nicht im SAP-System angelegt wurde, kann Joule den Auftrag dem richtigen Kunden zuordnen. Anschließend legt Joule den Kundenauftrag im SAP-S/4HANA-System an, inklusive der identifizierten Produkte und Mengen.

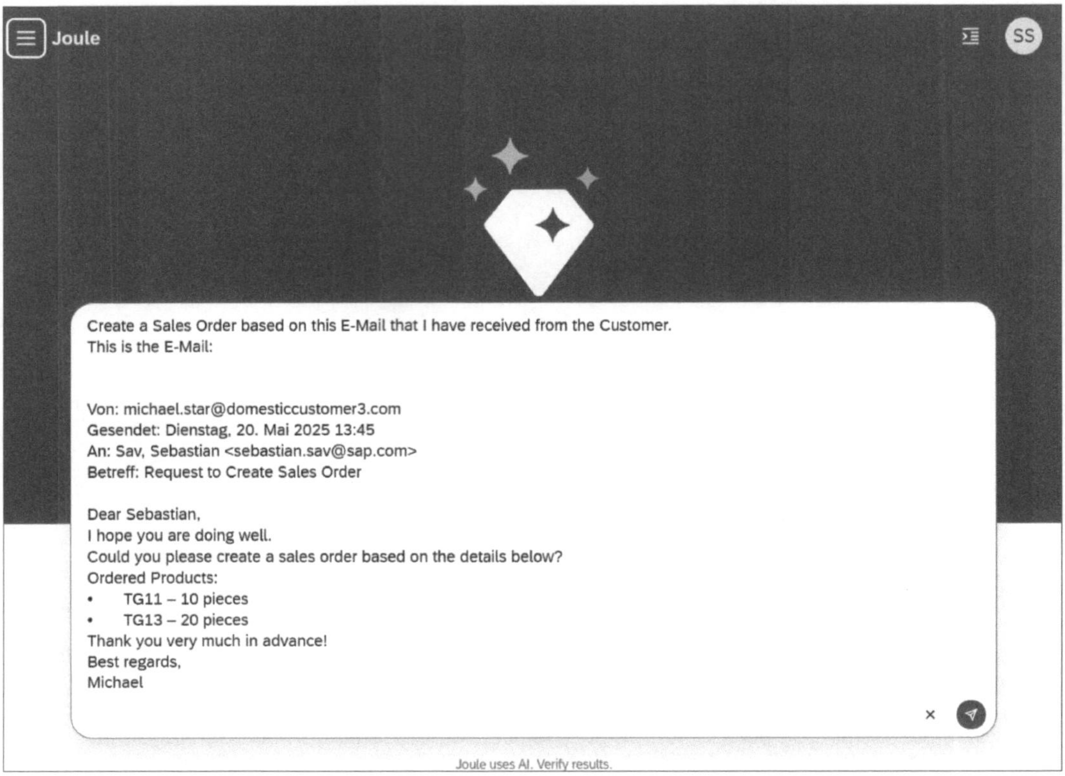


*Abbildung 10.32: E-Mail-Nachricht als Prompt-Eingabe in Joule kopieren*

**Bestätigung und Übersicht im Chat**

In Abbildung 10.33 hat Joule den Kundenauftrag erfolgreich angelegt. Auf Basis der eingehenden E-Mail wurde die Sales Order 21206 im SAP-S/4HANA-System erstellt. Joule bestätigt die erfolgreiche Anlage direkt im Chat und listet die wichtigsten Informationen übersichtlich auf.

Angezeigt werden unter anderem die Auftragsnummer, der ermittelte Kunde inklusive der Geschäftspartner-ID sowie die bestellten Produkte mit den jeweiligen Mengen. Damit ist transparent nachvollziehbar, welche Daten aus der E-Mail interpretiert und in den Kundenauftrag übernommen wurden.

**Kundenauftrag im SAP-S/4HANA-System**

Im SAP-S/4HANA-System können Sie den neu angelegten Kundenauftrag anschließend überprüfen. Dabei zeigt sich, dass der Geschäftspartner korrekt ermittelt wurde und dem Auftrag richtig zugeordnet ist. Auch die Positionsdaten stimmen vollständig überein (siehe Abbildung 10.34). Die verwendeten Materialnummern sowie die bestellten Mengen entsprechen exakt den Angaben aus der ursprünglichen E-Mail.

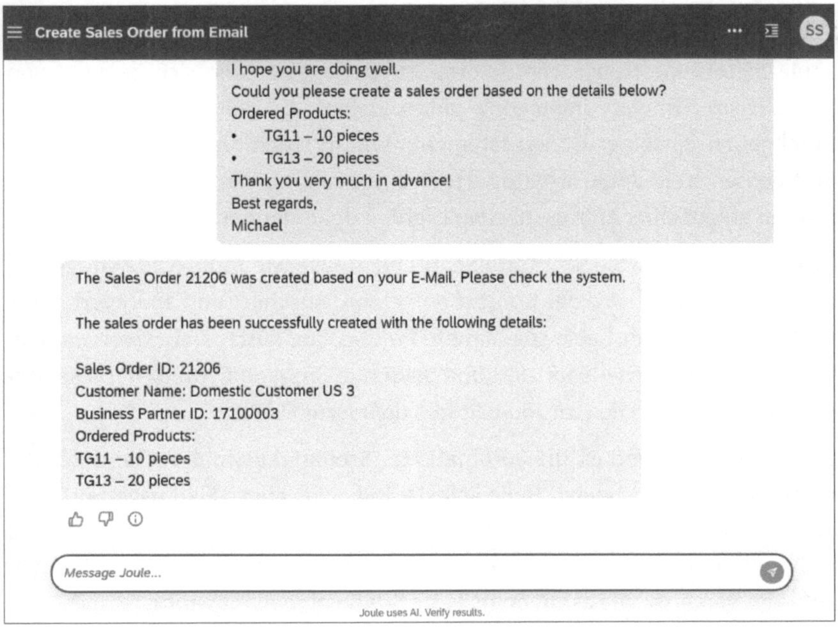


*Abbildung 10.33: Joules Bestätigung des erstellten Kundenauftrags*

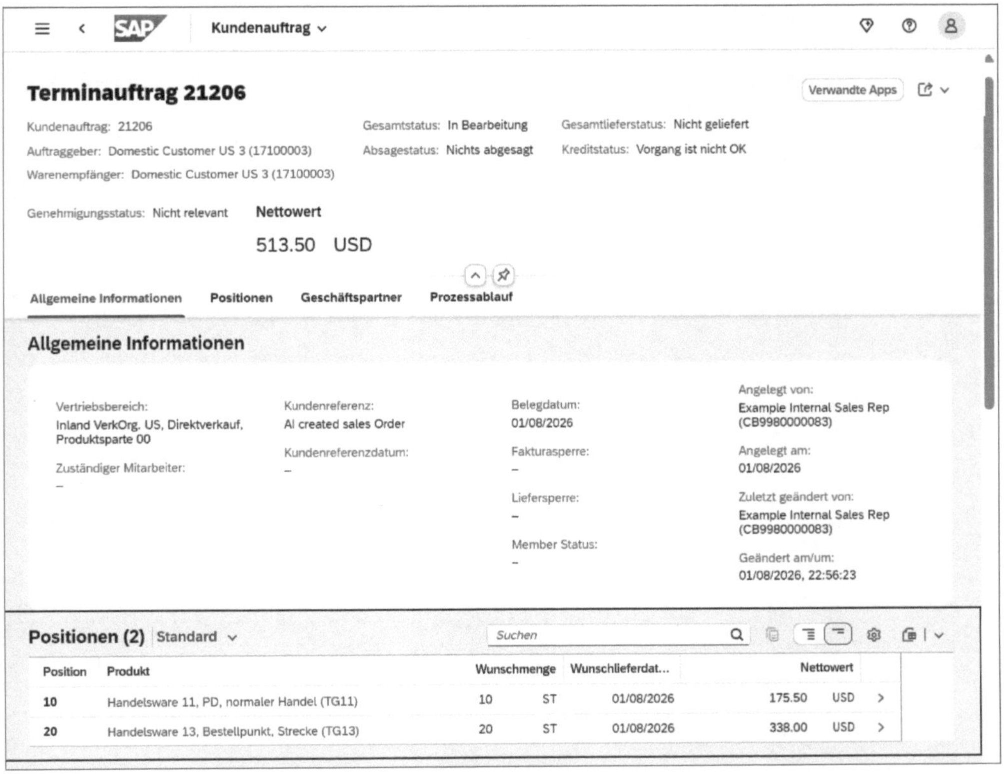


*Abbildung 10.34: Erstellter Kundenauftrag im SAP-S/4HANA-System*

## 10.6 Debugging und Analyse in Joule

**Request Logs statt klassischem Debugging**

Joule bietet eine transparente Form des Debuggings, die sich bewusst von klassischem Software-Debugging unterscheidet. Es gibt kein schrittweises Durchgehen einzelner Code-Statements wie in traditionellen Programmen. Stattdessen stellt Joule strukturierte *Request Logs* zur Verfügung, die den gesamten Ablauf einer Anfrage nachvollziehbar dokumentieren.

In den Logs können Sie Schritt für Schritt erkennen, wie Joule eine Anfrage verarbeitet. Zunächst wird der Kontext aufgebaut. Anschließend analysiert Joule die Eingabe und führt eine sogenannte *Preselection* durch. Dabei werden relevante Informationen identifiziert und passende Szenarien ermittelt. Diese Szenarien entsprechen den im Joule Studio definierten Skills.

**Automatische Auswahl des passenden Szenarios**

Besonders spannend ist die automatische Szenarioauswahl. Anhand der Benutzeranfrage entscheidet Joule selbstständig, welcher Skill ausgeführt werden soll. Wird z. B. ein Kundenauftrag abgefragt, erkennt Joule die Absicht und wählt automatisch das Szenario zum Ermitteln der Kopfdaten eines Kundenauftrags, genauso, wie es zuvor im Joule Studio modelliert wurde.

**Start der Dialogfunktion**

Die Logs zeigen anschließend, wie die entsprechende Dialogfunktion gestartet wird, welche Parameter übergeben werden und ob der Request erfolgreich ausgeführt wurde (siehe Abbildung 10.35).

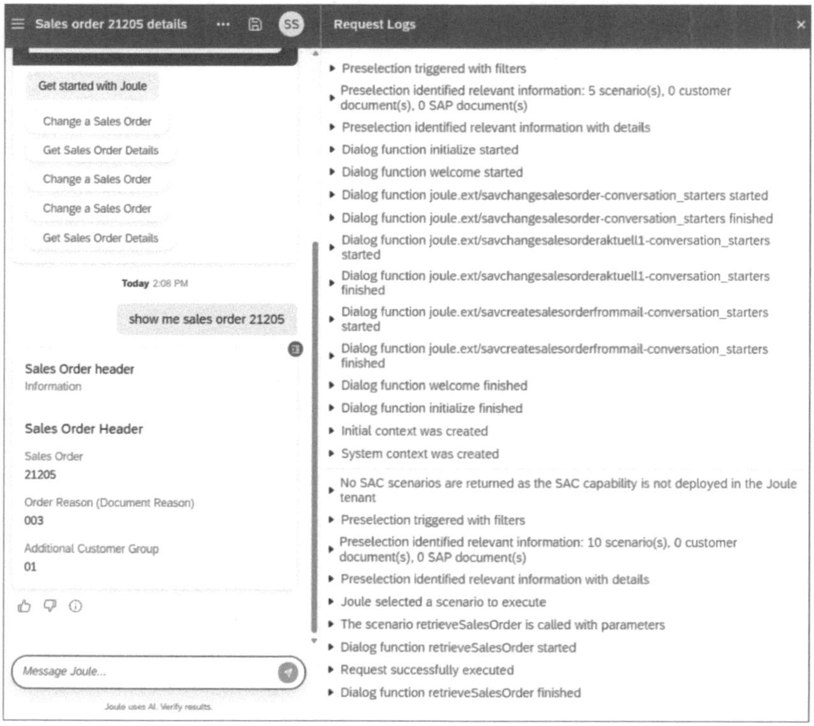


*Abbildung 10.35: Analyse der Request Logs in Joule*

So können Sie nachvollziehen, warum Joule eine bestimmte Entscheidung getroffen hat und wie die Antwort entstanden ist.

Der Log-Eintrag in Abbildung 10.36 zeigt sehr anschaulich, wie Joule intern entscheidet, welches Szenario ausgeführt wird. In diesem Schritt hat Joule ein passendes Szenario ausgewählt, um die Anfrage zu bearbeiten. Konkret wurde das Szenario `retrieveSalesOrder` bestimmt, das im Joule Studio für das Ermitteln von Kundenauftragsdaten definiert wurde.

▾ Joule selected a scenario to execute


```
{
  "type": "CUSTOM",
  "level": "info",
  "code": "SCENARIO_SELECTED",
  "message": "Joule selected a scenario to execute",
  "context": {
    "capability": {
      "name": "savchangesalesorderaktuell1",
      "namespace": "joule.ext"
    },
    "scenario_name": "retrieveSalesOrder"
  },
  "data": {
    "task": "Retrieve the details of the sales order with the identifier 21205.",
    "reasoning": "The user's request is to retrieve details of a specific sales order identified by the
        number 21205. The scenario 'retrieveSalesOrder' is suitable for this task as it is designed to
        fetch sales order data.",
```


*Abbildung 10.36: Auswahl des Szenarios im Request Log*

Im Log ist außerdem nachvollziehbar, wie Joule die Benutzeranfrage semantisch analysiert hat. Joule hat erkannt, dass es darum ging, die Details eines bestimmten Kundenauftrags mit der Nummer 21205 abzurufen. Auf dieser Basis wird begründet, warum genau dieses Szenario geeignet ist. Die Begründung zeigt, dass Joule nicht zufällig handelt, sondern die Anfrage mit dem Zweck und den Fähigkeiten des Szenarios abgleicht.

**Dokumentation der Request-Ausführung**

Mit dem Start der Dialogfunktion, in diesem Fall `retrieveSalesOrder`, beginnt die eigentliche fachliche Ausführung der Anfrage. Im Log ist anschließend zu sehen, dass der API-Aufruf erfolgreich ausgeführt wurde. Der Eintrag **Request successfully executed** bestätigt, dass der externe Service, also die angebundene SAP-S/4HANA-API, korrekt aufgerufen wurde. Der HTTP-Status 202 (Accepted) zeigt, dass die Anfrage vom Zielsystem angenommen und verarbeitet wurde (siehe Abbildung 10.37). Zum Abschluss wird im Log dokumentiert, dass die Dialogfunktion wieder beendet wurde.

*Abbildung 10.37: Dokumentation der erfolgreichen Durchführung des Request im Request Log*

## 10.7 Geschäftlicher Nutzen von Joule Studio und Auswirkungen

Joule Studio bringt generative KI dorthin, wo sie im Unternehmen wirklich Nutzen stiftet: direkt in die Geschäftsprozesse und zu den Daten im SAP-System. Der entscheidende Unterschied zu einem allgemeinen Chatbot ist, dass Joule nicht »irgendwie« antwortet, sondern über Joule Studio so konfiguriert wird, dass es konkrete Aufgaben kontrolliert ausführen darf. Skills und Aktionen legen fest, welche Tätigkeiten möglich sind, z. B. das Lesen von Kundenaufträgen, das Prüfen von Positionsdaten oder das Ändern bestimmter Felder in einem Auftrag. Damit wird Joule von einem Auskunftssystem zu einem Helfer, der Arbeit innerhalb eines Prozesses abnimmt.

**Durchgängige Integration in Geschäftsprozesse**

Ein zentraler Nutzen entsteht durch die Integration. Joule arbeitet nicht isoliert, sondern greift über definierte Aktionen auf SAP-APIs und, wenn erforderlich, auch auf Schnittstellen von Drittsystemen zu. Über SAP Build lassen sich Workflows und Automatisierungen modellieren, die Joule in den Ablauf einbeziehen kann. Die SAP Integration Suite unterstützt dabei, Systemgrenzen sauber zu überbrücken, APIs zu verwalten und eine sichere Kommunikation sicherzustellen. Mitarbeitende müssen Informationen nicht mehr in mehreren Anwendungen zusammensuchen oder manuell übertragen, sondern können in einem dialogbasierten Zugriff Prozessschritte anstoßen und erhalten direkt Ergebnisse.

Damit werden End-to-End-Prozesse realistisch. Als Anwenderin oder Anwender bleiben Sie im Dialog, während Joule die Systemarbeit übernimmt. Das spart Zeit, senkt die Klicks und beschleunigt die Bearbeitung, besonders in Bereichen mit vielen wiederkehrenden Kleinstaufgaben wie im Vertrieb, Kundenservice oder der Auftragsabwicklung.

**Reduzierte Halluzination durch echte Systemdaten**

Ein wichtiger Effekt ist zudem die Reduzierung von Halluzinationen. Joule Studio erlaubt es, Antworten eng an Systemdaten zu koppeln. Wenn ein Skill seine Informationen über eine API aus SAP S/4HANA liest und die Ausgabe als strukturierter Output mit Platzhaltern definiert ist, basiert die Antwort auf tatsächlichen Werten aus dem Backend. Joule »erfindet« dann keine Auftragsdetails, sondern gibt das wieder, was das System geliefert hat.

Zusätzlich sorgt ein vorgegebenes Ausgabeformat für Konsistenz und verhindert, dass Antworten jedes Mal anders aufgebaut sind oder unnötig interpretiert werden. Durch den kombinierten Einsatz mit Document Grounding sowie semantischen Datenquellen wie SAP Business Data Cloud und SAP Knowledge Graph steigt die fachliche Qualität der Antworten, weil Joule nicht nur Daten sieht, sondern deren Zusammenhang besser versteht.

**Transparenz durch Request Logs**

Joule Studio unterstützt die Versionierung, die gezielte Bereitstellung von Agents und klare Berechtigungen. Das ist besonders relevant, sobald Joule schreibende Aktionen ausführt, etwa beim Ändern oder Anlegen von Belegen. Unternehmen können steuern, wer welche Skills nutzen darf, und neue Versionen schrittweise ausrollen. Gleichzeitig liefern die Request Logs eine nachvollziehbare Sicht auf den Ablauf von Anfragen: Man erkennt, welches Szenario ausgewählt wurde, welche Parameter übergeben wurden und ob der Request erfolgreich war.

**Nachhaltiger Nutzen im Tagesgeschäft**

Der Nutzen von Joule Agents zeigt sich in der Praxis vor allem in schnelleren Durchlaufzeiten, geringeren Bearbeitungszeiten pro Vorgang und weniger Nacharbeit. Prozesse werden stabiler, weil Wissen nicht nur in Köpfen steckt, sondern in Skills und Abläufen beschrieben ist. Neue Mitarbeitende profitieren davon, weil Joule sie im Alltag führt und Standardfragen zuverlässig beantwortet oder die nächsten Schritte vorbereitet.

Mit Blick nach vorn wird zudem wichtig, dass Custom AI über Joule Studio sowohl in Public-Cloud- als auch in Private-Cloud-Szenarien implementiert werden kann. Viele Unternehmen arbeiten hybrid und benötigen eine einheitliche Entwicklungs- und Betriebslogik über die beiden genannten Welten hinweg. Hier bietet Joule Studio die Grundlage, um KI-Funktionen kontrolliert aufzubauen, zu betreiben und schrittweise zu erweitern – ohne Wildwuchs, aber mit spürbarem Effekt im Tagesgeschäft.

## 10.8 Ausblick: das neue Joule Studio

Dieser Abschnitt widmet sich einer der bedeutendsten Ankündigungen der SAP Sapphire 2026: dem neuen *Joule Studio* (siehe Abbildung 10.38). Während der Konferenz wurde deutlich, dass SAP damit den Übergang von rein generativer KI hin zu *agentischen Lösungen* (Agentic AI) vollzieht.

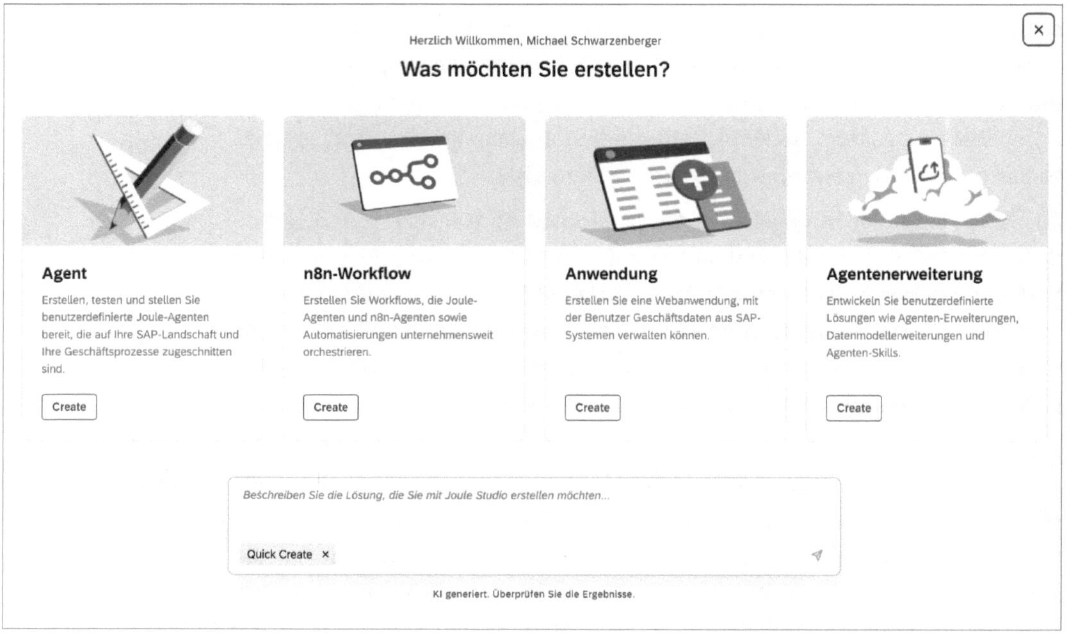


*Abbildung 10.38: Vorschau auf das neue Joule Studio*

[»]

**Produktankündigung**

Bei dem hier beschriebenen Joule Studio handelt es sich um eine Produktankündigung. Die beschriebenen Funktionen können sich daher bis zum offiziellen Release noch ändern. Die allgemeine Verfügbarkeit ist derzeit (Stand: Juni 2026) für das zweite Halbjahr 2026 geplant. Einer begrenzten Anzahl an Kunden steht der Zugang bereits über ein Early-Adopter-Care-Programm offen.

**KI-geleitete Programmierung**

Mit dem Debüt auf der SAP Sapphire 2026 positioniert SAP das neue Joule Studio als KI-zentrierte Entwicklungsumgebung, die es Unternehmen ermöglicht, agentische Lösungen direkt im tiefen Verständnis ihres Geschäftskontexts zu erstellen. Joule Studio erweitert das bestehende KI-Portfolio von SAP und ist speziell darauf ausgelegt, KI-Agenten, Applikationen und Workflows in einer einzigen, SAP-verwalteten Laufzeitumgebung auszuführen.

[«]

**Was sind agentische Lösungen?**

Im Kern des Joule Studio stehen sogenannte *agentische Lösungen*. Dabei handelt es sich um Anwendungen, die durch KI-Agenten gesteuert werden. Diese Agenten verstehen Ziele, treffen Entscheidungen und führen autonom Aktionen aus, um komplexe Geschäftsaufgaben innerhalb definierter Leitplanken zu lösen.

**Intent-driven Development**

Eine der zentralen Innovationen, die auf der Sapphire vorgestellt wurden, ist das *Intent-driven Development*. Dieser Ansatz verändert den Entwicklungsprozess grundlegend:

- **Prompt statt Code:** Die Entwicklung beginnt nicht mit technischem Code, sondern mit einem Prompt in natürlicher Sprache.
- **Strukturierte Ideation:** Zu Beginn stellt Joule Studio klärende Fragen, um die Geschäftsherausforderung exakt zu verstehen und ein gemeinsames Verständnis über die Aufgabenstellung zu schaffen.
- **Automatisierte Artefakte:** Auf dieser Basis generiert die KI ein Anforderungsdokument, das die Problemstellung, relevante Personas und eine Fit-Gap-Analyse enthält.
- **Technische Spezifikation:** Das Anforderungsdokument wird in eine technische Spezifikation übersetzt, woraufhin KI-Coding-Agenten produktionsreifen Code basierend auf SAP-Architekturmustern und freigegebenen Schnittstellen generieren.

**Rolle des SAP-Business-Kontextes**

Was Joule Studio von generischen KI-Plattformen unterscheidet, ist die tiefe Integration in den SAP-Geschäftskontext. Für ein präzises Grounding der Agenten greift die Lösung auf folgende Quellen zurück:

- **SAP Knowledge Graph und Domain Models:** Sie verankern die Lösung in der Semantik und in den Best Practices von SAP.
- **SAP Signavio (geplant):** Zukünftig sollen Prozessdaten aus SAP Signavio einfließen, um Engpässe in Unternehmensprozessen zu identifizieren und bei der Problemlösung zu berücksichtigen.
- **SAP LeanIX:** Die Integration ermöglicht die Validierung der Lösung gegen die bestehende Unternehmensarchitektur.

**Technologie-Stack und Partnerschaften**

Joule Studio bietet eine einheitliche Umgebung, die unterschiedliche Entwickler-Personas und Anforderungen durch eine breite Palette an Technologien unterstützt.

- **Agentische Workflows mit n8n:** SAP integriert eine vollständig verwaltete Version der Automatisierungsplattform *n8n* direkt in Joule Studio. Dies ermöglicht es Nutzerinnen und Nutzern, visuell und im Low-Code-Verfahren komplexe, mehrstufige Workflows zu erstellen, die sowohl SAP-Systeme als auch Drittanbieter-Anwendungen im Prozessablauf verbinden. Es dient dabei als Orchestrierungsschicht, um KI-Agenten, Automatisierungen und menschliche Interaktionen (»Human-in-the-Loop«) in einem einzigen Prozessfluss zu koordinieren.

- **Applikationsentwicklung mit Cloud Application Programming Model:** Für den Bau robuster Geschäftsanwendungen setzt Joule Studio weiterhin auf das bewährte Cloud Application Programming Model, primär unter Verwendung von JavaScript. Für konsistente Unternehmensanwendungen kommen nach wie vor *SAPUI5* und *SAP Fiori Elements* zum Einsatz. Zusätzlich erweitert SAP die Möglichkeiten im Frontend-Bereich: Entwicklerinnen und Entwickler können nun auch *React* und *Vercel* einsetzen, um hochgradig individualisierte Web-Erlebnisse zu gestalten.
- **Integration gängiger Agenten-Frameworks**: Pro-Developer können zusätzlich marktgängige Bibliotheken wie *LangChain*, *LangGraph*, *Pydantic AI* oder *LlamaIndex* nutzen. Dies ermöglicht die Implementierung fortgeschrittener Funktionen wie eines persistenten Gedächtnisses oder einer tiefgehenden Personalisierung der KI-Agenten.

**Abgrenzung zu SAP Build**

Es ist wichtig zu betonen, dass Joule Studio kein Ersatz für SAP Build ist, sondern mit diesem koexistiert. Während SAP Build einen *Visual-First-Ansatz* in einer kundeneigenen Umgebung verfolgt, ist Joule Studio *AI- and Code-First* und wird vollständig von SAP verwaltet. Ein Hybrid-Szenario ermöglicht es, bestehende Build-Projekte über n8n-Knoten in neue Joule-Workflows zu integrieren.

**Verfügbarkeit und Early-Adopter-Care-Programm**

Wie auf der Sapphire 2026 kommuniziert und bereits erwähnt, werden diese neuen Fähigkeiten über ein Early-Adopter-Care-Programm für ausgewählte Kunden zugänglich gemacht. Die allgemeine Verfügbarkeit (General Availability) ist für das zweite Halbjahr 2026 geplant. Das kommerzielle Modell sieht eine ressourcenbasierte Abrechnung für die Runtime über AI-Units vor. Damit bietet SAP einen klaren Pfad für Unternehmen, um von isolierten KI-Experimenten zu skalierbaren, produktiven Agenten-Systemen zu wechseln.

Kapitel 11

# Custom AI mit ABAP-RESTful-Application-Programming-Model-Entwicklung

*In diesem Kapitel lernen Sie die grundlegenden Prinzipien der Entwicklung mit dem ABAP RESTful Application Programming Model kennen. Sie erfahren außerdem, wie Sie die Custom-AI-Funktionen mit dem Modell kombinieren, um neue Anwendungen zu erstellen.*

Das *ABAP RESTful Application Programming Model* (RAP) ist ein modernes Entwicklungsmodell für ABAP-basierte Anwendungen. Es definiert eine durchgängige Architektur, die alle Schichten einer Anwendung abdeckt, von der Datenbank bis zur Benutzeroberfläche. RAP wird vor allem in SAP S/4HANA, ABAP Cloud und bei der Entwicklung moderner, serviceorientierter Anwendungen eingesetzt. Typische Einsatzszenarien sind SAP-Fiori-Apps, OData-basierte Web-APIs sowie ereignisgesteuerte Integrationen.

Dieses Kapitel zeigt, wie Sie Custom AI sinnvoll mit der Entwicklung mit dem ABAP RESTful Application Programming Model (RAP) im SAP-Umfeld kombinieren. Sie lernen das RAP als moderne Grundlage für stabile und erweiterbare Anwendungen kennen. Schritt für Schritt erklären wir Ihnen den Aufbau des Modells und zeigen, wie daraus lauffähige Services entstehen (siehe Abschnitt 11.1). Anschließend erfahren Sie, wie künstliche Intelligenz direkt in eine RAP-Anwendung integriert und im Geschäftskontext genutzt werden kann (siehe Abschnitt 11.2).

## 11.1 Entwicklung mit dem ABAP RESTful Application Programming Model

**RAP als End-to-End-Modell**

RAP verfolgt einen konsequenten End-to-End-Ansatz und ist in Architekturschichten aufgebaut, die von der Datenbank bis zur konsumierenden Anwendung reichen (siehe Abbildung 11.1).

Die SAP-HANA-Datenbank bildet die technische Grundlage. Sie übernimmt die persistente Speicherung der Daten und sorgt mithilfe von SQL und SQLScript für eine performante Verarbeitung. Darauf aufbauend liegt die domänenspezifische Implementierung, in der die fachliche Logik umgesetzt wird. Daten werden mithilfe von sogenannten *Core Data Services Views* (CDS-Views) modelliert. Sie definieren die Struktur der Daten, legen Felder fest und beschreiben Beziehungen zwischen Objekten und bilden die Basis für alle weiteren RAP-Artefakte. Für reine Lesezugriffe gibt es Queries, die Daten strukturiert zur Verfügung stellen und typischerweise für Listen, Reports oder analytische Auswertungen genutzt werden.

**Business Objects und Verhalten**

Auf dieser Grundlage werden Business Objects definiert. Sie repräsentieren reale Geschäftsobjekte wie Bestellungen, Produktionsaufträge oder Kundenaufträge und bündeln Daten, Aktionen und Geschäftsregeln. Das Verhalten eines Business Objects wird in der *Behavior Definition* beschrieben. Hier wird festgelegt, welche Operationen erlaubt sind, etwa das Anlegen, Ändern oder Löschen. Die eigentliche applikationsspezifische Logik wird anschließend in der *Behavior Implementation* umgesetzt, die in ABAP programmiert ist.

**Servicefreigabe und Projektionen**

Damit interne Strukturen nicht direkt nach außen sichtbar sind, werden *Business-Object-Projektionen und Interfaces* verwendet. Sie legen fest, welche Teile eines Business Objects freigegeben werden. Servicedefinitionen bestimmen, welche Inhalte als Service bereitgestellt werden. Das Service Binding übernimmt dann die technische Anbindung, z. B. über OData V2 oder OData V4, und macht den Service lauffähig.

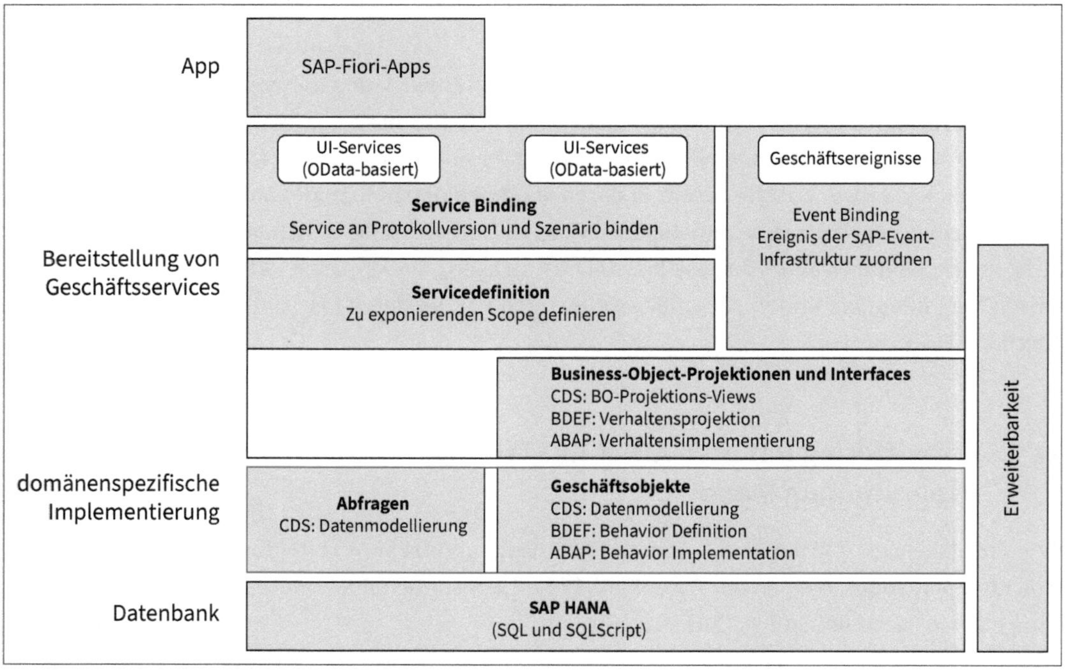


*Abbildung 11.1: ABAP RESTful Application Programming Model im Überblick*

**Nutzung über UI-Services und APIs**

Die bereitgestellten Services werden von *UI-Services* und *Web-APIs* konsumiert. UI-Services versorgen vor allem SAP-Fiori-Apps mit Daten, während Web-APIs den Zugriff durch externe Anwendungen ermöglichen. *Business Events* unterstützen zusätzlich eine ereignisbasierte Kommunikation. Über das *Event Binding* werden diese Ereignisse an die SAP-Event-Infrastruktur angebunden und an andere Systeme weitergeleitet.

Abgerundet wird das Modell durch die Erweiterbarkeit. RAP ermöglicht es, Anwendungen gezielt zu erweitern, ohne den Kern zu verändern. Dadurch bleiben Lösungen stabil, wartbar und upgrade-sicher.

**Rolle von ABAP im RAP**

Auch die ABAP-Sprache wurde gezielt für RAP und CDS erweitert. Durch klar definierte Schnittstellen und typisierte Zugriffe entsteht mehr Sicherheit bei der Entwicklung. Funktionen wie automatische Code-Vervollständigung und frühzeitige Prüfungen helfen, Fehler bereits während des Schreibens des Codes zu vermeiden.

Das ABAP RESTful Application Programming Model wurde entwickelt, um die ABAP-Entwicklung für moderne Anwendungen, insbesondere SAP-Fiori-Anwendungen, zu vereinfachen. Es basiert auf den Erfahrungen früherer Programmiermodelle und führt eine klar strukturierte Architektur mit konsequenter Trennung zwischen Geschäftslogik und technischen Details ein.

**RAP in ABAP Cloud**

Im ABAP-Cloud-Umfeld ist RAP der zentrale Entwicklungsansatz. Business Objects werden einmal implementiert und für verschiedene Services wiederverwendet, z. B. für OData V2 und V4. Dies erhöht die Wiederverwendbarkeit und reduziert den Entwicklungsaufwand. Diese Vorgehensweise hat sich als Best Practice etabliert und wird auch für Analyse- und Integrationsszenarien genutzt.

## 11.2 Integration der RAP-Entwicklung mit Custom AI

Mit dem Einsatz von künstlicher Intelligenz ergeben sich neue Möglichkeiten für die RAP-Entwicklung. KI wird dabei nicht nur zur Analyse von Quellcode genutzt, sondern kann direkt in RAP-Anwendungsszenarien integriert werden. Innerhalb einer RAP-Anwendung können Sie gezielt KI-Funktionen und intelligente Services aufrufen und in Geschäftsprozesse einbinden.

**KI-Integration in RAP-Anwendungen**

Voraussetzung für die Nutzung ist die Aktivierung vom SAP AI Core und dem SAP AI Launchpad sowie eine stabile Verbindung zur SAP Business Technology Platform (SAP BTP). Erst durch diese Infrastruktur können KI-Services zentral bereitgestellt und aus RAP-Anwendungen heraus verwendet werden.

**RAP-Anwendungstypen**

Mit RAP stehen verschiedene Entwicklungsmöglichkeiten zur Verfügung, die unterschiedliche Anwendungsszenarien abdecken. Alle Ansätze folgen einem klaren, modellgetriebenen Aufbau und lassen sich gut in SAP-Fiori-Anwendungen integrieren. Einfach starten können Sie z. B. mit Reporting-Apps für schreibgeschützte Listen. Dabei werden vorhandene Daten gelesen und über einen OData-Service als übersichtliche Liste angezeigt. Darauf aufbauend lassen sich schreibgeschützte analytische Apps umsetzen, mit denen Daten ausgewertet und analysiert werden, ohne sie zu verändern. Für fachliche Prozesse eignen sich transaktionale Apps. In verwalteten Szenarien übernimmt RAP viele technische Aufgaben automatisch, z. B. beim Speichern oder Prüfen von Daten. In nicht verwalteten Szenarien wird bestehende Geschäftslogik eingebunden und gezielt erweitert.

Hier sehen Sie eine Übersicht der Entwicklungsmöglichkeiten mit RAP:

- Entwicklung einer Web-API
- Entwicklung eines UI-Services mit UI-Zugriff auf einen entfernten Service
- Entwicklung von Reporting-Apps für schreibgeschützte Listen
- Entwicklung nicht verwalteter transaktionaler Apps
- Entwicklung verwalteter transaktionaler Apps
- Entwicklung transaktionaler Apps mit Draft-Funktionalität
- Entwicklung transaktionaler Apps mit Multi-Inline-Edit-Funktionalität

RAP unterstützt zudem Entwurfsfunktionen (engl. Draft), mit denen Daten zunächst als Entwurf erfasst und später gespeichert werden können. Weitere Möglichkeiten sind hierarchische Anwendungen, die Daten als Baumstruktur anzeigen, sowie Multi-Inline-Edit-Apps, in denen mehrere Zeilen direkt in der Liste bearbeitet werden können.

Zusätzlich können Sie mit RAP externe OData-Services konsumieren, erweitern und in eigene Anwendungen integrieren.

**Praxisbeispiel zur RAP-Entwicklung mit KI-Integration**

Das Ziel dieses Kapitels ist es nicht, alle möglichen Einsatzgebiete von RAP im Detail zu betrachten. Stattdessen möchten wir anhand eines konkreten Beispiels zeigen, wie eine RAP-Anwendung von Grund auf entwickelt werden kann. Dabei stehen die wichtigsten Schritte im Fokus, die für eine funktionierende RAP-App notwendig sind. Zusätzlich demonstrieren wir, wie künstliche Intelligenz in ein RAP-Szenario integriert werden kann. Die Anwendung ruft dabei gezielt eine KI-Funktion auf, während im Hintergrund ein KI-Modell angesprochen wird. So wird praxisnah gezeigt, wie sich klassische RAP-Entwicklung und moderne KI-Funktionen sinnvoll miteinander verbinden lassen.

### 11.2.1 Geschäftliche Herausforderungen der RAP-Entwicklung

Unternehmen stehen heute vor der Herausforderung, Geschäftsanwendungen schnell, flexibel und zukunftssicher bereitzustellen. Fachbereiche erwarten kurze Umsetzungszeiten, intuitive Benutzeroberflächen und intelligente Funktionen. Gleichzeitig müssen IT-Abteilungen stabile Architekturen, saubere Erweiterbarkeit und Upgrade-Sicherheit gewährleisten. Eine zentrale Schwierigkeit ist die Komplexität gewachsener SAP-Landschaften. Viele bestehende Anwendungen basieren auf unterschiedlichen Programmiermodellen, individueller Logik im UI oder stark gekoppelten Backend-Implementierungen. Dies führt zu hohem Wartungsaufwand, eingeschränkter Wiederverwendbarkeit und langen Entwicklungszyklen.

**Bedarf an konsistenter End-to-End-Geschäftslogik**

Hinzu kommt der steigende Bedarf an End-to-End-Prozessen. Die Anwendungen sollen nicht nur Daten anzeigen, sondern Geschäftslogik, Validierungen und Ableitungen konsistent umsetzen. Fachliche Regeln müssen zentral definiert sein und unabhängig vom verwendeten Frontend wirken. Klassische Ansätze stoßen hier oft an ihre Grenzen, da Logik verteilt oder implementiert wird.

Eine weitere geschäftliche Herausforderung ist die Integration von künstlicher Intelligenz in bestehende Prozesse. KI soll Mehrwerte liefern, ohne zusätzliche Insellösungen zu schaffen. Dafür müssen KI-Funktionen sauber in bestehende Geschäftsobjekte, Datenmodelle und Sicherheitskonzepte eingebettet werden. Gleichzeitig müssen Daten kontrolliert verarbeitet und Ergebnisse nachvollziehbar gespeichert werden.

**Integration von KI ohne Insellösungen**

An dieser Stelle setzt RAP an. Das Modell ermöglicht eine klare Trennung von Datenmodell, Geschäftslogik und Darstellung, unterstützt Wiederverwendbarkeit und fördert eine saubere, wartbare Architektur. Gleichzeitig erfordert der Einstieg in RAP ein Umdenken, insbesondere für Entwicklerinnen und Entwickler, die aus klassischen ABAP-Modellen kommen. Struktur, Modellierung und Behavior-Logik müssen konsequent eingehalten werden.

**POC zur Veranschaulichung**

Das in diesem Kapitel gezeigte Beispiel ist bewusst als *Proof of Concept* (POC) umgesetzt. Es dient dazu, die grundlegenden Herausforderungen greifbar zu machen und zu zeigen, wie das RAP diese adressieren kann. Die verwendeten Daten und die implementierte Logik sind bewusst einfach gehalten, um den Fokus auf Architektur, Entwicklungsfluss und Integrationsmöglichkeiten insbesondere mit KI zu legen. Das Beispiel zeigt damit nicht unbedingt eine fertige Geschäftslösung, sondern einen praxisnahen Einstieg in eine Integration innerhalb einer SAP-S/4HANA-Umgebung mit dem Aufruf einer KI-Funktionalität. Es verdeutlicht, wie RAP dabei hilft, geschäftliche Anforderungen strukturiert, schnell und zukunftssicher umzusetzen und gleichzeitig den Weg für weiterführende, produktive Szenarien zu ebnen.

### 11.2.2 Lösung und Implementierung der RAP-Entwicklung

**Schrittweise RAP-Entwicklung in ADT**

In diesem Beispiel wird eine RAP-Anwendung von Grund auf entwickelt. Dazu werden in den ABAP Development Tools (ADT) schrittweise alle relevanten Entwicklungsobjekte angelegt.

Voraussetzung für die Implementierung einer RAP-Anwendung ist ein SAP-S/4HANA-System oder eine ABAP Environment auf der SAP BTP. RAP steht dabei sowohl in der Private Cloud als auch in der Public Cloud zur Verfügung. In diesem Beispiel wird die Anwendung vollständig in einem SAP-S/4HANA-Private-Cloud-System implementiert.

Bevor die Entwicklung beginnt, wird das SAP-System in den ABAP Development Tools (ADT) angebunden. Dazu wird in ADT zunächst ein ABAP-Projekt angelegt, das die Verbindung zwischen der Entwicklungsumgebung und dem SAP-Backend herstellt.

**ABAP-Projekt als Grundlage**

Legen Sie über die Menüpunkte **File • New • ABAP Project** ein neues ABAP-Projekt an (siehe Abbildung 11.2). Im anschließenden Dialog geben Sie die Verbindungsdaten des SAP-S/4HANA-Systems an. Nach erfolgreicher Anmeldung steht das System in den ADT zur Verfügung.

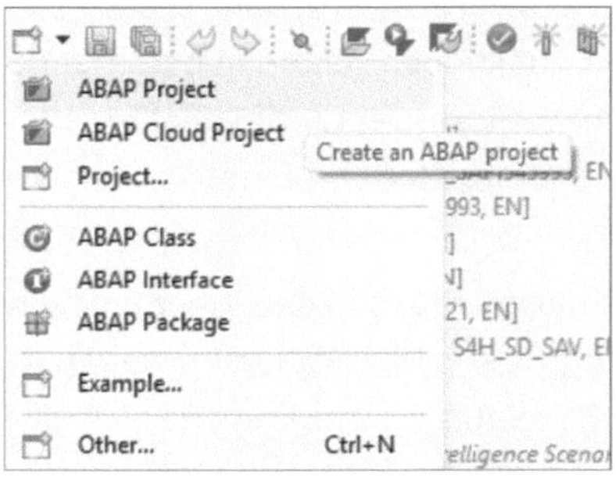


*Abbildung 11.2: ABAP-Projekt anlegen*

Erst nach dieser Anbindung können ABAP-Pakete angelegt und die für die RAP-Anwendung notwendigen Entwicklungsobjekte erstellt werden. Das ABAP-Projekt bildet damit die technische Grundlage für alle weiteren Entwicklungsschritte.

**Eindeutige Identifikation des SAP-S/4HANA-Systems**

Im nächsten Schritt wird die Systemverbindung für das neue ABAP-Projekt eingerichtet (siehe Abbildung 11.3). Dazu werden im Dialog **Connection Settings** die technischen Verbindungsdaten des SAP-S/4HANA-Systems gepflegt. Zunächst vergeben Sie eine **System ID**, mit der das System später in den ADT eindeutig identifiziert wird. Anschließend wird der **Connection Type** ausgewählt – in diesem Beispiel wählen wir die Option **Custom Application Server**. Danach tragen Sie den Applikationsserver und die Instanznummer des SAP-S/4HANA-Systems ein. Diese Angaben sind notwendig, damit die ADT eine Verbindung zum Backend herstellen können.

Optionale Einstellungen wie RFC Gateway, SAProuter oder Secure Network Communication (SNC) werden nur gepflegt, wenn sie im jeweiligen System erforderlich sind. Für dieses Beispiel bleiben diese Felder unverändert. Nach Eingabe aller notwendigen Daten wird der Dialog mit **Next** fortgesetzt. Im nächsten Schritt erfolgt die Anmeldung am System, bevor das ABAP-Projekt endgültig angelegt wird.

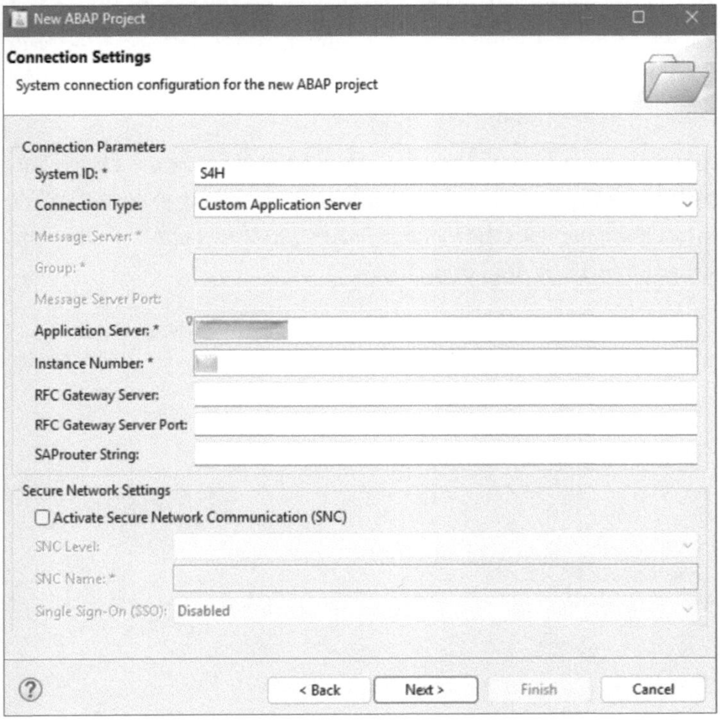


*Abbildung 11.3: Systemverbindung aufbauen*

**Anmeldung des ABAP-Projekts**

Im Dialog **Logon to System** werden die Benutzerdaten für das zuvor konfigurierte SAP-S/4HANA-System eingegeben (siehe Abbildung 11.4). Zunächst wird der Client angegeben, in dem die Entwicklung stattfinden soll.

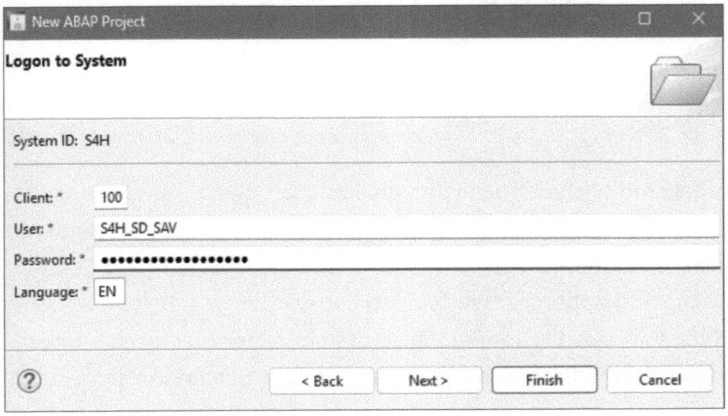


*Abbildung 11.4: Login-Daten eingeben*

Anschließend werden Benutzername und Passwort eingetragen. Über das Feld **Language** legen Sie die Anmeldesprache fest, die auch für Texte und Systemmeldungen verwendet wird. Nach der Eingabe der Anmeldedaten wird der Dialog mit **Finish** abgeschlossen. ADT prüft anschließend die Verbindung und legt das ABAP-Projekt an. Ist die Anmeldung erfolgreich, steht das SAP-S/4HANA-System im Project Explorer der ABAP Development Tools zur Verfügung und die Entwicklung der RAP-Anwendung kann beginnen.

Für die Entwicklung der vorgestellten RAP-Anwendung werden mehrere Entwicklungsobjekte benötigt, die jeweils eine klar definierte Aufgabe erfüllen. Die folgenden Entwicklungsobjekte sind in der Projektstruktur der ABAP Development Tools erkennbar (siehe Abbildung 11.5):

- **Business Services**
- **Core Data Services**
- **Dictionary**
- **Source Code Library**
- **Texts**

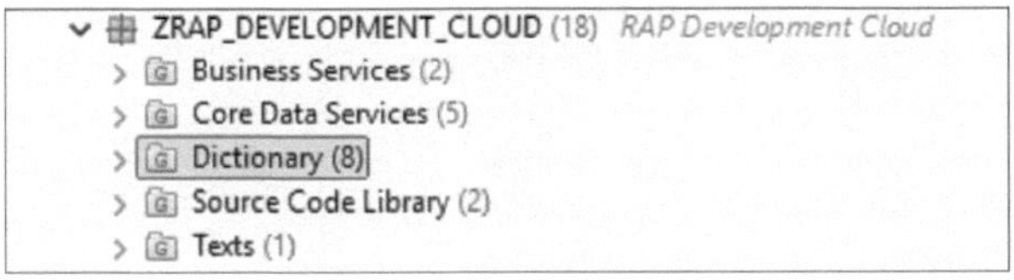


*Abbildung 11.5: RAP-Entwicklungsobjekte*

Die Grundlage bilden die *Dictionary-Objekte*, die Sie im Ordner **Dictionary** finden.

[»]

**Dictionary-Objekte**

Dictionary-Objekte definieren die technische Struktur der Daten in der Datenbank. Dazu gehören insbesondere Tabellen, Datenelemente und Strukturen, die als Grundlage für CDS-Views und Business Objects im ABAP RESTful Application Programming Model dienen.

Datenbanktabellen dienen der persistenten Speicherung der Anwendungsdaten in SAP HANA und definieren die physische Datenstruktur. Datenelemente sorgen für eine einheitliche Definition von Feldern, einschließlich Datentyp, Feldbezeichnung und optionaler Wertehilfen. Sie werden in Tabellen, Strukturen und CDS-Views wiederverwendet. Strukturen fassen Felder logisch zusammen und werden häufig für interne Verarbeitung oder Schnittstellen genutzt. Darauf aufbauend kommen die bereits erwähnten Core Data Services im Ordner **Core Data Services** zum Einsatz. CDS-Views modellieren die Daten fachlich und stellen sie für die Anwendung bereit. Sie bilden die Basis für Queries und Business Objects und sind ein zentrales Element der RAP-Architektur. In den **Business Services** wird festgelegt, welche fachlichen Inhalte der Anwendung nach außen exponiert werden. Hier werden Servicedefinitionen und Service Bindings angelegt, um die CDS-basierten Business Objects über OData bereitzustellen. Die **Source Code Library** enthält den ABAP-Quellcode für die Implementierung der Geschäftslogik. Dazu gehört insbesondere die Behavior Implementation, in der fachliche Prüfungen, Aktionen und weitere Logik umgesetzt werden. Ergänzend wird der Ordner **Texts** genutzt, um Bezeichnungen und Meldungen zentral zu pflegen. Dies unterstützt eine konsistente Darstellung sowie die Mehrsprachigkeit der Anwendung.

Nachdem Sie nun die wichtigsten RAP-Elemente kennengelernt haben, wird deren Anwendung im folgenden Abschnitt anhand eines durchgängigen Beispiels Schritt für Schritt erläutert. Wir beginnen mit der Erstellung eines Datenelements, anschließend werden Strukturen und Datenbanktabellen angelegt. So entsteht ein klarer roter Faden von der Definition einzelner Elemente bis hin zur fertigen Anwendung.

Die Datenelemente werden im Bereich **Package • Dictionary • Data Elements • New Data Element** angelegt, wie in Abbildung 11.6 gezeigt. Ein Datenelement definiert den technischen Datentyp sowie die fachliche Bedeutung eines Feldes, z. B. durch eine Beschreibung oder Feldbezeichnungen. Datenelemente können wiederverwendet werden, etwa in Strukturen, Datenbanktabellen oder CDS-Views.

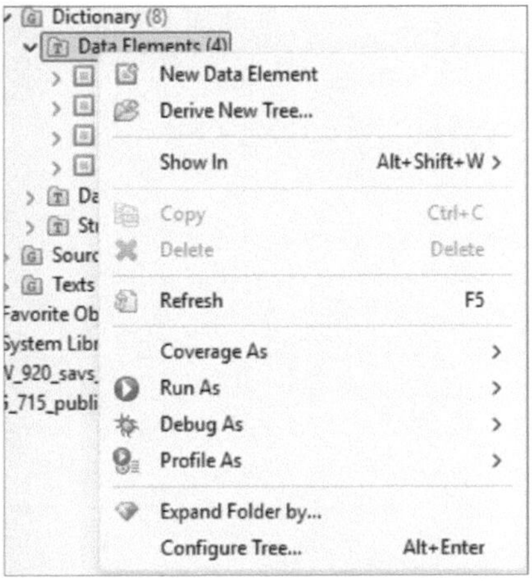


*Abbildung 11.6: Datenelemente erstellen*

**Strukturen als logische Zusammenfassung von Feldern**

Nach den Datenelementen werden Strukturen erstellt. Sie fassen mehrere Datenelemente logisch zusammen und dienen als Vorlage für komplexere Datenobjekte oder interne Verarbeitungen.

Sobald Datenelemente und Strukturen definiert sind, können sie beim Anlegen der Datenbanktabellen verwendet werden.

**Beispielhafte Spezifikation eines Datenelements**

Nach dem Anlegen des Datenelements pflegen Sie dessen fachliche und technische Eigenschaften. In unserem Beispiel werden die Eigenschaften des Datenelements ZSD_ACTIVE_BOX festgelegt (siehe Abbildung 11.7).

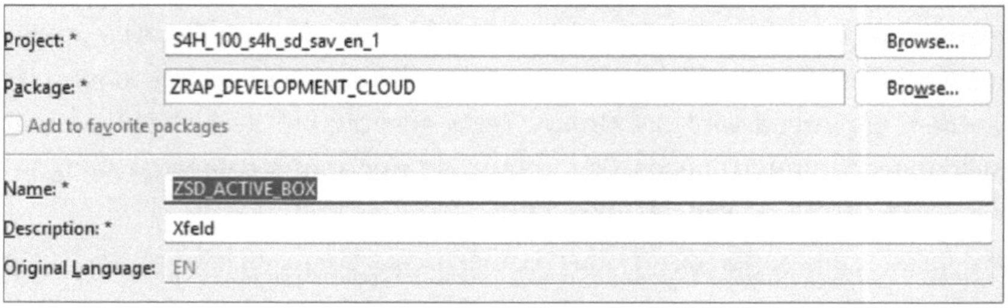


*Abbildung 11.7: Zum Paket zuordnen*

Zunächst definieren Sie im Bereich **Data Type Information**, worauf sich das Datenelement bezieht. In diesem Beispiel ist die **Category** auf **Domain** gesetzt (siehe Abbildung 11.8). Als **Type Name** wird das Domänenfeld **XFELD** verwendet. Dadurch übernimmt das Datenelement automatisch den technischen Datentyp **CHAR** mit einer Länge von **1**. Dieses Feld wird typischerweise für logische Ja-/Nein-Kennzeichen verwendet.

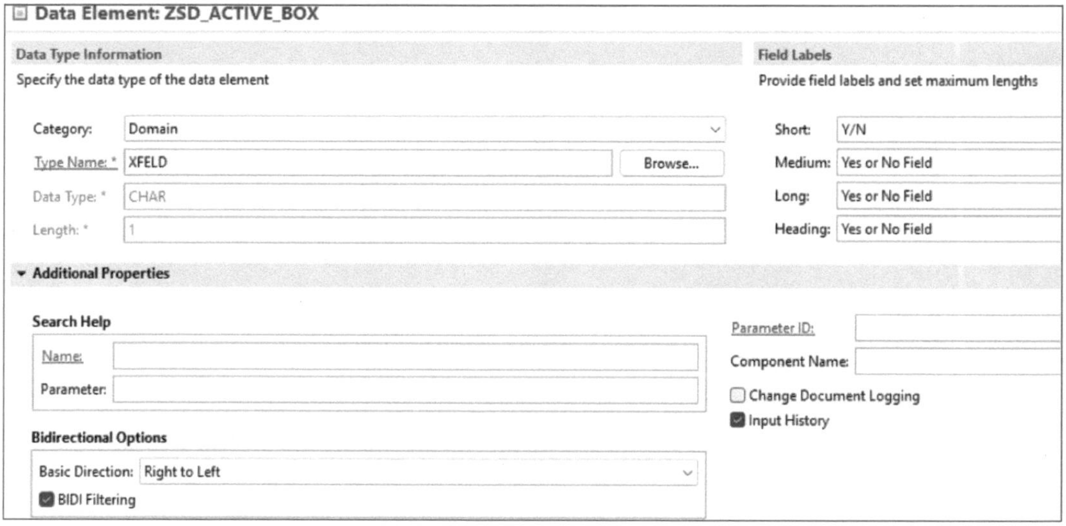


*Abbildung 11.8: Datenelemente spezifizieren*

**Feldbezeichnungen pflegen**

Im Bereich **Field Labels** werden die Bezeichnungen des Feldes gepflegt. Diese Texte werden später in Tabellen, CDS-Views und Benutzeroberflächen angezeigt. Es werden unterschiedliche Längen für Kurz-, Mittel- und Langtexte sowie eine Überschrift definiert, z. B. **Yes or No Field**. Zusätzliche Eigenschaften wie Suchhilfe, Parameter-ID oder die Komponentenzuordnung können optional gepflegt werden. In diesem Beispiel sind keine Suchhilfen notwendig. Die Option **Input History** ist aktiviert, um frühere Eingaben wiederverwenden zu können.

**Felddefinition für Organisationsdaten**

Weitere Felder wie ZSD_FIELD1, ZSD_FIELD2 und weitere Datenelemente werden nach dem gleichen Prinzip im ABAP Dictionary im Bereich **Data Elements** angelegt. In Abbildung 11.9 sehen Sie exemplarisch, wie das Datenelement ZSD_FIELD1 angelegt wird.

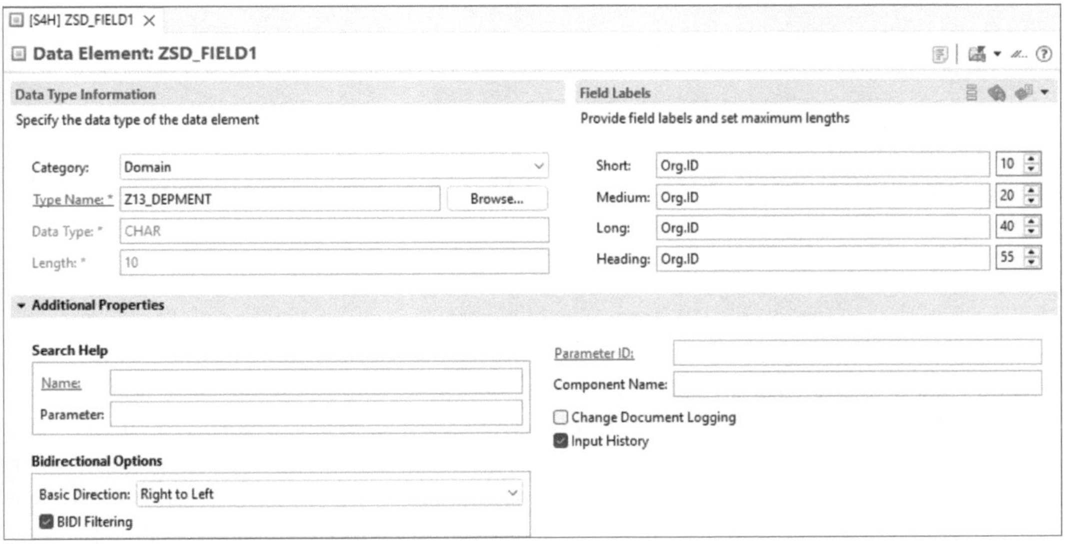


*Abbildung 11.9: Beispiel Felderstellung als Datenelement*

Auch hier wählen wir als **Category** erneut **Domain**. Das Datenelement verweist auf die Domäne **Z13_DEPMENT**, die den technischen Datentyp **CHAR** mit einer Länge von **10** vorgibt. Im Bereich **Field Labels** werden die fachlichen Bezeichnungen gepflegt. Das Feld repräsentiert in diesem Beispiel die Organisationseinheit. Kurz-, Mittel- und Langtexte sowie die Überschrift werden so definiert, dass das Feld in Tabellen, CDS-Views und SAP-Fiori-Oberflächen verständlich dargestellt wird.

**Nutzung einer Standarddomäne für Textfelder**

Im nächsten Schritt wird das Datenelement ZSD_TEXT angelegt (siehe Abbildung 11.10), das als Textfeld für einen KI-Prompt dient. Die Vorgehensweise entspricht den zuvor beschriebenen Schritten. Auch hier wird als **Category** die Option **Domain** gewählt und auf die Domäne **TEXT50** verwiesen, die den technischen Datentyp **CHAR** mit einer Länge von **50** vorgibt. Im Bereich **Field Labels** werden die fachlichen Bezeichnungen gepflegt. Das Feld dient zur Ablage zusätzlicher Informationen und wird entsprechend mit Kurz-, Mittel- und Langtexten beschrieben.

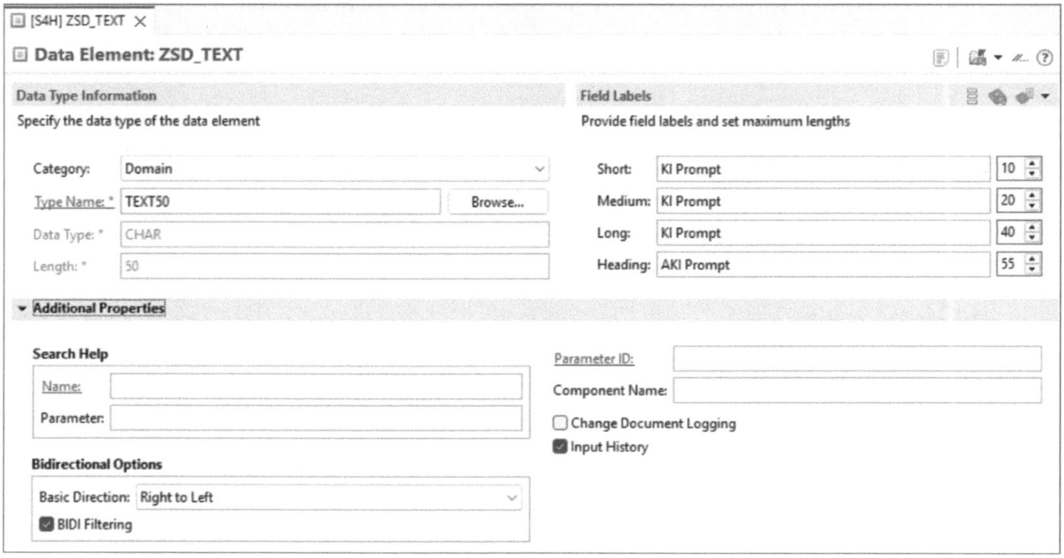


*Abbildung 11.10: Textfeld für KI-Prompt*

**ABAP-Struktur im Dictionary anlegen**

Im nächsten Schritt wird eine ABAP-Struktur angelegt. Die Struktur dient dazu, mehrere fachlich zusammengehörige Felder in einem Objekt zu bündeln, und ist ein zentrales Element für ein sauberes Datenmodell. Strukturen werden später beispielsweise in Datenbanktabellen, CDS-Views oder bei der Übergabe von Daten verwendet. Die Anlage erfolgt im ABAP Dictionary im Projektordner **Structures** über die Menüoption **New Structure** (siehe Abbildung 11.11).

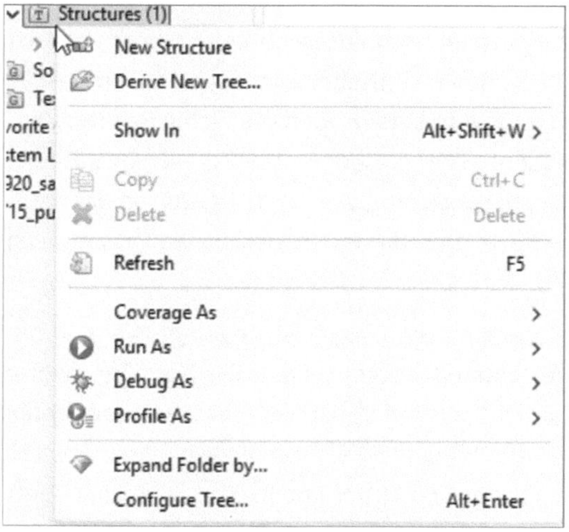


*Abbildung 11.11: Definition einer Tabellenstruktur*

Nach dem Anlegen wird die Struktur in den ADT direkt im Editor definiert. Die einzelnen Felder werden dabei über bereits existierende Datenelemente oder Domänen typisiert. Dieses Vorgehen stellt sicher, dass Felddefinitionen konsistent und wiederverwendbar sind.

**Auswahl von Projekt, Package und Strukturname**

Im Dialog **New Structure** werden Projekt und Package ausgewählt, in dem die Struktur gespeichert wird (siehe Abbildung 11.12). Anschließend vergeben Sie einen Namen (hier »ZSD_STRUCTURE«) sowie eine kurze Beschreibung. Die Angabe im Feld **Original Language** legt die Anlagesprache fest.

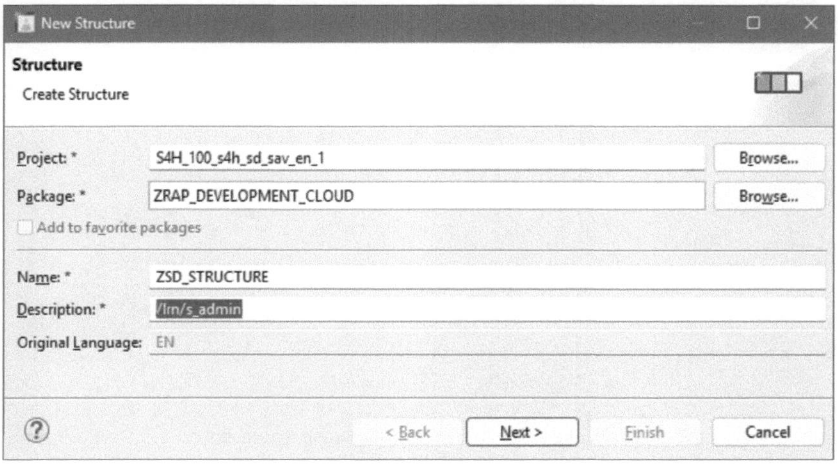


*Abbildung 11.12: Zuordnung des Objekts zum Paket*

**Transport-zuordnung**

Im nächsten Schritt wird die Transportaufgabe ausgewählt (siehe Abbildung 11.13). In diesem Dialog wird festgelegt, in welchem Transportauftrag die neu angelegte Struktur gespeichert wird. Sie können entweder einen bestehenden Transportauftrag auswählen oder einen neuen Transportauftrag anlegen. Der Transportauftrag stellt sicher, dass das Entwicklungsobjekt später in weitere Systeme, z. B. Test- oder Produktivsysteme, transportiert werden kann. Nach Auswahl des passenden Transportauftrags wird der Dialog mit **Finish** abgeschlossen. Die Struktur ist damit angelegt und korrekt in das Transportwesen eingebunden.

Nach dem Anlegen der Struktur werden die einzelnen Felder programmiert und explizit definiert (siehe Abbildung 11.14). Jedes Feld verweist dabei auf ein bereits vorhandenes Datenelement – neue Datenelemente sind an dieser Stelle nicht mehr erforderlich. Durch die Wiederverwendung bestehender Datenelemente entsteht ein konsistentes und wartbares Datenmodell.

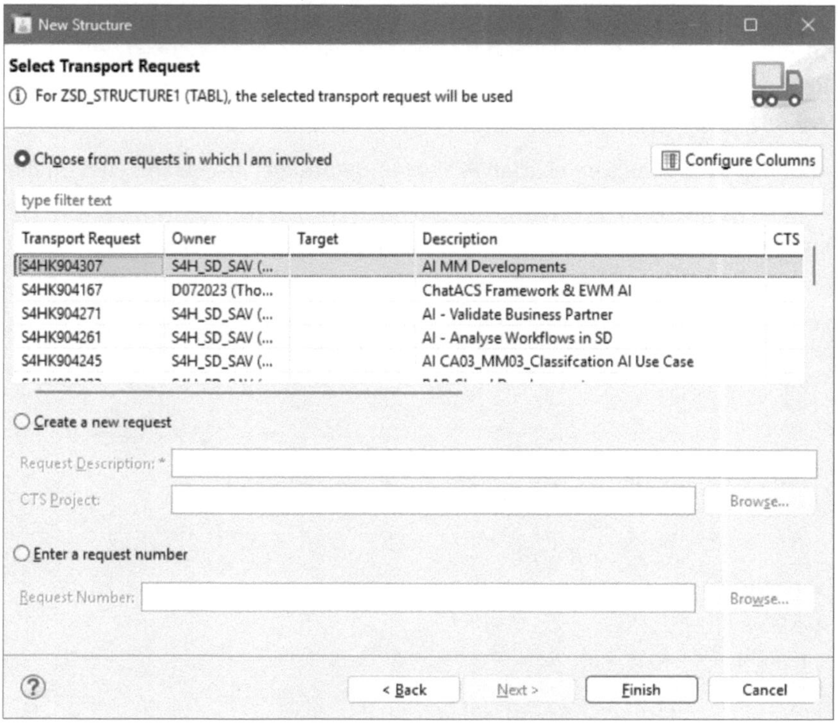


*Abbildung 11.13: Zuordnung der Struktur zum Transportauftrag*

```
@EndUserText.label : '/lrn/s_admin'
@AbapCatalog.enhancement.category : #NOT_EXTENSIBLE
define structure zsd_structure {

  created_by              : abp_creation_user;
  created_at              : abp_creation_tstmpl;
  local_last_changed_by   : abp_locinst_lastchange_user;
  local_last_changed_at   : abp_locinst_lastchange_tstmpl;
  last_changed_at         : abp_lastchange_tstmpl;
  ai_field                : text150;
  salesorder              : salesdocument_ch;

}
```

*Abbildung 11.14: Definition der Struktur mit Feldtypisierungen*

**Wiederverwendung bestehender Datenelemente**

In diesem Beispiel enthält die Struktur sowohl administrative als auch fachliche Felder. Administrative Felder wie **created_by** und **created_at** speichern, wer einen Datensatz wann angelegt hat. Zusätzlich werden Felder zur Änderungsverfolgung definiert, wie **local_last_changed_by**, **local_last_changed_at** und **last_changed_at**. Sie dienen dazu, Änderungen am Datensatz nachvollziehbar zu machen, und sind insbesondere für transaktionale RAP-Szenarien relevant.

Die fachlichen Felder bilden den inhaltlichen Kern der Struktur. Das Feld **ai_field** verweist auf das Datenelement TEXT150 und dient zur Ablage von Texten, die später beispielsweise durch KI-Funktionen verarbeitet oder ergänzt werden. Das Feld **salesorder** ist auf ein vorhandenes Datenelement für Verkaufsbelege typisiert und speichert die Referenz auf ein ERP-Verkaufsdokument.

**Tabelle über die ADT erstellen**

Nachdem Datenelemente und Strukturen definiert sind, können im nächsten Schritt die Datenbankobjekte, in diesem Fall Datenbanktabellen, angelegt werden. Datenbanktabellen dienen der persistenten Speicherung der Anwendungsdaten und bilden die Grundlage für die spätere RAP-Anwendung. In den ABAP Development Tools legen Sie im gewünschten Package über das Kontextmenü **New • Other ABAP Repository Object** ein neues Repository-Objekt an. Wählen Sie anschließend als Objekttyp die Datenbanktabelle (Option **Database Table**) aus.

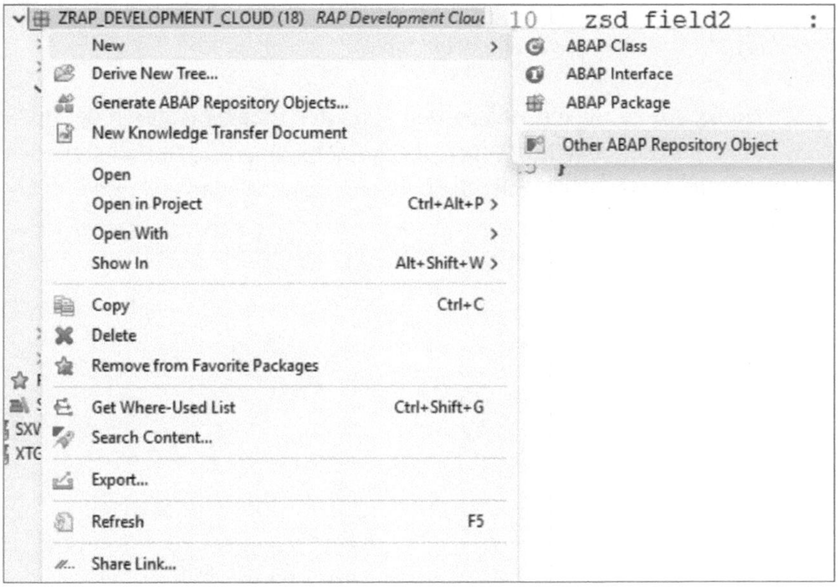


*Abbildung 11.15: Erstellung der Datenbanktabelle*

**Tabellenname und Beschreibung vergeben**

Im Dialog **New Database Table** definieren Sie die grundlegenden Eigenschaften (siehe Abbildung 11.16). Wählen Sie hier zunächst das Projekt und das zugehörige Package aus. Anschließend geben Sie der Tabelle einen Namen (hier »ZSD_CTRL_TAB«) sowie eine aussagekräftige Beschreibung, z. B. »Control Table in SD«. Die Angabe im Feld **Original Language** legt die Anlagesprache der Tabelle fest.

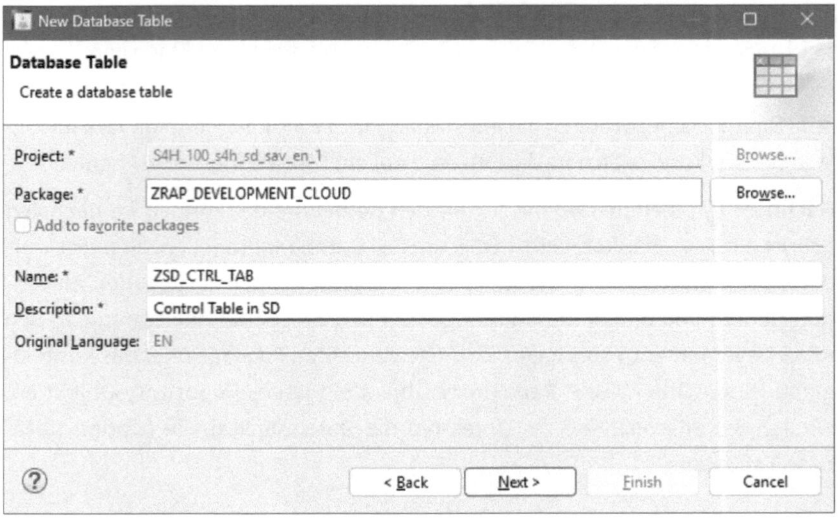


*Abbildung 11.16: Definition der Datenbanktabelle*

**Datenbanktabellendefinition mit ABAP DDL**

Im Anschluss erfolgt die eigentliche Definition der Tabellenfelder in der *ABAP Data Definition Language* (ABAP DDL) (siehe Abbildung 11.17). Dabei werden die zuvor angelegten Strukturen oder Datenelemente wiederverwendet.

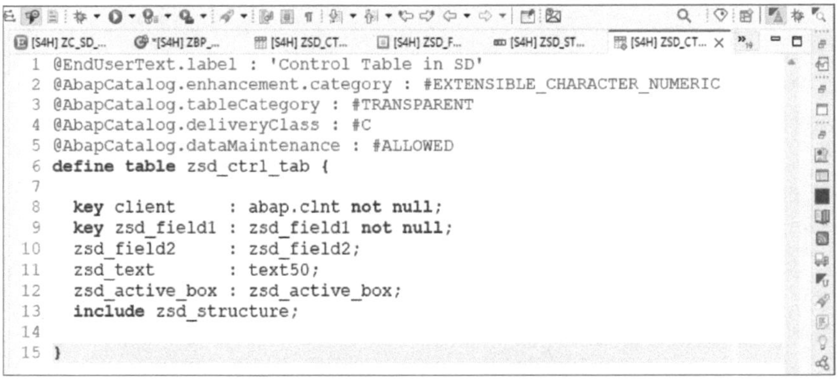

```
@EndUserText.label : 'Control Table in SD'
@AbapCatalog.enhancement.category : #EXTENSIBLE_CHARACTER_NUMERIC
@AbapCatalog.tableCategory : #TRANSPARENT
@AbapCatalog.deliveryClass : #C
@AbapCatalog.dataMaintenance : #ALLOWED
define table zsd_ctrl_tab {

  key client      : abap.clnt not null;
  key zsd_field1  : zsd_field1 not null;
  zsd_field2      : zsd_field2;
  zsd_text        : text50;
  zsd_active_box  : zsd_active_box;
  include zsd_structure;

}
```

*Abbildung 11.17: Tabellendefinition mit ABAP Data Definition Language*

Jedes Tabellenfeld wird auf ein Datenelement typisiert, sodass keine neuen Felddefinitionen notwendig sind. Nach Abschluss der Felddefinition wird die Tabelle aktiviert und einem Transportauftrag zugeordnet. Annotationen, Schlüsseldefinitionen und Includes bilden die zentralen Bausteine der Definition.

**Annotationen zur Steuerung des Tabellenverhaltens**

*Annotationen* sind Metadaten, die mit dem Präfix @ gekennzeichnet sind und zusätzliche Informationen zur Tabelle liefern. Sie beeinflussen das Verhalten und die Eigenschaften des Objekts, ohne Bestandteil der eigentlichen Datenstruktur zu sein. In unserem Beispiel kommen folgende Annotationen zum Einsatz:

- `@EndUserText.label`: Legt eine sprechende Beschreibung der Tabelle fest, die in Entwicklungswerkzeugen angezeigt wird.
- `@AbapCatalog.enhancement.category`: Steuert, ob und wie die Tabelle erweitert werden darf. In diesem Fall ist die Tabelle erweiterbar.
- `@AbapCatalog.tableCategory`: Definiert die Tabellenart, hier eine transparente Tabelle, die direkt in der Datenbank existiert.
- `@AbapCatalog.deliveryClass`: Beschreibt den Auslieferungstyp der Tabelle, z. B. kundenspezifische Steuerungstabellen.
- `@AbapCatalog.dataMaintenance`: Legt fest, ob die Tabelle pflegbar ist, etwa über generische Pflegewerkzeuge.

**Schlüsseldefinition**

Die *Schlüsseldefinition* ist ein zentrales Element der Tabellenstruktur. Die mit `key` gekennzeichneten Felder bilden gemeinsam den Primärschlüssel und sorgen dafür, dass jeder Datensatz eindeutig identifiziert werden kann. Das Feld `client` stellt dabei die Mandantenfähigkeit sicher, weitere Schlüssel wie `zsd_field1` die Eindeutigkeit innerhalb eines Mandanten. Ohne diese Schlüssel wäre eine eindeutige Identifikation von Datensätzen nicht möglich, was jedoch insbesondere für transaktionale Anwendungen zwingend erforderlich ist.

Alle übrigen Felder der Tabelle wie `zsd_field1`, `zsd_field2`, `zsd_text` oder `zsd_active_box` verweisen auf zuvor angelegte Datenelemente. Datentyp, Feldlänge und Feldbeschreibungen werden so zentral definiert und müssen nicht mehrfach definiert werden. Mit der Anweisung `include zsd_structure;` wird zusätzlich eine zuvor definierte Struktur in die Tabelle eingebunden. Alle Felder dieser Struktur werden automatisch Bestandteil der Tabelle. Die geschweiften Klammern `{ }` umschließen dabei die eigentliche Tabellenstruktur. Innerhalb dieses Blocks werden Schlüssel, Felder und Includes definiert. Sie bilden den klaren, strukturellen Rahmen der Tabellendefinition in der DDL-Syntax.

**Aktivierte Tabelle sofort im System verfügbar**

Nach der Aktivierung ist die Datenbanktabelle sofort im System verfügbar und kann in den ABAP Development Tools angezeigt und gepflegt werden (siehe Abbildung 11.18 und Abbildung 11.19). Über das Kontextmenü (Rechtsklick) mit der Option **Run AS • 1 ABAP Application** oder durch Betätigen der Taste [F8] lassen sich die Tabelleninhalte direkt anzeigen.

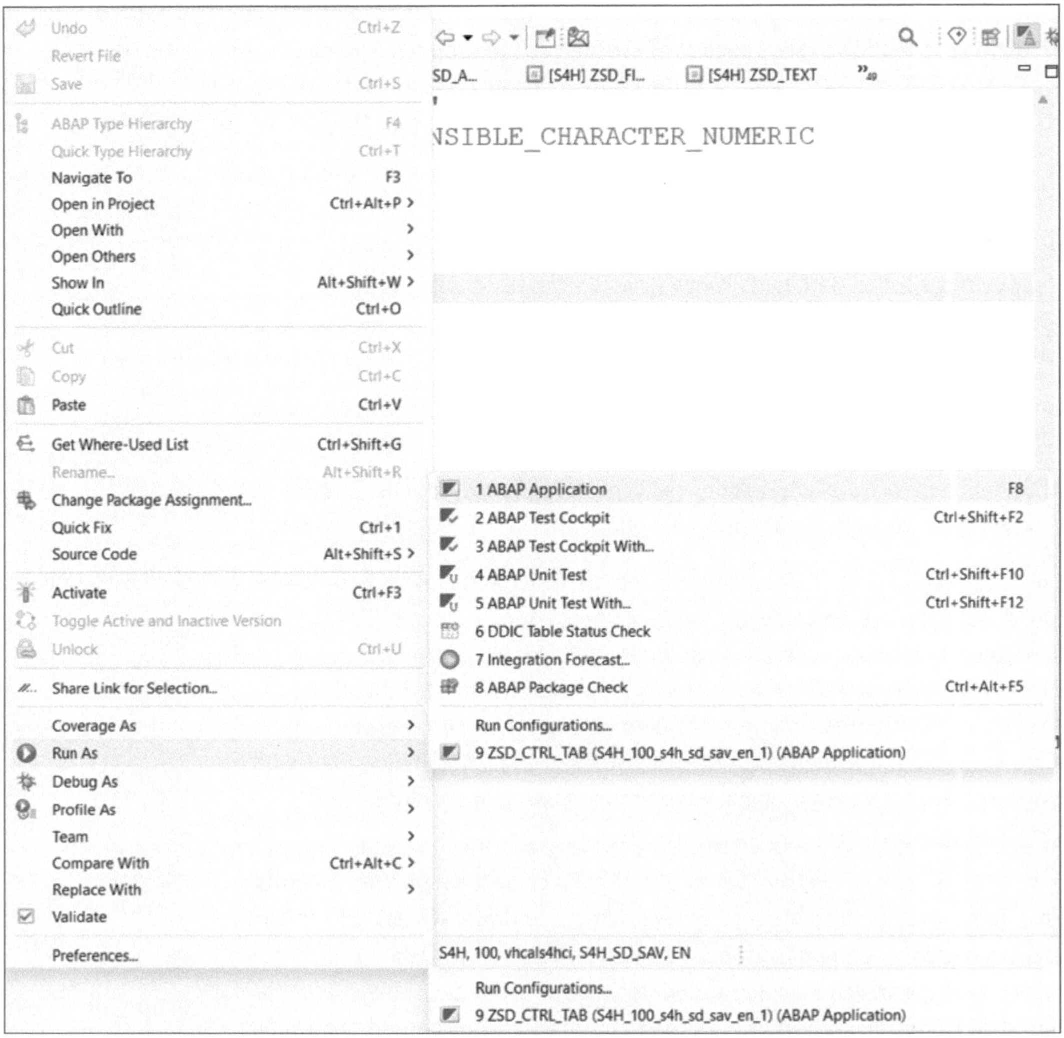

Abbildung 11.18: Datenbanktabelle mit Inhalten in ADT anzeigen

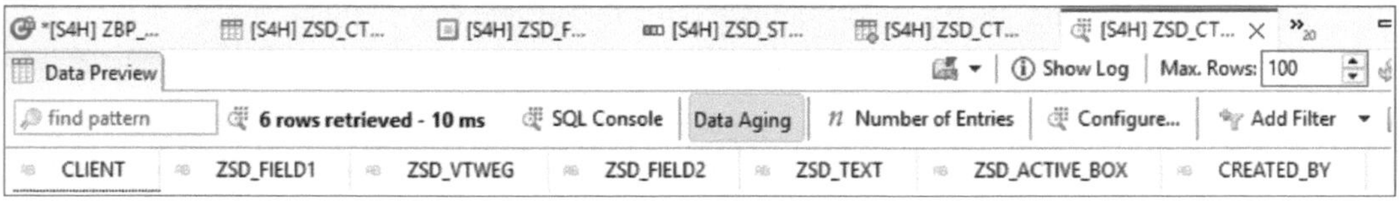

Abbildung 11.19: Datenbanktabelle in ADT mit den Feldern

Zusätzlich ist die Tabelle ZSD_CTRL_TAB auch in der klassischen SAP GUI sichtbar (siehe Abbildung 11.20) und kann über die Transaktion SE16N aufgerufen werden.

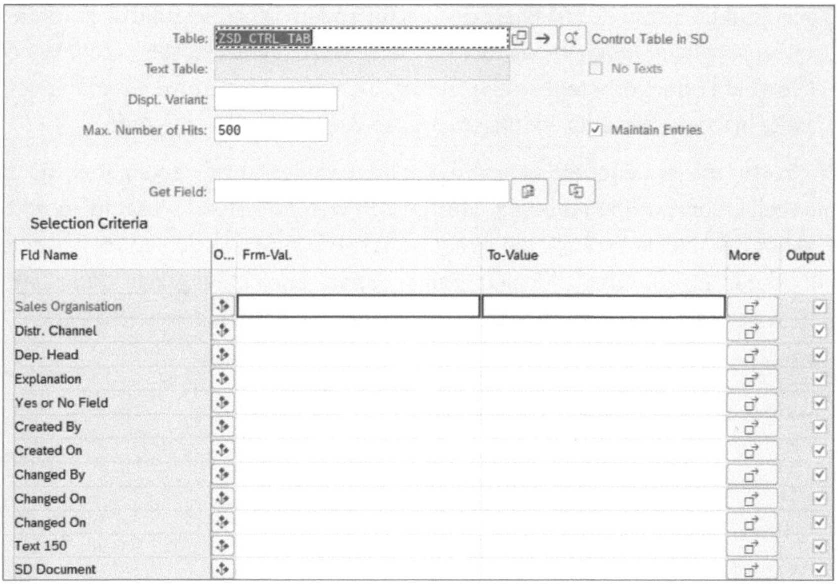

*Abbildung 11.20: Datenbanktabelle in SAP GUI*

**Automatische Generierung von ABAP-Repository-Objekten**

Ist die Datenbanktabelle angelegt, kann auf ihrer Basis ein großer Teil der weiteren Entwicklungsarbeit automatisiert werden. Über das Kontextmenü der erstellten Datenbanktabelle können Sie die Funktion **Generate ABAP Repository Objects…** aufrufen (siehe Abbildung 11.21).

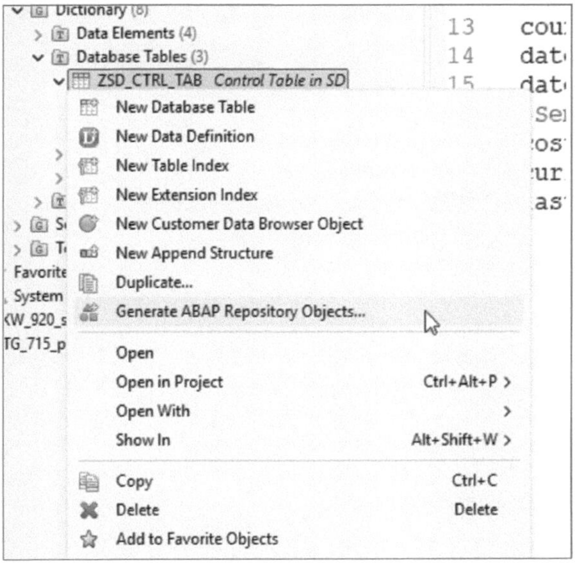

*Abbildung 11.21: Generierung der ABAP-Repository-Objekte*

Diese Funktion erstellt auf Basis der bestehenden Tabellenstruktur automatisch zusätzliche ABAP-Repository-Objekte. Dazu gehören z. B. technische Hilfsobjekte oder vorbereitende Artefakte, die für die weitere Verwendung der Tabelle in modernen Entwicklungsmodellen wie RAP notwendig sind.

**Konsistente Erzeugung korrekt verknüpfter Objekte**

Der Vorteil dieser Generierung liegt darin, dass wiederkehrende Aufgaben nicht manuell erstellt werden müssen. Stattdessen werden konsistente und korrekt verknüpfte Objekte erzeugt, die direkt weiterverwendet werden können (siehe Abbildung 11.22). Dies reduziert Fehler, spart Entwicklungszeit und stellt sicher, dass die erzeugten Objekte den aktuellen SAP-Standards entsprechen.

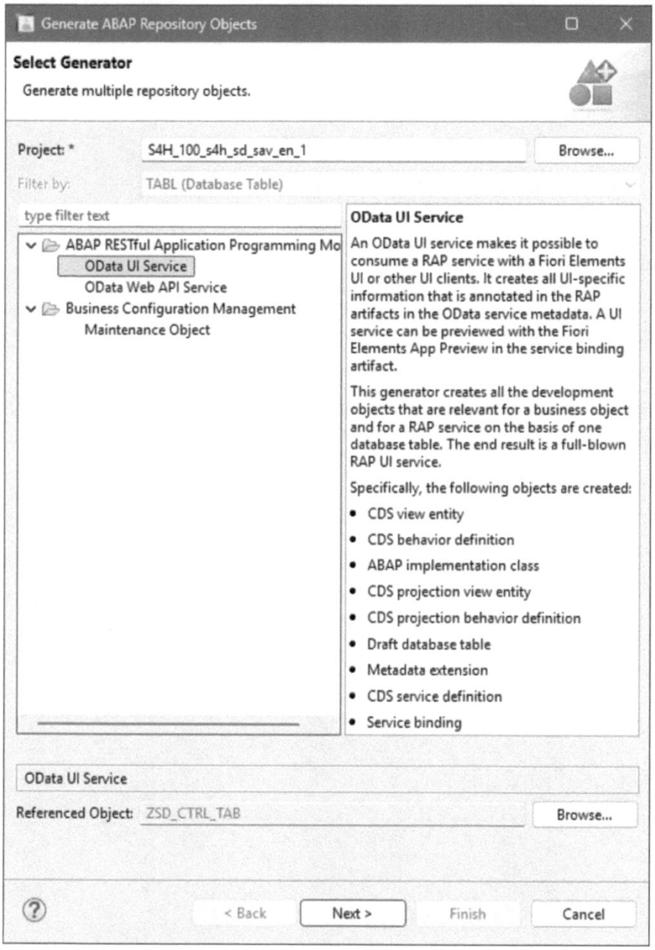


*Abbildung 11.22: OData-UI-Service generieren*

**UI-Eigenschaften ohne Logikänderung**

Im nächsten Schritt werden die *Metadatenerweiterungen* (engl. *Metadata Extensions*) angepasst. Sie steuern, welche Informationen in der späteren SAP-Fiori-Oberfläche sichtbar sind und wie sie dargestellt werden (siehe Abbildung 11.23).

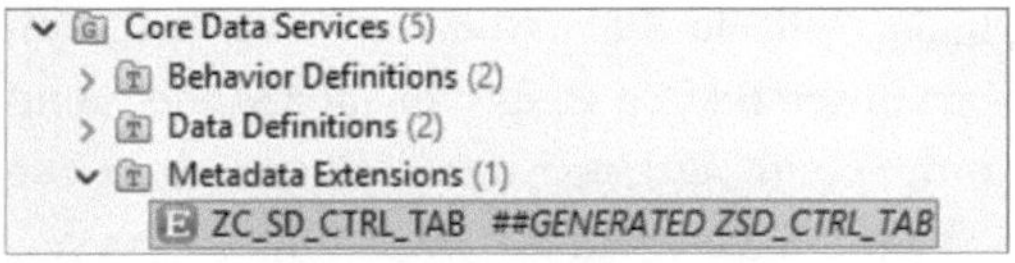


*Abbildung 11.23: Generierte Metadatenerweiterung*

**Trennung von UI-Definition und Geschäftslogik**

In der Metadatenerweiterung – hier z. B. ZC_SD_CTRL_TAB – wird festgelegt, welche Felder in der Listenansicht (Übersicht) angezeigt werden und welche im Objektblatt (Detailansicht) in der App erscheinen. Zusätzlich können Sie hier UI-relevante Eigenschaften pflegen, etwa Reihenfolge, Bezeichnungen, Gruppierungen oder ob ein Feld als Pflichtfeld bzw. nur lesbar geführt wird (siehe Abbildung 11.24).

```
@Metadata.layer: #CORE
@UI: {
  headerInfo: {
    typeName: 'ZC_SD_CTRL_TAB_XXXX',
    typeNamePlural: 'Simple APP create/change data - SAV Sebastian'
  }
}
annotate view ZC_SD_CTRL_TAB with
{
  @UI.facet: [ {
    id: 'idIdentification',
    type: #IDENTIFICATION_REFERENCE,
    label: 'Detailed View of the APP',
    position: 10
  } ]
  @UI.lineItem: [ {
    position: 10 ,
    importance: #MEDIUM,
    label: ''
  } ]
  @UI.identification: [ {
    position: 10 ,
    label: ''
  } ]
    ZsdField1;


  @UI.lineItem: [ {
    position: 20 ,
    importance: #MEDIUM,
    label: ''
  } ]
  @UI.identification: [ {
    position: 20 ,
    label: ''
  } ]
  ZsdField2;
```

*Abbildung 11.24: CDS-Metadatenerweiterung*

**Generierte Klasse als Einstiegspunkt**

Die Behavior Definition und die zugehörige Behavior-Implementierungsklasse werden automatisch angelegt und im Unterordner **Classes** abgelegt (siehe Abbildung 11.25). Diese Klasse bildet den zentralen Einstiegspunkt für die fachliche Logik der RAP-Anwendung. In der Behavior Definition wird festgelegt, welches Verhalten das Business Object unterstützt, z. B. das Anlegen, Ändern und Löschen von Datensätzen sowie optionale Aktionen oder Validierungen. Die Behavior-Implementierungsklasse enthält die konkrete Umsetzung dieses Verhaltens. Hier wird ABAP-Code geschrieben, um Prüfungen, Berechnungen oder fachliche Regeln zu implementieren. Typische Beispiele sind Pflichtfeldprüfungen, Plausibilitätschecks oder die Ansteuerung weiterer Logik beim Speichern von Daten.

*Abbildung 11.25: Behavior Implementation*

Der große Vorteil dieser automatischen Generierung besteht darin, dass eine lauffähige Grundstruktur bereits vorhanden ist. Die Entwicklerinnen und Entwickler müssen sich nicht um technische Details kümmern, sondern können direkt mit der Implementierung der fachlichen Anforderungen beginnen.

**Logik der generierten App**

Die fachliche Logik unserer Beispielanwendung folgt einem klaren Ablauf:

- Eingabe: Die Anwenderin oder der Anwender erfasst einen Text und eine Verkaufsorganisation.
- Validierung: Das System prüft, ob das Textfeld gefüllt ist.
- Ableitung: Eine Checkbox wird abhängig vom Textinhalt automatisch gesetzt oder zurückgesetzt.
- Externe Daten: Aus einer Standard-CDS-View wird passend zur Verkaufsorganisation eine Verkaufsbelegnummer ermittelt.
- KI-Anreicherung: Der eingegebene Text wird an ein KI-Modell übergeben – dessen Antwort wird im Datensatz gespeichert.
- Speicherung und Konsistenzprüfung: Beim Speichern wird zusätzlich geprüft, ob die automatisch gesetzte Checkbox manuell deaktiviert wurde, obwohl noch ein Text vorhanden ist.
- Anzeige im UI: Alle Ergebnisse stehen direkt in der generierten SAP-Fiori-App zur Verfügung.

Im Folgenden werden die zentralen Bausteine dieses Ablaufs beschrieben.

**Validierung beim Speichern**

In der zugehörigen Methode der Behavior-Implementierungsklasse wird zunächst eine Validierung beim Speichern umgesetzt (siehe Abbildung 11.26). Die betroffenen Datensätze werden im *Local Mode* gelesen, sodass mit den aktuellen, noch nicht gespeicherten Daten gearbeitet wird. Ist das Feld `zsd_text` leer, wird der Speichervorgang nicht verhindert. Stattdessen erzeugt das System eine Warnmeldung, die direkt dem betroffenen Feld zugeordnet wird. So erkennen Anwenderinnen und Anwender im UI auf einen Blick, wo die Information fehlt.

```
* Additional logic by Sebastian Sav - RAP Development in the Cloud
  METHOD valid_text.

" Read entities in local mode
READ ENTITY IN LOCAL MODE zr_sd_ctrl_tab
  FIELDS ( zsd_text )
  WITH CORRESPONDING #( keys )
  RESULT DATA(lt_entities).

LOOP AT lt_entities ASSIGNING FIELD-SYMBOL(<ls_entity>).

  " If empty -> raise warning on field zsd_text
  IF <ls_entity>-zsd_text IS INITIAL.

    APPEND VALUE #(
      %tky     = <ls_entity>-%tky
      %element = VALUE #( zsd_text = if_abap_behv=>mk-on )
      %msg     = new_message(
                   id       = 'ZSD'
                   number   = '003'
                   severity = if_abap_behv_message=>severity-warning
                 )
    ) TO reported-zr_sd_ctrl_tab.

  ENDIF.

ENDLOOP.
```

*Abbildung 11.26: ABAP-Methode in einer Behavior-Implementierungsklasse*

**Ableitungslogik und CDS-Views**

Auf Basis der Texteingabe leitet die Logik den Status der Checkbox automatisch ab: Ist ein Text vorhanden, wird die Checkbox gesetzt – ist das Feld leer, wird sie zurückgesetzt. So entsteht eine einheitliche und nachvollziehbare Ableitung. Zusätzlich werden externe Geschäftsdaten eingebunden: Abhängig von der angegebenen Verkaufsorganisation wird über eine Standard-CDS-View eine passende Verkaufsbelegnummer ermittelt und in der Tabelle gespeichert. Damit besteht eine fachliche Verknüpfung zu bestehenden SAP-Geschäftsdaten.

**Nutzen und Umsetzung der KI-Anreicherung**

Im nächsten Schritt wird der eingegebene Text durch eine KI-Funktion angereichert. Die KI erzeugt aus dem Text eine kurze Zusammenfassung oder Analyse, die automatisch in einem dafür vorgesehenen Feld gespeichert und in der App angezeigt wird. So lässt sich zeigen, wie sich KI-Ergebnisse direkt in eine RAP-Anwendung integrieren und persistieren lassen.

Die technische Umsetzung erfolgt in der Behavior-Implementierungsklasse (siehe Abbildung 11.27). Aus dem Inhalt des Textfelds (z. B. ZSD_TEXT) wird ein Prompt aufgebaut und um klare Anweisungen ergänzt – etwa zur Begrenzung der Antwortlänge (»Do not output more than 150 characters.«). Der vollständige Prompt wird in der Variablen `lv_prompt` hinterlegt.

Anschließend wird über die Instanziierung eines Chat-Objekts (`lo_chat`) das KI-Modell – z. B. GPT-4o – über die entsprechende Deployment-Konfiguration der SAP BTP angesprochen. Der Prompt wird übergeben, und die Antwort des Modells wird im Feld `ls_tab_upd-ai_field` des Datensatzes gespeichert.

```
"----------------------------------------------------------------------
" AI Call: Build prompt + optional image + call LLM
"----------------------------------------------------------------------

DATA prompt_string TYPE string.
DATA lv_prompt     TYPE text150.

"----------------------------------------------------------------------
" Build prompt (dynamic user input)
"----------------------------------------------------------------------
prompt_string = <ls_entity>-zsd_text.     " Dynamic text from user

" Add AI constraints
lv_prompt = 'Do not output more than 150 characters.'.
CONCATENATE prompt_string lv_prompt
  INTO prompt_string SEPARATED BY space.

"----------------------------------------------------------------------
" Call AI model
"----------------------------------------------------------------------
DATA(lo_chat) = NEW zacscl_btp_llm_chat3(
  s4_deployment = 'GPT4O'
).

DATA(model_response) = lo_chat->prompt_model(
  prompt = prompt_string
  " base64_image = lv_base64_image    " Enable for multimodal usage
).

"----------------------------------------------------------------------
" Persist result
"----------------------------------------------------------------------
<ls_tab_upd>-ai_field = model_response.
```

*Abbildung 11.27: KI-Aufruf in der Implementierungsklasse*

Optional lässt sich zusätzlich ein Bild einlesen und als Base64-String an das Modell übergeben. Die Logik ist damit bereits auf multimodale Szenarien vorbereitet, auch wenn das Bild im Beispiel nicht zwingend verwendet wird.

**Inkonsistente Checkbox erkennen**

Beim Speichern prüft das System abschließend, ob die automatisch gesetzte Checkbox manuell deaktiviert wurde, obwohl weiterhin ein Text vorhanden ist. In diesem Fall wird eine Warnmeldung ausgegeben, die auf die mögliche Inkonsistenz hinweist.

**Service Binding veröffentlichen**

Zum Testen der RAP-Anwendung dient das Service Binding (siehe Abbildung 11.28). Voraussetzung ist, dass das Service Binding publiziert ist bzw. die entsprechenden Repository-Objekte generiert wurden, wie bereits in Abbildung 11.22 gezeigt. Über die Schaltfläche **Publish** wird der OData-Service aktiviert. Im rechten Bildschirmbereich stehen anschließend das **Entity Set and Association** zur Verfügung (siehe Abbildung 11.28).

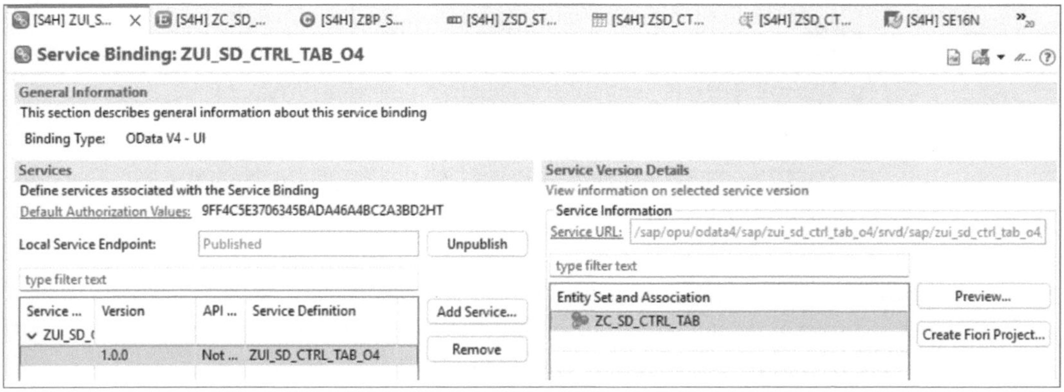


*Abbildung 11.28: Service Binding in ADT*

**Vorschau aus den ABAP Development Tools starten**

Nach der Veröffentlichung kann die Anwendung direkt aus den ABAP Development Tools heraus gestartet werden. Im Service-Binding-Editor wird dazu die Funktion **Preview** genutzt, um im Browser eine generische SAP-Fiori-Oberfläche zu öffnen. Diese Oberfläche basiert auf dem OData-V4-Service und verwendet die zuvor definierten CDS-Views, Metadatenerweiterungen sowie die implementierte Behavior-Logik.

In der geöffneten App können die Daten unmittelbar angezeigt und bearbeitet werden. Alle Validierungen, automatischen Ableitungen und die integrierte KI-Funktionalität werden dabei direkt ausgeführt.

**Lauffähige App in kurzer Zeit**

Abbildung 11.29 zeigt die erstellte RAP-Anwendung in der Browservorschau. Die App basiert vollständig auf den zuvor definierten RAP-Artefakten und wird als generische SAP-Fiori-Anwendung angezeigt.

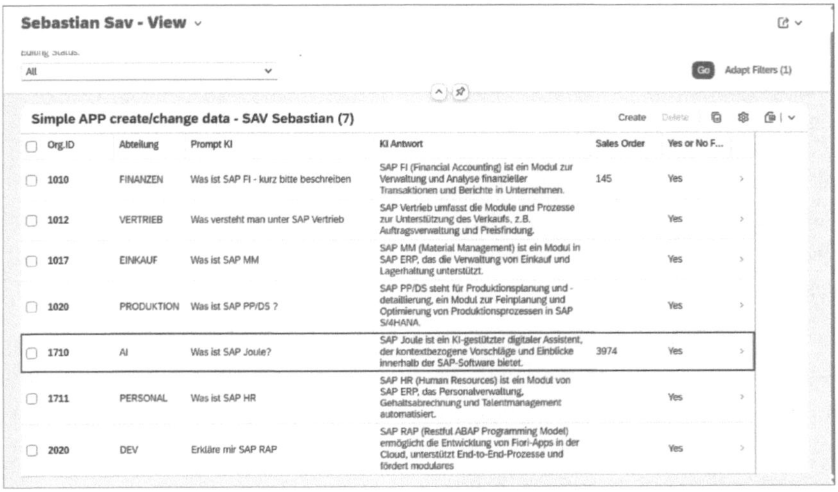


*Abbildung 11.29: App im Vorschaumodus*

In der Liste sind bereits Daten vorhanden, da diese im Rahmen der Entwicklung gespeichert wurden. An diesem Beispiel wird sichtbar, wie schnell und effizient sich mit RAP eine lauffähige Anwendung erstellen lässt.

Nachdem wir die Anwendung erstellt und ihre fachliche Logik erläutert haben, zeigen wir Ihnen im Folgenden, wie sich das Verhalten der App in der Praxis darstellt – von der Validierung über die KI-Anreicherung bis zur persistierten Speicherung der Daten.

**Sichtbare KI-Ergebnisse in der Anwendung**

Die App zeigt, dass sowohl eigene Daten angelegt und geändert werden können als auch Informationen aus dem SAP-S/4HANA-System eingebunden sind, z. B. über Standard-CDS-Views. Zusätzlich wird deutlich, dass eine KI-Integration möglich ist, bei der Benutzereingaben verarbeitet und durch KI-basierte Informationen ergänzt werden, die direkt in der Anwendung angezeigt und gespeichert werden.

**Validierungslogik im RAP-Modell**

Im Folgenden zeigen wir an einem einfachen Beispiel, wie fachliche Prüfungen und Abhängigkeiten zwischen Feldern in der Behavior Implementation des RAP-Modells umgesetzt werden. Das Beispiel hat zwar keinen direkten Bezug zur KI-Integration, verdeutlicht aber sehr gut, wie sich – ähnlich wie in klassischen Entwicklungen in Transaktion SE80 – auch im RAP-Kontext fachliche Logik zentral hinterlegen lässt.

Wir betrachten dabei zwei Felder mit jeweils unterschiedlichem Validierungsverhalten:

- das Feld **Yes or No Field** (eine Checkbox), das in Kombination mit einem gepflegten Text einen konsistenten Zustand erfordert
- das Feld **Prompt KI**, dessen Inhalt die Grundlage für abhängige Felder wie die KI-Antwort oder den abgeleiteten Sales Order bildet

Je nach Zustand dieser Felder greift eine andere Logik – entweder in Form einer Warnmeldung oder durch das automatische Leeren abhängiger Felder.

Um die Validierungslogik auszulösen, deaktivieren wir in der Detailansicht der Anwendung die Checkbox **Yes or No Field** manuell, obwohl im zugehörigen Eingabefeld weiterhin ein Text gepflegt ist (siehe Abbildung 11.30). Damit erzeugen wir gezielt einen Zustand, den die implementierte Logik als inkonsistent erkennen soll.

**Warnung bei inkonsistenter Checkbox**

Beim Speichern greift die Behavior Definition zusammen mit der zugehörigen Behavior-Implementierungsklasse. Die dort hinterlegte Validierungslogik wird automatisch aufgerufen und prüft, ob die Checkbox deaktiviert wurde, obwohl im Eingabefeld noch ein Text gepflegt ist. Trifft das zu, wird eine Warnmeldung erzeugt und angezeigt (siehe Abbildung 11.31).

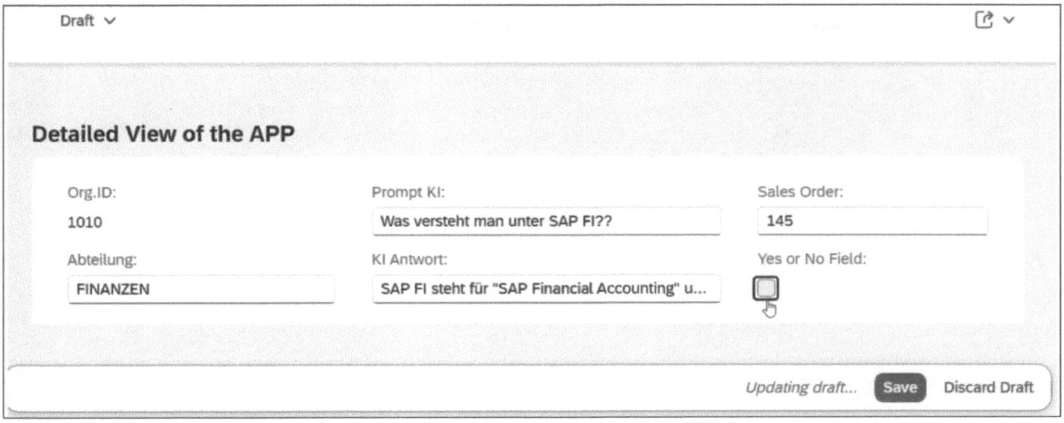


*Abbildung 11.30: Checkbox-Validierung in der App*

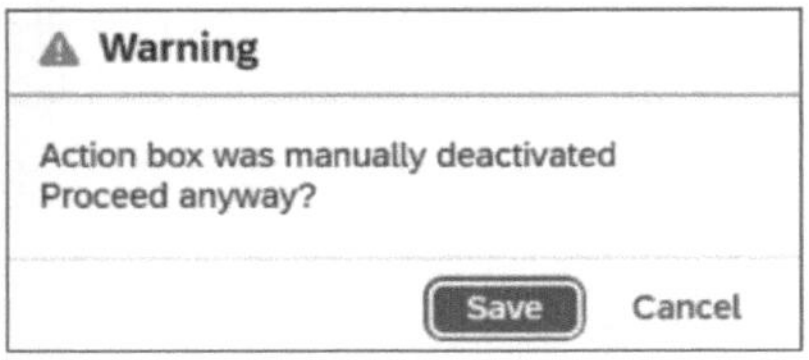


*Abbildung 11.31: Nachrichtenausgabe aus dem RAP-Modell*

**Validierung bei leerem KI-Prompt-Feld**

Eine vergleichbare Validierung ist für das Feld **Prompt KI** hinterlegt. Wird das Feld leer gelassen und der Datensatz gespeichert, erkennt das System den fehlenden Inhalt und gibt ebenfalls eine Warnmeldung aus (siehe Abbildung 11.32). Die Anwenderinnen und Anwender können anschließend entscheiden, ob sie den Vorgang dennoch fortsetzen oder die Eingabe korrigieren möchten.

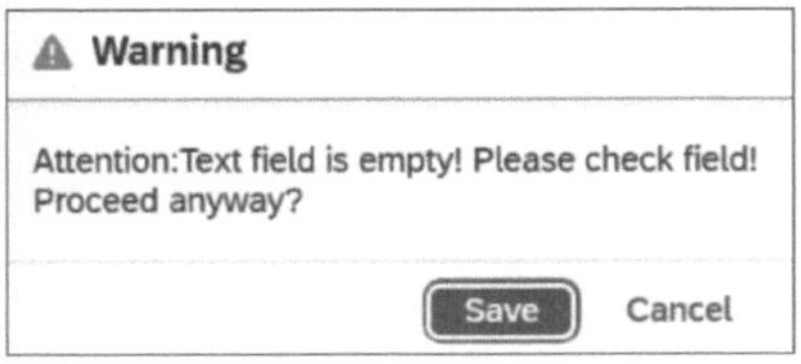


*Abbildung 11.32: Warnung zu einem leeren Feld*

**Zentrale Steuerung über Behavior Implementation**

Wird der Inhalt des Felds **Prompt KI** gelöscht, entsteht ein Zustand, in dem die abhängigen Informationen – etwa die KI-Antwort, die abgeleitete Sales Order oder die Checkbox – nicht mehr sinnvoll sind. Die Implementierungslogik leert diese Felder daher gezielt, um eine konsistente Datenbasis sicherzustellen (siehe Abbildung 11.33). Dieses Verhalten entsteht nicht im UI, sondern wird zentral durch die Behavior-Implementierungsklasse gesteuert.

*Abbildung 11.33: Abhängige Felder wurden initialisiert*

**Aufruf der KI-Funktion beim Speichern**

In diesem Beispiel geben wir bewusst nur im Feld **Prompt KI** Text ein, während alle anderen Felder zunächst leer sind (siehe Abbildung 11.34). Wenn wir nun auf **Save** klicken, greift die serverseitige RAP-Implementierungslogik und die KI-Funktionalität wird aufgerufen.

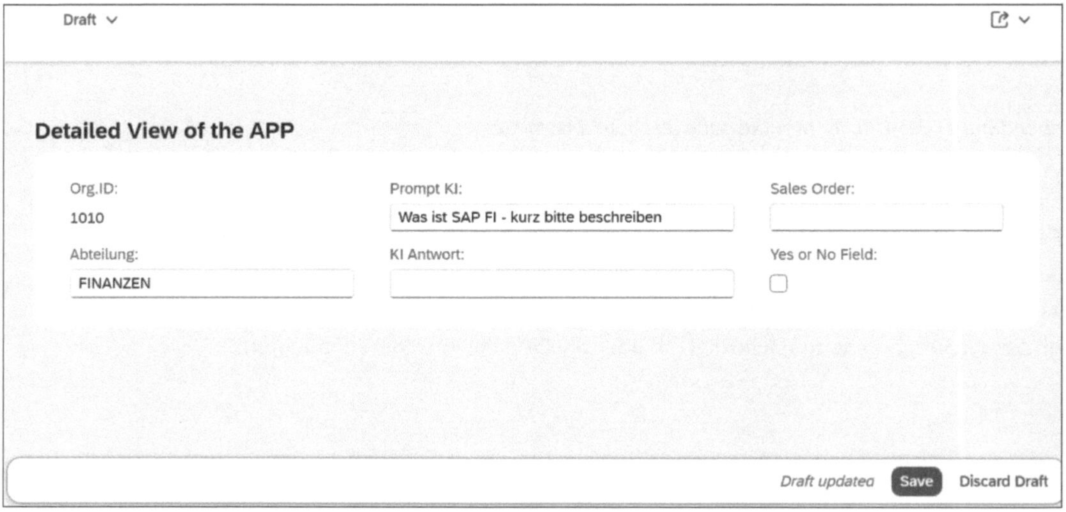


*Abbildung 11.34: Feld »Prompt KI« befüllen – Schritt 1*

**Dynamische KI-Antworten abhängig vom Prompt**

Wie Sie in Abbildung 11.35 sehen, werden in diesem Fall die restlichen Felder befüllt, da ein Prompt im Feld **Prompt KI** eingegeben wurde. Die in der Behavior-Implementierungsklasse hinterlegte Logik greift wieder und die KI-Funktionalität wird aufgerufen. Der eingegebene Prompt wird an das angebundene KI-Modell übergeben, das im Hintergrund auf der SAP BTP ausgeführt wird. Das Modell verarbeitet die Eingabe und liefert eine neue Antwort zurück. Diese Antwort ist nicht statisch, sondern kann sich bei jeder Ausführung unterscheiden, da sie vom jeweiligen Prompt und der Modellverarbeitung abhängt.

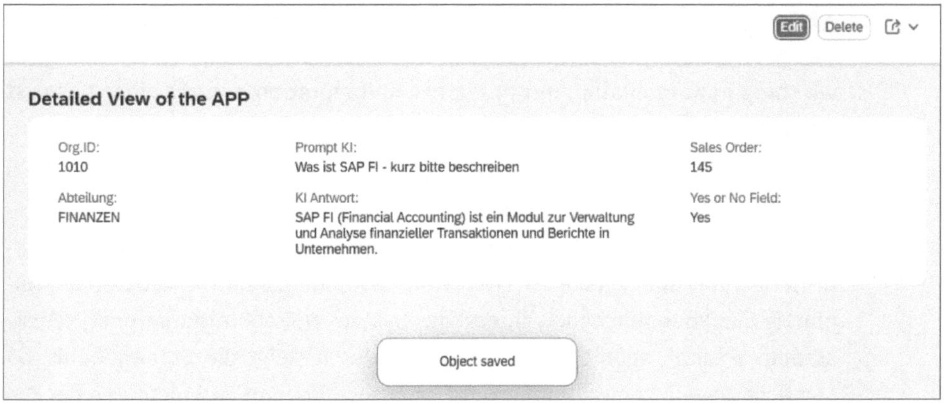


*Abbildung 11.35: Feld »Prompt KI« befüllen – Schritt 2*

**KI-Ergebnisse automatisch speichern**

Das Ergebnis der KI-Verarbeitung wird anschließend automatisch in das Feld **KI Antwort** geschrieben und im Datensatz gespeichert. Dieses Beispiel zeigt, dass die KI-Integration vollständig serverseitig, also im Backend, umgesetzt und bei jeder neuen Eingabe erneut aktiviert wird. Die Logik hierfür liegt ausschließlich in der Implementierungsklasse und nicht im UI.

**Anzeige der Daten in ADT und SAP GUI**

Abbildung 11.36 zeigt, dass die erfassten und verarbeiteten Daten persistiert in der Datenbank gespeichert sind. Die Datensätze sind sowohl in den ABAP Development Tools über die Data Preview als auch in SAP GUI, z. B. über die Transaktion SE16N, sichtbar (siehe Abbildung 11.37).

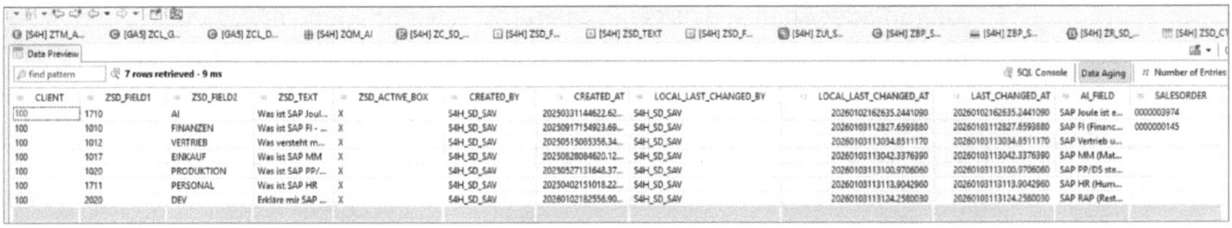

*Abbildung 11.36: Inhalte in der Datenbanktabelle – Ansicht ADT*

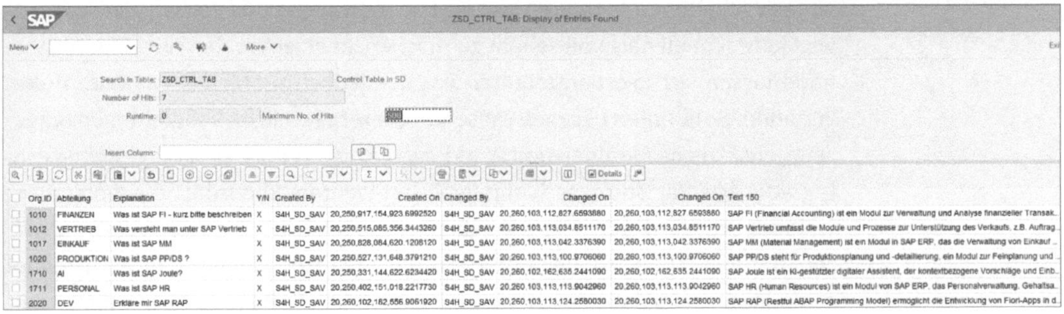

*Abbildung 11.37: Inhalte in der Datenbanktabelle – Ansicht SAP GUI*

### 11.2.3 Geschäftlicher Nutzen und Auswirkung der RAP-Entwicklung

Das gezeigte Beispiel verdeutlicht den geschäftlichen Mehrwert der RAP-Entwicklung in Kombination mit moderner KI-Integration anhand eines bewusst einfach gehaltenen Proof of Concept. Ziel dieses Beispiels ist nicht die Abbildung eines vollständigen Geschäftsprozesses, sondern die Veranschaulichung von Möglichkeiten, Entwicklungsgeschwindigkeit und Architekturvorteilen.

**RAP und KI als Beschleuniger**

Aus fachlicher Sicht zeigt die Anwendung, wie Geschäftsdaten strukturiert, geprüft und automatisch angereichert werden können. Benutzer müssen nur minimale Eingaben machen, während das System weitere Informationen selbstständig ableitet, validiert und ergänzt. Dadurch steigt die Datenqualität, da fachliche Regeln zentral im Backend umgesetzt werden und nicht von der Benutzeroberfläche abhängen.

Ein wesentlicher Nutzen liegt in der durchgängigen End-to-End-Architektur: Von der Datenbank über CDS, Business Objects und Behavior-Logik bis hin zur SAP-Fiori-Oberfläche greifen alle Schichten nahtlos ineinander. Änderungen an der Logik wirken sich unmittelbar auf alle Konsumenten des Services aus, unabhängig davon, ob UI, API oder Integration. Das reduziert Redundanzen und vereinfacht Wartung und Erweiterung erheblich.

**KI als integrierter Bestandteil des Geschäftsprozesses**

Die Integration von künstlicher Intelligenz zeigt einen weiteren wichtigen Mehrwert. Texteingaben werden serverseitig verarbeitet, an ein KI-Modell übergeben und die Ergebnisse direkt im Geschäftskontext gespeichert. Dadurch lassen sich intelligente Funktionen wie Zusammenfassungen, Klassifizierungen, Empfehlungen oder Analysen direkt in operative Anwendungen integrieren. Die KI wird damit Teil des Geschäftsprozesses und nicht nur ein externes Zusatzwerkzeug.

Besonders relevant ist, dass diese Logik serverseitig im RAP-Behavior umgesetzt ist. Dadurch bleiben Prozesse konsistent, sicher und unabhängig vom verwendeten Frontend. Gleichzeitig ist die Lösung upgrade-sicher und folgt den Prinzipien von ABAP Cloud und Clean Core.

**Skalierbare KI-Integration für End-to-End-Prozesse**

Beim dargestellten Beispiel handelt es sich um ein Proof of Concept mit bewusst einfach gehaltenen Testdaten, um die Funktionsweise und Vorteile der RAP-Entwicklung schnell nachvollziehbar zu machen. In einem realen Anwendungsszenario lassen sich die dargestellten Ansätze jedoch problemlos erweitern und vertiefen. So könnten beispielsweise komplexere fachliche Validierungen umgesetzt, zusätzliche Aktionen und Workflows integriert oder ereignisgesteuerte Integrationen über Business Events realisiert werden. Ebenso ist die Einbindung weiterer Standard-CDS-Views möglich, um zusätzliche Geschäftsdaten zu nutzen. Darüber hinaus können unterschiedliche KI-Modelle für Analysen, Prognosen oder Entscheidungsunterstützung in diversen SAP-Modulen implementiert werden. Die gezeigten Konzepte lassen sich jedoch problemlos auf produktive Szenarien übertragen und erweitern.

Kapitel 12

# Custom AI bei der CAP-Entwicklung

*In diesem Kapitel zeigen wir, wie sich KI-Services sauber in bestehende SAP-Architekturen integrieren lassen, sowohl systemnah in SAP S/4HANA als auch entkoppelt auf der SAP BTP. Anhand zweier praxisnaher Szenarien lernen Sie, wie visuelle Prüfungen und KI-gestützte Störungsmeldungen mit CAP umgesetzt werden. Dabei stehen Architektur, technische Implementierung und geschäftlicher Mehrwert gleichermaßen im Fokus.*

Neben dem ABAP RESTful Application Programming Model bietet SAP mit dem *SAP Cloud Application Programming Model* (CAP) ein weiteres Framework an, um kundeneigene Erweiterungen gemäß der Clean-Core-Philosophie umzusetzen. In Abschnitt 7.4, »SAP Joule for Developers in SAP Cloud Application Programming Model«, haben wir CAP bereits eingeführt. Wir haben gezeigt, wie ein neues CAP-Projekt in SAP Build Code erstellt und mittels SAP Joule for Developers eine Full-Stack-Applikation entwickelt wird. In dem gezeigten Szenario kam die KI zur Designzeit zur Anwendung, indem sie die Entwicklerinnen und Entwickler bei der Erstellung von Artefakten unterstützte.

In diesem Kapitel lernen Sie nun, wie sich Custom AI mit CAP in bestehende SAP-Prozesse integrieren lässt. Zwei praxisnahe Beispiele zeigen, wie Sie KI-Anwendungen entwickeln können, die Fachanwenderinnen und Fachanwender direkt zur Laufzeit unterstützen. Wir stellen dazu eine erweiterbare Architektur für kundeneigene Anwendungen mit KI-Funktionen vor, die den Clean-Core-Ansatz berücksichtigt. Sie werden sehen, wie CAP-Services, SAP-Fiori-Oberflächen und externe KI-Services zusammenarbeiten. So können moderne, cloudbasierte Lösungen für eine intelligente Prozessunterstützung entstehen.

In Abschnitt 12.1 geht es zunächst um die Entwicklung einer Anwendung, die visuelle Prüfungen im Rahmen eines Geschäftsprozesses mithilfe von Machine Learning umsetzt. Anschließend stellen wir Ihnen in Abschnitt 12.2 die Entwicklung eines End-to-End-Szenarios vor, bei dem KI-basierte Störungsmeldungen zum Einsatz kommen.

## 12.1 Visuelle Prüfungen mit Machine Learning

**Zuverlässige Qualitätsprüfung durch KI**

In diesem Abschnitt stellen wir Ihnen eine Lösung vor, die eine visuelle Prüfung während des laufenden Produktionsprozesses in der Pharmaindustrie implementiert. In regelmäßigen Abständen werden dazu Fotos der Blisterverpackungen von Medikamenten mit einer Kamera aufgenommen und mithilfe eines Machine-Learning-Algorithmus automatisch geprüft. Die Anwendung wurde mit CAP umgesetzt und an ein SAP-S/4HANA-System angebunden, in dem die prozessrelevante Logik verarbeitet wird. Der Machine-Learning-Algorithmus analysiert die Bilder und erkennt, ob alle zehn Kavernen eines Blisters vollständig gefüllt sind.

Auf Basis der Ergebnisse dieser visuellen Prüfung wird im Qualitätsmanagement in SAP S/4HANA automatisch ein *Prüfpunkt* angelegt und bewertet. Die aufgenommenen Bilder werden diesem Prüfpunkt als Dokumentation hinzugefügt. Im Fall einer Rückweisung wird zusätzlich ein Fehler mit Bezug zum zugehörigen Prüflos erzeugt.

Das eingesetzte Machine-Learning-Modell wird über den SAP AI Core bereitgestellt und wurde produktspezifisch trainiert, um eine zuverlässige und reproduzierbare Qualitätsprüfung im SAP-Kontext zu ermöglichen.

### 12.1.1 Geschäftliche Herausforderungen der visuellen Prüfung in der Produktion

**Wachsende Prüfkomplexität in der Fertigung**

Mit der zunehmenden Automatisierung von Produktionsprozessen, immer komplexeren Produkten sowie stetig steigenden Qualitätsanforderungen im B2B-Umfeld (Business to Business) stehen die Qualitätsmanagementabteilungen heute vor großen Herausforderungen. Der Umfang und die Komplexität der Prüfungen nehmen kontinuierlich zu, während die verfügbaren personellen Ressourcen in vielen Fällen unverändert bleiben. Die Fehlererkennung und -erfassung erfolgt häufig direkt durch Produktionsmitarbeitende an der Fertigungslinie. Deren Fokus liegt jedoch in erster Linie auf einer hohen Maschinenauslastung, maximalem Output und kurzen Durchlaufzeiten und weniger auf einer detaillierten und konsistenten Dokumentation von Qualitätsabweichungen. Vor diesem Hintergrund erfordert es einfache und intuitiv bedienbare Lösungen, die es ermöglichen, kritische Prüfungen schnell und effizient durchzuführen.

**Algorithmus-gestützte Qualitätsprüfung**

Sofortmaßnahmen, wie das Informieren der Schichtleitung oder das Auslösen eines Maschinenstopps, müssen auch von nicht speziell geschulten Mitarbeitenden sicher und zuverlässig angestoßen werden können. Durch die enormen Fortschritte in den Bereichen Machine Learning, Computer Vision und Cloud Computing eröffnen sich neue Möglichkeiten, algorithmusgestützte Prüfszenarien direkt im Kontext der ERP-Lösung von SAP umzusetzen. Algorithmen können z. B. bei folgenden Aufgaben unterstützen:

- Zählung von eindeutigen Produkteinheiten
- visuelle Erkennung und Markierung von Fehlern, wie z. B. Kratzern, Verunreinigungen, Lackfehlern oder unvollständigen Schweißnähten
- Stücklistenprüfung, also ob alle Komponenten einer Baugruppe ermittelbar sind

Daneben können 1D/2D-Barcode-Erkennung und automatische Zeichenerkennung (Optical Character Recognition, OCR) für unterschiedliche Anwendungsfälle eingesetzt werden:

- Passen die visuellen Produktmerkmale zum aktuell gefertigten Produkt? Hat z. B. das Produkt in der Ausführung »rot« auch einen roten Farbton?
- Wurden die richtigen Materialien verwendet? Stimmt z. B. die erkannte Codierung auf der Folie mit der Materialnummer laut Stückliste überein?
- Ist die erkannte Chargennummer im SAP-System als »freigegeben« gekennzeichnet?

Zwar sind auf dem Markt bereits leistungsfähige Inspektionslösungen verfügbar, diese sind jedoch häufig direkt in die jeweilige Fertigungsanlage integriert und nicht durchgängig mit dem ERP-System verbunden. Dadurch können zentrale Funktionen wie Prüfungen, Fehlererfassung und Meldungen im SAP-System oft nicht oder nur eingeschränkt erfasst werden. Zudem kommt in vielen Fällen spezielle, auf den jeweiligen Anwendungsfall zugeschnittene Hardware zum Einsatz. Der hier vorgestellte Ansatz verfolgt daher das Ziel, aufzuzeigen, welche Prüfszenarien bereits mit handelsüblicher Hardware realisierbar sind und wie sich diese direkt in die Kernprozesse von SAP S/4HANA integrieren lassen.

### 12.1.2 Abbildung der visuellen Prüfung in einer SAP-Fiori-App

Als Use Case wurde eine fertigungsbegleitende Prüfung an einer Tablettenverpackungsmaschine gewählt. Das zu prüfende Produkt ist ein Medikamentenblister mit zehn Kavernen, der im Fehlerfall nur unvollständig gefüllt ist. Für die Prüfung wurde eine kundeneigene SAP-Fiori-App mit CAP entwickelt. Deren Funktionsweise stellen wir in diesem Abschnitt zunächst vor, bevor wir im folgenden Abschnitt auf die erforderlichen Schritte zur Entwicklung der App eingehen.

**Geführter Einstieg in den Prüfprozess**

In der SAP-Fiori-App wählt die Person, die die Maschinen bedient, zunächst den relevanten Arbeitsplatz aus. Anschließend wählt sie den aktuell aktiven Fertigungsauftrag aus einer Auswahlliste aus, der als Grundlage für die weitere Prüfung dient (siehe Abbildung 12.1).

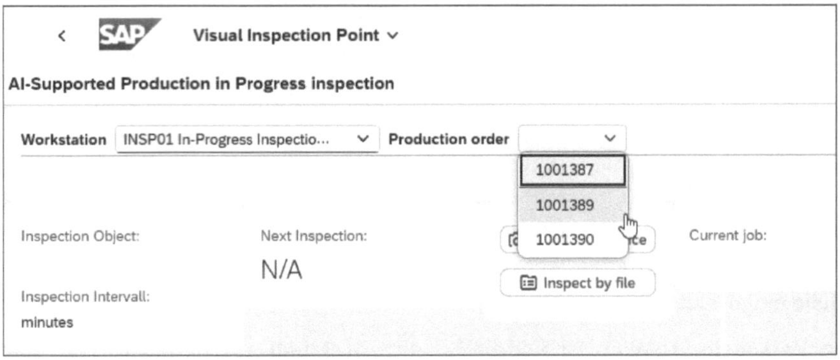


*Abbildung 12.1: Auswahl des Produktionsauftrags in der App »Visual Inspection Point«*

Im Abstand von 30 Minuten wird nun eine Prüfung der korrekten Befüllung der Blister durchgeführt. Die App zeigt die verbleibende Zeit bis zur nächsten Prüfung oder eine etwaige Überschreitung an (siehe Abbildung 12.2). Außerdem werden die bereits erfassten Prüfpunkte an dieser Anlage und deren Bewertung aufgeführt.

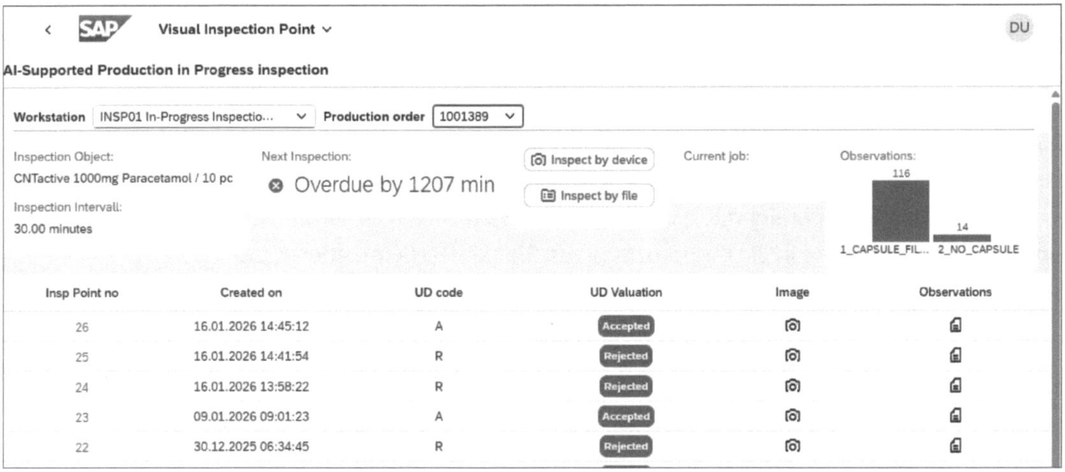


*Abbildung 12.2: Anzeige der Prüfpunkte zum Arbeitsplatz*

**Start der Prüfung**

Steht eine neue Prüfung an, klickt die Person auf den Button **Inspect by device**, woraufhin ein Live-Stream der am Terminal angeschlossenen Kamera sichtbar wird.

**Flexible Bildaufnahme**

Die Kamera ist in einem geeigneten Bereich der Fertigungsanlage (nach der Befüllung der Blister) positioniert und bereit für die Aufnahme. Die bedienende

Person nimmt nun ein Foto mit der Kamera auf, das anschließend noch auf Schärfe o. Ä. geprüft und im Bedarfsfall auch neu aufgenommen werden kann. Bei anderen Produkten als den Blistern können mitunter auch mehrere Bilder für eine sinnvolle Objekterkennung erforderlich sein – man denke etwa an ein Bauteil, das aus verschiedenen Winkeln (entsprechend einer dreidimensionalen Rundumsicht) abgebildet wird. Für das aktuelle Beispiel in der Top-Down-Perspektive ist jedoch ein Bild ausreichend, um eine effektive Analyse durchführen zu können.

**Bildverarbeitung und Objekterkennung**

Mit einem Klick auf **Predict** (siehe Abbildung 12.3) wird das aktuell aufgenommene Bild an das SAP-S/4HANA-Backend gesendet. Von dort wird ein Webservice im SAP AI Core aufgerufen, auf dem das entsprechend trainierte KI-Modell bereitgestellt wird. Der Algorithmus analysiert das Bild, erkennt relevante Objekte, ermittelt deren Konfidenzwerte und markiert die Ergebnisse direkt im Bild.

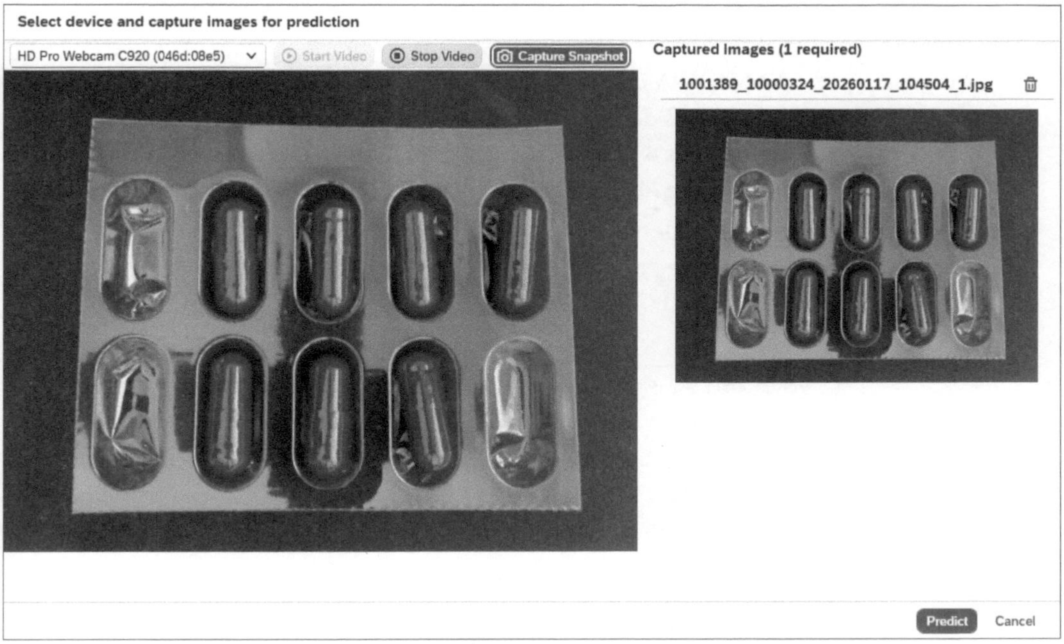


*Abbildung 12.3: Aufgenommenes Bild zur Prüfung*

Anschließend werden alle Erkennungsdaten an das SAP-S/4HANA-Backend zurückgegeben und dort zur Erstellung und Bewertung des zugehörigen Prüfpunkts herangezogen. Entsprechend den Anforderungen dieses Prüfszenarios wird der Prüfpunkt mit **ACCEPT** akzeptiert, wenn zehn vollständig gefüllte Kavernen erkannt werden.

**Fehleranlage bei Qualitätsabweichungen**

Werden weniger als zehn Füllungen identifiziert oder leere Kavernen erkannt, wird der Prüfpunkt mit **REJECT** bewertet. In diesem Fall wird ein entsprechender Fehlercode (»leere Kaverne«) mit Bezug zum Prüfpunkt angelegt.

Perspektivisch ist auch eine direkte Anbindung von Sofortmaßnahmen möglich, etwa ein Anlagenstopp oder das automatische Informieren der Schichtleitung. Voraussetzung für eine belastbare Qualitätsaussage und die Auslösung solcher Maßnahmen ist jedoch eine ausreichend hohe Konfidenz der Objekterkennung. Die *Konfidenz* beschreibt die Sicherheit in Prozent, mit der der Algorithmus erkennt, dass es sich bei der identifizierten Pixelanordnung tatsächlich um das gesuchte Objekt handelt. Für dieses Prüfszenario ist ein Mindestwert definiert. Wird dieser unterschritten – beispielsweise durch ungünstige Lichtverhältnisse oder eine verschmutzte Kameralinse –, muss das Prüfsetup durch eine Fachperson überprüft und validiert werden. In diesem Fall wird der Prüfpunkt mit einem gesonderten Code für die Rückweisung (»RM – manuelle Prüfung notwendig«) bewertet, und ein Workflow könnte einen Qualitätsprüfer und/oder eine Technikerin informieren.

**Anlage des Prüfpunkts in SAP S/4HANA**

Im SAP-S/4HANA-Backend wurde der Prüfpunkt mit Datum und Uhrzeit angelegt und gemäß der dargelegten Logik bewertet. Wird ein Vorgang zurückgewiesen, legt das System einen Fehler an. Dieser Fehler wird am Prüfpunkt gespeichert (siehe Abbildung 12.4). Der Prüfpunkt gehört zu einer bestehenden Prüflosnummer.

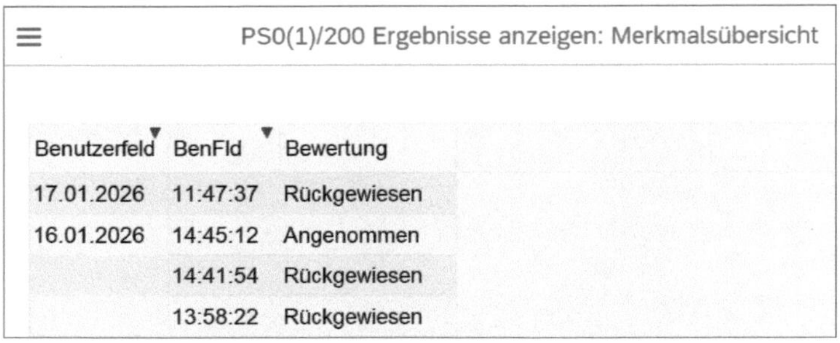


*Abbildung 12.4: Merkmalsbewertung zum Prüfpunkt im SAP-S/4HANA-Backend*

Für den Vorgang **Production in Progress Inspection** wurde in Abbildung 12.5 ein Fehler erfasst, der über eine definierte Codegruppe und Fehlerart eindeutig klassifiziert ist. Anschließend werden die aufgenommenen und annotierten Bilder direkt mit Bezug zum Prüfpunkt hochgeladen.

In der Ansicht des Prüfpunkts stehen die Aufnahmen sowohl als Dokumentation als auch für eine weiterführende Fehleranalyse zur Verfügung (siehe Abbildung 12.6).

*Abbildung 12.5: Fehlerübersicht zum Vorgang im SAP-S/4HANA-Backend*

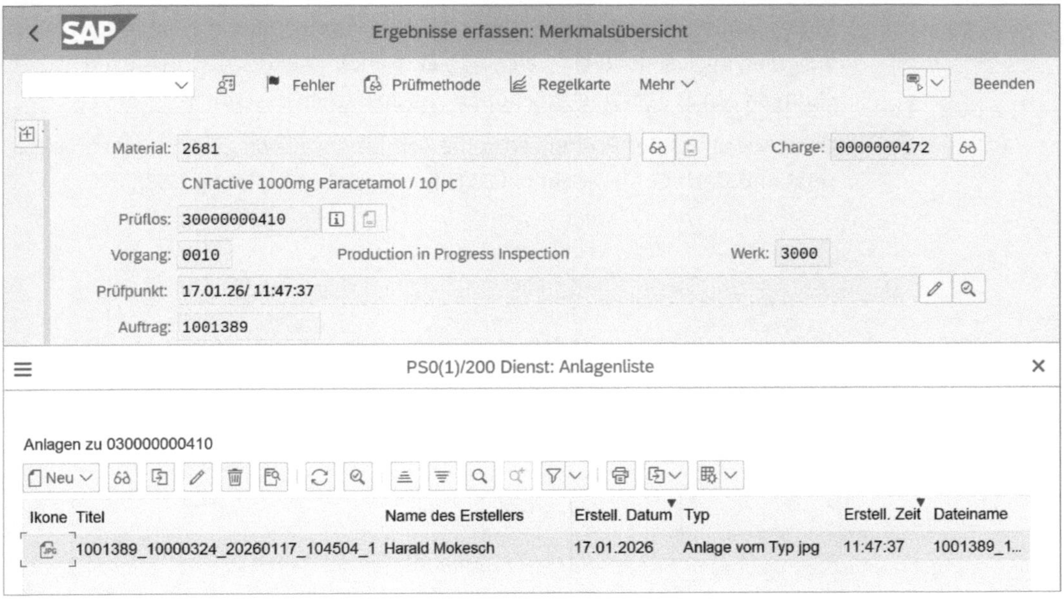


*Abbildung 12.6: Zuordnung des Fotos zur Anlagenliste und zum Prüflos*

Zusätzlich werden die Bilder auch in der SAP-Fiori-App angezeigt, sodass alle relevanten Informationen zentral und transparent verfügbar sind. Wie in Abbildung 12.7 zu sehen, wird am Ende des Prüfablaufs die Ansicht in der SAP-Fiori-App neu geladen, sodass der neue Prüfpunkt mit Ergebnis, annotierten Bildern sowie mit den erkannten Objekten mit ihren Konfidenzwerten angezeigt wird.

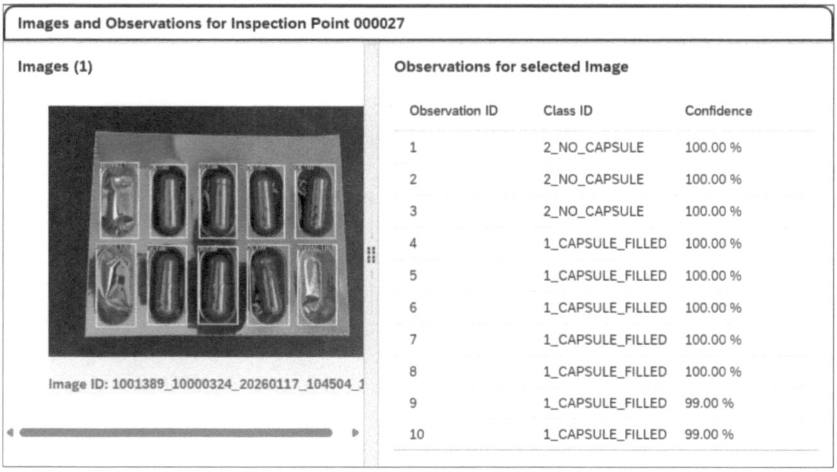


*Abbildung 12.7: Anzeige des Prüfpunkts in der SAP-Fiori-App*

**Visuelle Kennzeichnung von Objekten**

Die erkannten Objekte werden hier mit einem gelben Rahmen markiert. So ist auf einen Blick ersichtlich, welche Objekte erkannt wurden. Objekte mit Abweichungen werden rot hervorgehoben und zusätzlich beschriftet.

Nach Abschluss der Prüfung wird die Zeit bis zur nächsten Prüfung zurückgesetzt und startet nun wieder bei 30 Minuten (siehe Abbildung 12.8).

*Abbildung 12.8: Bewertung des Prüfpunktes alle 30 Minuten*

### 12.1.3 Technische Umsetzung der Anwendung

In diesem Abschnitt erläutern wir Ihnen, wie die einzelnen Elemente der Anwendung technisch umgesetzt wurden.

**Architektur der Lösung**

Kern der Lösung ist ein KI-Modell zur Objekterkennung, das über den SAP AI Core bereitgestellt wird und in die SAP-Fiori-App integriert ist. Abbildung 12.9 zeigt den vollständigen Ablauf des Prüfprozesses von der Bilderfassung bis zur Anzeige der Ergebnisse in der SAP-Fiori-App. Auf dem SAPUI5-basierten Frontend erfasst die Anwenderin oder der Anwender Bilder über eine Webcam. Über die SAP-Fiori-App lassen sich sowohl bestehende Prüfpunkte und Bilder anzeigen als auch neue Inferenzläufe starten. Unter *Inferenz* versteht man die Anwendung eines bereits trainierten Modells auf neue, unbekannte Bilder, um daraus eine Klassifizierung abzuleiten.

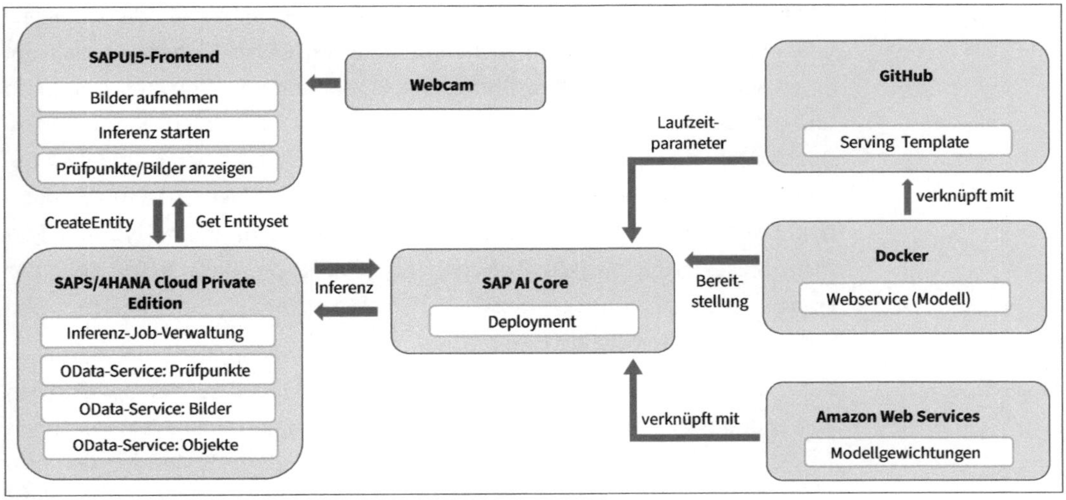


*Abbildung 12.9: Architektur der Anwendung zur visuellen Prüfung*

Die Bilder und zugehörigen Informationen werden in SAP S/4HANA Cloud Private Edition gespeichert. Dort werden die Daten über OData-Services, unter anderem für die Prüfpunkte, Bilder und erkannten Objekte, strukturiert abgelegt. Ebenfalls in SAP S/4HANA verwaltet werden die Inferenz-Jobs. Sie bündeln alle Einzelschritte einer visuellen Prüfung – vom Upload der Bilder in das SAP-S/4HANA-Backend über den Aufruf der Inferenz in SAP AI Core bis zur Verarbeitung der Ergebnisse, etwa dem Anlegen oder Bewerten von Prüfpunkten. Über die SAP-Fiori-App können sowohl die Inferenz, also die Anwendung des gelernten Modells auf neue, unbekannte Bilder mit anschließender Rückgabe der Klassifizierung, gestartet als auch bestehende Prüfpunkte und Bilder angezeigt werden.

**Containerbasiertes KI-Modell**

Die eigentliche Objekterkennung übernimmt SAP AI Core. Dort wird das KI-Modell als Deployment betrieben – technisch gesehen ein Webservice mit einer eindeutigen URL, der dauerhaft auf eingehende Bilder wartet und für diese die Inferenz ausführt. Aufrufende Anwendungen übergeben dabei Laufzeitparameter, etwa welche Bilder analysiert werden sollen. Die Modellartefakte und Gewichtungen werden aus Amazon Web Services (AWS) bezogen. Das Modell selbst wird als Docker-Container bereitgestellt. Der gesamte Build- und Deployment-Prozess wird über GitHub automatisiert und stellt sicher, dass neue Modellversionen reproduzierbar ausgerollt werden können.

Nach Abschluss der Inferenz werden die Ergebnisse, inklusive der erkannten Objekte, Konfidenzwerte und annotierten Bilder, zurück an SAP S/4HANA übergeben und in der SAP-Fiori-App angezeigt. So erhalten die Anwenderinnen und Anwender eine durchgängige, integrierte Lösung, bei der die KI-gestützte Bilderkennung nahtlos in die SAP-Systemlandschaft eingebettet ist.

**Neuronales Objekterkennungsmodell**

Das eigentliche KI-Modell ist ein auf neuronalen Netzen basierendes Objekterkennungsmodell (*Convolutional Neural Network*, CNN). Es handelt sich um einen sehr ausgefeilten Algorithmus zur Erkennung von Objekten in Bildern und Videos. Das Modell wird üblicherweise bereits vortrainiert übernommen. Das Vortraining erfolgte mit einem Datensatz der Bilddatenbank *ImageNet*. Dadurch hat das Modell gelernt, grundlegende visuelle Eigenschaften zu erkennen. Dazu zählen unter anderem Kanten, Farben, Texturen und typische Formen. Dieses grundlegende »Sehvermögen« bildet die Basis dafür, dass das Modell später auch neue, spezifische Objekte zuverlässig identifizieren und voneinander unterscheiden kann.

**Produktspezifisches Training**

Auf dieser Basis aufbauend trainiert man nun das Modell auf den spezifischen Anwendungsfall. Im vorliegenden Beispiel erfolgte das Training der Einfachheit halber lokal über ein eigens dafür geschriebenes Python-Skript. Für den produktiven Einsatz wäre allerdings das Training direkt auf der SAP-AI-Core-Plattform der empfohlene Weg. Für unseren Use Case wurden ca. 600 Bilder von Blistern aus der Top-Down-Perspektive verwendet, bei denen jeweils die Kavernen mit Rechtecken und den Klassenzuordnungen »gefüllt« oder »leer« markiert wurden (siehe Abbildung 12.10).

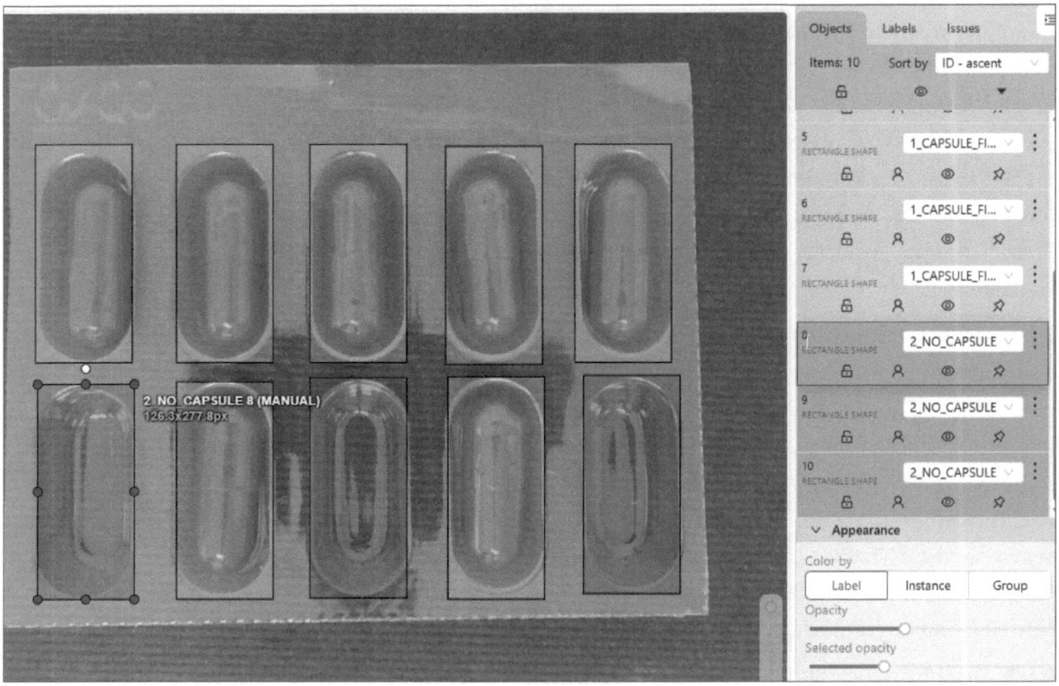


*Abbildung 12.10: Beispiel eines für das Modelltraining aufbereiteten Fotos*

**Containerbasierter Webservice für die KI-Inferenz**

Die Gewichtungen des trainierten Modells werden in einer *.pth*-Datei in einem Amazon-S3-Cloud-Speicher abgelegt (siehe Abbildung 12.11). *.pth* ist das Dateiformat des Deep-Learning-Frameworks *PyTorch*. Dadurch wird das Modell klar vom Integrations- und Laufzeit-Setup getrennt. Die Inferenzlogik ist in einem Python-Skript implementiert. Dieses Skript nutzt das Mikroframework *Flask*, um einen Webservice bereitzustellen, der von SAP AI Core aufgerufen werden kann. Der Webservice wird in einem Docker-Container ausgeliefert. Ein *Docker-Container* stellt eine gekapselte und portable Laufzeitumgebung dar, in der alle benötigten Komponenten enthalten sind, z. B. Python, PyTorch und weitere Bibliotheken.

*Abbildung 12.11: Parameter fürs Modelltraining*

**JSON-basierte Übergabe von Prüflingen und Bilddaten**

Als Eingangsgröße erwartet der Webservice eine Identifikation des Prüflings im JSON-Format und dazu ein oder mehrere Bilder (siehe Listing 12.1).

```
{
      "inspections": [
        {
          "inspection_id": "<Job_number for current Inspection
point>",
          "images": [
            {
              "image_id": "image_name_1.jpg",
              "data": "<base64_encoded_image_string>"
            },
            {
              "image_id": "image_name_2.png",
              "data": "<base64_encoded_image_string>"
```

```
                }
              ]
            }
          ]
        }
```

*Listing 12.1: JSON-Definition – Anfrageformat*

Das System verarbeitet die Bilder und ermittelt anhand des Modells und der Gewichtungen eine Prognose, welche Objekte in den Bildern gefunden werden. Diese werden in den übergebenen Bildern angezeichnet (annotiert) und als Antwort übergeben (siehe Listing 12.2). Das Ziel war hier, eine einheitliche und wiederverwendbare Schnittstelle für unterschiedlichste Prüfszenarien zu schaffen.


```
{
  "inspections": [{
    "images": [{
      "annotated_image": "<base64_string_for_image_1>",
      "image_id": "image_name_1.jpg",
      "inspection_id": "<Job_number for current inspection
point>",
      "predictions": [
        {
          "class_name": "1_CAPSULE_FILLED",
          "confidence": 0.998377,
          "observation_id": 1
        },
        {
          "class_name": "2_NO_CAPSULE",
          "confidence": 0.997498,
          "observation_id": 6
        }
      ]
    }]
  }]
}
```


*Listing 12.2: Darstellung der relevanten Objekte im JSON-Format*

**Deployment-Definition über YAML-Konfigurationsdatei**

Die technische Umsetzung des Deployments wird in einer YAML-Konfigurationsdatei beschrieben, wie in Abbildung 12.12 dargestellt. Diese Datei definiert ein sogenanntes *Serving Template* in SAP AI Core und legt fest, wie der KI-Inferenz-Service bereitgestellt, konfiguriert und betrieben wird. Steuerparameter sind z. B. die Anzahl gleichzeitiger Instanzen oder der Ressourcenplan für die GPU-Unterstützung.

```
pt_blister_v2 > ! serving_executable.yaml
apiVersion: ai.sap.com/v1alpha1
kind: ServingTemplate
metadata:
  name: visualinspection-blisterv2
  annotations:
    scenarios.ai.sap.com/description: "Visual Inspection Bilster V2 cavern detection"
    scenarios.ai.sap.com/name: "Visual Inspection Blister V2"
    executables.ai.sap.com/description: "Visual Inspection Blister V2 Pytorch GPU Serving executable"
    executables.ai.sap.com/name: "visual-inspection-Blister-V2-serve-exectuable"
  labels:
    scenarios.ai.sap.com/id: "Visual-Inspection-Blister-V2-clf"
    ai.sap.com/version: "1.0.0"
spec:
  inputs:
    artifacts:
      - name: modelArtifact
  template:
    apiVersion: "serving.kserve.io/v1beta1"
    metadata:
      labels: |
        ai.sap.com/resourcePlan: starter
    spec: |
      predictor:
        imagePullSecrets:
          - name: [redacted]
        minReplicas: 1
        maxReplicas: 3
        containers:
        - name: kfserving-container
          image: "[redacted]/visual-inspection-blister-v2:0.0.1"
          ports:
            - containerPort: 9001
              protocol: TCP
          env:
            - name: STORAGE_URI
              value: "{{inputs.artifacts.modelArtifact}}"
```

*Abbildung 12.12: YAML-Konfigurationsdatei für die Bereitstellung der KI-Inferenz*

**Bereitstellung des Modells in SAP AI Core**

Das trainierte Modell läuft schließlich als Deployment in SAP AI Core, und ist mit entsprechender Authentifizierung über eine Webservice-URL verfügbar. Es kann demnach sowohl innerhalb der SAP-BTP-Produktlandschaft (z. B. in SAP-Fiori-Apps, als Joule Skill oder als Workflow-Element in SAP Build) verwendet werden als auch in Drittanbieter-Lösungen.

**Deployment-Übersicht im SAP AI Launchpad**

Wie in Abbildung 12.13 zu sehen ist, wird im SAP AI Launchpad das laufende Deployment dargestellt. Sie haben so den Überblick über den aktuellen Zustand des KI-Services. Erkennbar sind unter anderem der aktuelle Status, die Laufzeit, die URL des Inferenz-Services sowie der vollständige Deployment-Ablauf von der ausführbaren Einheit über die Modellartefakte und die Konfiguration bis hin zum aktiven Deployment. Der Status **RUNNING** bestätigt, dass der KI-Service erfolgreich bereitgestellt wurde und für Inferenzanfragen zur Verfügung steht.

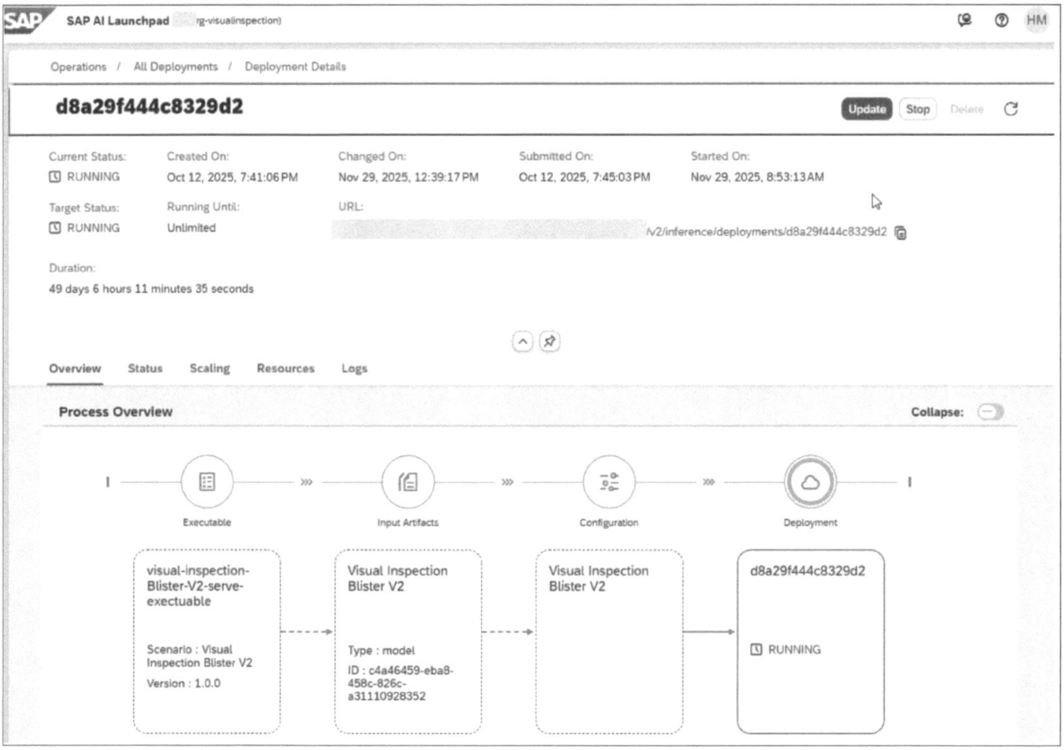


*Abbildung 12.13: Deployment-Überwachung im SAP AI Launchpad*

Das SAP Cloud Application Programming Model fungiert in diesem Szenario als zentrale Drehscheibe und Orchestrierungsschicht auf der SAP BTP. Es entkoppelt die SAP-Fiori-App von der Komplexität der angebundenen Systeme, indem es Geschäftsdaten aus SAP S/4HANA Private und Public Cloud abruft, diese mit KI-gestützten Ergebnissen aus dem SAP AI Core anreichert und das Gesamtergebnis als einen einzigen, konsistenten OData-Service für das Frontend bereitstellt.

**Umsetzbarkeit in Private- und Public-Cloud-Szenarien**

Die Kommunikation zwischen der SAP-Fiori-App und dem SAP-S/4HANA-System erfolgt über OData-Services. Im Backend wurden dazu benutzerdefinierte Services entwickelt, um Prüfpunktdaten abzurufen und neue Prüfpunkte anzulegen sowie die Bilder und Beobachtungen persistent zu speichern. Die hier vorgestellte Implementierung zielt auf die Verwendung in SAP S/4HANA Cloud Private Edition ab. Eine Umsetzung für SAP S/4HANA Cloud Public Edition wäre jedoch ebenfalls denkbar, indem die von SAP bereitgestellten Standard-APIs aus dem SAP Business Accelerator Hub genutzt werden.

### 12.1.4 Geschäftlicher Nutzen und Auswirkungen der visuellen Prüfung

**Hoher Automatisierungsgrad, einfache Bedienbarkeit**

Die hier dargestellte Vorgehensweise zeigt eindrucksvoll, dass sich bereits mit überschaubarem Aufwand effektive Lösungen für die Produktprüfung mittels Machine Learning umsetzen lassen. Die App ist einfach zu bedienen und bietet einen hohen Grad an Automatisierung. Auf diese Weise könnte beispielsweise eine Person mehrere Anlagen überwachen.

Ein zentraler Vorteil der Architektur in technischer Hinsicht ist die Einhaltung des Clean-Core-Prinzips von SAP. Die KI-Logik ist vollständig in die SAP BTP ausgelagert. Die Integration in SAP S/4HANA erfolgt über eine freigegebene Schnittstelle (einen Custom-OData-Service). Im Kernsystem werden ausschließlich Standard-Business-Objekte wie Prüfpunkte, Qualitätsmeldungen und Anhänge (umgesetzt als generische Objektdienste) verwendet.

**Erweiterung um zusätzliche KI-Modelle und Prüflogiken**

Die Lösung könnte noch auf verschiedene Wege erweitert werden, z. B.:

- Bereitstellung weiterer Modelle für alternative Prüfszenarien, jeweils mit einer eigenen Logik für die Interpretation und Bewertung der Beobachtungen
- Hardwareseitige Anbindung einer Signalleuchte oder Schnittstelle zur Anlagensteuerung, um im Fall einer Rückweisung ein Stop-Signal zu senden oder die Produktion zu unterbrechen
- Umsetzung einer End-of-Line-Prüfung, bei der jedes Teil am Ende des Fertigungsprozesses fotografiert und entsprechend bewertet wird. Hier könnte dann auch eine Bestandsbuchung über den Verwendungsentscheid des Prüfloses erfolgen (Annahme führt zu freiem Bestand bzw. dem Status »Chargenzustand frei«, Rückweisung führt zu gesperrtem Bestand bzw. dem Status »Chargenzustand nicht frei«).
- Automatisches Auslösen der Foto-Funktion mit anschließender Inferenz und Bewertung. Hier müsste prozesstechnisch sichergestellt werden, dass der Blister zum richtigen Zeitpunkt im dafür vorgesehenen Prüfbereich abgelegt und nach der Prüfung wieder entfernt wird.

## 12.2 End-to-End-Szenario für KI-basierte Störungsmeldungen

**Mehr Flexibilität durch Entkopplung**

Auch im nachfolgenden zweiten Beispiel wird gezeigt, wie eine kundeneigene Erweiterung unabhängig von der Infrastruktur der SAP-Systemlandschaft auf der SAP BTP bereitgestellt werden kann. Eine solche Entkopplung erhöht zwar die Komplexität, bietet aber gleichzeitig auch mehr Flexibilität. Eine solche sogenannte *Side-by-Side-Erweiterung* kann sich beispielsweise in den folgenden Situationen lohnen:

- Ein Upgrade und/oder eine Downtime der SAP-Landschaft soll keine Auswirkungen auf die auf der SAP BTP bereitgestellte Erweiterung haben.
- Die kundeneigene Erweiterung muss skalierbar sein und sich dem aktuellen Workload anpassen können. Nimmt die Anzahl der Personen, die die Applikation verwenden, zu, sollen mehr Instanzen bereitgestellt werden, bei weniger Personen entsprechend weniger Instanzen.
- Die kundeneigene Erweiterung erfordert die Einbindung von weiteren Technologien und/oder Services, die innerhalb der ABAP-basierten SAP-Systemlandschaft nicht oder nur schwer zu integrieren wären.

Aufgrund dieser Anforderungen können mit CAP kundeneigene Erweiterungen unabhängig von der SAP-Systemlandschaft auf der SAP BTP bereitgestellt werden. In den folgenden Abschnitten erläutern wir anhand eines weiteren Beispiels, wie Custom AI in eine CAP-Applikation eingebettet werden kann.

### 12.2.1 Geschäftliche Herausforderungen der KI-gestützten Störungsmeldungserfassung

**Mehrwert von Custom AI in einem Standardprozess**

In einem Produktionsunternehmen kann es vorkommen, dass Mitarbeitende bei der Bedienung von Maschinen auf Unregelmäßigkeiten stoßen (z. B. wenn ein technisches Bauteil ein quietschendes Geräusch verursacht), bevorstehende technische Gebrechen vermuten (z. B. wenn ein Gummi kurz vor dem Reißen ist und ersetzt werden muss) oder sogar bereits technische Defekte erkennen (z. B. ein defekter Prüfmechanismus). Diese Unregelmäßigkeiten müssen aber nicht zwangsläufig sofort zum Stillstand der Anlage führen. In diesem Fall sollte die Mitarbeiterin bzw. der Mitarbeiter die Möglichkeit haben, die Unregelmäßigkeit schnell und unkompliziert zu melden. Hierfür eignet sich eine kurze Texteingabe in einer kundeneigenen App, ohne umständlich ein Standardformular mit einer Vielzahl von Parametern, Listen und Checkboxen abzusenden. Aus dem Störungstext soll per Custom AI automatisch eine strukturierte Störungsmeldung in einer CAP-Applikation angelegt werden, die einzelne Felder enthält (z. B. Priorität, betroffenes Bauteil, betroffene Anlage etc.). Diese Felder ermöglichen es der Instandhaltungsabteilung, die Meldungen gezielter abzuarbeiten, beispielsweise durch eine Priorisierung oder die Vorbestellung der betroffenen Bauteile.

### 12.2.2 Abbildung der KI-gestützten Störungsmeldungserfassung in SAP-Fiori-Apps

Die im vorangehenden Abschnitt beschriebene Anforderung soll mithilfe eines CAP-Projekts umgesetzt werden, an dessen Beispiel wir auch den Aufruf von Custom AI in der Service-Logik demonstrieren werden. Hierfür erstellen wir zwei Apps mithilfe von SAP Fiori Elements, deren Aufrufkacheln im SAP Fiori Launchpad Sie in Abbildung 12.14 sehen.

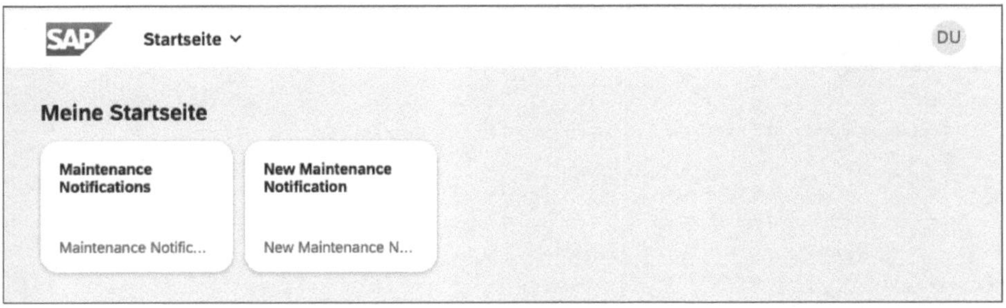


*Abbildung 12.14: Die beiden SAP-Fiori-Apps des CAP-Projekts im SAP Fiori Launchpad*

**Erfassung einer Unregelmäßigkeit**

Die SAP-Fiori-App **New Maintenance Notification** dient dazu, eine neue Unregelmäßigkeit per Texteingabe zu erfassen. Abbildung 12.15 zeigt diese Applikation auf einem mobilen Endgerät. In einem Textfeld kann die Mitarbeiterin oder der Mitarbeiter die Unregelmäßigkeit beschreiben und eine neue Meldung anlegen. Die Benutzeroberfläche wurde hier bewusst auf dieses einfache Textfeld beschränkt, um die Eingabe der Informationen zu beschleunigen.

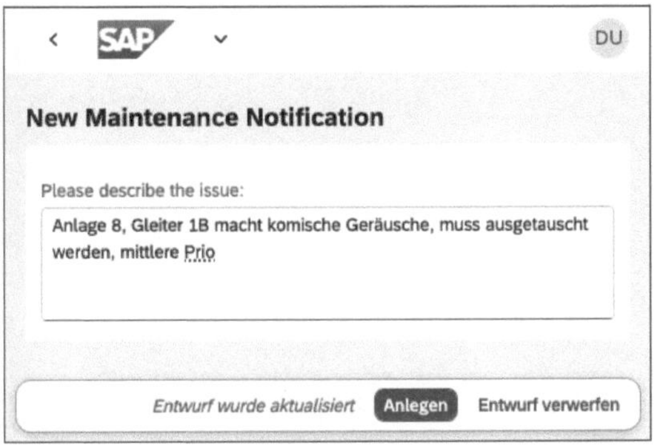


*Abbildung 12.15: Texteingabe in der App »New Maintenance Notification«, um Unregelmäßigkeit zu beschreiben*

**KI-Generierung einer neuen Meldung**

Nach dem Klick auf **Anlegen** wird die Beschreibung der Unregelmäßigkeit in der Serviceschicht an eine Custom AI geschickt, um daraus die erforderlichen Felder zur Anlage einer Meldung zu extrahieren. Nach der Verarbeitung können diese Felder in der zweiten Applikation **Maintenance Notifications** angezeigt und gegebenenfalls weiterbearbeitet werden.

Abbildung 12.16 zeigt, wie die angelegten Meldungen nach der Verarbeitung durch die Custom AI in der Datenbank gespeichert sind. Die Informationen liegen hier nicht mehr unstrukturiert in einem großen Textfeld vor, sondern die für die Meldung relevanten Felder wurden durch die Custom AI extrahiert und die entsprechenden Datenbankobjekte befüllt. Dies erleichtert die weitere Verarbeitung, weil nun nach Beschreibung, Titel, Anlage, Komponente und/oder Priorität gefiltert werden kann.

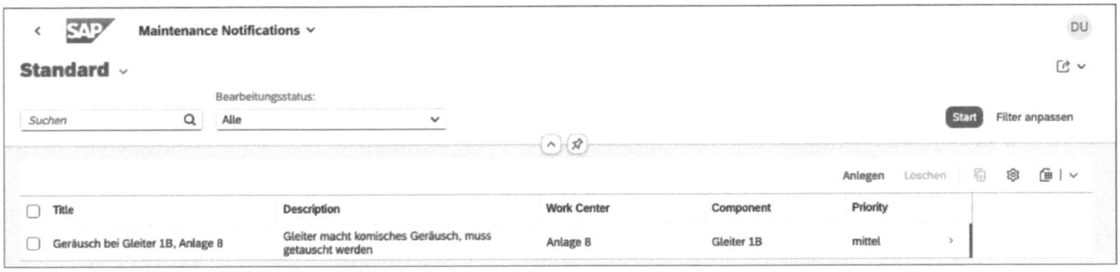


*Abbildung 12.16: Anzeige der angelegten Meldungen in der App »Maintenance Notifications«*

### 12.2.3 Technische Umsetzung der Anwendung

**Entwicklung in SAP Build Code**

Für die Entwicklung dieser Lösung wurde zunächst ein neues CAP-Projekt in SAP Build Code angelegt. Wie Sie bei der Anlage eines neuen Projekts vorgehen, haben wir bereits in Abschnitt 7.4, »SAP Joule for Developers in SAP Cloud Application Programming Model«, gezeigt.

**CDS-Datenmodell**

Anschließend wird das in Listing 12.3 gezeigte Datenmodell in der Datei *db/schema.cds* erstellt.

```
namespace MaintenanceNotifier;
using { cuid } from '@sap/cds/common';

entity MaintenanceNotifications : cuid {
  title: String(255);
  description: LargeString;
  workCenter: String(100);
  component: String(100);
  priority: String(10);
  created: DateTime;
  prompt: Association to one Prompts
}

entity Prompts : cuid {
  prompt: LargeString;
}
```

*Listing 12.3: CDS-Datenmodell für die beiden Apps »Maintenance Notifications« und »New Maintenance Notification«*

Das Datenmodell in Listing 12.3 ist stark vereinfacht und beinhaltet zwei Entitäten. `MaintenanceNotification` ist die zentrale Datenstruktur, die alle möglichen Informationen zu einer Wartungsbenachrichtigung enthalten kann. Hierzu gehören die Felder **Titel**, **Beschreibung**, **Anlage**, **Komponente**, **Priorität**, **Erstelldatum** und die Assoziation zu einem Prompt. `prompt` ist die zweite Entität, die die rohe Benutzereingabe abspeichert. Für die Felder `description` und `prompt` wurde der Datentyp `LargeString` gewählt, weil hier auch die Eingabe eines längeren Textes möglich sein soll.

**CDS-Serviceschicht**

Nach der Anlage des Datenmodells wird die Serviceschicht erstellt. Dazu wird die Datei *srv/service.cds* mit dem Inhalt von Listing 12.4 angelegt. Über die Annotation `@path` wird definiert, welchem OData-Pfad der Service `maintenanceNotifierSrv` zugeordnet werden soll. Die Annotation `@requires` spezifiziert, welche Berechtigungen für den Aufruf des Services notwendig sind.

```
using { MaintenanceNotifier as my } from '../db/schema.cds';

@path: '/service/maintenanceNotifier'
@requires: 'authenticated-user'
service maintenanceNotifierSrv {
  @odata.draft.enabled
  entity MaintenanceNotifications as projection on
my.MaintenanceNotifications;

  @odata.draft.enabled
  entity Prompts as projection on my.Prompts;
}
```

*Listing 12.4: CDS-Servicedefinition zur Bereitstellung der OData-Services*

Innerhalb der Servicedefinition werden zwei Endpunkte definiert, die die beiden Entitäten `MaintenanceNotifications` und `Prompts` bereitstellen. Der Endpunkt der Entität `MaintenanceNotifications` dient später dazu, die tabellarische Übersicht in der SAP-Fiori-App **Maintenance Notifications** abrufen zu können. Der Endpunkt `Prompts` wird von der anderen SAP-Fiori-App zur Dateneingabe verwendet.

**Implementierung der Serviceschicht**

Zusätzlich zur CDS-Servicedefinition wird eine JavaScript-Datei namens *srv/service.js* angelegt, um die kundenspezifische Logik inklusive der Custom AI abzubilden. Den Inhalt dieser Datei zeigt Listing 12.5.

```
const LCAPApplicationService = require('@sap/low-code-event-
handler');
const cds = require('@sap/cds');
```

```
class maintenanceNotifierSrv extends LCAPApplicationService {
    async init() {
        const { MaintenanceNotifications } = cds.entities;

        this.after('CREATE', 'Prompts', async (prompt, req) =>
{
            const embedded_prompt = `
                Given user input:

                ${prompt.prompt}

                Extract workCenter, component, priority and
description from the user input and return them as a JSON
object.
                Create a suitable title and return all fields
as a JSON.
                Return the JSON only, like this:
                {
                    "workCenter": "<extracted value>",
                    "component": "<extracted value>",
                    "priority": "<extracted value>",
                    "description": "<extracted value>",
                    "title": "<generated value>"
                }`;

            const externalService = await
cds.connect.to('OpenRouter.Chat.Completions.API');

            // productive scenario: use a destination (type:
BasicAuthentication) via SAP BTP Destination Service
            // and then fetch the bearer token from the
password field manually
            const apiKey = "<API Token>";

            const data = {
                "model": "meta-llama/llama-3.2-3b-
instruct:free",
                "messages": [
                    { role: "user", content: embedded_prompt }
                ]
            };          // external call to third-party service
             const response = await externalService.send({
                method: 'POST',
                path: '/chat/completions',
```

```
                headers: {
                    "Authorization": "Bearer " + apiKey,
                    "Content-Type": "application/json"
                },
                data: data
            });

            const extractedFields =
JSON.parse(response.choices?.[0]?.message?.content);

            await
INSERT.into(MaintenanceNotifications).entries({
                    title: extractedFields["title"],
                    description:
extractedFields["description"],
                    workCenter: extractedFields["workCenter"],
                    component: extractedFields["component"],
                    priority: extractedFields["priority"],
                    created: new Date(),
                    prompt_ID: prompt.ID
            });
        });

        this.on('fetch', async (request) => {
            return null;
        });

        return super.init();
    }
}

module.exports = {
    maintenanceNotifierSrv
};
```

*Listing 12.5: Implementierung der kundenspezifischen Geschäftslogik inklusive des Aufrufs der Custom AI in der service.js-Datei*

In der Datei *srv/service.js* wird spezifiziert, wann welche benutzerdefinierte Geschäftslogik ausgeführt werden soll. In diesem Fall handelt es sich um genau eine Funktion, die nach der Erstellung eines Prompts ausgeführt werden soll. Diese Logik wird in dem folgenden Aufruf übergeben:

```
this.after('CREATE', 'Prompts', async (prompt, req) => { … });
```

Im ersten Schritt wird die Benutzereingabe in der Eingabemaske mit weiteren Informationen und Angaben angereichert. Es wird spezifiziert, welche Felder aus dem Prompt extrahiert werden sollen und wie die Rückgabestruktur als JSON-Objekt auszusehen hat.

[!]

**Prompt Injection**

Der in Listing 12.5 gezeigte Code ist ein Paradebeispiel für *Prompt Injection*. Hierbei handelt es sich um eine Sicherheitslücke, in der potenzielle Angreiferinnen oder Angreifer schadhafte Anweisungen in einen Prompt injizieren und dadurch möglicherweise Informationen extrapolieren oder die Applikation zum Absturz bringen können. Auch in unserem Beispiel wäre das einfach möglich, weil die Benutzereingabe direkt in den Prompt übernommen wird. Für produktive Applikationen empfehlen wir daher ausdrücklich, alle Benutzereingaben vorher zu überprüfen und weitere Sicherheitsmaßnahmen zu implementieren. In unserem Beispiel haben wir darauf bewusst verzichtet, um die Komplexität nicht noch weiter zu erhöhen.

**Externe Service-Instanz**

Im nächsten Schritt wird die Instanz `externalService` des externen Services erstellt, der die Custom AI zur Verfügung stellt (siehe Listing 12.6). Hierbei fällt die Wahl auf eine REST-Schnittstelle, die von *OpenRouter* zur Verfügung gestellt wird. Bei OpenRouter handelt es sich um eine Plattform, die Schnittstellen zu LLMs bereitstellt. Sie wird hier testweise als externer Service eingebunden. Hinter der REST-Schnittstelle befindet sich ein generisches LLM-Modell, das einen Prompt in Textform erwartet und darauf eine Antwort in Textform zurückgibt. Die Implementierung des externen Services ist nicht näher definiert, dies ist aber für das Verständnis auch nicht notwendig, weil das Verhalten über die REST-Schnittstelle eindeutig spezifiziert ist. Zur Nutzung muss die Schnittstelle zuvor in der Datei *package.json* angegeben werden.

```
{
  "cds": {
    "requires": {
      "OpenRouter.Chat.Completions.API": {
        "kind": "rest",
        "credentials": {
          "url": "https://openrouter.ai",
          "path": "/api/v1",
          "requestTimeout": 240000
        },
        "[production]": {
          "credentials": {
            "destination": "OpenRouter",
```

```
          "path": "/api/v1",
          "requestTimeout": 240000
        }
      }
    }
  }
}
}
```

*Listing 12.6: Konfiguration der REST-Schnittstelle der Custom AI*

**Destinationen in der SAP BTP bei Produktivszenarien**

Die Konfiguration in Listing 12.6 definiert den externen Service `Openrouter.Chat.Completions.API` als REST-API. Die Konfiguration in den ersten Zeilen spezifiziert die Parameter des externen Services während der Entwicklung in SAP Build Code, während die Konfiguration innerhalb des `[production]`-Blocks die Parameter in einer Produktivumgebung definiert. In diesem Fall gibt es keinen Unterschied hinsichtlich des Verhaltens zwischen Entwicklungs- und Produktivumgebung, um das Beispiel möglichst einfach zu halten. In der Praxis kommt es jedoch häufig vor, dass für die Entwicklungsumgebung eigene Konfigurationen oder Mocks verwendet werden.

In weiterer Folge wird die Anfrage für die Custom AI vorbereitet. Die Schnittstelle erwartet einen *API Key*, der in diesem Beispiel der Einfachheit halber hardcodiert hinterlegt wurde. In einem Produktivszenario empfehlen wir dagegen, sensible Zugangsdaten im *SAP Destination Service* zu hinterlegen und darüber abzufragen.

Die Datenstruktur `data` definiert den Body des Requests, der das LLM-Modell spezifiziert und den erweiterten Prompt beinhaltet. Im nächsten Schritt wird die Anfrage per `POST`-Call (`method: 'POST'`) an den externen Service geschickt. Wie im Prompt definiert, erwartet der CAP-Service als Antwort ein JSON-Objekt, das die extrahierten Felder enthält. Diese werden ausgelesen, und darauf basierend wird eine neue Wartungsmeldung inklusive der extrahierten Felder angelegt.

**SAP-Fiori-Elements Apps anlegen**

Als letzten Schritt müssen die beiden SAP-Fiori-Elements-Apps angelegt werden. Am einfachsten geht das im Storyboard der CAP-Applikation:

1. Das Storyboard können Sie öffnen, indem Sie in SAP Build Code die [F1]-Taste drücken und anschließend **Open Storyboard** wählen.
2. Ausgehend von der Liste der **UI Applications** können Sie dann mit einem Klick auf das Plussymbol (**Create a UI application**) eine neue UI-Komponente anlegen.
3. Nun öffnet sich ein Wizard, in dem Sie im ersten Schritt den Anzeigenamen (**Display name**), den Applikationsnamen (**Application name**) und eine Be-

schreibung (**Description**) angeben müssen (siehe Abbildung 12.17). Geben Sie zuerst die Daten für die Übersichts-App zu den Wartungsmeldungen ein.

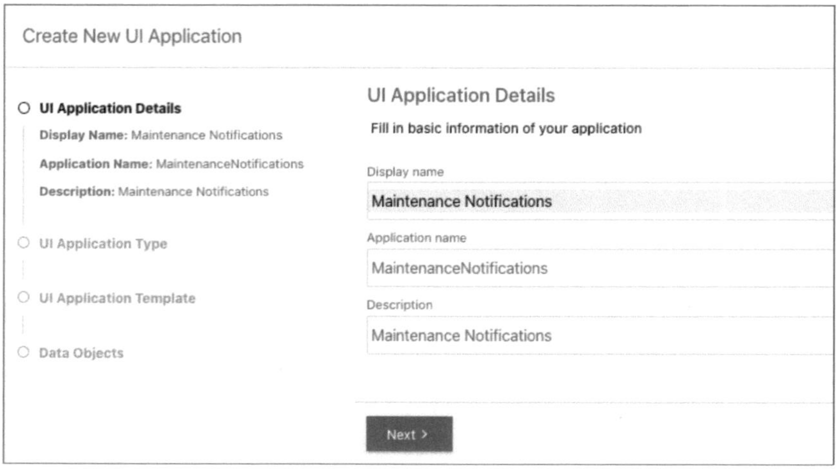


*Abbildung 12.17: Erster Schritt des Wizards zur Erstellung einer neuen SAP-Fiori-UI-Komponente*

4. Klicken Sie dann auf **Next**. Im zweiten Schritt wählen Sie den **UI Application Type** namens **Template-Based, Responsive Application** aus (siehe Abbildung 12.18), weil die Übersicht der Wartungsmeldungen als Standard-Tabelle ausgegeben werden soll.

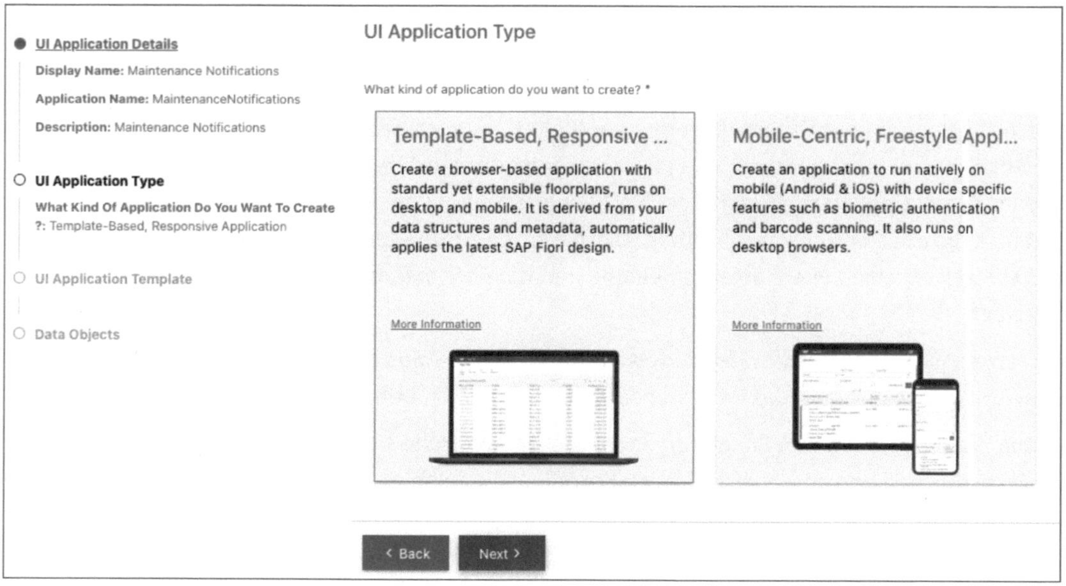


*Abbildung 12.18: Typ der App auswählen*

5. Im dritten Schritt des Wizards bestätigen Sie diesen Typ durch die Auswahl der Vorlage **List Report Page** (siehe Abbildung 12.19).

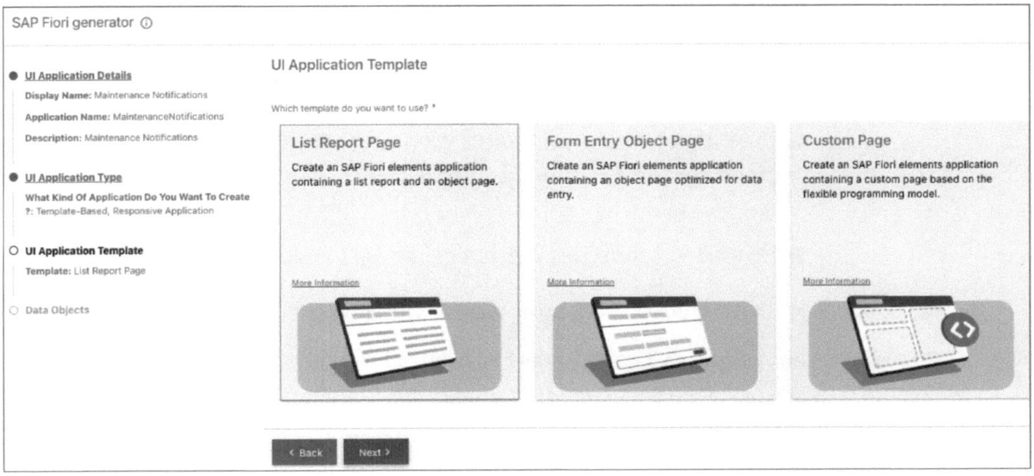


*Abbildung 12.19: Vorlage »List Report Page« auswählen*

6. Nun definieren Sie **MaintenanceNotifications** als Hauptentität (**Main Entity**) der Anwendung und schließen den Wizard mit einem Klick auf **Finish** ab (siehe Abbildung 12.20).

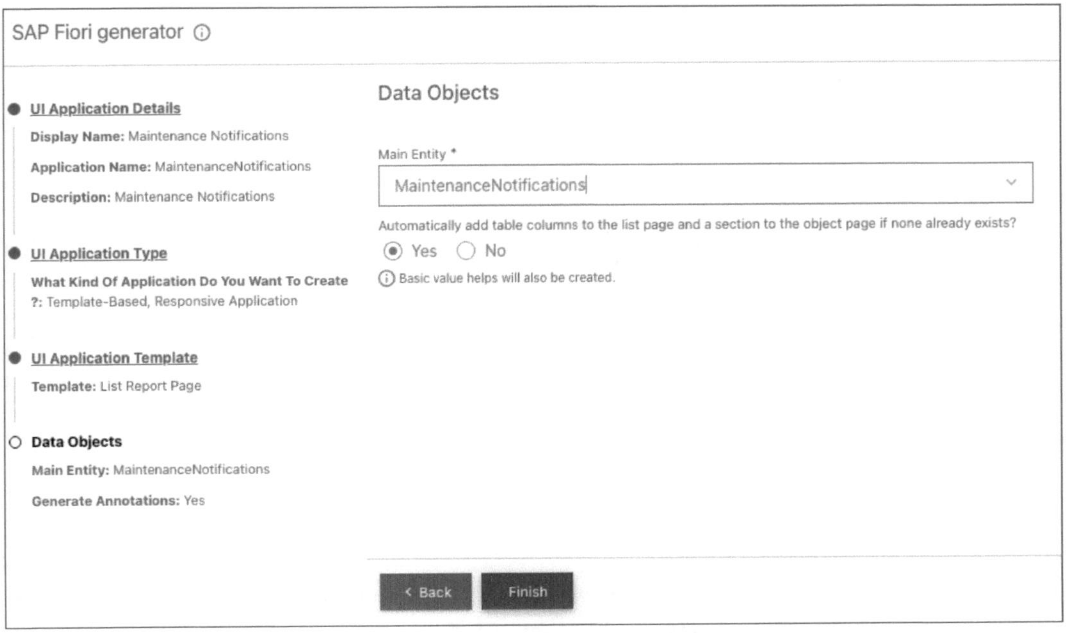


*Abbildung 12.20: Auswahl der Hauptentität und Abschluss des Wizards*

Im Anschluss werden die benötigten Artefakte für die SAP-Fiori-Elements-Applikation automatisch erstellt und in das Projekt in den Ordner *app* eingefügt.

**Zweite App für die Dateneingabe anlegen**

Die zweite App zur Eingabe der Unregelmäßigkeit wird auf dem gleichen Weg angelegt, mit zwei Abweichungen:

- Im dritten Schritt des Wizards wird die Vorlage **Form Entry Object Page** anstelle der List Report Page ausgewählt, weil es sich um eine App zur Dateneingabe handelt.
- Im vierten Schritt des Wizards geben Sie `Prompts` als Hauptentität an.

Nach Abschluss des Wizards werden die UI-Artefakte im Ordner *app* angelegt.

**SAP-Fiori-Elements-Annotationen**

Abbildung 12.21 zeigt den Explorer mit den erzeugten Artefakten. Rechts im Editor ist die Datei *annotations.cds* der SAP-Fiori-Elements-App zur Dateneingabe geöffnet. Um die Dateneingabemaske etwas intuitiver zu gestalten, haben wir hier die beiden generierten Labels mit zwei eigenen Labels überschrieben (`'Please describe the issue'` und `'New Maintenance Notification'`).

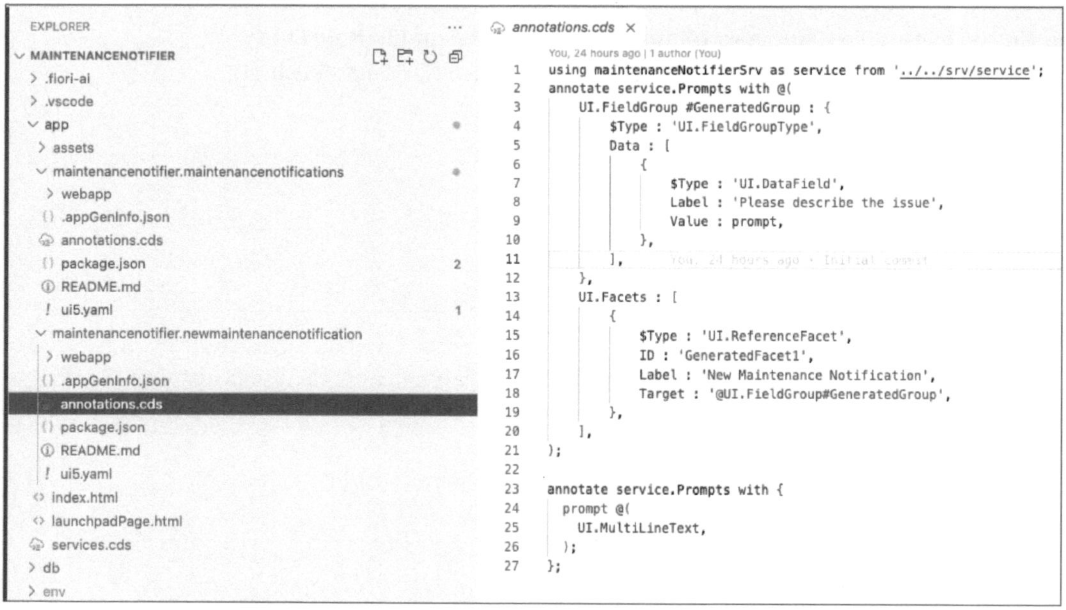


*Abbildung 12.21: app-Ordner im Explorer und die geöffnete annotations.cds-Datei, die das visuelle Erscheinungsbild der App definiert*

Dies waren auch schon alle Schritte, die erforderlich sind, um die CAP-Beispielapplikation einschließlich des Aufrufs einer Custom AI zu erstellen. Mit einem Klick auf das grüne Dreieck (**Run and Debug**) rechts oben in SAP Build Code kann das Projekt gestartet und innerhalb der Entwicklungsumgebung getestet werden. Im Ergebnis sollten Sie die bereits in Abbildung 12.21 gezeigten Apps erhalten.

**Finetuning und Troubleshooting**

Large Language Models (LLMs) folgen nicht unbedingt deterministischen Regeln. Es kann der Fall eintreten, dass trotz Anweisung im Prompt nicht immer ein reines JSON-Objekt als Antwort zurückgegeben wird, sondern dass dieses zusätzlich noch mit weiterem Text in natürlicher Sprache begleitet wird. In diesem Fall kann kein JSON-Objekt in der Service-Funktion erzeugt werden.

Abbildung 12.22 zeigt die Ausgabe der Konsole in SAP Build Code im Fehlerfall, wenn die Custom AI nicht die erwartete JSON-Struktur zurückgibt. In diesem Fall empfiehlt SAP, die Service-Implementierung mit einer geeigneten Fehlerbehandlung sowie den Prompt zu erweitern.

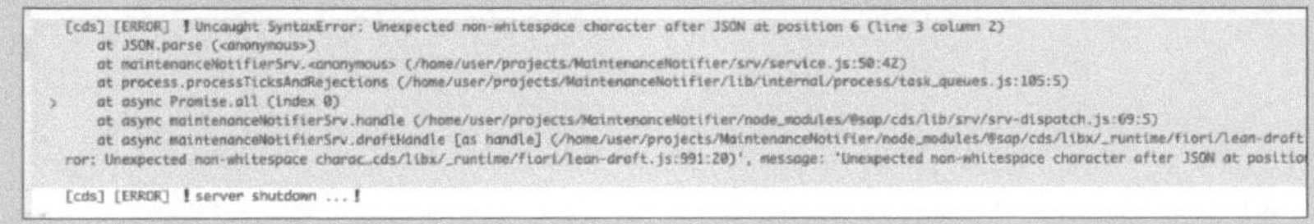


*Abbildung 12.22: Möglicher Fehler beim Einlesen der Antwort der Custom AI*

### 12.2.4 Geschäftlicher Nutzen und Auswirkungen der KI-gestützten Störungsmeldungserfassung

Die Einbettung von Custom AI in CAP-Projekten ermöglicht es, KI gezielt in die kundeneigenen Prozesse zu integrieren und so einen messbaren geschäftlichen Mehrwert zu schaffen. Durch die enge Verzahnung mit dem CAP-Datenmodell und der Serviceschicht lassen sich Prozesse und Entscheidungen automatisieren sowie die Qualität von Dateneingaben und -ausgaben verbessern.

# Kapitel 13
# KI-Entwicklung mit Intelligent Scenario Lifecycle Management

*Mit Intelligent Scenario Lifecycle Management (ISLM) steuern Sie KI-Szenarien in Ihrer SAP-Landschaft strukturiert über ihren gesamten Lebenszyklus. Sie erfahren, wie Sie intelligente und generative KI-Funktionen modellieren, integrieren, betreiben und überwachen. So schaffen Sie die Grundlage, um KI nachhaltig und skalierbar in Ihre Geschäftsprozesse einzubetten.*

In diesem Kapitel erhalten Sie einen strukturierten Überblick über das Framework *Intelligent Scenario Lifecycle Management* (ISLM) und dessen Einordnung im Umfeld von SAP AI. Sie lernen die zentralen Funktionen des Frameworks kennen – von der Modellierung von Szenarien über deren Lebenszyklusmanagement bis hin zu Integration, Automatisierung und Analyse. Darüber hinaus erfahren Sie, wie ISLM mit SAP S/4HANA, der SAP Business Technology Platform (SAP BTP) und weiteren SAP-Lösungen zusammenspielt. Ziel ist es, Ihnen ein klares Verständnis dafür zu vermitteln, wie Sie ISLM als zentrales Framework für intelligente und generative KI-Szenarien nutzen können.

Zunächst erhalten Sie in Abschnitt 13.1 einen Überblick über den Funktionsumfang und die Integrationsmöglichkeiten von ISLM. Anschließend geben wir in Abschnitt 13.2 einige Beispiele für typische Anwendungsfälle. In Abschnitt 13.3 erläutern wir, wie das Framework Sie beim Training und Deployment von KI-Modellen unterstützt. Schließlich gehen wir in Abschnitt 13.4 anhand eines konkreten Anwendungsbeispiels auf den besonderen Nutzen im Kontext von generativer KI ein.

## 13.1 Funktionsumfang und Integration von ISLM

Intelligent Scenario Lifecycle Management ist ein standardisiertes Framework zum Erstellen und Verwalten von KI-Anwendungsfällen, das eine nahtlose Integration mit Generative AI Hub, den SAP AI Services und ABAP AI SDK ermöglicht. Letzteres stellen wir in Abschnitt 13.4, »Anwendungsbeispiel: Generative KI in ISLM«, vor. ISLM ist damit ein Schlüsselfaktor für die Integration von KI in SAP S/4HANA. Es liefert ein zentrales Framework, das Sie für KI-Anwendungsfälle verwenden können, die sowohl von SAP stammen als auch benutzerdefiniert sein können.

### 13.1.1 Kernfunktionen von ISLM

ISLM unterstützt Unternehmen bei der Modellierung und Steuerung von Geschäftsprozessen. Zentrale Funktion ist die Modellierung *intelligenter Szenarien*, bei der Geschäftsprozesse grafisch dargestellt werden. Dadurch lassen sich Abläufe und deren Abhängigkeiten einfach nachvollziehen.

Ein weiterer Schwerpunkt ist das Lebenszyklusmanagement. ISLM hilft dabei, Änderungen zu steuern, Versionen zu verwalten und Freigabeprozesse kontrolliert durchzuführen. So bleiben Szenarien jederzeit transparent und nachvollziehbar. Für durchgängige Prozesse sorgen die Integration und Automatisierung. ISLM verbindet SAP- und Nicht-SAP-Systeme und ermöglicht damit eine nahtlose Zusammenarbeit über Systemgrenzen hinweg. Zusätzlich unterstützt ISLM den Einsatz von KI. KI-Funktionen helfen bei der Analyse und Optimierung von Szenarien. Außerdem werden in vielen SAP-Anwendungen Large Language Models (LLMs) genutzt, um Prozesse intelligenter und effizienter zu gestalten.

**Intelligentes Szenario-Management**

Im Mittelpunkt steht das *intelligente Szenario-Management*. Damit lassen sich Geschäftsprozesse und IT-Szenarien definieren, strukturieren und zentral verwalten. ISLM unterstützt in diesem Kontext durchgängige End-to-End-Prozesse wie Order-to-Cash oder Procure-to-Pay. Zusätzlich können SAP Best Practices sowie vordefinierte Standardszenarien genutzt werden, um Projekte schneller und sicherer umzusetzen.

**Lebenszyklusmanagement**

Eine weitere wichtige Komponente ist das Lebenszyklusmanagement. ISLM begleitet Sie von der Planung von Szenarien über die Implementierung und das Testen bis hin zum produktiven Betrieb. Änderungen und neue Versionen werden kontrolliert verwaltet, sodass Anpassungen jederzeit nachvollziehbar bleiben.

**KI-gestützte Analyse und Optimierung**

Ergänzend bietet ISLM KI- und Automatisierungsfunktionen, mit denen sich Prozesse analysieren und gezielt optimieren lassen. Das System erkennt automatisch Prozessabweichungen und liefert konkrete Empfehlungen zur Verbesserung von Abläufen.

Abgerundet wird der Funktionsumfang durch Analyse- und Reporting-Funktionen. ISLM ermöglicht ein Echtzeit-Monitoring von Szenarien und stellt relevante Kennzahlen zur Prozessperformance bereit. Über Dashboards und Key Performance Indicators (KPIs) erhalten Fach- und IT-Abteilungen einen transparenten Überblick. Für weiterführende Analysen kann ISLM zudem mit analytischen SAP-Lösungen integriert werden.

### 13.1.2 Integration mit anderen SAP-Lösungen

**Integration mit SAP S/4HANA**

ISLM ist eng in die SAP-Systemlandschaft integriert und arbeitet mit verschiedenen SAP-Lösungen zusammen. In Verbindung mit SAP S/4HANA unterstützt ISLM Unternehmen bei der Migration sowie bei der Optimierung von Geschäftsprozessen. Prozesse lassen sich transparent analysieren und gezielt an die Anforderungen von SAP S/4HANA anpassen.

Auf der SAP BTP nutzt ISLM verschiedene Cloud-Services. Dazu gehören unter anderem die SAP Integration Suite zur Systemanbindung sowie SAP Build Process Automation zur Umsetzung automatisierter Abläufe.

Für die Benutzerinteraktion setzt ISLM auf SAP Fiori. Über moderne und rollenbasierte Benutzeroberflächen können Szenarien einfach verwaltet und gesteuert werden.

ISLM ist ferner in SAP Cloud ALM integriert. Diese Integration unterstützt das Application Lifecycle Management und sorgt für eine durchgängige Steuerung von Anwendungen und Szenarien über alle Phasen hinweg. Ergänzend baut ISLM auf SAP AI Core auf, um KI für die Analyse und Optimierung von Geschäftsprozessen einzusetzen.

### 13.1.3 Geschäftlicher Nutzen von ISLM

**Vorteile von ISLM**

ISLM bietet Unternehmen zahlreiche Vorteile bei der Gestaltung und Steuerung ihrer Geschäftsprozesse. Durch standardisierte Prozesse auf Basis von SAP Best Practices lassen sich Szenarien schneller implementieren und sicher betreiben. Ein wesentlicher Vorteil ist außerdem die hohe Agilität. Szenarien können flexibel und schnell an sich ändernde fachliche oder technische Anforderungen angepasst werden. Gleichzeitig sorgt ISLM für Transparenz, da Prozesse in Echtzeit überwacht und über aussagekräftige Reports ausgewertet werden können.

Durch den Einsatz von Automatisierung können manuelle Eingriffe in Geschäftsprozesse deutlich reduziert werden. KI und Workflows übernehmen wiederkehrende Aufgaben und tragen so zu effizienteren Abläufen bei. ISLM unterstützt auch die Integration von generativen KI-Szenarien in Geschäftsanwendungen. Auf Basis definierter intelligenter Szenarien lassen sich solche Funktionen gezielt in bestehende Prozesse einbinden und produktiv nutzen.

**Zielgruppen von ISLM**

ISLM richtet sich primär an Unternehmen, die ihre Geschäftsprozesse durch datengetriebene Szenarien und Simulationen optimieren möchten. Zu den Hauptzielgruppen gehören:

- **Unternehmensführung und Strategieabteilungen**

  Diese Abteilungen nutzen ISLM für langfristige Planung, Risikoanalyse und Entscheidungsfindung.

- **Finanz- und Controlling-Teams**
  Diese Teams analysieren Finanzszenarien, Budgetplanung und Performance-Prognosen.
- **Supply-Chain-Management**
  Diese Abteilung optimiert Lieferketten durch Simulationen von Störungen und Alternativszenarien.
- **IT- und Digitalisierungsverantwortliche**
  Diese Personen integrieren ISLM für eine datenbasierte Prozessautomatisierung in bestehende SAP-Systeme.
- **Weitere Fachabteilungen (z. B. Vertrieb, Produktion)**
  Diese Abteilungen nutzen intelligente Szenarien für die operative Planung und die Anpassung von Prozessen an Marktveränderungen.

ISLM eignet sich besonders für mittelständische und große Unternehmen, die agile, datengestützte Entscheidungen treffen möchten. Die einzelnen Anwendungsmöglichkeiten für ISLM sehen wir uns im folgenden Abschnitt noch einmal genauer an.

## 13.2 Anwendungsmöglichkeiten für ISLM

**Szenariomodellierung über den gesamten Lebenszyklus**

Die Anwendungsmöglichkeiten von ISLM sind vielfältig und decken den gesamten Lebenszyklus von Geschäftsprozessen ab. Der zentrale Einsatzbereich ist die Szenarien- und Prozessmodellierung. ISLM unterstützt Unternehmen bei der Erstellung, Pflege und Wiederverwendung von Geschäftsprozessmodellen. Prozesse wie Bestellabwicklung oder Produktionsplanung lassen sich damit als standardisierte Szenarien definieren und flexibel weiterverwenden.

**Testmanagement**

Ein weiterer Schwerpunkt liegt im Testmanagement und in der Testautomatisierung. Auf Basis der modellierten Szenarien können automatisch Testfälle erzeugt werden. Die Tests lassen sich in bestehende SAP-Testwerkzeuge integrieren, um beispielsweise Regressionstests durchzuführen. Zusätzlich unterstützt ISLM das Management von Testdaten für unterschiedliche Szenarien.

**Change und Release Management**

Auch im Change Management und in der Release-Planung bietet ISLM einen hohen Mehrwert. Änderungen an Prozessen können systematisch analysiert werden, um deren Auswirkungen auf bestehende Abläufe frühzeitig zu erkennen. Die Planung und Umsetzung von Releases unterstützt ISLM z. B. bei System-Updates oder bei Transformationen nach SAP S/4HANA.

**Beispiel für einen ISLM-Use-Case**

[zB]

Ein Unternehmen plant die Umstellung von einem bestehenden ERP-System auf SAP S/4HANA. Mithilfe von ISLM werden bestehende Geschäftsprozesse analysiert und mit den neuen Zielprozessen abgeglichen. Ein Machine-Learning-Modell erkennt dabei frühzeitig, dass bestimmte kundenspezifische Erweiterungen (Custom Code) zu Konflikten im neuen System führen könnten.

Auf Basis dieser Erkenntnisse kann das Projektteam gezielt Anpassungen vornehmen, Risiken minimieren und die Release-Planung optimieren. Gleichzeitig ermöglicht ISLM eine Simulation verschiedener Szenarien, sodass fundierte Entscheidungen über den optimalen Zeitpunkt und Umfang des Releases getroffen werden können.

**Überwachung und Reporting**

ISLM stellt für den laufenden Betrieb Funktionen zur Überwachung und zum Reporting bereit. Geschäftsprozesse lassen sich in Echtzeit überwachen, sodass Engpässe oder Fehler schnell identifiziert werden können. Ergänzend ermöglichen KPIs die Messung und Bewertung der Prozessleistung, z. B. anhand von Durchlaufzeiten oder Fehlerraten. Zusätzlich kann das Framework *Situation Handling* genutzt werden. Dadurch werden kritische Situationen direkt in der SAP-Fiori-Oberfläche angezeigt. Anwenderinnen und Anwender werden automatisch informiert und können sofort reagieren. Mithilfe von Generative AI können Prozesse mit Joule einfach per natürlicher Sprache analysiert werden. Joule erklärt Auffälligkeiten, gibt Empfehlungen und kann durch den Einsatz von KI-Agenten sogar Prozesse beschleunigen und Transaktionen automatisch ausführen.

Durch die enge Integration mit den SAP-Lösungen können Geschäftsprozesse außerdem in Echtzeit gesteuert und erweitert werden, etwa über standardisierte Programmerweiterungen.

**Compliance und Dokumentation**

Nicht zuletzt unterstützt ISLM Unternehmen im Umfeld von Compliance und Dokumentation. Änderungen an Prozessen und Szenarien werden vollständig nachvollziehbar protokolliert. Zusätzlich können Prozessdokumentationen auch automatisch erstellt werden, um interne und externe Compliance-Anforderungen zu erfüllen.

## 13.3 Training und Deployment eigener KI-Modelle

Neben den im vorangehenden Abschnitt vorgestellten Anwendungsfällen ist das Training bzw. Deployment von KI-Modellen eine nützliche Funktion von ISLM.

**Training in drei Schritten**

Das Training der Modelle erfolgt im Wesentlichen in drei Schritten:

1. Datenaufbereitung und Feature Engineering
2. Modellauswahl
3. Training und Validierung

**Datenaufbereitung und Feature Engineering**

Wie Sie bei diesen Schritten im Einzelnen vorgehen, erläutern wir im Folgenden.

Zunächst müssen die Datenquellen angebunden werden. Dabei kann es sich um Daten aus SAP-Systemen (wie SAP S/4HANA oder SAP BW bzw. SAP BW/4HANA) oder um Daten aus externen Quellen handeln. Diese Daten müssen so bereinigt und aufbereitet werden, dass sie für das KI-Szenario verwendet werden können. Dazu können Sie z. B. Lösungen wie *SAP Data Intelligence* verwenden.

ISLM verfügt über einen sogenannten *Feature Store*. In diesem können Sie Merkmale (Features) zur Wiederverwendung für verschiedene Modelle speichern. Einmal definierte Features (z. B. »Durchschnittlicher Lagerbestand der letzten 30 Tage«) können für verschiedene Szenarien oder Modelle wiederverwendet werden.

**Modellauswahl**

Als Nächstes erfolgt die *Modellauswahl*. Hier bieten sich verschiedene Möglichkeiten:

- Nutzung von SAP AI Core für vortrainierte Modelle (z. B. für NLP, Bildverarbeitung)
- Eigenentwicklung mit Python (TensorFlow, PyTorch, Scikit-learn) oder den SAP AI Business Services
- Hyperparameter-Optimierung: automatisierte Tests mit SAP AI Launchpad oder Jupyter Notebooks

**Training und Validierung**

Nachdem ein für die Geschäftsanforderungen passendes Modell identifiziert wurde, kann der Schritt *Training und Validierung* erfolgen. Hierfür bieten sich SAP-Cloud-Services wie SAP AI Core oder SAP Data Intelligence für skalierbare Trainingsjobs an. Diese Tools dienen auch der Validierung der KI-Modelle hinsichtlich ihrer Leistungsfähigkeit in Bezug auf messbare Kriterien (z. B. Genauigkeit, Recall, F1-Score). Kernaspekte der Modellvalidierung sind:

- **Genauigkeit und Zuverlässigkeit:** Messung, wie präzise das Modell Vorhersagen trifft.
- **Fairness:** Prüfung auf unerwünschte Verzerrungen (Bias), die zu diskriminierenden oder anderweitig ideologisch geprägten Entscheidungen führen könnten.

- **Robustheit:** Testen der Modellstabilität gegenüber unerwarteten Eingabedaten oder manipulierten Daten (Adversarial Attacks).
- **Generalisierung:** Sicherstellung, dass das Modell nicht nur auf Trainingsdaten, sondern auch auf neuen, unbekannten Daten (Validierungs-/Testdaten) gut abschneidet.

Letztlich bietet die *Versionierung* die Möglichkeit, verschiedene Modellversionen in SAP AI Core zu speichern und durch permanente Validierungen zu vergleichen.

**Deployment von KI-Modellen in ISLM**

Nach dem Training wird das Modell für den produktiven Einsatz bereitgestellt. Aspekte des sogenannten *Modell-Deployments* sind insbesondere die *Containerisierung*, bei der das Modell in einem Docker-Container verpackt wird (z. B. mit SAP AI Core), sowie die *API-Erstellung*, bei der das Modell als REST-API für die Integration in SAP-Anwendungen bereitgestellt wird. Für das Modell-Deployment gibt es die folgenden Optionen:

- SAP AI Core (für Cloud-Deployment)
- SAP BTP für hybride Szenarien
- Edge-Deployment (z. B. für IoT-Geräte)

Hinsichtlich der Integration von KI-Modellen in SAP-Systeme bestehen die folgenden drei Möglichkeiten:

- **SAP S/4HANA:** Einbindung über OData-Services oder SAP-Fiori-Apps
- **SAP Analytics Cloud:** Nutzung von KI-Modellen für Predictive Analytics
- **SAP Workflow Management:** Automatisierung von Prozessen mit KI-Entscheidungen

**Monitoring und Wartung**

Zu guter Letzt müssen KI-Modelle systemgestützt überwacht und gewartet werden. Hierfür bietet ISLM die folgenden drei Funktionen:

- **Performance-Überwachung:** Bereitstellung von Metriken wie Latenz, Fehlerrate und Datenqualität
- **Retraining:** Automatisierte oder manuelle Aktualisierung des Modells bei neuen Daten
- **A/B-Testing:** Vergleich verschiedener Modellversionen

Zusammenfassend bietet SAP ISLM also eine strukturierte Umgebung für das Training und Deployment von KI-Modellen, insbesondere für Unternehmen, die bereits SAP-Lösungen nutzen. Durch die Integration mit SAP AI Core und SAP Data Intelligence wird der gesamte KI-Lebenszyklus effizient gesteuert.

## 13.4 Anwendungsbeispiel: Generative KI in ISLM

**ABAP AI SDK**

In diesem Abschnitt widmen wir uns einem konkreten Anwendungsfall für ISLM. Zuvor stellen wir jedoch eine weitere wichtige technische Komponente im Umfeld von SAP AI vor, das *ABAP AI SDK*. Hierbei handelt es sich um eine Standardlösung für die Entwicklung KI-fähiger Anwendungen in ABAP, die auf ISLM basiert. Abbildung 13.1 zeigt, wie das ABAP AI SDK in ISLM integriert ist.

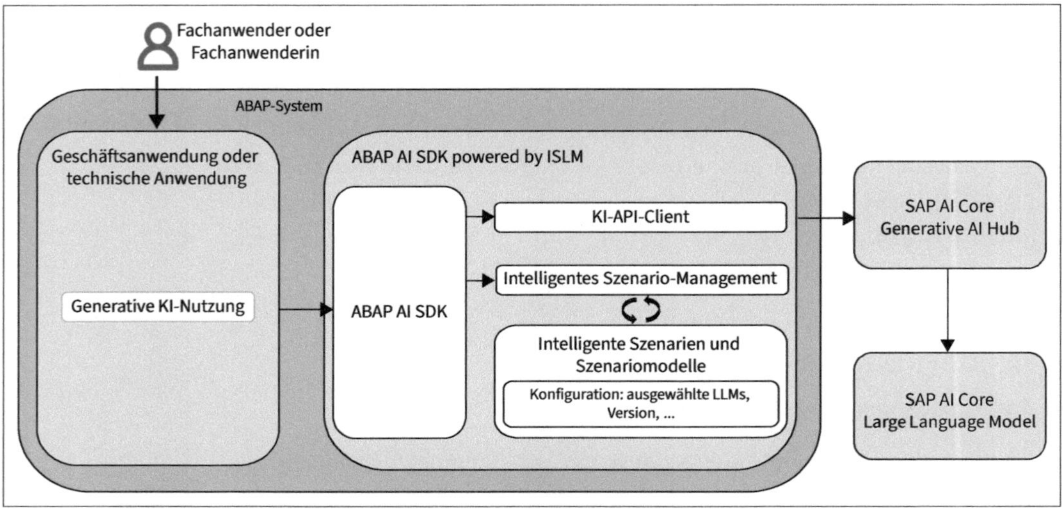


*Abbildung 13.1: Architektur des ABAP AI SDK*

**Anbindung an Generative AI Hub und SAP AI Core**

Beim ABAP AI SDK handelt es sich um eine ABAP-Bibliothek, mit der Sie mit Large Language Models (LLMs) interagieren können, die auf dem Generative AI Hub innerhalb von SAP AI Core gehostet werden. Im Rahmen der Anwendungsentwicklung mit ABAP können Sie damit in der Entwicklungsumgebung *ABAP Development Tools* (ADT) intelligente Szenarien und deren Modelle definieren. Diese Szenarien dienen der Speicherung von Konfigurationsinformationen wie dem ausgewählten LLM, dessen Version und optionalen Prompt-Vorlagen. ISLM verwaltet zudem die Verbindungen zu Instanzen des Generative AI Hubs, der wiederum den Zugriff auf die von LLM-Anbietern gehosteten LLMs bereitstellt. Mit dem ABAP AI SDK lässt sich also für ein gegebenes intelligentes Szenario über ABAP-basierte Programmierschnittstellen (APIs) mit einem LLM interagieren.

Ein solches LLM kann von nahezu jeder beliebigen Geschäftsanwendung oder von jeder technischen Anwendung im ABAP-System aufgerufen werden. Die APIs des ABAP AI SDKs bieten generative KI-Funktionen wie Prompting oder Funktionsaufrufe.

Wir stellen in diesem Abschnitt einen Anwendungsfall für *Advanced Variant Configuration* vor. In dieser Lösung setzen wir ein ISLM-Szenario auf Basis von generativer KI ein, um die Werte für ein Merkmal in einem Konfigurationsdialog automatisiert zu setzen.

**Einsatz mit Advanced Variant Configuration**

### 13.4.1 Anforderung: Unterstützung der Konfiguration eines Roboters

Viele Industrieprodukte, wie beispielsweise Roboter, setzen für den Betrieb eine landesspezifische Betriebsspannung voraus. Maßgeblich sind hier die Anforderungen des Landes, in dem das jeweilige Produkt verkauft bzw. installiert wird. Dies muss insbesondere bei der Konfiguration des Produkts aus technischer Sicht berücksichtigt werden, da die Betriebsspannung viele andere (technische) Produktmerkmale beeinflusst.

**Automatische Wertefindung im Konfigurationsdialog**

Bisher mussten diese Informationen manuell in die Stammdaten des Produktmodells im SAP-System eingegeben werden. Ein AVC-Modellierer oder eine AVC-Modelliererin würde z. B. eine sogenannte *Variantentabelle* (ähnlich einer kundenspezifischen Z-Tabelle) verwenden, um die Betriebsspannung für jedes Land zu hinterlegen, in dem das Produkt verkauft bzw. installiert werden könnte. Nur so würde die Betriebsspannung im jeweiligen Konfigurationsdialog (SAP-Fiori-App, SAP CPQ oder kundeneigener Webshop mit SAP-Anbindung) sofort angezeigt werden, sobald das Land der Lieferung bzw. Installation ausgewählt wurde. Eine solche Variantentabelle muss jedoch regelmäßig überprüft und aktualisiert werden. Außerdem muss eine solche Tabelle systemweit zwischen verschiedenen SAP-Instanzen bzw. -Mandanten verwaltet und übertragen werden, was für den gesamten Lebenszyklus der verkauften (konfigurierbaren) Produkte in der Regel einen erheblichen Aufwand bedeutet.

Wir zeigen daher in den folgenden Abschnitten eine alternative Lösung, wie diese kritische Anforderung durch das Zusammenspiel von Advanced Variant Configuration, ABAP AI SDK und einem intelligenten Szenario aus ISLM mit deutlich weniger operativem Aufwand erfüllt werden kann.

### 13.4.2 Lösung mit ISLM und Advanced Variant Configuration

Die Lösung verwendet neben einem beliebigen Produktmodell aus Advanced Variant Configuration ein intelligentes Szenario aus ISLM mit einem dynamischen LLM-Prompt und eine BAdI-Implementierung (Business Add-in) in der SAP-Lösung, die das im ISLM-Szenario hinterlegte LLM aufruft. Die ABAP-Klasse, die das ISLM-Szenario aufruft, muss dazu nicht erst auf Kundenseite erstellt werden, da es sich um ein BAdI handelt, das von SAP für genau solch eine *externe Wertsetzung* bereitgestellt wurde. Es muss also lediglich die Methode dieses BAdIs entsprechend des hierfür definierten ISLM-Modells implementiert werden.

**Rolle für ISLM**

Um diese Lösung umzusetzen, ist zunächst einmal sicherzustellen, dass dem Benutzer die Rolle `SAP_BR_ANALYTICS_SPECIALIST` oder eine äquivalente Rolle zugeordnet wurde.

### Schritt 1: ISLM-Szenario anlegen

**Intelligentes Szenario anlegen**

Der erste Schritt ist die Erstellung eines intelligenten Szenarios vom Typ **Generative KI**. Starten Sie dazu die ISLM-Anwendung **Intelligente Szenarien** über das SAP Fiori Launchpad des SAP-Systems (siehe Abbildung 13.2).

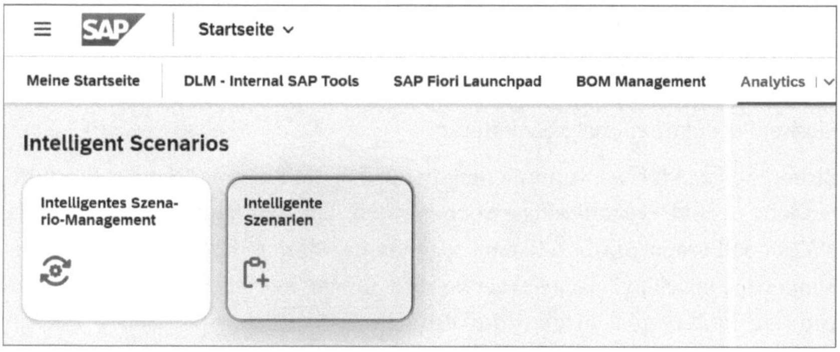


*Abbildung 13.2: Auswahl der App »Intelligente Szenarien«*

Führen Sie hier die folgenden Schritte aus:

1. Legen Sie zunächst über die Option **Anlegen** ein neues intelligentes Szenario an und wählen Sie dabei den Typ **Nebeneinander** (Side-by-Side-Szenario) aus (siehe Abbildung 13.3).

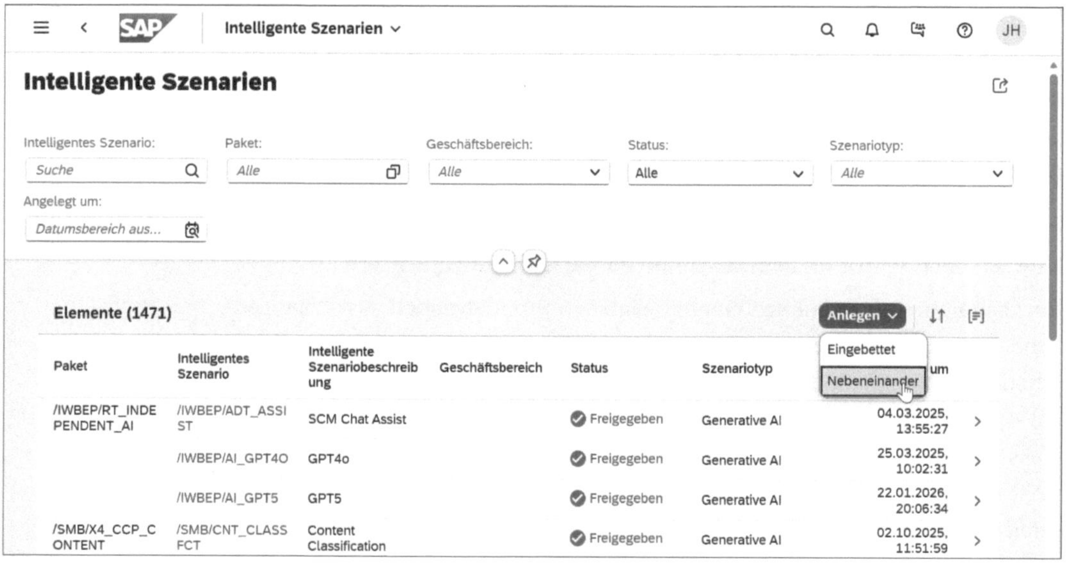


*Abbildung 13.3: Anlage des Szenarios*

2. Vergeben Sie im nächsten Schritt einen eindeutigen und sprechenden Namen für das Szenario, damit es später eindeutig identifiziert werden kann. Wählen Sie anschließend als Szenariotyp **Generative KI** aus. Damit legen Sie fest, dass das Szenario auf einem Large Language Model basiert (siehe Abbildung 13.4).

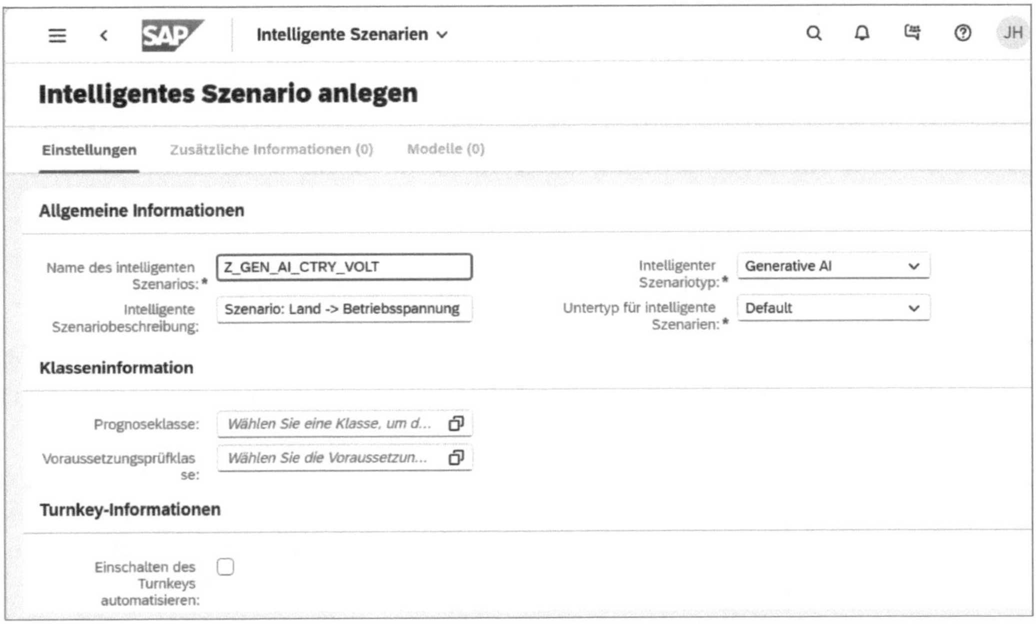


*Abbildung 13.4: Auswahl des intelligenten Szenariotyps*

3. Definieren Sie anschließend den Untertyp für intelligente Szenarien **Default**, sofern kein spezieller Subtyp erforderlich ist. Ergänzen Sie zudem eine aussagekräftige Beschreibung des Szenarios, damit Zweck, fachlicher Kontext und Einsatzbereich auch für andere Anwender und Anwenderinnen klar nachvollziehbar sind (siehe Abbildung 13.5). Speichern Sie anschließend Ihre Eingaben, um das Szenario anzulegen.

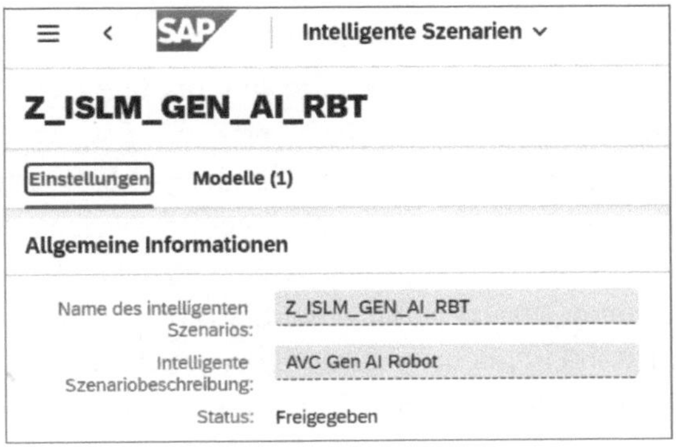


*Abbildung 13.5: Ein intelligentes Szenario in ISLM anlegen*

Die weiteren Elemente wie **Class Information**, **Prediction Class** oder **Turnkey** werden für diesen Anwendungsfall nicht benötigt – Sie können die Anlage daher direkt bestätigen.

**ISLM-Modell anlegen**

4. Legen Sie als Nächstes ein Modell in ISLM an, indem Sie im Reiter **Modelle** auf **Modell hinzufügen** klicken (siehe Abbildung 13.6).

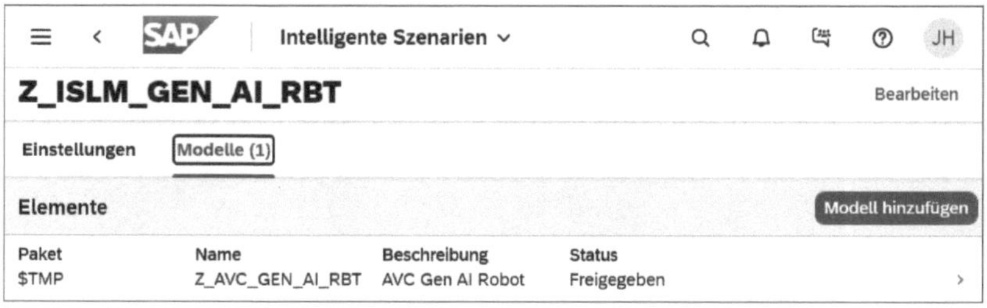


*Abbildung 13.6: Modell im intelligenten Szenario anlegen*

5. Jedes Modell eines intelligenten Szenarios wird über seinen Namen eindeutig definiert. Geben Sie entsprechend einen Namen an, in unserem Beispiel »Z_AVC_GEN_AI_RBT«.
6. Geben Sie außerdem das ABAP-Entwicklungspaket im Feld **Package** sowie den Namen und die **Executable ID** des gewählten LLM-Providers ein. Die von SAP unterstützten LLM-Provider in Kombination mit deren Executable-IDs werden Ihnen in einer Auswahlliste vorgeschlagen.
7. Kommen wir nun zum entscheidenden Schritt, nämlich der Definition des Prompt-Templates. Hier legen Sie in Textform fest, welche Anfrage, ggf. mit welchen Parametern, an den LLM-Service gesendet wird. Das Prompt-Template wird im Detailbild des ISLM-Modells angelegt (siehe Abbildung 13.7). Wählen Sie dazu im Reiter **Modelleinstellungen** die Optionen **Hinzufügen • Abfragevorlage**.

   Vergeben Sie einen Namen für das Prompt-Template, z. B. Z_PROMPT_VOLT, und fügen Sie eine Beschreibung hinzu. Über die Option **Vorlageninformation anzeigen** legen Sie fest, ob die hinterlegten Informationen nach der Freigabe angezeigt werden (**Ja**) oder nicht (**Nein**).
8. Erfassen Sie im sich öffnenden Fenster den Text des Prompts. Dieser enthält im Fall eines ISLM-Szenarios üblicherweise Parameter, die erst zur Programmlaufzeit dynamisch gefüllt werden. Wie in Abbildung 13.8 zu sehen, werden die Parameter dabei in geschweiften Klammern angegeben. Dadurch werden sie automatisch von der Modellumgebung erkannt und im unteren Bildschirmbereich unter **Parameter** aufgeführt. So können auch Vorschlagswerte festgelegt werden, die dann zur Programmlaufzeit mitsamt dem Prompt durch das ABAP AI SDK an den LLM-Service übergeben werden.

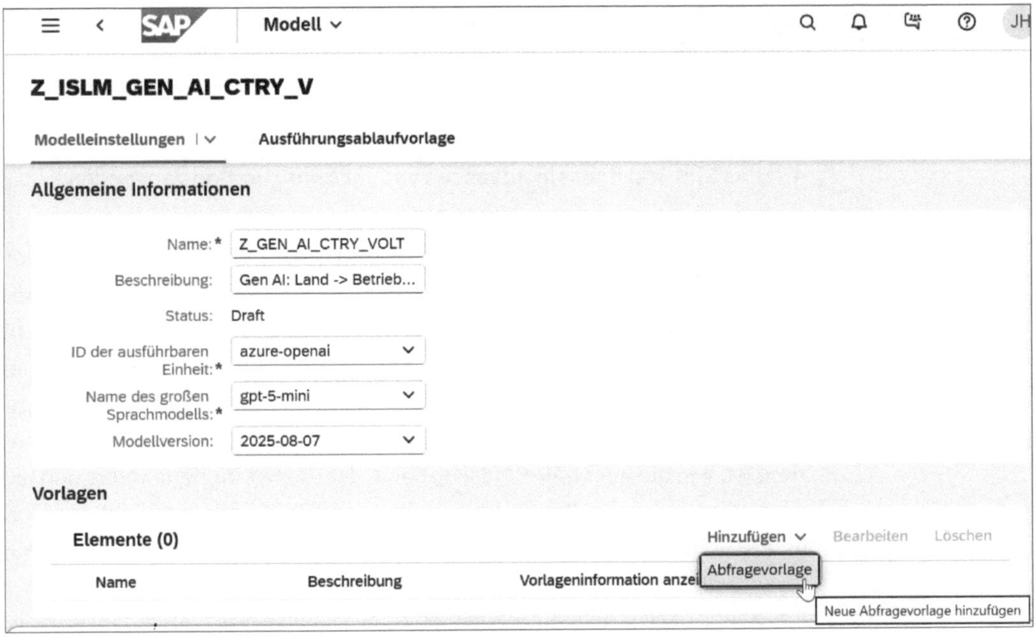


*Abbildung 13.7: Anlage eines Prompt-Templates in einem ISLM-Modell*

*Abbildung 13.8: Ausprägung eines Prompt-Templates in einem ISLM-Modell*

**Szenario veröffentlichen**

9. Klicken Sie auf **Sichern**, um das Prompt-Template zu speichern. Anschließend müssen Sie das gesamte Szenario in der App **Intelligentes Szenario-Management** veröffentlichen, damit es operativ verwendet werden kann.

Nach der Definition und Veröffentlichung des ISLM-Szenarios können Sie es im ABAP AI SDK und damit in Advanced Variant Configuration verwenden.

### Schritt 2: Aufruf des ISLM-Modells in Advanced Variant Configuration

**BAdI zur Merkmalsvorbelegung**

Der Aufruf des ISLM-Modells (genauer: der gewählte Prompt-Aufruf des Modells unseres ISLM-Szenarios) erfolgt, wie schon erwähnt, durch einen vorgedachten SAP-Programmbaustein, das BAdI `VCH_HL_PRE_VALIDATE_ASSIGN`. Dieses BAdI dient einer initialen Belegung von Merkmalswerten in einem Konfigurationsdialog innerhalb von Advanced Variant Configuration. Seine Implementierung ist, wie die aller SAP-BAdIs, optional. Ist es aber implementiert und aktiv, wird es bei jedem Konfigurationsschritt ausgeführt, und zwar nicht nur einmalig beim Starten der Konfiguration, sondern mit jedem Auslösen der Konfigurationsvalidierung, dem sogenannten *Roundtrip*. Üblicherweise erfolgt der Roundtrip nach jedem Auswählen eines Merkmalswertes durch den Anwender oder die Anwenderin.

**Filterabhängige Ausführung des BAdIs**

Gerade in Entwicklungs- bzw. Testphasen ist es wichtig zu wissen, dass die BAdIs in Advanced Variant Configuration *filterabhängig* sind. Es können also Filter so definiert werden, dass das BAdI z. B. nur für bestimmte konfigurierbare Produkte durchlaufen wird. Auf diese Weise kann die Integration mit Generative AI über das ISLM-Szenario gezielt nur für ausgewählte Produkte erfolgen, um Seiteneffekte auf andere, sich ebenfalls in Testphasen befindliche, konfigurierbare Produkte zu vermeiden. Im Folgenden befassen wir uns nun mit einer beispielhaften Erweiterungsimplementierung für dieses BAdI (siehe Abbildung 13.9).

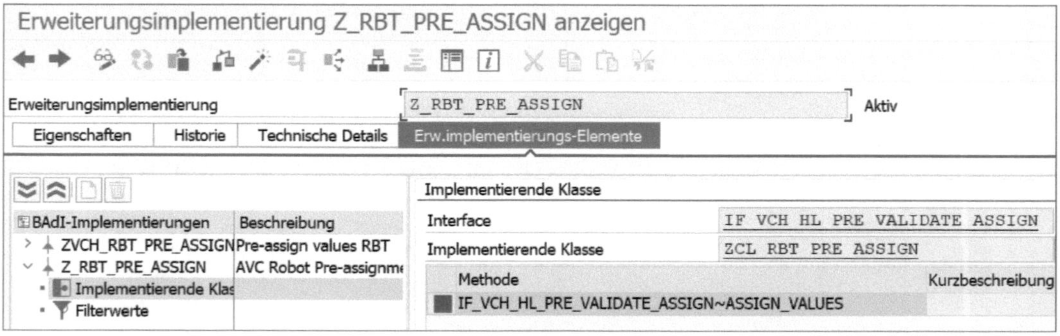


*Abbildung 13.9: Implementierung des AVC-BAdIs »VCH_HL_PRE_VALIDATE_ASSIGN«*

**Parameterübergabe an ISLM**

In der BAdI-Methode `ASSIGN_VALUES` wird die Verbindung zu ISLM hergestellt. Innerhalb dieser Methode wird auf unser konkretes ISLM-Szenario zugegriffen, das für die Werteermittlung genutzt wird. Dabei kommen genau die Merkmalsnamen zum Einsatz, die für die Konfiguration in Advanced Variant Configuration relevant sind. Listing 13.1 zeigt einen Ausschnitt der Implementierung.

```
  METHOD if_vch_hl_pre_validate_assign~assign_values.
    ...
    CONSTANTS:
      lc_genai_scenario TYPE ct_aic_islm=>scenario
      VALUE 'Z_ISLM_GEN_AI_RBT',
      lc_ctry_cstic TYPE if_vch_hl_post_validate_assign=>
    ts_characteristics-cstic_name VALUE 'RBT_COUNTRY',
    lc_volt_cstic TYPE if_vch_hl_post_validate_assign=>
    ts_characteristics-cstic_name VALUE 'RBT_VOLTAGE_C'.
*---------------------------------------------------------------
*
*   fetch the key of the COUNTRY-characteristic
    READ TABLE characteristics ASSIGNING <ls_cstic_p0>
      WITH KEY instance_id = lv_root_inst
               cstic_name  = lc_ctry_cstic.
* set the Prompt
    avc_prom = | Identify the following parameters from the
          internet: - { lv_param0 } - { lv_param_req }. | &&
         | Select { lv_param_req } for { lv_value0 } .
           Format your response as a simple string.| &&
         | If the information isn't present, use 'unknown' as
          the value. |.
*  LLM connection
    TRY.
      DATA(lo_llm) = cl_aic_islm_compl_api_factory=>
      get( )-create_instance
      ( CONV aic_islm_scenario_id=>type( lc_genai_scenario )
).
...
    ENDTRY.
    CHECK lo_llm IS BOUND.
    DATA(lo_messages) = lo_llm->create_message_container( ).
...
    TRY.
       DATA(lv_response) = lo_llm->execute
      _for_messages( messages = lo_messages )
       ->get_completion( ).
...
    ENDTRY.
    CHECK lv_val_result NE space. "set the value
```

```
    ls_assign_by_value = VALUE #( key = <ls_cstic_preq>-key
                                  value_string = lv_val_result
                                  assignment_type = 5 ). " external
    INSERT ls_assign_by_value INTO TABLE assign_by_value.
  ENDMETHOD.
```

*Listing 13.1: Methode IF_VCH_HL_PRE_VALIDATE_ASSIGN~ASSIGN_VALUES (Ausschnitt)*

In diesem Beispiel sind die benötigten Merkmalsnamen als ABAP-Konstanten (`'RBT_COUNTRY'` und `'RBT_VOLTAGE_C'`) im Quellcode hinterlegt. Dadurch ist klar definiert, welche Merkmale an das ISLM-Szenario übergeben werden und wie sie in die Szenariologik einfließen.

Auf diese Weise wird die Konfigurationslogik von Advanced Variant Configuration gezielt mit einem intelligenten ISLM-Szenario verknüpft, ohne dass dies für die Anwenderinnen und Anwender sichtbar ist. Die technische Integration bleibt vollständig im Hintergrund, während die ermittelten Merkmalswerte nahtlos in den Konfigurationsprozess übernommen werden (sie können dort z. B. sofort in Regeln zur Konsistenzprüfung oder zur Ableitung weiterer Parameter verwendet werden).

**ABAP-Methoden über das GenAI SDK**

Der in Listing 13.1 dargestellte Programmcode nutzt Funktionen des ABAP AI SDK, um eine Verbindung zu einem Generative-AI-Modell herzustellen und eine Anfrage auszuführen. Dabei wird deutlich, dass der Zugriff auf das LLM über standardisierte ABAP-Methoden (siehe LLM-Connection-Teil in Listing 13.1) erfolgt und keine speziellen KI- oder Data-Science-Kenntnisse erforderlich sind.

**Rückgabe an den AVC-Konfigurationsprozess**

Nach der Bekanntmachung des intelligenten Szenarios wird zunächst der Eingabeparameter ausgelesen, in diesem Fall der Merkmalswert für das Land. Dieser Wert wird anschließend verwendet, um einen dynamischen Prompt zu setzen, der das jeweilige Land enthält. Daraufhin wird eine Instanz aus dem Generative AI Hub aktiviert. Über diese Instanz wird eine sogenannte *Completion* ausgelöst, also eine Anfrage an das angebundene LLM. Das LLM verarbeitet den Prompt und ermittelt das passende Ergebnis. Zum Abschluss wird der ermittelte Merkmalswert für die Betriebsspannung an den Konfigurator in Advanced Variant Configuration zurückgegeben, sodass der Wert direkt im weiteren Konfigurationsprozess genutzt werden kann.

### 13.4.3 Anwendung der Lösung in Advanced Variant Configuration

In diesem Abschnitt zeigen wir Ihnen abschließend, wie sich die Integration des ISLM-Modells für die Anwenderinnen und Anwender von Advanced Variant Configuration darstellt. Dabei sind zwei wesentliche Bestandteile der Lösung von Bedeutung:

- das Produktdatenmodell
- die Laufzeitumgebung bzw. die Benutzeroberfläche

**Produktdatenmodell**

Das Datenmodell von Advanced Variant Configuration ist geprägt von den Komponenten der SAP-Klassifizierung (Klassen, Merkmale), Materialstämmen für das Endprodukt, den Stücklistenkomponenten sowie den Wissensbausteinen und dem Beziehungswissen. Wir beschränken uns im Folgenden auf die Darstellung der Produktmodellierungsumgebung (Transaktion PMEVC). Hierbei handelt es sich um eine Art Cockpit, in dem sämtliche Bestandteile des Produktmodells zur Variantenkonfiguration angezeigt und gepflegt werden können (siehe Abbildung 13.10). Um unsere ISLM-Lösung zu verstehen, reicht es aus, sich auf die Merkmale **Country** (Land, in das das Endprodukt geliefert wird) und **Operating voltage** (Betriebsspannung) zu beschränken. Diese Merkmale mit den technischen Bezeichnern `RBT_COUNTRY` bzw. `RBT_VOLTAGE_C` werden vom ISLM-Szenario verwendet bzw. beeinflusst.

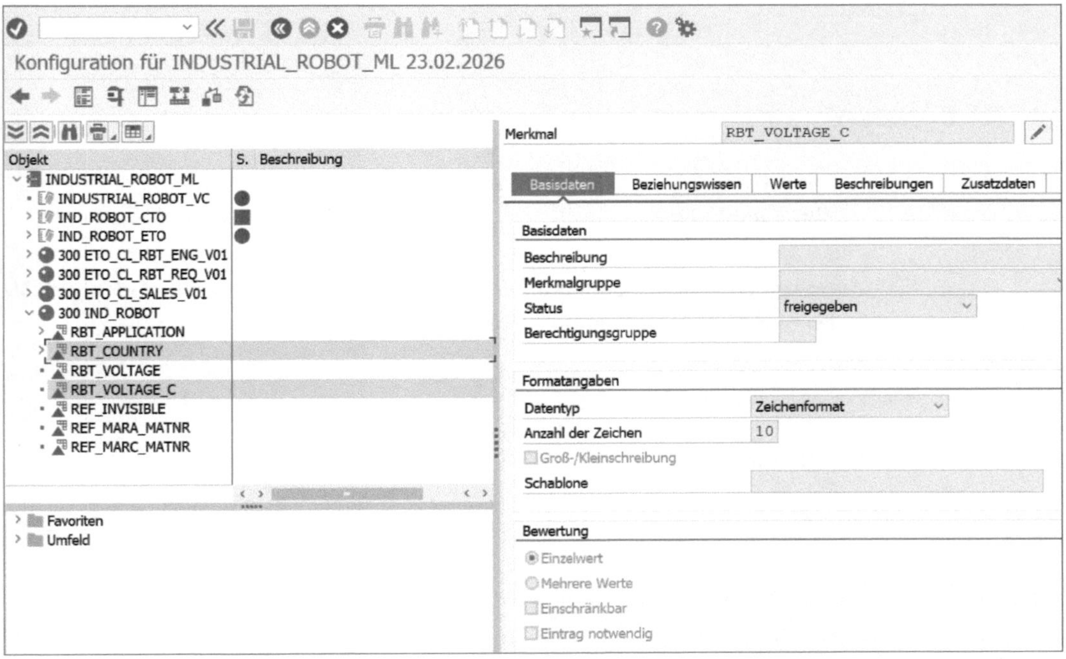


*Abbildung 13.10: Produktmodellierungsumgebung in Advanced Variant Configuration (PMEVC)*

**Benutzeroberfläche**

Im Gegensatz zur klassischen, SAP-GUI-basierten Variantenkonfiguration (LO-VC) basiert die Benutzeroberfläche von Advanced Variant Configuration auf SAP Fiori und bietet daher alle modernen Möglichkeiten der Oberflächenentwicklung, insbesondere zum Zweck einer kontinuierlichen Anpassung an Benutzeranforderungen und -erfahrungen.

**Start des Konfigurationsdialogs**

In unserem Beispiel wurde ein Konfigurationsdialog für einen Industrieroboter gestartet (z. B. im Rahmen der Erfassung einer Kundenauftragsposition). Daraufhin öffnet sich der Konfigurationsbildschirm, den Sie in Abbildung 13.11 sehen. Zunächst wählt der Anwender oder die Anwenderin das Land aus, in das die Lieferung bzw. in dem die Installation des Industrieroboters erfolgen soll. Unmittelbar darauf wird in der Programmlogik unser BAdI mit den im vorangehenden Abschnitt beschriebenen Schritten durchlaufen.

*Abbildung 13.11: Auswahl des Empfängerlandes in Advanced Variant Configuration*

Advanced Variant Configuration setzt daraufhin automatisch den Wert »100 V« im Feld **Betriebsspannung** (siehe Abbildung 13.12).

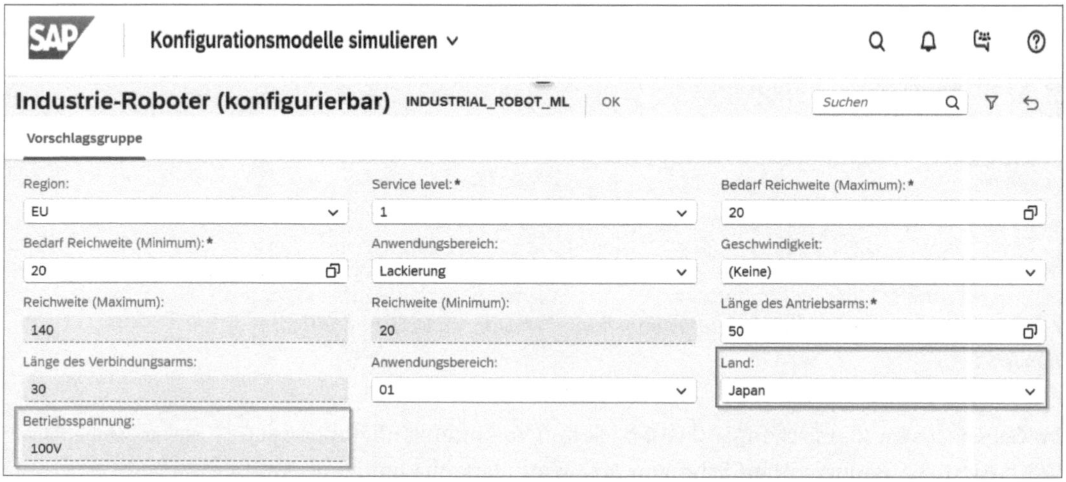


*Abbildung 13.12: Automatische Herleitung der Betriebsspannung in Advanced Variant Configuration*

**Nachvollziehbarkeit über den Konfigurationstrace**

Anhand des *Konfigurationstraces* innerhalb von Advanced Variant Configuration lässt sich eindeutig nachvollziehen, dass der Wert für die Betriebsspannung technisch durch das BAdI gesetzt wurde (siehe Abbildung 13.13). Wir haben dazu das Trace über die Filterfunktion auf Wertsetzungen des Merkmals RBT_VOLTAGE_C eingeschränkt und es anschließend aktiviert.

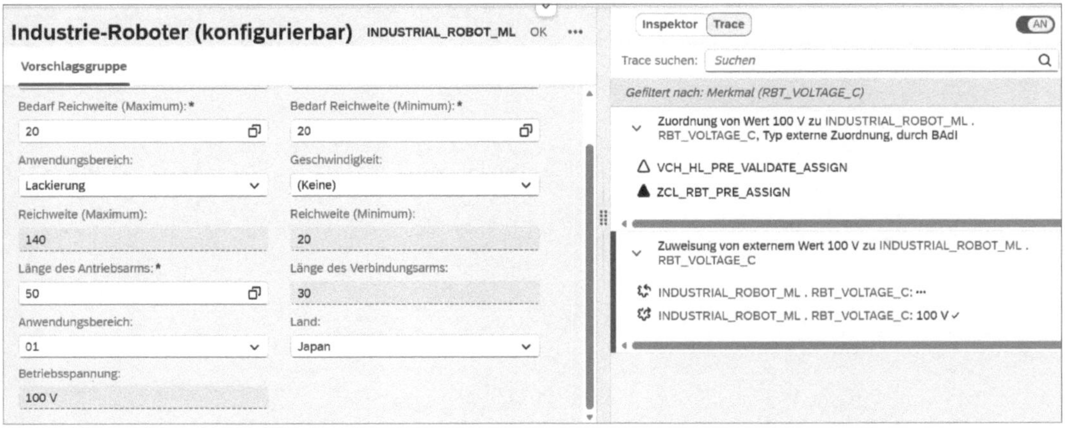


*Abbildung 13.13: Konfigurationstrace in Advanced Variant Configuration*

**Mögliche Beispiele**

Es muss betont werden, dass es sich bei dem in diesem Abschnitt gezeigten Anwendungsfall um ein eher einfaches Beispiel handelt. Man kann sich jedoch viele andere Fälle vorstellen, in denen eine solche Herleitung von Parametern in einer Produktkonfiguration verwendet werden könnte bzw. sogar zwingend erforderlich wäre. Weitere mögliche Anwendungsbeispiele für solche Herleitungen wären:

- bevorzugte Farben im Automobilbereich/Maschinenbau
- Geschmacksrichtungen in der Lebensmittelindustrie
- geeignetes Zubehör für Smartphones, Laptops etc.

Diese Werte könnten jeweils abhängig von der Vertriebsregion, dem Land oder der sogenannten *Kundengruppe* hergeleitet werden. Die vorgestellte Lösung bietet damit erhebliches Potenzial, um Aufwände für die Datenpflege einzusparen sowie um die erforderlichen Schulungen und den Aufbau von Detailwissen für die Datenmodellierung in der Variantenkonfiguration zu reduzieren.

# Kapitel 14
# KI-Innovationen gezielt gestalten und umsetzen

*Nach der Betrachtung konkreter Anwendungsbeispiele und technischer Grundlagen widmet sich dieses abschließende Kapitel dem Transfer der Konzepte in den operativen Betrieb. KI-Technologie sollte dabei nicht losgelöst in Silos betrachtet, sondern gezielt in die Abläufe Ihrer Geschäftsprozesse integriert werden. Wir zeigen konkrete Schritte, mit denen Sie geeignete Einsatzfelder identifizieren und die Technologie punktgenau zur Anwendung bringen.*

Die erfolgreiche Integration von künstlicher Intelligenz in Unternehmensprozesse ist weniger eine rein technische Implementierungsaufgabe als vielmehr eine strategische Unternehmenstransformation, die eine enge Verzahnung von Fachbereichen und IT erfordert.

Basierend auf etablierten *SAP Best Practices* empfiehlt sich ein strukturierter Prozess, um KI-Initiativen effizient von der Ideenfindung bis zum produktiven Einsatz zu führen. Dieses Vorgehensmodell gliedert sich in drei essenzielle Phasen – Vorbereitung (siehe Abschnitt 14.1), strategische Planung (siehe Abschnitt 14.2) und Realisierung (siehe Abschnitt 14.3) –, auf die wir im Folgenden genauer eingehen.

## 14.1 Vorbereitung

Der Erfolg eines KI-Projekts wird maßgeblich durch die Qualität der Vorbereitungsphase bestimmt. Eine präzise Bestandsaufnahme der technologischen und strategischen Rahmenbedingungen ist daher unerlässlich.

### 14.1.1 Lösungslandschaft und Lizenzsituation analysieren

**Bestehende Systeme erfassen**

Der erste Schritt einer jeden fundierten KI-Initiative ist eine rigorose Bestandsaufnahme des Status quo. Bevor über neue Architekturen oder Modelle nachgedacht wird, muss ein klares Bild der existierenden *Lösungslandschaft* entstehen. Dies umfasst weit mehr als eine bloße Auflistung von Applikationen und Servern – es geht um das Verständnis der vernetzten Geschäftsprozesse, der bereits implementierten Lösungen und ihres Deployment-Modells, um spätere Integrationsszenarien für KI-Services realistisch bewerten zu können.

SAP unterstützt hier mit Lösungen wie *SAP LeanIX*, die es ermöglichen, die Systemlandschaft auf unterschiedlichen Ebenen (*Applikationen*, *Capabilities*, *Software-Komponenten*, *Schnittstellen* etc.) zu erfassen. Sie unterstützen Enterprise-Architektinnen und -Architekten dabei, die üblicherweise breit gestreuten Informationen mithilfe integrierter Kollaborationsfunktionen einzusammeln und später aktuell zu halten.

**Lizenzen prüfen**

Parallel dazu ist eine detaillierte Lizenzprüfung unerlässlich. In der Praxis zeigt sich oft, dass Unternehmen im Rahmen von Enterprise Agreements oder spezifischen Cloud-Verträgen bereits Zugriff auf KI-Kontingente oder -Services haben, die ungenutzt brachliegen. Eine frühzeitige Prüfung durch den Account Executive oder das Lizenzmanagement verhindert, dass Budgets für Technologien eingeplant werden, die eigentlich schon zur Verfügung stehen.

Ziel dieser Bestandsaufnahme ist es, neben einer fundierten Übersicht technische Redundanzen zu vermeiden und die KI-Strategie nahtlos in das bestehende technologische Ökosystem einzubetten und damit die Entstehung isolierter Silos zu verhindern.

### 14.1.2 KI-Strategie und Governance prüfen

KI-Projekte, die in einem rechtlichen oder ethischen Vakuum starten, laufen Gefahr, später an Compliance-Hürden zu scheitern. Daher sind die Sichtung und Analyse aller bereits vorhandenen strategischen Dokumente der zweite wichtige Schritt.

**KI-Richtlinien**

Hierzu zählen Dokumente zur allgemeinen *KI-Strategie* des Unternehmens, aber auch spezifische Richtlinien zu *KI-Ethik* und Modellierungsrichtlinien. Es muss geklärt werden, welche Grenzen das Unternehmen sich selbst gesetzt hat: Wie wird mit Bias in Daten umgegangen? Welche Entscheidungen darf eine KI autonom treffen?

**Datenstrategie**

Ebenso kritisch ist die *KI-Datenstrategie*. Die Ergebnisse, die die KI liefern kann, sind nur so gut wie die Daten, die ihr zur Verfügung stehen. Daher sollte bereits in der Vorbereitungsphase geprüft werden, ob Konzepte für Datenzugriff, Datenqualität und Datenschutz existieren. Gibt es Vorgaben, welche Daten für das Training von Modellen verwendet werden dürfen und welche strikt auszuschließen sind (z. B. personenbezogene HR-Daten oder sensible Produkt- oder Herstelldaten)?

**Governance-Konformität**

Durch diesen Review wird sichergestellt, dass das geplante Vorhaben konform zu den eigenen Corporate-Governance-Richtlinien läuft. Dies schafft nicht nur spätere Rechtssicherheit, sondern auch Vertrauen im Team und bei den späteren Stakeholdern, da von Beginn an transparent gemacht wird, dass KI verantwortungsvoll und strategisch konform eingesetzt wird.

### 14.1.3 Roadmap-Abgleich

Ein KI-Projekt sollte nie isoliert betrachtet werden. Der dritte Schritt widmet sich daher der Synchronisation mit der übergeordneten *IT-Roadmap* Ihres Unternehmens. Oft existieren in großen Organisationen verschiedene Versionen von Roadmaps – erstellt von internen Abteilungen oder externen Dienstleistern. Es gilt, diese zu konsolidieren und zu prüfen, wo Synergien liegen.

**Investitionsschutz**

Ein KI-Szenario, das heute entwickelt wird, muss in die mittel- bis langfristige Planung der Fachbereiche passen. Wenn beispielsweise die Finanzabteilung plant, in zwei Jahren ihr ERP-System komplett umzustellen, ist es nicht ratsam, heute eine KI-Lösung zu entwickeln, die tief in das Altsystem integriert werden muss.

**Embedded AI vs. Custom AI**

Ein weiterer entscheidender Aspekt ist der Abgleich mit der SAP-Roadmap (*https://roadmaps.sap.com/*). Hierbei geht es darum, sicherzustellen, dass geplante KI-Entwicklungen nicht bereits kürzlich als Standard-Feature ausgeliefert wurden oder für ein kommendes Release geplant sind. So werden Eigenentwicklungen in Bereiche gelenkt, in denen keine *Embedded-AI-Szenarien* verfügbar sind, und der Investitionsschutz ist gewahrt.

### 14.1.4 Datengestützte Analyse

Der letzte Vorbereitungsschritt markiert den Übergang von Annahmen zu Fakten. Mit einer datengestützten Analyse der bestehenden SAP-Systeme lassen sich KI-Potenziale anhand konkreter Fakten identifizieren.

**Evidenzbasierte Use-Case-Findung**

*SAP Signavio Process Insights, Discovery Edition* (*https://url.sap/discovery-edition*) analysiert die realen Transaktionsdaten im System, ermittelt Ineffizienzen im Prozess und gibt Vorschläge für den Einsatz von KI-Szenarien. Das Ergebnis der Analyse könnte beispielsweise zeigen, dass im Einkauf 30 % der Bestellungen manuell nachbearbeitet werden oder im Finanzwesen die Zuordnung von Zahlungen unverhältnismäßig lange dauert. Genau diese quantifizierten Schmerzpunkte sind die idealen Kandidaten für KI-Automatisierung.

**Objektive Priorisierung**

Die Ergebnisse dieser Tool-Analyse dienen als direkter Input für den späteren Workshop. Sie ermöglichen es, dort nicht über abstrakte Möglichkeiten zu diskutieren, sondern konkrete Probleme zu adressieren, deren Lösung einen messbaren geschäftlichen Mehrwert verspricht. Diese faktenbasierten Einsichten erleichtern die Diskussion und helfen bei der späteren Priorisierung der Use Cases enorm, da konkrete Einsparungspotenziale transparent werden.

### 14.1.5 Inspirationsbasierte Use-Case-Findung

**SAP Discovery Center**

Im Unterschied zur datengestützten Analyse setzt das SAP Discovery Center mit dem AI Catalog bereits einen Schritt früher an und unterstützt die Identifikation potenzieller KI-Use-Cases durch strukturierte Inspiration und externe Referenzpunkte. Der AI Catalog (*https://discovery-center.cloud.sap/ai-catalog/*) bündelt eine große Zahl dokumentierter SAP-Business-AI-Szenarien, geordnet nach Geschäftsbereichen, Prozessen und Produkten.

**Umfangreiche KI-Use-Case-Sammlung**

Jedes aufgeführte Szenario beschreibt ein konkretes Geschäftsproblem, die eingesetzte KI-Funktionalität (z. B. Vorhersagen, Automatisierung, generative KI) sowie den erwarteten geschäftlichen Nutzen. Auf diese Weise erhalten Sie einen breiten Überblick darüber, wo KI im SAP-Kontext bereits erfolgreich eingesetzt wird – auch unabhängig von der eigenen aktuellen Prozessreife.

**Inspiration durch Beispiele**

Die im AI Catalog beschriebenen Use Cases dienen auch als Inspirationsquelle für Workshops und Vorbereitungsphasen. Anstatt KI-Potenziale ausschließlich aus der eigenen Prozessperspektive abzuleiten, erlaubt der Blick in den Katalog einen Abgleich mit bewährten Mustern und Best Practices aus anderen Organisationen und Branchen. So kann beispielsweise ein dort dokumentierter KI-Use-Case im Finanzwesen oder im Einkauf als Denkanstoß dienen, auch im eigenen Unternehmen ähnliche Fragestellungen zu prüfen. Mit ersten Einschätzungen zum erwarteten Mehrwert entsteht so eine Ausgangsbasis für die spätere Diskussion und Priorisierung der identifizierten KI-Use-Cases.

## 14.2 Strategische Planung

Die zweite Phase des Vorgehensmodells markiert den Übergang von der theoretischen Vorbereitung in die konkrete strategische Planung. Hierbei sind moderierte interdisziplinäre Workshops hilfreich, die dem Ansatz *Design Thinking* folgen. Fachexpertinnen und Fachexperten sowie IT-Verantwortliche kommen zusammen, um abstrakte Ideen in greifbare Lösungsideen zu übersetzen. Diese Phase ist darauf ausgelegt, Diskussionen anzuregen, aber auch konkrete Ergebnisse zu produzieren, die als Fundament für alle weiteren Implementierungsschritte dienen.

[»]

**Design Thinking**

Ein *Design-Thinking-Workshop* ist ein moderiertes interaktives Format zur kreativen Problemlösung. In interdisziplinären Teams werden in kurzer Zeit kreative Methoden genutzt, um Bedürfnisse zu verstehen, Ideen zu entwickeln und diese als Prototypen zu testen. Der Prozess fördert nutzerfreundliche Lösungen, Teamzusammenhalt und Innovation.

**Aufwand-Nutzen-Analyse**

Als Ergebnis der Workshop-Serien sollte eine Sammlung von Anwendungsfällen stehen, die nach ihrem Geschäftswert und dem erwarteten Aufwand klassifiziert sind. Dies kann beispielsweise durch eine Vier-Segment-Matrix erfolgen, die typischerweise den erwarteten Geschäftswert gegen die technische Komplexität der Umsetzung abwägt. Durch diese Einordnung kristallisiert sich heraus, welche Themen den höchsten Return on Investment versprechen. Szenarien, die einen hohen geschäftlichen Nutzen bei gleichzeitig moderater technischer Komplexität bieten, werden priorisiert, während Ideen mit geringem Nutzen oder unverhältnismäßig hohem Aufwand zurückgestellt oder verworfen werden. Das fokussiert die Innovationskraft der Organisation auf wertstiftende Initiativen.

**KI-Zielarchitektur**

Den technischen Rahmen für diese Initiativen bildet schließlich die Zielarchitektur. Die Definition einer dedizierten *KI-Architektur* ist notwendig, um die Brücke zwischen dem fachlichen Wunsch und der technischen Machbarkeit zu schlagen. Sie muss so konzipiert sein, dass sie nicht nur einen isolierten Anwendungsfall unterstützt, sondern die technischen Anforderungen des gesamten KI-Lebenszyklus abbildet – von der Datenintegration über das Training von *Narrow-AI-Modellen* und die Integration von *LLM-Providern* bis hin zu Deployment und laufendem Betrieb. Durch diese architektonische Weitsicht wird sichergestellt, dass die priorisierten Szenarien später in die bestehende IT-Landschaft integriert und skalierbar betrieben werden können.

## 14.3 Realisierung und Validierung

Die dritte Phase markiert den Übergang von der Planung in die konkrete technische Umsetzung. An diesem Punkt stehen Unternehmen oft vor der Herausforderung, die hohen Erwartungen an KI mit der technischen Realität ihrer Systemlandschaft in Einklang zu bringen, ohne dabei unkalkulierbare finanzielle Risiken einzugehen. Um Investitionsrisiken effektiv zu minimieren und Fehlschläge in späten Projektphasen zu vermeiden, empfiehlt sich daher keinesfalls eine sofortige produktive Implementierung.

**Zweistufiges Vorgehen**

Wann immer die Unsicherheiten groß sind, ist es ratsam, Investitionen langsam zu steigern und enge Validierungszyklen einzuziehen. In der Praxis hat sich bei einem solch hohen Innovationscharakter ein zweistufiges Vorgehensmodell etabliert:

- Prototyping
- Proof of Concept (PoC)

### 14.3.1 Prototyping

**Fail early and often**

Der erste Schritt, das *Prototyping*, dient der initialen Konzeptvalidierung. Ein Prototyp ist hierbei ausdrücklich noch keine funktionale Software-Implementierung im Backend-System. Vielmehr handelt es sich um einen visuellen Entwurf, der dazu dient, ein gemeinsames Verständnis zwischen Fachbereich und IT zu schaffen, bevor die erste Zeile Code geschrieben wird. Je nach Anforderung kann dies als *Low-Fidelity-Entwurf* (z. B. Skizzen) oder *High-Fidelity-Design* (z. B. klickbare Mockups) erfolgen. Auch einzelne Prozessschritte lassen sich mit generischen Testdaten und der Zuhilfenahme von Workarounds (z. B. online über KI-Chat-Interface ausgetauschte Daten) validieren.

Typische Ergebnisse sind detaillierte UI-Designs, die zeigen, wie die KI-Interaktion später für die Endanwenderinnen und Endanwender aussehen wird, oder technische Architekturdiagramme, die illustrieren, wie sich die neuen Komponenten in die bestehende Infrastruktur einfügen. Ziel ist es, Logikfehler, unrealistische Erwartungen an KI-Modelle und Usability-Probleme frühzeitig und kostengünstig zu identifizieren und zu beheben.

### 14.3.2 Proof of Concept

**Shift-Left: Fehler im Konzept früh erkennen**

Ist das Konzept validiert, folgt als zweiter, entscheidender Reifegrad der *Proof of Concept* (PoC). Der PoC unterscheidet sich fundamental vom Prototyp, da er den minimalen funktionalen Nachweis innerhalb der realen Systemlandschaft erbringt. Während Demos oft auf idealisierten Daten basieren, ist das entscheidende Kriterium eines validen PoC die Nutzung der kundeneigenen, nicht produktiven Systeme. Noch wichtiger ist die Verwendung eigener, realer Unternehmensdaten.

**Validierung mit Echtdaten**

KI-Modelle verhalten sich auf synthetischen Trainingsdaten oft anders als in der Realität einer komplexen ERP-Datenbank. Erst durch den Einsatz echter Daten im PoC wird verifiziert, ob das gewählte KI-Modell im spezifischen Kontext des Unternehmens tatsächlich valide und nutzbare Ergebnisse liefert. Dieser Schritt transformiert die theoretische Machbarkeit in praktische Gewissheit und bildet die Entscheidungsgrundlage für professionelle Entwicklung und Rollout des Anwendungsfalls.

## 14.4 Zusammenfassung

Die Transformation hin zu einer KI-gestützten Organisation ist ein iterativer Prozess. Durch eine fundierte Analysephase, die strategische Ausrichtung in Experten-Workshops und die stufenweise Validierung über Prototypen und PoCs wird das Risiko minimiert und der geschäftliche Nutzen maximiert. Die SAP

Business Technology Platform und die Entwicklungsumgebungen im Cloud-ERP-Portfolio stellen hierfür das notwendige technologische Fundament bereit, dessen Potenzial Sie durch dieses strukturierte Vorgehen Schritt für Schritt erschließen können.

# Das Autorenteam

**Sebastian Sav** ist AI Director bei SAP. Er verantwortet die strategische Ausrichtung sowie die Umsetzung kundenspezifischer KI-Lösungen und leitet in Deutschland die AI Community im Solution-Bereich, um Austausch, Best Practices und skalierbare KI-Innovationen voranzutreiben. Zuvor war er als Principal AI Architect bei SAP tätig und unterstützte Unternehmen bei der Entwicklung und Umsetzung ihrer KI-Strategien. Mit zwei Masterabschlüssen, einem MBA und einem Master of Science, verbindet er fundierte betriebswirtschaftliche Expertise mit tiefem technologischen Verständnis. Regelmäßig ist er als Keynote Speaker auf Kunden- und Partnerveranstaltungen vertreten und teilt sein Wissen als Autor in Fachpublikationen im Logistikumfeld.

**Michael Schwarzenberger** ist Chief Product Expert im Cloud-ERP- und SCM-Product-Success-Team der SAP-Produktentwicklung und fungiert als zentrale Schnittstelle zu Kunden und Partnern, mit Schwerpunkt auf Industrieprozess- und KI-Innovationen. Zuvor verantwortete er 13 Jahre lang als Berater digitale Transformationen. Der studierte Wirtschaftsinformatiker und Betriebswirt blickt auf über 19 Jahre SAP-Erfahrung zurück und verbindet technologische Expertise mit tiefem betriebswirtschaftlichen Verständnis.

### Beiträgerinnen und Beiträger

**Sang Dao** ist Product Manager für AI & Technology bei SAP Cloud ERP und verfügt über mehr als sieben Jahre Erfahrung in der Entwicklung von KI-Innovationen in SAP Cloud ERP. Sein Fokus liegt auf KI-gestützten Cloud-Anwendungen mit dem Generative AI Hub und SAP BTP. Zudem unterstützt er Implementierungsprojekte und führt vertiefende Produktschulungen für Kunden und Partner durch.

**Jens Hottendorf** ist SAP Solution Architect mit 30 Jahren Erfahrung und tiefgreifender Expertise in der SAP-Variantenkonfiguration (AVC). Als studierter Mathematiker und Betriebswirt schlägt er die Brücke zwischen Fachbereich und IT und verbindet analytische Präzision mit strategischem Geschäftsverständnis. Er konzipiert und realisiert passgenaue, performante SAP-Architekturen für komplexe Produkte und kundenindividuelle Prozesse sowohl in SAP S/4HANA als auch in SAP VCP und CPQ.

**Nicolas Griebenow** ist Solution Advisor bei SAP und spezialisiert auf die Technologiearchitektur im Zusammenhang mit der SAP Business Technology Platform (SAP BTP) und der SAP Business Data Cloud (SAP BDC). Sein Fokus liegt auf datengetriebenen Transformationen, der Integration moderner Architekturen in bestehende Systemlandschaften und dem Einsatz von künstlicher Intelligenz (Joule, Joule-Agents, LLMs) in Geschäftsprozessen. Zuvor sammelte er Erfahrung in S/4HANA-Transformationsprojekten. Er verbindet technisches Know-how (RAP, CAP, ABAP, Node.js, Java, SQL) mit strategischem Verständnis und entwickelt praxisnahe Lösungen für komplexe Herausforderungen.

Als Solution Architect bei der CNT Management Consulting AG verbindet **Harald Mokesch** SAP-Logistik mit künstlicher Intelligenz. Er leitet das Competence Team Logistics Integration und gestaltet im AI-Innovationsteam den Wandel der Logistikprozesse. Für seine Kunden realisiert er über den gesamten Projektzyklus – von Konzeption bis Hypercare – sowohl SAP-Standardlösungen als auch passgenaue Erweiterungen. Sein Fokus sind innovative KI-Anwendungen, die messbaren Mehrwert schaffen und die Wettbewerbsfähigkeit steigern.

**Aries-Alexander Plöger** ist als Associate Consultant für SAP EWM bei SAP tätig. Sein Schwerpunkt liegt auf der Implementierung und Optimierung von Lagerlogistikprozessen mit SAP EWM. Zuvor sammelte er Erfahrungen in verschiedenen Branchen im SAP-Umfeld. Er verfügt über einen Hintergrund im Wirtschaftsingenieurwesen und ist zertifiziert in SAP EWM sowie SAP Signavio. Sein Fokus liegt auf der Analyse und Gestaltung effizienter End-to-End-Prozesse.

**Sophie Hoppe** arbeitet als Business Process Consultant im Bereich Digital Supply Chain Management mit dem Schwerpunkt SD bei SAP. Im Rahmen von SAP-S/4HANA-Transformationsprojekten unterstützt sie insbesondere Kunden aus der Automobil- und Retail-Branche bei der Migration und Optimierung ihrer Vertriebs- und Logistikprozesse. Ihr Arbeitsschwerpunkt liegt in der Entwicklung kundenorientierter Lösungen entlang der Order-to-Cash-Prozesskette – von der Konzeption über die Implementierung bis hin zum Go-Live.

# Index


## A

ABAP AI SDK ... 392, 492
ABAP Data Definition Language ... 442
ABAP Development Tools ... 263, 431, 492
*Joule einbinden* ... 271
ABAP RESTful Application Programming Model ... 61, 264, 380, 427
*Voraussetzung für KI-Integration* ... 429
ABAP-Code ... 332
ABAP-Code analysieren ... 341
ABAP-Klasse ... 267
*mit Joule analysieren* ... 278
ABAP-Methode ... 330
ABAP-Projekt ... 432
ABAP-Quellcode ... 435
ABAP-Repository-Objekt automatisch erstellen ... 446
Abgrenzung ... 78
Abgrenzungsvorschlag ... 82
Accounting Accruals Agent ... 77, 79
Accrual Engine ... 78
Accruals Management ... 79
ADT → ABAP Development Tools
Advanced Variant Configuration ... 493
Agent ... 79
Agent Builder → Joule Studio
Agentic AI ... 28, 38
AI API ... 386
AI Core ... 44
AI Foundation ... 37, 42, 395
AI Foundation mit SAP AI Core ... 395
AI Tool Builder ... 222
AI Unit ... 69, 72
AI-Assisted Analytical Business Insights ... 87
Aktion ... 394, 400, 401
*anlegen* ... 402
Amazon S3 ... 386
Amazon Web Services (AWS) ... 465
Analyse in Joule ... 420
Anlieferungserstellung ... 343
Annotation ... 442, 443, 475
Anomalieerkennung ... 32, 33
Anwendungsbeispiel ... 77
API ... 381, 394, 400, 492
API Key ... 479
Application Layer ... 284
Application Lifecycle Management (ALM) ... 487
Application Programming Interface (API) ... 98
Argo Workflow ... 385
Artificial Intelligence ... 26
Artificial Intelligence Approval Workflow ... 340
Artificial Intelligence for QM ... 306
Audit Trail ... 29
Auszifferung ... 96
Automated Predictive Library (APL) ... 45
Automatisierung ... 394
Autonomiestufe ... 66
Azure Blob Storage ... 386

## B

Backend ... 432
Backpropagation ... 27
Bankauszugsverarbeitung, automatisierte ... 112
Base AI ... 68
Base64 ... 329
Basic Authentication ... 399
Behavior Definition ... 267, 428, 447
Behavior Implementation ... 267, 428, 435
Benutzeroberfläche ... 121
Best Practice ... 429
Bestellposition ... 154
Bildanalyse ... 308
Bilderkennung ... 466
Booster ... 100
BOPF-Framework ... 123
Browser-Client ... 121
Buchhaltungsrichtlinie ... 78, 79
Business Add-in (BAdI) ... 35, 128, 331, 359, 498
*Definition* ... 128
*Implementierung* ... 359
Business Event ... 429
Business Object ... 428
Business Process Specialist (Rolle) ... 140
Business-Rolle ... 149
*SAP_BR_ADMINISTRATOR* ... 143
*SAP_BR_ANALYTICS_SPECIALIST* ... 149

Business-Rolle (Forts.)
*SAP_BR_BPC_EXPERT* ..................... 149
*SAP_BR_BUSINESS_PROCESS_SPEC* ..................... 140

## C

CAP → SAP Cloud Application Programming Model
CDS-View ..................... 150, 428
Change Management ..................... 488
ChatACS-Framework ..................... 322, 325
ChatGPT ..................... 33
CI/CD-Pipeline ..................... 386
Clean-Core-Philosophie ..................... 283
Cloud Integration ..................... 381
Cloud Integration Automation ..................... 374
Clustering ..................... 30, 32, 33
*Kohäsion* ..................... 32
*Separation* ..................... 32
*Silhouette-Score* ..................... 32
Codebase ..................... 289
Code-Vervollständigung ..................... 429
Command Line ..................... 285
Completion ..................... 500
Compliance ..................... 489
Component ..................... 121
Computer Vision ..................... 458
Context Handling ..................... 121, 123
Conversational Planning ..................... 114
Convolutional Neural Network (CNN) ..................... 466
Core Data Services View → CDS-View
Custom AI ..................... 60, 61, 293, 294, 396, 423, 427
*Entwicklung mit CAP* ..................... 457
Custom Application Server ..................... 432
Customer Relationship Management ..................... 209, 222
Customizing ..................... 120
Customizing Implementation Guide ... 126
CX AI Toolkit ..................... 209

## D

Data Attribute Recommendation ..................... 167
Data Grounding ..................... 387
Data Preview ..................... 455
Data Type Information ..................... 436
Datenbank ..................... 119
Datenbanktabelle ..................... 434, 441
*anlegen* ..................... 441
Datenelement ..................... 436
Datenmodell ..................... 474
Datenqualität ..................... 87
Datenschutz ..................... 41
Datenservices, erweiterte ..................... 45
Datensicherheit ..................... 41
Debitorenbuchhaltung ..................... 95
Debugging ..................... 420
Deep Learning ..................... 27, 28
Design Thinking ..................... 508
Design-to-Operate ..................... 48
Destination ..................... 399
deterministische Programmierung ..... 29
Dictionary-Objekt ..................... 434
Directory ..................... 54
Docker Hub ..................... 385
Docker-Container ..................... 465, 467
Document Grounding ...... 72, 81, 395, 423
Dokumentation ..................... 489

## E

EBITDA ..................... 92
Eclipse ..................... 267
Edith ..................... 363
Einkauf ..................... 77
Embedded AI .... 40, 60, 113, 114, 175, 507
*Beispielanwendungen* ..................... 77
Embedding ..................... 36, 387
Emission Calculation ..................... 122
Endpunkt ..................... 475
End-to-End-Prozess ..................... 47
End-to-End-Qualitätsmanagement-Prozess ..................... 325
Entitlement ..................... 54
Entwicklungsumgebung ..................... 393
Entwurfsfunktion (Draft) ..................... 430
erweiterte Datenservices ..................... 45
Ethik ..................... 63
EU AI Act ..................... 62
Event ..................... 381
Event Binding ..................... 429
Event Mesh ..................... 382
externe Wertsetzung ..................... 493

## F

Fast Close ..................... 86
Feldkatalog ..................... 121

Finanzberichtanalyse .......... 87
Finanzwesen .......... 77, 79
Flask .......... 467
Foundation Model .......... 29, 33, 34, 373, 384, 386, 392
Frachtauftrag .......... 115
Frachteinheit .......... 115
Full-Stack-Applikation .......... 283

## G

GenAI Consumption .......... 121
GenAI Result Processing .......... 121
GenAI-Adapter .......... 124
Genehmigungsworkflow .......... 339
General Purpose AI .......... 29
Generative AI Hub .......... 33, 55, 57, 123, 370, 373, 382, 383, 386, 485, 492
Generative KI .......... 27, 29, 33, 57, 62, 120, 121, 384
Geodaten .......... 388
Geschäftsprozessmodell .......... 488
GET-Aufruf .......... 402
Gewinn- und Verlustrechnung .......... 88
GitHub .......... 385
Global Account .......... 53
Google Cloud Storage .......... 386
Governance .......... 61
Graph-Daten .......... 388
GraphRAG .......... 37
Grounding .......... 388

## H

Halluzination .......... 35
*Joule* .......... 423
Hire-to-Retire-Prozess .......... 176
HTTP-Client .......... 326
Human Capital Management .......... 175, 176
Human-in-the-Loop .......... 34, 38, 65, 67, 77, 306
Human-on-the-Loop .......... 34, 67

## I

ImageNet .......... 466
Inferenz .......... 100, 464
Inferenzlauf .......... 104
Inferenzziel .......... 111
Integrierte Entwicklungsumgebung .......... 284
Intelligent Q&A .......... 222
Intelligent Scenario Lifecycle Management (ISLM) → ISLM
intelligentes Szenario .......... 390, 486
*anlegen* .......... 494
*eingebettetes* .......... 389, 391
*Side-by-Side* .......... 389, 392
Intelligentes Szenario-Management .......... 390, 486, 498
Intent-driven Development .......... 425
Intercompany Reconciliation .......... 46
Invoice Approval Form .......... 302
ISLM .......... 61, 120, 122, 147, 389, 485
*Anwendungsfälle* .......... 488
*Architektur* .......... 389
*Funktionen* .......... 486
*Integration* .......... 487
*intelligentes Szenario* .......... 494
*Modell* .......... 496
*Template* .......... 126
*Zielgruppen* .......... 487
IT-Roadmap .......... 507

## J

Jahresabschluss .......... 88
Java .......... 283
JavaScript .......... 289
Joule .......... 27, 35, 37, 42, 46, 51, 80, 158, 239, 254
*Aktivierung* .......... 70
*Ausgabelogik* .......... 413
*Berechtigungen* .......... 423
*Debugging* .......... 420
*Integration* .......... 422
*Navigation* .......... 259
*öffnen* .......... 256
*Request Log* .......... 423
*Skill* .......... 407
Joule Agent .......... 35, 52, 381, 405
*KI-Modell* .......... 406
*Kontext* .......... 405
*testen* .......... 411
Joule Skill .......... 35, 381
Joule Studio .......... 52, 381, 393, 424
*einrichten* .......... 396
*geschäftlicher Nutzen* .......... 422
*Projekt* .......... 405
*Skill* .......... 405
Joule-Chat .......... 264
JSON .......... 285, 478

## K


KI-Agent ... 34
KI-Anwendung ... 46
KI-Architektur ... 509
KI-Assistent ... 393
KI-basierte Analyse von Protokolldateien ... 354
KI-Compliance ... 67
KI-Datenstrategie ... 506
KI-Ethik ... 506
KI-gestützte Einblicke in Karriere- und Entwicklungspotenziale ... 176, 178
KI-gestützte Funktion
  *Einblicke in Karriere- und Entwicklungspotenziale* ... 176
  *Leistungszielerstellung* ... 197
KI-gestützte Leistungszielerstellung ... 176, 201
KI-gestützte Optimierung von Stellenbeschreibungen ... 176, 187
KI-gestützter Enablement-Assistent → Edith
KI-Modell ... 406
  *generatives* ... 57
KI-Strategie ... 506
KI-Szenario ... 46
KI-unterstützte Erstellung von Anlieferungen ... 349
KI-unterstützte Kundenübersicht ... 210, 214
KI-unterstützte Smart-Zusammenfassung ... 49
Klassifizierung ... 30, 31, 33
  *Confusion Matrix* ... 32
  *F1-Score* ... 32
Knowledge Graph ... 36, 37
  *Ontologie* ... 37
  *Resource Description Framework* ... 37
  *SPARQL* ... 37
Kollaboration ... 89
Kommunikationsbenutzer erstellen ... 142
Kommunikationssystem ... 98, 144, 146, 397
Kommunikationsvereinbarung ... 98, 145, 397
Konfidenz ... 110, 462
Konfidenz-Score ... 28
Konfidenzwert ... 100
Konfigurationstrace ... 503
Konzernabschluss ... 88
Kosinus-Ähnlichkeit ... 372, 388
KServe ... 385
Kubernetes ... 385
Künstliche Intelligenz (KI)
  *Ethik* ... 63
  *Governance* ... 61
  *Leitprinzipien* ... 39


## L


LangChain ... 426
Large Language Model ... 27, 33, 223, 386, 492
Laufzeit ... 154
Lead ... 215, 216, 221
  *Kaufwahrscheinlichkeit* ... 216
  *Qualifikation* ... 216
  *Qualifizierung* ... 219
  *Quelle* ... 219
  *Status* ... 216
Lead-Booster ... 209, 215, 217
Lead-to-Cash ... 47, 216
Lead-to-Opportunity ... 216
Leistungszielerstellung, Meilensteine ... 203, 204
Lieferdatum ... 147
Lieferdatumvorhersage ... 147
lineare Regression ... 26
Linux-Container ... 285
LLM ... 115
LLM Connector ... 326
LLM-Provider ... 509
Lösungslandschaft ... 505
LO-VC ... 501
Low-Code ... 394


## M


Machine Learning ... 26, 28, 29, 98, 458
  *In-Database* ... 30
  *Modell trainieren* ... 101
Manual Planning ... 122
maschinelles Lernen ... 27
maschinelles Lernen → Machine Learning
Metadatenerweiterung ... 446
MIME ... 330
Mitarbeiterbindung ... 187
ML-Modell
  *Leistung* ... 110
ML-Modell, Training ... 466, 489
MLOps ... 386

Mocks ... 479
Model Library ... 56
Multi-Model-Architektur ... 387
Multipurpose Internet Mail Extensions → MIME

## N

n8n ... 425
Narrow AI ... 30–32, 37, 98, 383, 509
National Institute of Standards and Technology (NIST) ... 62
Neuronales Netz ... 27
NIST Risk Management Framework (RMF) ... 62
Node.js ... 283

## O

Objekterkennungsmodell ... 466
Objektspeicher ... 386
OData V2 ... 428
OData V4 ... 428
OData-basierten Services ... 400
OData-Pfad ... 475
OData-Service ... 430, 465, 470
OpenAI-API-Dokumentation ... 125
OpenRouter ... 478
Opportunity ... 215, 221
Optical Character Recognition (OCR) ... 459

## P

Package ... 439
Page Layout ... 127
Periodenabschluss ... 77
Persistence Layer ... 284
Personalbeschaffung ... 187
physische Datenstruktur ... 434
Plattform-Services ... 44
POST-Call ... 479
Predictive AI ... 29
Predictive Analysis Library (PAL) ... 45
Premium AI ... 69
Preselection ... 420
Presentation Layer ... 283
Primärschlüssel ... 443
Pro-Code ... 394
Prognosequalität ... 149
Prompt ... 117, 241
Prompt Injection ... 478
Prompt-Template ... 384, 492, 496
Proof of Concept (PoC) ... 431, 509, 510
Prototyp ... 510
Prototyping ... 509, 510
Prozess ... 394
Prüfling ... 467
Prüflosmerkmal ... 135
Prüfplan ... 131
Prüfpunkt ... 458, 462
Python-Skript ... 467
PyTorch ... 385, 467

## Q

Qualifikation ... 180
Qualitätsmanagement ... 130, 305
Qualitätsprüfung ... 458
Qualitätszertifikat ... 131, 134

## R

RAG → Retrieval-Augmented Generation
RAP → ABAP RESTful Application Programming Model
React ... 426
Rechnungsfreigabe ... 294
Rechnungsfreigabe, KI-gestützt ... 297
Recruiting ... 175
Recruit-to-Retire ... 47
Red Line Case ... 63, 64
Regression ... 26, 30, 32
*Hybrid Gradient Boosting Regressor* ... 31
*Linear* ... 26, 31
*Online Linear* ... 31
*Shapley Additive exPlanations (SHAP)* ... 31
relationale Daten ... 389
Release-Planung ... 488
Relevanz ... 40
Request Log ... 423
Ressourcengruppe ... 383
REST ... 478
Retrieval-Augmented Generation ... 35, 45, 247, 371, 388
Returnable Packaging Management ... 46
Review-Booklet-App ... 88
Robotic Process Automation ... 294
Rückstellung ... 78

## S


Sales Order Automatic Completion ..... 50
Sales Order Automation ..... 46
Sales Order Creation ..... 50
SAP AI Core ..... 54, 326, 382, 383, 385, 386, 392, 458, 461, 464, 492
SAP AI Ethics Handbook ..... 63
SAP AI Launchpad ..... 44, 55, 326, 373, 382, 383, 469
SAP AI SDK ..... 485
SAP AI Services ..... 43
SAP AI Services List ..... 72
SAP AI Terms ..... 72
SAP Analytics Cloud ..... 381
SAP API Management ..... 382
SAP Authorization and Trust Management ..... 370, 374
SAP BDC → SAP Business Data Cloud
SAP Best Practices ..... 487, 505
SAP BTP ABAP Environment ..... 265, 432
SAP BTP → SAP Business Technology Platform
SAP Build ..... 263, 394, 426
*Control Tower* ..... 400
SAP Build Code ..... 284, 380, 474
SAP Build Process Automation ..... 294, 298, 380, 396
*Workflow anlegen* ..... 300
SAP Build Work Zone ..... 380
SAP Business AI ..... 37, 43
*Estimator* ..... 70
*Lizenzmodell* ..... 68
SAP Business Application Studio 284, 380
SAP Business Data Cloud ..... 58, 381, 395
SAP Business Technology Platform ..... 33, 53, 79, 98, 379, 389, 511
*Conversational Planning* ..... 129
SAP Cash Application ..... 46, 95, 97, 98
SAP Central Business Configuration ..... 100
SAP Cloud ALM ..... 487
SAP Cloud Application Programming Model ..... 61, 283, 370, 380, 426, 457, 474
*Storyboard* ..... 289
SAP Cloud Identity Services ..... 140, 396
SAP Commerce Cloud ..... 223, 229, 233, 235
SAP CPQ ..... 493
SAP Customer Experience ..... 209, 223
SAP CX AI Toolkit ..... 222–224, 235, 237, 238
*Generate Blog Post* ..... 235, 238
*Intelligent Q&A* ..... 224, 228, 229, 238
*Launchpad* ..... 223
*Product Descriptions* ..... 229, 238
SAP Databricks ..... 381
SAP Datasphere ..... 45, 381
SAP Destination Service ..... 479
SAP Discovery Center ..... 508
SAP Document AI ..... 80, 130, 132, 294, 300
*Embedded Edition* ..... 60
*Implementierung* ..... 140
*Workspace* ..... 140
SAP Fiori Elements ..... 276, 479
SAP GUI ..... 115, 283, 501
SAP HANA ..... 30, 37
*Automated Predictive Library* ..... 30, 391
*Predictive Analysis Library* ..... 30, 391
SAP HANA Cloud ..... 36, 37, 45, 372, 381, 383, 387
*Knowledge Graph Engine* ..... 37
SAP HANA Cloud Vector Engine ..... 36, 45
*Hierarchical Navigable Small World Index* ..... 36
*REAL_VECTOR* ..... 36
SAP HANA Vector Store ..... 373
SAP Help Portal ..... 364
SAP Integration Suite ..... 374, 381
SAP Joule for Consultants ..... 51, 239, 241
SAP Joule for Developers ..... 51, 263, 265
*Befehle* ..... 286
*Testdaten generieren* ..... 280
SAP Knowledge Graph ..... 37, 395
SAP LeanIX ..... 506
SAP Master Data Governance ..... 381
SAP Readiness Check ..... 245
SAP S/4HANA ..... 264, 432
SAP S/4HANA Cloud ..... 35, 78, 79, 98, 389
SAP S/4HANA Cloud Private Edition, eingebettete KI-Szenarien ..... 48
SAP S/4HANA Cloud Public Edition ..... 265
*AI-Assisted Analytical Business Insights* ..... 87
*eingebettete KI-Szenarien* ..... 48
*Financial Business Insights* ..... 95
SAP Sales and Service Cloud Version 2 ..... 223, 224
SAP Sales Cloud Version 2 ..... 210, 211, 216, 222, 224
SAP Service Cloud Version 2 ..... 210, 211

SAP SuccessFactors ................ 35, 46, 175
*Career and Talent Development* ........................ 175, 176
*Employee Central* .......................... 175
*Learning* ...................................... 175
*Performance & Goals* .............. 197, 199
*Recruiting* ............................... 175, 187
*Succession & Development* ........... 175
SAP TM ............................................. 116
SAP Transportation Management ........................................ 114, 350
SAP Web IDE ...................................... 284
SAP-ABAP-1 .................................... 33, 35
SAP-BTP-AI-Services .......................... 485
SAP-BTP-Subaccount ........................ 266
SAP-Community ................................ 367
SAP-Fiori-App
*Bestellpositionen überwachen* ...... 155
*Intelligentes Szenario-Management* ............................. 149
*Kommunikationsbenutzer anlegen* ..................................... 142
*Kundenaufträge verwalten* ........... 159
*Zeugniseingänge verwalten* ... 133, 136
SAP-RPT-1 ...................................... 33, 35
SAP-Variantenkonfiguration ............... 26
Scikit-learn ........................................ 385
Service Binding .................... 267, 428, 451
Service Definition ....................... 267, 475
Service-Key ........................................ 120
Serviceschicht .................................... 475
Side-by-Side-Erweiterung ................. 471
Similarity Search → Embedding
Skill .................................. 394, 405, 407
*Modellierung* ................................ 407
Software Development Kit (SDK) ....... 283
Source Code Library ......................... 435
Source-to-Pay ..................................... 48
Stage ................................................. 117
Staging Area ...................................... 289
Standard-CDS-View .......................... 456
statistische Inferenz ........................... 29
Stellenanforderung .................... 187, 194
Stellenausschreibung ....................... 189
Stellenfamilie ....................... 179, 180, 189
Stellenrolle ......................... 179, 180, 189
*Stellennummer* .............................. 189
*Zielrolle* ........................... 181, 183, 187
Störungsmeldungserfassung, KI-gestützte ................................. 472
Storyboard ........................................ 479
Subaccount .......................................... 54
supervised Learning ............................ 31
Supplier Delivery Date Prediction ................................ 50, 148
SY-DBCNT ......................................... 281
symbolische KI .............................. 26, 28
System-Prompt .................. 322, 329, 341
Szenarioauswahl, automatische ........ 420

## T

Talentmanagement .......................... 197
TensorFlow ........................................ 385
Testautomatisierung ......................... 488
Testmanagement .............................. 488
Training ............................................... 99
Trainingsdaten .................................. 101
*bereitstellen* .................................. 150
Trainingspipeline ............................... 385
Transaktion
*SE16N* ............................................ 455
*SE18* ............................................... 128
*SE19* ............................................... 128
*VA01* .............................................. 333
transaktionale App ............................ 430
Transformer-Architektur ..................... 27
Transparenz ........................................ 66
Transportation Cockpit → Transport-Cockpit
Transport-Cockpit .............. 115, 121, 354
Transportplanung ............................. 114
Turing-Test ..................................... 26, 27

## U

UI Component ................................... 121
UI-Service .......................................... 429
Unit Test ............................................ 278
unsupervised Learning ........................ 32
URL .................................................... 469
Use Case .............................................. 77
User Interface .................................... 283

## V

Variantenkonfiguration ..................... 501
Vector Engine ................................ 45, 387
Vektordatenbank ................................. 35
Vektoreinbettung → Embedding
Verantwortung .................................... 40
Vercel ................................................ 426

Verkaufsbelegvervollständigung ....... 159
Verlässlichkeit ....... 40
Vorhergesagtes Lieferdatum ....... 155
VSR-Optimierer ....... 351

## W

Web-API ....... 429
Wertsetzung
*externe* ....... 493
Wizard ....... 481
Workflow ....... 394
*triggern* ....... 336
Workflow Intelligence ....... 46
Workflow-Ablauf ....... 340
Workflow-Analyse ....... 331
Workflow-Analyse, KI-gestützt ....... 331

## X

X.509-Standardzertifikat ....... 143

## Y

YAML ....... 285, 468

## Z

Zeitreihenprognose ....... 30, 31, 33
*Additive Modell der Zeitreihenanalyse* ....... 31
*Mean Absolute Percentage Error (MAPE)* ....... 31
*Root Mean Squared Error (RMSE)* ....... 31
Zielformulierung ....... 199
Zielgenauigkeit ....... 100
Zielplan ....... 199
Zusammenfassung ....... 88

